── 클레이튼 커쇼는 늘 같은 모습으로 하루를 시작하는 선수입니다. 좋은 날이든 힘든 날이든, 야구장에서는 언제나 완벽히 똑같은 루틴으로 묵묵히 자신의 자리를 지켜왔습니다. 그 모습은 그가 얼마나 성실한 사람인지, 그리고 얼마나 진심으로 야구를 대하는지를 자연스럽게 보여줍니다.

야구장 밖에서도 그는 조용히 선행을 실천하며, 무엇보다 가족을 가장 먼저 생각하는 사람입니다. 2013년 메이저리그 첫 해, 개막전에서 완봉승과 홈런을 기록했던 그날의 모습이 제게 '커쇼라는 야구선수'를 가장 선명하게 각인시킨 장면이라면, 원정 숙소에서 아이들과 함께 계단을 장난스럽게 오르던 평범한 아버지로서의 모습은 '커쇼라는 사람'에 대한 따뜻한 이미지를 남겼습니다.

슈퍼스타임에도 불구하고 늘 소탈하고 겸손한 사람.

함께 야구를 해온 동료로서, 그리고 한 사람으로서 저는 그를 진심으로 존경합니다. 이 책이 한국어로 출판되어 더 많은 분이 그를 한층 더 가까이 만날 수 있게 된 것을 기쁘게 생각하며, 이 책을 통해 한국 팬 여러분도 그의 야구뿐 아니라 그의 삶과 철학을 함께 느껴보시길 바랍니다.

류현진(한화 이글스, 前 LA 다저스 투수)

혹독하게 성실하고 지독하게 위대했던

클레이튼 커쇼,
위대함의 무게

일러두기

1. 본문에 수록된 클레이튼 커쇼의 통산 기록을 비롯한 모든 데이터는 집필 시점인 2024년을 기준으로 함.
2. 본문에서 인용된 성경 구절은 『성경전서 개역개정』의 번역을 따랐음.
3. 독자의 이해를 돕기 위해 피트(ft), 파운드(lb) 등의 단위는 미터법(cm, kg)으로 환산하여 표기함.
   단, 투구의 구속(mile)은 원서의 단위를 유지하되 킬로미터(km)로 환산한 수치를 각주로 병기함.
4. 본문의 모든 주석은 역주(譯註)임.

혹독하게 성실하고 지독하게 위대했던

클레이튼 커쇼,
위대함의 무게

앤디 매컬러 지음
한승훈 옮김

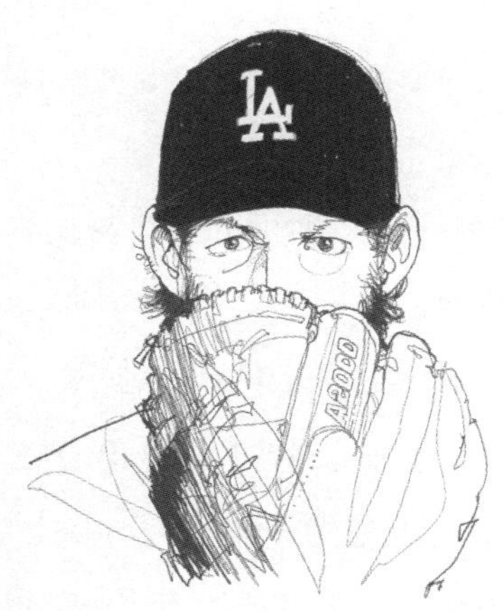

비아북
ViaBook Publisher

 클레이튼 커쇼는 LA 다저스의 유격수 무키 베츠가 더블플레이 수비로 토론토 블루제이스를 꺾고 2025년 월드시리즈 7차전을 마무리하는 장면을 직접 보지 못했다. 서른일곱의 그는 혹시 모를 마지막 한 번의 긴급 등판에 대비해, 마운드 쪽을 등진 채 불펜에서 몸을 풀고 있었다. 그러다 토론토 로저스 센터가 갑자기 조용해졌을 때, 다저스 불펜코치 조시 바드와 눈이 마주쳤다.

 "우리가 월드시리즈에서 우승했어!" 바드가 외쳤다.

 "정말로요?" 커쇼가 되물었다.

 그렇게 커쇼는 세 번째 월드시리즈 우승 반지를 손에 넣었다. 메이저리그에서 '성배'로 여겨지는 월드시리즈 우승을 향한 집념은 커쇼의 커리어 초반 열세 시즌을 관통한 원동력이었다. 때로는 그 목표를 이루지 못했다는 사실이 머지않아 그를 '명예의 전당'으로 이끌 수많은 업적(올스타 11회 선정, 사이영상 3회 수상, 2014년 내셔널리그 MVP, 그리고 현대 야구 역사상 가장 뛰어난 평균자책점)을 가려버리기도 했다.

 이 지난한 여정이 바로 『클레이튼 커쇼, 위대함의 무게』의 중심을 이룬다. 텍사스주 댈러스의 소박한 성장기에서 출발해 20대 초반 LA에서 맞이한 갑작스러운 스타덤에 이르기까지, 우리는 커쇼의 발자취를 따라간다. 독자들은 철저한 루틴에 대한 그의 헌신, 해마다 반복된 포스트시즌의 실패 속에서도 흔들리지 않았던 회복력, 그리고 화려한 조명 속에서도 유명세가 가져오는 유혹에 빠지지 않으려 했던 그의 태도에서 많은 것을 발견하게 될 것이다.

이 책을 읽기 위해 시간을 내어주신 한국의 독자 여러분께 깊이 감사드리며, 부디 즐거운 시간이었기를 바란다. 또한 이 책이 한국어판으로 출간될 수 있도록 번역을 맡아준 한승훈 해설위원에게도 진심으로 감사의 뜻을 전한다.

커쇼는 자신의 마지막 시즌을 "동화 같은 이야기"였다고 표현했다. 이 책을 읽다 보면, 그 마지막 순간들이 그에게 왜 그토록 큰 의미였는지를 자연스럽게 이해하게 될 것이다.

2026년 3월
앤디 매컬러

하루는 클레이튼 커쇼가 아내 엘런에게 절친한 동료인 잭 그레인키가 어떻게 그렇게 오랫동안 정상에 머물 수 있었는지를 설명하려고 했다. 커쇼가 보기에, 프로 20년 차에 접어든 뒤에도 그레인키를 특별하게 만드는 힘은 끊임없이 자신을 바꾸는 능력이었다. 그레인키는 새로운 구종을 찾고, 새로운 투구 패턴을 익히고, 새로운 발상을 하며 줄곧 정상의 자리를 지켜냈다.

엘런은 남편의 말을 곱씹었다. 커쇼보다 4년 먼저 데뷔한 그레인키는 2004년부터 메이저리그 마운드에 오른 투수였다. 그리고 커쇼는 현대 야구에서 잭 그레인키보다 더 뛰어나다고 일컬어지는 몇 안 되는 선수였다. 아니, 그는 '역사상 최고의 투수' 반열에 올랐다 할 수 있는 인물이었다.

"그럼 당신은?" 엘런이 물었다. "자기는 스타일을 바꾸는 쪽은 아니잖아."

커쇼는 잠시 고민하다 대답했다. "나는 그냥 방법을 찾아내려는 쪽이지. 내가 해온 방식이 계속 통하도록 만드는 법을 찾으려는 쪽."

수많은 고통과 혼자만의 싸움 끝에, 커쇼는 위대한 선수가 되려면 한 가지 모순을 안고 살아가야 한다는 사실을 깨달았다. 절대 안주해서는 안 되지만, 자신만의 특별한 본질을 잃어서도 안 된다는 것이었다. 지난 15년이 넘는 세월 동안 커쇼는 외줄 타기를 하듯 메이저리그 최고의 무대 위에서 균형을 유지해왔다. 그리고 묵묵히 위대함이라는 무거운 짐을 짊어진 채 그 길을 걸어가고 있다.

이 책은 LA 다저스의 전 단장 네드 콜레티가 말한 바와 같이 위대함을 좇는 자들이 감내해야 하는 "축복이자 저주"에 관한 이야기다. 위대함이 그것을 성취하고자 하는 이들에게 무엇을 요구하는지, 그리고 그 위대함의 여운은 어떻게 함께하는 이들 마음속에 깊은 울림을 남기는지에 관한 이야기다.

또 이 책은 클레이튼 커쇼의 삶에 대한 것이다. 아직 마흔도 되지 않은 그의 여정에는 21세기 미국 스포츠 스타가 정점에 도달하기 위해 감내해야 하는 것들이 담겨 있다. 눈부신 부와 명예, 치열한 경쟁, 끊임없이 쏟아지는 기대 속에서 커쇼는 어린 시절에 이미 오를 수 있는 가장 높은 곳을 향해 나아가겠다고 결심했다. 이 책은 그 결심 이후의 이야기를 담고 있다.

차례

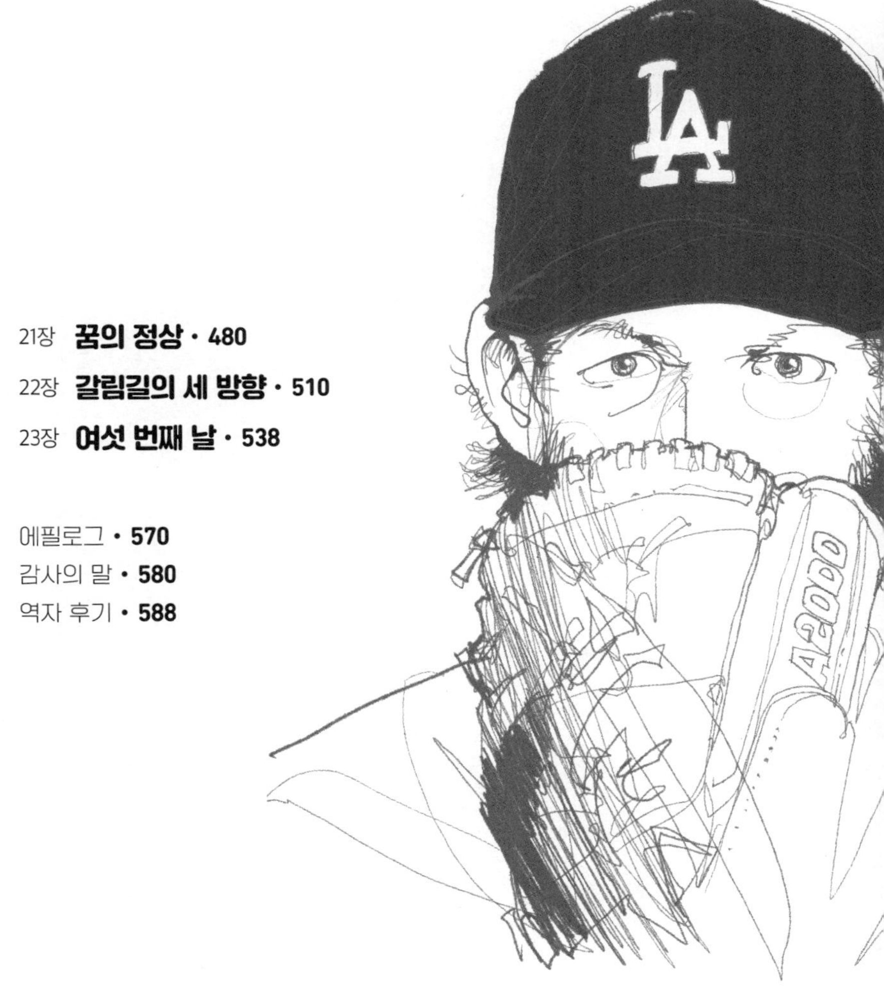

1장
다섯 번째 날

다시 '다섯 번째 날♦의 사이클'과 함께하는 시즌을 앞두고 클레이튼 커쇼는 지난 20년 동안 그 사이클이 자신의 삶을 어떻게 지배해왔는지 차분히 그려보려고 했다. 부엌 테이블에 앉아 손을 올리고 있으니 그 사이클이 안겨준 보상이 주변에 고스란히 펼쳐져 있음을 알 수 있었다. 거실에서는 벽난로가 타닥거리며 타올랐고, 그 위에는 네 아이의 이름이 각각 적힌 크리스마스 양말이 가지런히 걸렸다. 현관 앞에는 아마존 프라임에서 온 택배 상자들이 수북이 쌓여 있었다. 그날 밤 산타클로스는 소방차 뒤에 올라타 커쇼가 거의 평생을 '집'이라 불러온 댈

♦ 다섯 번째 날(the fifth day)은 선발 투수의 등판일을 뜻한다. 메이저리그는 보통 한 팀에서 다섯 명의 선발 투수가 돌아가며 등판을 하는데, 자신이 던지는 날이 곧 다섯 번째 날이다.

러스의 부유한 동네 하일랜드파크의 이웃들에게 인사를 건넬 예정이었다. 크리스마스가 보름 앞으로 다가와 있었다.

2022년 겨울, 커쇼가 나를 집으로 초대했을 때 그는 인생의 갈림길을 마주한 지 불과 두 달밖에 지나지 않은 상태였다. 그는 이런 갈림길을 이미 여러 번 마주했고, 앞으로도 또 마주할 예정이었다. 그는 다시한번 현역 생활을 이어가기로 했고, 이는 곧 자신의 삶을 다시 다섯 날짜리 일정으로 쪼개 살겠다는 선택이기도 했다. 메이저리그 투수들에게는 이것이 표준 일정이었다. 나흘 동안 준비해 다섯 번째 날에 실행하는 것. 이 사이클은 커쇼를 빚어냈고 그의 삶을 풍요롭게 만들었지만 동시에 그를 괴롭혀왔다.

15년이 넘는 세월 동안 LA 다저스는 클레이튼 커쇼의 다섯 번째 날을 중심으로 돌아갔다. 40억 달러의 가치를 지닌 메이저리그 최고 명문 구단이자, 열한 번의 디비전 우승, 세 번의 리그 우승, 2020년 월드시리즈 우승을 거둔 팀의 운명이 그의 등판 일정에 맞춰 흘러온 것이다. 그는 그 세대 최고의 좌완 투수였고, 샌디 쿠팩스의 계보를 잇는 후계자였다. 올스타 선정 10회, 사이영상 수상 3회, 그리고 밥 깁슨 이후 처음으로 내셔널리그 MVP를 받은 투수가 되기까지 커쇼는 나흘간의 등판 준비, 동료와의 유대감, 스타덤의 무게 등 모든 것을 즐기며 살았다. 서른다섯 번째 생일을 앞두고 있을 때조차 그는 이 5일 사이클과 영원히 함께할 수 있지 않을까 생각했다. 하지만 공을 던져야 하는 마지막 날, 바로 그 다섯 번째 날이 되면 그는 다시 정신을 차렸다.

"그 5일째 되는 날이 뭐라고, 그게 참 힘듭니다." 커쇼가 말했다. "거기에서 오는 스트레스, 힘든 준비 과정 등 모든 것이 차곡차곡 사람을 갉아먹어요."

그해 여름 커쇼는 모처럼 아프지 않았다. 2022년 여름 내내 그는 계속되는 허리 통증에 시달렸고 공을 던질 때마다 불편함을 느꼈다. 매일 아침 '오늘도 허리가 아플까?' 하는 두려움이 그를 덮쳤지만, 휴식과 재활을 통해 통증은 사라졌다. 그는 전년 겨울보다 더 나아진 몸 상태를 느꼈다. 팔꿈치 부상으로 마운드에 오르지 못한 2021 포스트시즌, 커쇼는 자신이 첫 수술을 받아야 할지도 모른다고 걱정했다. 수술대에 오르는 것은 피했지만, 약해진 자신에 대한 기억은 여전히 남아 있었다. 당시 그는 머리를 감을 수도, 글씨를 쓸 수도 없었다. 다시 공을 잡은 뒤에도 그의 팔은 한 달이 넘도록 계속 말썽이었다. "그래도 계속 던졌습니다." 커쇼가 말했다. "그러다 결국 좋아졌어요." 그래서 그는 소년 시절을 졸업할 무렵부터 매년 봄 해오던 일을 다시 했다. 다저스의 스프링캠프에 정상적으로 합류한 것이다. 커쇼는 고향 팀인 텍사스 레인저스와 계약할 기회를 마다했다. 텍사스 레인저스는 커쇼가 어릴 때 가장 좋아했던 팀이고, 하일랜드파크 이웃이자 오랜 친구이자 훈련 파트너였던 크리스 영이 운영하는 구단이었다. 커쇼가 다저스와 재계약한다는 소식을 들었을 때 영은 "정말 가슴이 아팠다"고 회상했다. 영은 커쇼가 다른 선택을 했더라면 어땠을까 하고 생각했지만, 그가 다저스를 떠난다는 상상은 스스로도 터무니없게 느껴졌다.

커쇼는 스무 살을 넘기자마자 다저스타디움에서 메이저리그 무대에 데뷔했고, 곧바로 야구계 '에이스'의 새로운 기준이 되었다. 그는 과거 누구와 비교해도 손색없는 눈부신 활약을 펼쳤지만 그 대가로 큰 고통을 감내해야 했다. "커쇼는 항상 부상을 달고 살았어요. 매번 '커쇼는 이번이 마지막일지도 몰라' 싶다가도 던지는 걸 보면 '아직 더 할 수 있겠네' 하게 되죠." 동료였던 잭 그레인키의 말이다. 최근 몇 년간 커쇼는 엉덩이 연골 손상, 광배근 파열, 팔꿈치 주변 힘줄 손상, 그리고 허리 디스크까지 겪었다. 그는 수술 없이 이 모든 부상을 극복했지만 그 대가는 계속 쌓여가고 있었다. 부상의 이유 중 일부는 원형의 물체를 위에서 아래로 반복해서 던지는 '비자연적인 동작'을 해야 하는 투수라는 직업의 숙명에 있었다. 그의 독특한 투구 폼도 부상에 한몫했다. 약 193센티미터의 키, 약 102킬로그램의 몸을 마운드에 힘껏 내디딜 때마다 곧이어 그 뒤를 따라가는 왼팔이 격렬하게 흔들렸다. 한 동료는 그런 커쇼를 두고 "공 하나 던질 때마다 교통사고를 겪는 셈"이라고 말했다. 그리고 커쇼가 갖춘 '노련한 구위와 효율성'이라는 특별한 조합도 한 가지 이유가 되었다. 그는 너무도 뛰어났고, 너무도 젊었으며, 너무도 많은 기대를 받았기에 부상은 필연적이었다.

2015년이 끝날 무렵, 27세였던 커쇼는 당시에 이미 사이영상을 세 차례 수상했고, 통산 1,600이닝 이상을 던진 상태였다. 그 나이에 이 기록을 달성한 투수는 지난 35년간 커쇼를 포함해 단 세 명뿐이었다. CC 사바시아는 32세 이후로 올스타팀에 다시 이름을 올린 적이 없고 펠릭스 에르난데스는 33세 이후 메이저리그에서 다시는 공을 던지지 못했다. 하지만 2022년, 커쇼는 34세의 나이에 다저스타디움에서 열린 올스타전에 선발 등판했다. 그 영예는 커쇼가 커리어의 황혼기에 접어들고 있다는 사실을 상징하는 훈장이었지만, 결코 명예만으로 주어진 자리는 아니었다. 그는 그 시즌을 평균자책점 2.28로 마무리했으며, 이는 22시즌 6위에 해당하는 기록이었다. 기량이 내리막길을 걷는 와중에도 커쇼를 능가할 수 있는 투수는 많지 않았다. 커쇼의 통산 평균자책점 2.48은 1920년 야구가 '라이브 볼' 시대에 접어든 이후 선발투수 중 가장 좋은 기록이었다. 쿠팩스, 페드로 마르티네스, 그레그 매덕스보다 나은 성적이었다. 그 이전에도, 이후에도 커쇼보다 좋은 평균자책점을 기록한 선발 투수는 없었다.

2022시즌은 예상보다 일찍 끝났다. 111승을 거둔 다저스는 신흥 강호 샌디에이고 파드리스에 패했다. 커쇼는 그해 포스트시즌에 단 한 번 등판했고 그 경기에서 패했다. 몇 년 전이었다면 이 같은 부진이 '커쇼는 포스트시즌에 약하다'라는 비난으로 이어졌겠지만, 그는 2020년 월드시리즈에서 2승을 따내며 논란에 종지부를 찍은 바 있다. 그해 우승은 7년간 이어졌던 '가을 악몽'을 끝내며 그의 명예의 전당 이력서 중 마지막 요건을 채웠다. 사람들은 궁금해했다. 부상은 계속 이어지고, 아이들은 자라고, 5일 사이클이 반복되는 가운데 스트레스는 더욱 심해지는데, 그를 버티게 하는 것은 과연 무엇인가. 커쇼의 전 포수이자 절친한 친구인 A. J. 엘리스는 "이 시점에서 커쇼를 계속 뛰게 하는 원동력이 무엇인지 궁금합니다"라고 말했다.

다음 스프링 트레이닝까지 두 달이 남았을 무렵, 커쇼는 왜 계속해야 하는가에 대한 고민보다 왜 멈춰야 하는지에 대해 더 많이 생각하고 있었다. 아이들 때문일 수도, 허리 때문일 수도, 어깨 때문일 수도,

엉덩이 때문일 수도 있었다. 아니면 그가 직접 인정했던 것처럼 더 근원적인 이유 때문일 수도 있었다. 스스로 짊어진 위대함의 짐, 스스로 세운 기준, 클레이튼 커쇼로 존재하기 위해 치러야 하는 대가 등 모든 것이 점점 더 견디기 어려워지고 있었다. 커쇼에게도 전력을 다할 수 있는 횟수에 한계가 있었던 것이다.

커쇼는 이렇게 말했다. "투수가 선수 생활을 그만두는 때는 매일 다섯 번째 날을 준비하는 일이 너무 벅차게 느껴지는 순간입니다. 아마도 저는 다른 이들보다 그 부분에 대해 스스로에게 더 많은 부담을 주었던 것 같습니다."

2013년 어느 여름날, 한 영화배우가 다저스 클럽하우스를 방문했다. 할리우드가 연고지인 팀답게 스타들의 방문 자체는 특별할 것이 없었지만 이날은 두 가지 이유에서 달랐다. 배우가 늦게 도착했다는 점, 그리고 클레이튼 커쇼가 선발로 나서는 날이라는 점이었다.

이 남자가 클럽하우스에 등장하자 선수단에서는 환호가 터져 나왔다. 선수들이 영화 속 유행어를 소리 높여 외치는 동안 커쇼는 자신의 로커 앞에 앉아 씩씩거리고 있었다. 그는 22번 등번호가 선명히 박힌 유니폼을 이미 다 갖춰 입은 상태였다. 커쇼는 재킷을 집어 들었다. 경기 전마다 반드시 입는 재킷이었다. 그의 전 동료는 "커쇼는 그 재킷을 입을 때 꼭 지퍼를 맨 끝까지 다 올려서 입습니다. 그게 4월이든, 무더운 마이애미에서의 7월이든 말이죠"라고 말했다.

자리에서 일어난 커쇼의 왼손에는 언제나처럼 야구공이 들려 있었고, 오른손에는 검은색 윌슨 A2000 CK22 글러브가 들려 있었다. 루키 시즌부터 줄곧 사용해온 바로 그 글러브였다. 커쇼는 루틴에 살고 루틴에 죽는 사람이었다. 그는 습관을 철저히 지키는 것이 162회의 경기를 치르는 동안 자신을 버티게 해준다고 믿었다. 그러나 어떤 사람들은 커쇼의 강박적 습관이 가장 큰 압박의 순간에 도리어 그를 취약하게 만든다고 생각했다. 커리어 초반, 야구가 그를 겸손하게 만들기 전, 그리고 그 겸손함이 커쇼로 하여금 해답을 찾아 나서게 만들기 전까지 그는 자신의 일과표에서 단 1분도 벗어나지 않았다. 루틴에 따르면 그는 경기 당일 오후 6시 20분 정각에 다저스 더그아웃에 들어서야 했다. 그 시간표에는 할리우드의 대스타라 해도 끼어들 틈이 없었다.

"클레이튼!" 배우는 손을 들어 인사를 건넸고, 커쇼는 이를 무시한 채 그대로 걸음을 옮겼다. "이봐!"

커쇼는 배우를 쳐다보지 않았다. 그 순간의 분노를 꾹 삼켰고, 분노가 가득 담긴 살벌한 눈길이 배우의 방문을 주선한 구단 직원에게로 향했다. 커쇼는 클럽하우스 문을 박차고 더그아웃을 향해 나갔다. 그렇게 새뮤얼 L. 잭슨♦은 덩그러니 남겨졌다.

커쇼는 아버지가 되고 나서야 부드러워졌다.

2015년 1월, 첫째 딸 캘리 앤 커쇼가 태어나기 전만 해도 그는 수년 간 경기 중에는 상대를 압도하고, 경기 전에는 팀 동료들도 함부로 다가서지 못하게 하는 모습으로 이름이 높았다. 등판을 준비하는 나흘 동안 커쇼는 훈련에 성실하게 임하고 주변에 즐거움을 주는 사람이었다. 날씨가 좋을 때면 촌스러운 접이식 선글라스를 쓰고 더그아웃에 앉았다. 원정지로 이동하는 전세기 안에서는 카드 게임을 즐겼고, 아무렇지 않게 대놓고 방귀를 뀌는 뻔뻔함도 있었다. 어느 날 오후 구내 식당을 어슬렁거리던 그는 팀 동료의 아이 접시에서 치킨 텐더 하나를 슬쩍 집어가기도 했다. 그는 바른 생활을 하는 사람이면서 동시에 엉뚱한 면모가 있었다. 옛 동료 댄 해런은 "커쇼는 내가 함께 뛰어본 선수 중 유일하게 내 아내와 데이트하게 놔둬도 될 사람"이라고 말했다.

하지만 다섯 번째 날의 커쇼는 달랐다.

그날의 경기 준비는 경기장에 도착하기 전부터 시작되었다. "일어나자마자 그 누구하고도 말하고 싶지 않은 기분입니다." 커쇼는 말했다. 등판 당일 커쇼는 말이 없었지만 가만히 있지도 않았다. 다리는 안절부절못했고, 머리는 쉴 새 없이 돌아갔고, 심장은 쿵쾅거렸다. 구역질이 날 정도로 속은 울렁거렸다. 화가 났다거나 긴장했다기보다는(겉으로는 그렇게 보일 때도 있었지만) 그저 자신을 집어삼킬 듯한 과업에 사로잡힌 느낌이었다. 혼자 마운드에 올라 클레이튼 커쇼가 되어야 하는 순간이 그를 기다리고 있었다. 등판 당일이 되면 그는 누구와 이야기하는 것을 극도로 싫어했다. 아내 엘런이 상대여도 마찬가지였다. 커쇼는 이렇게 말했다. "등판 당일에는 그저 말하는 힘도 아끼고 싶은 마음이었습니다. 말도 입 밖으로 잘 나오지 않았고요."

고등학교 마지막 시즌을 앞두고 커쇼는 지역의 피칭 전문가 스킵 존슨에게 지도를 받았다. 존슨은 커쇼에게 거의 수업료를 받지 않았고, 커쇼는 한 번도 그 호의를 잊지 않았다. 수년 뒤 오클라호마 대학 야구팀 감독이 된 존슨은 커쇼에게 문자 메시지를 보냈다. 두 통의 메시지를 보냈을 때 커쇼로부터 전화가 왔다. 비상 상황이 생긴 줄 알고 걱정하던 커쇼는 존슨의 감독 부임 소식을 듣고 들뜬 목소리로 기뻐했다. 이어 존슨 감독이 대학 홍보 부서에서 보도자료를 준비 중인데 거기에 넣을 덕담을 해줄 수 있겠느냐고 묻자 커쇼는 "감독님, 코멘트는 못 드릴 것 같습니다. 저 오늘 등판하는 날이라서요"라고 답했다.

2010년 12월에 결혼한 후 LA로 이주한 커쇼 부부는 다섯 번째 날들을 부드럽게 넘기기 위해 함께 텔레비전을 시청했다. 클레이튼은 선발 등판 전에 「CSI」 드라마를 '정주행'했다. 엘런은 그를 방해하지 않는 법을 배웠다. 커쇼를 내버려두어야 한다는 원칙은 가까운 사람들 사이에 자연스럽게 퍼졌다.

커쇼는 전화를 거의 받지 않았다. 문자 메시지도 무시했다. 친구들도 다섯 번째 날에는 커쇼가 없는 별도의 단체 대화방에서 메시지를 주고받았다. 딸 캘리가 태어나고 이어 아들 찰리, 쿠퍼, 챈스가 차례로 태어난 후 커쇼는 등판 당일 아침에 보이던 냉소적인 면을 숨기게 되었다. 드라마 속 인물인 그리섬 반장의 사건 해결 과정을 보는 대신, 그가 "우리 애들"이라고 부르는 자녀들과 시간을 보냈다. 아이들은 수염이 가득한 아버지를 정글짐 삼아 매달렸다. "그이는 항상 아이 중 한 명을 무릎 위에 올리고 같이 뒹굴며 안아줬어요." 아내 엘런의 말이다.

부모가 되면서부터 '투수 커쇼'로 변하는 시간은 집이 아닌 경기장으로 향하는 운전 중에 시작되었다. 도착하자마자 그는 유니폼과 스파이크 등 모든 차림을 갖췄다. "선수들이 보통 경기장에 오자마자 그렇게 곧장 복장을 갖춰 입지는 않습니다. 일반적인 루틴은 아니죠." 전 동료 토니 왓슨의 말이다. 한번은 경기 시작까지 한참 남아 있을 때, A. J. 엘리스의 마이너리그 시절 감독 중 한 명이 클럽하우스를 방문했다. 그는 아들이 커쇼의 열렬한 팬이라며 사인공 하나만 받을 수 있겠느냐고 물었다. 엘리스는 그 부탁이 자칫하면 문제가 될 수도 있다는 걸 알고 있었지만 그럴 만한 가치가 있다고 생각했다. 커쇼는 아무런 말도 하지 않았다. 그저 야구공에 사인을 하며 계속 엘리스를 노려볼 뿐이었다.

커쇼는 말수는 적었지만 소리는 냈다. 클럽하우스를 돌아다니고 벽에 야구공을 튕겼다. 커브볼 그립으로 공을 가볍게 튕겨보며 에너지를 태우고 투구 감각을 찾으려 했다. 메이저리그 초창기 시절만 해도 커쇼가 이런 모습을 보이면 베테랑 포수 브래드 오스머스 같은 이들이 그 공을 낚아채며 긴장을 풀어주려 했지만, 소용은 없었다. 시간이 흘러 커쇼의 위상이 높아지자 그런 장난은 모두 사라졌다. 옛 동료였던 스킵 슈마커는 "커쇼가 등판하는 날은 마치 시즌 전체의 운명이 달린 경기를 뛰는 분위기였다"고 말했다. 클럽하우스 분위기는 날카롭게 날이 서 있다가도 축제처럼 바뀌었다. 선수들의 긴장감은 세계 최고의 투수와 함께 뛰는 설렘과 뒤섞여 있었다. 한때 다저스의 중간 계투였던 J. P. 하웰은 커쇼를 "오프 데이"라고 불렀는데, 그가 선발 등판하는 날에는 불펜 투수가 필요하지 않았기 때문이었다. 어떤 불펜 투수는 커쇼가 등판하는 날에는 야구화로 갈아 신지도 않고 불펜에 앉았다. 대부분의 선수는 커쇼 근처에서는 장난조차 치지 않았다. 장난을 칠 때도 모퉁이 너머를 슬쩍 곁눈질하며 귀를 쫑긋 세웠다. 그러다 스파이크를 신은 커쇼의 또각또각 소리가 들리면 돌아섰고, 실내에서 그와 동선이 겹치면 시선을 피했다. 어떤 동료들은 커쇼의 산소를 훔치고 싶지 않다는 농담을 하기도 했다. 모두가 그날의 공기, 그 소중한 자원이 누구의 것인지 잘 알고 있었다. "등판일에 클럽하우스로 들어오는 커쇼를 보면 '와, 오늘은 함부로 까불지 말아야겠다'는 생각이 절로 듭니다." 옛 다저스의 마무리 투수 켄리 잰슨의 말이다.

커쇼의 일정은 몸이 기억하고 있었고, 그 어떤 방해도 허락하지 않았다. 그는 고교 시절부터 경기 전마다 칠면조 샌드위치를 먹었다. 메이저리그에 와서는 직접 만들어 먹었다. 머스터드와 치즈는 필수, 양상추와 양파는 있으면 좋았으며, 마요네즈는 절대 금지였다. 커쇼가 클럽하우스 식당에 자리를 잡으면 자리가 비워지고 말소리는 줄어들었다. "커쇼 옆에 앉으면 딱 그런 기분입니다. '경기 몇 시간 앞두고 그렇게 예민하게 구니까 분위기가 싹 죽잖아.'" 엘리스의 말이다.

커쇼는 식사를 마친 뒤 트레이닝 룸으로 향했다. 비어 있는 치료대 하나가 그를 기다리고 있었다. 체이스 어틀리는 다저스로 이적한 첫날 그 치료대에 올라갔다. 어틀리는 야구계에서 큰 존경을 받는 선수였지만 다저스의 마사지 치료사 나카지마 요스케는 그에게 자리를 비워야 한다고 경고했다. "그가 3분쯤 뒤에 도착할 거예요. 일어나시는 게 좋을 겁니다." '파섬'이라는 별명으로 불리는 나카지마는 20년 넘게 다저스에서 마사지 치료사로 일해왔고 커쇼의 수문장 역할을 해왔다. 잰슨은 종종 커쇼가 도착하기 전 그 치료대에 누워 있곤 했는데, 그때마다 나카지마로부터 "거긴 커쇼 자리예요! 일어나세요!"라는 말을 들어야 했다. 트레이닝 스태프들은 커쇼를 위한 공간도 준비했다. 커쇼에게는 늘 레드불 한 캔과 단백질 바가 필요했다. LA 시절 말년, 한번은 3루수 저스틴 터너가 운동을 마치고 배가 고파 트레이닝 룸으로 뛰어들었다. 그는 테이블 위에 놓인 단백질 바를 발견하고 그대로 집어삼켰다. "뭐 하는 거예요?" 나카지마가 소리쳤다. 그 간식이 커쇼를 위해 준비된 것임을 알게 된 터너는 나카지마에게 새로 하나 구해달라고 애원했다.

트레이닝 룸은 커쇼에게 '성역'이었다. 유니폼을 완전히 다 갖춰 입고, 끈만 안 묶었을 뿐 경기에서 신을 스파이크까지 신은 채로 들어서는 순간부터 그 공간은 커쇼의 것이었다. 텔레비전에는 항상 야구 경기가 틀어져 있었다. 커쇼는 늘 정숙함을 요구했다. 한번은 키케 에르난데스가 휴대폰으로 영상을 시끄럽게 틀었다가 커쇼에게 험한 눈초리를 받았다.

몇 년 뒤, 신인인 카일 파머가 커쇼의 등판일에 그의 로커 옆에 앉아 있었다. 파머가 "안녕하세요?"라고 가볍게 인사를 건네자 커쇼는 으르렁거리는 듯한 소리를 낮게 내고는 곧장 일어서서 자리를 떠났다.

"말 걸지 마." 에르난데스가 파머에게 경고했다.

"뭐라고요?" 파머가 되물었다.

"괜히 말 걸다가 대가리 날아가는 수가 있어." 에르난데스가 말했다.

하지만 정작 에르난데스는 장난기 가득한 성격답게 자신이 한 말을 지키지 않았다. 에르난데스는 수년 동안 커쇼의 다섯 번째 날마다 그가 웃음을 터뜨리게 만들려고 애를 썼다. 그는 커쇼가 등판하는 날만큼은 웃음까지도 통제하려 든다는 걸 알고 있었다. 커쇼는 웃음을 참기 위해 입꼬리를 한쪽으로 당겼고 햄스트링 스트레칭을 하며 다리를 허공으로 뻗어 올렸다. 등판일에 웃는다는 것은 커쇼에게 허용되지 않았다.

커쇼를 오래 알아온 선수 중에도 다섯 번째 날에 감히 그에게 장난을 치는 대담한 이는 거의 없었다. 엘리스는 가끔 트레이너실에 들러 커쇼가 잠들어 있는지 확인했다. 커쇼가 깊이 잠들어 있으면 그날 상대 팀은 고된 하루를 각오해야 했다. 반대로 밤새 잠을 설친 기색이 보이면 그건 경기 중에 엘리스가 마운드에서 에이스의 리듬을 잡아줘야 할지도 모른다는 신호였다. 엘리스에 따르면 둘은 자주 이런 대화를 나눴다. "후회 없이 가보자. 오늘 경기를 위해 정신적으로든, 육체적으로든, 감정적으로든, 할 수 있는 준비는 다 했는지 스스로에게 물었을 때 '그렇다'고 답할 수 있도록." 경기 사이 나흘 동안 커쇼는 사람들과 더 잘 어울리는 것처럼 보였지만 그는 철저히 루틴을 유지했다. 웨이트

트레이닝, 달리기, 상대 분석 등 모든 것이 다섯 번째 날을 위해서였다. 그날 최대한 오래 던질 수 있도록 몸을 만들고, 그날 최대한 효율적으로 타자를 공략할 수 있도록 치밀하게 준비했다.

사전 스터디는 경기 시작 두 시간 전에 펼쳐졌다. 커쇼는 엘리스, 그리고 투수코치 릭 허니컷과 함께 미팅을 가졌다. 엘리스와 허니컷은 미리 만나 합을 맞췄다. 미팅이 시작되면 포수와 코치는 커쇼가 각 타자를 어떻게 공략할지 듣는 입장이 되었다. 커쇼는 타자별로 한두 타석이 아니라 네 번 상대하는 것까지 염두에 두고 계획을 세웠다. 커쇼는 어떻게 경기를 시작할지, 어떻게 끝낼지까지 모두 구상했다. 이견은 허락되지 않았다. 엘리스는 당시를 이렇게 회상했다. "제가 '내 생각엔 백도어 슬라이더가…'라고 하면 커쇼는 '안 돼!' 하고 말을 자릅니다. 다시 '백도어 슬라…' 하면 '내 말 못 들었어? 백도어 슬라이더는 절대 안 된다고!' 하는 식이었죠." 커쇼는 자신이 세운 계획을 바꾸려면 명확한 근거를 가져올 것을 요구했다. 설령 그 근거가 일리 있다 해도 받아들이지 않을 때도 있었다. 커쇼는 말했다. "제가 고집이 셌어요. 진짜 고집쟁이였죠."

커쇼는 쉽게 믿지 않았다. 친한 친구들은 고교 때부터 쭉 똑같았다. 타인과는 거리를 뒀다. 데이브 로버츠 다저스 감독은 커쇼를 "내가 감독한 선수 중 가장 다루기 어려운 선수이자, 투쟁심이 가장 뜨거운 인물"이라고 표현했다. 워낙 뛰어난 데다 고집도 세고 변화에 대한 경계심도 심했기 때문이었다. 커쇼는 자신이 원하는 방식대로 하는 것을 좋아했다. 그는 모든 것을 정확하게 해내려 했다. 만일 커쇼가 오후 6

시 20분에 더그아웃에 들어왔다면(새뮤얼 L. 잭슨과 인사조차 하지 않았던 그날처럼) 그건 오후 5시 58분에 왼팔을 핫팩으로 감싸고 허리에는 진통제 연고를 바른 뒤 6시 10분에 레드불을 '원샷'하고 6시 23분에는 외야에서 스트레칭을 했다는 뜻이었다. 그리고 6시 36분에는 코치가 와서 그를 스트레칭해주었고, 불펜에서 같은 구종을 같은 순서로 던졌다. 그는 경기 전 항상 같은 기도를 올렸다. "주님, 무슨 일이 일어나든 저와 함께해주세요." 그리고 상대 타자들을 대할 때는 다섯 번째 날에 다른 사람을 대할 때와 똑같이 냉담했다.

"커쇼처럼 인간적으로 좋은 사람도 없어요." 전 동료 제이미 라이트는 커쇼를 이렇게 회상했다. "그런데 다섯 번째 날만 되면 그냥 짐승이에요."

대부분의 동료가 이해하지 못했던 것은(커쇼가 그들에게 말하지 않았기 때문이기도 했지만) 이 모든 행동의 뿌리에 불안감이 자리 잡고 있었다는 사실이었다.

어릴 적 부모님이 이혼하고 몇 년이 지난 어느 날 클레이튼 커쇼는 어머니 메리앤에게 이렇게 물었다. "엄마, 우리가 잘살긴 하는데 하일랜드파크급으로 잘사는 건 아니지?"

커쇼는 눈치가 빠른 아이였다. 그는 또래들과 전혀 다른 소득 계층에 속해 있었다. 커쇼 가족은 부유하다고 하기는 어려웠는데, 소위 '영원히 살 집'이 거래되는 동네인 하일랜드파크에서 그들은 임대 주택에 살고 있었다. 하일랜드파크는 특권층 자녀들을 위한 안정된 울타리였고, 학업과 운동 면에서 무한한 기회의 땅이었다. 커쇼의 어린 시절 친구들은 나중에 은행가, 부동산 개발업자가 되었고 매슈 스태퍼드는 슈퍼볼 우승 쿼터백이 되었다. 부모님의 이혼 이후 커쇼는 아버지 크리스토퍼를 점점 덜 보게 되었다. 아버지는 음악가였다. 어머니 메리앤은 그래픽디자이너로 긴 시간을 일했지만 하일랜드파크에 계속 살기 위해서는 돈을 빌려야 했다.

한동안 커쇼는 부모님 사이를 오가며 시간을 보냈다. 아버지는 데리러 오는 시간에 자주 늦었다. 어머니가 데려다줄 차례에는 지각하지 않기 위해 경기 몇 시간 전부터 데려다 달라고 애원했다. 그런 무력감은 그에게 불안을 심어주었다. 그는 마음속으로 다짐했다. 언젠가 내 스케줄을 조정할 수 있게 된다면 절대 늦지 않겠노라고. 아버지는 훗날 재혼했고 점점 커쇼의 인생에서 멀어졌다. 완전히 사라지지는 않았지만 함께 있지도 않았다. 어머니는 대부분의 시간을 일로 채웠다. 커쇼는 친구 집에서 저녁을 먹는 일이 많았다. 그는 스스로 살아남는 법을 배웠다. 그의 어머니는 이렇게 말했다. "클레이튼은 단 한 번도 마음을 완전히 내려놓고 기뻐한 적이 없는 것 같아요. 그 애는 너무 오래, 너무 많은 책임을 안고 살아왔어요."

커쇼는 고교 시절을 "돈 문제가 본격적으로 시작되었던 시기"라고 말했다. 집안 사정이 어렵다는 것을 눈치챈 것이었다. "입을 옷이 없어서 '셔츠가 없네' 하고 생각했던 적은 없습니다. 그런 수준까지 간 것은 아니었죠. 하지만 '오늘은 차에 주유할 때 다 채우지 말고 조금만 넣으렴' 같은 말을 들었던 것은 기억납니다. '지금 10달러 있으니까 그만큼만 넣어' 하는 식이었죠." 대부분의 또래가 끝없이 펼쳐진 미래를 상상할 때 커쇼는 자신의 앞길이 제한되어 있을까 봐 걱정했다. 어머니는 간신히 괜찮은 공립학교에 그를 다니게 해주었지만, 대학 등록금은 도저히 감당할 수 없을 것처럼 느껴졌다. "집안 사정이 어렵다는 것을 알아차릴 나이가 되었을 때부터 마음속에 불안이 싹트기 시작했어요." 커쇼의 말이다. "그냥 '앞으로 돈 문제를 어떻게 해결하지?' 같은 생각이 드는 거죠."

그 질문에 대한 답은, 커쇼의 왼팔이었다. 그는 어릴 적부터 야구를 좋아했다. 사춘기에 접어든 그는 더 이상 야구를 놀이처럼 여길 수 없다는 것을 깨달았다. 그때부터 사이클이 시작되었다. 그는 자신이 등판하는 날에는 학교에 가고 싶지 않았다. 수업에 집중할 수 없었다. 경기 전 식단을 조절할 수도 없었고, 주변 사람들에게 조용히 좀 하라고 할 수도 없는 노릇이었다. 그런 와중에도 그가 내뿜는 에너지 자체는 강렬했다. "한번 생각해보세요. 벤치에 앉아 잔뜩 찌푸린 얼굴로 먼 하늘만 노려보는 아이가 하나 있으면 어떻겠습니까." 어릴 적 친구이자 전 다저스 동료였던 숀 톨레슨은 말했다. 청소년 시절 코치였던 토미 에르난데스도 덧붙였다. "커쇼는… 잘 웃는 친구는 아니었죠."

자신을 단단히 만들기 위해 커쇼는 자기 내면과 더 높은 목표를 바라보았다. 야구부에 합류했을 때 커쇼는 뛰어난 투쟁심을 지니고 꽤 괜찮은 커브볼을 던질 줄 아는 통통한 체격의 신입생이었다. 2학년을 마쳤을 때 그의 키는 크게 자랐다. 대학 코치들과 스카우트들이 커쇼의 경기를 보기 위해 몰려들었다. 점점 체격이 커질수록 그는 더욱 더 높은 목표를 갖게 되었다.

열다섯 번째 생일을 맞이하기 한 달 전, 커쇼는 한 여학생의 사물함 앞을 찾았다. 엘런 멜슨은 발랄하고 붙임성 있는 성격으로, 치어리더 활동과 아이돌 그룹 '백스트리트 보이스'에 푹 빠져 있었다. 커쇼가 데이트 신청을 하고 엘런이 이를 수락하면서 둘의 인연이 시작되었다. 멜슨 가족은 커쇼에게 '제2의 가족'이 되었고, 그는 오랫동안 갈망했던 따뜻함을 그들에게서 느꼈다. 커쇼와 어머니 메리앤은 휴일이면 멜슨 가족과 함께 시간을 보냈고, 커쇼는 매주 일요일 하일랜드파크 장로교회 예배에 따라갔다. 엘런과의 대화를 통해 커쇼는 자신의 신앙을 새롭게 정립했다. 그에게 하나님은 멀고 추상적인 존재였지만, 엘런은 주님이 늘 가까이에 계시며 그분의 은혜가 그와 함께하고 있다고 믿게 도왔다.

커쇼는 점점 커져가는 운동선수로서의 재능을 하늘이 주신 선물로 보기 시작했다. 왼팔은 단순한 신체의 일부가 아니었다. 그것은 더 큰 일을 하기 위한 도구였다. 그는 자신에게 주어진 이 능력이 어떤 책임을 의미한다고 느꼈다. 그가 가장 좋아하는 성경 구절은 "무슨 일을 하든지 마음을 다하여 주께 하듯 하고, 사람에게 하듯 하지 말라"라는 골로새서 3장 23절이었다.

시간이 지나며 커쇼의 신앙은 깊어졌다. 그는 '고교 유망주 투수'에서 '위대한 투수'로 성장해갔다. 2006년 드래프트에서 다저스가 전체 7순위로 그를 지명했을 때 커쇼는 자신이 쌓아온 신앙이 보상을 받았다고 느꼈다. 하지만 드래프트가 그의 마음속 깊은 책임감까지 덜어준 것은 아니었다. 커쇼는 여전히 자신과 어머니를 짊어지고 있었다. 커쇼가 다저스로부터 받은 230만 달러♦의 계약금으로 처음 한 일 중 하나는 어머니의 빚을 모두 갚는 것이었다. 하지만 아버지에게서 전화가 왔을 때는 어떻게 반응해야 할지 몰랐다. "제가 지명받고 나니 연락해와서는 '돈 좀 줄 수 있니?' 하는 식이었어요."

처음으로 재정적 자유를 얻게 되었지만 커쇼는 긴장을 늦추지 않았다. 그는 프로야구 투수의 5일 사이클을 몸에 익혔다. 이 사이클은 그가 유망주에서 리그 최고의 투수 중 하나로 성장하는 발판이 되었다. 매 단계에 새로운 동기가 생겼다. 마이너리그에서는 메이저리그로 승격하는 것이 목표였고, 그다음에는 연봉 조정 신청 자격을 얻어 수백만 달러의 연봉을 받는 것, 이후에는 빅리그에서 상대 팀을 압도해보는 것이 목표였다. "정상을 향해 올라갈 새로운 이유가 항상 생기더라고요." 커쇼가 그 모든 목표를 하나하나 이루었을 즈음, 동시에 2014년 재정적 걱정을 완전히 날려버리게 해준 2억 1,500만 달러♦♦ 연장 계약에 사인했을 즈음, 커쇼는 아직 이루지 못한 단 하나의 목표에 사로잡혀 있었다.

♦ 2006년 당시 230만 달러는 물가 상승률을 반영한 2025년 기준으로 약 360만 달러(약 50억 원 이상) 정도의 가치를 갖는다.

♦♦ 2014년 환율 기준 약 2,300억 원

어떤 위대한 이들은 오히려 해내지 못한 일들로 기억된다. 클레이튼 커쇼도 오랫동안 그런 사람이었다.

커쇼의 탁월함은 일종의 '무적의 분위기'를 만들어냈다. "그렇게 오래, 매년 잘하는 것은 정말 말이 안 되는 일입니다." 전 동료 알렉스 우드는 커쇼를 이렇게 평가했다. 커쇼를 표현하는 말은 아군이든 적군이든 모두 비슷했다. "커쇼는 제게 역사상 최고의 좌완 투수입니다." 뉴욕 양키스의 에이스 게릿 콜은 말했다. 샌프란시스코에서 오랫동안 경쟁자였던 매디슨 범가너는 "커쇼는 역사상 최고의 투수"라고 단언했다. 전 자이언츠 소속 선수였던 브랜든 벨트♦는 커쇼를 이렇게 평했다. "제가 메이저리그에서 뛴 시즌마다 커쇼는 제가 상대했던 최고의 투수였습니다." 메이저리그에서 20년을 던진 잭 그레인키는 "함께해본 모든 투수 중에서 커쇼를 가장 높게 평가합니다"라고 말했고, 내셔널리그 서부지구에서 오랜 기간 맞붙어온 폴 골드슈밋은 "제가 가장 좋아하는 야구 선수입니다. 타자 입장에서는 투수를 '내가 가장 좋아하는 선수'라고 말하고 싶지는 않지만요" 하고 말했다.

커쇼는 강속구 투수였지만 더 빠른 공을 던지는 이들도 있었다. 그의 커브와 슬라이더는 날카로웠지만 더 지저분한 구종을 던지는 이들

♦ 고교 시절 투수로도 뛰었던 벨트는 훗날 대학 진학 후 샌프란시스코 자이언츠의 지명을 받고 1루수로 프로 생활을 하게 된다. 유독 커쇼를 상대할 때 취약한 모습을 보였는데, 빅리그 통산 62타수 4안타로 타율이 .065에 불과했고 삼진은 30차례나 당했다.

도 있었다. 그는 체격이 큰 투수였지만 더 크고 더 유연하게 움직이는 투수들도 있었다. 전 자이언츠 감독 브루스 보치는 "(선수를 볼 때는) 그 사람 자체를 봐야 합니다. 그 안에 얼마나 강한 투쟁심이 있는지 말입니다. 내면에 그런 모습을 갖고 있지 않다면 선수로서 성공할 수 없습니다"라고 말했다. 다저스 구단의 프런트 오피스 수장으로서 다저스가 꾸준한 강팀으로 군림할 수 있게 한 '설계자' 앤드루 프리드먼 사장은 커쇼를 두고 "이제껏 본 사람 중에서 가장 투쟁심이 뛰어나다"고 말했다. 수년간 팀 동료였던 브랜던 매카시는 커쇼의 능력이 타고난 것인지 궁금해했다. "그냥 타고난 선물인 걸까요?"

이런 커쇼가 가을만 되면 부진했던 것은 그래서 더욱 미스터리한 일로 느껴졌다. 다저스는 2013년부터 2019년까지 7년 연속 포스트시즌에 진출했다. 하지만 어느 해에도 우승하지 못했다. 커쇼는 다섯 번이나 시리즈 마지막 경기를 망쳤다. 이후 그의 가을 부진은 단순한 우연의 일치에서 전국적인 '집착의 대상'이 되었다. 그는 가을 야구의 중심으로 떠올랐다. 커쇼는 왜 해내지 못했을까? 왜 우승하지 못했을까? 언제쯤 다저스에 월드시리즈 트로피를 가져다줄까? 다저스는 1988년 이후 챔피언 타이틀을 차지한 적이 없었다. 그해 다리를 절뚝이며 타석에 섰던 커크 깁슨과 오렐 허샤이저가 이끈 월드시리즈 우승이 마지막이었다. 커쇼는 팀의 오랜 가뭄을 끝낼 존재로 기대를 한몸에 받았지만, 이제 그 가뭄을 지속시킨 원흉으로 비난받았다.

2017년, 커쇼는 휴스턴 애스트로스와의 월드시리즈에서 무너졌다. 상대가 불법 사인 훔치기 시스템을 가동 중이라는 사실을 전혀 모르

고 있었다. "그 일에 대해 아직도 PTSD를 겪고 있어요." 커쇼가 말했
다. 2019년에는 워싱턴 내셔널스에게 결정적인 홈런 두 방을 허용했
다. 더그아웃에서 그는 고개를 숙이고 차베스 라빈♦의 어스름한 하늘
을 바라보았다. 주변 동료들은 눈물을 머금고 분한 표정으로 그를 바
라보았다. 동료들은 커쇼가 20대 시절에 얼마나 많은 이닝을 던졌는지
를, 몸이 무너지기 시작하기 전까지 얼마나 투구했는지를 알고 있었다.
동료들이 본 것은 자기 몸을 희생해서 마운드에 나서는 한 남자의 모
습이었다. "어떤 투수들은 완전히 다 낫기 전에는 절대 안 던지겠다고
합니다. 하지만 커시♦♦는 한 번도 그런 적이 없었습니다." 옛 동료였던
마이클 영은 당시를 그렇게 회상했다. 동료들은 커쇼가 얼마나 열심히
훈련했는지를 모두 알고 있었다. 그의 루틴을 바로 옆에서 지켜본 이들
이었다. 그리고 그것이 그에게 얼마나 중요한 의미인지도 알고 있었다.
"실패할 때마다 커쇼가 얼마나 상처를 받았는지, 저는 다 알았어요."
전 동료 조시 린드블럼의 말이다.

때때로 동료들과 친구들은 커쇼의 어깨 위에 놓인 짐에 대해 걱정했
다. 다저스는 그에게 너무 많은 것을 기대하고 있었다. 그는 신인 드래
프트 1라운드 지명자였고 팀의 1선발이었으며 구단의 얼굴이었다. 다
저스에 합류하고 얼마 되지 않았을 때부터 커쇼는 과거 브루클린 다저

♦　차베스 라빈(Chavez Ravine)은 현재 다저스 홈구장인 다저스타디움이 자리한 곳의 지명이다. 차베스는
사람 이름이고 라빈은 협곡이라는 뜻이다. 다저스타디움 건설 전에는 많은 중남미계 인구가 거주하던
곳이었다.

♦♦　클레이튼 커쇼의 애칭

스 '보이스 오브 서머'◆ 시절을 지나 캘리포니아 남부의 왕으로 군림했던 전설적인 투수 쿠팩스와 비견되었다. 전 다저스 선수 저스틴 터너는 이렇게 말했다. "커쇼를 다저스를 구원할 존재, 다저스의 차세대 샌디 쿠팩스라고 하잖아요. 샌디의 발자취를 따르려는 커쇼가 짊어지고 있는 무게, 그건 정말 무거운 짐입니다."

쿠팩스와 커쇼는 52세의 나이 차가 있었지만 두 사람은 친구가 되었다. 하지만 커쇼는 누군가의 발자취를 따라가야 한다는 생각 자체를 거부했다. "저는 이런 식이었습니다. '차세대 쿠팩스요? 전혀 관심 없는데요.' 샌디 쿠팩스가 되는 일에는 관심이 없었고 그렇게 되기 위해 노력하지도 않았습니다. 저는 그럴 생각이 없었습니다. 제게는 완전히 다른 이유와 동기가 있었습니다."

커쇼가 짊어진 무게는 오직 그 자신의 것이었다. 그리고 그 무게는 그만이 감당해야 할 짐이었다. 내셔널스에게 패한 후 그는 충격에 빠져 클럽하우스 안에 멍하니 서 있었다. 홀로 조용히 "내가 초커◆◆라는 평판이 정말 맞는 것은 아닐까?"라고 내뱉기도 했다. 그는 깊은 혼란 속에서 자신과 마주했다. 그리고 변해야 한다는 것을 깨달았다. 그래서 바꾸었다. 아주 미묘하고도 깊은 방식으로 자신의 방식을 잃지 않으면

◆　지난 1972년에 출간된 야구 역사상 가장 유명한 논픽션, 『보이스 오브 서머(The Boys of Summer)』에서 생겨난 표현이다. 저자 로저 칸은 1950년대 브루클린 다저스를 주로 취재했는데, 이 책은 당시 스타 플레이어였던 재키 로빈슨과 듀크 스나이더 등을 중심으로 야구 선수로서의 삶과 은퇴 후의 삶을 교차 묘사해 높은 평가를 받았다. 이후 '보이스 오브 서머'는 브루클린 다저스 시절의 향수 및 과거의 팀 문화를 상징하는 표현으로 자리 잡게 되었다.

◆◆　초커(choker)는 큰 경기에서 무너지는 선수를 뜻한다.

서도 새로운 개념들을 받아들였다. 그 이듬해 코로나19 팬데믹으로 인해 단축 진행된 시즌 속에서 팀이 마침내 월드시리즈 우승을 차지했을 때, 커쇼의 마음을 지배한 감정은 안도였다. "자신이 짊어진 짐이 얼마나 무거운지, 사람은 잘 모릅니다." 커쇼가 말했다. "왜냐하면 어느 순간부터는 그냥 그 무게에 익숙해져 버리거든요."

2021년에는 부상이 따라다녔고, 2022년은 실망스러운 결말로 끝났다. 커쇼는 다시금 자신이 이 모든 것을 왜 시작했는지, 왜 계속하고 있는지, 그 동기와 이유를 곱씹었다. 다음 다섯 번째 날을 향한 로테이션을 다시 시작하기 위해 그는 마음을 가다듬어야 했다. 돈 때문이 아니었다. 명예의 전당 입성 자격도 이미 충분히 증명된 상태였다. 커쇼는 "더 이상 개인으로서 받는 상과 관련된 목표는 없다"라고 했다. 그의 몸은 이미 20년에 걸친 투혼과 희생의 흔적을 품고 있었다. 하지만 또 한 번 월드시리즈에서 우승할지도 모른다는 생각이 계속 눈앞에 아른거렸다. 그리고 그렇게 익숙한 사이클이 다시 고개를 들고 있었다.

산타클로스가 하일랜드파크에 다녀간 다음 날, 커쇼는 그 지역 자선단체 사무실의 간이 주방 안에 서 있었다. 그의 집에서 차로 3분 거리에 있는 곳이었다. 그는 옷을 입고 아이들에게 아침을 먹인 뒤 캐치볼 훈련을 마쳤다. 종종 친구들에게는 이런 얘기를 했다. "선수 생활이 끝나면 아이들 등하교 도우미 같은 것을 해보고 싶어." 하지만 그는 알았다. 그렇게 되기까지는 많은 시간이 남았다는 것을. 어쩌면 가족과 함께 RV(레저용 차량)를 타고 야구장이 없는 미국 곳곳을 여행할 수도 있겠다고 생각했다. 그는 선수 생활 중 수없이 많은 곳을 여행했지만 사실상 아무것도 제대로 보지 못했다. 하와이에 가본 적도 없고 유럽 대륙에도 발을 디뎌본 적이 없었다. 일정에 캐치볼이 포함되지 않는 여행은 상상조차 할 수 없었다. 멕시코 신혼여행 때도 야구공을 여러 개 챙겨가서는 리조트 침대에 있는 베개에 공을 던졌다.

나는 커쇼에게 물었다. "마음 한편에서는 앞으로가 기대되기도 하지 않…."

"기대되죠. 100퍼센트 그렇습니다." 커쇼가 답했다.

"이를테면 5일 사이클을 살지 않아도 된다는 점 말이죠." 내가 되물었다.

"정말 멋질 거예요." 커쇼가 말했다. "그게 정말 기다려집니다. 두 가지 모두 장점이 많거든요. 어려운 건, 어느 한쪽만 원하지 않는다는 겁니다."

커쇼는 엘런이 늘 해주던 "시간을 당연하게 여기지 말라"라는 말을 떠올렸다. 아이들이 즐겁게 뛰놀라고 만든 야구를 직업으로 삼을 수 있었던 그는 드문 행운을 가진 사람이었다. 훌륭한 선수 중에서도 가장 뛰어난 재능을 갖고 있었고, 마지막 공을 던진 후에도 오래도록 기억될 존재였다. 그는 그런 재능, 그 '선물'을 존중하고 싶었다. 온 마음을 다해 그것을 지키고 싶었다. "저는 마지못해 시즌을 버티는 식으로 뛴 적은 없었습니다. 이것은 우리, 저 자신뿐 아니라 가족 전체의 선택이었습니다. 우리가 원해서 뛰기로 한 것이었습니다. 저도 원해서 뛰었습니다."

밴을 타고 떠나는 여행도, 교통 도우미 일도, 수십 년의 자유도 잠시 뒤로 미루어졌다. 지금은 또 한 번, 다섯 번째 날이 반복되는 삶을 택했다. 그 선택 앞에서 스스로 다짐했다. 구단에게, 동료들에게, 그리고 자기 자신에게 모든 것을 바치겠다고.

2장
조용한 집

　학교 수업은 오후 3시에 끝났고, 하일랜드파크의 거리로 소년 소녀들이 쏟아져 나왔다. 커쇼의 아이들은 멀리 갈 필요가 없었다. 그들의 앞마당은 바로 초등학교 운동장을 내려다보고 있었다. 클레이튼과 엘런은 첫째 딸 캘리가 태어나기 전 이 집을 샀다. 몇 년 뒤 엘런의 언니가 두 집 떨어진 곳으로 이사를 왔다. 엘런이 자라온 집, 즉 그들의 아버지 짐 멜슨이 아직 살고 있는 집은 불과 몇 블록 떨어진 곳에 있었다. 이웃집들의 잔디밭은 서로 맞닿아 끝없이 이어졌고, 그 에메랄드빛 띠는 각 집을 하나의 커다란 마을처럼 이어주었으며, 아이들은 그 위를 뛰놀았다.

　커쇼의 아이들, 사촌들, 친구들이 집 앞에 모였다. 몇몇은 잔디밭을 가로질러 춤을 추었고, 아이들은 커쇼의 차고 옆에 설치된 트램펄린 위에서 튀어 올랐다. 부모님들은 현관 앞 돌계단 위에 핫초코와 마시멜로, 휘핑크림을 줄지어 놓았다. 이 현대판 '로크웰 풍경'[♦]은 몇 분 동안 이어지다, 비가 내리자 모두 커쇼의 거실로 우르르 뛰어들었다.

"이 동네가 조용한 날은 거의 없습니다." 커쇼는 말했다. "꽤 재미있어요. 진짜 재미있어요."

거실 안, 부모님들은 소파 위에 옹기종기 모여 앉았고 아이들은 바닥에 몸을 던졌다. 엘런은 종잇조각 위에 이름을 적어 컵에 담았다. 일곱 살 난 캘리가 '공식 선언'을 했다. "시크릿 산타 시작이야, 모두!"

커쇼는 의자를 끌어다 부엌 식탁에 앉았다. 그는 얼룩이 묻은 흰색 후드 티셔츠에 운동용 반바지를 입고 있었다. 커쇼가 정장 바지를 싫어한다는 사실은 꽤 유명한데, 한 시즌 내내 절대 정장 바지를 입지 않겠다고 맹세한 적도 있었다. 엘런은 "Merry & Bright(즐겁고 빛나게)"라고 적힌 분홍색 크루넥 스웨터를 입고 있었다. 나는 두 사람이 여전히 서로 선물을 주고받는지 물었다. 엘런은 어이없다는 표정으로 나를 쳐다봤고, 남편은 웃었다. "엘런은 크리스마스 챙기는 것을 정말 좋아합니다. 진짜 크리스마스 엘프처럼 군다니까요." 커쇼가 말했다. 엘런은 아이들에게 주의 사항을 알려주었다. 선물 예산은 20달러[♦♦]만 써야 하고, 절대 미리 말하면 안 된다는 것이었다.

♦　미국의 유명 화가 노먼 로크웰은 미국 중산층의 이상적인 가족생활, 정겨운 일상 및 공동체 모습을 자주 다루었다. 하일랜드파크 아이들이 잔디밭에서 행복하게 뛰노는 모습이 로크웰의 그림과도 같았다는 뜻이다.

♦♦　약 3만 원

"누구한테 주는 건지 말하면 안 돼, 찰리!" 커쇼가 첫째 아들 찰리에게 다정하게 말했다. 찰리는 얼마 전 여섯 번째 생일을 맞았다.

이름을 다 뽑고 나자 아이들은 집 안 곳곳으로 흩어졌다. 딸 캘리 옆에 서 있던 커쇼는 자신의 딸이 구슬과 다채로운 수제 장신구를 꺼내는 모습을 지켜봤다. 캘리가 태어나기 전 커쇼는 딸을 어떻게 키워야 할지에 대해 생각해본 적이 없었다. 그는 스스로 깨달았다. 무슨 일이든 다 털어놓고 말할 수 있는 아빠가 되고 싶었다. 캘리가 구슬을 고르며 집중하는 동안 커쇼는 딸과 함께할 수 있는 '유대 활동'을 고민했다.

"골프 쳐보고 싶어?" 커쇼가 묻자 딸의 답이 돌아왔다. "절대 치고 싶지 않아." 커쇼가 "그럼, 아빠가 골프 치러 가는데 너랑 같이 있고 싶다 하면? 그럴 땐 어때?"라고 물으니 캘리는 고개를 저었다. 싫다는 뜻이었다. 커쇼는 개의치 않고 얼굴 가득 미소를 지으며 말했다. "그래, 알겠어."

하루 뒤 짐 멜슨은 커쇼 매니지먼트 사무실에 앉아 있었다. 그는 사람의 인생에는 타고나는 삶과 스스로 만들어가는 삶이 따로 있다고 믿었다.

"이건 그냥 제 추측이긴 합니다만, 만일 기자님이나 제가 클레이튼과 메리앤처럼 한부모 가정에서 살아왔고 그런 의미에서 '가족'이란 걸

온전히 경험해보지 못했다면, 어쩌면 우리도 그런 사랑에 조금은 굶주
리고 갈망하게 되지 않았을까 싶어요."

멜슨은 아이 넷을 가리켰다. 그리고 커쇼와 20년 넘게 인연을 이어
오고 있는 자신의 딸을 가리켰다. 큰 웃음소리와 북적거림, 잔디밭과
거실을 뛰노는 아이들로 가득한 집이었다.

"그러니까 결국 클레이튼은 자신이 어릴 때 갖지 못했던 삶을 지금
살고 있는 거예요."

커쇼는 자신의 어린 시절을 몇 개의 시기로 나누어 기억했다. "열 살
까지는 정말 행복한 유년기를 보냈어요. 한 살부터 열 살까지 누렸던
삶은 평생 감사하게 생각할 거예요." 이 '설명'은 오랜 시간에 걸쳐 그
가 다듬어온 것이었다. 그 당시 겪었던 혼란과 기억이 잘 나지 않는 부
분은 슬쩍 넘어간 설명이었다. 어린 시절, 그는 부모님 사이에 뭔가 긴
장감이 흐른다는 걸 어렴풋이 느꼈다. 그 직감은 1990년대 후반 어느
날 현실이 되었다. 크리스와 메리앤 커쇼는 아들 클레이튼에게 거실로
오라고 말했다.

"아마 아홉이나 열 살쯤이었을 거예요. 정확한 나이는 기억나지 않
습니다. 부모님이 각방을 쓰고 계셨거든요. 그래서 '이상하네. 아빠가
늦게까지 일하시는 건가?' 뭐 그런 생각을 했습니다. 그러다 결국 두

분이 저를 앉혀놓고 말했죠. '우리는 이혼할 거야', '아빠는 따로 살 거야' 그런 식으로요."

나이가 들수록 커쇼는 자신의 기억이 얼마나 불완전한지를 깨닫게 되었다. 그는 대화를 그대로 기억하거나, 감정적으로 강렬한 순간을 또렷하게 되살리거나, 내면의 감정을 세세하게 기억하는 등의 일에는 서툴렀다. 하지만 그의 머릿속에는 숫자와 수치, 공간 배치 같은 정보들이 저장되어 있었다. 누군가의 생일, 전화번호, 좋아하는 곡의 노래 길이를 기억할 수 있었다. 첫 차로 구매했던 포드 F-150 킹랜치 트럭의 가격(3만 7,000달러)이나 에이전트가 처음 받아간 커미션 금액(8만 4,000달러) 같은 것도 정확히 기억했다. 커쇼의 처형(妻兄)인 앤 히긴보텀은 차량 관련 민원 업무를 보러 차량관리국에 갔을 때 자신의 자동차 번호가 기억나지 않으면 클레이튼에게 전화를 걸었다. 어릴 적 친구였던 숀 톨레슨도 "만일 제가 지금 커쇼한테 문자로 '내가 열여섯 살 때 타던 도지 램 트럭 번호가 뭐였는지 기억나?'라고 물으면, 틀림없이 기억해낼 겁니다"라고 말했다.

한번은 피닉스에서 경기를 마친 뒤, 커쇼는 몇몇 동료들과 함께 잭 그레인키의 집을 방문했다. 그레인키는 애리조나 다이아몬드백스 로고가 새겨진 듄 버기♦를 보여주었다. "이건 꼭 타봐야겠는데!" 커쇼가 말했다. 그레인키는 대문 옆에 가만히 서서 거주 단지 정문 비밀번호를 조용히 중얼거리며 게이트를 열었다. 커쇼는 A. J. 엘리스, 영상 분석

♦ 사막을 달릴 수 있도록 특별히 개조된 소형 오프로드 차량

코디네이터 존 프랫과 함께 듄 버기를 몰고 스코츠데일 시내를 30분쯤 돌아다녔다. 그리고 돌아와서는 아무 말 없이 그레인키가 중얼거린 그 비밀번호를 정확히 눌러 직접 문을 열었다.

하지만 남에게 들려주는 이야기든, 남으로부터 듣는 이야기든, 커쇼에게 '이야기'란 늘 희미하고 실체가 없는 듯한 느낌이었다. 때때로 커쇼의 이런 면은 아내를 답답하게 만들었다. "엘런이 자주 말해요. '애들 어렸을 때 기억나?', '그때 우리가 했던 거 기억나?' 이런 식으로요." 그의 '기억'은 사소한 일부터 인생의 큰 사건까지, 줄줄 미끄러지듯 빠져나가곤 했다. 그는 부모님이 어떻게 만났는지 누군가에게 말해줄 수 없었고, 왜 이혼하게 되었는지도 설명할 수 없었다. 세부적인 기억은 흔적 없이 잊혔다.

"정확히 무슨 대화를 나누었는지는 기억이 나지 않습니다. 하지만 거실에 앉아 있었던 건 기억나요." 커쇼는 당시를 이렇게 회상했다. "하지만 이제는 그렇게 신경 쓰이지 않습니다. 그냥 제 뇌가 그렇게 작동하는 것 같아요. 장소는 기억나요. 예를 들면, 의자가 어디에 있었는지는 기억이 납니다."

1985년 어느 밤 전설적인 리듬 앤드 블루스 기타리스트 보 디들리는 댈러스의 클럽인 푸어 데이비즈 펍에서 공연을 하기로 되어 있었지

만, 키보드 연주자가 나타나지 않았다.

공연장을 찾은 관객 중에는 언제나 무대 위의 영웅들과 함께 연주하는 꿈을 꾸는 이들이 있기 마련이다. 하지만 실제로 그런 무대를 함께할 수 있을 만큼 재능이 뛰어난 이는 드문데, 크리스 커쇼가 바로 그 드문 사람이었다. 그날 밤 푸어 데이비즈 펍에서 그는 「후 두 유 러브(Who Do You Love)?」를 작곡한 그 남자와 함께 무대에서 히트곡을 연주하며 건반을 두드렸다.

크리스는 당시 약 20년간 몸담고 있었던 라디오 방송 광고 음악 제작사인 잼 크리에이티브 프로덕션의 상사 조너선 울퍼트에게 이런 말도 했었다. "음악은 제 인생입니다. 저는 항상 음악가였어요. 물론 프로 농구 선수가 되고 싶었지만, 음악 쪽 재능이 더 나았죠." 1994년 울퍼트는 동료 음악가들과 일련의 인터뷰를 진행했는데, 그중 하나가 크리스 커쇼와의 대담이었다. 그 자리에서 크리스는 자신의 유년 시절에 대해 자세히 들려주었다.

그의 아버지 조지 클레이튼 커쇼는 제2차 세계대전으로 호주에 주둔하던 당시 엘리스 아이린 에번스를 만나 결혼했다. 두 사람은 1943년에 결혼했고, 여섯 해 뒤인 1949년 맨해튼에서 크리스토퍼 조지 클레이튼 커쇼가 태어났다. 당시 조지 커쇼는 화학 엔지니어로 일하고 있었는데, 마흔이 넘은 나이에 진로를 바꾸어 성공회 목사가 되었고, 이후 가족을 데리고 자신이 자란 텍사스로 돌아갔다. 그리고 조지는 남은 생애 동안 댈러스 곳곳에서 설교 활동을 했다.

조지의 직업은 외아들인 크리스의 인생에 결정적인 영향을 끼쳤다.

크리스는 교회 성가대에서 노래를 불렀고, 악보 읽는 법과 사람들과 화음 맞추는 법을 배웠다. 그는 댈러스에 있는 사립 남학교인 세인트 마크스 스쿨 오브 텍사스에 다녔는데 그곳에서 그는 운동선수라기보다 가수에 가까웠다. 1967년 졸업 앨범을 보면 친구들이 그를 "학년 최고의 가수", "한순간도 잘 나가본 적 없는 농구 선수", "베테랑 동네 야구 선수"로 묘사했는데, 그래도 야구와 관련해서는 마지막 학년에 가서나마 팀에 이름을 올리기는 했다. 그는 학창 시절 교내 라디오 방송국을 운영하기도 했는데, 예산 문제로 어려움을 겪었다. 글리 클럽♦과 교내 합창단에서 노래했고, 고교 2학년과 3학년♦♦ 때는 포크 클럽 회장을 맡았다. 같은 클럽에서 활동했던 동급생 제리 칼슨은 그를 이렇게 기억했다. "정말 인기 많은 친구였어요. 굉장히 느긋하고, 편안한 사람이었죠."

자매학교였던 호커데이 스쿨을 통해 크리스는 지역 음악계의 거물 톰 메리먼을 알게 되었다. 고교 2학년 때 호커데이의 뮤지컬 공연 「바이 바이 버디(Bye Bye Birdie)」에서 주인공 역을 맡은 이후 메리먼은 크리스에게 광고 음악 업계를 소개해주었다. 메리먼은 청취자의 귀를 사로잡는 경쾌하고 간결한 광고 음악을 만드는 데 탁월했다. "그 후 여름방학마다 2년 동안 그분 밑에서 일했어요." 크리스는 울퍼트와의 인터뷰에서 이렇게 말했다. "열여섯 살 무렵, 비치 보이스 스타일의 광고 음

♦ 합창 동아리

♦♦ 미국 교육제도로는 각각 11년, 12년이다. 독자의 이해를 돕기 위해 미국의 12년 학제(k-12)를 한국의 초·중·고 학년 체계에 맞춰 변환해 기재했다.

악도 몇 개 불렀죠." 그의 첫 번째 광고 음악은 네브래스카주 오마하의 프랜차이즈 레스토랑 프리시스 빅 보이를 위해 만든 것이었다. 고교 졸업 후 그는 테네시주의 한 대학에 잠깐 다녔다가 다시 댈러스로 돌아와 서던 메소디스트 대학에서 음악 이론과 작곡을 전공하며 학위를 받았다. 그 무렵 키보드 및 베이스기타 연주자로 활동할 기회를 알아보다가 또 다른 광고 음악 회사인 팸스에서 일하기 시작했다.

그 회사는 젊은 직원들을 '스튜디오 C'라는 부서에 배치했는데, 바로 그곳에서 크리스는 조녀선 올퍼트를 처음 만났다. "스튜디오 C에서는 실험적인 곡이나 젊은 감성의 음악을 주로 만들었습니다." 올퍼트는 당시를 이렇게 회상했다. 올퍼트는 유리창 너머에서 크리스가 만든 음악의 엔지니어링과 믹싱을 진행하고 편집하는 일을 했다. 크리스는 다방면의 음악적 재능을 가진 인물이었다. 다양한 악기를 다룰 수 있었고 선율을 만드는 감각도 뛰어났다. 그는 테너 파트에서도 높은음을 정확히 낼 수 있었고 음감과 톤이 매우 뛰어났다. 또 발음이 매우 또렷했는데 이건 광고용 음악 업계에서 아주 중요한 자질이었다. "특히 1970년대에는 정말 멋진 작업물들을 내놓았습니다. 그 시절에는 음악에 완전히 집중하고 있었거든요." 올퍼트는 당시를 그렇게 회상했다. 크리스는 재치 있는 농담을 잘했고 같이 있으면 유쾌한 사람이었다. 하지만 음악을 만드는 능력에 비해 업계에서의 비즈니스적인 성공은 얻지 못했다. 크리스는 1970년대 중반 팸스를 떠나 자신의 스튜디오를 몇 개 차렸다. 그리고 쿠어스, 사우스웨스트 항공, 바크스 루트 비어 등의 광고 음악을 작곡했다. 또 텍사스 고속도로위원회를 위해 「텍사스를 어지럽히지 마시오(Don't Mess with Texas)」 같은 쓰레기 투기 근절 캠페인 송을, 텍사스 관광청을 위해서는 「텍사스에서 즐거운 시간 보내세요(Have a Good Time in Texas)」 같은 곡을 만들었다. 이후 그는 울퍼트와 재회했다. 울퍼트는 그 사이 자신의 스튜디오를 열었다. 크리스는 자신이 해온 일들이 비록 눈에 띄지는 않더라도 의미가 있다고 스스로 납득하려 애쓰고 있었다. 그는 지인들에게 무대 위 낭만보다는 꼬박꼬박 들어오는 급여의 안정성이 더 좋다고 말하곤 했다. "이 업계에 있는 모두가 한 번쯤은 유명세를 노려보거나, 시도하거나, 꿈꿔본 적은 있습니다." 크리스는 울퍼트에게 말했다. "하지만 우리 대부분은 결혼했고, 자식이 있고, 주택 대출금도 있고… 그런 '진짜 인생'을 사는 사람들이잖아요."

1980년대 어느 날 밤 울퍼트는 75번 고속도로 인근 자신의 사무실에서 늦게까지 일하고 있었다. 그때 근처 스튜디오에서 누군가 대화하는 소리가 들려왔다. 크리스가 한 여성을 데리고 스튜디오를 구경시켜주고 있었다. "둘이 방금 저녁 식사를 마치고 나온 것 같았어요. 둘이 데이트하는 분위기였고, 잘 보이고 싶어서 스튜디오를 보여주는 것 같았어요." 울퍼트는 당시를 그렇게 회상했다. 울퍼트가 메리앤 톰보를 처음 본 것도 바로 그때였다.

메리앤 루이즈 톰보는 1953년 캔자스주 토피카에서 태어났다. 그녀는 로버트 톰보와 에델 톰보 부부에게 입양되었다. 로버트는 캔자스 웨슬리언 대학에서 화학을 가르쳤고, 에델은 유치원 교사였다. 이 가족에게는 천문학과 특별한 연결고리가 있었다. 로버트의 형 클라이드 톰보가 바로 1930년에 명왕성을 발견한 인물이었다. 메리앤은 밤길을 걸을 때면 하늘을 올려다보며 가족의 자랑인 그 왜행성을 찾곤 했다.

메리앤은 캔자스 중부의 살리나에서 자랐다. 어릴 때부터 피아노를 연주했고, 모타운 음악♦에 빠져 살았다. 살리나 센트럴 고교에서는 교내 신문 제작에 참여했으며, 이후 캔자스 대학에서 그래픽디자인을 전공했다. 이 전공이 그녀를 댈러스로 이끌었다. 텍사스 크리스천 대학의 전시회에 그녀의 작품이 전시되기도 했다. 메리앤은 댈러스 지역 광고 회사에서 크리에이티브 디렉터로 일했는데, 이는 광고 음악 업계와도 맞물려 있는 분야였다. 그녀가 크리스를 만나고 연애를 시작했을 무렵, 둘은 아주 잘 어울리는 커플이었다. "메리앤은 정말로 멋지고, 재미있고, 최고의 여자친구였어요." 메리앤의 오랜 친구 밥스 메이런은 그렇게 회상했다. 둘은 1970년대부터 가까운 사이였고 루시 리카도와 에델 머츠♦♦ 같은 짝꿍이었지만 둘 다 주인공이 되고 싶어 했기에 서로를 "루시와 루시"라고 부르기도 했다. "정말 따뜻한 사람이었어요." 메이런이 덧붙였다.

메리앤과 크리스는 1987년 9월 24일에 결혼했다. 텍사스주 법원 기록에 따르면 이후 10월 5일 자 『애드위크(Adweek)』에 그들의 결혼과 뉴잉글랜드로의 신혼여행을 축하하는 소식이 실리기도 했다. 1988년 3

♦　1960년대 미국 내에서 큰 인기를 끌었던 음반 회사 모타운(Motown)이 선보인 음악 스타일. 흑인 가수들의 솔(soul) 음악에 대중성을 가미해 많은 사랑을 받았다.

♦♦　1950년대에 방영되었던 미국의 고전 시트콤 「아이 러브 루시(I Love Lucy)」 속 등장인물을 뜻한다. 극중에서 루시 리카도는 주인공이었고, 에델 머츠는 이웃이자 절친한 친구로 등장하는 조연이었다.

월 19일, 결혼 후 약 6개월이 지난 어느 날 부부의 외아들 클레이튼 에드워드 커쇼가 태어났다. 엄마의 미소, 아빠의 연한 갈색 머리카락을 가진 아이였다. 통통한 볼살은 한참 자랄 때까지 그대로였다. 피자와 치킨핑거를 좋아했다. 막 가정을 꾸린 커쇼 가족은 댈러스의 프레스턴 홀로 지역에 자리를 잡았는데, 공교롭게도 이곳은 메이런 부부의 집과 가까웠다. 커쇼는 성장한 뒤 자신의 야구 사랑이 '어머니의 친구들 덕분'이었다고 회상했다. 밥스의 남편 존 메이런은 야구카드와 책, 각종 기념품을 엄청나게 많이 수집하는 사람이었다. 가끔 커쇼는 메이런 가족과 함께 텍사스 레인저스 경기를 보러 가기도 했다. 커쇼가 22번을 달게 된 것도 레인저스의 1루수 윌 클라크를 좋아했기 때문이었다. 그는 종종 메이런의 아들 카일에게 뒷마당에서 배팅 연습을 시켜주었다. 형인 카일이 항상 타순과 투수를 정했고, 커쇼는 늘 순서를 기다렸다. "클레이튼이 '형, 이제 나도 좀 쳐봐도 돼?' 하면, 카일은 '아니, 몇 번만 더 던져줘' 하고 말했죠." 밥스 메이런이 당시를 떠올렸다.

커쇼가 아버지에 대해 떠올리는 기억들은 대체로 스포츠와 관련된 것들이었다. "솔직히 성격은 뚜렷하게 기억나는 게 많지 않아요." 커쇼는 아버지의 작업 시간이 특히 기억에 남는다고 했다. 오전 9시부터 오후 1시, 혹은 오후 2시부터 6시까지의 교대 근무였다. 클레이튼은 아버지의 사무실에도 가보았지만 멜로디나 리듬, 혹은 즉흥 연주 같은 것에는 별다른 흥미를 느끼지 못했다. "스포츠에 대한 열정은 비슷했어요. 하지만 아버지는 훨씬 창의적인 분이셨죠." 커쇼는 아버지가 시즌권을 보유하고 있던 리유니언 아레나에서 댈러스 매버릭스 농구 경기를 보는 쪽이 훨씬 편했다고 했다. 아버지는 아들을 판타지 미식축구♦ 드래프트 모임에도 데려갔다. 그 시절 드래프트는 종이로 진행되었고, 장소는 술집이었다. 둘은 함께 캐치볼도 하고, 농구 슛도 쏘았다. "그런 건 다 해주셨어요. 아빠라면 해주어야 하는 것들이요. 그래서 감사하게 생각합니다." 커쇼는 아버지가 집에 데려온 반려견들을 특히 좋아했다. 초콜릿색 래브라도리트리버 '네슬레'와 믹스견 '마이키'였다.

커쇼가 처음 소속된 유소년 야구팀 이름은 '다저스'였다. 경기에서 이기고 돌아오는 차 안에서는 서바이버의 「디 아이 오브 더 타이거(The Eye of the Tiger)」에 맞춰 머리를 흔들며 축하하곤 했다. 초등학교 시절에 그는 샌디 쿠팩스에 대한 독후감을 썼고, 쿠팩스처럼 어린 나이에 커브를 익혔다. 커쇼가 속했던 댈러스 타이거스 팀의 감독이었던 토미 에르난데스는 이렇게 말했다. "그 친구는 공에 대한 감각이 탁월했어요. 손도 좋았고요." 하지만 커쇼는 야구 외에도 다양한 운동을 즐겼다. 「세이브드 바이 더 벨(Saved by the Bell)」 같은 10대 시트콤을 즐겨 보던 시절에 브래드필드 초등학교 4학년 대표로 YMCA 육상 대회에 출전하기도 했다. 메리앤은 클레이튼을 아이스 스케이트 교습이나 롤러 하키 리그에도 데려갔다. 스튜디오에서는 아버지 크리스가 축구 경기에서 아들이 몇 골을 넣었다며 자랑을 늘어놓곤 했다. 아들을 향한 아버지의 자부심은 눈에 띄게 컸다. "그래서 나중엔 더 슬펐습니다."

♦　판타지 미식축구(Fantasy Football)는 실제 NFL 선수들의 경기 기록과 성적을 기반으로 참가자가 가상의 팀을 꾸려 점수를 겨루는 온라인 통계 스포츠 게임이다. 참가자들은 순번을 정해놓고 실제 선수들을 드래프트하고 트레이드하며, 주별 성적에 따라 승패가 결정된다.

조너선 울퍼트는 그렇게 회상했다.

집 안은 늘 조용했다. 커쇼는 아버지가 집에 없는 시간이 점점 많아진다는 걸 느꼈다. 부모님 사이에 거리가 생기고 있다는 것도 알았지만 그때는 너무 어려서 이유를 알지 못했다. 커쇼는 아버지의 어두운 면에 대해 구체적으로 말하길 꺼렸지만 커쇼 가족을 잘 아는 이들은 크리스가 술 문제를 겪었다고 전했다. 가족의 세계는 흔들리기 시작했다. 메리앤은 남편의 행동에 지쳐갔다. "기자님께 다 말씀드리지는 않을게요." 밥스 메이런은 말했다. "크리스가 정말 멍청한 짓을 하는 경우가 있었어요. 저는 그저 곁에서 지켜봤어요. 메리앤이 우는 것도, 화내는 것도 들어줬죠."

"딱 아홉 살이나 열 살쯤이었을 거예요. 그때부터 모든 게 이렇게 꼬이기 시작했죠." 커쇼는 손으로 롤러코스터가 뒤틀리듯 굽이치는 궤적을 그리며 당시를 회상했다. "이사를 자주 다녀야 했고, 부모님은 각자 다른 방에서 지냈어요." 결국 메리앤과 크리스는 클레이튼을 거실에 앉혀놓고 모든 걸 설명했다. "그냥 속이 울렁거렸어요." 커쇼는 말했다. 텍사스 법원 기록에 따르면 두 사람은 2000년 10월 17일에 공식적으로 이혼했다. 커쇼의 나이 열두 살 때의 일이었다.

성인이 된 후 가족을 꾸리기로 마음먹었을 때 커쇼는 결심했다. 아

버지처럼 되지 않겠노라고. "그게 지금 제가 아빠로서 가족에게 더 잘하려고 하는 데 도움이 되는 것 같아요. 정말 그렇게 생각해요. 전 항상 아이들 곁에 있고 싶습니다. 단 하나도 놓치고 싶지 않아요." 산타클로스가 하일랜드파크에 방문하기 며칠 전, 그는 가족과 함께 지역 고교 농구 경기를 보러 갔다. 아들 찰리는 커쇼의 무릎에 앉아 경기를 지켜봤다. 다음 날 아침에는 일정이 겹쳤다. 찰리와 캘리가 각각 오전 8시에 농구 경기가 있었던 것이다. 커쇼는 캘리 팀의 보조 코치였지만, 찰리 팀에서는 감독이었다. 아들 쪽이 아빠를 차지하게 되었다.

"커쇼는 '내 경기를 보러 오지 않는 아빠를 둔 아이의 마음'을 너무도 잘 아는 사람이니까요." 아내 엘런은 말했다. "그래서 남편은 경기를 꼭 보러 가려고 해요."

아이들에게 헌신하겠다는(자신의 아버지처럼은 되지 않겠다는) 그의 다짐은 야구 시즌 중에는 더 어려운 일이었다. 5일 사이클의 철저한 루틴은 아이들을 위한 생활을 유지해주었지만, 동시에 그들을 멀리하게도 만들었다. 커쇼는 혼자라는 외로움과 직업적 의무 사이에서 갈등을 느끼기도 했다. 학기 중 하일랜드파크에서의 생활을 중단하고 아이들이 LA로 따라오게 하는 것에 죄책감도 느꼈다. 그래서 때로는 미국 서부 시간 기준 새벽 4시 30분에 알람을 맞춰두고, 아이들이 중요한 하루를 시작하기 전에 전화를 걸었다. 가족이 스프링캠프 기간에 피닉스를 방문했을 때는 현지의 타깃(대형마트 체인점)을 전부 털 기세로 쇼핑했다. 찰리에게는 레고를, 캘리에게는 미술 도구들을 잔뜩 사주었다. 내가 하일랜드파크를 방문하기 직전 커쇼 부부는 결혼 12주년을 맞았다. 그는 아내와 네 자녀를 위한 대형 풍선 세트를 주문했다.

시즌 중 커쇼가 아이들 곁을 떠나 있을 때 엘런은 그의 빈자리를 과도하게 드러내지 않으면서도 아이들의 소식을 전해주었다. 세 살배기 쿠퍼가 축구를 할 때는 엘런이 찍은 영상이 쉼 없이 메시지로 전송되었다. 여기에는 재미있는 상황도 꼭 곁들여졌다. 쿠퍼가 양쪽 골대의 차이를 알지 못해 양쪽에 각각 한 골씩 넣었다는 식이었다. 때로는 엘런 역시 이 모든 일정을 조율하는 것이 버거웠다. 어린아이 셋을 데리고 비행 일정을 맞추고 학교, 스포츠, 각종 활동에 빠지지 않게 하는 것은 보통 일이 아니었다. 엘런은 말했다. "저는 클레이튼이 가족 없이 얼마나 버틸 수 있을지 늘 고민해요. 왜냐하면 제 남편에게 가장 힘든 건 바로 혼자 있는 것이거든요."

커쇼는 어린 시절 홀로 있는 시간이 이미 충분히 많았던 사람이었다. 어머니는 너무 바빴고 아버지는 곁에 없었던 조용한 집에서 자랐다. 그는 그런 기억을 반복하고 싶지 않았다. 그리고 자신의 아이들만큼은 자신이 겪은 상처, 자신이 꾹 눌러 담아두었던 그 고통을 알게 하고 싶지 않았다.

"모든 건 그냥 '곁에 있어주기'에서 시작되는 것 같습니다." 커쇼는 말했다. "그런데 야구라는 게 그걸 참 어렵게 만드네요. 결국에는 그게 제가 은퇴하게 되는 이유가 될지도 몰라요. 팔 문제가 아니라면 말이죠. 어느 날 아이에게 '아빠, 어디 있었어? 보고 싶었어'라는 말을 듣는 순간이 온다면, 그땐 생각할 거예요. '그래, 이제 야구는 그만해도 되겠어.'"

<h1 style="text-align:center">3장
그들만의 세상</h1>

2003년 밸런타인데이로부터 닷새 뒤, 클레이튼 커쇼는 자신의 사물함을 닫고 갈색 머리에 활발한 성격을 지닌 여학생에게 다가갔다. 그는 인생을 바꿔놓을 질문을 더듬더듬 꺼냈다.

"나랑 만나볼래?"

클레이튼은 엘런 멜슨이 어떤 답을 줄지 확신할 수 없었지만, 희망은 품고 있었다. 고교 신입생인 두 사람은 서로를 잘 알지는 못했다. 서로 겹치는 친구 무리 속에 있었고, 그중 한 커플이 둘이 사귀면 좋겠다고 한 적은 있었다. 둘은 AOL 인스턴트 메신저♦로 몇 번 대화를 나눈 적이 있었다. 커쇼의 메신저 닉네임은 CTonga06이었는데, 어릴 적

♦　AOL Instant Messenger(AIM). 2000년대 중반까지 미국의 젊은 층에서 가장 많은 사랑을 받았던 메신저 프로그램이다.

여러 별명 중 하나인 ClayTonga(클레이통가)를 살짝 변형한 것이었다. 엘런은 EllenMelon87이었다. 엘런은 치어리딩과 댄스팀 활동에 몰두하고 있었고, 커쇼는 하일랜드파크 고교 1학년 미식축구팀에서 센터[♦]로의 시즌을 막 마친 참이었다. 엘런은 얼마 전 치아 교정기를 뗀 상태였고, 커쇼는 마르고도 통통한, 애매한 과도기적 체형이었다. 둘은 완벽한 조합이었다.

"좋아!" 엘런이 답했다.

그 대화는 15초 남짓밖에 되지 않았다. 시간이 흐르며 엘런은 이 만남을 하나의 축복처럼 여겼다. "세상에, 하나님이 웃고 계셨던 것 같아요." 그녀는 당시 만남을 그렇게 회상했다. 하지만 그 순간만 놓고 보면 그렇게 큰일은 아니었다. 커쇼는 친구들에게 하이파이브를 받으러 구내식당으로 갔고, 엘런은 고교의 험난한 세계로 다시 발걸음을 돌렸다. 사실 두 사람은 서로에 대해 거의 알지 못하는 상태였다. "클레이튼이 야구를 잘하는 줄 전혀 몰랐어요." 엘런은 회상했다. "저희가 처음 사귀기 시작했을 땐 고작 열네 살이었어요."

처음 끌렸던 이유는 희미해졌지만, 이는 오히려 서로가 없는 삶을 기억하기 어려울 만큼 함께했던 시간 때문이었다. 두 사람은 서로의 농담에 웃음을 터뜨렸다. 커쇼는 스스로를 웃음거리로 만드는 법을 알았고, 엘런은 그의 그런 모습을 좋아했다. 서로 마주 앉아 있는 것만으로도 좋았다. 고교 1학년 특유의 풋풋한 연애 문화 속에서는 그것만으로

♦ 미식축구 포지션 중 하나. 공격 시작 시 공을 두 다리 사이 뒤로 밀어 쿼터백에게 전달하는 역할을 한다.

도 충분했다. "그냥, 잘 맞았던 것 같아요." 커쇼는 회상했다. "그녀가 왜 저와 만나고 싶어 했는지는 잘 모르겠어요. 그냥, 제가 가끔 웃겨줬던 것 같아요."

커쇼는 가정의 혼란 속에서도 유머 감각을 잃지 않았다. 커쇼는 어머니와 아버지를 오가며 살았고, 수요일 저녁과 격주 주말에는 아버지 크리스와 시간을 보냈다. 그는 때때로 창가에 앉아 아버지가 언제 자신을 데리러 올지 기다렸다. 연습이든, 학교든, 그 무엇이든 커쇼는 지각하는 걸 몹시 싫어했다. 더군다나 그게 자기 잘못이 아닐 때는 더욱 그랬다. 크리스가 새로운 인연을 만나고 나중에는 아이가 있는 여성과 재혼하게 되면서 커쇼가 아버지를 찾아가는 상황은 점점 어색해졌다. "그 상황이 정말 불편했어요." 커쇼는 회상했다. 고교 1학년에 들어설 무렵 그는 그 어색함에 진이 빠졌고, 아버지와의 만남은 점점 드문 일이 되었다. 결국 두 사람의 왕래는 끊겼다. 크리스는 가끔 아들의 경기를 보러 왔지만, 함께 지내는 시간은 더 이상 없었다.

아버지가 커쇼의 삶에서 점점 사라져가던 시기, 어머니 역시 그의 인생에서 멀어져갔다. 시간이 지나 성숙해지면서 그는 어머니가 우울증을 겪고 있다는 사실을 알게 되었다. "어머니는 이혼으로 크게 충격을 받은 상태였어요." 커쇼가 회상했다. 메리앤은 점점 마음을 닫아갔다. 커쇼는 자립해야 한다는 걸 깨달았다. 그는 누가 시키지 않아도 숙제를 마치고 스스로 알람에 맞추어 생활하는 법을 배웠다. 메리앤은 청구서가 밀리지 않게 하는 데 집착했다. 커쇼는 사립학교에 다닐 형편이 되지 않았고, 결국 어머니는 이사를 결심했다. 프레스턴 홀로에서 남쪽으로 차로 10분 거리, 하일랜드파크와 유니버시티파크를 아우르는 파크 시티 지역으로 이주한 것이었다. 커쇼가 하일랜드파크의 좋은 교육을 받기 바란 어머니의 결정은 그의 청소년기에 문화적으로나 재정적인 측면으로나 많은 영향을 끼쳤다.

    몇몇 사람은 파크 시티 지역을 '그들만의 세상'이라 불렀다. 고급 골프장, 서던 메소디스트 대학 캠퍼스, 붉은 기와 지붕과 분수가 있는 고딕 지중해풍 양식의 하일랜드파크 시청으로 둘러싸인 이 지역은, 고급 저택과 넓은 녹지가 조화를 이루는 반짝이는 사각형 형태로 된 상류층만의 울타리 같은 곳이었다. 『텍사스 먼슬리(Texas Monthly)』는 1994년 한 기사에서 이 지역의 건축적 장엄함을 이렇게 묘사하기도 했다. "프랑스 샤토, 이탈리아 빌라, 튜더 양식의 대저택들." 거의 20년 뒤 『더 뉴요커(The New Yorker)』는 하일랜드파크를 "거리마다 개츠비풍의 맨션이 늘어선 곳"이라고 묘사했다. 이 책을 집필하며 취재하던 중 나는 하일랜드파크가 텍사스 버전의 「베벌리힐스 아이들(Beverly Hils 90210)」♦처럼 묘사되는 걸 종종 들을 수 있었다. 화려하고, 부유하며, 댈러스 시

♦   1990년대에 방영된 미국 TV 드라마로, 캘리포니아 베벌리힐스의 부유한 상류층 10대들의 삶을 그린 작품이다. 국내에서도 많은 사랑을 받았다.

내 안에 자리 잡은 일종의 오아시스 같은 곳이라는 의미였다.

반면, 댈러스 교육구의 한 관계자는 다른 표현을 사용했다. 하일랜드파크는 "도시 한복판에 뚫린 구멍 같은 존재"로, "원래 있는 교육 시스템 안에 홀로 별도의 교육 시스템이 따로 있는 셈"이라는 것이었다. 하일랜드파크 독립교육구는 댈러스시의 행정권에서 벗어나 있었고 그 안에 속한 학교들은 다른 학교들보다 훨씬 뛰어난 시설을 자랑했다. 이 교육구는 부동산 가치 상승에 따른 부의 축적 덕에 많은 혜택을 누렸다. 『텍사스 먼슬리』의 데이나 루빈은 이렇게 썼다. "예전부터 하일랜드파크 주민들은 비교적 낮은 재산세율을 적용받았지만 부동산 가치가 워낙 높아 텍사스에서 가장 우수한 학군 중 하나를 유지할 수 있었다." 이러한 구조의 수혜자는 거의 모두 백인이었다.

작가 제임스 W. 로웬은 하일랜드파크를 '선다운 타운(sundown town)'◆으로 분류했다. 이곳은 미국 전역에 퍼져 있는 수천 개의 지역사회 중 하나로, 흑인이 해가 진 뒤 머물기에는 안전하지 않다고 여겨지던 곳을 뜻한다. 짐 크로 법이 시행되던 20세기 초 댈러스에 세워진 하일랜드파크는 주민들에게 더 노골적이고 철저한 '인종 분리'를 약속했다. 하일랜드파크 시청 공식 웹사이트에 실린 역사 기록에 따르면, 이 지역은 "다인종 사회로 변화해가는 도시로부터의 피난처"로 기능하도록 설계되었다. 또한 새 거주자를 유치하기 위해 "도시의 먼지와 연기 너머

◆ 인종 차별적이고 배타적인 지역사회를 지칭하는 용어. 흑인들을 포함한 유색인종이 해가 진 뒤에는 그 지역에 머물 수 없도록 위협하거나 법으로 제한했던 미국의 도시나 마을을 의미한다.

(Beyond the City's Dust and Smoke)"라는 슬로건을 내걸었다.♦ 하일랜드파크는 인근의 유니버시티파크 지역과 협력하여 댈러스에 병합되는 것을 피하고, 자치적인 독립성을 유지했다. 이 자치구는 비거주자들은 공원과 테니스 코트도 이용하지 못하도록 했다. 로웬은 이렇게 적었다. "하일랜드파크는 일상적인 행동을 범죄화하는 데 있어 '선구자'였다. 이 도시는 아마도 인구 대비 '금지' 표지판이 가장 많은 곳일 것이다." 이러한 제한은 용도 구역 정책에도 그대로 반영되었다. 진보 성향의 정책 연구 기관인 센추리 재단의 한 연구에 따르면, 하일랜드파크에서는 외곽의 극히 일부 지역에서만 다가구 주택이 허용되었다. 해당 보고서는 다음과 같이 지적한다. "실제로 하일랜드파크에서는 다가구 주택보다 댈러스 컨트리클럽♦♦에 더 많은 토지가 할당되어 있다."

인종 분리 정책은 1954년 미국 연방 대법원의 '브라운 대 교육위원회 판결' 이후에도, 그리고 1964년 '민권법' 이후에도 오랫동안 이어졌다. 브라운 판결 직후, 파크 시티 지역의 주민들은 구역 내에 거주하던 흑인 가정부나 정원사 가족들을 해고했다. 한 지역 시의원은 이를 두고 이렇게 말했다. "파크 시티 지역에서 백인 아이들과 흑인 아이들이 같은 학교에 다니는 일을 피하려면 꼭 필요한 일이었다." 하일랜드파크 고교의 첫 흑인 학생 입학은 1974년이 되어서야 이루어졌다. 메리앤

♦ 이 슬로건은 혼잡한 도시를 벗어난, 보다 쾌적한 터전임을 강조하고 있다. 하지만 여기에는 혼잡하고 다양한 인종이 몰려든 도심을 벗어나 고요하고 정제된 백인 지역을 지향한다는 메시지가 담겨 있다.

♦♦ 댈러스 컨트리클럽(Dallas Country Club)은 텍사스주 댈러스의 하일랜드파크에 위치한 상류층 전용 사설 골프장이다. 단순한 골프장을 넘어, 지역 내에서 부와 사회적 지위를 상징하는 공간으로 기능해왔다.

이 1990년대 후반 이 지역에 세를 얻어 거주하기 시작했을 때도 학교는 여전히 압도적으로 백인 중심이었다. 2003년 지역 신문인 『파크 시티 피플(Park Cities People)』은 하일랜드파크에 처음으로 흑인 주택 소유자가 입주한 사실을 보도하며 전국적인 반향을 일으켰다. 기사 제목은 이랬다. "저녁 식사 손님이 누구일까요? 그런데 이번에는 손님이 아닙니다.(Guess who's coming to dinner—and staying for a while?)"◆ '그들만의 세상'인 이 동네는 외부인들에게 부러움과 비판을 동시에 받는, 백인 부유층의 폐쇄적인 요새로 여겨졌다.

"하일랜드파크에는 돈 많은 사람이 정말 많아요." 한 라이벌 지역 고교 야구 코치의 말이다.

"그 동네 사람들은 전부 엄청난 부자들이죠." 또 다른 지역 유소년 코치도 말했다.

"멀리 떨어진 동네에 살면서 '텍사스 하일랜드파크에 좋은 투수가 있다더라'라는 말을 들으면 당연히 떠오르는 고정관념은 이거죠. '아, 그 친구는 응석받이 부잣집 도련님이겠군.'" 한 대학 야구 코치도 거들었다.

이런 평판은 지금까지 이어지고 있다. 2020년 여름 조지 플로이드가 살해된 사건 이후 벌어진 시위에서 커쇼는 흑인 미국인들을 지지하는 목소리를 냈다. "우리는 주저 없이 말해야 합니다. '흑인의 생명은 소중

◆ 흑인 남성과 백인 여성의 결혼을 다룬 1960년대 영화 「초대받지 않은 손님(Guess Who's Coming To Dinner)」을 패러디한 기사 제목. 흑인이 이 동네에 잠깐 방문하는 것도 불편한데, 이제는 아예 이사까지 왔다는 식의 인종 차별적 긴장감을 풍자적으로 묘사한 것이다.

하다(Black lives matter)'라고요." 그는 다저스 구단이 배포했던 영상에서 이와 같이 말했다. 그해 겨울 텍사스 레인저스의 투수 테일러 헌은 야구계 안에서 벌어지고 있는 인권 운동의 영향력에 대해 말했다. 댈러스 외곽에서 자란 흑인인 그는 "하일랜드파크 출신의 누군가가 흑인을 위해 목소리를 내준다는 것은 충격이었다"라고 털어놓기도 했다. '하일랜드파크 출신이 유색인종 인권에 관심이나 있느냐'라는 식의 반응에 대해서는 커쇼도 답답함을 느꼈다. "맞습니다. 이 동네에도 흠은 있죠." 커쇼의 말이다. "매우 부유한 지역은 맞습니다. 그런 데서 오는 단점들도 있고요. 사람들은 이 지역이 너무 배타적이라고 말하죠. 그래도 전 이 공동체 자체는 꽤 특별하다고 생각합니다." 그는 하일랜드파크에 대해 원망을 거의 품고 있지 않았다. 그의 눈에 이 지역은 자신을 길러준 곳이었다.

하일랜드파크에서 살 수 있었던 몇 안 되는 가정에게 이 지역은 이상적인 환경을 제공했다. 짐 멜슨은 공인회계사 자격을 얻기 위해 공부하던 중 서던 메소디스트 대학에서 레슬리 롱을 만났다. 짐은 휴스턴에서 자랐고, 레슬리는 어린 시절 아버지의 골판지 상자 사업 때문에 이곳저곳을 옮겨 다녔다. 코네티컷에서 신시내티를 거쳐 마침내 텍사스 리처드슨에 정착했다. 레슬리가 아기였을 때 아버지 빌 롱은 딸의 볼에 난 솜털을 쓰다듬으며 '피치(Peach)'라는 애칭을 지어주었다. 레슬리는 대학 4학년 때 대학원생이던 짐과 교제를 시작했고, 두 사람은 1978년에 결혼했다. 짐은 뉴욕의 회계 법인 몇 곳과 면접을 봤지만 결국 댈러스에 남기로 결정했다. 부부의 첫아이 제드가 1982년에 태어났고, 이어 앤, 엘런, 존이 차례로 태어났다. 제드가 초등학교에 입학할 무렵 멜슨 가족은 하일랜드파크로 이사했다. "댈러스 시내 학교들에 비해 학군이 워낙 좋아서요." 짐 멜슨의 회상이다.

어린 시절 엘런은 감정을 감추지 못하는 아이였고, 그녀의 소매는 종종 표범이나 얼룩말 무늬로 장식되어 있었다. 새 학년 첫날은 대부분 눈물로 끝이 났다. 가족들은 엘런을 다독여주었지만 엘런이 다 자란 뒤에는 그 시절을 웃으며 놀려댔다. 사춘기의 흔한 고비들을 겪으면서도 엘런은 사람들을 한데 모으는 것을 좋아했다. 친구들을 초대해 집에 있는 초콜릿 분수를 맛보게 하며 '피치'와 함께 시간을 보내도록 했다. 중학생이던 엘런은 매일 오후 수업이 끝나면 집으로 달려가 오프라 윈프리 쇼를 챙겨 보았고, 다음 날 학교에서 친구들과 그 회차를 열심히 분석했다. 오프라가 아프리카를 방문했을 때 엘런은 그 방송에 나온 현실에 큰 충격을 받았다. "그때 내가 얼마나 안전한 환경에서 자랐는지를 뼛속 깊이 느꼈어요." 엘런은 훗날 이렇게 썼다. "저는 가난이라는 것이 존재하지 않는 '보호막' 속에서 자랐어요." 그녀는 언젠가 아프리카를 직접 방문해보고 싶다는 꿈을 갖게 되었다.

엘런은 형제자매 및 사촌이 얽혀 있는 북적북적한 환경에서 성장했다. 가족은 서부 미국의 국립공원을 도는 3주 여행을 위해 버스를 대여한 적도 있었는데, 총 18명이 참여했고 모두가 같은 옷과 패니팩(힙색)을 착용했다. 레슬리는 아이들에게 도박이 얼마나 위험한지를 가르치기 위해 카지노에 데려가 슬롯머신에 25센트를 넣었는데, 하필 첫 시도에 당첨이 되고 말았다. 하일랜드파크의 집에는 언제나 저녁 식사 자리가 열려 있었고, 친구든 가족이든 누구나 초대되었다. "엄마의 식탁은 항상 열두 명, 열다섯 명 정도는 앉을 수 있게 준비되어 있었어요." 엘런은 회상했다. 식사 전에는 반드시 기도를 올렸다.

그에 비해 엘런의 새 남자친구는 전혀 다른 환경에서 자랐다. 그는 활발한 사회생활을 했지만 누군가를 집에 부르는 일은 거의 없었다. 메리앤은 커쇼와 같은 축구팀에서 뛰고 있던 조시 메러디스라는 소년의 가족 가까이에 집을 구했다. "파크 시티 지역에서 집을 임대하려면 가격도 그렇고 선택지가 그리 많지는 않았어요." 커쇼는 말했다. "엄마는 '어머, 여기가 딱이네'라고 생각했겠지만 사실은 형편이 되는 집 중에서 고른 거였을 겁니다." 커쇼와 조시는 절친한 친구가 되었고 커쇼는 종종 조시의 집에서 식사를 함께했다. 자전거에 발판을 달아 조시가 함께 타고 학교에 가게 해주었고, 패트릭 핼펀이라는 또 다른 동네 친구도 이 무리에 합류했다. 수영장을 넘나들고 닌텐도 64 컨트롤러를 부수듯이 조작하던 이 아이들은 무리는 평생 이어질 친구 관계로 발전했다. 카터 잉글리시, 벤 카델, 웨이드 프로스페어, 그리고 에너지 넘치는 쌍둥이 찰리와 존 디킨슨도 그 무리에 들어왔다. 메리앤은 초콜릿칩 쿠키를 구워주고, 아이들이 복도에서 하키를 하며 밤늦게까지 노는 것을 허락했다. 하지만 대부분은 다른 친구 집에서 시간을 보냈다.

"저는 항상 이 집 저 집 돌아다녔어요." 커쇼는 회상했다. "저녁도 늘 다른 집에서 먹었죠."

소년들은 '경쟁'을 좋아했다. 커쇼의 집에서는 탁구대에서 승부를 벌였다. 탁구대 아래에 붙어 있는 껌 조각 따위는 신경 쓰지 않았다. 고교 시절 커쇼, 조시, 패트릭, 카터는 점심시간이 겹치면 패트릭 집 뒷마당 농구 코트에서 경기를 했다. "클레이튼은 항상 결승전 마지막 2분처럼 수비를 했어요." 핼핀은 말했다. 그는 카터와 함께 작전을 짜서 픽앤드롤로 승리를 가져갔다. "클레이튼은 그냥 승리하기를 원하는 게 아니었어요." 핼핀의 말이다. "상대방을 완전히 박살 내고 싶어 했어요."

얼마간 교제한 뒤 엘런은 커쇼를 부모님에게 소개했다. 커쇼는 머리에 '52'라는 숫자가 보이는 형태의 헤어스타일을 하고 왔는데, 이는 봄 미식축구 시즌의 전통이었다. "부모님 반응은 '너는 뭐 이런 애를 데리고 왔니?'였죠." 엘런은 회상했다. 데이트 초기에 커쇼가 짐 멜슨에게 R등급(17세 미만 관람 불가능) 스릴러 영화 「데이비드 게일(The Life of David Gale)」 티켓을 부탁하자 엘런은 얼굴이 화끈 달아오르기도 했다. 시간이 지나며 가족은 어색한 단계를 극복했다. 짐은 종종 퇴근 후 집에 돌아오면 두 사람이 나란히 앉아 공부하고 있는 모습을 보았다. 그 옆에서는 레슬리가 저녁을 준비하고 있었다. 레슬리는 이 소년이 집밥을 자주 먹지 못한다는 것을 직감했다. 소년은 여자친구 어머니가 해준 요리를 허겁지겁 먹어치웠다. 커쇼는 하일랜드파크의 다른 아이들처럼 풍요롭지 못했다. 짐의 회상에 따르면, 메리앤은 "여러 면에서 성인(聖人) 같은 사람이었지만" 생계를 책임지느라 늘 벅찬 삶을 살았다. 멜슨 가족은 그 빈틈을 일부 채워주었다. 커쇼가 엘런과의 홈 커밍 댄스*를 위해 그녀를 데리러 왔을 때 그는 발가락에 구멍이 난 모카신을 신고 있었다. 다음 날 레슬리는 그에게 정장용 구두를 사주었다.

여름이면 멜슨 가족은 플로리다 잭슨빌 근처의 고급 휴양지인 어밀리아 아일랜드로 휴가를 떠났다. 연애 초반 레슬리는 커쇼를 가족 여행에 초대했다. 엘런은 망설였다. 남자친구와 단둘이 시간을 보내본 적이 거의 없었기 때문이다. "나중에 생각하면 웃긴 얘기인데, 당시에는 '너무 가족들이랑 같이 다니는 거 아니야?' 싶었어요." 엘런은 회상했다. "그런데 엄마는 '애, 난 클레이튼 너무 좋은데, 왜!' 이러시더라고요." 커쇼는 해변에서 물놀이를 하고 멜슨 대가족의 사진 촬영에도 자연스럽게 끼어들었다. 그해 말, 한번은 엘런의 오빠 제드 멜슨이 집 앞 현관에서 커쇼를 멈춰 세웠다. 창밖에서 엘런은 '오빠가 왜 저러나' 하는 마음에 두 손으로 얼굴을 감싸고 있었다. 제드는 커쇼에게 자신의 여동생에게 상처 주는 일이 없도록 하라며 진지하게 경고했다.

이후 두 가족의 관계는 더욱 끈끈해졌다. 멜슨 가족은 추수감사절과 크리스마스에도 커쇼와 메리앤을 초대했다. "그 초대가 '가족이란 원래 어떤 모습인지'를 처음으로 알게 해주었습니다." 커쇼는 회상했다. 멜슨의 자녀들은 엄마가 커쇼를 너무 편애한다며 놀리곤 했다. "정말 커쇼를 다섯 번째 아이처럼 여겼어요." 짐 멜슨의 말이다. 두 사람이

복도에서 처음 마주친 지 1년도 안 된 첫 번째 크리스마스, 커쇼는 멜슨 가족이 자신을 어떻게 생각하는지 집 벽난로 위에 있는 물건을 통해 알게 되었다. 그를 위해 걸어놓은 크리스마스 양말 장식에는 '클레이튼'이라는 이름이 새겨져 있었다.

엘런에게 데이트 신청을 한 것 외에도 클레이튼 커쇼는 고교 1학년 후반기에 또 하나의 중대한 결정을 내렸다. 미식축구를 그만두기로 한 것이다.

커쇼의 미식축구 경력은 훗날에야 신화처럼 포장되었는데, 그중 일부는 팀 동료 덕분이었다. 2002년 하일랜드파크 고교의 1학년 팀은 무패 행진을 이어갔다. 커쇼는 센터 포지션을 또 다른 선수와 나누어 맡았다. 하지만 더 많은 주목을 받은 쪽은 쿼터백이었던 매슈 스태퍼드였다. 중학생 시절부터 회전을 제대로 넣어 만든 70야드 패스◆를 뿌리던 천재로, 중학교 1학년 이후 한 번도 져본 적이 없는 '리더'였으며, 1학년임에도 바시티 팀◆◆에서 시즌을 마쳤을 만큼 실력이 대단한 선수였다.

◆　70야드는 약 64미터 정도 되는 거리다. 미식축구 필드의 절반 이상 되는 거리인데, 이 정도 패스는 프로 레벨에서도 소수의 쿼터백만이 할 수 있다.

◆◆　대부분의 신입생 선수는 주니어 바시티(junior varsity, 2군)에 속하는데, 스태퍼드는 워낙 실력이 출중해 교내 1군 대표팀에서 뛰었다는 의미다.

스태퍼드는 중학교 2학년 때 하일랜드파크 고교의 감독에게 "주(州) 챔피언에 오른 뒤 대학 미식축구 선수가 되고 싶다"고 말했고, 실제로 그는 그 모든 것을 이루었을 뿐만 아니라 더 많은 업적을 만들어냈다. 훗날 두 사람이 메이저리그와 NFL 미식축구라는 각자의 종목에서 정점에 오르게 되자 학창 시절에 함께 뛰었던 이력이 더욱 전설처럼 남게 된 것이다.

두 사람은 중학교 시절 친구로 지냈다. 스태퍼드는 커쇼의 집에서 농구를 하거나 트램펄린을 타는 친구 무리에 속해 있었다. 어느 날 그는 트램펄린에서 떨어져 금속 프레임에 머리를 세게 부딪혔다. "그때 매슈가 금속에 머리를 진짜 세게 박았어요." 커쇼는 회상했다. "끝까지 버티기는 했는데, 꽤 심하게 뇌진탕이 온 것 같았습니다." 헬핀은 이렇게 덧붙였다. "트램펄린에서 튕겨 나가 머리를 찧고 상태가 안 좋아 보였어요. 그래서 부모님이 오셔서 데려갔죠."

고교에 들어서면서 커쇼와 스태퍼드의 길은 달라졌다. 커쇼는 친구들과 함께하는 미식축구를 좋아했다. 그리고 몸싸움도 두려워하지 않았다. 라이벌 팀과 몸싸움이 벌어졌을 땐 한가운데로 뛰어들어 주먹을 휘두르기도 했다. 하지만 그는 175센티미터 남짓한 평범한 체격이었고, 매일 반복되는 라인맨♦ 간의 몸싸움에서 자존심이 상하는 일도 많았

♦　보통 팀 내에서 힘이 세고 체격이 큰 선수들이 맡는 포지션 중 하나. 쿼터백을 보호하여 패스를 보다 수월하게 할 수 있도록 돕고, 러닝백이 공을 들고 달려 나갈 수 있도록 상대 수비를 저지하는 역할을 맡는다. 결국 미식축구에서의 라인맨이란 동료들을 위한 보디가드 같은 임무를 수행하는 자리라고 할 수 있다.

다. 2003년 하일랜드파크 연감에 따르면, 연습 도중 커쇼가 롱스냅을 하는데 공이 평소보다 낮게 날아와 그의 엉덩이를 강타했고, 커쇼는 그대로 나가떨어졌다.♦ "저는 진짜 웃겼는데 커쇼는 아니었어요." 존 디킨슨은 연감 인터뷰에서 그와 같이 말했다.

하지만 더 큰 문제는 미식축구와 야구가 '충돌'했다는 점이었다. 하일랜드파크에서는 그 어떤 운동보다 미식축구가 가장 우선시되었다. 봄에 다른 바시티(학교 대표팀) 종목을 뛰지 않으면 미식축구 연습에 참가해야 했던 것도 그 때문이었다. 그해 봄 커쇼는 아직 주니어 바시티(2군) 야구팀 소속이었다. 라인맨으로 성공하려면 몸집을 불려야 했고, 이는 몸이 옆으로 커지는 것보다 위로 자라는 것이 중요했던 야구와는 상충되는 것이었다. 헬핀은 곧 미식축구를 그만두었고 커쇼에게도 같은 선택을 권했다. 텍사스라는 주, 그리고 하일랜드파크 같은 학교에서 그런 결정을 내리는 것은 결코 가벼운 일이 아니었다. "클레이튼, 미식축구를 그만두는 것은 네 인생에서 가장 큰 실수가 될 거야." 1학년 팀 보조 코치인 레이건 테일리는 그렇게 말했다.

하지만 '블로킹 썰매'♦♦에서 해방된 커쇼는 모든 에너지를 야구장

♦ 이때 커쇼는 라인맨 중에서도 센터로서 롱스냅을 담당하고 있었다. 롱스냅이란 엉덩이를 뒤로 내밀고 엉거주춤한 자세 속에서 다리 사이로 공을 뒤쪽 키커에게 던지는 것을 뜻한다. 하지만 이 공을 상대방 진영으로 멀리 차올려야 했던 키커의 실수로 공이 그만 커쇼의 엉덩이를 제대로 맞혔고, 그 충격에 앞으로 나가떨어졌다는 것이다. 흔하게 나오는 장면은 아니기에 같이 뛴 동료들 입장에서는 폭소가 나올 수 있는 순간이었다.

♦♦ 미식축구 훈련에서 라인맨들이 블로킹 연습을 하기 위해 사용하는 장비. 전면에 두꺼운 패드가 붙어 있는 무거운 금속 구조물을 그대로 밀고 나가며 블로킹 자세를 익힌다.

에 쏟기 시작했다. 선수층이 두텁지 않았던 야구부 1군 팀은 결국 신입생 몇 명을 조기 승격시켰고, 그중에는 유격수로 뛴 스태퍼드도 있었다. 커쇼는 베일러 대학 진학이 예정된 노련한 졸업반 투수 저크시즈 마틴의 뒤를 잇는 선발 로테이션에 합류했다. 당시 마틴의 패스트볼 구속은 80마일♦ 중반대를 넘기지 못했고, 커쇼 역시 비슷했다. 하지만 커쇼는 공을 던지는 감각이 탁월했다. "보통 1, 2학년이 던지지 못하는 공을 던졌어요." 커쇼보다 두 학년 위 투수였던 윌 스켈턴은 회상했다. "당시 패스트볼이 아주 위력적인 단계는 아니었지만 그래도 정말 뛰어났죠."

1군 팀에 포함되면 누릴 수 있는 '특권'도 있었다. 선수마다 '베이스볼 걸스'라는 이름의 응원단 여학생이 배정되었다. 엘런은 남자친구 커쇼의 담당 응원단으로 지원했다. 그녀와 친구들은 경기 당일 커쇼의 유니폼을 입고 등교했고, 그의 방을 포스터로 장식해주었다. 엘런은 '퍼피 차우'라 불리는 간식을 만들어주기도 했다. 첵스 시리얼에 슈거 파우더, 초콜릿, 땅콩버터를 섞은 달콤한 간식이었다. "지금 생각해보면 '내가 그걸 왜 했지?' 싶네요." 엘런은 웃으며 당시를 회상했.

하일랜드파크 스코츠의 홈구장은 스코틀랜드 야드라 불리는 아름답고 잘 관리된 야구장이었다. 선수들은 자신만의 워크업 뮤직♦♦을 직접 골랐다. 커쇼는 파운데이션스의 명곡 「빌드 미 업 버터컵(Build Me

---

♦　약 128킬로미터

♦♦　워크업 뮤직(walkup music)은 선수가 타석에 들어설 때 나오는 타석 등장곡을 뜻한다.

Up Buttercup)」을 선택했는데, 이는 몇 년 전 영화 「메리에겐 뭔가 특별한 것이 있다(There's Something About Mary)」로 다시 유명해진 곡이었다. 이 노래는 모타운 음악을 좋아하던 어머니 메리앤에게 바치는 헌정곡이었고, 커쇼가 직접 인정한 것처럼 다분히 유쾌함을 의도한 일종의 유머였다. "클레이튼은 남의 시선은 신경 쓰지 않는, 아주 태평한 성격이었어요." 마틴은 기억했다. 커쇼는 여러 차례의 활약 덕에 『댈러스 모닝 뉴스(The Dallas Morning News)』에 이름을 올리기도 했다. 웨스트 메스키트 고교와의 경기에서는 2안타 완투, 와일리 고교 상대로는 무려 15개의 탈삼진을 기록하기도 했다. 팀의 시즌은 커쇼의 플레이오프 패전과 함께 끝이 났지만, 이 패배가 그해 커쇼가 남긴 깊은 인상을 지우지는 못했다. "커쇼는 텍사스주 전체에서 단연 손꼽히는 신입생이었어요." 마틴은 회상했다.

　댈러스 지역 야구계라는 좁고 폐쇄적인 커뮤니티 안에서 클레이튼 커쇼의 재능은 이미 모두가 알고 있는 것이었다. "커쇼는 딱 그런 애였어요. 한 열두 살쯤 됐을 때부터 '야, 걔 진짜 엄청 잘한대'라는 말이 들려왔죠." 인근 지역 매키니에서 자란 트렌트 애플비는 이렇게 회상했다. "물론 다른 애들에 대해서도 그런 얘기를 듣긴 해요. 하지만 그런 애들의 대부분은 그저 빨리 크고 일찍부터 힘이 붙어서 그런 경우죠."

커쇼를 다른 선수들과 구분 짓는 건 키나 구속이 아니었다. 그는 야구의 본질적인 목적, 타자를 아웃시키는 일에 탁월했다. "그냥 정말 훌륭한 투수였어요." 애플비는 덧붙였다.

애플비는 커쇼를 트래블 야구♦라는 복잡한 세계에서 처음 만났다. 이 지역에는 수많은 팀이 거미줄처럼 얽혀 있었다. 커쇼는 5학년 때까지는 동네 친구들과 함께 뛰었다. "항상 팀에서 제일 잘하는 투수였어요." 조시 메러디스는 회상했다. "스트라이크존에 정확히 찔러 넣고, 커브까지 던졌죠." 중학교부터 고교 초반까지 커쇼는 매슈 스태퍼드와 함께 '댈러스 타이거스'라는 지역 명문 팀에서 뛰었다. 그 팀에는 앨런에 살던 유망한 우완 투수 숀 톨레슨도 있었다. 당시 커쇼는 키에 비해 젖살이 빠지지 않았고, 구속보다 집념이 앞서는 스타일이었다. 그는 패스트볼 제구와 커브 회전에 집중했다. 타이거스의 코치 토미 에르난데스는 "커쇼가 그때는 몸도 둔했어요"라고 회상했다. "저희가 커쇼를 1루수 겸 투수로 썼는데, 뭐 특별히 잘하는 건 없었어요. 그냥 기본기 충실한 아이였죠." 하지만 경기장에만 들어서면 태도가 확 바뀌었다. "원래는 장난기 많은 애였는데, 막상 라인 안에 들어가면 완전히 몰입했어요. 더 나아지려고 진지하게 임했죠."

가끔 메리앤은 커쇼를 인근 애디슨에 있는 실내 배팅 연습장에 데

♦ 트래블 야구(Travel Baseball)란 원 소속 학교 팀이나 지역 리그가 아닌, 주말이나 방학 기간을 이용해 주(州) 또는 전국 단위로 원정을 다니며 뛰는 유소년 클럽 야구를 뜻한다. 소위 야구 잘하는 아이들끼리 경쟁하기에 선발 과정이 까다롭고, 부모님의 경제적 지원까지 요구된다. 보통 엘리트 유망주 육성을 목표로 하며, 프로 진출을 노리는 유소년 선수들이 조기 경쟁을 경험하는 리그다.

려갔다. '디배트'라는 시설이었는데, 전 댈러스 침례 대학 출신이자 한 시즌 마이너리그 경력도 있는 케이드 그리피스가 운영하는 곳이었다. 이 시설은 자체 트래블 야구팀도 운영했는데, 커쇼가 고교 2학년을 마치고 맞이한 여름에 그리피스는 타이거스 학부모들과 미팅을 가졌다. 메리앤, 스태퍼드 가족, 톨레슨 가족 등 여러 학부모가 모인 자리였고, 사실상 비공식 면접이었다. '왜 우리 아이들이 당신 팀에서 뛰어야 하는지 말해보세요'라는 분위기였다고 그리피스는 회상했다. 그는 그들을 설득했고, 스태퍼드를 유격수로 기용할 계획이었다. 하지만 스태퍼드는 이미 하일랜드파크 고교에서 2학년임에도 주전 쿼터백으로 발탁되었고, 그의 아버지는 아들이 각종 쿼터백 캠프에 초대받았다고 설명했다. 결국 스태퍼드는 야구보다 미식축구를 택했다. "저는 속으로 '야, 너 키가 180센티미터 언저리인데 무슨 미식축구야. 야구 해야지!'라고 생각했어요." 그리피스는 말했다. "그런데 제가 완전히 틀렸더라고요."♦

　나머지 선수들은 팀에 남았다. 톨레슨은 팀의 에이스로서 슬라이더 하나로 또래들을 압도했다. 커쇼는 그런 그에게 든든한 파트너였다. 커쇼의 커브는 아직 불안정했지만, 그는 2학년에서 3학년 사이에 무려 15센티미터 가까이 성장했다. 커쇼와 톨레슨은 더그아웃에서, 그리고 텍사스 전역과 타지 원정길에서도 친해졌다. 호텔 주차장에서 함께

♦　커쇼의 절친한 친구인 매슈 스태퍼드는 엘리트 코스를 밟은 미식축구 선수의 전형이다. 2009년 NFL 드래프트 전체 1순위 지명을 받은 스태퍼드는 2021시즌 LA 램스 소속으로 슈퍼볼 우승 트로피를 들어 올리기도 했다. 강한 어깨와 함께 경기 막판 활약이 좋아 많은 팬의 사랑을 받는 쿼터백으로 자리매김했다.

해키색♦을 차며 놀았고, 탁구나 길거리 농구를 하며 땀을 흘렸다. "커쇼는 늘 패배를 극복하는 능력이 있었어요. 아무리 질 것 같아 보여도요." 톨레슨은 회상했다. 톨레슨이 농구에서 앞서 나가면 커쇼는 드리블이 서툴고 점프도 잘 못하지만 수비를 조이고 몸싸움을 걸어 결국 경기를 뒤집었다. 호텔 방에서 장난삼아 벌이는 레슬링 같은 유치한 놀이도 마찬가지였다. "장난은 장난일 뿐이죠. 그런데 클레이튼이 자신이 지고 있다는 걸 자각하는 순간, 분위기가 달라져요." 톨레슨은 웃으며 말했다.

팀은 시카고, 휴스턴, 콜로라도의 스팀보트 스프링스 등지를 전전했다. 메리앤 커쇼는 그 원정 비용을 감당할 수 없었다. 하일랜드파크에 계속 거주하는 것조차 지인들에게 생활비를 빌려야 가능한 상황이었다. 그리피스는 사정을 알아차렸다. 그는 어린 시절의 자신을 떠올렸다. 루이지애나에서 자란 그는 어린 나이에 아버지를 잃었고, 어머니는 교사로 일하며 빠듯하게 생계를 꾸렸다. 그리피스는 커쇼가 여름 시즌을 뛸 수 있도록 도왔고, 또 다른 학부모 한 명은 조용히 커쇼 몫까지 비용을 대신 내주었다.

"비용이 어떻게 처리되었는지 굳이 이야기 나눈 적은 없어요." 그리피스는 회상했다. "앞으로도 일부러 언급하고 싶지는 않아요. 하지만 커쇼의 여름 시즌을 위해 제가 여러 도움을 주었던 것은 맞긴 합니다.

♦ 손바닥 크기의 작은 주머니 공. 또는 그 공을 발로 차며 즐기는 놀이. 공이 땅에 떨어지지 않도록 여러 명이 서로 패스를 주고받으며 즐긴다. 1970년대 미국에서 유행하기 시작했고, 이후 인기 있는 레크리에이션으로 자리매김했다.

그 친구가 비용을 감당할 수 없다는 건 알고 있었죠. 그렇지만 정말 훌륭한 아이였어요." 커쇼도 그 호의를 눈치챘다. "확실하진 않지만, 아마 제 생각에는 그분이 저한테는 원래 비용보다 훨씬 싸게 해주신 것 같아요." 커쇼는 말했다.

커쇼는 많은 것을 눈치챘다. 예컨대 자신의 소박한 형편, 이혼 후 어머니가 느끼는 슬픔 같은 것들을 말이다. 그는 어머니가 겪는 어둠을 어떻게 받아들여야 할지 몰랐다. 그러다 야구가 자신에게 주어진 탈출구임을 알아차렸다. 그것은 자신을 위한 길이었고, 동시에 어머니를 위한 길이기도 했다. 야구 경기를 할 때 그는 관중석에 앉은 대학 스카우트들의 존재를 의식하기 시작했다. 야구는 단순한 경기를 넘어선 무언가가 되었다.

"그때부터였던 것 같아요. 제가 더 잘해야겠다는 압박감을 느낀 게." 커쇼는 회상했다. "그리고 그 압박감은 제가 나이를 먹어가면서 점점 더 커졌죠."

댈러스의 온화한 기후는 클레이튼 커쇼에게 '밖에서 뛰노는 소년 시절'을 선물했다. 그의 신앙이 처음 움트게 된 계기도 풍경 곳곳에 솟아 있던 나무들의 기원에 대한 궁금증이었다. "세상을 둘러보다 생각했다. 과연 이 모든 것이 그냥 갑자기 생겨난 것일까?" 커쇼는 훗날 이렇게 썼다.♦ "그건 도저히 말이 되지 않았다. 내가 우연히 이 세상에 태어난 것이 아님을 깨달았다. 세상이 그냥 우연히 존재하게 된 것은 아니라고 느꼈다." 그는 신의 존재를 믿었지만 스스로를 특별히 종교적인 사람이라고는 생각하지 않았다. 가족은 일종의 형식적인 신앙생활을 했다. 매주 일요일 감리교회 예배에 참석하고, 주일학교에도 나갔다. 그에게 하나님은 위대하지만 멀리 있는 왕 같은 존재였다. "나는 하나님을 내 삶에 모시고 싶었다." 커쇼는 썼다. "하지만 동시에 그분은 나를 하찮은 벌레처럼 짓밟아놓을 수도 있는 무서운 존재라고 생각했다."

엘런은 그의 이런 시각을 바꾸어놓았다. 멜슨 가족은 커쇼 쪽보다 훨씬 신앙심이 깊었다. 엘런과 그녀의 형제자매들은 하일랜드파크 장로교회의 단골이었다. 엘런의 믿음은 특히 중학교 3학년 시절의 격동기를 거치며 깊어졌다. 그때는 그녀가 머리카락에 하이라이트를 넣고, 핼러윈이나 크리스마스 같은 다가오는 행사에 맞추어 치아 교정기의 고무밴드 색깔을 바꾸던 시기였다. 또한 중학생만이 이해할 수 있는 그 사소하지만 깊은 갈등을 느끼던 시기였다. 당시에는 그저 모든 것이 끔찍하게만 느껴졌다.

엘런은 친구들의 놀림에 상처받고, 뒷말에 배신감을 느끼고, 어색하고 폐쇄적인 무리 문화에 압도당했다. 그녀는 위로를 얻기 위해 성경에 빠져들었다. 그리고 시편 103편 8절 "여호와는 긍휼이 많으시고 은혜로우시며 노하기를 더디 하시고 인자하심이 풍부하시도다"라는 말씀

♦ 클레이튼 커쇼·엘런 커쇼, 『커쇼의 어라이즈』 2013.

을 통해 깨달았다. 하나님은 두려운 존재가 아니라 자신의 친구가 되어줄 수 있는 존재였다. 자신의 상처, 혼란, 미래에 대한 꿈을 거절당하거나 비웃음받을 걱정 없이 털어놓을 수 있는 존재가 바로 하나님이었다. 그녀는 종종 기도문을 일기장에 써 내려갔는데, 하나님이 마치 편지를 주고받는 친구처럼 잉크도 종이도 필요 없는 답장을 해주시는 것 같았다. 신앙은 그해를 견디는 데 큰 힘이 되었다(물론 현실적인 도움도 있었다. 언니 앤은 직접 학교에 찾아와 그녀를 괴롭히던 아이들을 혼내주었다).

그녀의 세계관은 커쇼에게도 영향을 미쳤다. 두 사람의 관계가 깊어지면서 커쇼는 멜슨 가족과 함께 교회에 다니기 시작했다. 데이트처럼 보이기도 하는 만남의 시간과 방과 후의 공부 시간에 두 사람은 자주 하나님에 대해 이야기했다. 엘런은 커쇼가 하나님을 자신이 믿는 것처럼 친구처럼 다가갈 수 있고 미래를 맡길 수 있는 따뜻한 아버지 같은 존재로 받아들이기를 원했고, 결국 설득해냈다. 커쇼는 점점 경제적 불안감에 시달리던 자신에게 누군가 든든한 후원자가 되어줄 수 있다는 가능성에 위안을 느꼈다. 그는 성경을 읽고 엘런과 함께 성경 공부 모임에 참여하며 그 메시지를 곱씹었다. "저는 '나 기독교인이야', '예수님 믿어' 같은 말을 하기는 했지만, '정말 내가 진심으로 믿는 건가?'라는 의문이 있었어요." 커쇼는 회상했다. "그래서 진지하게 생각하고 기도해봤어요. 그러다 결국 '그래, 예수님은 정말 말씀하신 대로 하신 거야!'라는 확신이 들었고, 그걸로 인해 마음의 짐을 좀 내려놓을 수 있었어요. '아, 이제 내 인생을 내가 전부 책임질 필요는 없겠구나' 하는 안도감이 생겼죠." 커쇼는 이후 성경을 세상을 바라보는 창으로 삼게 되었다. 성인이 된 이후 커쇼는 스스로를 '보수적인 기독교인 남성'이라고 규정했다. 그는 모든 사람은 하나님의 사랑을 받을 자격이 있다고 믿는 동시에, 동성 결혼은 성경의 가르침에 어긋난다고 믿는 사람이었다. 그는 자신이 자란 환경의 산물이며, 그 환경으로부터 많은 것을 받았던 사람이기도 했다.

고교 3학년이던 해, 커쇼는 묵상집에서 자신의 좌우명이 될 성경 구절을 발견했다. "무슨 일을 하든지 마음을 다하여 주께 하듯 하고 사람에게 하듯 하지 말라." 골로새서 3장 23절이었다. 그는 자신이 다른 친구들처럼 대학에 갈 만큼 경제적 여유가 없다는 사실을 알고 있었다. 야구가 유일한 희망이었다. 그 현실은 커쇼의 마음을 조이고 머리를 복잡하게 만들었다. 그 불안을 신앙을 통해 덜어낼 수도 있었지만, 그는 노력으로 돌파해 나가는 방법을 선택했다. 그것도 온 마음을 다해서 말이다. 커쇼는 삶의 시간 단위를 바꾸기로 했다. 대부분의 또래가 한 주를 일요일에서 토요일까지 7일 단위로 구성해 살아갈 때 커쇼는 등판일부터 다음 등판일까지를 기준으로 시간의 흐름을 계산했다. 그는 후회 없이 던지고 싶었다. 매 경기 자신이 할 수 있는 모든 준비를 다 했다는 확신을 가진 채 마운드에 서고 싶었다. 그가 세운 일정은 나이가 들수록 점점 변화했지만, "스프린트 하나도 대충 하지 않고, 웨이트트레이닝 세트 하나도 건너뛰지 않고, 하루도 허투루 보내지 않겠다"는 다짐은 결코 변하지 않았다.

4장
미국 대표팀

산타클로스가 하일랜드파크를 지나간 다음 날 아침, 클레이튼 커쇼는 자신의 흰색 GMC 디날리를 차고에서 몰고 나와 5분 거리의 고교까지 운전을 했다. 그는 하일랜드파크 실내 체육관 입구에서 전자 키를 찍고 출입문을 열었다. 이제 스코틀랜드 야드 담장을 넘어가며 캐치볼을 하던 시절이 아니었다. 학교 측은 커쇼에게 인조 잔디가 깔려 있고 미식축구 경기장처럼 선까지 그려져 있는 이 시설의 출입 권한을 허락해주었다.

시설은 거의 비어 있었고 한 10대 소년이 필드골을 차는 모습만 보였다. 커쇼는 시즌 준비를 위해 주 4회 공을 던졌고, 그 외에도 웨이트트레이닝, 컨디셔닝, 물리치료를 병행하고 있었다. 그는 지역 투수들과 함께하는 캐치볼 훈련 모임을 직접 조직했다. 느슨한 훈련 모임이 아니었다. 몇 주 뒤 숀 톨레슨이 점심을 함께할 수 있는 시간을 물었을 때 커쇼는 정확히 대답했다. "훈련이 오전 11시 42분에 끝나니까 정오에 먹으면 되겠네." 그리고 커쇼는 땀 냄새를 풍기며 약속 장소에 나타났다.

여러 메이저리거가 커쇼와 함께 공을 던졌다. 그와 함께 공을 던지는 것은 일종의 명예이자 특권이었다. 하지만 지금은 대부분이 그의 곁을 떠났다. 톨레슨은 2019년에 은퇴했고, 다르빗슈 유는 겨울을 일본과 샌디에이고에서 보내고 있었다. 크리스 영은 텍사스 레인저스의 단장이 되었다. 커쇼와 동시대를 함께했던 이들 중 지금까지 그의 곁에 남아 있는 이는 단 한 명, 브렛 앤더슨뿐이었다. 다부진 체격에 과묵한 이 좌완 투수는 10대 시절부터 커쇼와 엮여온 인물이다.

커쇼가 가장 먼저 도착했다. 다른 이들은 하나둘씩 뒤따라왔다. 앤더슨은 나지막이 인사말을 건넸다. 이들은 먼저 와 있던 10대 소년이 필드골을 연습하는 모습을 함께 지켜봤다. 소년의 기술은 특이했다. 공 뒤에 서서 보폭을 거의 두지 않고 곧장 공을 찼다. 그 동작은 투수들에게 야구계에서 생체역학♦적 향상의 '성지'로 불리는 장소를 떠올리게 했다.

"저 독특한 동작은 무슨 킥 버전의 드라이브라인♦♦ 같네." 앤더슨이

♦ 생체역학은 인간의 움직임을 물리학, 기계공학, 그리고 해부학의 관점에서 분석하는 학문이다. 투수의 경우, 팔의 스윙 궤적과 하체 사용 구조, 회전력과 힘의 전달 경로 등 투구 동작 전체를 과학적으로 살펴보는데, 최근에는 고속 카메라, 모션캡처, 센서 장비 등을 활용한 첨단 분석 방식으로 각광받고 있다.

♦♦ 드라이브라인(Driveline Baseball)이란 미국 워싱턴주에 위치한 첨단 야구 트레이닝 아카데미를 말한다. 이곳은 첨단 데이터 분석, 생체역학 기법 등을 활용한 투수 및 타자 훈련으로 유명하다. 다수의 메이저리그 선수가 오프시즌 동안 이곳에서 훈련한다. 현대 야구에서 기술 발전의 중심지로 여겨지는 곳이다. 이 글에서는 소년의 미식축구 킥 훈련이 그만큼 이례적으로 보였다는 의미로 해석해볼 수 있다.

말했다.

커쇼가 슬슬 다가갔다.

"나도 한번 차봐도 돼?" 그가 물었다.

소년은 옆으로 비켰다. 커쇼는 공 뒤에 서서 오른발을 들어 올리고 힘껏 찼다. 공은 땅에서 거의 뜨지 못했고 미식축구 골대 밑에 있는 축구 골망으로 굴러 들어갔다. 커쇼는 투수들 쪽으로 조깅하듯 돌아오며 말했다. "아, 거의 들어갈 뻔했는데!"

커쇼가 팔을 푸는 동안 다른 이들은 대화를 나누었다. 주된 화제는 키 약 2미터 1센티미터의 우완 투수 카일 멀러였다. 그는 애틀랜타 브레이브스에서 오클랜드 애슬레틱스로 트레이드된 참이었다. 멀러는 트레이드 소식을 처음에 어떻게 놓쳤는지에 대한 이야기를 풀어놓았다. 당시 그는 사냥을 하느라 바빴다.

커쇼는 대화에서 빠져나와 있었다. "그가 손에 야구공을 쥐고 있다면, 그건 진지한 시간이라는 뜻에요." 과거 캐치볼 파트너였던 제이미 라이트가 말했다. 커쇼는 웨이티드 볼♦을 집어 들고 벽을 등지며 무릎을 꿇었다. 하나의 동작으로 공을 등 뒤로 던져 벽에 맞힌 뒤, 같은 손으로 다시 받아냈다. 소리가 체육관 전체에 울려 퍼졌다. 그러곤 커쇼는 일어나 방귀를 뀌었다.

♦　웨이티드 볼(weighted ball)은 일반적인 야구공보다 더 무겁게 제작된 훈련용 공이다. 투수의 팔 스윙 스피드, 회전, 릴리스 포인트 등을 교정하는 등 투구 메커니즘 강화를 위해 사용된다. 야구 트레이닝에서 자주 사용되고, 앞서 언급한 드라이브라인과 같은 훈련 시설에서도 쉽게 볼 수 있는 장비다. 최근에는 여러 전문 트레이닝 기관에 과학적 훈련법과 함께 널리 보급되어 있다.

커쇼와 앤더슨은 약 7미터 거리를 두고 캐치볼을 시작했다. 앤더슨은 2022시즌을 통째로 쉬었지만 복귀를 준비하고 있었고, 여전히 움직임은 느긋하고 여유로웠다. 그의 모든 동작이 쉬워 보였다. 반면 커쇼는 신음을 내며 우직하게 던졌다. 모든 것이 격렬해 보였다. 두 사람 사이의 거리가 점점 멀어질수록 17년 전 이들이 왼손잡이 소년이었을 당시, 스카우트들이 누구에게 더 확신을 가졌는지를 떠올리기란 어렵지 않았다.

2005년 여름, 미국 미주리주 남서쪽 끝에 자리한 조플린에 144명의 10대 소년이 모였다. 이들은 북캘리포니아와 남캘리포니아, 퍼시픽 노스웨스트, 마이애미 교외, 뉴올리언스 외곽, 맨해튼 로어이스트사이드 등지에서 왔다. 미국 아마추어 야구 연맹, 아메리칸 리전 야구, 그 외 다양한 서머 리그에서 발탁된 최고의 선수들이었다. 이들이 이곳에 모인 이유는 단 하나였다. 제10회 스타 토너먼트에 참가하고, 그해 9월 열리는 18세 이하 팬아메리칸 선수권 대회의 미국 대표로 선발되기 위해서였다.

소년들은 8개 팀으로 나뉘었고, 일주일간 더블헤더 경기를 치렀다. 미국 대표팀 관계자, 대학 코치, 프로 스카우트들이 이들을 지켜봤다. 밤이면 이들은 현지 가정에서 홈스테이로 머물렀다. 어떤 소년들은 지나치게 자신감이 있거나, 혹은 너무 순진해서 이 쇼케이스 무대의 긴장감을 느끼지도 못했다. 커쇼는 그런 소년이 아니었다. 그는 관중석의 모든 평가자를 유심히 지켜보았고, 이 기회의 중요성을 잘 알고 있었다.

그는 혼자 조플린에 온 것이 아니었다. 톨레슨도 선발 명단에 들었다. 하지만 팀은 무작위로 짜였고, 커쇼는 브렛 앤더슨과 같은 팀이 되었다. 앤더슨은 이미 정밀한 제구와 과묵한 성격으로 이름이 나 있었다. 말은 거의 없고 스트라이크는 기가 막히게 꽂아 넣는 선수였다.

앤더슨은 야구 집안에서 태어났다. 그의 아버지 프랭크는 대학 디비전1의 투수코치였고, 텍사스 테크 대학과 텍사스 대학을 거쳐 2004년부터는 오클라호마 주립 대학 감독을 맡고 있었다. 어느 날 프랭크의 경기 도중 비가 와서 지연되었을 때 아직 어린 브렛은 너프 볼텍스 미식축구 게임 공을 던지며 놀았다. 놀이가 끝난 것은 미사일처럼 생긴 그 공이 결국 티켓 부스 지붕 위에 올라가버렸을 때였다. 텍사스 시절 프랭크와 함께 일했던 트립 카우치는 다음과 같이 회상했다. "앤더슨은 운동신경이 그다지 뛰어난 편은 아니었어요. 그런데 팔 하나만큼은 끝내줬죠. 아주 작은 표적도 정확히 맞힐 정도였으니까요."

조플린에 온 앤더슨은 명성을 떨치고 있었다. 미국 대표팀 투수코치 제이슨 하이지는 "내가 본 고교 투수 중 최고 수준의 제구력을 지닌 아이였다"라고 말했다. 그는 졸업 후 아버지가 있는 대학으로 진학하기로 했지만, 실제로 캠퍼스에 발을 디딜 것이라 예상한 사람은 많지 않았다. "앤더슨은 저희 누구보다 다듬어져 있었죠"라고 커쇼는 회상했다.

캘리포니아 헌팅턴비치 출신의 포수 행크 콩거는 열두 살 때부터 앤더슨을 알고 있었다. 콩거는『베이스볼 아메리카(Baseball America)』♦를 구독하며 동시대 유망주들의 소식을 놓치지 않고 챙겼다. 이 잡지는 앤더슨을 차기 드래프트 톱10 후보로 꼽았다. 콩거는 "그때 앤더슨은 내가 아는 한 최고의 아마추어 좌완 투수였다"라고 말했다. 미국 대표 팀은 앤더슨이 참가하기로 했다는 사실에 흥분했다.

"그렇게 어린 투수가 볼넷까지 잘 안 주면 몸값이 금값이죠." 미국 대표팀 야구 운영 담당 레이 다윈이 말했다. 브렛 앤더슨과 콩거, 그리고 다른 선수들은 당시 커쇼를 잘 알지 못했다. 콩거는 커쇼의 이름을 본 적이 있었지만, 대개는 디배트 팀 동료들과 함께 언급될 때였다.

트라이아웃 초반 어느 날 밤의 일이었다. 아직 소년들이 긴장해 있던 시기였다. 콩거는 포수 마스크를 쓰고 커쇼의 공을 받기 위해 홈 플레이트 뒤쪽에 앉았다. 등판 전에 콩거는 커쇼에 대한 간략한 스카우팅 리포트를 전달받았다. 좌완치고 괜찮은 구속, 다소 들쭉날쭉한 제구, 낙차 큰 커브에 대해서 적혀 있었다. 하지만 정작 공을 받고 나니 그 보고서가 커쇼를 과소평가했다는 생각이 들었다. 그의 패스트볼은 꿈틀거렸다. 그의 커브는, 콩거의 표현을 빌리자면 "정말 끝내주는 무기"였다. 콩거는 대체 커쇼가 왜 이렇게 주목을 받지 못한 채 조플린에 왔는지 이해할 수 없었다.

콩거는 생각했다. '이 새끼, 대체 누구야?'

♦ 1981년에 설립된 미국의 야구 매체. 메이저리그에 대해 다루기도 하지만 창간 초기부터 마이너리그 및 대학 야구, 고교 야구 등에 강점을 보여온, 대표적인 유망주 관련 매체다. 이 매체에서 호평을 받아 높은 랭킹에 거론되면 해당 선수에 대한 주목도가 크게 오른다는 점에서 그 영향력을 짐작해볼 수 있다.

클레이튼 커쇼는 그해 여름, 자신의 실력과 지역적 배경♦이 맞물리며 '독보적인 입지'를 점하고 있었다. 그는 여러 대학 코치, 프로팀 스카우트, 그리고 공신력 있는 언론 매체에 의해 미국 최고의 고등학생 투수 유망주 중 한 명으로 평가받고 있었다. 하지만 그럼에도 디배트 팀에서는 3선발 투수였다. 이 트래블 야구팀에는 다음 해 봄에『베이스볼 아메리카』선정 미국 고교 유망주 랭킹 1위를 차지하게 될 유망주가 함께 뛰고 있었다. 그의 이름은 조던 월든이었다.

월든은 하일랜드파크에서 남쪽으로 거의 한 시간 떨어진 맨스필드에 거주하고 있었다. 미국 국가대표팀 선발전을 건너뛰었음에도 메이저리그 팀들은 그의 재능을 탐내고 있었다. 그는 키가 약 193센티미터, 몸무게는 84킬로그램에 달했고, 특히 오른팔은 하늘이 주신 축복과도 같았다. 빠른 공을 던지는 선수였는데, 그해 여름 텍사스 크리스천 대학에서 펼쳐진 쇼케이스에서 스카우트들이 스피드건을 들고 있는 가운데 선수 본인도 놀랄 정도로 빠른 구속인 99마일♦♦의 공을 뿌렸다. 월든의 투구는 독특한 투구 폼 덕에 더 위협적이었다. 그는 마운드 경사면을 달려 내려오는 듯한 자세로 공을 던졌고, 이 특이한 도약은 포

♦ 텍사스주 댈러스의 부유한 교외 지역인 하일랜드파크는 교육 인프라 및 스포츠 지원 수준이 높은 곳이다. 자연스레 좋은 환경에서 훈련받고 지원을 잘 받은 유망주라는 인식을 갖게 된다. 또한 텍사스주는 전통적으로 야구를 잘하는 지역으로 각 구단 스카우트가 자주 찾는 대표적인 지역 중 하나다.

♦♦ 시속 약 159킬로미터

수와의 물리적인 거리를 줄여서 타자들이 구속을 더 빠르게 느끼도록 만들었다. "아무도 그 친구 공을 건드리지 못했어요." 디배트와 맨스필드 고교에서 월든의 팀메이트였던 마크 코훈의 말이다.

그러나 디배트 감독 켄 거스리는 '반드시 이겨야 할 경기'에서는 다른 투수를 선택하곤 했다. "톨레슨이었죠." 거스리는 당시를 회상했다. "해결사 같은 선수였어요." 프로 무대에서 몇 시즌 뛴 경력이 있는 거스리의 눈에 톨레슨은 이미 메이저리그 수준의 슬라이더를 던지고 있었다. "톨레슨은 정말로, 완전히, 손도 못 대는 투수였습니다." 훗날 메이저리그 포수가 되는 디배트의 포수 캐머런 럽은 그렇게 말했다. 코훈도 덧붙였다. "숀 톨레슨은 제가 처음으로 본 '7타자 연속 탈삼진' 투수였습니다."

커쇼는 월든만큼 빠른 공을 던질 수 없었다. 커쇼의 커브는 톨레슨의 슬라이더처럼 날카롭지도 못했다. 하지만 디배트 관계자들의 눈에 커쇼는 지능과 재능, 그리고 '야망'이 결합된 흥미로운 선수였다. "가장 두드러지는 점은 승부욕이었습니다." 거스리는 당시의 커쇼를 그렇게 회상했다. 그해 여름 초 커쇼는 캘리포니아 롱비치에서 열리는 '에어리어 코드 게임즈'◆에 초청받았다. 고교 유망주들을 모아 펼치는 권위 있는 대회였다. 그는 이 자리에서 예이거의 프레젠테이션을 지켜봤다.

◆ 고교 야구 선수들을 모아 팀을 꾸려 진행하는 이벤트성 대회. 전국적으로 이름 있는 선수들만 초대하는데, 커쇼가 참여했던 당시에는 해당 선수의 소속 지역 팀에 위치한 메이저리그 팀의 모자를 착용하게 했다. 커쇼의 옛 사진들 가운데 다저스에서 드래프트를 받기 전 텍사스 레인저스 모자를 쓰고 공을 던지는 모습을 찾을 수 있는 이유가 여기에 있다.

대학 시절 투수로 뛰었던 예이거가 개발한 비전통적인 훈련법은 또 한 명의 '낙차 큰 커브를 던지는 좌완' 배리 지토 같은 메이저리그 스타들을 매료시켰다. 커쇼의 말에 따르면, 당시 그는 예이거가 제안한 준비운동 루틴을 "토씨 하나 빠뜨리지 않고" 따라 했다고 한다.

쇼케이스 외에도 디배트 팀은 그해 여름 수십 경기를 소화했다. 주중 더블헤더와 주말 토너먼트가 이어졌다. 던져야 할 이닝 수는 항상 많았지만 투수는 늘 부족했다. "그렇다 보니 이런 식이었죠. '오클라호마시티에서 경기가 있는데 투수가 없네. 투수 두 명이 필요한데 누구 아는 사람 좀 없어?'" 텍사스 코펄 출신의 포수 오스틴 굴즈비가 당시를 회상했다. 오클라호마에서 열릴 한 대회를 앞두고 감독 켄 거스리는 인근에서 투수를 수소문하고 있었다. 그런데 당시 그의 코치 중 한 명이 이제 막 캘리포니아에서 이주해온 좌완 투수를 관찰하고 있었다. 거스리는 그 투수의 아버지 그레그 브리튼에게 전화를 걸어 아들 잭이 출전 가능한지 물었다. 거스리는 포트워스에 있는 카벨라스◆매장에서 잭 브리튼을 만나 차에 태웠다. 브리튼은 "옛날에는 그런 식으로 선수를 데려가서 뛰게 해도 됐던 시절이었죠"라고 회상했다. 거스리는 새 투수를 태우고 경기장으로 향했다. 브리튼은 웨더퍼드라는 시골 마을에 살았기에 부유한 댈러스 출신 아이들과는 잘 어울리지 못했다. 그런 그에게 가장 먼저 다가온 선수 중 한 명이 바로 클레이튼 커쇼였다. 커쇼는 브리튼에게 필요한 게 있으면 연락을 달라며 자신의 전화번호

◆　카벨라스(Cabela's)는 사냥, 낚시, 캠핑 용품을 전문으로 판매하는 대형 아웃도어 상점이다.

를 적어주었다.

브리튼은 커쇼와 함께 선발 로테이션에서 하위 순번을 맡게 되었다. "그때만 해도 숀 톨레슨과 조던 윌든은 레벨이 다른 선수들이었어요"라고 브리튼은 회상했다. 그 주말, 커쇼는 예선전에 등판했다. 브리튼은 결승전에 선발로 나섰다. 3회쯤이었을까, 더그아웃에서 작은 소란이 느껴졌다. "저 좀 던지게 해주세요." 커쇼는 계속 중얼거리고 있었다. 당시 거스리는 자신의 소속팀 투수들이 일주일에 한 번만 던지는 것을 선호했다. 그는 커쇼를 마지막 이닝까지 기다리게 했는데, 한 가지 단서를 달았다. "12개 넘게 던지면 바로 교체한다"라고 한 것이었다. "그런데 얘가 나가서 12개도 안 던지고 그냥 다 삼진으로 잡아버렸어요." 거스리의 말이다.

커쇼는 자신이 받은 모욕이나 다른 이의 말을 마음에 새겨두는 타입이었다. 케이드 그리피스는 이렇게 회상했다. "한번은 누가 커쇼에게 '견제 동작이 별로네'라고 했어요. 그 말을 들은 커쇼는 시즌 내내 곱씹었고요." 다음 해 여름 어느 경기에서 커쇼는 상대 타선을 완전히 압도하고 있었다. 패스트볼 구속은 시속 85마일♦에 불과했지만, 아마추어 수준에서는 충분히 위협적인 스피드였다. 그리피스는 커쇼가 아웃카운트를 차곡차곡 적립해가다가 어느 타자의 몸에 공을 맞히는 것을 보았다. 그리고 잠시 후 커쇼는 그 주자를 1루에서 견제로 잡아냈다.

"클레이튼, 혹시 일부러 맞힌 거야?" 그리피스가 나중에 물었다.

♦　약 137킬로미터

커쇼는 멋쩍게 웃으며 답했다. "그냥 저 친구를 견제로 잡아낼 수 있을지가 궁금했어요."

디배트 동료들은 커쇼가 팀 내 다른 대형 유망주 투수들과 자신 사이의 실력 차이가 뚜렷함을 인식하고 있다고 느꼈다. 커쇼는 자신이 꽤 괜찮은 투수라는 것은 알고 있었지만, '좋은 선수' 정도가 아니라 '위대한 투수'가 되기를 바랐다.

야구는 실패로 빚어진 경기다. 이 스포츠는 팬의 마음을 아프게 하기 위해 설계된 것처럼 보이지만, 실제로는 경기에서 뛰는 선수들의 마음을 먼저 꺾는다. 실패는 모든 선수에게 찾아온다. 선수들은 기량이 부족해서, 혹은 신체적으로 약해서, 아니면 성격적인 문제로 실패를 경험한다. 극소수의 운 좋은 이들만이 그 실패를 극복하고, 절대다수는 그러지 못한다. 야구가 잔인한 이유는 그저 실패를 안겨주기 때문이 아니다. 실패할 리 없다는 생각을 오랫동안 갖게 하다, 실패를 안겨주기 때문이다.

2005년 여름 미주리주 조플린에서 열린 고교 유망주 대상 국가대표 선발전에는 실패의 그림자가 닿은 적 없는 듯한 소년이 몇 있었다. 그들은 다른 선수들이 수군거릴 만큼 특별한 존재였다. 그들이 배팅 연습을 하거나 불펜에서 공을 던지면 모두가 넋을 잃고 바라보았다. 베이 에어리어♦ 출신 외야수 라스 앤더슨은 이렇게 회상했다. "그 친구들은 걸어 다니는 것만 봐도 거의 신화적인 존재 같았어요."

브렛 앤더슨♦♦은 그런 존재 중 하나였다. 숀 톨레슨도 마찬가지였다. 고교 3학년 때 타율 .455를 기록한 그랜트 그린도 있었다. 올스타에 뽑힌 적이 있는 외야수 쳇 레몬의 아들인 올랜도 지역 출신 유격수 마커스 레몬은 고교 3학년 때 타율 .489를 기록했다. 맥스 샙은 엄청난 파워를 가진 포수로, 13세 때부터 국제 대회에 출전했다. 이 유망주들은 "야구장 위의 신들"처럼 행동했다고 라스 앤더슨은 기억했다.

선발전이 진행되면서 커쇼 또한 보통의 선수들에게는 그런 존재로 보이기 시작했다. 라스 앤더슨처럼, 커쇼처럼, 조플린에 있던 많은 소년처럼, 드와이트 차일즈도 긴장에 몸을 떨었다. 베이 에어리어 출신 포수였던 차일즈는 커쇼의 패스트볼을 3루 쪽 파울라인으로 제대로 때려내고 나서야 자신감을 되찾았다. "그런데 그 친구가 그다음에 던진 커브는 진짜 미쳤더라고요. 맹세컨대 하늘 끝까지 솟구쳤다가 제 무릎 높이로 뚝 떨어지며 꽂혔다니까요." 차일즈는 말했다. "그런 커브는 한 번도 본 적이 없었어요. 아마 그때까지 아무도 본 적 없었을 겁니다."

하지만 커쇼의 그런 압도적인 장면은 어쩌다 한 번이었다. 대표팀 선발 기간 중 브렛 앤더슨은 제리 도슨 감독 근처에서 몸을 풀고 있었다. 그의 제구력은 너무도 정밀해서 공이 목표한 위치로부터 약 30센티미

♦　캘리포니아주 샌프란시스코만 일대를 중심으로 하는 대도시권을 뜻한다. 샌프란시스코, 오클랜드, 산호세 등을 포함하며 기술 산업과 야구, 다양한 문화 활동의 중심지로도 알려져 있다.

♦♦　라스 앤더슨과 성은 같지만 연관성은 없다.

터 벗어났을 뿐인데도 포수에게 미안하다고 사과할 정도였다. "글러브를 어디에다 두든 공은 정확히 그곳으로 날아왔습니다." 도슨의 말이다. 커쇼는 그런 제구를 따라갈 수 없었다.

"커쇼도 잘했어요." 텍사스 러프킨 지역 출신의 좌완 투수였던 브랜든 벨트는 당시를 그렇게 회상했다. "하지만 지금 우리가 아는 '그 클레이튼 커쇼'는 아니었어요." 도슨 감독에게 당시 커쇼의 투구 동작은 너무 급해 보였다. 다리가 너무 빨리 튀어나오고, 왼팔은 너무 늦게 나왔다. "그땐 스트라이크를 던지는 것도 어려워하고 있었습니다." 도슨의 말이다. "하지만 구위만큼은 정말 대단한 수준이었습니다."

도슨은 미국에서 가장 명망 있는 고교 감독 중 한 명이었다. 애리조나 스콧스데일의 채퍼럴 고교에서 30년 넘게 감독직을 맡았고, 그 학교는 지난 7년 중 다섯 차례나 주 챔피언 자리에 올랐다. "도슨은 정말 불덩어리 같은 성격이었습니다." 애틀랜타 출신 외야수 L. V. 웨어는 말했다. 도슨은 선수들의 외모와 태도에도 유난히 민감했다. 아이 블랙을 금지했고,♦ 모자챙 위에 선글라스를 올려놓는 것도 허용하지 않았으며,♦♦ 장갑이 유니폼 하의 뒷주머니에 달랑거려서도 안 되었다. 그는 모자를 삐딱하게 쓰는 게 거슬린다며 뉴욕 출신의 장신 투수를 팀에

♦ 아이 블랙(eye black)은 야구 선수들이 햇빛이나 강한 조명 아래에서 눈부심을 줄이기 위해 눈 밑에 붙이거나 바르는 검은색 물질을 통칭한다. 메이저리그 선수들이 종종 사용하는데, 어린 선수들이 멋을 위해 사용하는 경우도 있어서 허세나 스타처럼 보이려는 태도를 차단하고자 이런 규율을 강조한 것이다.

♦♦ 선글라스를 모자챙 위에 얹게 되면 전면에 있는 소속팀의 로고가 가려진다. 팀의 로고를 절대 가리는 일이 없도록 이 같은 행동을 금지하는 것은 아마추어 야구뿐 아니라 마이너리그 선수들에게도 해당하는 일이다.

서 자를까 고민하다 받아들인 적도 있었다. 그 투수는 훗날 메이저리거가 되는 델린 베탄세스였다.

도슨은 전년도 국가대표팀의 코치 보좌였다. 2005년에는 투손의 피마 커뮤니티 칼리지에서 투수코치를 하던 전 마이너리거 하이시와 함께 팀을 이끌었다. 이들은 멕시코에서 열릴 대회에 대비해 투수진을 구상했다. 브렛 앤더슨이 선발진에서 1선발을 맡기로 했고, 다음 투수는 오클랜드 출신의 196센티미터 우완 투수 타이슨 로스였다. 그는 커쇼보다 한 달 일찍 태어났지만 학년은 한 학년 위였다. 로스는 UC 버클리 신입생 오리엔테이션을 빠지고 선발전에 참가했다. 그는 전해 여름에도 미국 대표팀에 선발되어 앤드루 매커천, 버스터 포지, 저스틴 업튼 등 미래의 올스타들과 함께 뛰었다. "브렛 앤더슨과 타이슨이 압도적이었죠." 웨어는 회상했다.

로테이션을 완성한 나머지 투수들은 베탄세스, 커쇼, 그리고 노스캐롤라이나 출신 우완, 조시 스레일킬이었다. 톨레슨은 이들을 여러 이닝을 던질 수 있는 불펜 카드로 사용할 계획이었다. 하지만 대표팀 코칭스태프는 커쇼에게는 중간 계투 역할을 맡길 수 없겠다고 생각했다. 그들은 커쇼의 루틴을 지켜봤다. 45분짜리 '예열' 루틴은 세부적이고 철저했지만 실전에서 문제가 있었다. "6회에 갑자기 투입되어야 하는 상황에서 그런 루틴을 할 시간은 없잖아요." 레이 다윈의 말이다.

조플린에서 일주일이 지난 후 미국 대표팀은 선수단을 40명으로 압축했다. 이 40명은 또 다른 일주일 동안 경기를 치렀고, 이후 26명으로 다시 줄어들었다. 선수들은 캘리포니아, 마이애미, 텍사스로 흩어졌다. 8월 말 이들은 조지아주 애틀랜타 북부의 캅 카운티에 다시 모였다. 지역 고교팀 및 캐나다 대표팀과의 시합이 이어졌다. 그리고 최종 20인의 선수 명단이 확정되었다.

대표팀은 버스를 타고 애틀랜타 공항으로 향했다. 커쇼는 살면서 비행기를 몇 번 타보지 않았다. 그는 생애 처음으로 해외에 나가게 되었고, 익숙하면서도 낯선 역할을 맡고 있었다. 그는 미국 최고의 투수 중 한 명이었지만, 그보다 더 잘하는 선수들이 있었다.

미국 대표팀이 비야에르모사 국제공항에 도착하자 경찰 호위대가 그들을 맞이했다. 9월 초의 무더운 열기는 숨이 막힐 정도였고, 선수들은 멕시코만 인근 타바스코주의 주도인 비야에르모사로 향하는 버스에 몸을 실었다. 호텔에 도착하자 아이들이 버스 차창을 두드렸다. 도슨 감독은 선수들에게 어린이들의 사인 요청은 받아주되 어른들의 요청은 피하라고 조언했다. 에스타디오 센테나리오에서 열린 개막식의 분위기는 열광적이었다. 선수들의 회상에 따르면 더그아웃 위에 있는 경찰들이 AK-47과 AR-15 소총을 들고 있었다. 라스 앤더슨은 "비틀스가 된 기분이었다"라고 말했다.

미국 선수들에게 가장 큰 도전은 경기 상대 팀이 아니라 낯선 환경 그 자체였다. 미국야구협회 관계자들은 선수들이 도슨 감독의 통금 시간을 어기고 몰래 빠져나갈까 봐 걱정했고, 현지의 불안정한 날씨 때문에 경기 일정이 꼬일까 봐 신경이 곤두섰다. 하이시 코치는 이렇게 회상했다. "그런 곳에 가면 항상 '음식 전쟁'이 벌어지죠." 당시는 식단 관리나 식사 준비 같은 것이 일반적이지 않은 시절이었다. 선수들은 아침으로 옥수수 칩과 살사 소스를 먹고, 경기가 끝나면 호텔로 배달된 도미노 피자를 허겁지겁 먹었다. 오토바이 뒤에 히터를 단 배달원이 피자를 배달했다. 몇몇 선수들은 법적 음주 가능 나이인 18세임을 이용해 술을 마시기도 했고, 더 평범한 방식으로 스트레스를 푸는 선수들도 있었다. 톨레슨은 환타를 "마치 물처럼" 마셨다고 회상했다.

커쇼, 톨레슨, 브렛 앤더슨은 함께 호텔 밖으로 나가 노점에서 타코를 사 먹었다. 다행히도 그들은 다른 팀원들을 고생시킨 '문제의 타코'를 피했다. 오리건주 포틀랜드 외곽 출신 투수 그레그 피비는 이렇게 회상했다. "세상에, 길거리 타코는 진짜 사람 잡더라고요. 먹을 땐 맛있었는데, 한 시간쯤 지나니까 완전히 쓰러졌죠." 배탈은 선수들만의 문제가 아니었다. 하이시 코치는 "그 대회 마지막 4~5일을 거의 배탈약으로 버텼다"라고 말했다. 결국 대부분의 선수단은 다윈이 챙겨온 땅콩버터와 잼으로 연명하게 되었다.

결코 이상적인 여건은 아니었다. 도슨 감독은 어느 날 오후 철망 L 스크린◆ 뒤에서 직접 타격 연습 공을 던져야 했다. 경기장 잔디는 "몇

년은 깎지 않은 것처럼" 보였다고 웨어는 회상했다. 어느 비 내린 오후, 운동장을 정비하기 위해 경기장 직원들이 휘발유 통을 들고 와 홈 플레이트에 불을 붙였고, 그 불길은 잔디를 말려주었다. "그리고는 순식간에 '플레이 볼!'을 외치더라고요." 톨레슨이 회상했다. "'미국에서도 써먹을 수 있겠네' 하고 생각했죠."

커쇼는 거의 "강아지처럼" 톨레슨을 졸졸 따라다녔다고 다원은 회상했다. 둘은 브렛 앤더슨과 함께 해키색을 차며 시간을 보내고 성경을 읽기도 했다. 고교 졸업 후 빅 12 콘퍼런스♦ 대학에서 뭘 하게 될지에 대해 이야기했지만, 사실 셋 다 대학이 아닌 메이저리그 드래프트 1라운드 지명을 꿈꾸고 있었다. 커쇼는 왜 그들에 비해 자신의 희망이 '덜 현실적으로' 보이는지를 이해하고 있었다. 앤더슨이 공을 얼마나 정확히 던지는지, 톨레슨이 얼마나 압도적인 투수인지를 지켜보며 자신이 개선할 수 있는 부분이 무엇인지 깨달아갔다. 커쇼는 나중에 이렇게 말했다. "저는 항상 저보다 잘하는 선수들과 함께 뛰어왔어요. 그게 좋은 일이라고 생각해요. 항상 최고가 아닌 게 오히려 좋은 거죠."

대회 첫 주 동안 커쇼는 동료들이 경쟁자들을 압도하는 모습을 지켜보기만 했다. 도슨 감독은 브렛 앤더슨과 타이슨 로스가 결승전에 등판할 수 있도록 선발진을 구성해두었다. 커쇼는 4선발 자리에 배정되었고, 대부분의 시간을 불펜에서 보냈다. 아이들은 방귀를 뀌고 농

♦ 빅 12 콘퍼런스(Big 12 Conference)는 미국 NCAA 디비전1(최상위 리그) 소속의 주요 대학 스포츠 리그 중 하나로, 주로 텍사스와 캔자스, 오클라호마 등 중남부 지역의 대학들이 소속되어 있다.

담을 주고받으며 시간을 때웠다. 톨레슨은 기묘하게 꺾이는 자신의 팔꿈치를 보여주며 모두를 웃게 만들었다. "누군가의 스파이크에 불을 지르기도 했던 것 같아요." 포수 드와이트 차일즈는 회상했다.

비로 인해 커쇼의 브라질전 등판은 취소되었다. 그 경기는 사흘 뒤로 재편성되었고, 커쇼는 4이닝만을 소화했다. 그는 안타 3개를 맞았고, 4개의 볼넷을 허용했다. 대표팀 선발전 때와 비슷한 모습이었다. 그는 팔꿈치에 부담이 가는 스리쿼터 팔 각도로 공을 던졌고,♦ 투구 동작은 일관성이 부족했다. 모든 동작이 잘 맞아떨어질 때도 있었지만, 때로는 몸이 지나치게 빨리 움직이기도 했다. 반면 앤더슨은 대회 기간 동안 50명의 타자 중 24명을 삼진으로 잡아내며 커쇼와는 대조적인 안정감을 보였다.

커쇼가 등판한 다음 날, 앤더슨은 파나마를 상대로 1회에 먼저 실점을 허용했다. 더그아웃에서 그는 글러브를 벽에 던지며 "누구도 그렇게 욕을 찰지게 퍼붓기 힘들 정도로" 완벽하게 연결된 열다섯 가지 욕설을 쏟아냈다고 도슨은 회상했다. 당시 도슨은 타격코치에게 말했다. "2점만 내면 이 경기 이긴 거야." 결국 미국팀은 7점을 뽑았고, 파나마는 더 이상 점수를 내지 못했다.

결승전에서 커쇼는 불펜에서 타이슨 로스가 선발 등판하는 모습을 지켜봤다. 미국팀은 그때까지 단 한 경기도 패하지 않았다. 일주일 전에도 쿠바를 꺾은 바 있었다. 하지만 경기 막판, 쿠바는 미국의 2루 주

♦ 가장 일반적으로 투수들이 던지는 각도에 비해 팔을 조금 더 낮춰 던지는 투구 폼을 뜻한다.

자를 견제시키킨 뒤 공격 이닝에서는 역전 점수를 만들어냈다. 도슨 감독은 퇴장당했다. 왜 그런 판정을 받았는지는 끝내 알지 못했는데, 언어 장벽도 한몫했다(도슨은 심판에 대해 타고난 반감을 품고 있었다. 이 책을 위해 인터뷰를 했던 2023년에도 애리조나 프레스콧의 야바파이 칼리지 감독직을 맡고 있던 그는 여전히 "나는 심판 놈들은 전부 다 싫다"라고 했다).

미국은 결국 2 대 1로 패했는데, 이 패배를 가장 힘들게 받아들인 것은 '어른들'이었다. 정작 청소년 대표팀 선수들은 추억과 기념품을 안고 미국으로 돌아갈 날만 기다렸다. 경기 후 미국 선수들은 쿠바 선수들과 장비를 맞교환했다. 10여 년이 지난 뒤에도 톨레슨과 L. V. 웨어는 쿠바 대표팀 재킷을 여전히 옷장 안에 걸어두고 있다고 했다.

대부분의 선수는 호텔로 돌아갔지만 일부는 통금 시간을 어기고 마지막 밤을 보냈다. 다음 날 아침 공항에서 다윈 코치는 선수들에게 젊은 날의 숙취에서 얻는 교훈이야말로 진짜 지혜라며 작별 인사를 건넸다. 본토에서는 이미 학기가 시작되어 있었다. 로스는 UC 버클리에서 대학 새내기 생활을 시작했고, 나머지 대부분의 선수는 고교 졸업반으로 복귀했다. 커쇼는 하일랜드파크, 앤더슨은 스틸워터, 톨레슨은 앨런 고교로 돌아갔다. 하지만 그들의 마음은 내년, 그리고 그 너머의 모든 해에 펼쳐질 일들에 대한 벅찬 기대와 설렘으로 가득했다.

"그때 대표팀 멤버 대부분은 메이저리거가 될 거라는 걸 알 수 있었습니다. 미국 대표팀에 뽑힌 선수들이 항상 그렇긴 하지만요." 하이시 코치는 이렇게 말했다. "하지만 그 누구도 사람 속까지 다 들여다볼 수는 없어요. 항상 궁금하죠. 이 야구 잘한다는 친구들 중에서도 누가

'진짜 특별한 뭔가'를 갖고 있을지 말이죠."

17년이 흐른 뒤 두 명의 옛 동료가 하일랜드파크의 실내 연습장에서 약 30미터 거리를 두고 마주 섰다. 커쇼는 앞으로 성큼 내디디며 공을 던졌다. 익숙한 사람과 장소였지만 공은 한참을 빗나가는 바람에 그걸 잡기 위해 앤더슨은 점프를 해야 했다.

"이야." 커쇼가 말했다. "그걸 잡네!"

"너 때문에 내 회전근개 찢어졌어 지금." 앤더슨이 무표정하게 받아쳤다.

이들은 캐치볼을 마치고 나란히 연습장을 빠져나왔다. 커쇼는 왼쪽 이두에 전기 자극 치료기를 붙였고, 앤더슨은 벽에 등을 기댄 채 주저앉았다.

앤더슨은 커리어 내내 크고 작은 부상을 안고도 13시즌을 뛰었고, 누적 수입은 6,000만 달러에 가까웠다. 그는 그해 겨울 프로 스카우트들 앞에 다시 몸을 보여줄 계획이라고 했지만 2023시즌에는 결국 마운드에 오르지 못했다.

한편 마이너리거들은 계속해서 공을 던지고 있었다. 그 옆에서 커쇼와 앤더슨은 웃으며 얘기를 나누었다. 나는 그들에게 이렇게 겨울 초입부터 훈련을 시작한 이유가 무엇인지 물었다.

"얼마나 아픈지 한번 보려고요." 커쇼가 말했다.

아직 젊은 나이였지만 이들의 몸은 이미 세월을 많이 먹었다. 두 사람 모두 공을 던질 때마다 마지막이 될 수도 있다는 사실을 알고 있었다. 앤더슨은 토미 존 수술♦과 두 차례의 힘겨운 허리 수술을 받았고, 커쇼는 거의 매 시즌을 고질적인 통증 속에서 마무리했다. 모든 프로 투수는 모래시계 같은 존재다. 그들의 모래는 대부분 이미 바닥으로 떨어져 있었다.

♦ 투수의 팔 인대를 재건하는 수술이다. 1974년에 메이저리그 투수 토미 존이 최초로 이 수술을 받은 데서 유래한 이름이다. 현재는 팔꿈치 부상으로 인해 인대가 파열된 투수들에게 흔히 시행된다. 회복에는 일반적으로 12~18개월 정도가 소요되는데 최근에는 수술 이후에도 성공적으로 복귀하는 경우가 많다.

5장
1-2-3

2006년 1월 어느 오후, 시애틀 매리너스의 스카우트 마크 러머스는 전화 한 통을 받았다. 그는 역사적인 장면을 보러 오라는 초대를 비웃었다. 전화를 건 사람은 텍사스 코시캐나에 있는 나바로 칼리지의 코치, 스킵 존슨이었다. 존슨은 러머스에게 클레번에 있는 그의 집에서 북쪽으로 한 시간 조금 넘게 떨어진 애디슨의 디배트 실내 훈련장으로 오라고 했다. 겨울이면 존슨은 개인 레슨을 부업으로 하고 있었고, 이제 막 '투수 조련의 달인'이라는 평판을 얻은 참이었다. 그리고 존슨은 자신이 가르치는 '따끈따끈한 유망주'를 보여주고 싶어 했다.

"스킵, 나는 안 가." 러머스가 말했다. "야구 시즌 시작하면 한번 보러 갈게."

당시 러머스를 포함한 지역 스카우트 대부분은 클레이튼 커쇼에 대해 어느 정도 알고 있다고 생각했다. 그들에게 커쇼는 성격 좋은 녀석, 통통한 체형, 괜찮은 패스트볼과 낙차가 아주 큰 커브, 하지만 스트라이크를 꾸준히 넣지는 못하는 투수였다. "계속 지켜봐야 할 선수이기는 했어요." 러머스는 회상했다. 하지만 그 이상은 아니었다. 커쇼의 '어드바이저'(선수의 NCAA 대학 선수 자격 유지를 돕기 위해 실제로는 에이전트 역할을 하는 이들이 어드바이저라는 이름으로 곁에 머물렀다)였던 J. D. 스마트는 텍사스 대학에서 러머스와 함께 뛴 바 있다. 스마트도 러머스에게 커쇼에 대한 이야기를 계속했다. 하지만 러머스는 회의적이었다. 당시 그는 커쇼가 대학으로 가서 실력을 더 다듬어야 한다고 생각했다.

러머스는 시애틀 매리너스 소속 스카우트로 11개 주를 담당하고 있었다. 그렇게 바쁜 그의 시간은 매우 귀중했다. 하지만 존슨은 고집을 꺾지 않았다. 두 사람은 오랜 친구로 서로를 신뢰하고 있었다. 6월 드래프트에서 시애틀의 지명 순위를 언급하자 러머스는 귀를 기울였다.

"너희 팀 올해 지명 순번이 10번 안쪽이었지?" 존슨이 말했다. "그럼 애는 꼭 봐야 해."

"누구? 커쇼?" 러머스가 답했다.

"이봐, 마크." 존슨이 다시 말했다. "이 친구는 진짜 꼭 봐야 돼."

아서 레이 존슨은 클레이튼 커쇼의 위대함이 탄생하는 순간을 지켜

본 인물이었다. 그가 커쇼의 위대함을 만들었다거나 유지한 것은 아니었다. 2006년 고교 졸업반 동기들 사이에서 커쇼를 특별하게 만든 불안과 초조, 열망을 심어준 것도 아니었다. 하지만 어릴 적부터 '스킵'이라 불린 존슨은 커쇼를 위한 문을 열어준 인물이었다. 그는 훗날 수많은 메이저리그 타자를 괴롭히게 될 커쇼의 투구 폼을 만들어낸 사람이었다.

그들은 커쇼의 하일랜드파크 고교 마지막 시즌 전에 처음 만났다. 당시 커쇼는 어깨 위로 막중한 책임감을 짊어지고 있었다. 메이저리그 드래프트가 다가오고 있었기 때문이었다. 잘하면 계약금으로 어머니의 빚을 모두 갚을 수 있었다. 하지만 마지막 해에 부진하거나, 더 나쁘게는 부상을 당한다면 그다음은 불확실했다. 그런 상황 속에서 클레이튼과 어머니 메리앤은 여러 에이전트를 집으로 초대한 끝에 결국 J. D. 스마트를 고용했다. 그는 빅리그 투수 출신으로, 텍사스의 전설 로저 클레멘스와 앤디 페티트의 에이전트를 맡았던 헨드릭스 스포츠 매니지먼트 소속이었다.

커쇼가 스마트에게 끌렸던 이유 중 하나는 "그가 가장 정상적인 사람처럼 보였기 때문"이었다고 한다. 스마트는 커쇼의 재정 상황도 잘 이해했다. 커쇼가 메이저리그 대표 에이전트 스콧 보라스의 측근과 미팅했을 때, 보라스가 커쇼에게 대학 진학을 권유한 것은 그에게 큰 반감을 불러일으켰다. 제안 자체가 말이 안 되는 것은 아니었다. 대부분의 팀은 고졸 투수에게 큰 계약금을 주는 것을 꺼렸다. 보라스는 전년도였던 2005년, 위치타 주립 대학 투수 마이크 펠프리에게 355만 달러의 계약금을 가져다준 바 있었다. 이는 당시 전체 9순위로 뉴욕 메츠에 지명된 후 받은 계약금이었으며, 그해 드래프트에서 세 번째로 높은 금액이었다. 야구계에서는 아마추어 투수들이 '인생을 바꿀 만한 계약금'을 받으려면 대학을 거쳐야 한다고 믿었다.

하지만 커쇼는 기다릴 수 없었다. "그의 어머니는 커쇼가 장학금을 받지 못할까 봐 매우 초조해했어요." 디배트 코치 켄 거스리는 말했다. 불안을 느낀 것은 커쇼도 마찬가지였다. 커쇼는 자신이 멀리 떨어진 곳에서 살 여유가 없다는 것을 알고 있었다. 스탠퍼드 대학은 90퍼센트 장학금을 제안했지만 커쇼 가족은 10퍼센트의 팔로알토♦ 생활비조차 부담스러웠다. 커쇼의 대학 진학 대상은 텍사스 A&M 대학과 오클라호마 주립 대학으로 좁혀졌다. 두 학교는 모두 전액 장학금을 제시했다. 대학 야구에서 전액 장학금은 꽤 드문 일이었다. 오클라호마 주립 대학의 프랭크 앤더슨 감독은 2005년 여름 스틸워터 지역에서 열린 토너먼트 대회에서 커쇼에게 장학금을 제안했다. 하지만 커쇼는 텍사스 A&M 대학을 고려하고 있었다. 그는 브리튼과 함께 기숙사 생활을 계획했는데, A&M 감독 롭 칠드레스는 생각지도 못한 '아군'까지 얻었다. 여자친구의 집안인 멜슨 가족 내에 텍사스 A&M 대학 출신들이 있었던 것이다. 제드와 앤은 칼리지 스테이션♦♦을 사랑했고, 엘

♦ 팔로알토(Palo Alto)는 실리콘밸리 중심에 위치한 도시로, 미국 내에서도 물가가 가장 높은 지역 중 하나다. 10퍼센트만 자비 부담을 한다고 해도 숙식과 교통비 등 생활비를 고려하면 중산층 가정에게는 큰 부담이 될 수 있다.

♦♦ 칼리지 스테이션(College Station)은 텍사스주에 위치한 도시로, 텍사스 A&M 대학의 본교가 자리하고 있는 곳으로 유명하다.

런 역시 그곳에 가길 바랐다. 커쇼는 그녀와 함께하기로 결심했다. 비록 자신이 실제로 캠퍼스에 가게 될지 확신할 수는 없었지만 말이다. "전액 장학금을 받기로 했는데도 저는 대학에 갈 수 있을지 잘 몰랐어요." 커쇼는 회상했다. "대학 생활은 돈 들어가는 데가 많잖아요."

매년 봄, 상위권 고교 유망주들은 어드바이저와 함께 자신들의 '몸값'을 정한다. 어드바이저들은 대학 진학이라는 카드를 활용해 프로 구단들과 협상을 한다. '이 금액만큼 안 주면, 우리 선수는 대학에 간다'라고 하는 것이다. 하지만 4년제 대학에 진학하면 3학년이 되어서야 다시 드래프트에 참가할 수 있다. 그래서 커쇼는 스마트에게 '블러핑'을 하자고 제안했다. 그는 여섯 자리 금액대♦에서 합리적인 제안이면 무엇이든 받아들일 생각이었다. 만일 그런 제안이 없다면 A&M 대학 진학을 포기하고 2년제 대학에 가는 것도 고려했다. 4년제가 아닌 2년제 대학에 가면 이듬해인 2007년 드래프트에 다시 나올 수 있었기 때문이다.

시즌 초반, 커쇼는 여전히 '2등급 유망주'에 머물러 있었다. "그가 지금 같은 선수가 될 거라고는 상상도 못 했어요." 전 텍사스 레인저스 스카우트 랜디 테일러는 그렇게 회상했다. 12월, 『베이스볼 아메리카』는 고교 유망주 랭킹을 발표했다. 시속 99마일을 던지는 조던 월든이 1위였고, 브렛 앤더슨은 3위, 숀 톨레슨은 12위였다. 커쇼는 32위에 이름을 올렸다. 그는 앨라배마 출신의 우완 투수 코리 라스무스, 그리고 마

♦　10만(100,000)달러 이상의 액수를 뜻한다. 10만 달러는 2026년 기준 한화로 약 1억 4천만 원이다.

이애미 출신의 유격수 라이언 잭슨 사이에 위치해 있었다. 건강만 유지하면 드래프트 지명은 확실했다. 하지만 커쇼 앞에는 수십 명의 다른 유망주들과 대학 선수들이 있었다. 그는 어머니 메리앤의 재정 문제를 해결하기 위한 힘겨운 싸움을 이어가고 있었다. 『베이스볼 아메리카』가 랭킹을 발표할 즈음, 스마트는 아서 레이 존슨에게 전화를 걸었다.

⚾

"제가 최고의 투수코치는 아니에요." 2023년 1월, 이 책을 위한 인터뷰 자리에서 존슨은 강조하듯 말했다. "오해하지 마세요. 여기 앉아서 잘난 척하려는 것도 아니고, 뭔가 대단한 사람인 척하려는 것도 아니에요."

존슨은 오랜 시간 야구계의 변두리에 머물렀다. 그는 텍사스 덴턴에서 자랐고, 주(州) 내 소규모 대학 세 곳에서 선수 생활을 했다. 교육학 석사 학위를 딴 뒤 1994년부터 나바로 칼리지 야구부를 맡았다. 그는 글러브를 낄 수 있는 아이라면 누구에게든 기꺼이 레슨을 해줬다. 자신이 정말 좋은 코치인지 확신하지 못했던 그는 몇 년 후에야 자신의 역할을 실감하게 되었다. 어느 날, 그가 지도했던 투수 브래드 호프의 투구 장면을 녹화한 비디오테이프를 VCR에 넣고 재생했을 때였다.

"세상에." 존슨은 되감기를 누르며 혼잣말을 했다. "얘가 이렇게 좋아졌다고?"

호프는 훗날 메이저리그에서 거의 10년을 뛰었지만 투수가 아닌 타자로서였다. 존슨이 진정 큰 영향을 미쳤다고 느낀 선수는 따로 있었다. 그는 헨드릭스 스포츠 매니지먼트의 스마트가 요청해 디배트에서 처음 만나게 된 한 소년이었다. 커쇼 존슨이 오랜 시간 동안 다양한 연령대의 선수들을 지도하면서 체득한 지혜의 '수혜자'였다. 어떤 의미에서 보면 명예의 전당으로 나아가는 커쇼의 여정은 존슨이 어린 선수들을 위해 고안한 한 가지 훈련에서 시작된 셈이었다. "리틀 리그 선수들한테는 아마 최고의 훈련이 아닐까 합니다." 존슨은 그렇게 회상했다. 그 연습은 '1-2-3 훈련'이라 불렸다.

수년간 커쇼는 왼팔을 약 50도 아래로 낮춘, 이른바 스리쿼터 팔 각도로 공을 던졌다. 많은 좌완 투수가 그런 식으로 던졌다. 그 방식은 타자들을 속이기 좋았다. 하지만 동시에 팔에 무리가 갔고, 구속도 제한되었다. 존슨은 커쇼가 팔을 머리 쪽으로 더 끌어올려서 193센티미터에 달하는 체격을 더 잘 활용하기를 바랐다.

존슨은 커쇼에게 손과 오른쪽 다리가 끈 하나로 연결되어 있다고 상상하라고 했다. 투구할 때 커쇼는 왼손에 쥔 공을 오른손에 낀 글러브 안에 넣는다. 하나. 손이 올라가면 다리도 같이 따라 올라간다. 둘. 손이 내려가면 다리도 따라 내려간다. 그러고 나서야, 셋. 커쇼의 왼손이 글러브 안에서 공을 뺀다.

커쇼는 근육이 그 동작을 기억할 때까지 몇 번이고 반복했다. 올리고, 내리고, 그다음에 공 빼기. 올리고, 내리고, 그다음에 공 빼기. 하나, 둘, 셋. 커쇼의 손이 하늘을 향해 올라가면 오른쪽 무릎도 가슴 높이까지 올라갔다. 무릎이 곧게 펴지며 땅 쪽으로 내려오면 손도 그 동작을 따라 가슴 앞까지 내려왔다. 그러고 나서야 두 동작이 따로 움직였다. 그는 왼손으로 글러브 안의 공을 꺼내며 공을 왼쪽 귀 뒤로 감아 넘겼고, 동시에 오른 다리는 포수 방향으로 최대한 길게 뻗어냈다. '차이'는 스피드건에 나타났다. 그의 패스트볼은 시속 90마일의 벽을 넘었고, 팔에 통증도 없었다. "공이 자연스럽게 나가는 느낌이었어요." 커쇼는 당시를 그렇게 회상했다. 커쇼는 집에 오면 거울 앞에서 그 동작을 반복했다. 학교 복도에서도 연습했다. 올리고, 내리고, 공 빼기. 올리고, 내리고, 공 빼기. 하나, 둘, 셋.

'1-2-3 훈련'은 또 다른 문제점도 고쳐주었다. 전년도 여름 스카우트들과 미국 청소년 대표팀 관계자들이 커쇼를 봤을 때, 그의 투구 동작은 너무 서두르는 기색이 있었다. 그 탓에 패스트볼의 제구도 흔들렸다. 하지만 존슨이 설계한 루틴을 따르자 그런 불안정함이 줄어들었다. 상체와 하체가 조화를 이루며 움직인 덕에 제구는 날카로워졌고 구속은 올랐다. 놀라운 변화였고, 동시에 커쇼만의 '시그니처' 동작이 만들어졌다.

"공을 던지기 전 멈춤 동작을 발명한 사람이 바로 스킵이었어요." 하일랜드파크 시절 팀 동료였던 윌 스켈턴은 회상했다. 커쇼는 '1-2-3 훈련'의 마지막 단계에서 균형을 잡기 위해 잠시 정지된 듯한 자세로 버텼다. 오른발을 공중에 든 채, 몸 전체가 잠깐 멈춘 것처럼 보였다. 그 순간, 타자의 시야에서 공은 사라졌다가 투수의 머리 뒤에서 갑자기 튀어나왔다.

또 다른 훈련에서는 존슨이 커쇼에게 하키 퍽♦을 건넸다. 그는 커쇼에게 그 퍽으로 커브를 던지라고 했다. 존슨은 두 가지를 강조했다. "뒤쪽에서 세팅하고, 앞쪽에서 던지라"는 것이었다. 존슨은 이 훈련으로 커쇼가 "말도 안 되는 엄청난 회전을 걸 수 있게 되었다"고 회상했다. 이제 커쇼의 커브는 단순히 휘는 게 아니라 날카롭게 꺾여 떨어지기 시작했다. 시계를 떠올려보라. 커쇼의 공은 12시에서 시작해 6시 방향으로 곤두박질쳤다. 과거의 스리쿼터 팔 각도에서는 절대 만들어낼 수 없는 움직임이었다.

커쇼는 의욕 넘치는 학생이었지만 돈이 많지는 않았다. 첫 레슨이 끝난 후 커쇼는 조용히 존슨에게 다가갔다. "스킵, 저… 레슨비를 드릴 수가 없어요." 존슨은 낼 수 있을 때 낼 수 있는 만큼만 주면 된다고 했다. 존슨은 실제로 자신의 말을 지켰다. "한번은 커쇼 아버지가 20달러를 주셨어요." 존슨은 회상했다. "레슨비는 그게 전부였던 것 같아요." 존슨은 코시캐나에서 북쪽으로 한 시간쯤 떨어진 디배트 훈련장으로 매주 두 번씩, 주마다 반복해서 커쇼를 가르치러 갔다. 돈은 받지 않았다. "그게 코치들 일이죠, 뭐." 존슨은 회상했다. "어린 선수들 키우는 보람이 코치 일을 하는 이유니까요." 그해 겨울 존슨은 커쇼를 열다섯 번 정도 만났다. 그 훈련은 커쇼에게 '계시'와 같았다. "정말 일이 딱딱 맞아떨어졌어요." 커쇼는 당시를 그렇게 회상했다. 커쇼는 팔

♦ 아이스하키 경기에서 공처럼 사용되는 고무 재질의 단단한 원반. 납작하고 무게 중심이 잘 잡혀 있어 회전 감각을 익히는 훈련에 활용되기도 한다. 커쇼의 경우, 커브의 회전 감각을 익히기 위해 훈련 도구로 사용했다.

각도를 높이면서 팔에 가는 부담을 줄였고, 마운드에서 균형을 잡으며 스트라이크 비율을 끌어올렸다. 그리고 구속까지 상승했는데, 이 점이 스카우트들에게 깊은 인상을 남겼다. 존슨은 당시의 커쇼를 두고 이렇게 회상했다. "훈련장 안에서 사격 훈련이라도 하는 줄 알았어요. 너무 세게 던져서요."

한 달쯤 레슨이 이어졌고, 존슨은 커쇼가 오디션을 볼 준비가 되었다고 판단했다. 그는 시애틀 매리너스의 전체 5순위 지명권 행사에 관여하고 있던 마크 러머스를 떠올렸다. 존슨은 친구에게 전화를 걸었다.

그해 1월 어느 저녁 러머스가 디배트 훈련장에 도착했을 때, 그는 존슨이 뉴욕 양키스 스카우트인 마크 배치코도 초대했다는 사실을 알게 되었다. 관객은 여전히 소수였다. 러머스는 실내 축구 경기가 열리고 있는 쪽을 지나 걸어가다가 존슨, 커쇼, 배치코, 포수, 그리고 한구석에서 지켜보던 커쇼의 어머니를 발견했다.

러머스가 처음으로 알아챈 것은 소리였다. 포수 미트에 꽂히는 커쇼의 패스트볼이 뿜어내는 폭발음은 훈련장 실내 벽을 타고 메아리치는 대포 사격음 같았다. 올리고, 내리고, 공 빼기. 올리고, 내리고, 공 빼기. 하나, 둘, 셋. 러머스는 커쇼가 스트라이크를 퍼붓는 모습을 지켜보고 있었다. "커브 몇 개만 던져볼래?" 존슨이 말했다. 커쇼는 투구판에 발끝을 대고 커브 하나를 꽂았다. 러머스는 그 공이 전기톱 소리를 내며 공기를 가르고 날아가는 소리를 들었다. 그 커브는 야구판에 오래 있었던 사람들조차 넋을 잃게 만드는, 거칠고도 강렬한 아름다움을 품고 있었다.

"한 번 더." 존슨이 말했다.

커쇼는 또 하나를 꽂아 넣었다.

그리고 또 하나.

그리고 또 하나.

러머스는 존슨의 얼굴에 떠오른 기쁨, 커쇼에게서 흘러나오는 수줍은 설렘, 그리고 그의 어머니 얼굴에 번진 미소를 눈여겨보았다. 그는 흥분을 감추지 못한 채 존슨을 한쪽으로 불러 세우고, 자신이 어렴풋이 아는 미술사 지식을 꺼냈다. "레오나르도 다빈치가 시스티나 성당을 그리는 걸 지켜보는 마음이 이런 것이었겠지." 러머스가 말했다.

러머스는 자신의 팔을 내려다보았다. 팔의 털이 모두 곤두서 있었다.

집으로 돌아가는 차 안에서 러머스는 전화를 돌리기 시작했다. 그는 커쇼에게 매료되어 있었지만 상부를 설득하는 일이 쉽지 않을 것임을 잘 알고 있었다.

시애틀 매리너스는 두 시즌 연속 아메리칸리그 서부지구 최하위를 기록하고 있었다. 팀은 2001년 이후로 포스트시즌에 진출하지 못한 상태였다. 스카우팅 디렉터 밥 폰테인 주니어는 그의 상사인 단장 빌 바바시로부터, 그리고 바바시는 자신의 상사인 CEO 하워드 링컨으로부터 압박을 받고 있었다. 폰테인 주니어는 당시 시애틀의 상황을 "하루빨리 다시 이기는 팀으로 돌아가려 안간힘을 쓰는 중이었다"라고 회상했다. 그렇기에 신인 전체 5순위 지명권은 몇 년이고 마이너리그에서 수련이 필요한 10대 선수에게 쓸 수 있는 카드가 아니었다. 러머스는 그 사실을 잘 알고 있었다. 하지만 그날 애디슨의 실내 훈련장에서 본 커쇼의 모습은, 그가 단순히 키워서 써야 하는 선수 이상의 존재일지도 모른다는 생각이 들게 했다.

그해 말 러머스는 매리너스 구단 관계자들에게 이렇게 말했다. "솔직히 말씀드리면 저는 이 커쇼라는 친구가 텍사스 지역이 배출한 역대 최고의 투수가 될 수도 있겠다고 생각합니다."

2월 초 또 다른 스카우트가 텍사스에 도착했다. 그는 댈러스-포트워스 국제공항 근처 매리어트 호텔에 체크인했다. LA 다저스의 스카우팅 디렉터 로건 화이트는 오래 머물 계획이 아니었다. 그는 두 명의 투수를 보기 위해 왔는데, 그중 한 명을 전체 7순위로 지명할 생각이었다.

화이트는 이 지역 담당자로서 자신의 눈과 귀가 되어주고 있었던 캘빈 존스와 함께 차에 올라탔다. 두 사람은 과거 시애틀 구단 산하 마이너리그 팀에서 함께 선수 생활을 한 사이였다. 처음엔 중서부를, 그다음엔 캘리포니아 전역을 버스로 누비며 함께 시즌을 보냈다. 화이트는 싱글A까지만 올라갔고, 존스는 메이저리그에서 두 시즌을 던진 뒤 은퇴했다.

다저스는 2001년 화이트를 드래프트 책임자로 영입했는데, 그는 몇 년 후 존스를 텍사스 지역 스카우트로 채용했다.

두 사람이 처음 본 선수는 디배트 출신의 우완 강속구 투수, 조던 월든이었다. 화이트는 월든의 마운드에서 튀어나오는 듯한 투구 동작을 유심히 살폈고, 과연 선발 투수로서 버텨낼 수 있을지 의문을 가졌다. 화이트는 "조던 월든은 투구 폼이 워낙 거칠었다"고 회상했다. 고교 타자들이야 그 공을 감당하지 못했지만, 어쩌면 월든의 몸도 그 폼을 감당하지 못할 가능성이 있었다. 위험 부담이 꽤 커 보였다.

다음 날 화이트와 존스는 동쪽으로 한 시간가량 차를 몰아서 텍사스 테럴 지역으로 향했다. 하일랜드파크 고교가 그곳에서 연습 경기를 치르고 있었다. 홈 플레이트 뒤에는 다른 팀 스카우트들이 빼곡히 몰려 있었다. 필드에서는 커쇼가 철저한 스트레칭 루틴을 진행하고 있었다. 화이트는 슬며시 불펜 쪽으로 이동해 그 모습을 지켜봤다. 그 후 오랜 시간이 지나 처음 커쇼를 보았던 순간을 떠올릴 때마다 화이트는 자신이 신의 손길 아래 움직였던 것은 아닐까 생각했다. 신이 자신을 도구로 삼아 커쇼를 다저스로 보내려 했던 것처럼 느껴졌기 때문이다.

"그런 감정을 느끼는 일은 정말 드뭅니다." 화이트는 당시를 그렇게 회상했다. "온몸으로, 정말 온몸으로 느끼는 거죠. '얘는 진짜다. 이 친구는 정말 다르다'라고요."

커쇼는 단 몇 이닝만을 던졌다. 여전히 커브의 제구는 잡히지 않았다. 투구 동작도 '정석'과는 거리가 있었다. 하지만 화이트는 그런 결점은 충분히 감수할 수 있었다. 테럴에서 돌아가는 차 안에서 화이트는 자신의 옛 마이너리그 동료였던 존스를 보며 말했다.

"있잖아, 우리 이 친구 절대 놓치지 말자."

화이트는 방금 본 소년이 LA 다저스의 미래일지도 모른다고 생각했다.

6장
졸업반

　지역 일간지 『댈러스 모닝 뉴스』에 실린 시즌 전망 기사는 하일랜드 파크 고교 졸업반으로서 클레이튼 커쇼에게 많은 것이 달려 있다는 점을 짚었다. 팀은 주(州) 토너먼트에 진출할 기회가 있었고, 커쇼는 저 크시즈 마틴이 세웠던 학교 기록인 통산 31승을 깰 가능성이 있었다. 그는 마틴, 우완 투수 제인 칼슨, 샌디에이고 파드리스의 선발 투수 크리스 영으로 이어지는 하일랜드파크 고교 투수 계보를 잇는 선수였다. 팀 맥맨은 당시 기사에서 "커쇼는 아마 그들 모두 중에서 최고일지도 모른다"라고 적었다. 커쇼는 맥맨에게 프로 직행을 희망한다며 "조건만 맞는다면 프로행을 주저하지 않을 것"이라고 말했다.

　그해 봄 초에 커쇼와 패트릭 핼핀은 스코틀랜드 야드에서 캐치볼을 했다. 핼핀은 커쇼가 지난여름에 미국 전역을 돌며 야구를 했다는 것과 겨울 동안에 투구 레슨을 받았다는 사실을 알고 있었다. 하지만 커쇼가 팔을 뒤로 젖혀 공을 뿌리기 전까지 그 변화는 드러나지 않았다.

"뭔가 달라졌다는 걸 알 수 있었어요." 핼핀은 회상했다. "저희끼리 롱토스 워밍업을 할 때 커쇼가 저 멀리 중견수 펜스에서 던지는데도 공이 줄처럼 곧게 쭉 뻗어 나왔으니까요."

그 차이는 커쇼의 불펜 피칭에서 더 뚜렷하게 보였다. 그의 패스트볼은 더 이상 80마일대 후반에서 그치지 않았다. "누가 스피드건을 들고 와서 보더니 이러는 거예요. '세상에, 지금 89마일 나오네. 가끔 90, 91마일도 찍고.'" 핼핀이 말했다. "그런데 갑자기 얘가 93마일, 95마일까지 던지기 시작했습니다."

파드리스의 스프링 트레이닝 훈련지로 떠나기 전에 크리스 영은 모교를 찾았다. 키가 약 2미터 8센티미터인 그는 관중석에서도 단번에 눈에 띄었다. 그는 당시 커쇼의 투구를 회상하며 "공에 얼마나 힘이 넘치는지 알 수 있었다"고 말했다. 커쇼의 구위는 앨런 지역에도 소문이 나기 시작했다. 숀 톨레슨은 하일랜드파크에서 열린 커쇼 등판 경기를 보고 깜짝 놀랐다. "그때 저는 '세상에, 겨울 동안 무슨 일이 있었던 거야?' 싶었습니다."

시간이 지난 지금, 회상과 향수가 더해진 시선으로 되돌아보면 커쇼

의 하일랜드파크 고교 마지막 시즌은 마치 한 편의 꿈과도 같았다.

커쇼는 선발 등판한 경기에서 한 번도 패하지 않았다. 스킵 존슨이 수정해 준 투구 폼의 변화는 상대 타자들에게 처참한 결과를 안겼다. "제 인생에서 고교 졸업 시즌 때보다 더 세게 공을 던진 때가 있었는지 모르겠습니다." 커쇼는 그렇게 회상했다. 그의 기록은 경이로웠다. 평균자책점은 0.77에 불과했고, 이닝당 두 명이 넘는 타자를 삼진으로 잡았다. 퍼펙트게임에서는 상대한 모든 타자를 전부 삼진으로 잡았다. 그는 단순히 '잠재력이 있는 투수'로 시작해, 1라운드 끝자락쯤에 뽑는 것을 고려해봄 직한 선수로, 그리고 전체 1순위 지명권을 가진 팀이 진지하게 지명을 검토할 만한 유망주로 꾸준히 상승 곡선을 그렸다. 그는 마크 러머스가 말한 '텍사스가 배출한 최고의 투수'라는 말이 허언이 아님을 증명해 보였다.

하지만 이때는 동시에 커쇼가 자신의 경기력과 건강, 재정 상태에 대해 고민하던 때이기도 했다. 신입생 시절부터 쌓여온 부담감은 점점 더 커졌다. "이건 이제 단순한 시합이 아니구나." 커쇼는 당시에 그렇게 생각했다고 기억했다. "야구가 내 미래가 될 수도 있겠구나." 메이저리그에서 스타가 된 후 커쇼가 등판일마다 칠면조 샌드위치를 먹는 습관은 하나의 재미있는 일화로 여겨졌지만, 그가 경기 전마다 지역 샌드위치 가게인 뉴욕 서브를 찾았던 이유는 훨씬 단순했다. "칠면조 샌드위치가 가장 먹기 편한 음식이거든요." 커쇼는 그렇게 회상했다.

긴장감은 그의 식욕마저 눌러버렸다. 등판일은 대부분 금요일이었는데 그때마다 그는 멍한 상태로 복도를 오갔다. "수업도 들어야 하고, 시험도 보고, 쪽지 시험도 봐야 했는데, 속으로는 '아, 진짜 여기 있기 싫다' 하는 생각밖에 안 들었어요." 커쇼가 말했다.

대부분의 친구와 동료가 본 것은 그의 '이미지'뿐이었다. 그는 마운드 위에서는 존 웨인◆ 같았고 마운드 밖에서는 엉뚱한 장난꾸러기 같은 모습이었다. 가장 가까운 친구 몇몇만이 그의 재정적 어려움을 알고 있었다. "어머니가 제 친구 부모님들에게 돈을 빌렸어요." 커쇼는 그렇게 회상했다. "정말 끔찍한 일이죠?" 이런 상황은 그의 심리에 영향을 미쳤다. 엘런은 당시를 이렇게 떠올렸다. "클레이튼의 부모님은 주변에 뭔가를 부탁하고 다녀야 했거든요. 클레이튼은 아주 어렸을 때부터 본능적으로 '만일 내가 그 빚을 갚지 못하게 된다면 어떻게 하지?'라는 부끄러움과 불안감을 느꼈던 것 같아요." 커쇼는 결국 드래프트에서 받게 될 계약금으로 그 빚들을 갚아야 한다는 사실을 알고 있었다. "제가 빚 갚는 걸 도와야 한다는 건 알고 있었어요." 커쇼의 말이다. "다만, 그 빚이 얼마나 많은지, 그것까지는 몰랐죠."

클레이튼 커쇼의 하일랜드파크 고교 마지막 시즌은 한 편의 꿈 같았던 순간인 동시에 미래를 내다보게 해주는 창이기도 했다. 그 시즌은 커쇼가 처음으로 '위대한 자가 견뎌야 할 무게'를 온전히 짊어지게 된 해였다. 그리고 그 짐은 프로 인생 내내 그를 따라다니게 된다.

"그게 바로 모든 긴장감과 압박감의 근원이었던 것 같아요." 그는 회상했다. "정말 큰 의미가 있었죠."

캔자스시티 로열스의 스카우팅 디렉터 데릭 래드니어는 전체 1순위 지명권을 보유한 팀의 입장에서 하일랜드파크 불펜 위 관중석에 선 채로 클레이튼 커쇼를 내려다보고 있었다. 댈러스에 비가 내리던 어느 날 그의 눈앞에는 뚜렷한 그림이 펼쳐졌다. 패스트볼은 생명력 넘치는 소리를 냈다. 하지만 항상 포수가 미트를 둔 곳으로 날아가지는 않았다. 커브는 시선을 사로잡았다. 하지만 때로는 땅바닥에 처박혔다. "커쇼가 스트라이크를 정교하게 던지는 투수는 아니었어요." 래드니어는 당시를 회상했다. "하지만 구위만큼은 확실히 엘리트급이었죠." 래드니어는 커쇼의 투구 동작, 보는 이를 사로잡는 그의 1-2-3 투구 폼을 지켜보며 그 폼이 유발할 수 있는 단점은 없을지를 고민했다.

당시 로열스 구단은 혼란에 빠져 있었고, 또 한 차례 100패 시즌을 향해 추락하고 있었다. 당시 로열스는 1985년 이후 포스트시즌에 진출하지 못하고 있었다. 구단주 데이비드 글래스는 드래프트 일주일 전인 5월 31일, 단장을 앨러드 베어드에서 애틀랜타 브레이브스에 몸담고 있던 데이턴 무어로 교체하기로 결정했다. 래드니어는 드래프트 진행을 계속 맡고 있었다. 그의 임무는 메이저리그 팀에 당장 도움이 될 수 있는 즉시 전력감을 지명하는 것이었다.

커쇼에 관해서는, 잘 풀릴 경우 보상이 뚜렷했다. 하지만 리스크도 분명했다.

메이저리그 드래프트는 NFL이나 NBA 드래프트보다 훨씬 더 변동성이 크다. 다른 스포츠에서는 상위 지명 선수가 처참하게 실패하면 해당 구단은 평생 조롱을 감수해야 한다. 라이언 리프와 다르코 밀리치치가 대표적인 예였다.♦ 반면 제프 오스틴(1998년 전체 4순위 지명 선수. 같은 해 리프는 샌디에이고에 입단했다)이나 카일 슬리스(2003년 3순위 지명 선수. 그해 디트로이트 피스톤스는 카멜로 앤서니 대신 밀리치치를 지명했다)는 거의 언급되지 않는다. 이는 아마추어 야구 선수의 성장 경로가 다른 종목보다 훨씬 비선형적이기 때문이다. 부상이 흔하고, 프로 일정은 더 혹독하며, 젊은 선수들은 실패에서 배우는 법을 익혀야 했다. 이 모든 과정은 '예측'이 어려웠다.

그리고 고교를 막 졸업하는 투수만큼 변수가 큰 선수는 또 없었다.

1996년부터 2000년 사이에 드래프트 전체 10순위 안에서 고교 투수가 지명받은 사례는 열두 명밖에 없었고, 그중 아홉 명은 메이저리그에 도달하지 못했다. 1999년 전체 2순위로 지명되어 2003년 플로리다 말린스를 월드시리즈 우승으로 이끈 조시 베켓은 예외였다. 나머지는 제프 고츠, 조시 거들리, 바비 브래들리처럼 실패로 귀결되었다. 많은 업계 관계자는 드래프트 초반에 고교 투수를 뽑는 것은 구단 예산 수백만 달러를 기름통에 쑤셔 넣고 불을 붙이는 것과 같다고 여겼다. 2002년 드래프트 1라운드에서는 네 명의 고교 투수가 올스타 선수

♦ 라이언 리프는 1998년 NFL 드래프트 전체 2순위로 샌디에이고 차저스에 지명됐으나, 극심한 부진으로 역사적인 실패 사례가 되었다. 다르코 밀리치치 역시 2003년 NBA 드래프트에서 전체 1순위 르브론 제임스에 이어 전체 2순위로 디트로이트 피스톤스 지명을 받았을 정도로 큰 기대를 모았지만, 기대에 크게 미치지 못하면서 실패한 지명 사례로 자주 언급된다.

가 되기는 했다. 하지만 스카우트들이 2006년 드래프트 보고서를 제출하던 무렵, 그 네 명보다 앞서 지명된 세 명의 투수가 보여준 부진은 경고처럼 다가왔다. 신시내티는 3순위 지명권으로 캘리포니아 출신의 우완 투수 크리스 그룰러를, 볼티모어는 그다음으로 캐나다 출신 아담 로웬을, 몬트리올은 텍사스 출신 클린트 에버츠를 5순위로 지명했다. 그런데 불과 몇 년 만에 이들 셋 모두 실패작처럼 여겨지기 시작했다.

"한번 제대로 뽑기만 하면 그 선수는 스타가 됩니다." 래드니어는 말했다. "문제는 그 제대로 된 한 명을 뽑을 확률이 정말 낮다는 거죠."

래드니어는 불과 몇 년 전 제대로 된 선수를 한 명 뽑은 적이 있었다. 그는 2002년 봄, 당시 단장이었던 앨러드 베어드가 대학 투수를 원했다고 회상했다. 하지만 올랜도 교외 출신으로, 타고난 재능에 이미 높은 완성도를 지녔던 우완 투수 잭 그레인키를 본 뒤 래드니어는 단장에게 이렇게 말했다. "단장님이 원하는 딱 그런 선수입니다. 나이도 이제 겨우 열여덟 살이에요." 그레인키에 대해서는 그런 확신을 가질 수 있었지만 커쇼에 대해서는 달랐다. 그레인키는 마치 메트로놈처럼 정밀하게 투구 동작을 반복했다. "마치 그레그 매덕스가 고등학생들을 상대하는 것 같았어요." 래드니어는 그렇게 회상했다. 하지만 커쇼에 대해서는 스트라이크를 제대로 던질 수 있을지 확신이 없었다. 게다가 그해 드래프트에 나온 다른 투수들도 매력적이었다.

그해의 대학 투수 선수층은 최근 몇 년 중 가장 뛰어난 축에 속했다. 노스캐롤라이나 대학 소속으로 체격 조건이 좋았던 좌완 투수 앤드루 밀러는 대학 야구계의 사이영상이라고도 불리는 로저 클레멘스

상[*]을 받았다. 최종 후보 중에는 휴스턴 대학의 브래드 링컨도 있었는데 그는 올해의 대학 선수에게 주어지는 딕 하우저 상을 수상했다. 골든 스파이크 상은 워싱턴 대학 소속의 깡마른 강속구 투수, 팀 린스컴이 가져갔다.

이름값은 좀 덜해도 인상적인 선수들은 더 있었다. 스탠퍼드 대학 소속에 약 2미터 5센티미터의 장신 우완 투수 그레그 레이놀즈가 눈길을 끌었고, UC 버클리의 우완 브랜든 모로우는 시애틀 매리너스의 스카우팅 디렉터 밥 폰테인의 말에 따르면 그가 그때까지 봐온 선수 중 타고난 팔 힘이 가장 좋았다. 미주리 대학에는 승부욕이 엄청난 우완 투수 맥스 셔저가 있었는데 패스트볼이 주무기였다. 그 외에 밀러의 팀 동료였던 대니얼 바드, 서던 캘리포니아 대학의 이언 케네디, 네브래스카 대학의 조바 체임벌린 등도 있었다. 여기에는 포트워스의 독립 리그 팀에서 뛰고 있던 루크 호체바도 있었다. 그는 1년 전만 해도 다저스와 계약할 것으로 생각하고 있었다. 하지만 그의 복잡한 계약 문제[**]가

---

[*] 대학 최고의 투수에게 수여되는 상으로, 메이저리그에서 여섯 차례나 사이영상을 수상한 로저 클레멘스의 이름을 따서 만들어졌다. 2004년부터 2008년까지 '클레멘스 어워드'라는 이름으로 시상되었으며, 2009년부터는 '내셔널 피처 오브 더 이어 어워드(National Pitcher of the Year Award)'로 명칭이 변경되었다. NCAA에서는 명확한 이유를 밝히지 않았지만, 클레멘스가 현역 시절 약물 사용 의혹에 연루된 사실이 상의 폐지에 결정적인 영향을 끼쳤다는 견해가 지배적이다.

[**] 호체바는 직전 해였던 2005년 신인 드래프트에서 1라운드 전체 40순위로 다저스의 지명을 받았다. 구단 측에서 200만 달러 초반대의 계약금을 제시한 반면, 선수 측은 약 400만 달러 수준을 제시하여 조건에 대한 견해차가 컸다. 이 과정에서 호체바는 자신의 에이전트를 스콧 보라스에서 맷 소스닉으로 바꾼 뒤 다저스 구단과 약 298만 달러라는 계약금에 합의한 것으로 알려졌지만, 합의 직후 다시 보라스를 복귀시킨 뒤 계약 철회를 선택했고 이후 긴 협상이 이어졌지만 결국 합의에 이르지 못했다. 호체바는 계약 실패 후 독립 리그에서 뛰다 그다음 해인 2006년 신인 드래프트에 다시 참가했다. 더 자세한 이야기는 뒤에 이어지는 본문 내용을 통해 확인할 수 있다.

도미노의 첫 번째 블록처럼 작용하면서 클레이튼 커쇼가 로건 화이트의 손에 들어오게 되는 일련의 사건들이 시작되었다. 그 모든 과정을 돌아보며 화이트는 하나님의 인도하심을 보았다고 믿었다. "그게 다 하나님의 계획이었던 것 같아요. 커쇼가 그 지명 순번까지 남아 있게 된 것 말이죠."

로건 화이트는 눈으로 먹고살았다. 그러나 어린 시절에는 손에 의지했다. 그는 한 기자에게 자신은 초등학교 4학년 때부터 일을 시작했다고 말한 적이 있다. 접시를 닦고 화장실을 쓸었으며, 시급은 75센트였다. 나이가 들자 그는 고향인 뉴멕시코주 포탈레스 근처에서 건초를 묶고 돼지우리를 청소했다. 두 시간밖에 일하지 않았지만 부모님에게는 그 돈이 도움이 되었다. 그의 아버지는 밧줄로 소를 잡는 일을 했다.♦

아버지는 기타도 치고, 술도 마셨다. 하지만 술버릇은 화이트가 자랄수록 더 심해졌다. 그는 자신의 분노를 아내에게 쏟아냈다. 그 학대의 기억은 화이트의 뇌리에 남았다. 그는 어머니를 떠올리며 더 열심히 살고자 했다. 어머니를 실망시키고 싶지 않았다.

♦ 미국 목장에서 필요로 하는, 밧줄을 던져 소를 붙잡는 기술을 보유한 이를 말한다. 단순한 소몰이와는 차이가 있다.

야구는 그를 웨스턴 뉴멕시코 대학으로 이끌었다. 시애틀 매리너스는 1984년 드래프트 23라운드에서 그를 지명했다. 화이트는 체격은 괜찮았지만 그 외에는 별다른 것이 없는 우완 중간 계투였다. 그는 메이저리거의 꿈을 좇았지만 팔이 망가지고 말았는데, 수술만 여섯 번을 받았다. 매리너스는 화이트를 스카우트로 채용했다. 화이트는 차근차근 사다리를 올랐다. 일반 스카우트로 시작한 그는 팀을 옮겨 볼티모어 오리올스 지역 스카우트로 근무했고, 그다음에는 샌디에이고 파드리스의 서부 지역 총괄로 있다가 다시 볼티모어로 돌아가 같은 자리에서 일했다. 2001년 12월, 다저스의 당시 단장이었던 댄 에반스는 화이트를 신인 드래프트를 총괄하는 스카우팅 디렉터로 임명했다.

스카우트로서 현장 경험을 쌓아가던 시절, 화이트는 단순하지만 도전적인 기준을 세웠다. 가장 높은 잠재력을 지닌 선수, 그리고 메이저리그에 가장 빨리 올라 가장 오래 버틸 수 있는 선수를 데려온다는 것이었다. 그 기준을 충족시키는 것은 그리 쉽지 않았다. 이것은 신인 드래프트가 늘 직면하는 과제였다. 오래 야구판을 버틴 이들은 흔히 신인 드래프트는 결국 도박 같은 것이라고 말했다. 2000년대 초 오클랜드 애슬레틱스 같은 팀은 위험을 줄이기 위해 고졸 선수가 아닌 나이 많고 육체적으로 보다 완성된 대학 선수들을 선호했다. 어떤 이들은 그 흐름에 열광했고, 신념처럼 따랐다. 그러나 화이트는 그런 부류가 아니었다.

화이트가 다저스에 합류했을 때 그는 단순히 주전급 선수가 아닌 올스타급으로 성장할 수 있는 선수를 노려야 한다는 책임감을 느꼈다.

그는 또한 다저스가 경쟁력을 갖춘 팀이 될 것이라는 점도 알고 있었다. 다저스는 1990년 이후 상위 10순위 안에서 지명권을 행사한 적이 단 두 번뿐이었다. 그래서 화이트는 과거 10년간의 드래프트를 되짚어 봤다. 상위 10순위보다 낮은 순번에서 어떤 올스타들이 배출되었는지 확인하기 위해서였다. 그는 스콧 롤렌(인디애나주 재스퍼 고교 출신으로 2라운드에 지명되었다), 지미 롤린스(캘리포니아 알라메다의 엔시널 고교 출신 2라운더) 같은 선수를 발견했다. "우리는 고교 유망주를 잘 아는 능력이 필요했어요." 화이트는 당시를 그렇게 회상했다.

그는 부하 직원들을 더 크게 꿈꾸도록 훈련시켰다. 그리고 2005년 여름, 화이트 자신도 꿈을 꾸었다. 그는 40번이라는 낮은 순번에도 불구하고 드래프트 최고의 투수 중 한 명을 뽑았다고 믿었다.

루크 호체바는 약 196센티미터의 키에 몸무게가 약 93킬로그램인 우완 투수였다. 그는 테네시 대학에서 139.2이닝 동안 154개의 삼진을 잡았고, 평균자책점은 2.26이었다. 그의 성과는 로저 클레멘스 상 수상으로 이어졌다. 하지만 야구단 고위층의 눈에 비친 그의 가장 큰 흠은 경기력이 아닌 이른바 '계약 가능성 문제'◆였다. 쉽게 말해, 문제는 대리인이었다. 스콧 보라스는 이 업계의 억만장자 구단주들로부터 거액

◆　계약 가능성 문제는 사이너빌리티(signability)라고 한다. 메이저리그 구단의 지명을 받은 아마추어 선수들이 모두 주는 대로 받는 것은 아니다. 협상 과정에서 더 유리한 조건을 끌어내기 위해 선수 측이 전략적으로 다른 선택지를 시사하는 경우가 있다. 예를 들어 구단과의 협상 과정에서 고교 졸업 예정자는 대학 진학을, 대학 선수는 드래프트 재수를 암시할 수 있다. 특히 후자의 경우, 실제로 독립 리그에서 한 시즌을 뛰며 1년 재수를 택하는 사례가 있었다. 구단 입장에서는 소중한 드래프트 지명권을 허비할 수 없으므로 이러한 계약 거부 가능성은 그것만으로도 강한 압박 수단이 되곤 한다.

을 끌어내는 데 뛰어난 능력을 보였다. 그래서 구단주들은 그의 요구를 누르기 위해 단장과 스카우팅 디렉터를 고용했다. 드래프트를 며칠 앞두고 여러 팀은 호체바 측이 요구한 조건인 400만 달러 계약금의 메이저리그 계약이 너무 지나치다고 생각했다.♦

그리하여 호체바는 전체 5순위 밖으로, 25순위 밖으로, 끝내 40순위까지 밀려나며 다저스의 차례가 되었다. 화이트는 협상을 통해 팀의 관심과 호체바의 요구 사이의 간극을 메울 수 있으리라 기대하고 도박을 감행했다. 구단과 선수 측을 갈라놓은 금액은 비교적 보잘것없는 차이였는데, 다저스가 제시한 최초 금액은 230만 달러였고, 호체바 측의 요구는 그보다 170만 달러 높은 수준으로 추정되었다. 협상은 진전 없이 정체되더니 급기야 관계가 무너지기 시작했다. 몇 달간 아무 진척도 없는 상태에서 호체바는 보라스를 해고하고 다른 에이전트를 고용한 뒤 298만 달러에 합의했으나, 겁을 먹고 다시 보라스를 불러들인 뒤 계약을 철회했다. 다저스는 겁을 먹고 달아난 호체바의 선택을 존중했다. 호체바는 오히려 화이트가 자신을 이용만 했다고 비난했다. "호체바와 계약하지 못한 건 정말 스트레스였어요. 제 가족에게도 너무 힘든 일이었고요." 화이트는 그렇게 회상했다.

♦ '메이저리그 계약'인 점이 구단들이 부담을 느낀 이유다. 보통 신인 드래프트에서 지명된 선수들은 마이너리그 계약을 체결한다. 이 경우 선수는 메이저리그 40인 로스터에 포함되지 않으며 마이너리그의 여러 단계를 몇 년간 거친 뒤에야 빅리그에 데뷔한다. 반면, 메이저리그 계약을 체결한 선수는 지명 직후부터 40인 로스터에 자동으로 포함되며 메이저리그 최저 연봉 이상의 수입을 보장받는다. 또한, 추후 FA 자격 산정 등에 결정적으로 작용하는 서비스 타임(service time) 계산도 즉시 시작된다. 구단 입장에서는 로스터 유연성의 감소와 재정적 부담이라는 측면에서 이를 신중히 고려할 수밖에 없다.

이 분쟁은 2006년 여름까지도 해결되지 않은 채 남아 있었다. 그 무렵 다저스의 단장은 더 이상 댄 에반스가 아니었다. 그는 오클랜드에서 온 임원이자 프랭크 매코트 신임 구단주가 영입한 폴 디포데스타로 교체되었다. 디포데스타가 처음 팀을 맡았던 2004년, 다저스는 내셔널리그 서부지구 우승을 차지했다. 그러다 이듬해 팀은 무너져 내렸고 단 71승만을 기록해 1992년 이후 가장 적은 승수를 올렸다. 디포데스타 단장과 짐 트레이시 감독은 해고되었고, 매코트는 샌프란시스코 자이언츠에서 10년 이상 몸담았던 네드 콜레티를 새 단장으로 앉혔다. 팀의 부진 덕에 콜레티는 다음 드래프트에서 전체 7순위라는, 1993년 이후 가장 높은 지명권을 확보했다. 그리고 그는 호체바의 드래프트 권리도 함께 물려받았다. 그러나 콜레티는 보라스의 요구를 받아들이지 않았다. "그 재능이 그만한 가치를 한다고 생각하느냐고요? 저는 동의하지 않습니다." 콜레티는 『LA 타임스(Los Angeles Times)』 인터뷰에서 이와 같이 말했다.

다저스는 호체바가 2006년 드래프트에 다시 참가할 수 있도록 했다. 이 '호체바 갈등'은 화이트의 드문 실책 중 하나로 기록되었다. 그럼에도 그는 구단주와 프런트 오피스가 교체되는 변화 속에서 계속 다저스의 드래프트를 총괄할 수 있었다. 그가 꾸준히 미래의 올스타급 재능을 발굴해왔기 때문이었다. 다저스의 전 스카우트 및 선수 육성 부사장이었던 로이 스미스는 이렇게 회상했다. "가끔 그냥 좋은 눈을 타고난 사람들이 있죠." 『베이스볼 아메리카』가 발표한 2006시즌 전 마이너리그 유망주 탑100 리스트에 고교 시절 화이트의 지명을 받았던 선수가 다섯 명이나 이름을 올렸다. 채드 빌링즐리, 조너선 브록스턴, 스콧 엘버트, 블레이크 디윗, 그리고 맷 켐프였다.

2006년 봄, 화이트의 스카우트들은 하일랜드파크 고교로 몰려들었다. 지역 담당 스카우트였던 캘빈 존스는 시즌 내내 커쇼를 지켜봤다. 화이트 산하의 전국 크로스체커♦ 중 한 명이었던 팀 홀그렌은 정규 시즌 전에 뛰는 연습 경기에서 이미 커쇼에게 한눈에 반한 상태였다. 미드웨스트 지역 코디네이터 개리 니컬스는 커쇼의 투쟁심에 감탄했다. 그 젊은 좌완 투수는 니컬스에게 또 다른 좌완, 스티브 칼튼♦♦을 떠올리게 했다. 니컬스는 칼튼이 마치 터널 안에서 투구하는 듯한 집중력을 가진 선수였다고 회상했다. "그가 신경 쓰는 것은 자기 두 눈에서 홈 플레이트까지 이어진 거리, 그리고 스트라이크존 너비만큼의 공간뿐이었어요."

커쇼가 낸 결과물은 무시할 수 없을 만큼 뚜렷했다. 커쇼는 하일랜드파크가 웨스트 메스키트와 맞붙었을 때 18개의 삼진을 잡아냈다. 4월에는 마틴이 세웠던 학교 최다승 기록을 깨며 2개의 안타만을 허용했다. 하일랜드파크는 커쇼가 두 차례 홈런을 때리고 5이닝 동안 7개의 삼진을 잡아내며 플레이오프 진출을 확정지었다. 커쇼는 투수가 아

♦ 메이저리그 구단 스카우트 부서는 여러 지역 담당으로 다시 쪼개진다. 그리고 각각의 지역 스카우트가 추천한 유망주를 다시 확인하고 평가하는 중간 관리자급 스카우트가 있는데, 이들이 바로 크로스체커(crosschecker)다. 이들은 한 지역을 담당하지 않고 전국을 다니며 여러 스카우트가 낸 보고서를 검증하고 우선순위를 조정하는 역할을 맡는다.

♦♦ 메이저리그 역사상 최고의 투수 중 한 명. 네 차례 사이영상을 수상했고, 1972년 월드시리즈 MVP에도 올랐다. 1994년 야구 '명예의 전당'에 헌액되었다.

닌 날에는 1루수로 선발 출전했다. 하지만 마운드에 올랐을 때 주루는 거의 하지 않았다. 규정상 팀은 '지명 주자'♦를 쓸 수 있었는데, 보통은 조시 메러디스가 맡았다. 메러디스는 매슈 스태퍼드와 함께 미식축구 팀의 주전으로 주(州) 챔피언에 올라 주목을 받고 있었다.

커쇼는 이제 위대한 자가 견뎌야 할 무게를 실감하기 시작했다. 프로 팀들의 관심, 원정 경기장에서 들려오는 "오버-레이티드!"♦♦라는 야유, 언론의 주목 등이 그랬다. 커쇼는 단순한 선수 한 명을 넘어서는 존재가 되어가고 있었다. 상대 팀들은 하일랜드파크 고교와 싸우는 것이 아니라 클레이튼 커쇼와 맞붙는 것이었다. 친구들 사이에 자연스럽게 섞이는 것도 어려워졌다. 스카우트들은 커쇼를 보기 위해 경기장을 찾았다. 그가 경기에서 빠지면 스카우트들도 관중석을 떠났다. 매 경기 선발 등판은 그의 드래프트 순위를 평가받는 시험대 같았다. 커쇼는 마음을 진정시키기 위해 빌립보서의 구절을 되뇌곤 했다.

"아무것도 염려하지 말고, 다만 모든 일에 기도와 간구로 너희 구할 것을 감사함으로 하나님께 아뢰라."

이번만큼은 멜슨 부부조차도 뚜렷한 조언을 해줄 수 없었다. "저희가 '야구 부모'는 아니었어요." 짐 멜슨은 회상했다. "도무지 알 수가 없

♦　미국 고교 야구에는 주(州)마다 독특한 규정이 있는데, 그중 하나가 지명 주자(designated runner)다. 이는 보통 투수 혹은 포수를 위한 것이다. 수비 포지션 없이 타격만 하는 지명 타자를 나타내는 말이 'designated hitter'라는 점을 감안해 'designated runner'를 '지명 주자'로 옮겼다.

♦♦　미국 스포츠 경기에서 상대 팀의 스타 선수를 향해 외치는 일반적인 야유. 과대평가된(overrated) 선수라며 박자에 맞춰 "over-rated"를 외치는 모습은 프로 경기뿐 아니라 아마추어 시합에서도 쉽게 볼 수 있다.

었죠." 짐과 레슬리는 드래프트에서 무슨 일이 일어날지 확신이 없었다. 하지만 막내딸은 어렴풋이 감을 잡고 있었다.

"사실 고교 3학년 2학기에 들어서야 사람들 입에서 클레이튼이 드래프트에서 더 높은 순번에 뽑힐 수도 있다는 이야기가 나오기 시작했어요." 엘런은 떠올렸다. "그제야 실감이 났던 것 같아요. '세상에, 우리 대학에 같이 가지 못하겠구나' 하고요."

커쇼는 5월의 어느 날 오후, 자신이 야구계의 지형도 속에서 새 자리를 차지하게 되었음을 실감했다. 친구 집에 있던 그는 『베이스볼 아메리카』 5월 8~21일 호를 보게 되었다. 표지에는 '대대적인 변화(Big Changes)'라는 문구가 있었고, 드래프트 예비 순위에 큰 변화가 있을 것이라고 예고하고 있었다. 가장 큰 변화는 커쇼가 전국 고교 선수 가운데 1위 유망주로 올라섰다는 것이었다. "그걸 보고 그냥 '오, 멋진데?' 싶었어요." 커쇼는 그렇게 회상했다.

하지만 그의 친구들과 또래 선수들은 야구라는 스포츠의 '가혹한 변덕'에 시달렸다. 구체적으로 부상, 부진, 그리고 외모에 대한 편견이 있었다. 조던 월든은 시즌 초반 사타구니 근육을 다쳤지만 계속 투구를 이어갔다. 그 결과 구속이 떨어졌고, 동시에 스카우트들의 평가는 급격히 낮아졌다. 브렛 앤더슨은 프로 스카우트들의 차가운 시선을 견더야 했다. 그는 고교 시절 약 193센티미터의 키에 몸무게는 약 98킬로그램이었는데, 스카우트들은 그의 운동 능력을 의심했다. 그의 투구 동작은 발레같이 유연하고 정밀했지만, 관계자들은 그의 얼굴에 살이 붙어 있다는 이유로 그를 낮게 평가했다. 스카우트들은 그의 잠재력을 하향 조정했다.

하지만 가장 충격적인 일은 숀 톨레슨에게 벌어졌다. 커쇼와 톨레슨은 비슷한 경로를 걷고 있었다. 톨레슨은 1학년 때 앨런 고교의 바시티에 뽑혔고,♦ 성장기에 실전 경험을 쌓을 수 있었다. 여름마다 야구에 몰두했고 경기장에서는 타자의 스윙을, 집에서는 성경을 공부했다. 그는 베일러 대학에 진학하기로 구두 약속♦♦이 되어 있었는데, 그 이유는 커쇼가 텍사스 A&M 대학을 선택한 것과 똑같았다. 여자친구 린리가 베일러에 가기 때문이었다. 하지만 커쇼처럼 톨레슨도 정말 대학에 가고 싶었던 것이 아니었다. 그는 자신의 미래를 부모님과 자주 상의했다. 아버지는 성공한 수의사였고 가족은 교육을 중요하게 여겼다. 하지만 톨레슨은 야구를 간절히 원했다. 그래서 시즌 시작 전에 부모님과 약속을 했다. 부모님은 상위 라운드에서 지명된다면 대학이 아닌 프로 직행을 허락해주기로 했다. "제 머릿속에는 '무조건 1라운드야. 무조건

♦　고교 신입생이 학교 대표팀인 바시티(varsity) 팀에 선발되는 일은 드물며, 이는 톨레슨이 또래에 비해 월등한 실력을 인정받았음을 말해준다.

♦♦　미국에서 버벌 커미트먼트(verbal commitment)라고 하는 이 행위는 법적 효력이 없는 비공식적인 동의 또는 약속을 뜻한다. 고교 졸업을 앞둔 야구 유망주들이 대학 입학과 장학금 수혜를 전제로 해당 학교에 구두 약속을 하는 경우가 많지만, 법적 구속력이 없기에 이후 마음이 바뀌어 프로팀과 계약하거나 다른 대학에 진학하더라도 제재를 받지 않는다.

1라운드’라는 생각이 가득했죠." 톨레슨은 당시를 그렇게 회상했다.

봄이 시작되었을 때 톨레슨은 자신에게 기회가 있다고 믿었다. 첫 연습 경기에는 스카우트 25명이 몰려들었다. 휴스턴 교외의 강호 더 우드랜즈와 맞붙는 경기에는 더 많은 인파가 몰렸다. 이 경기에서 톨레슨은 1라운드 지명을 확정 지은 상태로 카일 드라벡과 맞붙었다. "그 경기는 진짜 중요한 경기였어요." 더 우드랜즈의 3루수였던 폴 골드슈밋은 그렇게 말했다. 그런데 톨레슨은 3회 들어 슬라이더를 던지다 팔꿈치에서 불길한 ‘뚜둑’ 소리를 들었다. 그는 마음속으로는 무슨 일이 벌어진 것인지 알고 있었다. 하지만 스카우트를 놀라게 하고 싶지는 않았다. 그는 손가락으로 발목을 가리켰다. 고교 무대에서 마지막으로 던진 이닝에서 톨레슨은 스카우트들을 속이기 위해 일부러 절뚝거리며 마운드를 내려왔다.

하지만 이 눈속임은 며칠 뒤 들통나고 말았다. 그는 팔꿈치 내측 측부 인대가 파열되어 토미 존 수술이 필요하다는 통보를 받았다. 그의 고교 졸업반 시즌은 그렇게 끝이 났다. 1라운드 지명이라는 꿈도 사라졌다. "인생은 늘 우리가 계획한 대로만 흘러가지는 않죠." 톨레슨은 그렇게 말했다. 시간이 흐르면서 그는 그 경험을 축복이라 여기게 되었지만, 당시에는 그저 슬플 뿐이었다.

"정말 안쓰러웠어요." 커쇼는 회상했다. "정말 속상했어요." 하지만 그는 톨레슨이 괜찮을 것이라고 믿었다. "숀은 좋은 가정에서 자란 아이였어요. 드래프트에 지명되느냐 마느냐가 인생 전체를 좌우할 문제는 아니었죠." 커쇼는 자신에게는 그런 여유가 없다고 느꼈다.

그해 초 어드바이저 후보들을 만났을 때와 마찬가지로 메리앤과 커쇼는 시즌 중에 메이저리그 구단 관계자들을 집으로 초대했다. 크리스 커쇼는 한발 물러난 위치에 머물렀다. 때때로 스카우트들에게 아들에 대해 묻기는 했지만 집에서 열리는 면담에 직접 참석하지는 않았다. 야구계에서는 불완전한 가정환경을 이유로 유망주의 평가를 깎는 경우도 있었다. 커쇼는 자신의 현실을 감추지 않았다. "커쇼는 자신의 가정환경이 이상적이지는 않다는 것을 인정했어요." 러머스는 회상했다. "하지만 눈을 보면 '그렇다고 세상 끝날 일은 아니다'라고 말하는 것 같았죠."

러머스의 기억에 따르면 메리앤은 금전적인 조건에 대해 묻지 않았다. 그녀는 전혀 다른 질문들을 쏟아냈다. "클레이튼은 어디에서 살게 되나요?", "교통편은 누가 책임지나요?", "겨울에는 어떻게 관리하나요?"

다이아몬드백스 구단의 스카우트였던 트립 카우치는 커쇼의 투구를 처음 지켜봤을 때 '이 친구를 싫어할 이유가 있기는 할까?' 하고 생각했다. 커쇼의 집을 방문한 뒤 그의 감탄은 확신으로 바뀌었다. "어머니와 함께 하일랜드파크에 있는 작은 집에서 살고 있었어요." 카우치는 당시를 회상했다. "정말 훌륭하게 자란 아이구나 싶어서 깊은 인상을 받았습니다."

모든 구단이 같은 인상을 받은 것은 아니었다. 몇몇 구단과의 면담에서 주고받은 말들은 커쇼의 기억 속에 조각처럼 남았다. 플로리다 말린스의 스카우트는 커쇼가 반바지와 티셔츠를 입고 나온 것을 나무 랐다. "그 사람이 그러더라고요. 그런 차림새로 나오면 네 이미지에 안 좋다고요." 커쇼가 회상했다. "그래서 '전 원래 이런 사람이에요'라고 했 죠. 구단 관계자 중에는 정말 어이없는 사람도 있었어요."

피츠버그 파이리츠와의 면담에서도 비슷한 일이 있었다. 파이리츠는 전체 4순위 지명권을 갖고 있었다. 커쇼는 그 자리에서 인필드 플라이 규칙♦에 대한 질문을 받았다. "제가 대답했죠. '인필드 플라이가 뭔지 는 알죠. 그런데 왜 그걸 물으시는 거죠?'" 커쇼는 회상했다.

커쇼는 피츠버그가 자신을 지명할 수도 있겠다고 생각했다. 구단 측 은 당시 관례에 따라 대량의 문제를 이메일로 보내왔다. 커쇼는 문제지 를 읽다 말고 멍해졌다. "후반부쯤에는 대충 클릭, 클릭, 클릭하면서 넘 겼어요." 면담 자리에서 파이리츠는 그에게 시험에 낙제했다고 전했다. 그들은 커쇼가 성취욕을 갖고 최선을 다하는 능력이 떨어지는 것은 아 닌지 우려했다. "제가 제출한 답안에 일관성이 없었다고 하더라고요." 커쇼가 회상했다. "그래서 제가 그랬죠. '죄송한데, 제가 뭘 어떻게 할 까요? 저는 재시험은 안 볼 겁니다.'"

다저스는 다른 방식을 택했다. 화이트는 커쇼의 집을 찾지 않았다. 커쇼나 메리앤과도 이야기하지 않았다. 크리스 커쇼와 짧게 한 번 통 화한 것을 제외하고는 가족과의 접촉을 피했다. "괜히 관심을 끌고 싶

<hr>

♦ 무사 혹은 1아웃 상황에서 주자가 1, 2루 또는 만루일 때 타자가 내야에 평범한 뜬공을 치면 심판이 타 자를 자동 아웃시키는 규칙. 수비수가 고의로 공을 떨어뜨려 병살을 유도하는 상황을 막기 위한 장치다.

지 않았습니다." 하이트는 회상했다. 그랬다가는 다저스보다 앞선 지명 순번을 가진 여섯 팀이 '다저스가 저 특이한 투구 폼을 가진 투수에게 왜 저렇게 꽂힌 거지?' 하고 눈치를 챌 수 있기 때문이었다. 캘빈 존스만이 한 차례, 아주 잠깐 커쇼의 집에 들렀다. 인사를 나눈 뒤 그는 간단히 물었다. "만일 다저스가 1라운드에서 지명하면 우리 팀과 계약할 생각이 있니?" 커쇼는 계약하겠다고 답했다. 존스는 고맙다는 말을 남기고 돌아갔다. 그 면담은 커쇼의 생각에는 5분 만에 끝났다. "제가 '아, 다저스 사람들이 핵심을 정확히 아는구나'라고 생각했던 기억이 납니다."

J. D. 스마트는 커쇼가 1라운드급 유망주 신분에 따른 금전적 영향에 미리 대비할 수 있도록 도와주었다. "얼마 준다고 하면 계약서에 사인할래?" 한번은 어느 오후 칩스라는 이름의 동네 햄버거 가게에서 스마트가 물었다. 그렇게 많이 필요하지는 않다고 답한 커쇼는 이어 말했다. "오늘 점심값 정도만 주면 사인하는 거죠 뭐." 그러자 스마트는 만일 커쇼가 1라운드에서 지명된다면 받을 수 있을 것 같은 금액을 말해주었다. 150만 달러였다. 커쇼는 눈물이 핑 돌았다. 커쇼에게는 충격인 숫자였다. "정말 믿을 수가 없다고, 대단하다고, 그 액수면 당장 사인하겠다고 했죠."

커쇼의 어드바이저들도 탐색전에 나섰다. 앨런 헨드릭스는 로건 화이트에게 전화를 걸었다. 이 시기 스카우트들 사이에서 흔히 오가는 대화처럼, 서로 정보를 떠보는 듯하면서도 쉽게 속내를 드러내지 않는 말들이 오갔다. 헨드릭스는 자신이 관리하는 다른 선수들을 몇 명 언급하다 화이트의 의견을 물었다.

"커쇼는 어떻게 보세요?" 헨드릭스가 물었다.

화이트는 속내를 드러내고 싶지 않았다. 그렇다고 거짓말을 하고 싶지도 않았다.

"좋죠." 화이트가 말했다.

"좋다고요?" 헨드릭스가 되물었다.

"앨런, 우리 구단은 만일 커쇼가 26순위 지명권 차례까지 남아 있다면 반드시 뽑을 겁니다."

커쇼가 그 순번까지 밀려 내려올 이유는 전혀 없어 보였다. 적어도 4월 28일 포니와의 경기가 열리기 전까지는 말이다. 2회가 시작되자 커쇼는 왼쪽 옆구리에서 무언가 끊어지는 느낌을 받았다. 인생 최대의 순간까지 고작 6주를 남긴 시점에서 커쇼에게 절대 일어나서는 안 되는 일이 일어났다. 부상을 당한 것이다.

커쇼는 3주 동안 등판하지 않았다. 부상이 심각한 수준은 아니었다. 그는 복사근을 다쳤는데, 나중에 커쇼는 이 부상을 '처블리크'◆라고

◆ 처블리크(chublique)는 커쇼가 농담처럼 만든 말로, 복사근(oblique)이라는 의학 용어에 자신의 통통한(chubby) 몸을 뜻하는 'chub'을 결합한 표현이다. 자신의 복사근 부상을 장난스럽게 비틀어 '통통이 복사근' 정도로 표현했던 것이다.

장난스럽게 표현하기도 했다. 결장 기간이 길어지면서 마크 러머스에게는 한 줄기 희망이 생겼다. 혹시 이 부상이 다른 팀들을 겁먹게 해서 커쇼가 시애틀의 2라운드 49순위까지 밀려 내려오지 않을까 하는 기대였다. 그는 5월 19일 커쇼가 다시 마운드에 올랐을 때 몸이 어떤 반응을 보일지 궁금했다.

스코츠는 저스틴에서 서쪽으로 약 56킬로미터 떨어져 있는 노스웨스트 고교와 4A 지역 1 준결승전♦을 치렀다. 노스웨스트의 감독 체 헨드릭스는 리그의 투구 수 제한 규정이 커쇼의 활용도를 최소화해주기를 바랐다. 1회 초는 헨드릭스 감독의 기대를 부풀렸다. 오랜만에 등판한 커쇼는 감이 잡히지 않은 모습이었으며 마운드 위에서 서두르는 듯했다. 커쇼는 스카우트들을 의식했고, 이날 경기의 중요성이 신경 쓰였다. 그리고 이날 조금이라도 부진하면 계약금이 크게 깎일 수 있다는 것도 알고 있었다. 커쇼는 패스트볼 구사 빈도를 크게 높였다. 노스웨스트는 파울을 많이 쳐내며 오래 버텼지만 결국 1회 세 타석 모두 결과는 삼진이었다. 헨드릭스는 이렇게 회상했다. "그런데 그날 커쇼는 1회가 끝나고 2회부터는 볼도 하나 없었던 것 같아요."

커쇼는 2회에 세 타자를 모두 삼진으로 잡아냈다. 3회가 되었을 때, 혹시나 했던 헨드릭스 감독의 기대는 희미해져갔다. 그의 선수들은 커쇼에게 완전히 압도되어 땅볼 하나, 외야로 날아가는 타구 하나 만들

<hr>

♦ 미국 고교 체육협회에서 학교 규모에 따라 분류한 경기 등급 중 하나로, 여기에서 말하는 4A는 중간 규모 학교들이 속한 디비전이다. 이 대회는 지역 예선을 거쳐 상위 라운드에 오르는 방식으로 치러지며, 지역 준결승전은 주(州) 토너먼트 진출권을 두고 경쟁하는 단계에 해당한다.

어내지 못하고 있었다. 그는 더그아웃에서 뛰쳐나와 심판에게 따졌다.

"아니, 무슨 던지는 것마다 다 스트라이크라고 해요?" 헨드릭스 감독이 항의했다.

심판은 단호했다. "감독님, 나도 이런 건 처음 봅니다. 정말 던지면 다 스트라이크예요."

헨드릭스는 맥이 빠졌다. "세상에." 그는 탄식했다. "그럴 것 같긴 했지 뭐."

커쇼는 3회도 모든 타자를 삼진으로 잡았다. 4회도 마찬가지였다. 4회 말 타석에서는 홈런까지 날렸다. 그리고 다시 마운드에 올라 모든 타자를 삼진으로 돌려세우기 시작했다. 경기는 하일랜드파크가 5회에 10점 차 콜드게임 룰을 발동시키면서 끝이 났다. 그 결과, 커쇼의 이날 기록은 완벽하면서도 비현실적이었다. 5이닝 퍼펙트게임. 15명의 타자 전원을 삼진으로 솎아냈다. 그는 자신의 건강에 대한 모든 우려를 지워버렸고, 드래프트에서 지명을 못 받고 2라운드까지 밀려날 가능성 역시 완전히 지웠다.

다음 단계인 4A 지역 2 준결승은 프리스코 지역에 있는 닥터 페퍼 볼파크에서 열릴 예정이었다. 이곳은 텍사스 레인저스 산하의 마이너리그 더블A의 홈구장이었다. 경기를 앞두고 코시캐나의 트레이시 우드 감독은 상대 팀에 대해 한 가지 주문을 반복했다. "타석에 서면 그냥 초구부터 스윙을 해." 초구가 들어오기 전, 코시캐나의 고교 3학년 선수 스테이턴 토머스는 패스트볼 타이밍을 맞춰보려고 했다. 그나마 승산이 있는 방법이 그것뿐인 것 같았다. 토머스는 디배트 아카데미에서 커쇼보다 한 연령대 아래에서 뛰며 멀리서 그를 동경해왔다. "커쇼가 곧 백만장자가 될 거라는 것을 우리 모두 알고 있었어요." 토머스는 그렇게 말했다.

말하는 사람에 따라 차이는 있지만 어쩌면 토머스는 이날 커쇼의 계약금을 조금은 깎아먹었는지도 모르겠다. 경기 초반, 커쇼는 불안정했다. 토머스는 우드 감독의 조언을 그대로 따랐다. 커브는 무시하고 풀카운트에서 나올 법한 패스트볼만 기다렸다. 커쇼는 실제로 패스트볼을 던졌고, 토머스는 준비가 되어 있었다. 그는 공을 좌중간 약 111미터 표지판 너머까지 날려버렸다. 이날 경기가 또 하나의 퍼펙트게임이 될 수 없다는 뜻이었다. 코시캐나는 이날 저녁 내내 커쇼를 끈질기게 물고 늘어졌다. 팬들도 마찬가지였다. 그는 익숙한 "오-버-레이티드!" 야유를 들었다. 커쇼를 구한 것은 그 자신의 타격 실력이었다. 2회에는 동점 적시타를 날렸고, 4회에는 홈런을 쏘아 올렸다. 커쇼는 4회 위기 상황에서 주자를 견제로 잡아내며 위기를 벗어났다. 경기 결과는 하일랜드파크의 8 대 3 승리였다.

이런 위태함도 로건 화이트를 흔들지는 못했다. "클레이튼은 투쟁심이 워낙 좋아서 제가 '오늘은 조금 덜 좋았던 것 같은데?'라고 하면 기분 상해했어요." 화이트는 회상했다. "그래서 '클레이튼, 화내지 마. 내가 스카우트들을 잘 알아. 자네 능력을 이미 다 봤어'하며 다독였죠."

세월이 흘러 다저스 스카우트들 사이에서는 그날 밤 피츠버그 구단 관계자들이 다 어디에 있었는지를 두고 여러 가지 이야기가 전설처럼 퍼졌다. 어떤 이는 피츠버그 단장 데이브 리틀필드가 그날 휴스턴에 있었고, 브래드 링컨♦이 이스트 캐롤라이나 대학 타선을 가볍게 요리하는 것을 보고 있었다고 기억했다. 어떤 이들은 리틀필드 단장이 그날 현장에 있었고, 커쇼가 커브를 스트라이크존 안에 제대로 넣지 못하는 모습을 봤다고 말하기도 했다. 화이트는 다음 날 공항에서, 자신과 똑같이 커쇼를 마음에 들어 했던 피츠버그 스카우트 존 그린을 놀려댔던 일을 떠올렸다. "제가 그랬죠. '그리니! 네 선수를 보러 왔는데 하필 그런 경기를 보셨네!'"

(나는 2022년 10월, 리틀필드 전 단장에게 연락했다. 그는 "이메일은 잘 받았습니다"라고 답한 뒤 "개인적인 감정은 없지만 대화는 사양하겠습니다"라고 덧붙였다. 나는 피츠버그 스카우팅 디렉터였던 에드 크리치에게도 연락을 시도했다. 자신을 크리치의 아들이라고 밝힌 이는 이제 70대가 된 그의 아버지가 "이미 은퇴를 하셨고 요즘은 야구 이야기에 큰 관심이 없다"고 전해왔다. 그린에게도 메시지를 보냈지만 회신이 없었다.)

이 이야기는 다저스 스카우팅 전설의 일부가 되었다. 하지만 정작 토머스는 자신의 홈런이 그토록 큰 의미를 지녔다는 얘기를 들어본 적이 없었다. 이 이야기를 들려주자 그는 전화기 너머에서 깔깔 웃었다. "커

♦ 당시 많은 주목을 받았다. 2006년 드래프트 전체 4순위로 피츠버그의 지명을 받았지만, 커쇼보다 늦은 2010년 메이저리그에 데뷔했고 2014년을 끝으로 빅리그 무대에서 사라졌다.

쇼 씨와 가족분들께 사과드립니다." 탬파베이 산하 마이너리그에서 뛴 뒤 고교 감독이 된 토머스는 말했다. "하지만 다저스 팬 여러분은… 저한테 고마우시겠죠?"

토머스의 대형 홈런에도 코시캐나가 탈락하고 이틀이 지난 뒤, 하일랜드파크에서 남쪽으로 약 30분 거리에 있는 매키니 노스 고교의 코치 세 명이 75번 도로를 타고 남쪽으로 내려갔다. 그들은 고속도로 근처 맥도날드 주차장에 차를 세웠다. 브랜던 마일럼은 코치진을 모아 스코츠의 감독 루 케네디를 만나러 매장 안으로 들어갔다.

매장은 에그 맥머핀, 소시지 비스킷, 팬케이크와 시럽 등의 아침 식사 냄새로 가득했다. 미사를 마치고 가족끼리 모여 식사하는 사람이 대부분이었다. "다들 여유 있게 커피도 마시고 그러는데, 저희는 진땀을 뻘뻘 흘리고 있었죠." 마일럼은 회상했다. 두 팀은 다가오는 맞대결을 어떤 방식으로 치를지 합의하지 못하고 있었다. 규정상 두 팀은 단판 승부로 승자를 가를지, 아니면 3전 2선승제로 시리즈를 치를지 합의해야 했다. 케네디는 커쇼를 선발로 내세우는 단판을 원했고, 마일럼 측은 3전 2선승제를 원했다. 텍사스에서는 이런 문제를 해결하는 방식이 따로 있었다. 바로, 동전 던지기였다(일주일 전에도 케네디는 코시캐나 감독 우드를 주유소에서 만났다. 같은 이유로 우드 감독이 3전 2선승제를 원했지만, 동전 던지기에 지는 바람에 커쇼를 상대로 단판 승부를 해야 했다. 동전 던지기에 지고 나서 그가 한 말은 "그래도 좋은 시즌이었어"였다).

매키니 지역 이야기를 하자면, 당시 마일럼 감독의 아내 레슬리는 주일학교 아이들에게 이 동전 던지기를 위해 기도해달라고 부탁했었다. 마일럼은 행운의 25센트 동전을 꺼냈다. 그는 그 동전을 코치 중 한 명인 브룩 코트에게 건넸고, 다른 코치 리키 카터에게 앞면을 선택할지, 뒷면을 택할지 정하게 했다.

"뒤도 볼 것 없이 뒷면이지." 카터가 말했다.

코트는 동전을 튕겼다. 앞면이 나오기라도 한다면 재앙이었다. 미국 전역 최고의 투수를 상대로 단판 승부를 치르게 되기 때문이었다. 반대로 뒷면이 나오면 다행이었다. 3전 2선승제라면 매키니 노스 고교가 희망을 가질 수 있었다. 동전은 탁자에 떨어졌다 튀더니 바닥으로 굴러갔다. 코치들은 결과를 확인하려고 테이블 아래로 고개를 숙였다.

뒷면.

매키니 노스 코치들은 들떴다. 마일럼의 머릿속은 빠르게 돌아갔다. 그에게는 믿을 만한 투수들이 있었다. 고교 3학년으로 텍사스 크리스천 대학 진학 예정이었던 트렌트 애플비, 그리고 커쇼와 함께 디배트에서 훈련받은, 고교 졸업반 마이클 볼싱어가 그랬다. 익숙함은 자만으로 이어졌다. "커쇼랑 붙게 해주세요." 볼싱어가 코치들에게 말했다. 마일럼은 단칼에 잘랐다. 그에게는 더 좋은 계획이 있었다.

2006년 5월 31일 클레이튼 커쇼는 닥터 페퍼 볼파크 외야에서 몸을 풀고 있었다. 그는 아마추어 시절 마지막 등판이 될 수도 있는 시합의 경기 전 루틴을 차근차근 진행했다. 그라운드 반대편에서는 한 가지 술책이 진행되고 있었다.

마일럼은 두 장의 라인업 카드를 들고 있었다. 하나는 커쇼가 등판할 경우, 또 하나는 등판하지 않을 경우였다. 그는 애플비에게 워밍업을 지시했다. 마일럼은 커쇼가 선발로 나올 것이라고 예상했지만, 혹시 몰라 상대 불펜만 주시하고 있었다. 커쇼가 공을 집어 드는 순간 마일럼은 미리 그 주 초에 임무를 귀띔해두었던 2학년 브라이언 키나드를 가동시켰다.

"마일럼 감독님이 오셔서 그러시더라고요. '아, 참고로 네가 1차전 선발이다.' 그래서 제가 얼떨떨하게 '네? 뭐라고요?' 그랬죠." 키나드는 그렇게 회상했다. 그 어린 선수에게 맡겨진 역할은 사실상 희생양이었다. 마일럼의 의도는 애플비와 볼싱어를 2, 3차전을 위해 아껴두는 것이었다. 하일랜드파크는 1회 초에 여섯 점을 뽑았다. 이날도 커쇼는 커브를 스트라이크로 꽂지 못했다. 그는 5이닝 동안 볼넷을 4개나 내주었지만, 하일랜드파크 타자들이 13 대 1의 스코어를 만들며 5이닝 콜드게임 승리를 거두었다.

그날 이후 커쇼는 더는 아마추어 자격으로 투구하지 않았다. 마일럼의 승부수는 먹혀들었다. 매키니 노스가 2, 3차전을 모두 가져갔다. 커쇼는 자신의 삶에서 한 챕터가 닫히는 순간을 실감했다. 조시와 패트릭을 비롯한 팀 동료들은 모두 대학으로 향할 예정이었다. 커쇼는 드래프트를 기다리고 있었고, 다음 단계가 무엇인지 확신이 없었으며, 마지막 고교 시즌이 끝났다는 사실에 마음이 무거웠다. 매키니 노스 선수들이 더그아웃에서 뛰어나와 환호하는 모습을 보며 커쇼는 마음이 숙연해졌다. 자기 학교야말로 다음 라운드에 진출해야 하는 팀이라고 생각했기 때문이다. 커쇼는 경기가 끝나고 경기장 한가운데서 상대 선수들이 쌓아가는 도그파일◆을 지켜봤다. 상대가 기뻐하는 모습을 지켜보는 이 경험은, 훗날 커쇼에게 기묘할 정도로 익숙한 풍경이 될 터였다.

크리스와 메리앤은 하일랜드파크 고교 연감에 아들을 축하하는 광고를 실었다. 그들은 "버니, 바바, 부거, 클레이통가, 클레이토니아, 커시, 비니 보이, 리틀 버드, 스위트 바부" 등 커쇼의 별명 29개를 나열한 뒤 "넌 언제까지나 우리의 클레이튼이야"라고 적었다. 광고에는 여덟 장의 사진이 들어 있었다. 아기였던 커쇼, 미식축구 유니폼을 입은 커쇼, 야

◆ 도그파일(dogpile)이란 중요한 경기에서 승리했을 때 선수들이 마운드나 내야 한가운데로 달려 나와 서로 뒤엉켜 올라타며 축하하는 형태의 세리머니를 말한다.

구를 하는 커쇼 등이었다. 한 사진에서는 사춘기 전의 커쇼와 메리앤이 똑같은 미소를 짓고 있었다. 또 다른 사진에서는 크리스가 멜빵바지를 입은 아기 커쇼를 안고 있었다. 크리스는 환하게 웃고 있었다.

광고에 크리스와 청소년기의 커쇼가 함께 찍은 사진은 하나도 없었다. 수요일 밤의 방문도, 가끔 있던 주말 만남도 끊겼기 때문이었다. 크리스는 재혼했고, 예전만큼 믿음직하지 못했으며, 스튜디오에서도 예전처럼 붙임성 있게 굴지 못했다. 크리스는 파크 시티 지역에 살다 리처드슨으로 옮겨갔고, 그다음에는 또 다른 지역에 머물렀다. "아버지는 여기저기 옮겨 다니는 일이 많았어요." 커쇼는 그렇게 회상했다. 아들은 그를 따라가지 않았다. "고교 때는 상황이 더 어색해지고, 서로 함께 보내는 시간도 거의 없었던 걸로 기억해요." 그가 말했다.

메리앤은 따로 광고를 하나 더 냈다.

클레이튼, 정말 자랑스럽구나.
너는 나의 햇살이야.
사랑을 담아, 엄마가.

7장
드래프트

2006년 6월 5일은 로건 화이트 주니어의 여덟 번째 생일 이틀 뒤이
자 메이저리그 룰4 드래프트 하루 전날이었다. 이날 로건 화이트는 아
들에게 자신의 계획을 털어놓았다. 미래에 어떤 선수가 될지를 예상하
며 보낸 수많은 시간, 렌터카로 달린 수만 킬로미터의 거리, 값싼 호텔
에서 지낸 많은 밤이 모두 이 순간으로 수렴되고 있었다. 화이트는 아
들에게 돌아가는 사정을 설명했다. 그가 원한 것은 클레이튼 커쇼였다.
그 사이에는 여러 팀이 있었다. 다저스보다 한 순번 앞에서 지명하는
디트로이트 타이거스 구단이 커쇼와 노스캐롤라이나 대학의 좌완 앤
드루 밀러 사이에서 갈등하고 있다는 이야기를 들은 상태였다. 하지만
캔자스시티가 전체 1순위 지명권으로 밀러를 뽑을 가능성도 있었다.
그래서 화이트는 아들에게 작은 부탁을 했다.

"오늘 밤 자기 전에 기도할 때, 클레이튼이 다저스 지명 순번까지 내려오게 해달라고 꼭 기도해줘."

다음 날 아침 커쇼의 집에는 친구들이 모여들었다. 엘런도 부모님과 함께 왔다. 크리스를 포함해 열두 명가량이 모였다. 커쇼 가족이 드래프트 시작을 기다리는 동안 다저스 프런트 오피스는 다저스타디움 회의실에 모여 있었다. 다저스의 1순위 지망 선수는 커쇼였다. 화이트가 고려한 다른 유일한 선수는 롱비치 스테이트 대학의 3루수 에반 롱고리아였다. 하지만 화이트는 롱고리아가 전체 5순위 이내에서 지명될 것으로 보고 있었다.

만일 다저스의 지명 차례가 되기 전에 커쇼가 다른 팀 지명을 받게 된다면, 화이트는 대학 투수 쪽으로 방향을 틀 생각이 없었다. 미주리 대학의 우완 맥스 셔저는 스콧 보라스를 에이전트로 두고 있었고, 보라스는 직전 해 루크 호체바와 다저스의 협상을 참담하게 망쳐놓은 장본인이었다. 워싱턴 대학 출신의 깡마른 파워 피처, 팀 린스컴도 배제했다. 그해 여름 초 화이트는 다저스 임원 로이 스미스에게 린스컴을 관찰해달라고 부탁했는데, 스미스는 린스컴의 재능에 감탄하면서도 그 체격으로 나이가 들었을 때 어떻게 버틸지를 걱정했다. "저도 같은 생각입니다." 화이트가 답했다.

드래프트 이틀 전쯤 화이트는 다른 투수 한 명을 다저스타디움으로 불러들였다. 테네시 출신의 우완 투수 브라이언 모리스였다. 그는 그 시즌을 지역의 2년제 대학에서 보냈다. "사실 드래프트 전에 사전 계약을 하면 안 돼요." 화이트는 회상했다. "하지만 표현을 조금만 바꾸면 괜찮습니다." 그렇게 교묘한 말솜씨로 화이트는 차선책을 마련했다. 7순위 지명권으로 화이트가 쓸 수 있는 금액은 230만 달러였고, 모리스는 180만 달러에 계약할 의사가 있었다. 만일 누군가 커쇼를 6순위 안에 데려가버리면, 화이트는 다저스가 모리스를 지명하고 남은 돈을 다른 선수와의 계약에 쓰는 방안을 택하기로 했다.

화이트는 50만 달러 절감 가능성을 네드 콜레티 단장에게 전했다. 그 돈을 아끼는 것이 의미가 있는지 논의가 오갔다. 화이트는 커쇼를 선택해야 한다는 의견을 강하게 밀어붙였다(콜레티는 나중에 이 논쟁 자체가 기억나지 않는다고 말했다). 결국 합의에 도달했다. 커쇼가 남아 있다면, 그는 다저스가 데려갈 선수였다.

하지만 그때까지 커쇼가 지명되지 않고 남아 있을까?

2006년 당시 메이저리그 룰4 드래프트는 NFL이나 NBA 드래프트와 또 하나의 차이가 있었다. 텔레비전 중계가 되지 않는다는 것이었다. 구단 임원들은 단출한 인터넷 생중계를 보며 전화기를 붙잡고 에이전트에게, 선수에게, 동료에게 전화를 걸었다. 다저스의 스카우트 팀 홀그렌은 다른 구단들과 연락을 주고받으며 상황을 살폈다. 그가 파악한 동향은 희망적이었는데, 그 출처는 뜻밖에도 다저스 선수가 거의 될 뻔했던 루크 호체바였다.

로열스는 그해 봄, 일찍부터 커쇼를 지명 후보에서 제외해두고 있었다. "인정하기는 싫지만 전체 1순위 지명권을 갖고 있었던 저희에게 클레이튼은 고려 대상이 아니었습니다." 스카우팅 디렉터 데릭 래드니어가 회상했다. 그들은 호체바와 밀러 사이에서 고민하고 있었다. 그리고 로열스가 호체바를 선택하면서 다저스에게 문이 하나 열렸다. 타이거스가 밀러와 커쇼 사이에서 선택할 것 같은 상황이었지만, 운영진들은 고졸 선수보다 대학 투수를 선호했다.

이후 몇 개의 지명 결과도 화이트에게 유리하게 흘러갔다. 콜로라도는 약 201센티미터의 스탠퍼드 출신 장신 우완 투수인 그레그 레이놀즈를 지명했는데 그의 커리어는 어깨 부상으로 망가지게 된다. 탬파베이 데빌 레이스의 스카우팅 디렉터 R. J. 해리슨이 세 번째 지명을 앞두고 있었다. 해리슨은 커쇼를 두 차례 관찰한 적이 있었다. 그는 래드니어가 본 것과 같은 것, 즉 매력적인 재능, 그리고 그만큼의 들쭉날쭉함을 보았다. 해리슨의 선택은 롱고리아였다. 롱고리아는 2008년 아메리칸리그 신인왕에 올랐고, 팀이 저예산의 한계를 딛고 기적 같은 구단으로 변모하는 데 중심적인 역할을 했다. "가끔은 한밤중에 식은땀을 흘리며 일어납니다. 왜 그때 그런 선택을 했는지 후회가 밀려올 때요." 해리슨은 말했다. "하지만 이번 경우는 그렇지 않아요. 저희는 결국 10년 동안 구단의 얼굴이 된 선수를 데려왔으니까요. 롱고리아는 스카우팅 디렉터로서 제가 한 가장 좋은 지명이었을 겁니다."

피츠버그는 입장이 달랐다. 구단주 케빈 매클래치는 고교 선수보다 대학 선수를 선호했고, 이는 데이브 리틀필드 단장의 손발을 묶어버렸다. "그 상황을 잘 아는 사람들 말로는, 당시 데이브는 고졸 투수를 뽑을 수 있는 입장이 아니었어요." 그들은 휴스턴 대학의 투수, 브래드 링컨을 지명했다. 이후 커쇼는 피츠버그 지명을 피하게 된 일을 두고 자신의 운을 곱씹었다. "어느 경기에서 제가 등판을 했었는데 커브가 전혀 제구가 안 되더라고요. 그게 피츠버그가 저를 최종적으로 포기한 이유였죠. 그래서 잘됐죠. 거기 안 가서 정말 다행입니다."

다음 차례는 시애틀이었다. 마크 러머스는 커쇼의 구위가 올라온 시점에 가장 먼저 그 정보를 손에 쥐고 있었지만 구단주의 방침을 이기지 못했다. 스카우팅 디렉터 밥 폰테인 주니어는 캘리포니아 대학의 투수, 브랜든 모로우를 선택했다. 그 선택은 러머스를 괴롭혔다. 하지만 이해했다. "구단 사정과 윗선의 지시를 감안하면 그건 옳은 결정이었어요." 러머스는 그렇게 회상했다.

모든 도미노가 화이트가 바라던 대로 쓰러졌다. 이제 커쇼와 다저스 사이에 남은 팀은 디트로이트뿐이었다. "만일 앤드루 밀러가 남아 있지 않았다면, 클레이튼 커쇼는 다저스 선수가 되지 못했을 겁니다." 데이브 돔브로스키 전 타이거스 단장은 회상했다. 하지만 밀러는 남아 있었다. 그 이전 해에 호체바가 계약을 거부한 탓도 있었다.♦

여섯 팀에게 커쇼를 지명할 기회가 있었지만 모두 그를 지나갔다. 하

♦ 드래프트 최대어 중 한 명으로 예상되었던 호체바가 높은 계약금을 요구할지 모른다는 우려 속에서 지명 순위가 밀려난 것이 불과 1년 전의 일이었다. 당시 호체바는 실제로 계약 협상이 장기화되다 최종 결렬되었고, 독립 리그행까지 감수한 끝에 그다음 해 다시 드래프트에 참가한 상황이었다. 밀러 또한 전체 1순위 지명 가능성이 있는 대학 투수였지만 고액의 계약금을 요구할 것이라는 우려 속에 지명 순번이 다소 내려온 것이었다. 이 둘의 공통 분모는, 에이전트가 스콧 보라스였다는 점이다.

지만 일곱 번째 팀은 그러지 않았다.

아직 작은 절차 하나가 남아 있었다. 화이트는 타임아웃을 요청해 시계를 5분간 멈춘 다음(당시에는 지명 결정 전에 이런 작전타임이 허용되었다) 헨드릭스와 계약 조항을 두고 최후의 밀고 당기기를 벌였다. 그 조항은 다저스 구단주 프랭크 매코트가 요구했는데, 선수 측 에이전트들이 극도로 싫어하는 것이었다. 바로, 선수 본인이 야구를 그만둘 경우 계약금을 반환해야 한다는 조항이었다. 개리 니컬스는 팩스기 옆에 대기하고 있던 다저스 직원과 계속 통화 상태를 유지했다. 서류가 전달되자 니컬스는 화이트에게 신호를 보냈다. 준비는 끝났다. 2006년 드래프트 전체 7순위로 다저스는 텍사스 댈러스 하일랜드파크 고교 출신의 좌완 투수, 클레이튼 커쇼를 지명했다.

잠시 후 메리앤 커쇼의 집에 있는 유선전화가 울렸다.

전화벨은 한동안 계속 울렸다. 소식을 들은 커쇼는 두 팔을 하늘로 치켜들었다. 텍사스 A&M 대학의 감독 롭 칠드레스는 자신이 아끼던 유망주에게 작별 인사를 건네기 위해 전화를 걸었다. 디배트의 운영자 케이드 그리피스는 전화기 너머로 커쇼의 목소리가 떨리는 것을 들었다. 커쇼는 전화를 몇 통 더 받고, 이곳저곳에서 축하의 포옹과 하이파이브를 받았다. "정말 행복한 눈물이었어요." 패트릭 핼핀은 그렇게 회상했다. 그리고 커쇼는 친구들과 기쁨을 나눴다. 그는 이제 막 백만장자가 될 것이었지만, 헤일로♦만큼은 여전히 친구들을 이기지 못했다.

행복은 오래가지 않았다. 커쇼가 다저스와 첫 프로 계약을 맺었을 때 그는 230만 달러의 계약금을 받았다. 이제 평생 돈 걱정은 없을 줄 알았다. 잠깐이나마 안도감이 밀려왔다. 하지만 그 역시 오래가지 않았다. 에이전트에게 지불해야 하는 금액이 너무 많다는 사실을 알았기 때문이었다. 그리고 어머니의 빚부터 정리해야 했다. 알고 보니 메리앤은 수년 동안 아들의 친구 부모님들에게 약 1만 5,000달러♦♦를 빌렸다. 커쇼는 그 돈을 모두 갚았다. 하지만 빚을 갚는 과정은 인간관계에 긴장감을 만들었고, 몇몇 관계에는 결국 금이 갔다. 어머니에게는 여전히 처리해야 할 청구서들이 남아 있었다. 아버지도 도움을 청해왔다. 잠깐 스쳤던 안도감은 곧 현실 앞에서 무너졌다.

그 스트레스는 커쇼에게 한 가지를 분명히 깨닫게 했다. 그는 그동안 드래프트라는 구원의 순간, 그 하나만을 목표로 달려왔다. 그리고 마침내 그 목표에 도달했다. 2006년 미국의 모든 고교 야구 선수 가운데 첫 번째로 이름이 불린 선수가 바로 커쇼였다. 그 드래프트는 하나님의 섭리에 대한 그의 믿음을 더욱 깊게 만들었다. "그때 제 믿음이 더 강해지기 시작했어요. 그 열매를 직접 눈으로 보게 되었으니까요." 그는 회상했다. 하지만 그렇게 해서 모든 가족의 문제가 해결된 것은

♦　헤일로(Halo)는 1인칭 슈팅 비디오게임으로, 2000년대 중·후반 미국 젊은이들 사이에서 큰 인기를 끌었다. 친구들과 멀티 플레이 대전을 즐기던 청년 문화의 상징이었다.

♦♦　당시 환율 기준으로 약 1,500만 원

아니었다.

그래서 그는 스스로 '이제는 반드시 메이저리그에 올라가야 한다'라고 다짐했다.

커쇼가 예상보다 빨리 계약을 마치자, 다저스는 마이너리그 시즌이 끝나기 전에 커쇼를 실전에 투입하고 싶어 했다. 그해 여름, 구단은 커쇼를 다저스 조직 문화 속에 본격적으로 편입시켰다. 드래프트가 끝나고 2주 뒤 그는 LA로 가는 비행기 티켓을 받았다.

출발일이 가까워지자 커쇼는 분주해졌다. "캐리어도 없었어요." 그는 회상했다. "아무것도 없었죠."

엘런의 어머니 레슬리 멜슨이 준비물을 들고 커쇼의 집으로 찾아왔다. 그녀는 새 양말, 새 속옷, 데오도란트, 세면도구 등을 사와서 새로운 여행 가방에 차곡차곡 넣어주었다. 멜슨 부부는 커쇼가 엘런과 연락할 수 있도록 노트북도 사주었다. 레슬리는 혹시 필요할지 몰라 약간의 현금도 건넸다.

"엘런 부모님이 챙겨주시지 않았다면 어떻게 됐을지 모르겠어요." 커쇼는 그렇게 회상했다. 그 기억을 떠올리자 짐 멜슨은 눈시울이 붉어졌다. "레슬리는 엄마의 전형이었어요." 그가 말했다.

커쇼는 어머니와 친구들에게 작별을 고했다. 언제 다시 집에 올 수 있을지는 알 수 없었다. 엘런은 텍사스 A&M 대학의 여름 학기 수업을 듣기 위해 떠날 채비를 하고 있었다. 둘은 가능한 때가 오면 다시 만날 계획이었다. 그게 언제가 될지는 몰랐지만 말이다. 그리고 커쇼는 자신의 어린 시절을 뒤로하고 서부 해안으로 향하는 비행기에 올랐다.

그를 기다리는 것은 폭풍 같은 시간이었다. LA에 도착하자마자 그는 자신처럼 1라운드에서 지명된 10대 동료를 만났다. 바로 전 양키스 스타 돈 매팅리의 아들, 프레스턴 매팅리였다. 두 새내기 프로 선수는 함께 차를 얻어 타고 다저스타디움으로 향했다. 그들은 클럽하우스와 구단 사무실을 둘러보았다. 명예의 전당 멤버인 토미 라소다 감독과 전설적인 방송인 빈 스컬리도 만났다.

커쇼는 구단의 야구 부문을 총괄하던 시카고 출신의 임원, 콧수염 난 네드 콜레티와 함께 앉았다. 그날 경기 전 소개를 받을 때, 커쇼는 헐렁한 파란색 버튼다운 셔츠 위로 새 다저스 유니폼을 걸쳐 입었다. 커쇼의 기록이 소개되자 매팅리는 그저 입이 벌어졌다. "그때 옆을 보면서 딱 이랬어요. '세상에, 애 뭐야?'" 매팅리는 회상했다.

둘은 다시 비행기를 탔다. 커쇼와 매팅리가 배정된 곳은 다저스 산하의 최하위 마이너리그 레벨인, 플로리다 동부에 위치한 걸프 코스트 리그였다. 도착하자마자 그들은 밴에 올라타 비로비치라는 조용한 마을로 향했다. 밴은 야자수들이 늘어선 길을 지나 어느 주차장에 멈춰 섰다.

커쇼의 마음속에는 오직 하나의 꿈과 하나의 목표가 있었다. 스물한 번째 생일이 오기 전에 메이저리그에 오르는 것이었다. 그리고 그

첫걸음은 밴에서 내려 다저타운♦의 땅을 밟는 순간 시작되었다.

🥎

다저타운은 브랜치 리키가 만든 곳이었다. 1940년대 후반, 브루클린 다저스 사장이던 리키는 스프링캠프를 차릴 장소를 찾고 있었다. 버드 홀먼이라는 사람이 그를 마이애미에서 북쪽으로 몇 시간 거리에 있는 부지로 데려갔다. 그곳에는 제2차 세계대전 시절의 해군 기지가 방치되어 있었다.

로저 칸은 자신의 저서 『보이스 오브 서머』에서 이렇게 적었다. "야자수와 팰머토♦♦, 피나무와 늪지 한가운데서 그는 또 하나의 세상을 만들었다."

리키는 야구장, 배팅 케이지, 슬라이딩 연습장을 만들라고 지시했다. 불펜 마운드들이 시설 곳곳에서 솟아났다. 막사는 모든 선수단이 함께 생활하는 공간이 되었다. 리키는 현대적인 팜시스템♦♦♦을 고안한 인물이었고 이 스프링캠프 단지 역시 그의 또 다른 혁신이었다. 이론적

♦ 다저타운(Dodgertown)은 플로리다주 비로비치에 있던 다저스의 스프링캠프 겸 마이너리그 훈련 단지를 뜻한다. 다저스는 2008년까지 이곳을 사용했으며 2009년부터는 애리조나주 글렌데일로 캠프를 옮겨 스프링 트레이닝을 치르고 있다.

♦♦ 작은 야자나무

♦♦♦ 메이저리그 구단이 보유한 마이너리그의 선수 육성 시스템을 뜻한다. 신인이나 유망주 선수들은 마이너리그 단계를 거치며 기량을 발전시킨 뒤 메이저리그로 승격된다.

으로는 야구 낙원이었지만 실제로는 그렇지 못했다. 흑인 선수들은 여전히 짐 크로 법 아래 온갖 모욕을 겪어야 했다. 재키 로빈슨의 아내 레이철은 백인 선수 부인들과 함께 쇼핑하는 것조차 금지되었던 경험을 칸에게 들려주었다. 어느 날 칸이 뉴저지 출신의 흑인 투수 조 블랙에게 남부에서 스프링캠프를 치르는 기분이 어떠냐고 묻자 블랙은 짧게 말했다. "말해줄 수가 없어요. 들어갈 수조차 없었으니까요."

그만큼 다저타운의 유산에는 명암이 교차했다. 그럼에도 불구하고 이곳은 구단의 역사와 현재를 잇는 일종의 결합 조직처럼 기능했다. 전 다저스 유망주 웨슬리 라이트는 회상했다. "다저타운을 걸어 다니면 마치 역사 속을 걷는 느낌이었어요." 건물 내 '챔피언십 홀' 안으로 들어서면 월드시리즈 반지가 그려진 대형 벽화가 방문객을 맞이했다. "6개의 다저스 월드시리즈 우승팀이 이곳에서 시작되었다"라는 문구가 새겨져 있고, 그 옆 벽에는 1955, 1959, 1963, 1965, 1981, 1988과 같이 우승 연도가 적혀 있었다. 프레스턴 매팅리 같은 젊은 타자들은 한때 로빈슨, 피 위 리스, 듀크 스나이더가 밟았던 바로 그 그라운드를 누볐다. 커쇼 같은 젊은 투수들은 샌디 쿠팩스, 돈 드라이즈데일, 돈 서턴의 발자취를 따라갔다. "자신이 서 있는 이곳에서 뛰었던 그 모든 위대한 선수들을 떠올리게 하는 장소입니다." 전 다저스 유망주 제임스 맥도날드는 말했다. 하지만 커쇼와 매팅리가 도착했을 무렵 이곳은 세월의 흔적을 드러내기 시작했다. 공항에서 오는 길에 커쇼는 낡아빠진 도로 표지판과 썰렁한 거리를 눈여겨보았다. 그가 발을 들인 곳은 외딴 도시였고 외부와 단절된 세계였다.

커쇼는 리노 외곽 출신으로 마른 체격을 가진 5라운드 지명 선수, 카일 스미트와 숙소를 함께 썼다. 스미트는 조용한 성격이었고 생활 환경이 바뀐 탓에 잔뜩 주눅이 들어 있었다. 혼자 지내본 적도 거의 없었던 그는 자신의 새 룸메이트를 친절한 친구라고 느꼈다. 스미트는 커쇼가 얼마나 대단한 선수인지 전혀 몰랐다. "정말 아무것도 몰랐어요." 스미트는 말했다. "정체를 알게 된 건 거의 2주가 지나서였죠. '와, 이 친구 야구 진짜 잘하네' 싶었어요." 그때쯤 스미트는 커쇼가 아예 차원이 다른 선수라는 것을 깨달았다. "저는 그냥 마운드에 올라가서 공만 던지는 수준이었죠." 그는 회상했다. 커쇼는 투구 전에 항상 긴 스트레칭 루틴을 소화했다. 등판 사이사이에는 타구 차트를 들여다봤다. 상대 타자들에 대해 대략적인 내용만 기록되어 있더라도 꼼꼼히 살펴봤다. 웨이트장에서도 철봉과 기구를 능숙하게 다뤘다. 지치지도 않는 것처럼 보였다. "모든 면에서 남다르더라고요. 저하고는 비교도 안 됐죠." 스미트는 말했다.

마이너리그 시스템은 일종의 제분기처럼 돌아갔다. 건질 알맹이는 극히 적고 대부분이 쓸려나가는 구조였다. 프로 유니폼을 입고 자신을 선수라고 부르던 이들 대부분은 메이저리그에 도달하지 못할 운명이었다. 메이저리그에서는 연봉이 '스타'와 '뜨내기'를 가르는 기준이지만 마이너리그에서는 계약금으로 서열이 정해졌다. 여름이 한창이던 2006년, 비로비치에서 그 피라미드의 가장 꼭대기에는 커쇼가 있었다. 그는 다저스 역사상 가장 큰 계약금을 받은 신인이었다. 매팅리는 100만 달러를 받았는데 이후 라운드로 갈수록 금액이 급격히 줄었다. 커쇼보다 136순위 낮은 순서로 지명된 스미트는 17만 5,000달러를 받았다. 2005년 10라운드에서 지명된 트레이본 로빈슨은 5만 달러를 받았다.

그리고 데이브 프레지오시 같은 이들도 있었다. 그는 보스턴 칼리지를 졸업하고도 드래프트에서 지명을 받지 못했다. 선수 경력이 끝나고 거의 20년이 흐른 지금도 그는 자신의 계약금을 정확히 기억하고 있다. "없었어요. 0달러였죠." 심지어 다저스와 계약하는 바람에 오히려 손해를 입었다. 당시 그는 독일에서 뛰고 있었고 귀국 비행기 티켓을 구입하기 위해 800달러의 자비를 들여야 했기 때문이었다. 프레지오시는 말하자면 '버려진 장난감 섬' 같은 곳에 속하는 선수였다. 패스트볼은 시속 70마일대에 그쳤고, 옆으로 던졌으며(사이드암), 투구 폼이 기괴했다. 그는 자신의 투구 폼을 "글러브를 걷어차듯이 움직임을 만들어 몸을 최대한 낮추는, 아주 이상한 폼이었다"고 설명했다. 그의 '작은 명예'는 한 시범 경기에서 레드삭스의 홈런 타자 데이비드 오티즈를 시속 55마일짜리 슬라이더로 삼진 처리한 것이었다. "그렇게 느린 공은 아마 처음 봤을 겁니다." 프레지오시는 회상했다.

프레지오시는 자신이 언젠가 떠날 몸임을 잘 알고 있었다. 하지만 여름 한철만큼은 걸프 코스트 리그에서 10대 타자들을 혼란스럽게 만들 수 있었다. 그는 자신의 성적을 '골든 보이' 커쇼와 비교하곤 했다. "가끔 이런 말을 했어요. '넌 230만 달러를 받고 왔고 나는 무보수로 왔는데도 내 평균자책점이 더 좋아.'" 커쇼는 대부분 웃어넘겼다. 하지만 어느 날 장난이 반복되자 커쇼가 화를 냈다. "적어도 난 글러브를 걷어차는 괴상한 폼으로 앞날이 뻔한 커리어를 붙들고 있지는 않거든!” 프레지오시는 폭소를 터뜨렸고 커쇼는 즉시 사과했다. 그해 여름 어느 날 난타를 당해 클럽하우스에서 분을 삭이고 있던 프레지오시는 한편에서 깔깔거리며 웃는 커쇼의 모습을 보자 금세 기분이 나아졌다.

선수들은 여러 채의 방갈로에서 함께 생활했다. 멜슨 가족은 어밀리아 아일랜드에서 커쇼를 보러 왔다가, 스파르타 병사들 같은 생활 환경을 보고 깜짝 놀랐다. “침대 2개, 화장실 하나.” 스미트는 말했다. “딱 ‘모텔 6’♦ 수준이었죠.” 구단은 하루 세 끼 식사를 제공했다. 오후에는 경기가 있었고, 밤이면 선수들은 거주 단지 안에서 뒹굴며 시간을 보냈다. FIFA(축구 게임)나 매든(미식축구 게임) 토너먼트 대회를 열었고, 매팅리가 타코벨에 갈 때면 커쇼도 따라나섰다. 마이너리그 수당이 입금되면 근처 월마트에서 돈을 뽑아 썼고, 가끔 볼링을 치러 나갔다. 쇼핑몰에 가기라도 하는 날이면 그것이 최고의 외출이었다.

커쇼는 사람들에 잘 녹아들면서 동시에 눈에 띄는 선수였다. 낮에는 그의 실력이 팀 동료들을 압도했지만 밤에는 달랐다. 뉴올리언스 출신의 외야수 제이슨 슈와브는 “커쇼가 팀 역대 최고 계약금을 받고 온 선수라는 것을 전혀 느낄 수 없었다”고 했다. 커쇼는 자신의 패스트볼이나 계약금을 자랑하지 않았다. 욕설도 내뱉지 않았다. 사람들을 놀릴 때조차 부드럽게 했다. 트레이본 로빈슨은 커쇼를 “정말 착한 친구였다”고 회상했다. “바퀴벌레가 보여도 아마 밟지 않고 돌아서 갔을걸요?”

♦ 미국 전역에 있는 저가 모텔 체인. 객실 설비가 최소한으로 갖춰진 곳으로, 저렴하고 기본적인 숙박 시설의 대명사 같은 곳이다.

그러나 그 친절함은 상대 타자들에게는 적용되지 않았다. 슈와브는 이렇게 회상했다. "커쇼가 등판하는 날이면 수비들이 별로 할 일이 없었고 경기가 금방 끝났어요." 어느 날 매팅리는 당시 양키스 타격코치였던 아버지에게 전화를 걸었다. "지금 우리 팀에 아버지 팀을 이길 수 있는 투수가 있어요." 반농담이었지만 동료들은 진심으로 의문을 품었다. 대체 왜 이 선수가 아직도 마이너리그에 있는 것일까? 로빈슨은 커쇼가 계약 직후 펼친 첫 불펜 피칭을 기억했다. "딱 보는 순간 이랬죠. '아, 얘는 마이너에 오래 안 있겠다.'" 포수도 같은 생각이었다. 네덜란드령 퀴라소 출신의 체격 좋은 포수였던 켄리 잰슨은 속으로 '이 친구는 여기 있을 레벨이 아닌데'라고 생각했다.

그해 여름 커쇼는 열 경기에 등판했다. 144명의 타자를 상대해 54명을 삼진으로 돌려세웠고, 평균자책점은 1.95에 불과했다. 뉴욕 메츠의 신인 드래프트 지명자였던 대니얼 머피는 "아예 레벨이 다른 선수였어요"라고 당시를 회상했다. 커쇼는 플레이오프 경기에 구원 등판해서 세이브도 기록했는데 이는 일부 구단 관계자들의 불안을 샀다. 왜 유망주의 팔을 위험에 빠뜨리느냐는 것이었다. "저는 화가 났었어요." 화이트는 말했다. 그리고 시즌이 끝나자 다저스는 커쇼를 애리조나 교육 리그◆로 보냈다.

그는 피오리아에서 매팅리와 다시 룸메이트가 되었다. 그곳의 일정

◆ 애리조나 인스트럭셔널 리그(Arizona Instructional League)를 말한다. 메이저리그 구단들이 시즌 종료 후 유망주들을 모아 진행하는 단기 경기력 강화 프로그램이다. 실제 경기보다는 기술 향상 등에 초점을 맞추는 '가을 훈련 캠프' 성격을 띤다.

은 걸프 코스트 리그의 연장선 같았다. 낮에는 야구, 밤에는 다시 비디오게임. 이곳에서도 커쇼의 존재는 또래들을 당황하게 만들었다. "진짜 이런 분위기였어요. '도대체 얘는 왜 여기에 있는 거지?'" 로빈슨은 회상했다. "그때 저는 스위치 타자를 해보겠다고 아등바등하는 수준이었거든요. 그런데 커쇼는 뭘 더 배울 것도 없어 보였습니다."

다저스는 앞으로의 커리어 내내 커쇼를 괴롭힐 과제를 부여했다. 체인지업을 익히라는 것이었다. 그의 투 피치 조합, 즉 패스트볼과 커브는 마이너리그 레벨에서는 충분했다. 하지만 다저스는 커쇼가 마이너에 오래 머물 것이라고 생각하지 않았다. 세 번째 옵션이 필요했다. 제대로 들어간 체인지업은 타자의 타이밍을 무너뜨린다. 커쇼의 패스트볼과 짝을 이룬다면 압도적인 무기가 될 수 있다고 구단은 판단했다.

문제는 커쇼가 체인지업을 던지지 못했다는 것이었다. 최소한 커쇼 스스로 납득할 수준으로는 던지지 못했다. 체인지업은 공을 놓는 순간 손목의 움직임이 다른 구종과는 확실히 달라야 했다. 그는 던지고, 또 던지고, 계속 던졌다. 그런데도 구위는 형편없었다. 그는 투수코치들에게 체인지업을 버리고 패스트볼과 커브에 집중하고 싶다고 말했다. 구단의 마이너리그 투수 코디네이터였던 마티 리드는 타자를 상대할 때 첫 2개의 공 중 하나는 반드시 체인지업으로 던지라고 지시했다.

이 지시는 커쇼의 자신감을 키우지 못했다. 오히려 짜증만 불러일으켰다. 하루는 등판 후에 리드 코치에게 다가가 볼넷을 너무 많이 내줘서 부끄럽다고 사과했다. 리드는 괜찮다면서 이건 학습 과정이라고 설명했다. 하지만 커쇼는 달랐다. 그는 더 나아져야 한다고 고집했다.

어느 날 밤 리드는 커쇼를 저녁 식사에 데려가 어떤 선수가 되고 싶은지, 어떤 커리어를 꿈꾸는지 물어봤다. 커쇼는 다저스의 전통을 말하지도 않았고, 닮고 싶은 선수 이름을 언급하지도 않았다. 대신 이렇게 말했다. 메이저리그에 올라가고 싶다고. 어머니를 부양하고 싶다고. 그리고 이 일을 진심을 다해 해내고 싶다고.

시즌을 마치고 텍사스로 돌아온 뒤 커쇼는 자동차를 한 대 구입했다. 인생에서 처음으로 갖는 자기 차였다. 몇 년 전 아버지가 포드 익스플로러를 잠시 빌려준 적이 있었다. 클레이튼은 보험도 없이 한동안 그 차를 몰고 다녔는데, 결국 아버지가 차를 다시 가져갔다. 이제 직접 번 돈이 생기자 커쇼는 자기가 무엇을 사고 싶은지 정확히 알 수 있었다. 그는 가죽 시트가 들어간 검은색 포드 F-150 킹랜치 트럭을 3만 7,000달러♦에 샀다. 커쇼는 그 차를 '드림카'라고 불렀다.

2007년 2월 어느 날, 커쇼는 트럭을 남쪽 칼리지 스테이션 방향으로 몰았다. 시즌 내내 클레이튼과 엘런은 전화와 이메일로 연락을 이어가고 있었다. 엘런은 대학 첫 달에 카이 오메가 여학생 클럽♦♦에 가

♦　당시 물가 기준으로 한화 약 3,500만 원
♦♦　카이 오메가(Chi Omega)는 미국 대학의 여학생 사교 클럽 중 하나다. 학업과 봉사 등을 목적으로 운영된다.

입했다. 엘런의 학교를 찾아갔을 때 커쇼는 어색함을 느꼈다. 학생들은 커쇼에게 어느 학교에 다니고 있는지를 물었는데, 커쇼는 "학교에 다니지 않는다"고 대답하며 더 설명하지 않았다. 엘런은 새 친구들이 자기가 인생 망한 사람과 사귄다고 생각하지 않도록 제발 직업을 밝히라고 졸랐다. 커쇼는 엘런의 여학생 사교 클럽 친구에게 자신이 월마트에서 일한다고 말한 적도 있었다. 그는 텍사스 A&M 대학의 '그리스 커뮤니티'◆ 소속 학생들에게 신세를 지며 그들의 소파에서 잠을 청했다. 그러다 보면 보통 이틀이면 집에 돌아가고 싶어졌다.

이 커플은 곧 균형점을 찾았다. 몇 달 떨어져 지내본 뒤 엘런은 장거리 연애를 충분히 견딜 수 있다는 사실을 깨달았다. "사람들이 대학에 가면 싱글이 오히려 더 좋다고 그러잖아요." 그녀는 회상했다. "저는 아니었어요. 애인 없이 이 사람, 저 사람과 데이트하고 싶다는 생각 자체가 없었거든요." 그래서 둘은 함께할 수 있을 때 그 시간을 최대한 즐겼다. 클라크와 엘런 그리즈월드 부부◆◆처럼 분장하고 테마파크에 간 적도 있었다. 그해 2월 여행에서는 그녀의 소로리티 하우스◆◆◆에서 새벽까지 이야기를 나눴다. 당시 두 사람 모두 술은 마시지 않았다. 커

◆　미국 대학 내 남녀 사교 클럽 전체를 통칭하는 말이다. 이 사교 클럽 대부분은 그 이름에 알파, 베타, 감마, 델타, 엡실론, 제타, 시그마, 오메가 등 그리스 문자를 포함한다. 1776년 윌리엄 앤드 메리 칼리지에 최초의 사교 클럽이 설립되었는데, 이때 고전 철학과 지성, 우정을 중시했던 그리스와 로마 사상의 영향을 받아 이름을 지은 것이 이후 모든 사교 클럽의 관례가 되었다.

◆◆　1980년대 미국에서 큰 인기를 끌었던 코미디 영화 「내셔널 램푼스 베케이션(National Lampoon's Vacation)」의 주인공 부부로, 미국에서 파티가 있을 때 커플 코스튬으로 자주 활용되는 캐릭터다.

◆◆◆　사교 클럽(소로리티, sorority)이 운영하는 집 형태의 생활 및 모임 공간이다.

쇼는 근처 가구에 몸을 기대어 잠이 들었고, 이른 아침에 일어나 집으로 향했다.

커쇼는 몇 시간밖에 자지 못했다. 그때는 커쇼가 아직 커피를 즐겨 마시기 전이었다. 결국 고속도로에서 그의 눈이 감겼다.

"운전하다 잠이 들었는데, 도로 옆에 파인 홈을 밟았어요." 커쇼는 회상했다. "덜컹거림에 잠이 확 깼죠. 그리고 바로 '부웅' 하더니…."

차는 두 번이나 회전하며 전복되었다. 커쇼는 팔에 생긴 타박상 하나를 제외하면 멀쩡했다. 무슨 일어날 수도 있었다고 생각하니 아찔해졌다. 차 안에는 팔 운동용 약 4.5킬로그램의 봉이 있었다. "그게 뒷좌석에서 이리저리 날아다니고 있었어요. 그게 만약…." 커쇼의 말이다.

커쇼의 드림카는 완전히 망가져 다시는 운전할 수 없는 상태가 되었다. 하지만 그는 괜찮았다. 구급대원들이 그를 대학 근처 병원으로 옮겼다. 엘런은 친구들과 이야기하던 중 전화가 온 것을 확인했지만 운전하다가 심심해서 전화했겠거니 생각하고 받지 않았다. 커쇼는 다시 전화를 걸고, 또 걸었다. 결국 엘런은 받았고, 곧장 병원으로 달려왔다.

그날 오후 커쇼는 사고를 설명하기 위해 로건 화이트에게 전화를 걸었다. 그는 눈앞을 스친 죽음의 그림자를 털어내고 첫 번째 풀 시즌을 준비해야 했다. 10여 년이 흐르고 성인이 되어 아버지가 된 뒤에도 그는 그 사고를 어떻게 받아들여야 할지 여전히 잘 모르겠다고 했다.

"그 경험에서 제가 뭘 얻었냐고요? 잘 모르겠어요." 커쇼는 회상했다. "운전하다가 졸지 말자? 글쎄요. 정말 모르겠어요. 기적이었죠."

2023년 봄 어느 아침, 한때 '다저타운'이었던 그 시설에서 '재키 로빈슨 웨이'를 따라 늘어선 야자수들이 바람에 살랑거렸다. 다저스는 2008년에 이곳을 떠나 애리조나 사막으로 스프링캠프 장소를 옮겼다. 이곳은 지금도 운영되고 있지만 한편으로는 반쯤 버려진 성지처럼 남아 있기도 하다. 아침 풍경은 조용했다. 샌디 쿠팩스 레인, 빈 스컬리 웨이, 아베니다 하이메 하린 등 다저스 전설들의 이름이 붙은 길을 따라 간간이 골프 카트 지나가는 소리가 들릴 뿐이었다. 오랜 기간 감독직을 맡았던 월터 올스턴의 이름이 붙은 회의실에는 탁구대와 스키볼♦ 게임기, 전원이 뽑힌 트랜스포머 핀볼 기계가 놓여 있었다. 쿠팩스 회의실 한쪽 구석에는 매트리스 더미가 놓여 있었다.

훈련 단지 한복판에는 개울이 흐르고 있었다. 한쪽에는 마이너리그 선수들이 매년 봄을 보내던 막사와 식당, 여러 훈련장과 불펜 마운드가 자리 잡고 있었다. 반대편에는 메이저리거들이 뛰던 홀먼 스타디움이 있었다. 두 구역은 작은 보도로 연결되어 있었다. 다저스 선수에게 그 다리를 건넌다는 것은 곧 인생을 바꿀 부와 무한한 가능성의 세계로 들어감을 뜻했다. 그 다리를 건넌다는 것은 동시에 누군가를 뒤에 남겨둔다는 뜻이기도 했다.

♦ 스키볼(Skee-Ball)은 20세기 초 미국에서 탄생한 게임이다. 플레이어가 공을 경사진 레일 위로 굴려 여러 개의 점수 구멍 중 하나에 넣는 방식이다. 미국의 대표적인 레저 게임이다.

스미트는 2010년에 트레이드되었다. 그는 끝내 메이저리그에 오르지 못했다. 로빈슨은 그다음 해 시애틀로 트레이드되었다. 그는 매리너스 메이저리그에서 두 시즌 일부를 뛰고 그 후 10년 가까이 마이너리그를 전전했다. 프레지오시는 2007년 봄에 방출되었다. 그는 한여름을 이탈리아 리그에서 보낸 뒤 집으로 돌아왔다. 다저스에서 방출된 후 프레지오시는 커쇼와 매팅리에게 편지를 보냈다.

너희는 정말 특별한 사람들이야.
야구뿐 아니라 너희가 가진 영향력으로 삶에서 더 큰 일을 이루기를 바랄게.

8장
다리

1993년 봄, 샌디에이고 파드리스 스카우트로 일하던 로건 화이트는 텍사스 크리스천 대학의 좌완 투수 글렌 디시먼과 계약했다. 그는 몇 달 안에 무너져도 이상하지 않을 드래프트 미지명 선수였다. 하지만 그는 무너지지 않았다. 단 2년 만에 메이저리그 무대에 올랐다. 그는 세 시즌 동안 메이저리그와 마이너리그를 오가며 버텼다. 화이트와 마찬가지로 그 과정에서 팔에 큰 손상을 입었다. 그리고 화이트처럼 더는 공을 던질 수 없게 된 뒤에도 야구를 떠나지 않기로 했다.

디시먼은 텍사스 크리스천 대학에서 한 시즌 동안 코치를 맡았고, 이후 캘리포니아의 작은 대학에서 또 한 시즌을 보냈다. 다저스 팜 디렉터 테리 콜린스가 마이너리그 투수코치를 찾고 있을 때 화이트는 디시먼을 추천했다. 2005년 여름, 그는 조지아주 콜럼버스에 위치한 다저스 산하 싱글A 팀에서 시즌을 보냈다. 다음 해에는 비로비치에 위치한 플로리다 스테이트 리그의 코치로 승격되었다. 그는 2007년에 또한 번 승격할 것으로 생각했다. 하와이에서 윈터 볼 팀을 지도하던 중 그는 다음 임무를 통보받았다. 싱글A 그레이트 레이크스 룬스로의 강등이었다. 디시먼은 왜 자신이 미시간에서 혹독한 봄을 맞이하게 되었는지 고개를 갸웃했다.

"커쇼라는 좌완 투수가 있어요." 당시 팜 디렉터 보좌였던 크리스 헤이독이 말했다. "그리고 우리는 코치님이 그 친구와 함께 레이크스 룬스 팀으로 가주셨으면 합니다."

디시먼의 임무는 커쇼가 다저타운에서 다리를 건너도록 돕는 것이었다.

차가 전복되는 사고를 겪은 뒤, 커쇼는 2007년 첫 스프링 트레이닝을 위해 다시 비로비치로 돌아왔다. 네드 콜레티 체제의 다저스는 2006년, 다시 가을 야구 무대를 밟은 상태였다. 구단은 다저스가 다시 우승을 다투는 컨텐더 팀이 될 것이라 기대하고 있었다. 그래서 커쇼 같은 잠재력을 지닌 선수라 해도 10대 유망주의 활약이 메이저리거들의 눈에 크게 들어오지 않았다. 그러나 팜시스템 선수들 사이에는 이미 소문이 퍼져 있었다. "커쇼는 딱 보면 뭔가 다르다는 것을 알 수 있었습니다." 동료 투수였던 코디 화이트가 회상했다.

커쇼는 낮에는 강력한 구위를 뽐내고 밤에는 농담을 주고받으며 '다저 블루'의 풍경 속으로 자연스럽게 스며들었다. 자신이 어떤 존재인지 떠벌리지 않았고, 돈을 과시하는 일도 없었다. 그는 같은 훈련을 똑같이 마쳤고 동일한 체력 테스트를 거쳤다. "정말 간절하게 그저 다른 선수들과 똑같은 한 명이 되고 싶어 했어요." 그해 봄에 처음 커쇼를 만났던 A. J. 엘리스가 회상했다. 커쇼는 5일 주기의 투수 루틴 속에서 편안함을 느꼈고, 웨이트장은 제2의 집이 되었다. 그는 막사 사이를 거닐며 소프트아이스크림을 한가득 퍼먹곤 했다. "그러면 애들이 말하죠. '저기 우리 1라운더님이 또 아이스크림을 평정하러 가시네' 하고요." 엘리스의 말이다. 하루는 선수들이 영화 이야기를 나눴는데 커쇼는 조니 녹스빌, 스티브 오, 밤 마제라의 스턴트에 열광했다. 반면 욕설은 별로 좋아하지 않았다. 엘리스는 '잭애스(Jackass)'라는 욕을 '잭벗(Jackbutt)'으로 알고 있는 사람을 처음 봤다.

커쇼의 존재는 주변 사람들로 하여금 스스로를 돌아보게 만들었다. 디트로이트 타이거스는 2005년, 페퍼다인 대학 출신 좌완 투수 폴 콜먼을 9라운드에 지명했다. 그러나 그는 왼쪽 어깨의 관절와순이 찢어진 상태에서 공을 던지고 있었고, 메디컬 테스트에 탈락해 대학으로 돌아갔다. 그는 웨스트 코스트 콘퍼런스 올해의 투수 이력이 있었고, 분석적인 사고방식 덕에 '피보나치'♦라는 별명까지 얻었다. 2006년 다

<hr>

♦ 피보나치(Fibonacci)는 13세기의 이탈리아의 수학자다. 세계에서 가장 유명한 수열 중 하나인 피보나치 수열을 소개했다.

저스가 그를 12라운드에서 지명한 뒤, 그는 유타주 오그던의 싱글A 팀
에서 프로 데뷔를 했다. 그리고 메이저리그로 갈 희망이 있다고 믿고
있었다.

그다음 해 봄, 그는 커쇼와 함께 공을 던졌다.

그 훈련은 콜먼을 흔들어놓았다. 그는 부모님에게 전화를 걸었다.
"커쇼가 던지는 커브 캐치볼을 하는 게 무서울 지경이에요." 그가 말
했다. 부모님은 대학 시절 그의 활약을 언급하며 격려했다. 다른 선수
들처럼 똑같이 잘할 수 있다고 다독였다. 하지만 콜먼은 고개를 저었
다. 아니었다. 자신은 그렇지 않았다. 만일 커쇼 같은 존재가 기준이라
면, 자신은 그 기준을 넘을 수 없었다.

놀란 것은 선수들뿐만이 아니었다. 그해 봄 어느 미팅에서, 마이너리
그 투수 코디네이터였던 마티 리드는 드래프트 당시를 떠올리며 고개
를 저었다. "말이 안 돼요." 리드는 말했다. "이 친구보다 더 좋은 선수
가 여섯이나 있었다고요? 그럴 리가 없어요."

커쇼는 『베이스볼 아메리카』 선정 전체 24위 유망주에 이름을 올리
며 2007시즌을 시작했다. 순위표에서 그의 자리는, 결국 메이저리그에
올라오지 못한 클리블랜드의 투수 애덤 밀러, 캔자스시티에서 10년을
뛰며 '타격 천재'로 불렸던 빌리 버틀러 사이였다. 2007년의 커쇼는 이

제 모두가 아는 이름이 되었다. 하지만 완성품과는 거리가 멀었다. 드래프트에서 메이저리그까지 가는 길에는 유망주라며 떠들썩하다가 곧 사라져버린 투수가 가득했다.

그 길 위에서 구단의 방침을 전해야 하는 이는 투수코치 디시먼이었다. "만나자마자 알 수 있었죠." 디시먼은 말했다. "커쇼는 다른 이들과 달랐습니다." 한번은 디시먼이 불펜 세션에서 포수를 대신해 캐칭 자세로 앉은 적이 있었다. 커쇼가 커브를 던졌는데, 공이 너무 급격하게 꺾여서 떨어지는 궤적을 그린 나머지 디시먼은 "그걸 잡으려다 거의 목숨을 잃을 뻔했다"고 회상했다. 재능만 있는 것이 아니었다. 커쇼는 야구의 기본을 이해하고 있었다. 그는 게으름을 피우지 않았다. 그리고 디시먼이 조언을 하면, 좀처럼 손에 잡히지 않는 체인지업에 대한 이야기라 해도 경청했다.

캐치볼을 하면 그는 체인지업을 던졌다. 불펜에서도 던졌다. 하지만 실전 경기에서는 꺼내 들지 않았다. 미완성 구종으로 점수를 내주고 싶지 않았기 때문이다. 어느 날은 커브 제구가 안 되는 경기에서 단 하나의 구종만으로 타자를 상대해야 했다. 하지만 하위 마이너리그 타자들에게 커쇼는 패스트볼 하나만으로도 무시무시한 투수였다. "그의 구위는 리그 전체를 압도했습니다." 그레이트 레이크스 감독 랜스 패리시는 당시를 그렇게 회상했다. 그해 여름 샌프란시스코에서 열린 마이너리그 올스타전 '퓨처스 게임'에 커쇼가 등장했을 때, 중계진은 그의 커브를 극찬했다. "중계에서 그러더라고요. 마이너리그 전체에서 가장 좋은 커브를 가진 투수라고요." 프레스턴 매팅리는 말했다. "저희는 그 말을 듣고 '앗, 그래요?' 하는 식으로 반응했죠. 커쇼가 마이너리거를 상대할 때 굳이 커브까지 던질 필요가 없었기 때문에 타자들은 패스트볼밖에 보지 못했거든요."

초기에 디시먼은 하나의 패턴을 발견했다. 커쇼는 마운드에서 일이 뜻대로 풀리지 않으면 모든 것을 자신의 탓으로 돌렸다. 선발 투수로 성공하는 데는 본인 외에 포수와 수비수, 심판, 운 등 많은 요소가 작용함을 인정해야 한다. 어떤 일들은 결코 투수의 잘못이 아니다. 메이저리그에 오르지 못할 어떤 수비수의 다리 사이로 땅볼이 빠지거나 경험이 부족한 심판이 그의 커브 스트라이크를 놓칠 수도 있었다. 상대 타자의 부러진 방망이 끝에서 뜬공이 떨어져 빗맞은 안타가 되는 일도 있었다. 하지만 그럴 때마다 커쇼는 분노했다. 그리고 그런 상황에서 스스로 벗어날 수 있는 방법은 단 하나뿐이라고 여겼다. "위기 상황이 오면 그는 모든 걸 더 빠른 공을 던져서 해결하려 했어요." 디시먼은 말했다. 그 접근법은 위험했다. 커쇼는 패스트볼을 과도하게 던져 부상 위험을 높였고, 동시에 제구도 잃었다. 마이너리그 레벨이 높아질수록, 스트라이크존 안에 머물기 위해서는 자기 자신 안에 머무는 법을 익혀야 한다고 디시먼은 말했다.

선수 육성 부서에서 가드레일을 설정했다. 리드는 커쇼에게 매 경기, 체인지업 15개를 던지라고 지시했다. 패리시의 말에 따르면 커쇼가 유일하게 불평했던 규칙이 이것이었다. 열아홉 살이었던 커쇼는 룬스 팀에서 가장 어린 투수였다. 그는 엉뚱한 구석도 있지만 중심을 잃지 않았으며, 선배에게 존중을 보였고, 처음 보는 이들에게도 예의 바른 선수였다. 투수 스티브 존슨의 어머니가 방문했을 때 그녀는 커쇼의 공손함에 감탄했다. 올스타 포수 출신이었던 패리시는 지각이나 불성실로 커쇼에게 벌금을 매긴 적이 없었다. "커쇼는 누구나 자기 팀으로 데려가고 싶어 할 만한 선수였습니다."

미들랜드에서 커쇼는 콜먼과 투수 조시 윌, 그리고 외야수 스콧 밴 슬라이크와 가까워졌다. 밴 슬라이크의 아버지 앤디는 피츠버그에서 뛰었던 올스타 출신이었다. 이들은 신앙을 공유하며 친해졌다. 야구를 바라보는 관점도 비슷했다. 그리고 결정적으로 이들 대부분이 여자친구가 있었다. "어떤 선수들은 매일 밤 놀러 나가죠." 콜먼은 말했다. "또 어떤 선수들은 시합이 끝나면 같이 모여 시간을 보내거나 여자친구에게 전화를 합니다." 커쇼는 후자였다. "커쇼는 항상 엘런이랑 통화하고 있었어요." 코디 화이트의 말이다. "두 사람은 거의 결혼한 부부 같았죠."

하지만 성숙함에도 한계는 있었다. 선수들은 호텔 발코니에서 물풍선을 던졌고, 관절에 무리를 줄 수 있음에도 농구를 하며 뛰어놀았다. 퀴라소 출신 포수 켄리 잰슨은 어릴 때부터 LA 레이커스에서 뛰었던 센터, 샤킬 오닐을 동경했다. 그는 자신도 '빅 아리스토틀'♦의 동작을 흉내 낼 수 있다고 믿었다. 그는 커쇼와 옥신각신하다가 승부를 보기

♦ 샤킬 오닐이 현역 시절에 스스로 만들어 붙인 많은 별명 중 하나로, 철학적인 인터뷰를 했던 날에 창작한 것이다. 철학자 아리스토텔레스의 영어권 발음인 '아리스토틀' 앞에 자신의 체격을 감안해 '빅'을 붙였다.

로 했다. 두 사람은 잰슨의 호스트 패밀리◆ 뒷마당 농구 골대에서 만났다. 잰슨은 '트래시 토크'를 많이 날리고 있었다고 당시를 회상했다. 그러다 문득 커쇼의 무언가를 건드렸음을 깨닫게 되었다. "표정이 싹 바뀌더라고요." 잰슨의 말이다. "투쟁심이 대단했습니다. 농구 경기에 완전히 집중하고 있었고, 정말 진지했습니다." 잰슨은 커쇼보다 약 2.5센티미터 정도 키가 컸고, 몸무게도 커쇼와는 꽤 많이 차이가 났다. 하지만 커쇼는 포스트 업으로 그를 밀어붙였다. "커쇼가 농구 시합에서 저를 완전히 박살 냈죠." 잰슨은 웃으며 말했다.

커쇼는 야구장에서는 장난을 치는 일이 거의 없었다. 그는 그곳에 있는 동안 하일랜드파크에서 만들었던 루틴 속에 살았다. 홈경기마다 퀴즈노스에서 칠면조 샌드위치를 사는 일도 그 루틴의 일부였다. 루틴은 체인지업을 던지지 못해 분노가 끓어오를 때도 그를 붙잡아주었고, 패스트볼로 상대를 압도할 때도 그를 안정시켜주었다. 디시먼이 보기에 그 루틴은 커쇼가 다른 선수들과 차별화되는 요소였다. "커쇼는 정말 세계 최고가 되고 싶어 한다는 것을 느낄 수 있었어요." 디시먼은 말했다.

"많은 아이가 말하죠. 나는 최고가 되고 싶어요, 올스타가 되고 싶어요, 사이영상을 받고 싶어요." 디시먼은 설명했다. "하지만 커쇼는 달

◆ 마이너리그 구단이 운영 예산 부족으로 숙소를 자체 제공하지 못하는 경우에 선수들이 시즌 동안 머물 수 있도록 집을 제공하는 지역 가정을 뜻한다. 싱글A 혹은 루키 리그 등 하위 마이너리그에서는 흔한 관행이다. 많은 신인 선수가 빠듯한 급여로 생활하는 현실 때문에 이 같은 지역민들의 자발적인 지원은 큰 도움이 된다. 이 가정들은 무상으로 숙박을 지원해주거나 매우 저렴한 비용만 받으며 선수에게 생활할 곳을 마련해주며, 식사나 차량 이동까지 돕는 경우도 있다.

랐어요. 다른 누구보다 더 많은 정신적, 육체적 희생을 감수할 준비가
되어 있는 선수였어요."

퓨처스 게임이 끝나고 한 달 뒤, 마티 리드는 더블A에 합류하는 커
쇼를 맞으러 잭슨빌로 향했다. 리드는 커쇼보다 일곱 살 많고 이 레벨
에서 두 시즌째 뛰고 있던 A. J. 엘리스를 따로 불렀다. 커쇼는 싱글A
상위 단계인 캘리포니아 리그를 건너뛰고 올라오는 만큼, 엘리스가 그
를 잘 이끌어주어야 했다. 그리고 구단의 절대적인 지침(무슨 일이 있어도
경기마다 체인지업 15개를 의무 투구해야 한다) 역시 엘리스가 관리해야 했다.

엘리스는 그 지시를 명심했다. 그리고 커쇼가 도착하자마자 그를 잘
챙겨주었다. 엘리스는 체격이 우람하면서도 붙임성 좋은 성격이었고,
입만 열면 고향 켄터키 억양으로 쉴 새 없이 재담을 쏟아내는 농담꾼
이기도 했다. 그는 자신이 가진 한계도 잘 알고 있었다. 그래서 더 도
와주고 싶었다. 엘리스는 더블A가 얼마나 힘든 곳인지 설명하는 강의
를 시작했다. 유망주들에게는 시험대이며, 진짜 재능을 가진 선수들로
꽉 찬 리그라는 점을 이야기하던 참이었다. 그때 커쇼가 그의 말을 끊
었다.

"경기당 체인지업 15개씩을 무조건 던져야 한다는 얘기 들으셨어
요?" 커쇼가 말했다.

"그거 그냥 최대한 빨리 해치워버리죠."

"뭐라고?" 엘리스가 되물었다.

"경기 시작하면 초반에 다 던져버리자고요. 15개 다 채우고 그 다음에는 제 스타일대로 던지면 되잖아요."

훗날 엘리스는 커쇼의 집중력, 고집, 루틴에 대한 집요함을 극찬했다. 그런 면모가 완전히 드러나기까지는 시간이 걸렸지만 고집과 투쟁심은 그날 처음 만난 순간부터 확실히 보였다.

둘이 합을 맞춘 초창기 어느 경기에서 커쇼는 워밍업 내내 스트라이크존에 공을 제대로 꽂지 못했다.

"야, 진정 좀 해!" 엘리스가 말했다. "진정 좀 하자고!"

그러자 커쇼는 글러브를 엘리스 쪽을 향해 가리키면서 "그쪽이나 진정하세요!"라고 외쳤다.

초반의 이런 삐걱거림에도 엘리스는 멘토 역할에 익숙해졌다. 스물여섯의 그는 팀에서 나이가 많은 편이었고, 커리어 내내 좋은 평가와는 거리가 있었던 유형의 선수였다. 커쇼를 만나기 전까지 그는 메이저리그에서 뛸 수 있을 것이라는 꿈을 품어본 적이 거의 없었다. 야구가 그에게 그런 꿈을 꿀 이유를 거의 주지 않았다. 그는 테네시주 클라크스빌에 있는 오스틴 피 주립 대학에서 3학년 때 타율 .371을 치고도 드래프트 지명을 받지 못했다. 1년 뒤에야 다저스가 그를 18라운드에서 지명했다.

그의 첫 풀 시즌 배정지는 2004년의 비로비치였다. 그 마이너리그 팀에는 3루수에서 포수로 전향하며 구단의 핵심 선수로 부상한 캐나다 몬트리올 출신의 21세 포수, 러셀 마틴도 있었다. 마틴이 대부분의 경기를 소화할 예정이었기에 그의 백업이 누구인지는 아무도 신경 쓰지 않았다. 엘리스는 닷새에 한 번 정도만 경기에 나섰다. 2003년에 로건 화이트가 1라운드에서 지명한 고졸 투수, 채드 빌링즐리와 주로 배터리를 이루었다. 몇 차례 함께 경기를 치른 뒤, 엘리스는 둘이 자연스럽게 한 쌍의 파트너가 되었다고 생각했다.

어느 날 비로비치 감독 스콧 리틀이 엘리스를 사무실로 호출했다. 그리고 다음 등판에서도 빌링즐리의 공을 받게 될 것이라고 전했다.

"아, 네. 그럴 줄 알았습니다." 엘리스가 말했다.

발길을 돌리려는데 리틀 감독이 다시 불렀다.

"왜 자네가 채드가 등판할 때마다 포수로 출전하는지 알아?"

엘리스는 나름의 대답을 준비했다. 자신의 노련한 리더십이 빌링즐리에게 필요하기 때문일 것이라고 말이다.

"자네가 채드 등판일에 출전하는 이유는, 그 친구가 던지는 날에는 공격이 필요 없어서야."

야구는 어떤 이에게는 어릴 때, 어떤 이에게는 나이가 들어서, 또 어떤 이에게는 거의 평생에 걸쳐 겸손을 가르친다. 엘리스는 세 번째 부류에 속했다. 그는 빌링즐리의 캐디 역할에 헌신했다. 동료들은 이들을 영화 「사랑을 위하여(For Love of the Game)」♦에 등장하는 투수와 포수인 '채피와 거스'라고 불렀다.

♦   열정적인 야구팬으로 유명한 케빈 코스트너가 투수 역할을 맡아 열연했다.

이들은 그리 오랫동안 붙어 있지는 못했다. 빌링즐리가 그해 여름, 더블A 잭슨빌 팀으로 승격되었기 때문이었다. 엘리스는 여전히 비로비치에 남아 있었다. 2005년에도 승격은 하지 못한 채 시즌 전부를 계속 같은 팀에서 보냈다.

마틴은 다저스가 꿈꾸던 스타로 성장했다. 그사이 엘리스는 오프시즌마다 야구 레슨을 하고 임시 교사로도 일하며 돈을 벌었다. 어느 겨울에는 병원에서 데이터 입력 업무를 했다. 그의 아내 신디는 위스콘신의 한 케이터링 회사에서 일하며 생계를 책임졌다. 남편이 마이너리거로서 사실상 빈곤한 삶을 버티는 동안 청구서를 감당하는 것은 그녀의 몫이었다. 2006년에 다저스는 엘리스를 더블A로 승격시켰지만, 또 1년을 승격 없이 그곳에서 계속 뛰게 했다.

커쇼가 도착했을 때 엘리스는 현실을 잘 알고 있었다. 다저스 구단은 그를 미래 구상에 포함시키고 있지 않았다. 그래도 커쇼를 통해서라면 자신이 어느 정도는 그 미래에 영향을 줄 수 있다고 생각했다.

"A. J.는 커쇼에게 정말 형 같은 존재였어요." 그해 여름 잭슨빌에서 함께 뛰었던 웨슬리 라이트가 회상했다.

시즌 마지막 몇 주 동안, 잭슨빌 선스 선수들은 커쇼의 두 얼굴을 목격했다. 한쪽에는 누구보다 치열하고 성실한 모습이 있었고, 다른 한쪽에는 유치할 정도로 장난기 많은 성격이 있었다. 주변에 퀴즈노스 매장이 없었던 탓에 그는 다른 프랜차이즈 매장에서 칠면조 샌드위치를 사 먹으며 경기 전 루틴을 지키고자 했다. 동료들은 커쇼가 운동신경이 너무 없다며 놀리곤 했다. 커쇼가 받은 질문은 '대체 어떻게 미식축구팀에서 오펜시브 라인 포지션♦으로 뛰었느냐'는 것이었다. 누구든 미식축구공을 꺼내오기만 하면 커쇼는 자신이 센터♦♦만 보던 둔한 포지션이 아니었다는 것을 보여주겠다며 직접 패스 루트를 전력으로 뛰겠다고 나섰다. 커쇼는 체력 테스트가 있는 날에는 최대한 빠르게 내달렸다. 스케줄상 필요한 날이면 그는 숨 막히는 플로리다의 습기 속에서도 외야를 돌며 고된 러닝 훈련을 해냈다.

리드는 잭슨빌 초반 며칠 동안 계속 커쇼를 지켜봤다. 커쇼는 완전히 지쳐 보였다. 불펜 연습 투구도 날카롭지 못했다. 커쇼는 리드에게 몸이 축난 기분이라고 털어놨다. 리드는 커쇼에게 몸이 보내는 신호에 귀를 기울이라고 조언했다. 등판이 없는 날에 자신의 몸이 가루가 되도록 몰아붙일 필요는 없다고 했다.

시즌이 끝난 뒤 커쇼는 리드에게 전화를 걸어 고마움을 전했다. 러닝을 줄였더니 시즌 막판을 잘 버텨낼 수 있었다고 했다. 하지만 사실 이런 종류의 조언은 이후 커쇼가 커리어 내내 받아들이기 가장 힘들어했던 숙제이기도 했다.

♦ 미식축구에서 쿼터백과 러닝백을 보호하는 포지션. 체격이 좋고 힘도 센 선수들이 서는 자리다.

♦♦ 미식축구에서 스냅을 담당하는 포지션. 공격 플레이가 시작될 때 재빨리 공을 잡아 쿼터백에게 보낸다.

유망주 랭킹 상위권에 오른다는 것은 곧 자신의 이름이 트레이드 루머에 오르내린다는 뜻이기도 하다. 2007년 여름, 텍사스 레인저스는 1루수 마크 테세이라를 매물로 내놓으면서 커쇼를 받아올 수 있을지 가능성을 타진했다. 그해 겨울 플로리다 말린스는 거포 미겔 카브레라를 내주는 대가로 커쇼를 요구하기도 했다. 미네소타 트윈스가 에이스인 요한 산타나를 내놓았을 때도 커쇼를 요구한 것은 마찬가지였다. 이 팀들은 정상급 선수를 내주고 대신 받아올 유망주 패키지의 핵심으로 커쇼를 염두에 두었고, 심지어 갓 메이저리그 2년 차 시즌을 마친 채드 빌링즐리와 맷 켐프까지 묶어서 원하기도 했다. 결국, 트레이드 논의는 오래가지 못했다.

에릭 베다드는 테세이라, 카브레라, 산타나처럼 높은 등급의 선수는 아니었다. 볼티모어 오리올스의 좌완인 베다드는 아직 스무 살도 되지 않은 더블A 소속 유망주보다 2008년 다저스에 즉각적인 도움이 될 가능성이 더 높은 카드였다. 그리고 그는 최근 몇 년간 뉴욕 양키스를 상대로 좋은 모습을 보였는데, 이는 다저스에 중요한 요소였다. 2007시즌 종료 후에 콜레티는 브롱크스에서 월드시리즈 4회 우승을 이끈 조 토리를 감독으로 영입해 그레이디 리틀을 대신하게 했기 때문이다. 토리는 양키스 코칭스태프 상당수를 함께 데려왔다. 그들은 마이너리그 선수 육성보다 당장 메이저리그 팀의 경쟁력을 훨씬 더 중시했다. 커쇼에 대해서도 거의 듣지 못한 상태였다. "저희는 다저스 내부에서 일했던 게 아니니까 커쇼가 누군지 제대로 알 리가 없었죠." 토리가 LA로 데려온 사단 중 한 명이었던 전 양키스 불펜 포수, 마이크 보젤로의 말이다. 토리는 베다드 영입을 제안했다. 하지만 선수 육성 부서는 볼티모어가 요구한 대가를 듣고는 얼굴이 굳어졌다. 바로 켐프와 커쇼였다.

돌이켜보면, 다저스는 오리올스 야구 운영 부문 대표였던 앤디 맥페일이 "구단 전체가 아수라장이었다"라고 회상할 만큼 혼란스러웠던 상황 덕을 톡톡히 본 셈이었다. 맥페일은 프랭크 매코트가 구단주로 있던 시절의 다저스를 "솔직히 말하면, 신뢰하기 어려운 파트너"라고 느꼈다고 회상했다. 어느 날은 커쇼든 켐프든 트레이드가 가능하다고 했다가, 어느 날에는 둘 중 한 명만 된다고 했다가, 다음 날에는 둘 다 안 된다는 식으로 말을 바꿨기 때문이었다. 맥페일은 콜레티 단장이 트레이드를 원했으나 매코트가 막았던 것인지, 아니면 매코트가 밀어붙였지만 콜레티가 브레이크를 밟고 있었던 것인지 도무지 알 수 없었다(콜레티는 당시 베다드 트레이드 논의에 대해 "기억이 거의 없다"고 말했다). 결국 협상은 진전되지 못했다. 베다드는 이후 시애틀로 트레이드되었고, 그 대가는 향후 올스타가 되는 외야수 유망주 아담 존스를 중심으로 한 패키지였다.

그 결과, 커쇼(그리고 켐프)는 다저스 유니폼을 그대로 입게 되었다.

"커쇼의 이름이 트레이드 논의에 오를 때가 몇 번 있긴 했죠." 로건 화이트는 회상했다. "그럴 때마다 제가 뭐라고 했는지 아시겠죠? '안 돼. 절대 안 돼. 그리고, 진짜 안 돼.'"

2008년 3월, 에릭 베다드가 시애틀로 트레이드되고 한 달쯤 지난 어느 일요일 오후였다. 그날 다저스는 플로리다 비로비치의 홀먼 스타디움에서 전년도 월드시리즈 우승팀이었던 보스턴 레드삭스를 상대로 시범 경기를 치렀다. 홀먼 스타디움 역사상 최다 인원인 9,291명의 관중이 구장을 가득 메웠다. 그들 대부분은 곧 자신들 눈앞에서 '괴물 신인의 데뷔 쇼'가 펼쳐질 것임을 전혀 알지 못했다. 4회 초가 시작되자 레드삭스의 1루수 숀 케이시는 다저스 마운드에 오른 앳된 얼굴의 좌완 투수를 바라보았다. 팔이 긴 그 투수의 유니폼 뒷면에 이름도 없이 등번호 96번만 새겨져 있었다. 바로 클레이튼 커쇼였다.

"저 친구 정보 좀 있어요?" 케이시는 타격코치 데이브 매가던에게 물었다.

"전혀 없지." 매가던 코치가 답했다.

케이시는 빅리그에서 10년 넘게 뛰었고, 올스타에도 몇 차례 뽑힌 베테랑이었다. 하지만 보스턴에서 맞이하는 첫 번째 스프링캠프였고, 혹시라도 창피한 모습은 보이고 싶지 않았다. 그래서 테리 프랭코나 감독에게도 투수에 대해 물었다. 그는 "그냥 이닝 좀 던져보게 하려는 루키 투수"라는 답을 들었다.

어느 정도는 사실이었다. 커쇼는 아직 스무 살 생일도 맞이하지 않은 신예였다. 그해 1월, 다저스는 선수단의 차세대 핵심 유망주들을 모아 다저스타디움에서 2주간 미니 캠프를 열었다. 선수들은 조 토리와 토미 라소다의 연설을 들었고, 필 잭슨이 이끄는 LA 레이커스 농구 팀의 훈련을 참관하며 코비 브라이언트를 가까이서 봤다. 저녁에는 '웨스트우드의 마법사'라 불리는 명장, 존 우든과 식사를 했다.

비로비치에 돌아와서 커쇼는 최대한 조용히 지내려 했지만 쉽지 않았다. "묘한 오라(aura)가 있었어요. 주목받을 수밖에 없는 선수였죠." 잭슨빌에서 커쇼와 함께 뛰었던 블레이크 디윗은 이렇게 회상했다. 모두가 알고 있었다. 시간문제일 뿐, 커쇼는 곧 '다리'를 건너 메이저리그로 향할 것이었다. 그리고 그때, 모든 친구가 함께 넘어갈 수는 없다는 것도 알았다. 그해 봄, 폴 콜먼은 팀에 방출을 요청했다. 어깨 통증이 극심했고, 패스트볼 구속이 80마일♦을 넘기 힘들었다. 그는 다시는 야구를 하지 못했다. 2006년 그레이트 레이크스에서 타율 .210을 기록했던 프레스턴 매팅리는 2008년에도 같은 레벨을 반복했다. 그는 결국 더블A에 오르지 못한 채 커리어를 마쳤다.

커쇼는 더 큰 무대를 향해 나아가고 있었다. 선수 육성 부서는 유망주를 성급하게 승격시켜 망가뜨리는 실수를 하지 않도록 인내를 강조했다. 하지만 토리 감독이 커쇼의 구위를 확인하자 인내심을 갖는 것이 쉽지 않은 일이 되었다. 어느 아침, 로건 화이트는 토리 감독에게 마이너리그 선수들을 보러 같이 가자고 말했다. 이 초대에는 한 가지 경고가 따라왔다. "감독님, 이 친구 던지는 걸 보고 나면, 메이저리그에 두고 싶어지실 겁니다." 2월 말, 커쇼는 자체 청백전에서 한 이닝을

♦　약 129킬로미터

180

소화했다. 토리는 커쇼에게 말을 건넸다. "건강 잘 챙기게." 몸이 잘 버텨낼 수만 있다면 길고 멋진 커리어가 펼쳐질 것이라는 말도 덧붙였다. "만나 뵙게 되어 반가웠습니다." 커쇼가 답했다.

3월 4일, 커쇼는 처음으로 '다리'를 건너 메이저리그 팀에 합류했다. "이 친구를 데려오긴 할 건데, 오늘 하루 만에 반하지는 마세요." 콜레티는 토리 감독과 릭 허니컷 투수코치에게 그와 같이 말했다. 선발 등판 결과는 좋지 못했다. 워싱턴 내셔널스를 상대한 그는 경기 시작 3구 만에 홈런을 맞았고 만루 위기에 빠졌다. 하지만 토리는 스스로 위기를 극복하도록 놔뒀다. 커쇼는 디시먼의 조언대로 스스로의 리듬을 유지하며 스트라이크존에 공을 꽂아 넣었다. 시속 97마일♦의 패스트볼로 삼진 하나를 잡아내고 커브를 존 안에 꽂아 넣으며 또 한 번 삼진을 잡아냈다. 토리는 커쇼가 쉽게 무너지지 않는다는 점을 인상 깊게 봤다. 돈 매팅리는 아들 프레스턴이 2006년에 했던 말(커쇼가 양키스를 이길 수도 있다는 이야기)을 떠올렸다. 매팅리는 아들에게 이와 같이 말했다. "네 말이 맞았을지도 모르겠다. 커쇼는 정말 양키스를 이겼을 수도 있었겠어."

닷새 뒤, 커쇼에게 또 한 번의 기회가 찾아왔다. 이번에는 레드삭스가 포트마이어스에서 비로비치까지 플로리다주를 가로질러 원정 경기를 하러 왔다. 이날 프랭코나는 거의 정규 시즌에 버금가는 주전 라인업을 가동했기에 커쇼에게는 꽤 혹독한 시험대가 될 터였다. 라인업에

♦   약 156킬로미터

는 네 차례나 올스타에 선정된 3루수 마이크 로웰, 한때 다저스에서도 뛰었던 J. D. 드루, 그리고 사교성이 좋아 '시장님(The Mayor)'이라는 별명으로 불리던 좌타 1루수 숀 케이시가 있었다.

케이시에게는 준비할 시간이 거의 없었다. 로웰이 2루수 뜬공으로 물러났고, 커쇼는 곧바로 드루의 배트를 부러뜨리며 땅볼 아웃을 잡아냈다. 여전히 코치들로부터 아무 정보도 얻지 못했던 케이시는 천천히 타석으로 걸어 나갔다. 그는 약 18미터♦ 너머를 바라보았다. 그리고 그가 평생 잊지 못할 한 젊은 투수를 마주했다. 커쇼가 두 손을 위로 치켜올리자, 그의 오른쪽 다리 역시 마치 실로 연결된 듯 동시에 올라갔다. 팔과 다리는 똑같은 박자로 내려왔다. 그리고 그의 투구 각도에 가려져 있던 공이 머리 뒤에서 갑자기 튀어나왔다. "공이 나오는 지점이 다른 투수들과 달랐어요. 너무 빨리 제 쪽으로 파고들었죠." 케이시가 회상했다. 패스트볼이 스트라이크존 바깥쪽 모서리를 스쳤다. 원 스트라이크. 케이시는 다저스 쪽 더그아웃을 바라봤다. 토리 감독과 3루 코치 래리 보와가 그를 보며 낄낄 웃고 있었다.

당황한 케이시는 다시 타석에 들어섰다. 커쇼가 다시 세트 포지션에서 공을 던졌다. 또 패스트볼이었다. 케이시는 여전히 공을 볼 수도, 맞힐 수도, 그 무엇도 할 수 없었다. 투 스트라이크. 이어서 커쇼는 커브를 던졌다. "그 공은 스트라이크였어요." 케이시는 그렇게 말했지만, 심판의 판정은 달랐다. 커쇼는 볼 판정에 개의치 않고 또 하나의 커브

♦　60피트 6인치. 마운드 투구판으로부터 홈 플레이트까지의 거리.

182

를 던졌다. 이번에는 아름답고, 누구도 부정할 수 없는 궤적을 그리며 공이 날아왔다. 공은 케이시의 가슴 높이에서 잠시 머물다 바닥을 향해 곤두박질쳤다. 그 공은 케이시의 뇌를 망가뜨린 듯했다. 무릎은 꺾였고, 스윙하려 했지만 팔과 다리가 따라주지 못한 것처럼 보였다. 배트는 어깨에서 떨어지지도 않았다. "그저 한 대 얻어맞은 것 같았습니다." 케이시는 말했다. 심판이 삼진을 선언하기도 전에 커쇼는 이미 마운드에서 내려가고 있었다. 단 10개의 공으로 전년도 월드시리즈 우승 팀의 훌륭한 타자 세 명을 완벽하게 제압했다. 그리고 마지막 공, 그 말도 안 되는 커브는 빈 스컬리의 중계방송과 함께 생생히 기록되었다.

"오, 이런 커브가 다 있습니까? 세상에나! '공공의 적 1호'♦ 같은 커브입니다!"

더그아웃으로 돌아온 케이시는 동료들이 놀려대자 씩씩거렸다.

"감독님, 저 친구 누구인지 모르시는 거예요?" 케이시가 물었다.

프랭코나 감독이 답했다. "몰라. 근데 내가 타자가 아니라 다행이다."

케이시는 1루수 미트를 들고 1루로 향했다. 그 과정에서 다저스의 보와 코치와 동선이 겹쳤다. 보와는 웃음을 참지 못해 모자챙으로 얼굴을 가리고 있었다. 케이시는 보와를 붙들고 커쇼라는 저 투수가 대체 누구냐고 계속 물어댔다. "마치 만화 속 슈퍼히어로 같았어요. '대체 저 가면 쓴 녀석은 누구야?' 하는 느낌이었죠." 이닝이 바뀌자 3루

    1930년대 미국의 악명 높은 은행 강도 존 딜린저는 FBI가 공공의 적 1호(Public Enemy No. 1)로 지목했을 만큼 무시무시한 존재였다. 다저스 역사의 산증인인 빈 스컬리가 중계방송에서 이 비유적 표현을 쓴 것은, 그만큼 커쇼의 커브가 치명적이었음을 의미한다.

수 로웰 역시 보와 코치에게 '커쇼가 던지는 공이 하도 보이지 않아서, 공이 아니라 아스피린을 던지는 것처럼 보였다'고 말했다. 놀라움은 레드삭스 더그아웃만의 것이 아니었다. "다들 '저 녀석 대체 뭐야?' 하는 반응이었습니다." 다저스의 외야수였던 후안 피에르가 당시를 회상했다. "저는 속으로 생각했죠. '우리 팀 선발진 누구와 비교해도 저 친구가 더 나은데?'"

다저스 더그아웃 안에서 커쇼는 들떠 있었다. 디시먼, 엘리스, 리드의 도움으로 그는 마침내 '다리'를 건넜다. 이제 커쇼에게 필요한 것은 그 자리에 계속 머물 수 있도록 도와줄 새로운 멘토였다. 커쇼가 웃고 있을 때 허니컷이 그의 옆에 앉았다. 그는 남은 스프링캠프를 메이저리그 선수단과 함께 보낼 것이라는 소식을 전했다. 앞으로 허니컷은 커쇼를 지도하고, 위로하고, 그의 커리어를 바꿀 구종을 가르치게 될 터였다. 그리고 커쇼와 고통도 함께 견뎌내야 할 운명이기도 했다. 그러나 그 순간만큼은, 다저타운의 다리 건너편 더그아웃에서 허니컷 코치도 꿈을 꾸었다. '이 아이는 특별한 선수가 되겠구나.'

커쇼는 오른쪽 파울라인을 따라 달리더니, 이내 다저스 불펜을 가로질러 곧 시야에서 사라졌다. 그는 이날의 성취를 어떻게 자축해야 하는지 알고 있었다. 다름 아닌, 메이저리그 팀의 웨이트장을 사용해보는 것이었다.

9장
샌퍼드의 그림자

문이 활짝 열리더니 은빛 머리를 한 거장이 다저스타디움 회의실로 들어왔다. 그는 파란색 상의에 짙은 색 청바지, 그리고 멋보다는 편안함을 우선한 검은 운동화를 신고 있었다. 나이는 여든일곱이었지만 겉모습은 예순다섯쯤으로 보였다. 카드 쇼나 컨벤션에서는 팬들 사이에 한바탕 소동을 일으킬 수 있는 사람이었고, 경기장 계단을 올라 복도를 걸어가기만 해도 관중들이 몰려들게 할 만한 인물이었지만, 그의 풍모는 위엄보다는 온화함에 가까웠다.

그렇게 샌디 쿠팩스가 오른손을 내밀었다.

"샌디가 공을 쥐었을 때 손 모양 보신 적 있으세요?" 클레이튼 커쇼가 언젠가 물었던 말이다. 쿠팩스를 둘러싼 전설이 그토록 다채롭게 피어난 이유는 다양했다. 누군가에게는 신비로움이, 누군가에게는 기

술적인 완벽함이, 또 다른 누군가에게는 그의 투구 철학이 특별하게
다가왔다. 물론 타고난 신체 조건도 큰 몫을 했다. 한 동료는 이렇게
말했다. "야구공 쥐고 있는 걸 보면, 그건 손이 아니에요. 거의 곰 발바
닥이죠."

쿠팩스는 의자를 끌어다 앉았다. 그의 오른편 벽에는 액자에 담긴
그림이 하나 걸려 있었다. 하얀 셔츠에 파란 넥타이를 맨 재키 로빈슨
이 브루클린 출신의 좌완 투수 곁에서 환하게 웃고 있는 모습이었다.
그 선수는 바로 '신의 왼팔(The Left Arm of God)'을 지닌 사나이, 등번호
32번 유니폼을 단정히 입은 샌디 쿠팩스였다.

다저스타디움에 서는 모든 투수는 샌디 쿠팩스의 위대함이 남긴 무
게와 부담을 안고 마운드에 오른다. 때로는 쿠팩스 본인조차도 그 무게
를 느낀다.

비교는 입단과 동시에 시작되었다. 다저스 구단 관계자들은 가끔 언
론을 원망했다. 다저스가 커쇼를 지명했을 때, 낙차가 아주 큰 커브를
던지는 좌완 투수라는 이유로 기자들은 커쇼를 구단 역사상 가장 유
명한 좌완 커브 투수인 샌디 쿠팩스에 견주었다. 하지만 다저스 구단
조차도 그 유혹을 뿌리치지 못했다. "입을 잘못 놀린 건 저였습니다.
커쇼를 보고 있으면 쿠팩스가 떠오른다고 한 사람이 바로 저였죠." 조

186

토리가 회상했다. 하지만 그 혼자만 그런 말을 한 것은 아니었다. 2007년 말, 구단 수뇌부 회의에 참석했던 마이너리그 투수 코디네이터 마티 리드도 비슷한 생각을 내비쳤다. "이 말을 해야 할지 모르겠습니다만, 아마 샌디 쿠팩스와 가장 비슷한 녀석일지도 모릅니다." 2008년 봄이 되자, 이런 말은 더 이상 사적인 자리에서 수군거리는 수준에서 그치지 않았다. 로건 화이트는 캘리포니아 지역 매체인 『프레스-엔터프라이즈(The Press-Enterprise)』와의 인터뷰에서 이와 같이 말했다. "커쇼가 쿠팩스 같은 선수이길 바랄 뿐이죠."

그 시절, 쿠팩스는 매년 봄마다 다저타운에 모습을 드러냈다. 1980년대 다저스에서 뛰며 쿠팩스의 '제자'가 된 릭 허니컷은 쿠팩스에게 팀의 최고 유망주를 꼭 보라고 권했다. "이 아이를 직접 보면 아실 겁니다." 허니컷이 말했다. 쿠팩스는 커쇼와 짧게 인사를 나눴다. "행운을 비네." 쿠팩스가 건넨 말이었다.

커쇼가 그해 봄에 발을 디딘 곳은 그런 희망과 기대의 땅이었다. 숀 케이시를 무력화시킨 직후였고, 빈 스컬리가 그의 커브를 존 딜린저의 토미 건에 비유♦한 후의 일이었으며, 빅리그 캠프로 가는 다리를 건넌 이후였다. 그는 여전히 스무 살이 되지 않은 10대 소년이었다. 던질 수 있는 공은 두 가지뿐이었다. 마이너리그 싱글A 이상 레벨에서 등판한 것도 아직 네 경기가 전부였다. 그런데도 팀은 쿠팩스가 만들어놓은

♦ 　앞서 언급된 '공공의 적 1호' 비유를 다시 한 번 언급하고 있다. 함께 등장한 토미 건(tommy gun)은 존 딜린저가 애용했던 톰슨 기관단총(Thompson submachine gun)의 애칭이다.

천상의 영역에 커쇼가 설 수 있을지를 드러내놓고 궁금해했다. 쿠팩스는 다저스 투수들의 정신적 지주였고, 세 차례 사이영상을 수상한 뒤 불과 30세에 은퇴한, 오늘날까지도 미국 전역에서 숭배받는 '살아 있는 신'과 같은 존재였다.

커쇼가 쿠팩스의 경지에 오르는 길을 막고 서 있는 것은 다저스 프런트 오피스였다. 네드 콜레티는 직전 연도에 커쇼를 마이너리그에서 빠르게 승격시켰지만 토리 감독의 코칭스태프가 커쇼를 빅리그 로스터에 포함시킬 것을 요구하자 선을 그었다. "래리 보와 코치가 '커쇼라는 친구 어때요? 그냥 메이저리그 로스터에 포함하면 안 돼요?'라고 물었던 것이 기억납니다." 포수코치 마이크 보젤로가 회상했다. "그러자 네드가 '안 돼요, 안 돼. 아직 준비가 안 됐어요'라고 했죠."

다저스는 커쇼를 다시 잭슨빌로 내려보냈다. 그가 마이너리그를 떠나 메이저리그로 올라오는 그 험난한 과정을 조금이라도 덜 고통스럽게 만들어주기 위해, 구단은 미들랜드 시절의 투수코치 글렌 디시먼을 승격시켜 커쇼와 동행하게 했다. 구단은 커쇼에게 도전 의식을 주면서도 그를 신중히 다루었다. 이는 아주 섬세한 균형이 필요한 일이었다. 디시먼은 콜레티, 리드와 지속적으로 소통했다. 평소처럼 체인지업 할당제가 있었고, 디시먼은 투구 수를 엄격하게 관리했다. 다저스는 커쇼가 테너시 스모키스나 몽고메리 비스킷츠 같은 마이너리그 팀을 상대로 너무 많은 총알을 쓰지 않기를 바랐다.

커쇼는 이런 지시들에 답답함을 느꼈다. 버스로 이동하는 끝없는 원정 여정 동안, 그는 같은 투수 유망주였던 제임스 맥도날드에게 체인지업이 지긋지긋하다는 말을 늘어놓곤 했다. 그는 자신의 몸을 자신보다 잘 알지 못하는 윗선의 요구를 만족시키기 위해 마음에도 없는 체인지업을 던지고 또 던져야 했다. "윗사람들이 뭔가를 억지로 시키려고 하면, 커쇼가 얼마나 짜증을 냈는지 몰라요." 맥도날드는 이렇게 회상했다. "커쇼는 '안 던질 거예요. 이제 그만할래요. 난 그냥 커쇼가 될 거예요. 윗분들이 원하는 사람이 될 생각은 없어요'라고 말하곤 했어요." 그는 경기 전부터 던질 공을 미리 정해주는 방식을 싫어했다. 승부가 펼쳐지는 실제 경기 속에서 스스로 구종을 선택하고 싶어 했다. "제가 커쇼 수준의 패스트볼이 있었으면, 저 같아도 그걸 던지고 싶었을 것 같아요." 디시먼이 말했다. 투구 수 제한은 논박하기가 더 어려웠다. 다저스는 커쇼를 메이저리그에서 한 경기 100구 이상을 던지는 투수로 만들고자 했다. 하지만 비중이 낮은 마이너리그 경기에서 어깨와 팔꿈치를 과도하게 소모하는 일은 피하고 싶어 했다. 이는 모든 팀의 숙제였다. 부상 위험 없이 어떻게 스태미나를 갖게 할 것인가. 커쇼의 생각은 단순했다. 유일한 방법은 그냥 밀고 나가는 것이었다. "제가 더 던질 수 있는 거 아시잖아요." 5이닝 75구 제한을 통보받을 때마다 커쇼가 했던 말이었다. 디시먼이 '큰 그림'을 설명해도 항상 말이 통하는 것은 아니었다. "클레이튼이 딱 정해진 투구 수만 던지고 내려와야 한다는 사실을 알고 있는 날이면, 우리에게는 힘든 하루가 예정된 것이나 다름없었죠." 잭슨빌 감독이었던 존 슈메이커는 당시를 그렇게 회상했다.

커쇼는 이닝 및 투구 수 제한을 지키면서도 불만스러워했다. 2007년에 122이닝을 던졌던 커쇼를 두고, 다저스는 2008년에는 170이닝을 넘기지 않기를 바랐다. 잭슨빌에서의 첫 한 달 동안 커쇼가 7회까지 마운드를 지킨 경기는 한 번뿐이었다. 그마저도 구단은 커쇼의 다음 등판일을 건너뛰게 하여 그에게 열흘의 휴식을 주었다. 그러나 그런 족쇄들은 성적에 아무런 지장을 주지 못했다. 그는 매 이닝 한 명 이상의 타자를 삼진으로 잡아냈다. 제구력도 좋아졌다. 삼진만 잡겠다는 생각으로 던질 필요가 없다는 사실도 깨달았다. 코디 화이트의 말에 따르면, "커쇼가 패스트볼이나 커브를 스트라이크존 안에 넣으면, 타자들은 전혀 공략하지 못했다." 슈메이커에게 커쇼는, 다저스의 '만화 속 현자' 같은 존재인 토미 라소다 전 감독이 유망주들에게 늘 하던 말을 떠올리게 하는 선수였다. "경기장 위에서는 네가 이 세상 최고의 선수인 것처럼 행동해라. 단, 그걸 누구에게 말하지는 않아야 한다."

커쇼가 존재한다는 사실만으로도 팀 전체를 향한 관심이 높아졌다. "당시 그 팀은 '잭슨빌 선스'가 아니었습니다." 외야수 애덤 고드윈은 회상했다. "그 팀은 잭슨빌 선스와 '클레이튼 커쇼 쇼(Clayton Kershaw Show)'였죠." 잭슨빌의 야구장에서는 아이들이 사인을 받겠다며 커쇼를 따라다녔다. 여성 팬들도 많았는데, 동료들은 커쇼가 말을 걸어오는 여성들과 대화를 피한다고 종종 놀렸다. 유방암 인식 고취를 위한 핑크색 유니폼 자선 경매에서 커쇼가 입었던 저지는 최고가인 800달러에 낙찰되었다. 많은 선수가 커쇼를 늘 겸손했던 선수로 기억한다. 그는 자신의 드림카가 전복되는 사고를 겪고 받은 보험금으로 셰비 타호♦

♦ 화려함과는 거리가 먼 차종이다. 미국 교외 지역에 사는 다자녀 가정의 아버지가 운전할 법한 차로, '안전한 차'라는 이미지가 강한 편이다.

를 구매해 몰고 다녔다. 어느 날 몇몇 선수들이 쇼핑몰에 들렀을 때, 커쇼는 49.99달러로 할인 판매 중이던 언더아머 브랜드의 운동화 한 켤레를 마음에 들어 했다.

"이거 마음에 든다." 커쇼가 고드윈에게 말했다. "그런데 사지는 않을래. 너무 비싸." 고드윈은 커쇼가 장난을 치는 줄 알았다. 하지만 커쇼는 정말로 그냥 매장을 떠났다. 비슷한 순간이 2006년 플로리다의 선글라스 매장에서도 있었다. "100달러짜리 오클리 브랜드 선글라스가 있었어요." 데이브 프레지오시는 회상했다. "하지만 커쇼는 선글라스에 무슨 100달러씩이나 쓰냐는 입장이었죠."

동료들은 커쇼가 돈을 쓰지 않으려 하는 것을 두고 농담을 하곤 했다. 미들랜드 시절, 그는 월마트에서 산 에어 매트리스가 자신의 몸무게 때문에 주저앉을 때까지 그 위에서 잠을 잤다. 매트리스가 터지면 새것으로 교환했다. "원래 그러면 안 되죠." 커쇼는 인정했다. "하지만 그렇게 했어요. 가능한 한 지출을 줄이려고 했습니다." 그는 '커쇼는 정장 바지를 싫어한다더라', '팀에서 주는 공짜 언더아머 폴로셔츠 몇 벌만 돌려 입는다더라' 하는 이야기도 들었다. 트레이본 로빈슨은 이렇게 말했다. "커쇼는 '날 좀 보소' 하는 식으로 과하게 튀는 옷은 절대 입지 않습니다. 솔직히 말하면 커쇼는 그 흔한 금목걸이도 하나 없는 것 같아요. 그 친구가 '자, 이제 나도 20만 달러♦짜리 차나 한 대 사볼까?' 하는 타입이 아니거든요." (커쇼는 메이저리그에 올라간 후 다이아몬드 장식의 십자

♦　2007년 기준으로 약 1억 9,000만 원

가 목걸이를 착용하기는 했다. 커쇼는 나에게 이렇게 말했다. "이제 예전처럼 그렇게 싸구 려만 좋아하는 건 아닌 것 같아요. 하지만 값비싼 사치품을 사고 싶은 마음은 여전히 없습 니다.")

커쇼는 맥도날드, 투수 브렌트 리치와 함께 구장 근처의 콘도를 임대해 살았다. "저희는 늘 클레이튼을 가장 짠돌이라고 놀렸죠." 맥도날드는 회상했다. "커쇼는 정말 아무 데도 돈을 쓰려고 하지 않았어요. '텔레비전이 꼭 클 필요는 없잖아!', '케이블 채널 가입은 뭐하러 해!' 이런 식이었죠. 커쇼는 소비할 때 언제나 현실적이고 신중했어요." 맥도날드는 커쇼가 입단 계약금을 왜 그렇게 아껴 쓰는지 궁금했다. 시간이 흐른 뒤 커쇼는 자신의 어린 시절 이야기를 룸메이트에게 털어놓았다.

"커쇼가 자랄 때, 아버지가 삶에 그렇게 깊이 자리 잡고 있지는 않았다고 하더라고요." 맥도날드가 말했다. "계속 곁에 있어준 것은 어머니뿐이었다고요. 그래서 커쇼는 어머니를 돕고, 어머니가 잘 지낼 수 있게 하려고 할 수 있는 모든 것을 했다고 합니다."

5월 말, 선스 선수단은 일곱 시간 동안 버스를 타고 잭슨빌에서 노스캐롤라이나주 제뷸런까지 이동했다. 커쇼는 시즌 열 번째 등판을 앞두고 있었다. 그는 42.1이닝 동안 45타자를 삼진으로 잡으며 평균자책점 2.34를 기록하고 있었지만, 이닝 제한 때문에 투수로서 승수는 단 1승도 챙기지 못하고 있었다. 그리고 5월 22일, 커쇼가 1회를 삼자범퇴로 끝내자 슈메이커 감독이 그에게 다가와 말했다.

"오늘은 여기까지다."

커쇼는 항의했지만 슈메이커는 요지부동이었다. 디시먼도 아무런 설명을 해주지 않았다. 커쇼는 클럽하우스로 돌아가 팔에 얼음찜질을 했다. 이후 8이닝 동안 그는 속을 끓이며 기다려야 했다. 도대체 이게 무슨 일일까 머릿속을 굴렸다. 사실 답은 분명했다. 몇 주 전, 선스는 커쇼가 5월 17일 메이저리그에 데뷔할 수 있도록 마이너리그 로테이션을 재구성했었다. 하지만 그 경기에서 커쇼가 모빌 베이베어스 팀을 상대로 4회를 버티지 못하고 5실점으로 부진하자 다저스는 그의 승격을 보류했다. 커쇼는 혹시 이번에도 기회를 날려버린 것은 아닐까 걱정이 되었다.

경기가 끝난 뒤, 슈메이커는 커쇼를 사무실로 불러 전화기를 건넸다. 전화기 너머에서 콜레티의 목소리가 들려왔다. 다저스가 3일 뒤 커쇼를 선발 투수로 세울 예정이라며, 이 사실을 당분간 비밀로 해달라고 당부했다. 커쇼는 태연한 척하려 했지만 휘청거릴 정도로 머릿속이 복잡해졌다. 클럽하우스를 나서자마자 그는 휴대폰을 꺼냈다.

"엘런, 아무한테도 말하지 마. 나 콜업됐어."

그러고는 곧바로 모두에게 알려달라고 덧붙였다. 자신의 어머니, 엘런의 부모님, 친구들 모두에게. 그리고 집에 있는 옷장 좀 찾아봐달라고 부탁했다. 지금 가진 건 반바지와 티셔츠뿐이었다. 메이저리그에 올라가서 초라해 보이고 싶지 않았다.

다음 날이 되자, 선스 선수 대부분은 무슨 일이 벌어지고 있는지 눈치챘다. 동료들은 커쇼를 팀의 일원으로 생각하긴 했지만, 그는 이미 다른 선수들보다 몇 발짝 더 앞서 있었다. 고드윈은 "야, 커쇼 콜업이래! 내가 다 메이저리그에 같이 올라가는 기분이네" 하는 분위기였다고 당시를 회상했다. 그리고 "저희 모두 저마다의 꿈과 목표, 그리고 마음 깊이 품어온 사명이 있었습니다"라고 덧붙였다. 커쇼는 다른 누구보다 자신의 목표에 훨씬 더 가까이 다가가 있었다. 공항으로 향하는 길, 커쇼의 머릿속에는 첫 상대인 세인트루이스 카디널스가 떠올랐다. 이내 설렘은 아주 조금씩, 두려움에게 자리를 내주기 시작했다.

다저스 구단에서 보낸 차량은 LA 국제공항에서 커쇼를 태워 다저스 타디움으로 데려갔다. 최고 중의 최고만 드나드는 클럽하우스 안에서 그는 더플백을 내려놓고 눈앞에 펼쳐진 정갈함, 정돈된 풍경, 그리고 주변에 모여 있는 스타 선수들을 멍하니 바라봤다. 구단 측은 그의 로커를 베테랑 투수인 제이슨 슈밋 옆에 배정해주었다. 슈밋은 샌프란시스코 자이언츠에서 세 차례나 올스타에 선정된 투수였지만, 다저스에서는 부상으로 사실상 제대로 뛰지 못하고 있었다. 팀은 그에게 4,700만 달러를 안겨주었지만, 그는 어깨 부상으로 거의 던지지도 못한 채 시즌을 보내고 있었다. 커쇼의 데뷔 당시에도 슈밋은 공을 제대로 던질 수 없었다. 하지만 장난칠 힘은 있었다.

기회를 얻은 설렘과 낯선 분위기 속에서 어찌할 바 몰랐던 커쇼는 한 로커에서 유니폼을 꺼내 입었다. 사실 그것은 커쇼의 유니폼이 아니었다. 슈밋은 등 뒤에 'SCHMIDT(슈밋)'이라고 적힌 29번 저지를 입고 있는 신인 선수를 보며, 동료들에게 모르는 척하라고 신호를 보냈다. 대신 슈밋은 커쇼의 54번 등번호가 적힌 유니폼을 입었다. 국가 제창을 위해 선수들이 그라운드에 서자 슈밋은 커쇼에게 자기 옆에 서라고 했다. 다저스타디움의 대형 스크린에는 커쇼의 얼굴이 잡혔고, 이내 그의 유니폼 뒤쪽으로 화면이 넘어갔다. 그곳에는 다른 사람의 이름이 크게 적혀 있었다. 관중과 선수들은 박장대소했다. 커쇼는 그날따라 국가가 길게 느껴졌다.

경기 후 커쇼는 호텔에서 친구들을 만났다. 엘런은 기대를 저버리지 않았다. 무려 23명의 일행을 데리고 텍사스에서 날아왔다. 커쇼의 어머니와 엘런의 어머니도 함께였다. 커쇼는 친구들과 담소를 나누다가 방으로 들어갔다. 혼자 남게 되자 그는 뒤척이며 탁상시계를 멍하니 바라보았다. 한참 뒤, 호텔의 다른 방에 묵고 있던 엘런에게 전화를 걸었다. 엘런은 "하나님이 내일 너의 운명을 이끌어주실 거야"라며 그의 마음을 진정시켰다. 커쇼는 심박수가 내려가는 것을 느꼈다. 전화를 끊은 뒤에야 가까스로 몇 시간이라도 잠을 잘 수 있었다.

다음 날 아침, 그는 다저스 클럽하우스에 혼자 앉아 감정의 소용돌이에 잠겨 있었다. 그는 훗날 일상을 지탱해주는 루틴의 힘에 기대 마음을 가라앉게 되지만 데뷔 첫날인 이날만큼은 파도처럼 밀려오는 감정에 몸을 실었다. 구단 역사에서 중대한 순간의 중심에 서 있다는 자각조차 하기 어려울 만큼, 커쇼는 들떠 있었다. 마운드에 오르기 전 쿠팩스가 찾아와 격려를 건넸다. 더그아웃에서 커쇼는 가슴이 쿵쾅대는 것을 느꼈다. 엘런이 해준 말을 떠올렸다. 그리고 그는 이후, 매 경기 전에 반복하게 될 짧은 기도를 속삭였다. "주님, 어떤 일이 일어나든 저와 함께해주세요. 제 힘이 되어주세요."

반대편에 있는 세인트루이스 타자들은 커쇼에 대해서 예상을 하는 것 자체가 어려웠다. 스카우팅 리포트는 짧았고, 몇몇 선수만이 영상 클립을 봤을 뿐이었다. 카디널스의 외야수 릭 앤킬은 다저스타디움에 자주 모습을 드러내는 자신의 에이전트 스콧 보라스를 찾아가 물었다. 7년 전, 앤킬은 '왼팔에서 번개가 나간다'는 소리를 들을 만큼 촉망받던 투수였다. 하지만 갑자기 시작된 제구 난조로 커리어가 무너질 뻔했고, 이후 타자로 거듭난 선수였다. 과거 보라스는 커쇼를 대학에 진학시키려다 실패한 적이 있으나, 앤킬은 보라스가 정상급 유망주들에 대한 정보를 꿰뚫고 있다는 사실을 잘 알고 있었다. "커쇼는 차세대 릭 앤킬일세." 보라스의 말에 앤킬과 동료들은 비웃었다. "우리는 '쟤가 무슨 릭 앤킬입니까?'라고 했어요." 내야수였던 스킵 슈마커가 회상했다. 장차 명예의 전당에 헌액되는 토니 라 루사 감독 휘하의 카디널스는 때로 오만함에 비칠 만큼 강한 자부심을 품고 있었다. "스무 살짜리에게 질 수는 없다는 것이 우리 신조였죠. 우리는 카디널스잖아요." 내야수였던 에런 마일스가 말했다.

카디널스의 1번 타자 슈마커는 특별할 것까지는 없는 재능을 끝까지 쥐어짜며 자신의 가치를 끌어올린 선수였다. 그는 라 루사 감독의 철학이 녹아든 선수 육성 시스템 속에서 철저히 '카디널스 방식'으로 빚어진 선수였고, 데뷔 이후 내내 세인트루이스 한 팀에서만 뛰고 있었다. 슈마커는 커쇼가 긴장한 나머지 패스트볼 말고는 던지지 못할 것이라고 생각했다. 오후 1시 10분, 커쇼는 평생 처음으로 메이저리그 마운드에서 와인드업을 시작했다. 다리와 팔을 동시에 치켜올렸다. 올라갔다가, 내려가고, 멈추고. 하나, 둘, 셋. 패스트볼이 날아들자 슈마커는 전혀 대응하지 못했다. "공이 도저히 보이지 않는 지점에서 갑자기 튀어나오는 것 같았어요." 슈마커의 회상이다. 영상으로는 미리 준비할 수 없었던 구위였다. 그는 7개의 공을 버티며 네 차례나 파울을 걸어냈지만, 결국 시속 95마일♦의 패스트볼에 헛스윙 삼진을 당하고 말았다.

더그아웃에 돌아온 슈마커는 앤킬을 보며 이렇게 말했다. "쟤가 너보다 낫네."

커쇼는 비로소 웃을 수 있었다. 그의 첫 메이저리그 탈삼진이 공식 기록으로 남았다. 그는 포수 러셀 마틴에게 글러브를 내밀었다. 마틴은 그 공을 더그아웃 쪽으로 던져 기념으로 보관하게 했다.

"저 공으로 계속 던질 수 있을까요?" 커쇼가 물었다.

"진정해." 마틴이 말했다. "새 공 줄게."

♦　약 153킬로미터

이닝의 나머지 과정은 앞으로 닥쳐올 현실을 그대로 보여주었다. 패스트볼 제구가 흔들린 커쇼는 외야수 브라이언 바턴을 볼넷으로 내보냈다. 다음 타자는 앨버트 푸홀스였다. 이미 한 차례 내셔널리그 MVP를 수상했고, 이후 두 차례 더 받게 되는 위압적인 거포였다. 그는 인내심과 장타력을 모두 가진 탁월한 선수였다. 실투를 가만히 기다렸다가 기회가 오면 무자비하게 '응징'했다. 풀카운트까지 간 상황, 커쇼는 커브로 푸홀스를 깜짝 놀라게 만들어야겠다고 생각했다. 하지만 푸홀스는 그 공을 받아쳐 적시 2루타를 터뜨렸다. 커쇼는 속으로 조용히 웃었다. 메이저리그 무대가 쉽지 않겠다고 느꼈다.

커쇼의 데뷔전 첫 이닝 투구 수는 32개나 되었다. 세인트루이스는 끈질기게 투수를 괴롭히며 체력을 소모시키는 유형의 팀이었다. 그들은 커쇼의 패스트볼을 완벽하게 공략하지는 못했다. 하지만 커트하고, 밀어 치는 등 커쇼의 힘을 빼기 위해서는 무엇이든 했다. 커쇼는 스트라이크존 안으로 과감히 공을 찔러 넣으며 맞섰다. "신인 투수를 상대할 때, 데뷔전인데도 공 던지는 걸 보면 '얘는 보통이 아니네' 싶은 친구가 있죠." 백업 내야수였던 애덤 케네디는 당시 대결을 그렇게 회상했다. 6회 초에 커쇼는 추가 실점을 했지만, 역전까지는 허용하지 않고 동점인 상황에서 이닝을 마치며 충분히 훌륭한 성적을 남겼다. 6이닝 5피안타 2실점 1볼넷 7탈삼진으로 승리 투수가 되지는 못했지만 팀은 결국 승리했다. 외야수 안드레 이디어가 10회 말 끝내기 안타를 쳤을 때, 커쇼는 더그아웃에서 환호했다.

경기 후 커쇼는 엘런, 어머니, 엘런의 어머니, 그리고 하일랜드파크에

198

서 온 일행과 다시 만났다. 그는 오렌지색 티셔츠 위에 엘런이 가져다 준 남색 정장 상의를 입고 사진 촬영에 임했다. 친구들에게 둘러싸인 모습은 마치 에어로포스테일 브랜드 광고 속 한 장면 같았다.♦ 집으로 돌아간 엘런의 어머니는 남편에게 엘런과 클레이튼의 사이가 생각보다 훨씬 진지해진 것 같다고 말했다.

이후 커쇼는 일행에게 작별 인사를 건네고 공항 가는 버스에 몸을 실었다. 친구들은 집으로 돌아갔다. 그는 시카고와 뉴욕으로 향했다. 대부분의 친구는 이제 막 대학 2학년을 마쳤다. 커쇼는 그해 메이저리그에 데뷔한 선수들 가운데 가장 어린 투수였다. 미국 대표팀 멤버 가운데 가장 먼저 빅리그에 데뷔한 선수이기도 했다. 타이슨 로스는 버클리 대학에서 3학년으로 뛰고 있었고, 숀 톨레슨은 베일러 대학에서 다시 마운드에 오르기 시작하던 때였다. 그해 겨울 다이아몬드백스에서 트레이드된 브렛 앤더슨은 오클랜드 산하 싱글A 팀에서 공을 던지고 있었다.

커쇼는 스물한 살 생일 전에 메이저리그에 오르겠다는 자신의 목표를 298일이나 앞당겨 이루었다.

"정말 꿈만 같습니다." 경기 후 커쇼가 말했다.

그는 마침내 자신의 꿈을 이루어냈다.

♦ 에어로포스테일(Aeropostale)은 2000년대 중·후반에 많은 인기를 끌었던 패션 브랜드 중 하나다. 가격이 저렴하여 고등학생들에게 많은 사랑을 받았다. 어색하면서도 풋풋한, 친구들과 함께 있는 커쇼의 모습을 비유적으로 표현한 것이다.

하지만 사실은 이루지 못했다.

매일 누군가는 커쇼에게 그가 아직 '풋내기'라는 사실을 일깨워주었다. 그 가르침은 동료에게서도, 상대 팀에게서도 찾아왔다. 시즌 두 번째 선발에서 커쇼는 셰이 스타디움의 마운드에 올라 메츠를 상대했다. 뉴욕을 찾은 것은 그의 생애 처음이었다. 경기를 며칠 앞두고 그는 양키 스타디움을 둘러보기도 했다. 새 등번호도 받았다. 유틸리티 내야수 마크 스위니가 사용하던 번호가 22번이었는데, 이는 커쇼가 어린 시절 가장 좋아했던 선수 윌 클라크의 번호이기도 했다. 구단 직원은 커쇼가 그 번호를 선호한다는 뜻을 스위니에게 전했다. 당시 서른여덟 살이었던 스위니는 이미 일곱 번째 팀을 거치고 있는 선수였고, 등번호 22번에 특별한 애착이 있는 것도 아니었다. 그는 커쇼가 앞으로 다저스에서 얼마나 중요한 존재가 될지를 이해하고 있었다. 하지만 장난기를 참지는 못했다. 클럽하우스 직원들이 'KERSHAW(커쇼)'라고 새긴 새 22번 유니폼을 준비한 지 몇 분 지나지 않아, 스위니는 커쇼에게 이 번호가 자신에게 얼마나 큰 의미가 있는지를 들려주었다. 자신의 할아버지가 사용했던 번호라고 말한 것이다. 커쇼가 어쩔 줄 몰라 하며 머리만 쓸어 넘기고 있자, 그제야 스위니는 진실을 말해주었다. 자기 할아버지는 야구를 해본 적도 없는 분이었다고 말이다.

2007년, 선수단 내부 불화가 그레이디 리틀 감독의 조기 퇴진으로 이어진 뒤, 단장인 콜레티는 조 토리 감독이 이 분위기를 안정시켜주기를 기대했다. 토리는 무게감과 폭넓은 시야를 가져온 인물이었지만, 그렇다고 학생주임처럼 모든 것을 단속하는 스타일은 아니었다. 클럽하우스는 여전히 둘로 갈라져 있었다. 다저스가 키워낸 빌링즐리, 켐프, 마틴, 그리고 이제 커쇼까지, 한쪽에는 이런 자체 육성 선수들이 있었고, 다른 쪽에는 대부분 다른 구단에서 경력을 쌓은 베테랑들이 자리 잡고 있었다. 노마 가르시아파라는 타격왕을 두 차례 차지하고 올스타에 여섯 번 선정된 선수였다. 앤드루 존스는 중견수로 골드글러브를 열 번이나 수상했다. 제프 켄트 역시 올스타 5회 선정, 실버슬러거상 4회 수상의 경력을 지닌 2루수였다. 데릭 로우와 브래드 페니는 각각 월드시리즈 우승 반지와 두 차례의 올스타 선정 이력을 갖고 있었다. "정말 이름값이 대단한 선수들이었고, 그만큼 어마어마한 자존심들이 부딪치는 곳이었죠." A. J. 엘리스가 당시를 회상했다.

엘리스가 그해 여름 뒤늦게 메이저리그에 합류했을 때, 그는 마치 베테랑 선수들이 돋보기를 들고 클럽하우스를 훑는 것처럼 느꼈다. 사소한 잘못 하나라도 찾아내면 신이 난 듯했다. 그 사소한 잘못이란 경기 중 실수일 수도 있었고, 복장 규정 위반일 수도 있었으며, 말할 순서가 아니었는데 말을 했다든지, 심지어는 목소리가 너무 컸다는 이유일 수도 있었다. 베테랑 선수들은 그 행동을 '라우드 토킹(loud talking)'이라고 불렀다. "조금 위압적이었어요." 맥도날드는 당시를 회상했다. "아무래도 불편했고, 이 팀의 일부라는 느낌이 들지 않았죠." 어떤 대우는 장난스러웠다. 신인 불펜 투수 코리 웨이드는 불펜까지 간식 봉지와 음료가 든 통을 날라야 했다. 어떤 것은 선을 넘은 장난처럼 느껴졌다.

맥도날드는 선배들의 요구를 들어주지 않았다는 이유로 자신의 글러브가 전기 오븐 위에서 그을리는 것을 본 적도 있었다.

개인 대 개인으로 보면 베테랑들이 신진급 선수들에게 친절하게 굴때도 있었다. 하지만 집단으로 움직일 때 그들은 일방적인 존중만 요구했고, 존중받을 만한 태도는 거의 보여주지 않았다. "제게 관심을 가져주는 사람은 거의 없었어요." 커쇼는 이렇게 회상했다. 대중은 커쇼를팀을 구할 구원자로 봤을지 몰라도, 베테랑들에게 그는 단지 누군가의자리를 빼앗으러 온 또 한 명의 애송이였다. "커쇼에게는 꽤 힘든 시간이었죠." 외야수였던 후안 피에르는 말했다. 베테랑들은 그런 방식으로선배들에게 길러졌고, 다음 세대 역시 똑같이 대하는 것이 옳다고 여겼다.

"신인 때 배우는 건 딱 하나죠. 입 다물고, 누가 말 걸 때만 대답해라." 토리 감독 밑에서 양키스 시절을 보낸 뒤 다저스로 이적해온 스콧 프록터는 이렇게 회상했다. 그는 커쇼에게도 그 원칙을 그대로 적용했다. "젊은 선수들이 이해하지 못한 건 이거였어요." 프록터는 말했다. "선배들이 그 신인 선수들을 테스트한다는 거죠. 포스트시즌 경쟁이진짜 시작되었을 때 그 부담을 버틸 배짱이 있는지 보려고 그랬던 거예요."

신인들을 늘 깐깐하게 지켜보던 베테랑들의 시선이 모인 가운데, 새등번호 22번을 단 커쇼가 5월 30일 메츠전 마운드에 올랐다. 커쇼는1회부터 커리어 첫 홈런을 허용했다. 상대는 장타력이 약한 2루수 루이스 카스티요였다. 커쇼는 메츠에게 4점을 내준 채 4회도 채우지 못하고 마운드를 내려와야 했다. 커쇼는 이를 '배움의 시간'이라고 불렀다. 하지만 배움은 아직 더 남아 있었다. 세 번째 등판에서는 콜로라도에 5이닝 동안 2실점을 했다. 네 번째 경기에서는 샌디에이고를 상대로 6회까지 마운드를 지켰다. 그러나 디트로이트전에서는 4이닝, 클리블랜드전 5이닝, 화이트삭스전 4이닝을 던지는 데 그쳤다. "당시의 커쇼는 그저 공만 빠른, 흔한 신인 좌완 투수였어요." 클리블랜드의 3루수였던 케이시 블레이크가 회상했다. 커쇼가 그저 그런 투구를 이어가자 다저스 프런트 오피스 내부에서 불만과 우려가 흘러나왔다. 2006년 드래프트에서 커쇼보다 세 순위 뒤에 지명된 깡마른 투수 팀 린스컴이 그해 내셔널리그 사이영상의 강력한 후보로 거론되던 상황이었다. 반면 커쇼는 5회를 넘기는 것조차 버거워 보였다. 패스트볼 제구는 일관성이 떨어졌고, 체인지업도 신뢰를 주지 못했다. 무엇보다 그의 전매특허이자 '공공의 적 1호'라고 불리던 그 위력적인 커브마저 자취를 감춘 듯했다. "문제는 그 커브를 스트라이크존 안으로 꾸준히 넣지 못했다는 것이죠." 보젤로가 말했다. "그러다 보니 4이닝, 많아야 5이닝만 던지고 내려오는 거죠. 요즘 야구에서야 그 정도 이닝도 용납되지만, 그때는 절대 아니었어요."

7월 1일, 커쇼는 텍사스 하일랜드파크의 집에서 차를 몰고 갈 수 있을 정도로 가까운 휴스턴의 미닛메이트파크 마운드에 올랐다. 그는 6회 2아웃을 잡아낸 뒤 3실점을 기록하고 마운드를 내려왔다. 시즌 여덟 차례 선발 등판을 마칠 때까지 단 1승도 거두지 못했고, 7회 마운드에 올라본 적은 한 번도 없었다. 평균자책점은 4.42였다. 볼넷도 너무 많이 내주었는데, 스트라이크를 던지는 것이 무서워서가 아니라 공을 던질 때 너무 서두르는 습관이 생기면서 제구를 잃은 탓이었다. 커쇼는 여전히 문제를 '세게' 던져서 해결하려 할 뿐, '제대로 된 투구'를 통해 해결하지 못하고 있었다. 커쇼의 조기 강판은 동료 불펜 투수들의 과부하로 이어졌다. 하루 뒤, 커쇼가 고향 친구들을 위해 지인들 이름으로 경기 티켓을 챙겨두고 있을 때 토리 감독이 그를 호출했다. 감독 사무실에 들어가자 토리뿐 아니라 릭 허니컷 투수코치, 그리고 단장 보좌인 킴 앙이 커쇼를 기다리고 있었다. 신인 선수 미팅에 구단 관계자가 셋이나 들어오는 것은 결코 좋은 신호가 아니었다. 결국 커쇼는 다시 잭슨빌 마이너리그 팀으로 강등되었다. "그것은 전혀 즐거운 대화가 아니었습니다." 토리 감독이 당시를 회상했다. 토리가 베테랑 구로다 히로키가 부상에서 돌아오면서 로스터 한 자리를 비워야 한다고 상황을 설명하는 동안에도 커쇼는 그 말에 거의 귀를 기울이지 않았다. "당시 커쇼는 무엇을 고쳐야 하는지에 대한 조언을 듣고 싶어 하지 않았습니다." 토리가 회상했다. 그는 이번 강등 결정이 커쇼의 성적 때문이 아니라, 단순한 로스터 운영 문제에 따른 것이라며 부드럽게 메시지를 전달하려 했다. 하지만 그 말은 커쇼에게 닿지 않았다. 커쇼는 사무실에 있는 사람들이 아니라, 오히려 자기 자신에게 실망하고 있었다. 그는 잠시나마 메이저리그 투수였지만, 이제는 아니었다.

5주 전, 애덤 고드윈과 제임스 맥도날드, 그리고 잭슨빌 선스의 선수들은 노스캐롤라이나주 제뷸런에서 텔레비전 앞에 모였다. 그들은 커쇼가 카디널스를 상대로 당당히 공을 던지는 모습을 지켜봤다. 만일 다시 커쇼와 함께 경기하게 된다면 그 장소는 마이너리그 연고지가 아닌 LA일 것이라고 생각했다. 하지만 모빌 지역으로 향하는 버스 안에서 선수들은 자신들의 예상이 틀렸음을 깨달았다. 강등되기 전까지 커쇼의 커리어는 계속 상승 곡선이었다. 트래블 팀에서 3선발에 불과했던 소년은 유력한 1라운드 지명 후보가 되었고, 이어 샌디 쿠팩스의 계보를 잇는 투수 후보로 성장했다. 그 과정에서 겪은 실패란 가끔씩 스쳐 지나가는 작은 흔들림 정도였다. 이번처럼 마음을 꺾는 실패는 한 번도 없었다. "우리는 다들 그랬죠. 이제 만나게 될 커쇼는 어떤 모습일까?" 고드윈이 회상했다.

앨라배마주 모빌에서 커쇼는 디시먼 코치를 다시 만났다. 코치는 커쇼가 느끼는 좌절감을 단번에 알아챘다. 아주 오랜만에 커쇼는 스스로 세운 기준에 미치지 못하는 경험을 한 것이었다. 그는 평범한 투구를 했고, 커쇼에게 그것은 용납할 수 없는 일이었다. 다저스 관계자들은 커쇼에게 문제는 재능이 아니라 실행에 있다고 조언했다. 자신이 가진 구종을 신뢰하고 제구에 좀 더 신경을 쓴다면, 볼넷을 줄이고 긴 이닝을 던질 수 있을 것이라고 봤다. "지금부터 잘 가다듬어서 다시 올라가면, 그땐 그대로 빅리그에 눌러앉는 거야. 다시는 마이너리그로 돌아오지 않는 거야." 디시먼이 말했다.

마이너리그 유배는 몇 주에 불과했다. 커쇼는 선스에서 세 차례 선발 등판하여 18이닝 동안 단 2점만 내줬고, 다저스는 다시 그의 도움이 필요해졌다. 하지만 그 짧은 시간만으로도 커쇼는 똑똑히 깨달을 수 있었다. 미국 전역을 전세기로 이동하는 생활과 밤새도록 고속도로를 달리는 버스 여행은 전혀 다른 세계였다. 이제 커쇼는 자신이 다시는 버스에 타지 않아도 되는 선수임을 팀에게 증명해야 했다. 그리고 무엇보다도, 스스로에게 증명해야 했다.

LA로 돌아왔을 때 커쇼는 오랜 팀 동료에게 한 가지 부탁을 했다. 페퍼다인 대학의 스타였던 폴 콜먼은 당시 어깨 부상에서 회복 중이었다. 그는 이제 야구에서 커리어를 이어가기 어렵다는 사실을 받아들이고 있었다. 콜먼은 서던 캘리포니아 대학에서 레지던트로 일하는 아내와 함께 LA 시내에 살고 있었다. 커쇼는 콜먼의 집에 룸메이트 한 명을 들일 공간이 있는지 궁금했다.

메이저리그와 마이너리그를 오가는 선수에게 주거 문제는 골치 아픈 일이었다. 커쇼는 자기 집을 얻을 수 없었다. 한 번만 부진해도 잭슨빌이나 트리플A 라스베이거스, 혹은 다른 지역으로 내려갈 수 있었다. 한동안 그는 패서디나 호텔에서 지냈는데, 그해 여름 숀 톨레슨이

206

방문했을 때 커쇼는 방에 놓인 간이침대에서 잠을 자야 했다. "커쇼가 가진 건 이 작은 더플백 하나에 다 들어갔죠." 톨레슨이 회상했다. 커쇼는 원정 때마다 가방을 채우고, 팀이 LA로 돌아오면 다시 그 호텔에서 가방을 비웠다.

커쇼가 콜먼에게 연락한 이유는 안정감을 찾고 싶었기 때문이다. 콜먼 부부 역시 스테이플스 센터 인근, 주차장이 딸린 방 3개짜리 집의 임대료를 함께 부담할 사람이 생긴 것을 반겼다. 커쇼는 완벽한 룸메이트였다. 파티도 하지 않았고, 어지르지도 않았다. 서로 마주칠 일도 드물었다. 콜먼 부부는 아침 일찍 집을 나섰고, 커쇼는 정오까지 자다가 밤 12시가 다 되어 경기장에서 돌아왔다. 당시 그는 LA 도심을 걸어도 아무도 알아보지 못하는 평범한 청년이었다. '캘리포니아 피자 치킨'에서 바비큐 치킨 피자를 해치웠고, 새롭게 발견한 체인 '서브웨이'에서 칠면조 샌드위치를 먹었다.

"너 '저지 마이크스'♦ 알아?" 콜먼이 어느 날 물었다.

"아니요." 커쇼가 답했다. "전 서브웨이파예요."

그해 여름, 다저스에서 커쇼는 배경 속으로 사라진 존재였다. 다저스를 이끄는 것은 '스타 파워'였고, 커쇼는 그런 역할을 하기에는 아직 갈 길이 먼 신인이었다.

콜레티 단장은 다른 원천을 찾았다. 다저스타디움을 가득 채우고,

♦　저지 마이크스(Jersey Mike's)는 미국 뉴저지에서 시작된 샌드위치 전문 프랜차이즈로, 서브웨이와 비슷한 형태의 체인이다.

팀 동료들에게 감탄을 불러일으킬 만한 장타자가 필요했다. 8월 1일, 토리는 커쇼에게 매니 라미레스를 소개했다. 콜레티 단장이 보스턴에서 막 데려온, 레게 머리를 한 슬러거였다. 당시 36세였던 이 외야수는 2008년 여름까지 올스타 12회 선정, 실버슬러거상 9회 수상, 월드시리즈 우승 반지 2개를 보유한 거물이었지만 보스턴에서는 완전히 미움을 산 상태였다. "매니는 매니다(Manny being Manny)"라는 말이 있을 정도로 기행으로 유명했고, 그의 행동은 점점 더 폭력적으로 변해가고 있었다. 보스턴이 그를 정리하기 직전, 라미레스는 동료와 싸우는가 하면 64세의 팀 원정 담당 매니저를 밀쳐 넘어뜨리는 사고까지 쳤다.

콜레티 단장은 새로운 환경이 라미레스를 되살릴 것이라고 판단했다. 그 예상은 맞았다. 라미레스는 폭발적인 타격으로 LA를 열광시켰고, 다저스타디움은 '매니우드(Mannywood)'가 되었다. 그는 53경기에서 타율 .396, 홈런 17개를 기록했다. 라인업은 강화되었고, 이디어와 켐프 같은 젊은 타자들은 부담이 줄었다. 맥도날드는 라미레스가 늘 젊은 선수들과 대화하며 그들을 편하게 해줬다고 기억했다. 그의 존재는 클럽하우스의 분위기도 누그러뜨렸다. 클럽하우스는 차갑고 경직된 공간일 때가 많았다. 그해 클리블랜드에서 트레이드되어 온 케이시 블레이크가 클럽하우스에 들어왔을 때만 해도 환영 인사가 미적지근했다. "누가 달려와서 인사해주는 분위기는 아니었죠." 블레이크가 말했다. 당시 클리블랜드는 클럽하우스 내 휴대폰 사용을 금지했지만, 다저스 선수들은 각자 통화를 하느라 정신이 없었다. 그들은 서로 어울리지 않았고, 포커도 치지 않았다. (블레이크가 포커를 시작했을 때, 커쇼는 참가비

100달러가 너무 비싸다며 거절했다.) 라미레스는 이런 분위기를 바꿔놓았다. "라미레스는 제게 사람으로서도, 선수로서도 진심으로 관심을 가져줬어요." 블레이크가 회상했다. "제가 경기를 망치면 옆에 다가와 앉아서 '야, 내일은 네가 4안타 칠 거야'라고 말해줬어요."

라미레스가 홈런을 양산하는 동안, 커쇼는 선발 로테이션을 지켰다. 그는 7월 27일 워싱턴을 상대로 6이닝 무실점 투구를 펼쳐 메이저리그 데뷔 후 첫 승을 거뒀다. 10일 뒤에는 처음으로 7이닝을 채웠다. 이후 시즌 마지막 13경기에서 기록한 평균자책점은 4.24로, 강등되기 전과 크게 다르지 않았다. (8월에는 절차상의 이유로 잠시 트리플A 팀인 라스베이거스에 머물렀지만, 카지노에는 한 번도 들어가지 않았다고 기자들에게 말했다.) 그의 성장에 다저스는 만족했다. 타자에게 안타를 맞더라도 볼넷을 내주는 것보다는 그게 나았다. 무엇보다 그의 태도는 베테랑들에게 호감을 샀다. 성공해도 과시하지 않았고, 실패해도 움츠러들지 않았다. "커쇼는 행동으로 존중을 얻었죠." 스위니가 말했다. 9월에는 2006년 드래프트에서 커쇼보다 4순위 늦게 지명된 맥스 셔저를 상대로 4실점을 하는 등 몇 번의 삐끗함은 있었지만, 전처럼 불펜을 혹사하는 조기 강판만은 피해나갔다.

때때로 토리 감독은 커쇼에게 지나치게 많은 이닝을 맡겼다. 9월 2일 샌디에이고전, 7점 차의 넉넉한 리드 상황에서 토리가 커쇼를 생애 처음으로 8회에도 마운드에 올리자 콜레티 단장은 격노했다. 토리 감독의 휴대폰이 울렸다. "단장님, 죄송합니다." 토리가 말했다. 그러자 콜레티가 답했다. "이 친구는 조심히 다뤄야 합니다."

커쇼는 계속해서 주위를 살폈다. 그는 데릭 로우가 등판 전날 불펜에서 공 없이 투구 동작을 반복하는 모습을 보았다. '드라이 스로잉'이라 불리는 이 루틴은 로우가 다음 등판을 머릿속으로 그리게 해줬다. 커쇼도 이를 자신의 루틴에 포함했다. 한편, 콜레티 단장이 사이영상 4회 수상에 빛나는 42세의 그레그 매덕스를 데려오자, 허니컷은 커쇼에게 그의 지혜를 배울 것을 권했다. "이 친구는 특별해요." 허니컷 코치가 매덕스에게 말했다. 시즌 막판, 커쇼는 경기 중 더그아웃에서 매덕스 옆자리에 앉았고, 이 베테랑은 신인 투수가 수비, 번트 처리, 주루 등 투수에게 필요한 부수적인 요소들을 깊이 신경 쓰는 모습을 보고 감탄했다. 매덕스는 "그런 모든 작은 것조차 그에게는 중요한 것이었어요"라고 회상했다.

라미레스의 폭발적인 활약에 힘입어 다저스는 내셔널리그 서부지구의 경쟁을 뚫고 가을 야구로 진출했다. 커쇼는 조력자의 역할에 머문 채 팀이 내셔널리그 디비전 시리즈에서 컵스를 제압하고, 내셔널리그 챔피언십 시리즈에서 필라델피아와 맞붙는 모습을 지켜봤다. 토리 감독에게 커쇼는 로우, 빌링즐리, 구로다만큼 믿음직한 선택지가 아니었다. 그해 챔피언이 되는 필라델피아가 다저스를 다섯 경기 만에 제압하는 동안, 커쇼는 불펜에서 등판했다.

2차전에서는 빌링즐리가 난타를 당하며 무너지자, 커쇼가 마운드에 올라 5개의 아웃 카운트를 잡아냈다. 사흘 뒤, 토리 감독은 커쇼에게 한 점 차 리드 상황을 지켜달라고 부탁했다. 하지만 결과는 좋지 않았다. 커브는 전혀 제구가 되지 않았고, 라이언 하워드에게 볼넷을 내준 뒤에는 팻 버렐에게 안타를 허용했다. 하워드는 토리가 커쇼를 교체한 뒤 홈을 밟았다. 한 점 차의 리드는 무너졌고, 경기와 시리즈의 흐름 역시 그렇게 필라델피아 쪽으로 기울어졌다.

"그런 날도 있는 법이죠." 커쇼는 경기 후 이렇게 말했다. "설명조차 안 되는 날입니다."

그때의 커쇼는 알지 못했다. 앞으로의 커리어 내내, 특히 10월만 되면 '왜 실패했는지 설명해달라'는 질문에 얼마나 시달릴지를.

샌디 쿠팩스가 스무 살이었을 때, 그는 브루클린 다저스의 벤치에서 허송세월하고 있었다. 등판 기회는 거의 없었다. 볼카운트가 조금만 불리해져도 월터 알스턴 감독은 즉시 불펜을 호출했다. 그가 로스터에 남아 있을 수 있었던 이유는 신시내티 대학 1학년을 마친 뒤 계약하며 받은 1만 4,000달러의 보너스 때문이었다. 그는 '보너스 베이비'(드래프트 제도가 시행되기 이전, 오늘날 1라운드 지명자에 해당하는 신분)였다. 브루클린은 1955년과 1956년, 두 해 동안 그를 메이저리그 로스터에 반드시 포함시켜야 했다. 1955년 월드시리즈에서 브루클린 다저스가 뉴욕 양키스를 꺾었을 때도, 쿠팩스는 유니폼만 입고 벤치에서 지켜보는 관객에 가까웠다. 이듬해 양키스가 왕좌를 되찾았을 때 역시 같은 처지였다.

스무 살의 쿠팩스와 스무 살의 클레이튼 커쇼 사이에는 50년 넘는 세월이 있었지만, 두 사람이 닮은 점은 단순히 던지는 구종이 비슷하다거나 왼손잡이라는 점에 그치지 않았다. 쿠팩스는 실패한 신세로 브루클린 고향 동네로 돌아가 벤슨허스트의 통근자들 사이에 끼여 기차 손잡이에 매달린 채 출퇴근하고 싶지 않았다. 커쇼 역시 하일랜드파크에 홀로 남게 될 어머니에게 빚만 남기고 빅리그에서 밀려나고 싶지 않았다. 그러나 커쇼의 비교 대상은 야구의 아이콘이 되기까지 6년의 시행착오가 필요했던 현실 속 쿠팩스가 아니었다. 은퇴한 지 수십 년이 지나도 사람들의 발걸음을 멈추게 하는 쿠팩스라는 이름의 전설이었다. 야구계와 미국 전역에서 신격화된 존재, 그리고 오늘날 다저스타디움 한가운데 동상으로 서 있는 바로 그 인물 말이다. 커쇼는 이러한 비교가 자신을 흔든 적은 없다고 말한다. 그는 스스로 세운 기준에 따라 움직였고, 쿠팩스는 한 명의 친구로 여겼다.

2010년 봄, 커쇼가 메이저리그 3년 차 시즌을 준비하던 무렵, 조 토리는 그를 한 자선 행사에 초대했다. LA로 향하는 비행기에서 토리는 커쇼와 쿠팩스가 나란히 앉게 자리를 마련했다. 둘은 몇 시간이고 대화를 나눴다. "둘 사이에 종이 한 장도 끼워 넣을 수 없을 정도였어요." 토리가 회상했다. 커쇼는 전설이 들려주는 말 한마디 한마디가 그저 영광스러웠다. 쿠팩스는 커쇼의 집중력과 겸손함을 높이 평가했다. "이 친구는 항상 더 나아지려고 해요." 쿠팩스가 말했다. "한 번도 멈춘 적이 없어요. 지금도 그래요."

시간이 흐르면서 쿠팩스는 커쇼가 자신과 같은 기준으로 성공을 정의한다는 사실을 깨달았다. 그것은 투수란 시작한 경기를 끝까지 책임지고 마쳐야 하는 존재라는 믿음이었다.

"제가 생각하는 투쟁심이란 물통이나 걷어차면서 화를 내는 게 아니에요." 쿠팩스는 2023년 인터뷰에서 이와 같이 말했다. "마지막까지 마운드에 남아 있는 것. 마지막까지 버티는 사람이 되는 것. 그게 투쟁심입니다."

쿠팩스는 자리에서 일어나 다시 한번 그 크고 묵직한 손을 내밀며 인사를 건넸다. 짧은 시간이었지만 인터뷰에 응해준 것만으로도 커쇼를 향한 애정을 느낄 수 있었다. 쿠팩스는 구단 홍보 책임자 스티브 브레너와 함께 천천히 걸어 나갔다.

"샌디, 당신은 정말로 손에서 공을 놓고 싶어 하지 않던 선수였죠?" 브레너가 물었다.

"우리 때 투수들은 다 그랬지." 쿠팩스가 답했다. "그때는, 다른 야구였어."

10장
실밥을 조여 잡아라

2009년 5월의 어느 오후, 스물한 살이 된 지 7주가 지난 클레이튼 커쇼는 필라델피아 시티즌스 뱅크 파크의 원정팀 감독실 문을 열고 들어갔다. 전날 밤, 필라델피아 필리스는 커쇼를 난타했고 그는 5이닝 동안 4실점을 허용했다. 스트라이크를 던지지 못하는 그의 반복되는 문제가 드러난 경기였다. 감독에게 호출을 받았다는 것이 무슨 의미인지, 커쇼는 너무도 잘 알고 있었다. 그는 마이너리그로의 강등을 통보받을 것이라 직감했다. 선발 로테이션에서 빠지는 것일 수도, 아예 메이저리그에서 빠지는 것일 수도 있었다. 하지만 조 토리의 생각은 달랐다. 그는 일종의 중재를 준비하고 있었다.

메이저리그에서의 두 번째 시즌, 일곱 차례 선발 등판을 치렀을 때 커쇼는 다시 다리 건너편 마이너리그로 돌아갈 위기에 놓여 있었다.

베테랑 선발 데릭 로우와 브래드 페니가 팀을 떠나면서 선발 한 자리가 생겼지만, 커쇼는 5월 중순까지 평균자책점 5.21로 부진했다. 루키 시즌과 똑같이 답답한 모습이 반복되었다. 패스트볼은 위력적이었고 커브는 눈이 번쩍 뜨일 만큼 좋았지만, 둘 다 컨트롤이 되지 않았다. 체인지업은 여전히 날카롭지 못했다. 단장 네드 콜레티는 마이너리그 재강등을 제안했다. 토리 감독은 커쇼에게 조금 더 기회를 주자고 했다. 토리는 데릭 지터나 로빈슨 카노가 그랬던 것처럼 어려운 상황을 대하는 커쇼의 방식에 깊은 인상을 받았다. 그런 선수라면 메이저리그에서 성장할 기회를 받을 자격이 있었다.

토리의 사무실 안에서 커쇼는 감독과 투수코치 릭 허니컷, 그리고 타격코치 돈 매팅리와 마주 앉았다. 커쇼는 그때까지 메이저리그 28경기에 나섰을 뿐이었지만, 세 명의 코치는 도합 53시즌을 뛴 베테랑들이었다. 토리는 그들의 경험이 커쇼에게 어떤 돌파구가 되어줄 것이라고 생각했다. 그는 매팅리에게 질문을 던졌다.

"만약 클레이튼이 오늘 선발 투수라면 코치님은 어떻게 상대하겠어요?"

매팅리는 양키스 시절 '도니 베이스볼(Donnie Baseball)'♦이라 불렸던 당대 최고의 타자였다. 올스타 6회 선정, 골드글러브 9회 수상에 빛나는 그는 냉혹한 스카우팅 리포트를 풀어놓았다. 커쇼가 공을 타자 몸

♦ 뉴욕 양키스의 간판 타자였던 돈 매팅리의 현역 시절 별명으로, 애칭 Donnie와 baseball을 결합한 표현이다. 야구의 모든 면에서 기량이 뛰어났기에 '야구 그 자체인 선수'라는 의미로 널리 사용됐다.

쪽으로만 던진다는 것을 알고 있으니, 자신은 스트라이크존을 반으로 갈라 몸쪽만 노릴 것이라고 했다. 커브는 머릿속에서 지우겠다고도 덧붙였다. 어차피 커쇼는 커브를 제대로 제구하지 못하니까. 체인지업도 잊겠다고 말했다. 커쇼 본인도 자신의 체인지업을 신뢰하지 않는다는 것이 눈에 보였다. 그러니 몸쪽만 기다리다가 빠른 공을 골라 치면 된다는 계산이었다. "이 친구는 구종이 하나밖에 없어요." 매팅리가 말했다. "패스트볼이요. 그것만 치면 됩니다. 어렵지 않아요."

토리는 커쇼에게 발언권을 넘겼다.

"뭐가 필요한지 스스로 알고 있겠지?" 토리가 물었다.

"알아요. 커브를 스트라이크로 넣어야 한다는 거요." 커쇼가 답했다. 그는 몇 주, 아니 몇 달 동안 같은 말을 들었다. 사실 메이저리그에 올라온 이후 내내 들었다.

토리는 부드럽지만 단호했다. 코치들은 커쇼의 완고함을 높이 평가했다. 위대한 선수들이란 모두 어느 정도 자기 고집이 있고, 자신이 옳다고 믿는 방향에서 쉽게 벗어나지 않는 법이었다. "그렇게 해서 그 자리까지 도달하는 거죠." 허니컷이 설명했다. "자기 신념, 그리고 자신을 믿는 고집이 있어요." 커쇼도 그런 선수 중 하나가 될 잠재력이 있었다. 하지만 아직은 아니었다. 성장하려면 변화가 필요했다.

"세 번째 구종을 만들어야 해." 토리가 말했다.

커쇼는 다저스에 지명된 순간부터 계속해서 같은 말을 들어왔다. 체인지업은 늘 그를 괴롭혔다. 그 구종을 자신의 기준에 맞게 던질 수가 없었다. 노력이 부족해서가 아니라고 생각했다. 패스트볼과 커브를 던질 때는 왼쪽 손목이 자연스럽게 몸 안쪽으로 꺾였다. 하지만 체인지업을 던지려면 마지막 순간에 손목을 반대 방향으로 회전시키는 '프로네이션(pronation)' 동작이 필수적이었다. "저는 그 프로네이션 동작이 안 돼요." 커쇼가 말했다. "방법 자체를 모르겠어요." 그럼에도 그는 2009년 봄 내내 구단의 요청에 따라 계속 시도했다. 좌완 투수라면 체인지업을 던져야 했고, 커쇼는 최고의 좌완이 되고 싶었다.

다저스에게 2009년은 변화의 해였다. 팀은 더 이상 다저타운에서 스프링캠프를 치르지 않았다. 프랭크 매코트 구단주는 애리조나주 글렌데일 외곽에 '캐멀백 랜치(Camelback Ranch)'라는 새로운 시설을 마련했다. 시카고 화이트삭스와 함께 쓰는 이 복합 시설 덕분에 선수들은 플로리다의 낡은 막사와 눅눅한 공기에서 벗어나 사막의 맑은 하늘과 최신 시설을 누릴 수 있었다. 매코트 부부의 결정은 훗날 구단에 심각한 악영향을 주지만, 2009년의 봄만큼은 평온했다. 그해 사막에서의 첫 스프링캠프에서 허니컷 코치는 커쇼를 쿠팩스와 연결해주었다. "안 할 이유가 없었죠." 허니컷은 그때를 떠올렸다. 그는 커쇼가 쿠팩스의 투구 동작, 즉 패스트볼과 커브를 던질 때 마치 투석기가 탄환을 튕겨내듯 힘을 폭발시키는 그 유명한 반동식 메커니즘을 어느 정도나 재현할 수 있을지 궁금했다. 쿠팩스는 자신의 몸 사용 원리를 커쇼에게 설명해주었다. 왼발을 투구판에 단단히 고정하는 방법, 오른쪽 엉덩이를 활용해 홈 플레이트 쪽으로 추진력을 만들어내는 방법 등이었다.

그 동작들은 커쇼에게 전혀 자연스럽지 않았다. 커쇼가 느끼는 불만과 답답함은 로테이션 보강을 위해 영입된 10년 차 베테랑 좌완, 랜디 울프의 눈에도 금세 포착되었다. 어느 날 웨이트장에서 울프는 커쇼에게 자신의 본능을 믿으라고 조언했다. "내가 배운 게 하나 있다면, 괴물 같은 존재에게서는 아무것도 배울 수 없다는 거야." 울프는 쿠팩스처럼 되는 것은 불가능하다고 설명했다. 오래 야구를 해온 울프는 커쇼의 특별한 구석 또한 알아보았다. 15년 후에는 어린 투수들이 오히려 커쇼의 투구 폼(부드럽게 손과 발을 들었다 멈춘 뒤 홈 플레이트를 향해 폭발적으로 치고 나가는 그 동작)을 따라 하려 하겠지만, 결국 실패할 것이라고 말이다. "왜냐하면 너도 괴물이거든."

그해 봄, 커쇼는 스물한 살이 되었고 생애 첫 맥주를 샀다. 한참 홀짝이던 그는 두 번째 잔은 주문하지 않았다. 그의 나이는 다른 모습에서도 드러났다. 겨울 동안 하일랜드파크 근처에 타운하우스를 하나 샀고, 첫 가구로는 탁구대를 샀다. 점수 계산을 위한 화이트보드도 벽에 걸었다. 여름에 머리를 깎으려 했을 때는 근처에 '슈퍼커츠'◆가 없다는 사실에 고민했다. 가장 가까운 미용실을 찾았지만 42달러를 부르자

◆　슈퍼커츠(Supercuts)는 미국 내 보급형 미용실 프랜차이즈로, 저렴한 가격에 빠르게 머리를 깎을 수 있는 곳으로 잘 알려져 있다.

218

"버즈커트♦는 얼마예요?"라고 되물었다. 그는 흥정 끝에 24달러짜리 삭발로 타협했다.

하지만 그의 치기 어린 고집은 경기장에서만큼은 더는 웃어넘길 수 있는 문제가 아니었다. 커쇼는 어떤 지름길도 허용하지 않았고, 5일 주기 루틴을 철저히 신뢰했기 때문에 자신이 무엇을 해야 하는지 스스로 가장 잘 알고 있다고 생각했다. 다저스타디움에서 좋지 않은 경기력을 보인 날, 그는 마이크 보젤로와 함께 주차장으로 걸어가며 진단을 부탁했다. "너는 커브를 스트라이크로 못 던지잖아." 보젤로가 말했다. 커브를 스트라이크존 안에 넣지 못하면 항상 패스트볼에 의존할 수밖에 없었다. 패스트볼의 구위가 워낙 압도적이어서 빅리그 타자들도 제대로 맞히지는 못했지만, 파울로 끊어낼 수는 있었다. 그러면 투구 수가 올라가고, 결국 실투를 기다릴 수 있었다. 보젤로는 커쇼에게 다른 종류의 커브를 던져보라고 했다. 스컬리를 매료시켰던 아름다운 움직임과 회전을 조금 포기하는 대신, 스트라이크존에 안정적으로 들어가는 커브를 던져보라는 것이었다. 커쇼는 그 제안을 좋아하지 않았다.

"저는 평생 커브를 한 가지 방식으로만 던져왔어요." 커쇼는 말했다. "늘 가능한 한 세게 던져왔고요."

보젤로는 웃음을 터뜨렸다. "누구 상대로? 고등학생? 마이너리그 싱글A 타자들 상대로?" 그는 메이저리그 레벨에서는 선발 투수라면 반드시 제구 가능한 변화구가 필요하다고 설명했다. 그리고 경고했다. "여기

♦　이발기로 전체 머리를 아주 짧게 깎는 헤어스타일. 군인 스타일의 커트 방식으로 볼 수 있다.

서 그걸 못 하면 선발 투수로는 살아남을 수 없어. 너는 불펜 투수가 되고 말 거야."

몇 주 동안 두들겨 맞고 토리, 허니컷, 매팅리와 면담을 가진 후에야 커쇼는 상황의 심각함을 이해했다. 커브는 건드리고 싶지 않았다. 체인지업은 여전히 손에 잡히지 않았다. 남은 선택지는 하나뿐이었다. 그는 허니컷에게 슬라이더에 대해 물었다.

릭 허니컷은 테네시주 채터누가 외곽에서 자라 녹스빌에 있는 테네시 대학 팀에서 뛰었다. 그의 말투에는 치커모가 댐 아래에서 퍼 올린 듯한 걸쭉하고 느린 남부 억양이 배어 있었다. 그는 23세에 메이저리그에 데뷔했고, 42세에 은퇴했다. 그 사이에 그는 시애틀 소속으로 올스타에 뽑혔고, 텍사스에서 평균자책점 1위에 올랐으며, 오클랜드에서 월드시리즈 우승 반지를 얻었다. 선발 에이스였던 적도, 그저 그런 불펜이었던 적도 있었으며, 그 사이에 있는 모든 단계도 거쳤다.

허니컷에게 가장 큰 변화를 준 경험은 텍사스가 그를 다저스로 트레이드한 뒤에 찾아왔다. 1984년 다저타운에서 치른 첫 스프링캠프는 그의 세상을 뒤흔들었다. 그는 투수코치 론 페라노스키, 마이너리그 감독 데이브 윌러스, 그리고 가끔 스프링캠프를 찾던 특별 지도자 샌디 쿠팩스와의 대화를 빨아들이듯 흡수했다. "샌디와 데이브, 페리와 함께 지낸 2, 3주 동안 배운 것이 제 인생 전체에서 배운 것보다 많았어요." 허니컷은 그때를 이렇게 회상했다. 2001년, 월러스가 그에게 다시 팀에 돌아와 마이너리그 코치를 맡아달라고 제안했다. 허니컷은 1990년대 후반 오맬리 가문이 팀을 루퍼트 머독의 폭스 엔터테인먼트 그룹에 매각하면서 다저스가 정체성을 잃었다고 느꼈다. 그는 2006년 그레이디 리틀 감독의 투수코치로 빅리그 코칭스태프에 합류했다. 토리 감독은 허니컷이 선수들과 잘 소통하고 다저스 구단의 역사를 이해하고 있다는 이유로 그를 계속 곁에 두었다. "다저스 코칭스태프에 합류했을 때 저는 과거의 영향력을 다시 팀 내부로 가져오고 싶었어요." 허니컷의 말이다. 그는 호통보다 겸손을 선호했다. 큰소리를 내는 일은 거의 없었다. 그리고 고집 센 선수들조차 자신을 믿게 만드는 데 능숙했다.

허니컷은 자신의 슬라이더 그립을 옛 양키스 투수 멜 스토틀마이어에게 배웠다. 슬라이더는 화려한 커브만큼 그림 같은 구종은 아니지만, 제구가 훨씬 쉽고 바깥쪽으로 미끄러지듯 흘러가는 변화구였다. 그립은 포심 패스트볼과 비슷했다. 검지와 중지를 공의 실밥 위에 올리고, 약지는 조금 떨어진 곳에서 지지대 역할을 했다. 공에 움직임을 주기 위해서는 손가락을 아주 미세하게 회전시키는 것만으로도 충분했다. 쿠팩스는 허니컷에게 더 강한 회전을 만들 수 있는 '압력점' 활용법을 가르쳐주었다. 쿠팩스는 마치 작은 '바이스'♦처럼 중지와 약지 마디 사

<hr>

♦ 바이스(vise)는 작업물 등을 단단히 고정하는 압착 도구를 뜻한다. 여기서는 실밥에 강한 압력을 걸어 회전을 극대화하는 동작을 비유한다.

이에 공을 끼워 잡았다. 그는 이것을 '실밥 조여 잡기'라고 불렀다.

2009년 봄, 커쇼가 커리어에 안정감을 더해줄 제3의 구종을 찾고 있을 때 허니컷은 자신이 배운 것을 전해줄 기회를 잡았다. "클레이튼이 좀 고집스러웠죠." 토리가 회상했다. "하지만 그는 허니컷 코치를 정말 좋아했어요." 커쇼에게 필요한 것은 커브처럼 입이 떡 벌어지는 구종이 아니었다. 스트라이크로 넣을 수 있는 구종이면 충분했다. 허니컷은 자신의 슬라이더 그립을 보여주며 쿠팩스에게 배운 핵심 원리, 특히 압력점을 강조했다. 그는 커쇼에게 중지를 실밥 깊숙이 걸어 넣으라고 했다. "공을 가로로 밀어버리는 느낌이 아니라, 위에서 아래로 잡아 끌어내린다는 느낌이어야 해." 허니컷은 이렇게 강조했다.

커쇼는 왼손에 공을 쥐고 그립을 따라 해봤다. 체인지업과 달리 슬라이더는 손목을 반대 방향으로 비틀 필요가 없었다. 패스트볼이나 커브를 던질 때처럼 손목이 자연스럽게 움직였다. 커쇼는 슬라이더에 필요한 것은 오직 힘이라는 것을 깨달았다. 최대한 세게 던지면 그립이 나머지를 해결해주는 구종이었다. 커쇼는 등판 사이사이 계속 슬라이더를 연습했고, 공이 휘는 궤적이 마음에 들었다. 하지만 실전용으로 쓸 수 있을지는 아직 확신하지 못했다. 허니컷과 토리, 보젤로, 울프 등 커쇼의 주변에는 조언을 해주는 사람이 많았다. "슬라이더는 제구 잡기가 훨씬 쉬울 거야." 울프가 말했다. A. J. 엘리스는 이렇게 말했다. "클레이튼은 말을 좀 늦게 듣는 타입이에요. 말을 듣긴 하는데, 스스로 납득하기 전에는 움직이지 않죠. 그게 그를 위대한 선수로 만드는 부분이기도 하고, 동시에 함께 일하는 것을 즐겁게 만드는 이유이기도

합니다. 결국 남의 의견을 받아들이긴 합니다."

커쇼는 몇 주 동안 슬라이더를 실전에 쓰지 않았다. 5월 17일, 토리 감독 사무실 미팅 이후 첫 등판에서 그는 플로리다 말린스를 상대로 8회까지 노히트를 이어갔다. 상황이 심상치 않자 허니컷은 랜드샤크 스타디움의 클럽하우스로 뛰어 들어가 콜레티의 지시를 받기 위해 전화를 걸었다. 대기록 달성 가능성이 있더라도 특정 투구 수가 되면 투수코치가 꼭 개입해야 한다는 것이 콜레티 단장의 방침이었다. 이날 경기가 논란이 될 일은 없었다. 커쇼가 8회 선두 타자에게 2루타를 허용했고, 그 즉시 투수 교체가 이루어졌기 때문이다. 허니컷과 토리 감독은 크게 숨을 내쉬며 기쁨 섞인 탄성을 내뱉었다. "저 친구, 쿠팩스의 압도감을 갖췄구먼." 토리가 말했다.

하지만 닷새 뒤, 커쇼는 다시 한 걸음 뒤로 물러났다. 에인절스를 상대로 5이닝 동안 볼넷 4개를 내줬다. 콜로라도에서는 6이닝 3실점이었다. "속으로 불만이 가득한 게 느껴졌어요." 울프가 회상했다. "결과가 어떻든 늘 '난 더 잘할 수 있어'라는 표정이었죠." 쿠어스 필드에서의 경기가 끝난 뒤, 다저스는 시카고로 이동했다. 보젤로는 리글리 필드 1루 쪽 불펜에서 채드 빌링즐리의 공을 받고 있었다. 그때 커쇼가 걸어왔다. 빌링즐리의 훈련이 끝났을 때, 커쇼는 그에게 잠시 더 남아달라고 했다. 그리고 말했다.

"보여드리고 싶은 슬라이더가 있어요."

마이크 보젤로는 말하자면 포수 장비를 착용한 젤리그[♦] 같은 인물이었다. 1997년 여름, 그는 양키스의 불펜 투수 마리아노 리베라와 캐치볼을 하다가 패스트볼이 급격하게 꺾여 들어오는 궤적을 목격했다. 그 난해한 움직임은 훗날 리베라를 명예의 전당으로 이끈 '커터'가 탄생한 실마리였다. 거의 20년이 지난 뒤, 보젤로는 시카고 컵스 코치로서 팀의 108년 만의 월드시리즈 우승을 함께하게 되었다. 이 두 사건 사이에 조 토리 감독은 그를 LA 다저스 코치로 데려왔다.

토리는 브루클린에서 보젤로의 아버지인 맷과 함께 자랐다. 훗날 토리와 맷 보젤로는 남캘리포니아에서 15년 동안 여름 야구 캠프를 공동 운영했다. 마이크 보젤로는 대학에서 프로 지명을 받지는 못했지만, 1991년 토리가 감독이었던 세인트루이스 카디널스와 계약해 프로 선수가 되었다. 몇 년 뒤 토리가 양키스를 맡자, 그는 보젤로에게 불펜 포수 자리를 제안했다. 당시 그는 아버지의 트럭을 운전하며 생계를 잇고 있었다. 문을 열어준 것은 토리였지만, 그 문을 스스로 넓힌 것은 보젤로였다. 그는 타격 메커니즘을 본능적으로 이해했고, 비디오 분석을 가장 먼저 도입한 코치 중 한 명이었다. LA 교외인 타자나 지역에서 자란 그는 할리우드에서 101번 고속도로를 타면 불과 18마일 떨어진 곳에

[♦] 우디 앨런 감독의 1983년 영화 「젤리그(Zelig)」에서 비롯된 표현. 주인공 '젤리그'는 어떤 상황이나 군중 속에 들어가면 자신의 모습을 바꾸어 거기에 섞이는 능력을 지닌 인물이다. 즉, '젤리그 같다'라는 표현은 어떤 집단에 스며들듯 존재감을 드러내는 사람을 비유할 때 주로 사용된다.

서 성장했기 때문인지 꼭 영화 대사를 하듯이 이야기를 했다. 그의 말은 거침이 없었는데, 전 컵스 감독 데일 스웨엄은 그를 이렇게 평가했다. "어떤 사람들은 그가 까칠하다고 생각하지만, 사실 보젤로는 엄청나게 솔직한 사람일 뿐입니다." 이러한 이유로 그는 커쇼의 '슬라이더 선공개'를 지켜볼 최적의 증인이었다. 보젤로는 작은 변화 하나가 커리어 전체를 바꿀 수 있음을 누구보다 잘 아는 사람이었다. 그리고 만일 공이 별로이면 거짓 없이 있는 그대로를 말해줄 사람이었다.

보젤로는 커쇼에게 패스트볼 몇 개를 던지며 몸을 풀어보자고 했다. 커쇼는 1-2-3 투구 동작에 들어갔다. 올리고, 내리고, 공 빼고. 포심의 움직임은 평소처럼 좋았다. 보젤로는 슬라이더를 던져보라고 했다. 다시 올리고, 내리고, 공 빼고. 커쇼의 손끝에서 나온 공은 거의 홈 플레이트에 당도하기 직전까지는 패스트볼과 다르지 않았다. 일반적인 슬라이더는 사선으로 꺾이며, 수평 변화가 수직 변화보다 크다. 그런데 이 공은 달랐다. 거의 스플리터처럼 땅을 향해 곤두박질쳤고, 오히려 수평 변화는 크지 않았다. "그냥, 공이 사라지더라고요." 보젤로는 그렇게 회상했다.

커쇼는 눈썹을 치켜올리며 '괜찮습니까?'라는 표정을 지어 보였다.

"방금 그거 다시 해봐." 보젤로가 말했다.

올리고, 내리고, 공 빼고. 두 번째 슬라이더 역시 똑같은 궤적을 그렸다. '맙소사.' 보젤로의 머릿속에 외마디가 스쳤다. 커쇼는 투구 동작을 또 반복했고, 공은 또다시 같은 곳으로 떨어졌다. 그는 커브에서는 느낄 수 없던 그 제어감을 처음으로 느끼고 있었다. "조금 빗나갔다 싶은 공도 여전히 스트라이크존 근처에서 제구가 형성되었습니다." 커쇼는 나중에 이렇게 말했다. 몇 개를 더 던진 뒤에 의견을 묻는 커쇼에게 보젤로가 말했다. "의견이고 뭐고 마운드에서 이렇게만 던질 수 있으면 당장 실전에서 써도 돼." 커쇼는 아직 확신이 없었다. 이렇게 순식간에 제3의 구종을 만들어냈다는 사실이 실감 나지 않았다. "뭐, 조금 더 지켜보시죠." 커쇼가 말했다.

며칠 뒤 주말, 리글리 필드에서 '행운'을 누린 사람은 보젤로뿐만이 아니었다. 부상으로 빈자리가 생겨 A. J. 엘리스가 잠시 빅리그에 올라와 있었기 때문이었다. 그는 러셀 마틴과 베테랑 포수 브래드 오스머스의 벽에 가로막혀 메이저리그 승격 기회를 잡지 못한 채, 트리플A 앨버커키에서 뛰는 시간이 길어졌다. 슬라이더 테스트 다음 날, 보젤로는 엘리스를 따로 불러 커쇼의 불펜 피칭을 받아보고 '새 구종'을 평가해 달라고 말했다. 엘리스는 물었다. "커쇼가 제가 받게 할까요?"

커쇼가 불펜에 들어섰을 때, 엘리스는 정식으로 포구 자세를 취하며 앉았다. 허니컷은 옆에서 커쇼를 지켜봤고 보젤로는 엘리스 옆에 섰다. 첫 슬라이더가 들어오자 엘리스는 믿기지 않는다는 듯 고개를 들어 보젤로를 바라봤다. "내가 뭐랬어?" 보젤로가 말했다. 커쇼가 던진 공은 계속 사라졌다. 멀리서 보면 별다를 게 없어 보였지만, 가까이서 보면 기괴할 정도였다. "직접 받아보기 전에는 설명하기가 어려워요." 보젤로는 회상했다. "공의 회전이 안 보이거든요." 둘은 계속 대화를 이어가며 지금 보고 있는 이 공의 움직임이 정말 가능한 것인지 확인하려했다. 과묵한 허니컷조차 고개를 끄덕였다. 볼카운트가 투수 쪽에 불리할 때도 스트라이크존에 넣을 수 있는 변화구, 이게 바로 커쇼가 찾던 답일지도 몰랐다. "저희가 의도했던 걸 그 슬라이더가 정확히 해내고 있었어요." 허니컷은 이렇게 기억했다.

커쇼가 투구를 마치자 모두가 그를 둘러싸고 모였다.

"슬라이더 어땠어요?" 커쇼가 엘리스에게 물었다.

"당장 실전에 써도 되겠어." 엘리스가 말했다.

그 말에 보젤로는 크게 흥분했다.

"내가 뭐랬어! 봐, 뭐랬어!" 그는 소리쳤다.

"진정들 하세요." 커쇼가 말했다. 그는 이런 상황에서 너무 앞서 나가면 안 된다는 것을 잘 알고 있었다. "아니, 정말이야." 엘리스가 말했다. "방금 그거 말도 안 되게 좋았어." 허니컷은 과하게 흥분하지는 않았지만, 확실히 고무되었다. 그는 슬라이더의 궤적이 마음에 들었고 떨어지는 깊이도 좋았다. 그리고 무엇보다 기존 슬라이더와는 전혀 다른 움직임이라는 점을 높이 평가했다.

커쇼는 이미 스킵 존슨에게 배운 투구 폼 덕에 다른 투수들보다 공을 오래 숨기는 능력이 있었다. 여기에 남다른 팔 각도, 그리고 허니컷이 가르쳐준 슬라이더 그립이 결합되어 다른 투수들은 쉽게 따라 할 수 없는 무기가 완성되었다. "커쇼의 슬라이더는 메이저리그 전체를 통틀어 독보적인 구종이에요. 아무리 말해도 부족할 정도예요." 허니컷은 이렇게 회상했다. 그 유일무이한 구종은 커쇼에게 새로운 문을 열어주었다. 그는 그 누구도 갖지 못한 특별한 무엇인가를 손에 넣은 셈이었다. 타자들은 '근육 기억'에 의존한다. 눈이 공을 인식하면 몸이 자

동으로 반응하는 것이다. 그런데 만일 이제껏 본 적 없는 구종이 날아
오면 어떻게 될까?

11장
모든 것을 견디게 하는 균형

클레이튼 커쇼는 이제 현대 야구사에서 선발 투수가 만든 가장 압도적인 전성기를 향해 막 나아가려 하고 있었다. 2009년 6월 4일 필라델피아, 그는 실전에서 생애 첫 슬라이더를 던졌다. 그해 남은 21경기에서 커쇼의 평균자책점은 2.03에 불과했다. 동료 네이선 이발디의 표현대로, 커쇼는 '타자가 손도 못 대는 경지'에 접어들고 있었다. 한 세대의 투수들이 그의 레퍼토리를 연구하겠지만 누구도 그대로 복제하지는 못할 것이다. 한 세대의 타자들 또한 두려움에 떨며 끝내 커쇼라는 암호를 해독하지 못한 채 무너질 것이다. '재능 있는 유망주'라 불리던 시간은 이제 막을 내리고 있었다. 야구 역사상 가장 뛰어난 투수로 군림할 시대가 막 시작되려는 참이었다.

하지만 2009년의 다저스에서 커쇼는 여전히 조연 같은 존재였다. 이

거대한 쇼를 이끄는 주연배우는 단연 매니 라미레스였다. 라미레스는 속을 알 수 없었고 때로는 참기 힘들었지만, 경기장 안에서는 도무지 막을 수 없는 존재였다. 2008년 포스트시즌에서 다저스가 탈락한 뒤, 『LA 타임스』의 빌 플래시키 기자가 팀에 남을 생각이 있는지 묻자 라미레스는 "두고 봐야죠"라고 답했다. 자유계약선수(FA)였던 그는 겨울 내내 화제가 되었다. 라미레스는 다저스가 자신이 원하는 금액을 맞추길 기다리며 플로리다 자택에서 시간을 보냈다. 결국 스프링캠프가 시작되고 몇 주가 지나서야 2년 4,500만 달러 계약서에 사인한 그는 뒤늦게 캐멀백 랜치에 나타났다. 그리고 4월이 오자, 마치 아무 일도 없었다는 듯 투수들을 공포로 몰아넣었다.

5월 7일 새벽 1시쯤, 네드 콜레티에게 프랭크 매코트의 전화가 걸려왔다. 라미레스가 스프링캠프 도중 테스토스테론 수치 양성 반응을 보였다는 내용이었다. 라미레스는 "개인적인 건강 문제"로 복용한 약 때문이라고 주장했다. 메이저리그 사무국은 50경기 출장 정지 징계를 내렸다. "오늘은 야구계 전체, 특히 저희 팀에 매우 어두운 날입니다." 콜레티는 기자들에게 말했다. (2년 뒤 라미레스는 또다시 금지 약물 검사에서 양성 반응을 보였다. 그는 100경기 출장 정지 징계를 받는 대신 은퇴를 선택했다. 이 일련의 사건으로 그의 명예의 전당 입성 가능성은 사실상 무산되었다.)

소동은 대중의 관심을 끌었지만, 팀을 무너뜨리지는 못했다. 맷 켐프와 안드레 이디어는 실버슬러거상을 수상했고, 강속구 마무리 조너선 브룩스턴은 생애 첫 올스타에 선정되었다. 랜디 울프가 로테이션을 안정시키는 동안 커쇼도 점점 제 모습을 찾아갔다. 7월, 출장 정지 징계가 끝난 후 돌아온 라미레스는 다시 장타를 터뜨리기 시작했다. 그러던 9월 어느 날, 다저스타디움에서 라미레스가 배팅 연습을 하고 있었다. "젊고 펄펄하던 시절에는 외야를 뛰어다니는 걸 좋아했어요." 커쇼의 회상이다. 당시 라미레스가 가볍게 우익수 쪽으로 밀어 친 타구를 향해 커쇼는 전력 질주했다. 주변을 신경 쓸 겨를도 없이 달리던 그는 그대로 펜스와 정면으로 충돌했다. 어린 선수들이 트레이닝 룸을 들락거리는 것을 곱게 보지 않던 당시 분위기 탓에, 커쇼는 아무렇지 않은 척 고통을 숨기려 했다. 하지만 그 장면을 브래드 오스머스가 보고 있었다.

"안에 가서 체크 좀 해봐." 오스머스가 말했다. "어디 하나 제대로 다친 게 분명해."

커쇼는 오른쪽 어깨 관절이 탈구되는 부상을 입었고, 결국 2주간 결장했다. 나중에 그는 이렇게 말했다. "맞아요. 정말 멍청한 짓이었어요." 그해 다저스는 내셔널리그에서 가장 많은 95승을 거뒀다. 포스트시즌 첫 라운드에서는 세인트루이스 카디널스를 상대로 시원한 3연승 전승을 달성했다. 이 시리즈에서 커쇼는 생애 첫 포스트시즌 선발 등판에 나섰다. 9개의 안타를 허용하고도 6.2이닝을 2실점으로 버티며 세인트루이스를 막아냈다. 어깨가 성치 않아 배트는 겨우 휘두를 수 있는 수준이었다. 그는 당시를 떠올리며 "투구 폼은 그럭저럭 괜찮았지만, 제가 원하는 수준의 공은 아니었어요"라고 말했다. 커쇼는 팀이 뒤처진 상황에서 마운드를 내려왔지만, 9회 말 팀이 만들어낸 끝내기 역전극을 벤치에서 지켜볼 수 있었다.

일주일 뒤, 커쇼는 내셔널리그 챔피언십 시리즈 1차전 선발 마운드에 올랐다. 상대는 전년도 월드시리즈 우승팀인 필라델피아 필리스였다. 이 팀은 막강한 타선과 흔들림 없는 자신감을 자랑했다. 장승처럼 우뚝 선 1루수 라이언 하워드는 2006년 내셔널리그 MVP였고, 엄청난 에너지를 뿜어내던 유격수 지미 롤린스는 그 이듬해 같은 상을 받았다. 그리고 '5툴 플레이어'인 2루수 체이스 어틀리 역시 돋보이는 최고의 선수였다. 전년도 포스트시즌에서 필리스가 다저스를 탈락시켰다는 사실도 필라델피아에 심리적 우위를 안겨주고 있었다. 울프는 당시의 공기를 공포 영화에 비유했다. 다저스 선수들이 마치 옷장 문을 박차고 괴물이 튀어나오기만을 기다리는 사람들처럼 경기를 치르고 있었다는 것이었다.

실제로 그들이 공포를 체감하기까지는 그리 오래 걸리지 않았다. 커쇼는 1 대 0 리드를 안고 5회까지 잘 버텼지만, 베테랑 외야수 라울 이바네즈에게 선두 타자 안타를 허용하면서 균열이 시작되었다. 그때부터 커쇼는 서서히 무너졌다. 폭투를 한 차례 범했고, 볼넷도 허용했다. 릭 허니컷 코치가 마운드에 올라 그를 진정시키려 했지만 소용이 없었다. 곧이어 포수 카를로스 루이즈에게 3점 홈런을 맞았다. 추락은 거기서 멈추지 않았다. 커쇼는 상대 선발 투수인 콜 해멀스에게도 스트레이트 볼넷을 내줬다. 연달아 폭투 2개가 더 나왔고 어틀리에게 또다시 볼넷을, 하워드에게는 2타점 2루타를 허용했다. 커쇼는 경기의 속도를 전혀 조절하지 못했다. 허니컷 코치부터 마이크 보젤로, 글렌 디시먼에 이르기까지 수많은 이들이 경기 템포를 늦추라고 귀에 못이 박히도록 조언했지만, 커쇼는 그 말을 실천하지 못했다. 그는 도저히 힘으로 제압할 수 없는 타선을 상대로, 끝까지 힘으로만 밀어붙이려 했다.

패스트볼은 더 이상 필라델피아 타자들을 주눅 들게 하지 못했다. 커브는 존 안팎을 제대로 찾아가지 못했다. 그리고 슬라이더 역시 필리스 선수들을 압도하지 못했다. "솔직히 말하면 그때 커쇼가 초반에 던지던 슬라이더는 별로 좋지 않았어요." 어틀리는 나중에 이렇게 말했다. "회전이 너무 일찍 다 보였거든요." (어틀리는 이런 것들을 포착하는 감각이 뛰어난 타자였다. 훗날 다저스에 합류했을 때, 그는 새 동료들에게 비밀 하나를 털어놓았다. 2008년과 2009년 당시 필리스는 종종 2루 주자를 통해 사인을 훔쳤다. 다저스 투수가 어떤 구종을 던질지 미리 알고 있었다는 것이다.)

마침내 하워드의 2루타가 터지자, 토리 감독이 나섰다. 더그아웃으로 돌아온 커쇼는 수건을 움켜쥔 채 스파이크 사이 바닥만 멍하니 내려다보고 있었다. 패배의 책임을 온전히 떠안기에 커쇼는 아직 어렸다. 이튿날 『LA 타임스』에서 플래시키가 호되게 비판한 대상은 방임에 가까운 경기 운영을 했던 토리 감독이었다. 당시 플래시키는 이렇게 썼다. "커쇼는 향후 수년간 포스트시즌 1선발 역할을 맡게 될 것이다. 하지만 지금은 여전히 투구를 배워가는 과정에 있는 선수이며, 여전히 주변에서 그를 지켜줘야 할 필요가 있다." 커쇼는 경기 템포를 조절하지 못하고 위기를 넘기지 못한 책임이 자신에게 있다고 여겼다. 훗날 커쇼는 당시를 떠올리며 "이러한 걸림돌은 한 사람의 인간이자 투수로서 내가 되고 싶은 모습으로 성장하기 위한 필수적인 과정이라 생각한다"라고 적기도 했다. 그 과정이 고통스러울 수 있다는 사실도 잘 알고 있었다. "가끔은 주님이 제게 이런 사실을 계속 상기시켜주지 않으셨으면 할 때도 있어요. '클레이튼, 넌 아직 배워야 할 게 많단다' 하고 끊임없이 말씀하시는 것 같거든요."

커쇼에게 필라델피아를 상대로 다시 등판할 기회는 돌아오지 않았다. 다저스는 2차전을 따냈지만 3차전에서 대패했다. 4차전에서는 브록스턴이 필라델피아 필리스를 상대로 2년 연속 세이브에 실패했다. "필리스를 만나면, 늘 어디에선가 토스트 타는 냄새가 나는 것처럼 불안했어요." 울프는 그렇게 회상했다. 팀이 탈락 위기에 몰린 상황에서 커쇼는 휴식을 마치고 언제든 나설 준비를 마친 상태였다. 5차전을 앞둔 어느 날, 그는 웨이트장에서 토리 감독에게 다가갔다.

토리는 헤드폰을 낀 채 실내 운동용 자전거 페달을 밟으며 신문을 읽고 있었다. 울프의 표현에 따르면 커쇼는 "우리 안에 갇힌 짐승처럼" 그 방을 서성이며 돌아다니고 있었다. 토리가 고개를 들자 커쇼는 자신이 5차전에 선발로 나갈 수 있겠느냐고 물었다. 토리 감독은 "안 돼. 넌 빠져 있어"라고 대답했다. 다저스는 비센테 파디야를 선발로 내보냈다. 하지만 파디야는 6실점을 기록했다. 커쇼도 구원 등판에 나섰지만 2점을 더 내줬다. 상대 팀 선수들이 마운드 위에서 뒤엉켜 환호성을 지르는 장면을 지켜보는 사이, 또 한 시즌이 그렇게 막을 내렸다. 훗날 커쇼는 이렇게 적었다. "그런 경험들이 늘 승부욕 강한 제 마음을 겸손하게 만듭니다."

그해 겨울 어느 밤, 식스 플래그에서 커쇼와 함께 하루 종일 롤러코스터를 타고 지쳐 돌아온 엘런 멜슨은 어린 시절을 보낸 자신의 방에서 눈물을 쏟았다. 아직 저녁 약속이 남아 있었지만, 그런 건 중요하지 않았다. 엘런은 남자친구의 마음이 다른 곳에 가 있다고 느꼈다.

텍사스 A&M 대학에서 마지막 학년을 앞둔 2009년 여름, 엘런은 LA에 있는 커쇼를 방문했다. 당시 커쇼는 여전히 다운타운의 콜먼 부부 집에 살고 있었지만, 충분히 좋은 활약을 펼치며 이 도시에서의 미래를 그려볼 만한 위치에 있었다. 두 사람은 처음으로 결혼 이야기도 나눴다. 엘런은 텍사스에서 나름의 삶을 꾸려가고 있었다. 커뮤니케이션 전공 수업도 듣고, 교내 자선 활동도 했으며, 여름이면 잠비아에서 에이즈에 감염된 고아들을 돌보는 선교 활동에도 참여했다. 졸업이 다가오자 그녀는 커쇼와 가까이 있고 싶었지만, 결혼 의지가 확실하지 않은 사람을 위해 자신의 모든 기반을 통째로 옮기고 싶지는 않았다.

시즌이 끝난 뒤, 엘런은 커쇼가 프러포즈해 주기를 내심 기다렸다. 하지만 커쇼는 결혼 이야기에 슬쩍 답을 피했고, 엘런의 실망은 깊어졌다. 엘런은 몰랐지만, 사실 커쇼는 이미 그녀의 아버지 짐 멜슨을 만나서 더듬거리는 말투로 딸과의 결혼을 허락해달라고 청했다. 긴장한 커쇼의 모습에 짐 멜슨은 웃음을 터뜨리며 허락했다. 커쇼는 특별한 순간을 준비하며 엘런의 언니 앤에게도 조언을 구했다. 크리스마스를 며칠 앞두고 놀이공원 데이트 후 저녁 약속을 잡았을 때도 엘런은 눈치채지 못했다. 평소 정장 바지 입는 것을 싫어하던 커쇼가 새 정장을 차려입고 면도까지 깨끗하게 한 채 흰색 리무진을 타고 나타났는데도 말이다. 둘은 하일랜드파크를 돌며 크리스마스 조명을 구경한 뒤 다운타운에서 식사를 했다. 그리고 운전사가 엘런을 집에 데려다주기 전, 커쇼가 자신의 타운하우스에 잠시 들르자고 했을 때도 엘런은 여전히 그날의 '진짜 목적'을 몰랐다.

문 앞으로 다가갔을 때, 엘런은 창문 사이로 새어 나오는 은은한 빛을 보았다. 안으로 들어서자 크리스마스 음악이 흘러나왔고, 장식용 리스, 반짝이는 전구들이 가득했다. 바닥에는 드라이아이스로 만든 인공 눈이 내려 있었다. 2층 트리 아래에는 작은 상자 하나가 놓여 있었다. 엘런이 상자를 열자, 산타 인형이 커쇼의 약혼반지를 들고 있었다. 이번에는 기쁨의 눈물이 흘렀다. 멜슨 가족의 집에는 이미 두 사람을 위한 파티가 준비되어 있었다. 그 자리에서 자연스럽게 결혼 날짜에 대한 이야기가 오갔다. 물론, 야구 시즌이 아닌 때여야 했다.

2010년 봄, 또 하나의 시즌을 준비하기 위해 다저스가 캐멀백 랜치에 모였을 때, 커쇼는 로건 화이트에게 한 가지 부탁을 했다. 드래프트까지는 아직 몇 달이 남아 있었는데, 커쇼는 예전에 함께 트래블 팀에서 뛰던 친구를 한번 봐달라고 했다. "도대체 숀 톨레슨이 누군지도 몰렸어요." 화이트가 말했다.

미국 대표팀과 디배트에서 주목받았던 투수 대부분은 이미 메이저 리그에 입성해 있었다. 브렛 앤더슨은 2009년 오클랜드에서 30경기에 선발로 나섰고, 타이슨 로스는 2010년 봄 샌디에이고에서 데뷔했다. 한때 전국 1위 유망주였다가 드래프트 12라운드까지 순위가 밀려났던 강속구 투수 조던 월든도 그해 여름 에인절스 마운드에 올랐다. 그러나 톨레슨은 베일러 대학에서 고전하고 있었다. 토미 존 수술에서 회복하는 동안, 그를 미국 대표팀의 핵심 불펜 투수로 만들어주었던 무시무시한 슬라이더는 다시 돌아오지 않았다. "사람들은 제가 자연스럽게 예전처럼 던질 수 있을 거라고 생각했죠. 하지만 예전에 어떻게 던졌는지 하나도 기억나지 않더라고요." 대학 마지막 해였던 4학년 시즌, 최종 성적은 2승 7패, 평균자책점 5.17에 그쳤다. 그는 치대와 의대 지원서를 쓰기 시작했다.

커쇼의 추천에 따라 화이트는 스카우트를 보내 톨레슨을 살펴보게 했다. 보고서는 회의적이었다. 다저스는 팀 내 데이터베이스에 그의 이름을 올려두긴 했지만, 화이트는 이후 그에 대해 잊고 있었다. 드래프트 당일 커쇼를 스카우트진이 모여 있는 회의실로 불렀는데, 커쇼가 "제 친구 톨레슨은요? 지금 어느 정도 평가를 받고 있나요?" 하고 물었다. 화이트는 그를 깜빡 잊고 있었다고 털어놓았다. 그래도 다저스는 30라운드에서 그에게 '베팅'을 해보기로 했다. 톨레슨은 1만 달러에 계약하며 유타주 오그던의 루키 리그 팀에 합류했다. 몇 년 뒤 그는 메이저리그에 올랐고, 또 몇 년 뒤에는 포스트시즌에 진출한 텍사스 레인저스에서 35세이브를 기록했다. 이후 허리가 망가지고 두 번째 토미 존 수술을 받으며 커리어는 사실상 끝이 났지만, 그는 자신이 예상했던 것보다 500만 달러는 더 벌었다. "만일 그때 커쇼가 아니었다면, 제 인생이 어떻게 됐을지… 누가 알겠어요?"

그 후로도 커쇼와 톨레슨은 꾸준히 가까이 지냈다. 겨울이면 함께 시간을 보내며 아이들 이야기를 나눴다. 톨레슨은 화이트에게 들은 대로 자신의 커리어가 커쇼의 추천에서 시작되었다는 것을 알고 있었다. 하지만 톨레슨은 커쇼에게 그때의 드래프트 이야기를 묻지 않았고, 커쇼 또한 스스로 말한 적은 없었다.

매코트 구단주 체제의 말기로 갈수록 다저스타디움은 점점 방치되어 갔다. 2009년 프랭크 매코트와 그의 아내 제이미의 이혼 소송이 시작되자, 구단은 거의 침몰 직전까지 몰렸다. 매코트는 늘 채권자들에게 쫓기는 사람처럼 다저스를 운영했고, 구단 전체에는 서로 뒤를 가리기 바쁜 분위기가 만연했다. 이혼 여파로 선수단 운영, 직원 급여, 구장 보수에 들어가는 예산이 바닥나기 시작했다. 다저스타디움은 팀의 몰락을 보여주는 상징이 되었다. 엘리베이터는 삐걱거리며 오르내렸고, 실내 타격장도 하나뿐이었다. 심지어 다저스 선수들은 원정팀과 웨이트장을 함께 써야 했다.

238

애리조나에서 뛰던 시절에 골드글러브를 네 차례나 수상한 베테랑 2루수 올랜도 허드슨은 웨이트장에서 커쇼를 처음 본 순간을 기억했다. 1년 뒤 허드슨이 LA와 계약했을 때, 그는 커쇼에게서 옛 동료이자 토론토와 필라델피아에서 각각 사이영상을 받았던 '광인처럼 집중하는 투수' 로이 할러데이의 모습을 보았다. 이제 막 음주 가능 연령을 넘긴 나이였지만 커쇼는 엄격한 루틴 속에서도 특유의 젊은 에너지와 기백을 뿜어냈다. 허드슨은 커쇼가 항상 땀을 흘리고 있었다고 기억했다. "제가 '야, 지금은 또 뭘 하길래 땀이 나냐?'하고 물으면 '방금 러닝 훈련 끝냈어요'라고 했고, 두 시간 후에 '아니, 지금은 또 왜 땀이 나?' 하고 물으면 '방금 얼음물 욕조에서 나와서 그래요' 하는 식이었습니다. 정말 놀랐습니다. 그래도 전 좋았어요. 그건 보여주기용이 아니었거든요. 커쇼는 그 루틴을 매일 똑같이 소화했습니다."

커쇼는 시간을 최적화하는 법을 배워가고 있었다. 그의 불펜 투구 훈련은 더 정돈되고 효율적으로 변해갔다. 커쇼의 메이저리그 초창기를 떠올리며 보젤로는 이렇게 말했다. "마치 우리 앞에 갓 풀어놓은 어린 종마 같았어요. 그냥 이쪽저쪽 뛰어다녔죠." 보젤로는 자신의 공을 제대로 통제하는 것이 얼마나 중요한지를 강조했다. 또한 커쇼에게 앞으로 그가 특히 사수해야 할 스트라이크존 낮은 영역에 좋은 패스트볼을 꽂아 넣는 훈련을 꾸준히 반복하라고 조언했다.

불펜 연습은 점점 더 깔끔해졌고, 보통 34구 정도로 훈련이 마무리되는 간결한 세션이 되었다. 최고 구속을 짜내는 대신, 매번 같은 투구 동작을 반복하는 데 집중했다. 훈련 결과가 좋든 나쁘든, 커쇼는 거기에 오래 매달리지 않았다. 체크 항목을 확인하면 바로 다음 일과로 넘어갔다. "좋았든 나빴든, 그냥 그 자리에서 다 털어냈죠." 허니컷이 회상했다.

허니컷은 주자가 있을 때 커쇼가 세트 포지션에서 티핑◆을 하고 있다는 점을 알아차렸다. 패스트볼을 던지고자 할 때는 공을 꽉 움켜쥐었지만, 느린 변화구 그립을 찾을 때는 글러브가 벌어지곤 했던 것이다. 허니컷은 커쇼에게 양손을 더 높이 올리고 심호흡을 한 뒤 공을 잡으라고 조언했다. 이 동작은 그의 의도를 숨겨주었고, 어깨에 들어간 긴장도 완화해주었다. 이후 커쇼는 글러브 끝에서 구종의 힌트가 새어 나가던 그 경직된 자세를 더는 고집하지 않았다. 시간이 지나면서 이 동작은 그의 트레이드마크가 되었다. 커쇼는 숨을 내쉬며 두 손을 점점 더 높이 들어 올렸고, 결국에는 팔이 하늘을 향해 완전히 뻗는 자세가 되었다.

커쇼는 코치든 구단 임원이든 동료든 늘 여러 조언을 들었다. 대부분은 걸러냈지만 납득이 되는 것은 받아들일 줄 알았다. 다저스의 1라운드 지명자였던 블레이크 디윗은 당시를 이렇게 회상했다. "선수들은 커리어 초창기 마이너리그 시절에 코치들이 시키는 것이라면 뭐든 다 하려고 합니다. 어떤 선수들은 계속 '네', '네', '네'만 하다가 나중에 자

◆ 티핑(tipping)은 투수가 구종마다 무의식적으로 드러내는 작은 습관 등이 타자에게 읽히는 것을 뜻한다. 글러브의 열림 정도, 팔의 위치 등 미세한 차이가 반복될 경우, 상대 타자가 이를 단서로 구종을 미리 파악할 수 있어 투수에게 매우 위험하다.

신이 원래 어떤 선수였는지조차 잊어버리게 되죠." 그러나 커쇼는 달랐다며 말을 이어갔다. "커쇼는 좋게 말하면 고집이 있었고, 나쁘게 말해도 고집이 있었어요. 자신을 '최고의 모습'으로 만들어주는 것이 무엇인지 알고 있었고, 누가 뭐라 하든 그것을 지킬 줄 아는 선수였죠."

토리 감독은 커쇼에게 신뢰로 보답했다. 2009년 커쇼는 30차례의 선발 등판 중 16경기에서 100구 이상을 던졌는데, 이듬해에는 100구 이상 던진 경기가 무려 27차례로 늘었다. 그는 허니컷이 준비한 게임 플랜 차트를 꼼꼼히 분석했다. 커쇼가 원했던 것은 단순하지만 결정적인 정보였다. 카운트 초반에 적극적으로 배트를 내는 타자는 누구인가? 약점은 어디인가? 강점은 어디인가? 커쇼는 그 모든 것을 경기 전까지 암기했다. 성공은 확신을 낳고, 그 확신은 더 큰 성공을 낳았으며, 그 성공은 다시 더 단단한 확신을 낳았다. 브래드 오스머스는 이렇게 말했다. "커쇼는 마운드에 서면 정말로 믿었어요. 상대가 누구든 결국 잡아낼 거라고요."

2010년 7월 20일, 커쇼는 내셔널리그 서부지구 최고의 투수로 평가받던 상대와 첫 맞대결을 펼쳤다. 머지않아 그 '최고'라는 자리는 커쇼 외에 누구도 넘볼 수 없게 되었지만, 당시만 해도 그 자리의 주인은 팀 린스컴이었다. 커쇼가 메이저리그 1, 2년 차에 고전하는 동안, 2006

년 드래프트 10순위 지명자인 린스컴은 키 약 180센티미터, 몸무게 약 77킬로그램의 체격으로 역동적인 투구를 구사했다.『스포츠 일러스트레이티드(Sports Illustrated)』의 톰 버두치 기자의 표현대로 린스컴은 "다리, 엉덩이, 상체가 완벽한 조화를 이루며 괴물 같은 회전력을 만들어내는" 회오리 같은 투구 폼으로 팬들을 사로잡고 있었다.

린스컴의 그 조화는 2008년과 2009년, 그에게 2년 연속 내셔널리그 사이영상을 안겨주었다. 이는 동시에 다저스 프런트에 만만치 않은 불안감을 안겼다. 스카우트 팀 홀그렌은 당시를 이렇게 회상했다. "네드가 '자네들, 어떻게 린스컴을 그냥 지나칠 수 있었나?'라고 말하던 게 생생해요." 물론 이유가 있었다. 로이 스미스와 로건 화이트가 드래프트 전 린스컴에 대해 논의할 때, 둘은 그를 '하이 리워드, 하이 리스크' 선수로 판단했다. 린스컴의 투구 메커니즘은 말도 안 되게 빠른 팔 스피드에 의존했는데, 그런 속도를 오랫동안 유지하는 투수는 없기 때문이었다. "체격이 왜소한 선수인데, 팔 스피드가 조금이라도 떨어지는 날에는 끝이라고 생각했죠." 스미스의 말이다. 실제로 데뷔 후 두 시즌 동안 시속 94마일♦에 달했던 린스컴의 패스트볼 평균 구속은 2009년부터 떨어지기 시작해 2010년에는 더 떨어지고 있었다. 작은 체격에서 뿜어져 나오던 기세가 점차 사그라들고 있었던 것이다.

그날 밤 두 선수가 마침내 맞대결을 펼치게 되었을 때, 그 대결은 여전히 '빅매치'라 불릴 만했다. 첫 타석에서 몸쪽 공을 두고 신경전을 벌

♦　약 151.3킬로미터

이던 커쇼의 시속 91.3마일♦ 패스트볼이 자이언츠 외야수 안드레스 토레스의 왼손을 맞혔다. 두 팀 사이에는 이미 사연이 있었다. 다저스와 자이언츠의 대결에는 언제나 역사가 뒤따랐다. 몇 달 전에는 파디야의 공이 자이언츠 외야수 애런 로완드의 턱을 부러뜨렸다. 커쇼가 토레스를 맞히자 린스컴은 맷 켐프에게 몸쪽 공을 세 차례 연달아 던졌고, 마침내 세 번째 공이 켐프의 등을 강타했다.

심판진이 양 팀 벤치에 퇴장을 줄 수도 있다며 경고를 하자, 다저스 벤치코치 밥 셰이퍼는 격렬하게 항의했다. 분노한 이는 그뿐만이 아니었다. 커쇼는 등판일이 아닌 날에도 늘 더그아웃 난간에 기대어 팀을 응원하는 선수였다. "그 친구는 진짜 '미스터 다저(Mister Dodger)'였어요." 동료였던 제이미 라이트는 말했다. 실제 경기에 출전해서 공을 쥐고 있던 날, 동료들이 얻어맞는 모습을 본 커쇼의 본능이 깨어났다. 그것은 고교 1학년 미식축구 선수 시절에 몸싸움 속에서 주먹을 휘두르던 바로 그 본능이었다.

커쇼는 토리 감독과 셰이퍼 코치에게 다가가서 말했다.

"감독님, 제가 한 명 잡겠습니다."

토리는 보복은 어리석은 일이라고 설명했다. 나중에 기회가 있을 것이고, 자이언츠와는 또 만나게 될 것이라고 했다. 그렇게 말한 뒤 토리는 물을 뜨러 자리에서 일어났다. 하지만 커쇼의 뜻은 변함이 없었다.

"코치님, 저 한 명 맞힐게요."

♦ 약 147킬로미터

셰이퍼는 토리 감독과 똑같은 말을 반복했다. 그러나 한 이닝 뒤, 자이언츠 불펜 투수 데니 바티스타가 러셀 마틴을 위협하는 몸쪽 공을 던졌다. 마틴은 타석에서 몸을 피하며 돌아섰다. 셰이퍼는 심판진을 상대로 그야말로 '폭발'했고, 심판은 그를 퇴장시켰다. 더그아웃을 지나며 셰이퍼와 커쇼는 눈이 마주쳤다. "금방 따라갈게요." 커쇼가 말했다.

7회 초, 첫 번째 공이었다. 커쇼는 애런 로완드의 엉덩이를 정통으로 맞혔다. 심판은 즉시 커쇼를 퇴장시켰다. 커쇼는 억울한 표정을 짓지도, 항의를 하지도 않았다. 관중들은 그에게 기립박수를 보냈다. "그날 이후로 제게 커쇼는 특별한 선수였어요." 셰이퍼는 회상했다. 그는 15년 가까이 메이저리그에서 코치 생활을 하며 하나의 이론을 갖고 있었다. "일부 선수들은 좋은 선수가 되는 것을 두려워합니다." 주목받는 것을 두려워하고, 기대치에 눌리고, 필요한 노력을 기피한다는 것이었다. 하지만 그는 확신했다. 클레이튼 커쇼는 그런 부류의 선수가 아니었다.

"커쇼는 야구계 최고의 선수가 되겠다는 목표를 갖고 있었어요." 셰이퍼의 말이다. "많은 선수가 마음속으로는 그렇게 생각합니다. 하지만 대부분은 자신의 한계를 깨닫고 물러서죠. 그런데 커쇼는 그 어떤 한계가 자기 길을 막게 두지 않았습니다."

2010년 12월 4일은 커쇼가 하일랜드파크 고교 복도에서 갈색 머리의 한 소녀에게 처음 말을 건 지 7년 9개월 15일이 지난 날이었다. 그는 하일랜드파크 장로교회 제단 앞에 서 있었다. 그리고 그때 그 소녀가 이제는 신부가 되어 그에게 걸어오고 있었다.

그 오랜 시간 동안 멜슨 가족과 함께했던 여행들, 그리고 야구 선수의 삶과 대학 생활을 이어주던 수없이 많은 전화와 이메일 속에서, 엘런은 여전히 커쇼를 웃게 해주었다. 그녀는 낙천적인 에너지로 빛났고, 커쇼의 세계를 넓혀주었다. "엘런을 가장 잘 표현하는 단어는 '기쁨'이에요." 커쇼는 말했다. "그녀는 정말 기쁨을 주고, 긍정적이며, 열정적입니다." 엘런에게 커쇼는 균형추 같은 존재였다. "전 세상을 장밋빛으로 보고 싶어요." 엘런은 말했다. "그건 클레이튼이 우리 상황을 하나하나 점검하고, 위험하지는 않은지 살피며, 우리 가족이 늘 안전한 곳에 있도록 해준다는 믿음이 있어서 가능한 거예요. 그래서 전 그가 지켜준 뒤에 남는 좋은 부분만 볼 수 있죠." 둘은 서로를 채워주는 존재였다. "저희 둘 다 현실감 없이 사는 타입이었다면 절대 맞지 않았을 거예요."

신부는 실크 태피터로 만든 어깨가 드러나는 드레스를 입었다. 신랑은 검은 턱시도에 화이트 타이를 매고, 조금은 어설프지만 환하게 웃는 얼굴로 서 있었다. 엘런의 언니 앤은 신부 측 대표 들러리를 맡았고, 신랑 측에서는 하일랜드파크 시절의 친구들과 톨레슨, 엘런의 두 남자 형제가 곁에 서 있었으며, 조시 메러디스가 그들을 이끌었다. 참석한 야구 선수들로는 제임스 맥도날드, 프레스턴 매팅리, 폴 콜먼 등이 있었다. 식이 끝나고 하객들은 로열 오크스 컨트리클럽의 피로연장으로 이동했다. 바에서는 라소다 패밀리 와인이 제공되었고, 합창단은 크리스마스 캐럴을 불렀다. 부부의 첫 춤은 전통적인 방식과는 조금 달랐다. 며칠 동안 고민하며 곡을 골라보았지만 「원더풀 투나잇(Wonderful Tonight)」 같은 느리고 서정적인 발라드는 두 사람의 분위기에 어울리지 않았다. 이에 엘런은 어린 시절부터 좋아했던 취미를 떠올리며 제안했다. "우리 둘이 안무를 짜서 춤을 춰보자." 결국 결혼식 당일, 커쇼는 운동화로 갈아 신고 어셔(Usher)의 「디제이 갓 어스 폴린 인 러브(DJ Got Us Fallin' in Love)」에 맞춰 엘런이 직접 짠 안무를 멋지게 선보였다. "남편을 어떻게 설득해서 춤을 추게 했는지 지금도 모르겠어요. 하지만 결국 해냈죠." 엘런은 웃으며 회상했다.

신혼여행 계획은 어딘가 풋내가 났다. 그들은 구글에서 '멕시코 올 인클루시브 리조트'♦를 검색했고, 그 결과 플라야 무헤레스에 도착했다. 두 사람은 수영장 옆에서 과일 칵테일을 마셨고, 커쇼는 팔을 풀기 위해 베개를 표적 삼아 공을 던졌다. 몇 주 뒤, 클레이튼은 처음으로 엘런과 함께 잠비아로 향했다. 출국 몇 달 전부터 엘런은 커쇼의 불안을 느낄 수 있었다. 커쇼가 걱정한 것은 봉사활동이나 말라리아가 아

♦　올 인클루시브 리조트(all-inclusive resort)는 숙박비에 식사, 주류, 룸서비스, 각종 액티비티 비용까지 포함된 형태의 리조트 패키지를 말한다. 미국 신혼부부와 가족 여행객에게 인기 있는 여행 방식으로, 멕시코가 그 대표 지역 중 하나다.

니었다. 자신의 투구 훈련 프로그램이 흐트러지는 데 대한 걱정이었다. 그는 비행기에 두툼한 매트를 들고 탔고, 잠비아에 도착하자마자 용접공을 불러 매트를 고정할 프레임을 만들어달라고 했다.

잠비아의 수도 루사카에 도착했을 때, 그들은 엘런이 지난 방문에서 인연을 맺었던 아이들을 만났다. 아이들 무리가 몰려들었고, 몇몇은 커쇼를 보며 입을 다물지 못했다. 엘런은 '저 아이들이 이렇게 큰 백인을 본 적이 있을까?'라고 생각하며 남편의 손을 꼭 잡았다. "정말 놀라워." 커쇼가 말했다. 그 여행은 커쇼의 신앙을 더 깊게 만들었고, 엘런이 왜 이 나라를 그토록 사랑하는지 이해하는 계기가 되었다. 특히 예배 시간에 잠비아 사람들이 노래하는 소리를 들으며 벅찬 감정을 느꼈다. "엘런은 늘 말했어요. 잠비아에서의 예배는 천국에서 드리는 예배가 어떤 모습일지 보여주는 그림 같다고요. 그 순간, 무슨 말인지 알겠더라고요." 그는 훗날 자신의 책에서 그렇게 밝혔다.

커쇼는 훈련 루틴을 그대로 유지했다. 흙길을 달리고 매트에 계속해서 공을 던졌다. 마침 여행단 일행 중에 고교 시절 야구를 했던 사람이 있어서 커쇼는 그에게 '캐치볼 담당' 역할을 맡겼다. 이 두 여행은 엘런에게 앞으로 가족의 휴가가 어떤 방식으로 진행될지를 미리 알려주는 예고편과도 같았다.

"16년 전에 그냥 캐치볼 하는 법을 배워둘 걸 그랬어요." 엘런은 회상했다. "그랬다면 여행이 훨씬 더 편했을 텐데 말이죠."

겨울이 되면 커쇼는 타지에서 베개나 급조한 표적을 맞히거나, 학교 다닐 때 운동 좀 해봤다는 사람을 붙잡아 공을 던지는 대신 하일랜드 파크 고교 실내 훈련장에서 함께 땀 흘릴 투수들을 찾아 댈러스를 돌아다녔다. 상대는 고교 친구부터 메이저리그 선발 투수들까지 다양했다. 어느 오프시즌에는 텍사스 레인저스의 우완 투수 브랜던 매카시가 합류했다. 그는 커쇼가 왜 타자를 그토록 압도하는지 직접 체험하며 깨달음을 얻었다. 목표 지점을 잡아두면 커쇼는 정확히 거기에 공을 꽂았다. 매카시는 공이 날아오는 순간을 따라잡을 수조차 없었다. "금방 와닿았어요. '아, 이래서 타자들이 제대로 못 치는 거구나. 공이 제대로 보이질 않네' 이런 느낌이었어요." 매카시의 회상이다.

어느 날 오후, 매카시는 하일랜드파크 시절 커쇼의 팀 동료였던 윌 스켈턴과 나란히 서 있었다. 당시 스켈턴은 샘 휴스턴 주립 대학에서 선수 생활을 마무리하고 있었다. 스켈턴은 커쇼의 구속이 착시를 일으킨다고 말했다. 패스트볼 평균 구속은 93마일◆이었지만 체감 속도는 그 이상이었다. "누가 약 18미터 거리에서 그의 공이 제 공보다 몇 회전이나 더 도는지 분석해줬으면 좋겠어요." 스켈턴이 매카시에게 말했다.

이후 수년 동안, 야구 운영 부서 곳곳에 자리 잡은 항공우주공학자, 엑셀의 마법사들, 그리고 '머니볼'식 데이터 분석가들이 마침내 답

◆ 약 149.7킬로미터

을 찾아냈다. 커쇼의 오버 더 탑 딜리버리♦는 엄청난 역회전을 만들어내고 있었다. 이를 가장 쉽게 설명하는 방법은 비행기를 떠올리는 것이다. 비행기가 뜰 때 날개의 에어포일이 아래에서 양력을 만들어내듯 야구공의 백스핀이 동일한 역할을 한다. '떠오르는 패스트볼'이라는 개념은 일종의 신화에 가깝다. 인간은 실제로 공을 위로 떠오르게 할 만큼의 힘을 만들 수 없다. 하지만 커쇼 같은 투수는 중력을 더 오래 버틸 수 있을 만큼의 백스핀을 만들어냈다. 공이 다른 투수들의 공보다 늦게 가라앉았고, 이는 타자들의 시각적 인지를 혼란스럽게 만들었다. "전성기 커쇼의 패스트볼은 정말 치기 어려운 공이었어요." 신시내티 레즈 조이 보토의 회상이다. 커쇼의 패스트볼은 타자의 예상 궤적대로 움직이지 않았다. 좌완 투수를 전문으로 상대했던 외야수 리드 존슨은 이렇게 기억했다. "다른 투수들보다 공이 '훅' 하고 파고들어옵니다."

훗날 세인트루이스 카디널스에서 활약하며 커쇼의 천적으로 불리게 되는 맷 카펜터는 이렇게 말했다. "커쇼의 패스트볼은 어떻게 수치화해야 할지 알 수 없는 그런 공이었어요. 스피드건에 찍힌 숫자보다 훨씬 강하게 다가온다는 건 그냥 알 수 있었죠."

커쇼는 타자들의 시각, 운동 능력, 지구력, 그리고 무엇보다 기억의 빈틈을 파고들었다. 타자들은 커쇼가 무슨 공을 던지는지 제대로 알아채지 못했다. 패스트볼과 슬라이더를 구분할 시간도 없었다. 그의 '몰

♦ 오버 더 탑 딜리버리(over-the-top delivery)는 팔을 거의 수직에 가깝게 들어 올려 위에서 아래로 내리꽂는 투구 폼을 말한다. 일반적인 투수들의 팔 각도보다 높은 각도에서 나오는 이 투구 폼은 더 많은 백스핀을 걸어 타자로 하여금 공이 '떠오르는 것처럼' 보이는 착시를 만들기도 한다.

아치는 기세'를 따라잡지 못했다. 그리고 커쇼처럼 타자를 상대하는 투수가 거의 없었기에 그의 구종 조합을 기억하고 분류하는 것조차 어려워했다.

슬라이더는 완전히 물이 올랐다. 상대는 더 이상 그의 패스트볼만 노릴 수 없었다. 2011년, 커쇼는 슬라이더 구속을 81마일에서 84마일 로♦ 끌어올렸다. 공에 걸리는 회전은 더 강력해졌고, 타자들은 더욱 혼란스러워졌다. 이 구속은 훗날 더 올라가게 된다. "회전이 전혀 보이질 않았어요." 어틀리의 말이다. "투수 손에서 공이 나오는 순간에는 패스트볼처럼 보여요. 맞힐 수 있을 것 같은데, 그게 그냥 사라져버립니다."

커쇼는 보통의 좌완 투수들이 취하는 타자 공략 방식을 완전히 뒤집었다. 그는 2011년 다저스 코치진에 합류한 다섯 차례 올스타 출신, 팀 월락 같은 선배들의 노하우를 파고들었다. 월락은 이렇게 믿었다. 우타자들은 좌완 투수를 상대할 때 바깥쪽 공에 대비하는 경향이 있는데, 대부분은 좌완 투수가 오른손 타자와의 몸쪽 승부를 두려워하기 때문이라는 것이었다. 하지만 커쇼는 오히려 우타자의 몸쪽 스트라이크존 절반을 '점령'했다. "그게 엄청난 이점이에요. 대부분의 좌완 투수는 그걸 못 하거든요." 월락의 설명이다. 2012년 샌디에이고에서 데뷔했던 포수 야스마니 그란달도 "거의 우완 투수를 상대하는 느낌이었다"고 말했다.

메츠의 스타 3루수 데이비드 라이트는 스트라이크존 위로 팔을 길

<hr>

♦ 각각 약 130킬로미터, 약 135킬로미터

게 뻗어 바깥쪽으로 빠지는 좌완 투수의 패스트볼과 체인지업을 공략하기를 좋아하는 단단한 체격의 선수였다. 그러나 커쇼는 달랐다. "최대한 겸손하게 말씀드리자면, 저는 상대하고 싶지 않은 좌완 투수는 거의 없었어요." 라이트의 회상이다. "전 좌완 투수 상대하는 걸 정말 좋아했고, 항상 자신이 있었어요. 누구와 붙어도 상관없었죠. 하지만 클레이튼만큼은 뭐랄까, '아…' 하게 되었어요." 커쇼는 우타자의 몸쪽 낮은 코스를 가차 없이, 그리고 집요하게 찔러 넣었다. 라이트는 알면서도 당하게 된다고 말했다. "어디로 던질지 뻔히 보여요. 그런데 커쇼는 계속 거기, 또 거기, 또 거기에 던집니다. 지켜보고 있으면 스트라이크로 꽂히고, 스윙하면 정타가 되지 않은 채 그다음 주 내내 엄지에 아이싱을 해야 할 정도였어요." 그리고 패스트볼을 노리고 있으면, 커쇼는 슬라이더로 응수했다. "슬라이더를 때려서 맞히면, 그 타구가 오히려 우타자 정강이를 맞힐 수도 있었어요." 라이트가 회상했다.

좌타자들의 상황은 더욱 처참했다. 커쇼는 그들 기준으로 바깥쪽 낮은 코스를 똑같이 집요하게 파고들었다. 텍사스 러프킨 출신의 전직 투수이자 훗날 샌프란시스코 자이언츠의 1루수가 되는 브랜든 벨트는 "공을 보고 반응하는 것 자체가 아예 불가능했다"라고 회상했다. 벨트는 2011년 개막전, 커쇼를 상대로 내야안타를 기록하며 데뷔 첫 안타를 신고했다. "안타깝게도 그게 커쇼를 상대로 기록한 제 마지막 안타였죠." 벨트의 말은 결코 농담이 아니었다. 이후 66타석 동안 그는 안타를 고작 3개밖에 치지 못했다. 벨트는 커쇼가 항상 한 수 위에서 자신을 갖고 노는 느낌이었다고 털어놓았다. "절대 풀리지 않는 퍼즐 같았어요."

패스트볼과 슬라이더의 조합은 타자들이 스트라이크존의 특정 로케이션에만 집중하도록 만들었다. 그 결과 커쇼가 가운데로 대충 흘러드는 커브를 던져도 타자들은 얼어붙은 채 스트라이크가 되는 공을 바라만 보고 있는 경우가 많았다. "그 예측 불가능한 요소가 타자들을 완전히 묶어버리는 거죠." 두 차례 아메리칸리그 사이영상을 수상한 코리 클루버의 설명이다.

세 가지 구종의 조합은 그를 '전설'들과 비교하게 만들었다. 허니컷 코치는 커쇼의 패스트볼을 보며 메츠의 명예 헌액 투수 톰 시버를 떠올렸다. 카디널스 코치 시절 처음 커쇼를 보았던 마크 맥과이어는 그의 슬라이더에서 '사라지는 탄환'이라는 애칭으로 불렸던 양키스의 에이스 론 기드리를 떠올렸다. 대부분의 투수는 스트라이크존 밖으로 유인구를 던져 타자의 헛스윙을 유도하려 애쓴다. 커쇼는 꼭 공을 스트라이크존 밖으로 뺄 필요가 없었다. "커시는 어디에 꽂히든 기본적으로 헛스윙을 끌어내는 구종들을 갖춘 투수였어요." 허니컷의 회상이다.

커쇼는 타자들을 위협했다. "사실 커쇼를 상대할 때 몸에 맞는 공이 나올 일은 거의 없어요." 보토가 말했다. "그런데도 무섭습니다." 그는 타자들을 지치게 했다. "커쇼는 매번 타자로 하여금 지금 쳐야 한다는 강박을 갖게 합니다." 애리조나와 세인트루이스의 핵심 1루수였던 폴 골드슈밋은 이렇게 말했다. "슬라이더가 빠진다고 한들 벗어나는 폭이 아주 작습니다. 그를 세 타석 정도 상대하다 보면, 칠 만한 공은 겨우

한 개 정도 들어온다는 느낌이 들어요." 그리고 그는 타자들을 혼란에 빠뜨렸다. 주자가 나가면 커쇼의 투구 동작은 더욱 교묘해졌다. 콜로라도 외야수 찰리 블래크먼은 이렇게 말했다. "1루 주자의 시점에서 보면, 커쇼가 공을 던지기 위해 팔을 내밀기 전까지는 그의 몸이 홈 플레이트 쪽으로 얼마나 기울어지고 있는지 알아차리기 어려웠습니다." 예상보다 늦게 떨어지는 그의 패스트볼은 타자가 타이밍을 맞추기 어렵게 만들었다. 타자들은 공이 더 빨리 가라앉을 것으로 판단하고 스윙 타이밍을 맞추려 하지만, 실제로는 생각보다 늦게 떨어지는 공 아래로 배트가 허무하게 지나가기 일쑤였다. "헛스윙을 해놓고도 '아니, 이게 왜 안 맞았지?' 싶은 구종이었습니다." 블래크먼의 말이다.

　시간이 지나자 다른 구단들도 커쇼의 성공 요인을 연구해 차용하기 시작했다. 당시만 해도 대부분의 투수는 수평 혹은 대각선 궤적을 그리는 공들을 던졌다. 체인지업, 슬라이더, 투심, 심지어 커브마저도 옆으로 휘거나 사선으로 움직이는 경향이 있었다. 그러나 커쇼의 패스트볼은 떠오르는 듯한 착시를 만들었고, 커브는 12시 방향에서 6시 방향으로 크게 떨어졌다. 그 중간을 잇는 슬라이더는 커브처럼 떨어지면서도 더 늦게, 그리고 덜 꺾였다. 타자들은 무슨 일이 일어난 것인지 이해조차 하지 못한 채 더그아웃으로 돌아가며 투덜거렸다. 익명의 전 다저스 분석가는 이렇게 설명했다. "타자들은 지금까지 상대해온 투수들의 데이터를 바탕으로 마음속 모델을 만들어요. 그런데 구종 조합이 독특하면 그 모델이 잘 작동하지 않죠. 커쇼는 구종이 그리는 궤적의 수직적 분리가 워낙 뚜렷해서, 타자들에게는 그걸 해석해낼 모델이 없었어요. 아무도 그렇게 던지지 않았으니까요."

"커쇼 같은 투수는 정말 극소수였어요." 리드 존슨이 회상했다. "이제 좀 감이 잡힌다 싶으면, 선수 생활이 끝날 때쯤이 되어 있죠."

2011년 11월 17일은 클레이튼 커쇼가 사이영상을 수상하면서 대관식과도 같은 날이 되었다. 커쇼의 압도적인 활약은 팀의 계속되는 실패와 구단 차원의 수치스러운 사건들 속에서도 빛났다. 시즌 첫날 개막전이 끝난 밤, 다저스타디움의 어둑한 주차장에서 두 명의 다저스 팬이 샌프란시스코 자이언츠의 팬 브라이언 스토를 폭행했다. 스토는 몇 달 동안 혼수상태에 놓였고, 이 사건은 『뉴욕 타임스』의 표현처럼 "다저스타디움이 더는 예전처럼 안전한 곳이 아니며 많은 팬이 불안을 느끼고 있다"는 냉정한 현실을 드러냈다. 4월에는 『LA 타임스』가 구단주 프랭크 매코트는 선수단 급여를 지급하기 위해 3,000만 달러의 대출이 필요한 처지라고 보도했다. 며칠 뒤 버드 셀리그 커미셔너는 "다저스의 재정 및 운영에 대한 깊은 우려"를 이유로 메이저리그 사무국이 구단 운영을 직접 관할하기로 했다고 발표했다. 그해 여름, 구단은 결국 파산 보호를 신청했다.

매코트의 짠돌이식 운영으로 이미 예전 같지 않았던 팀 전력은 잇따른 부상에 무너져 내렸다. 로건 화이트가 뽑아 올린 유망주들도 제 역할을 하지 못했다. 러셀 마틴은 FA 자격을 얻자마자 팀을 떠났고, 조너선 브록스턴은 2010년 가을 필라델피아전에서 겪은 부진의 충격을 끝내 회복하지 못했다. 채드 빌링즐리는 커리어 최악의 평균자책점을 기록했다. 뒤를 받쳐줄 새로운 세대도 없었다. 매코트가 국제시장 예산을 싹 도려낸 탓이었다. 화이트는 크리스 위스로, 이선 마틴, 잭 리 등 고졸 투수들을 1라운드에서 지명했지만 줄줄이 실패했다.

이렇게 암울한 상황 속에서 구단은 커쇼와 맷 캠프의 개인적인 성취에 기대어 체면을 유지할 수밖에 없었다. 캠프는 2010년 조 토리 감독을 비롯한 코칭스태프와의 갈등으로 흔들렸지만, 2011년 돈 매팅리가 감독으로 부임한 뒤 완전히 반등했다. 그는 40도루를 기록하는 동안 39개의 홈런과 126타점으로 내셔널리그 타점왕을 차지했다. 그럼에도 내셔널리그 MVP 투표에서는 밀워키의 라이언 브론에게 밀려 2위에 그쳤는데, 이후 ESPN이 브론의 시즌 중 금지 약물 양성 반응 사실을 보도하면서 논란이 되었다. 그래도 캠프는 이 시즌을 발판 삼아 8년 1억 6,000만 달러의 대형 계약을 따냈다.

2011년 다저스는 캠프와 커쇼의 압도적인 활약을 제외하면 제대로 굴러가는 부분이 거의 없었다. 9월 초, 그해에만 네 번째로 커쇼와 린스컴이 맞붙는 경기가 열렸고, 다저스는 네 차례 모두 한 점 차 승리를 거두었다. 린스컴은 결국 사이영상 투표 6위로 시즌을 마쳤고, 그것이 그의 마지막 전성기였다. 그 시점에는 이미 커쇼가 그를 넘어선 상태였다. 그해 9월 샌프란시스코에서 열린 경기에서 특유의 승부욕 가득한 눈빛으로 자이언츠를 무실점으로 틀어막는 커쇼를 지켜보며 조시 린드블럼은 A. J. 엘리스 옆에 앉아 있었다. 당시 클럽하우스에서는 꿈과 기억의 세계를 휘젓는 크리스토퍼 놀런의 영화 「인셉션」 결말을 두고 논쟁이 한창이었다. 린드블럼이 엘리스에게 물었다. "내가 얼마 주면 지금 커쇼한테 가서 마지막 장면 어떻게 생각하냐고 물어볼래?"

리어나도 디캐프리오의 팽이를 두고 농담이 오가는 와중에도 커쇼는 8이닝 1실점 9탈삼진으로 활약했다. 이 경기는 커쇼가 리그 다승(21승), 평균자책점(2.28), 탈삼진(248개) 부문을 모두 석권하며 투수 '트리플 크라운'을 확정 짓는 결정적인 경기였다. 커쇼는 필라델피아의 로이 할러데이, 클리프 리를 제치고 총 32표 중 27표의 1위표를 얻으며 생애 첫 내셔널리그 사이영상을 따냈다. 당시 나이 스물두 살이었다. 1985년 드와이트 구든(당시 20세) 이후 역대 최연소 수상자였다.

사이영상 시상식이 열린 다저스타디움의 2층 전광판에는 구단을 빛낸 일곱 명의 사이영상 수상자가 차례로 등장했다. 뉴컴, 드라이스데일, 쿠팩스, 마이크 마셜, 페르난도, 오렐, 에릭 가니에 등 한때 다저타운의 벽을 장식했던 전설들이었다. 커쇼는 그 이름들을 바라보며 스스로를 돌아봤다. 아직 자신이 그 반열에 올랐다고는 생각하지 않았다. LA 곳곳은 혼란스러웠지만 커쇼는 사랑에서도, 선수 생활에서도, 그리고 신앙에서도 모든 균형점을 찾아가고 있었다. 첫 연봉 조정을 앞두고 대형 계약이 예상되는 그 시점, 한 기자가 물었다. 고교 시절 연인이었던 아내와 결혼하고 투수로서 최고의 영예까지 안았던 지난 12개월보다 더 좋은 해가 있을 수 있겠느냐고.

커쇼는 단 하나, 아직 채워지지 않은 것이 있다고 느꼈다. 다저스가

1988년 이후 단 한 번도 오르지 못한 무대가 있었다.

"결혼 2주년이요." 그가 웃으며 답했다. "그리고 월드시리즈 우승이면 딱 좋겠네요."

12장
구겐하임의 기적◆

다저스 구단의 소유권 역사를 최대한 축약하면 이렇다. 시작은 브롱크스 출신의 변호사이자 투자자, 월터 오맬리였다. 그는 1958시즌을 앞두고 브루클린의 사랑을 받던 팀을 우승 2년 만에 통째로 뽑아 들어 LA로 옮겼다. 이는 야구의 '서부 개척지'를 여는 길이 되었다. 40년 뒤, 1981년과 1988년의 월드시리즈 우승을 지켜본 오맬리 가문은 구단을 루퍼트 머독의 폭스 엔터테인먼트 그룹에 매각했다. 머독 시절의 다저스는 갈피를 잡지 못했다. 폭스 경영 체제에서 다저스는 단 한 번도 포스트시즌에 오르지 못했고, 2004년에 머독은 발을 뺐다. 그리고

◆ 원서에서 이 장의 제목은 'Deus Ex Guggenheim(데우스 엑스 구겐하임)'이다. 라틴어 표현 'Deus Ex Machina(데우스 엑스 마키나)'를 패러디한 것인데, 이는 고대 그리스 희곡에 갑자기 등장하여 모든 갈등을 해결하는 '신의 개입'을 뜻한다. LA 다저스를 구겐하임 그룹이 인수하며 막대한 자본을 투입해 극적으로 '구원'해낸 사건을 표현한 제목이다.

등장한 인물이 보스턴 출신 '주차사업의 왕' 프랭크 매코트였다. 그는 구단을 스캔들로 물들였고, 구단에 망신을 안겼으며, 결국 팀을 파산 상태로 몰아넣었다.

문제의 징후는 훨씬 이전부터 있었다. 그리고 그 위기는 2009년 내셔널리그 챔피언십 시리즈 필라델피아전을 앞두고 폭발했다. 클레이튼 커쇼의 선발 등판 전날 밤, 프랭크와 변호사 출신 아내 제이미의 결혼 생활이 무너져 내린 것이다. 매코트는 자신의 돈은 한 푼을 들이지 않고, 4억 3,000만 달러를 전부 대출로 충당하여 구단을 인수했다. 『LA 타임스』의 독설가 칼럼니스트 T. J. 사이머스는 그를 "무일푼 프랭크 매코트"라 부르며 비난을 퍼부었다. 매코트는 실제로 그 별명에 걸맞게 행동했다. 2008년 개막일, 매코트는 1억 1,860만 달러라는 거액의 팀 연봉 총액을 승인했다. 당시 기준으로는 큰 금액이었지만, 그래도 양키스보다 9,000만 달러나 적었다. 1988년 이후 가장 높은 포스트시즌 무대에 오른 후에도 매코트는 이듬해 연봉 총액을 약 1,800만 달러나 깎아버렸다. 당시 단장이었던 네드 콜레티는 이렇게 회상했다. "무슨 말을 하든, 아무리 설득하고 애원해도 돌아오는 대답은 늘 똑같았어요. '돈이 없어.'"

그 돈은 어디로 사라진 걸까?

『LA 타임스』의 보도에 따르면 야구 전문 기자 빌 셰이킨이 제이미가 제출한 이혼 청구서를 검토한 결과, 매코트 부부가 400달러짜리 저녁 식사와 5,000달러짜리 호텔 투숙을 즐겨왔다는 사실이 드러났다. 제이미는 다저스의 최고경영자로서 연봉 200만 달러를 챙겼고, 프랭크는 연간 600만~800만 달러를 가져간 것으로 추정되었다. 이어진 매코트 측 반박 서류에는 제이미가 다저스 임원들에게 자신의 정계 진출 계획을 수립하도록 지시했다는 내용이 담겨 있었다. '제이미 프로젝트'라는 문서에는 이런 한 줄도 있었다. "목표는 미국 대통령 당선."

관계가 파국을 맞기 전까지, 프랭크와 제이미는 거침없이 치고 올라가는 '파워 커플'이었다. 그들은 부동산을 쓸어 담았다.『베니티 페어(Vanity Fair)』는 그들의 구매 내역을 합산해 보도했다. 홈비 힐스에 위치한 플레이보이 맨션 근처 빌라 구매에 2,130만 달러를 지출했고, 근처에 있는 또 다른 주택 구매에 650만 달러를 썼다. 카보 산 루카스의 토지에 470만 달러, 옐로스톤의 또 다른 땅에 770만 달러를 썼다. 말리부 해변가의 집을 2,730만 달러에, 그리고 바로 옆 방갈로를 1,900만 달러에 사들였다. 리모델링 비용도 있었다. 메사추세츠 집의 주방을 통째로 뜯어내서 홈비 힐스 저택으로 옮겨 심기도 했다. 부부는 전담 미용사에게 매달 1만 달러를 지불했다. 전용 기사와 경호원이 있었고, 전세기로 여행했다.

여기에는 믿기 힘든 지출도 있었다.

이혼 소식이 공개되면서 『LA 타임스』는 도무지 이해하기 힘든 이메일 묶음을 입수했다. 그 안에는 "단절 지점을 진단했다", "브이(V) 에너

지” 같은 문구들이 적혀 있었는데, 맥락을 전혀 알 수 없었다. 실체 파악에는 시간이 걸렸다. 조사 결과, 그 이메일은 매코트 부부가 고용한 컨설턴트가 보낸 것으로, 그 내용은 러시아 출신의 70대 물리학자 블라디미르 슈푼트에 대한 것이었다. 그는 구단의 급여 명단에도 이름이 제대로 드러나 있지 않았다. 슈푼트는 다저스에서 5년 동안 일했지만, 실제 경기장을 방문한 것은 단 한 번뿐이었다. 그는 주로 매사추세츠 저택에 앉아, 저 멀리까지 ‘긍정 에너지’를 전달하려 애썼다. 좀 더 직설적으로 말하자면, 매코트 부부는 그에게 좋은 기운을 가져다 달라며 돈을 준 셈이었다.

이 이야기가 워낙 황당했기 때문에, 셰이킨 기자는 매코트 부부가 이 보도 내용을 부인할 것이라고 생각했다. 하지만 프랭크는 제이미 탓을 했고, 제이미는 프랭크 탓을 했다. 제이미 측 변호사 중 한 명은 셰이킨에게 “다저스가 포스트시즌에 진출했을 때 슈푼트가 수십만 달러 혹은 그 이상의 큰 보너스를 받았다”고 주장했다. 슈푼트는 과거 제이미가 안구 세균 감염에서 회복되고 있을 때 도움을 주었던 것을 계기로 고용되었다.

수개월을 망설인 끝에, 슈푼트는 셰이킨을 보스턴 자택으로 초대했다. 그는 커피와 초콜릿을 내놓으며 자신의 방식을 설명했다. “기도 같은 것이라고 해야 할까요, 아니면 무슨 마법 같은 방식이라고 할까요.” 슈푼트가 덧붙였다. “마법은 아니지만요.”

2010년 여름, 셰이킨의 기사가 보도되자 그 여파는 구단 전체를 수치스럽게 만들었다. 조 토리 감독과 『LA 타임스』의 딜런 에르난데스 기자 사이에는 기억에 남을 만한 문답이 오갔다. 에르난데스 기자가 "원거리에서 '좋은 기운'을 전달하는 것이 반칙인지"에 대해 계속해서 물었고, 토리 감독은 이를 능숙하게 피해갔던 것이다.

에르난데스는 어쩌면 슈푼트가 감독님보다 더 가치 있는 존재였던 것 아니냐고 빈정댔지만, 토리는 유머 감각을 잊지 않았다. "저는 세상의 모든 가정 폭력에 반대하는 사람입니다. 그런데 기자님은 제 가족이 아니시죠."

시즌 말미, 토리 감독은 콜레티 단장을 사무실로 초대해서 말했다. "단장님, 저는 여기까지인 것 같습니다." 토리는 버드 셀리그 커미셔너 휘하로 자리를 옮겼다. 타이밍은 절묘했다. 2011시즌은 다저스 역사에서 '바닥'이었다. 브라이언 스토 폭행 사건, 연봉 지급 불능 사태, 셀리그의 개입, 파산 신청, 그리고 매코트와 리그 간의 끝없는 공방 등이 몰아쳤다. 어느 순간 매코트는 셀리그를 비(非)미국적이라고 비난했고, MLB는 이후 매코트가 1억 8,900만 달러 이상을 빼돌렸다고 규탄했다.

대부분의 선수는 그 혼란을 애써 무시했다. 시즌은 길었고, 별일이 다 벌어지는 법이었다. 경기에 이기기도 하고 지기도 하고, 때로는 구단주가 파산할 수도 있는 노릇이었다. 매코트가 파산 신청을 했던 바로 그날 밤, 에르난데스 기자는 미니애폴리스의 한 술집에서 커쇼와 A. J. 엘리스를 마주쳤다. 당시 『LA 타임스』 역시 최근 몇 년간 재정난에 시달려왔다. "파산 회사 직원 모임에 오신 것을 환영합니다, 회원님들." 에르난데스가 말했다.

구단 임원들은 이 혼돈으로부터 자유롭지 못했다. 콜레티 단장은 매코트를 모욕하지 않으려 애썼다. 몇몇 옛 다저스 관계자들에 따르면, 콜레티는 사석에서 부하 직원들을 신랄하고 호되게 몰아붙일 때가 있었다. 하지만 콜레티는 다저스 같은 명문 구단에는 어울리지 않는, 빠듯한 제약 속에서 일하고 있었다. 돈이 바닥나기 전부터 매코트는 간섭하기 시작했다. 콜레티는 매코트의 사무실에서 마주 앉는 것을 싫어했다. 대화가 몇 시간이고 이어질 수 있기 때문이었다. 2008년에는 클리블랜드의 에이스였던 CC 사바시아를 영입할 수 있었으나, 단 400만 달러의 연봉 차이 때문에 매코트가 트레이드를 직접 엎어버린 일도 있었다. 매코트는 중남미 유망주 영입 파이프라인을 막아버렸고, 콜레티에게 연봉 인상 권한도 주지 않았다.

실로 암흑기였다. 그 혼돈 속에서 콜레티를 진정시킬 수 있는 선수는 거의 없었다. "단장으로 일하다 보면 사람들이 이렇게 물었어요. '오늘은 어땠습니까?' 그럼 저는 '참 좋은 하루였습니다'라고 답했죠. 상대가 '정말요? 무슨 일이 있었나요?' 하고 되물으면 저는 '아무 일이 없었으니 좋은 하루죠'라고 말하곤 했어요." 콜레티에게 안정감을 준 사람이 커쇼였다. 봄에 커쇼가 몸을 만들지 않고 나타날까 봐 걱정할 필요가 없었다. 여름에 동료와 싸울까 봐 불안해할 필요도 없었다. 겨울에 커쇼의 이름이 사건 사고 및 범죄 기록에 올라 있을까 봐 경찰 기록을 뒤질 걱정도 없었다. 그 시절, 콜레티가 잠을 편히 자게 해준 사람은 많지 않았다. 커쇼는 그중 하나였다.

2011년 11월, 프랭크 매코트는 다저스를 매각하기로 합의했다. 이혼 합의금으로 제이미에게 1억 3,000만 달러를 지급해야 했던 그는 구단 매각 대금으로 그 손실을 메우겠다는 계산을 마친 상태였다. 매코트는 연방 파산법원을 통해 매각 절차를 우회했고, 2012년 3월 경매 방식을 통해 구단을 매물로 내놓았다. 입찰자 명단에는 댈러스 매버릭스의 구단주 마크 큐반, 토크쇼의 제왕 래리 킹, 부동산 재벌 가문 출신 재러드 쿠슈너도 있었다. 최종 후보로는 세인트루이스 램스의 구단주 스탠 크론키, 억만장자 스티브 코헨과 패트릭 순시옹, 그리고 레이커스에서 뛰었던 '농구 전설' 매직 존슨을 앞세운 독특한 투자 컨소시엄이 남았다.

존슨은 자신의 이름값으로 스포트라이트를 받았고, 과거 브레이브스와 내셔널스에서 경영진을 역임했던 스탠 카스텐은 야구단 운영의 노하우를 제공했다. 하지만 실질적으로 돈줄을 쥐고 있던 사람은 구겐하임 파트너스의 수장이자 시카고 출신의 금융가, 마크 월터였다.

월터는 1년 전 휴스턴 애스트로스 인수 가능성을 검토하면서 이미 카스텐과 손을 잡았다. 경매가 열리기 직전, 월터는 맨해튼의 한 호텔 회의실에서 매코트를 만나 다저스타디움 인근 부지에 대한 지분까지 포함해 21억 5,000만 달러를 제시했다. 그 시점에서 코헨은 이미 20억 달러를 써낸 상태였다. 단, 구겐하임 측 제안에는 조건이 하나 있었다. '지금 당장' 수락해야 한다는 것이었다. 그게 아니면 월터는 입찰을 철회할 것이었다. 매코트는 제안을 받아들였다. (훗날 코헨은 2020년 뉴욕 메츠를 24억 달러에 인수한다. 그리고 순시옹은 2018년 『LA 타임스』를 사들이게 된다.)

다저스 구단에 새로운 시대가 열리고 있었다.

2012년 봄, 구겐하임 그룹이 구단을 구원하기 직전, A. J. 엘리스에게는 뜻밖의 일이 일어났다. 다저스가 그를 주전 포수로 낙점한 것이었다. 엘리스는 4월이면 서른한 살이 되는 선수였다. 거의 10년을 프로야구판에서 힘겹게 버텨온 그에게 이번만큼은 운이 따라줬다. 구단의 마이너리그에는 메이저리그 주전급 포수가 없었고, 외부에서 선수를 영입할 돈도 없었다. 2011년 주전 포수였던 로드 바라하스를 데려올 돈조차 없어서 그는 400만 달러에 피츠버그로 떠나야 했다. "구단이 파산 상태라 아무도 데려올 수 없었던 게 얼마나 다행이었는지 몰라요." 엘리스의 회상이다. 그는 큰 스윙을 줄이고 볼넷을 고르는 방식으로 자신의 한계를 받아들이며 공격력을 극대화했다. 무엇보다 그는 팀에서 가장 중요한 선수와 가까운 사이가 되어 있었다.

지난 두 시즌 동안 출전 기회가 적었던 덕분에, 엘리스는 어느새 커쇼의 경기 전 훈련 파트너가 되어 있었다. 불펜 투구 때도 공을 받아주었고, 커쇼가 러닝 훈련을 하면 함께 뛰었다. 경기 전 커쇼와 허니컷 코치, 당일 선발 포수가 모여 여는 작전 회의에도 엘리스는 늘 참관했다. 엘리스가 타격 부진에 빠지면 커쇼가 배트를 들고 와 단순하게 하라며 조언을 건네기도 했다. "몸쪽 공은 잡아당겨서 치고, 가운데로 오는 공은 다시 가운데로 보낸다는 느낌으로 쳐. 바깥쪽 공은 밀어 치고." 엘리스는 그게 뜻대로 되느냐며 못마땅한 듯 눈을 굴렸지만, 커쇼에게는 뭐든 단순했다. 경기 중에도 둘은 더그아웃에서 야구 이야기를 끊임없이 나눴다. 커쇼는 선발 투수도 팀의 리더가 될 수 있는지, 야구 시즌 중에 아버지 노릇은 어떻게 해야 하는지 묻기도 했다. 스프링캠프에서 이들은 성경 공부 모임에 함께 참석했고, 시즌 중에는 채플 예배를 함께했다. "공통된 신앙이 정말 큰 역할을 했어요." 엘리스는 말했다. "서로 솔직해질 수 있었고, 서로를 위해 기도해주었으며, 야구 밖에서 힘든 것들을 나눌 수 있었거든요."

커쇼는 자신의 어린 시절을 털어놓았고, 엘리스는 언제 무너질지 모르는 선수 생활에 대한 두려움을 고백했다. 커쇼는 자신의 신앙관에 대해서도 이야기했다. 그는 하나님이 경기 결과에는 신경을 쓰지 않으신다고 믿었다. 상대 팀 선수들도 똑같이 간절하게 기도하고 있을 것이기 때문이었다. "중요한 것은 '그다음'에 우리가 어떻게 행동하느냐 아닐까?" 커쇼는 엘리스에게 이 말을 자주 했다. 야구가 잘 풀릴 때는 자기 공으로 돌리고, 잘 풀리지 않을 때는 책임을 회피하는 것은 아닐까? 커쇼에게는 책임감을 갖는 것이 경기 결과보다 중요했다. 그는 야구가 잘될 때는 모든 공을 주변으로 돌렸고, 잘되지 않았을 때는 책임을 스스로 떠안았다.

허니컷 코치와 더불어 엘리스는 커쇼의 '핵심 인물'이 되었다. 엘리스는 커쇼가 5일 사이클 루틴을 얼마나 중요하게 여기는지 이해하게 되었다. 그 루틴은 커쇼에게 안도감을 주는 의식이었다. 엘리스는 커쇼의 자신감이 그 모든 준비 과정에서 비롯된다고 생각했다. "마치 이런 식이었어요. '난 이기기 위해 해야 할 준비를 다 했다. 타자 너는 준비가 안 되어 있겠지만, 난 되어 있어. 행운을 빈다.' 그리고 커쇼에게는 그런 게 꼭 필요했어요."

2012년, 엘리스는 커쇼가 등판한 33경기 중 30경기에서 전담 포수로 공을 받았다. 둘은 몇 년 동안 팀을 지탱하는 든든한 배터리가 되었고, 훗날 새 운영진에게는 골칫거리가 되기도 했다. 2012년 이전까지 엘리스는 커쇼의 루틴에 대한 몰입, 상대 분석, 준비 과정을 지켜보기만 하는 입장이었지만 이제는 커쇼가 일군 영광의 일부를 나눠 받게 되었다. "사람들은 다 저를 칭찬하곤 했어요. '클레이튼이 던질 때 볼 배합 좋던데!' 하는 식으로요." 엘리스의 말이다. "하지만 등판하기 전에 모든 계획은 커쇼가 다 짜줬어요. 어떤 타자를 어떤 볼 배합으로 상대하고 싶은지까지 전부요."

엘리스는 커쇼가 자신을 좋아했던 진짜 이유가 그의 투구 철학을 다 받아주는 포수였기 때문이라고 생각했다. 그리고 엘리스는 누구보다 커쇼를 잘 알고 있었기에 그의 투구가 미세하게 어긋나는 순간, 마치 열차가 선로를 벗어나려는 듯한 그 찰나의 조짐을 바로 알아챌 수 있었다. 슬라이더가 말을 듣지 않거나 커브가 불안정해질 때, 엘리스는 그때야말로 자신이 연봉을 받는 이유가 있다고 느꼈다. 그럴 때마다 그는 경험과 직감으로 커쇼를 잡아주었다. "그 외에는 그냥 커쇼가 확신하는 '길'을 그대로 따랐을 뿐입니다." 엘리스는 말했다.

2012년 8월 25일, 다저스타디움의 마운드에는 커쇼가 서 있었고 포수 마스크를 쓴 이는 엘리스였다. 하지만 그날만큼은 관심이 커쇼에게만 쏠리지 않았다. 같은 날 오전, 보스턴 로건 국제공항에서는 월터가 전세기를 띄워 새로이 다저스 유니폼을 입게 될 선수들을 데려오고 있었다. 이 선수들의 등장은 구겐하임 구단주의 승부욕을 그대로 보여주는 일이었다. 새로운 구단주들은 이미 구단 곳곳에 자금을 투입하고 있었다. 구단 가족 휴게실을 리모델링하는 등 규모는 작아도 핵심적인 부분에 대한 투자가 이어졌다. "뭐든 다 새것이었어요." 엘리스의 회상이다. "여기저기 대형 텔레비전이 걸렸고, 새로운 놀거리도 가득해졌어요. '와, 이 양반들 진짜 우승하러 왔구나' 싶은 느낌이 들었죠." 선수 영입에도 돈을 아끼지 않았다. 안드레 이디어와는 총 8,500만 달러 연장 계약을 체결했고, 올스타 유격수 핸리 라미레스도 데려왔다. 로건 화이트가 타격 연습을 한 번 본 것이 전부였던 쿠바 출신의 외야수, 야시엘 푸이그에게도 4,200만 달러의 거액을 베팅했다.

구단주인 카스텐은 1990년대 브레이브스를 이끌며, 내부에서 육성한 스타가 팀에 얼마나 거대한 가치를 안겨주는지 누구보다 잘 알고 있었다. 그는 다저스도 유망주를 꾸준히 길러내며 지속 가능한 경쟁력을 갖춘 팀으로 만들 수 있다는 믿음이 있었다. 하지만 끊임없는 유망주 육성은 시간이 오래 걸리는 과정이었다. "다저스 팬들은 곧장 우승을 노릴 수 있는 팀을 누릴 자격이 있습니다." 카스텐은 그렇게 말했다. 그 결과, 8월의 그 대형 트레이드는 야구계의 모든 전력 보강 결정을 '압도'했다. 카스텐과 콜레티는 월터의 자금력을 활용해 보스턴 레드삭스의 2억 5,000만 달러에 달하는 연봉 부담을 통째로 떠안았다. 이 안에는 세 차례 올스타에 선정된 투수 조시 베켓, 토미 존 수술에서 회복 중이던 올스타 4회 선정 외야수 칼 크로포드, 그리고 내야 유틸리티 닉 푼토가 포함되어 있었다. 하지만 월터의 전세기에 몸을 실은 진짜 핵심은 애드리안 곤잘레스였다. 샌디에이고에서 자라 파드리스 시절 다저스를 괴롭혔던 그는 이미 다섯 번이나 올스타에 선정된 선수였다. 2011년 보스턴의 추락 이후 평판이 흔들리기는 했지만, 멕시코계 미국인 거포라는 상징성과 실력은 여전히 다저스에 매력적이었다. 카스텐은 부임하자마자 콜레티에게 매코트 체제라면 꿈도 못 꾸었을 후보들에게 "대담하게 접근하라"고 주문했다. 그때 콜레티가 가장 위에 적은 이름이 바로 곤잘레스였다.

　거대한 연봉 부담을 떠안는 이 트레이드는 8월 24일, 메이저리그 사무국의 승인 절차만 남겨둔 채 사실상 최종 단계에 도달해 있었다. 팬들이 금요일 불꽃놀이를 보기 위해 필드로 쏟아져 나온 그날 밤, 경기장은 축제 분위기였다. 그 한가운데서 엘리스는 불꽃 아래를 거닐고 있는 월터를 발견했다. 월터는 믿기지 않는 듯 같은 말을 반복했다. "애드리안 곤잘레스를 데려오다니. 우리가 애드리안 곤잘레스를 잡았다니."

9월, 다저스는 시즌의 향방을 좌우할 중요한 시리즈를 위해 샌프란시스코로 향했다. 곤잘레스와 라미레스를 영입하며 구겐하임 그룹의 대대적인 자금이 투입되었다. 커쇼의 꾸준하고 견고한 활약에도 다저스는 내셔널리그 서부지구 1위에 4.5경기 차로 뒤처져 있었다. 포스트시즌 진출 가능성을 유지하려면 이번 시리즈를 반드시 잡아야 했다. 시리즈 첫날 밤, 선발 등판을 이틀 앞둔 커쇼가 훈련을 도중에 멈췄다. 사타구니가 문제였다. "걷지를 못했어요." 커쇼는 그렇게 기억했다. "한 발 내디딜 때마다 아래쪽에 전기가 오르는 것 같은 통증이 느껴졌어요."

구단에서는 탈장일 것이라고 추측했다. MRI 결과, 문제는 오른쪽 엉덩이였다. 커쇼는 투구 동작을 할 때마다 모든 체중을 오른쪽 다리가 견뎌야 하는 형태로 착지했다. 시즌 초에는 발바닥 근막염으로 고생했는데, 이번 부상은 훨씬 심각했다. 다저스는 커쇼를 자이언츠전에서 제외했다. 이틀의 추가 휴식과 코르티손 주사 처방을 받은 뒤에야 커쇼는 애리조나를 7이닝 1실점으로 막아냈다. 하지만 한 걸음 내디딜 때마다 극심한 통증이 몰려왔다.

포스트시즌을 향한 희망이 사라져가자, 다저스는 커쇼의 등판을 중지시켰다. 9월 17일, 팀이 워싱턴 D.C. 원정길에 올랐을 때 커쇼는 뉴욕 특수외과 병원의 고관절 전문의 브라이언 켈리를 찾았다. 진단 결과는 고관절 와순 파열이었다. 그리고 관절 자체의 구조상 이상으로 인해 상태는 더욱 악화되어 있었다. 켈리 박사는 초음파로 위치를 확인해가며 코르티손 주사를 투여했고, 커쇼의 5일 루틴에 고관절 유연성 운동을 추가하도록 처방했다. "그 코르티손 주사 이후로는 큰 문제가 없었어요." 커쇼의 말이다.

하루 뒤 커쇼는 팀에 다시 합류했지만 기분은 좋지 않았다. 에르난데스 기자가 "고관절 수술을 받을 경우, 커쇼는 내년 5월까지 출전이 불가능할 것"이라는 기사를 썼기 때문이었다. 커쇼는 에르난데스를 따로 불러 화를 냈다. 커쇼에게 부상은 한 사람의 개인적인 영역이었다. 반면 에르난데스는 팬들이 팀 내 최고 선수가 출전 가능한 상태인지를 알 권리가 있다며 물러서지 않았다. 이 다툼은 훗날 커쇼의 몸이 조금씩 망가지면서 반복하게 될 갈등의 시작이었다. 며칠 뒤 더그아웃에서 기자들을 본 커쇼는 불편한 기색을 숨기지 않았다. "아, 우리 기자님들, 또 총출동하셨네요?" 커쇼의 말에는 가시가 있었다. 그가 언짢았던 것은 기사 때문만은 아니었다. 구단에서 그의 추가 등판을 막고 있었던 탓이 컸다. 힘겨운 설득 끝에 불펜 투구 허락을 받았을 때, 에르난데스 기자는 또다시 충돌이 일어날까 봐 조심스럽게 다가갔다. "아무 일도 없었던 것처럼 먼저 말을 건네더라고요." 에르난데스 기자는 당시를 그렇게 회상했다. 루틴이 흐트러지면 자신에게 아무런 도움이 되지 않으므로 커쇼는 불필요한 싸움에는 힘을 쓰지 않기로 한 것이었다.

다음 날, 커쇼는 콜레티 단장에게 전화를 걸었다. 켈리 박사는 구단 측에 "추가 손상의 위험은 없다"고 전한 상태였다. 하지만 팀의 순위 상황을 고려하면, 굳이 커쇼를 등판시킬 이유는 없었다. 커쇼의 생각은 달랐다. "내일은 던지게 해주셔야 합니다." 커쇼는 콜레티에게 말했다. 고관절을 포함해 몸 어디서든 작은 통증이라도 느껴진다면 즉시 내려오겠다고 약속한 뒤에야 콜레티는 등판을 허락했다. 커쇼는 5개의 볼넷을 내주었지만 신시내티를 상대로 5이닝 1실점으로 버텼다. 시즌 마지막 두 번의 등판에서 커쇼는 16이닝 동안 18개의 삼진을 기록하며 단 한 점만을 내줬다.

커쇼는 내셔널리그 사이영상 수상자다운 시즌을 만들어냈다. 하지만 가장 강력한 경쟁자는 뜻밖의 인물이었다. 바로 로버트 앨런 'R. A.' 디키였다. 그는 선수 생활의 대부분을 '실패자'라는 혹평 속에서 버텨야 했다. 1996년 텍사스 레인저스가 1라운드에서 그를 지명했지만, 오른팔에 측부 인대가 없다는 사실이 드러나자 계약금을 삭감했다. 몇 년 동안 그는 평범한 패스트볼로는 경쟁력이 없다는 사실을 깨달았고, 자신의 커리어를 구제하기 위한 최후의 수단으로 너클볼을 선택했다. 이후 디키는 텍사스에서 밀워키, 미네소타, 시애틀을 거쳤다. 룰4 드래프트를 통해 팀을 옮겼다가 다시 미네소타로 되돌아갔고, 이후 2010년 메츠와 계약했다. 그리고 2010년 플러싱의 여름, 마침내 무언가 제대로 통하기 시작했다. 디키의 구종은 시속 70마일♦ 중반대의 너클볼이었는데, 레드삭스 팀 웨이크필드의 공보다 약 시속 10마일이 더 빨랐다. 2012년에 디키는 어떤 면에서는 커쇼를 넘어서는 시즌을 만들었

♦   112킬로미터

다. 다섯 번의 완투와 세 번의 완봉승을 기록했다. 반면 커쇼는 두 번의 완봉승이 완투 기록의 전부였다. 형편없는 전력을 가진 팀에서 디키는 20승을 거두었고, 강력한 지원을 받은 커쇼는 14승에 머물렀다. 디키는 233.2이닝을 던져 커쇼보다 6이닝을 더 소화했고, 탈삼진 역시 커쇼보다 하나 더 많은 230개를 잡아냈다.

10월에 발표된 투표 결과, 디키는 총 32장의 1위표 중 27표를 받았다. 커쇼에게 1위표를 던진 기자는 두 명뿐이었다. 커쇼는 부상을 자기 자신의 탓으로 돌렸다.

"부상이 있었더라도 제가 해냈어야 했어요." 커쇼는 당시를 그렇게 회상했다. "하지만 그 부상이 결국 그해 사이영상을 날렸죠."

그러나 그해 10월, 커쇼는 어떤 의미에서는 훨씬 더 값진 트로피를 품에 안았다. 잠비아 방문은 일회성 행사가 아니었다. 커쇼와 그의 아내 엘런은 루사카에 고아원을 세우는 데 힘을 보탰고, 아프리카와 미국 전역의 아이들을 돕기 위한 자선단체 '커쇼스 챌린지(Kershaw's Challenge)' 재단을 설립했다. 메이저리그는 야구계 최고의 선행과 사회 공헌을 실천한 선수에게 수여하는 로베르토 클레멘테 상♦을 그에게 안겨주었다. 스물네 살의 커쇼는 이 상이 제정된 40년 역사상 최연소 수상자가 되었다.

♦ 로베르토 클레멘테 상(Roberto Clemente Award)은 메이저리그가 매년 큰 선행과 사회 공헌을 실천한 선수에게 수여하는 상이다. 푸에르토리코 출신 명예의 전당 외야수 로베르토 클레멘테의 이름을 딴 것으로, 그는 가난한 이들을 돕기 위한 구호 활동 중 비행기 사고로 세상을 떠났다.

12월 첫째 주, 유니폼 대신 일상복을 입은 야구계 사람들이 모두 내슈빌 외곽의 게일로드 오프리랜드 리조트 앤드 컨벤션 센터에 모였다. 이곳은 야구계의 비시즌 장터 같은 역할을 해온 '윈터 미팅'이 열리는 현장이었다. 구단 임원, 에이전트, 그리고 기자 모두가 귀찮아하면서도 어쩔 수 없이 찾는 자리이기도 했다. 한때는 실질적인 의미가 있는 행사였지만, 이제는 기술의 발전과 소셜 미디어의 '루머 공장' 탓에 그 역할은 거의 사라졌다. 대부분의 참석자는 차라리 집에 앉아 휴대폰으로 업무를 처리하고 싶어 했다.

그 와중에 스탠 카스텐은 단연 눈에 띄었다. 그는 자신의 스위트룸에 틀어박혀 있는 타 구단 고위층들과는 달랐다. 기자든 에이전트든, 로비에서 마주치는 누구와도 이야기 나누는 것을 좋아했다. 카스텐은 스스로가 가장 똑똑한 사람이라고 생각한 적은 없지만, 자신이 보기에 가장 멍청해 보이는 사람이 누구인지는 거리낌 없이 지적할 줄 아는 인물이었다. 훗날 다저스가 거대 구단으로 성장한 뒤, 기자들은 그를 보며 "할 일이 없으니 괜히 로비나 어슬렁거리는 것 아니냐"며 농담을 하곤 했다. 하지만 2012년 오프시즌의 카스텐은 여전히 구단 재건을 지휘하는 지도자였다. 구겐하임 그룹은 현금을 아낌없이 쓸 준비가 되어 있었다. 오프시즌이 본격적으로 시작되기도 전, 구단은 애매한 실적을 보였던 불펜 투수 브랜던 리그에게 2,250만 달러를 안겼다. 내슈빌에서는 커쇼를 중심에 두는 선발진의 완성을 위해 두 명의 투수를 노리고 있었다. 아메리칸리그 사이영상 수상 이력이 있는 잭 그레인키, 그리고 한국 프로야구 스타 류현진이 그들이었다.

로비를 거닐던 카스텐은 자신이 어디에 있는지 파악하고 싶어 하던 두 명의 에이전트와 마주쳤다. '엑셀 스포츠 매니지먼트'의 야구 부문 대표 케이시 클로스와 새 부대표 J. D. 스마트였다. 스마트는 그해 초 엑셀사(社)에 합류했고, 함께 데려온 고객 중에는 2014시즌 종료 후 FA가 될 수 있는 클레이튼 커쇼도 있었다. 게다가 엑셀은 그레인키의 에이전시이기도 했다. 그래서 카스텐과 콜레티 단장은 조심스러울 수밖에 없었다. 그레인키에게 제시하는 조건은 그대로 커쇼와의 협상에서 '지렛대'로 쓰일 수 있었기 때문이다. 에이전트들 역시 이 사실을 누구보다 잘 알고 있었다. "저를 보자마자 그러더군요. '오, 오늘은 돼지저금통 뚜껑 열리나요?'" 카스텐의 기억이다.

프랭크 매코트 시절의 인색함과 법적 소동의 시대는 끝이 났다. 내슈빌 윈터 미팅이 끝나고 일주일 뒤, 다저스는 그레인키와 6년간 총 1억 4,700만 달러 계약을 체결했다. 당시 FA 투수 역사상 역대 최고액이었다. 다음 날에는 류현진에 3,600만 달러를 쏟아부었다. 엑셀 소속 에이전트들은 군침을 흘릴 만한 충분한 이유가 생겼다. 다저스의 금고 문이 활짝 열려 있었고, 커쇼는 그 금고를 통째로 비울 수 있는 위치였다. 하지만 카스텐이 이끄는 다저스 프런트의 야망은 그 이상이었다. 그들은 커쇼가 FA 시장에 나가지 않도록 붙잡아두는 데 그치지 않았다. 커쇼를 '평생 다저스 선수'로 만들 생각이었다.

13장
첫 번째 협상

병상에 누워 있는 남자는 한때 어린 클레이튼 커쇼를 품에 안아 하늘로 들어 올려주던 사람이었다. 둘은 함께 수없이 농구를 했고, 각진 턱선과 모래 빛 갈색 머리칼도 똑같이 닮아 있었다. 하지만 커쇼의 아버지 크리스와 외아들 사이의 관계는 더 이상 가까워지기 어려울 만큼 멀어져 있었고, 다시 회복될 가능성도 없었다. "둘은 몇 년 동안 만나지 않았어요." 아내 엘런 커쇼의 회상이다. "몇 년 동안 말도 하지 않았어요." 그리고 크리스가 자기 안의 어둠에 무너져 내릴수록 두 사람의 닮은 모습도 함께 희미해져갔다.

2013년 초, 또 한 시즌을 위해 캐멀백 랜치로 향하기 전에 커쇼는 오래전 닫았던 마음의 문을 다시 열었다. 아내 엘런의 권유가 있었다. 커쇼는 아버지를 만나러 갔다. 상황은 무거웠다. 아버지 크리스는 죽음을 앞두고 있었다. 커쇼는 마지막 인사를 하기 위해 방문한 것이었다. "그냥, 한 번은 봐야 한다고 생각했어요." 커쇼는 회상했다. "보고 싶지는 않았어요. 사람이 너무 망가져 있었으니까요."

크리스는 재혼했지만 삶은 나아지지 않았다. 술을 끊지 못했고, 건강은 점점 악화되었다. 당뇨가 생겼고 세금은 체납되었으며 일도 잘 풀리지 않았다. 녹음실에는 지각했고, 마감은 지키지 못했으며, 고음도 더 이상 내지 못했다. 정확한 발음과 완벽한 타이밍을 자랑하던 그 반짝거렸던 남자는 점점 희미해져갔다. "그 몰락을 지켜보는 것은 정말 마음 아픈 일이었습니다." 크리스의 상사였던 조너선 울퍼트의 말이다. 크리스는 아들이 메이저리그에서 뛴 경기를 단 한 번도 직접 보러 가지 않았다. "본인이 너무 많은 것을 망쳐놨기 때문에 클레이튼과 그 기쁨을 함께 나눌 수도 없었던 거죠." 울퍼트가 회상했다. 한번은 울퍼트가 사무실에서 텔레비전에 나오는 클레이튼을 바라보는 크리스를 발견했다. 크리스는 울퍼트에게 말했다. "전화해서 축하라도 해주고 싶은데… 얘가 제 전화를 안 받아요."

"아버지는 늘 돈이 필요할 때 연락하셨어요. 매번요." 커쇼의 회상이다. "힘들었죠. 그게 좋을 리 없었고요. 충분히 도와드리지 못한 것 같아 늘 마음이 쓰였어요." 커쇼는 어떻게 해야 할지 몰랐다. "솔직히 몇 년 동안 전화를 받지 않았습니다. 안부 전화가 아니라 항상 뭔가를 부탁하기 위한 연락이었으니까요."

하지만 그해 겨울, 크리스의 아내(커쇼의 새어머니)가 상태가 심각함을 알려왔다. 연락을 받은 사람은 아내 엘런이었다. 엘런과 부부의 담당

목사였던 론 스케이츠는 커쇼를 설득했고, 마침내 커쇼는 병원으로 향했다. 스케이츠 목사도 동행했다. 병실에서는 세 사람이 신앙에 대해 이야기를 나누었다. 이들은 마음속에 마침표를 찍으려 했다.

"아버지는 예전 모습이 전혀 아니었어요." 커쇼는 그 자리를 이렇게 회상했다. "그래도 가서 작별 인사를 할 수 있었죠. 그것이 중요한 일이었는지 아닌지는 모르겠어요. 그래도 그렇게 해야 했던 것 같아요."

2013년 4월 1일 오전 7시, LA 집 침대에서 엘런과 자고 있던 커쇼는 알람 소리에 번쩍 눈을 떴다. 익숙한 불안감이 온몸을 타고 흘렀다. 새 시즌의 첫날, 그리고 새 시즌의 첫 번째 '다섯 번째 날'이었다. 커쇼를 움직이는 동기 부여의 엔진은 이전과는 다른 방향을 향하고 있었다. 2012시즌을 앞두고 다저스 구단은 커쇼와 2년 총액 1,900만 달러 계약을 맺으며 두 번의 연봉 조정 자격을 사들인 상태였다. 이 계약으로 쥐게 된 돈은 커쇼가 어머니를 돕는 데도, 그의 마음을 편안하게 하는 데도 큰 역할을 했다. "그때는 '이제 평생 걱정 없겠구나. 됐다'고 생각했죠." 그가 회상했다. "월드시리즈 우승이 주는 감정과는 다르지만, 가족을 부양해야 한다는 부담에서 어느 정도는 해방되는 느낌이 있었어요." 하지만 여전히 5일 루틴의 굴레는 그를 놓아주지 않았다. "마음가짐이 바뀌었어요." 그가 설명했다. "언제나 '내가 싸우는 이유'를 찾게 되거든요." 그는 많은 돈을 벌었고, 스타로 자리 잡았다. 이제 남은 것은 단 하나, 야구에서 가장 궁극적인 목표인 '우승'뿐이었다.

2013년 봄이 되었을 때, 다저스의 전력은 분명 우승을 노릴 수 있을 것으로 보였다. 대가는 컸다. 개막전 기준으로 마크 월터의 구겐하임 그룹이 공개한 로스터의 총 연봉은 2억 1,670만 달러였다. 프랭크 매코트 체제의 마지막 해였던 2012년 스프링캠프와 비교하면 두 배가 넘는 규모였다. 뉴욕 양키스가 여전히 리그에서 가장 비싼 팀이었지만, 그다음 해에는 다저스가 그 자리를 차지하게 된다. 그 순간에는 지출 규모 전체 2위라는 사실만으로도 기대감이 극대화되었다. 작가 몰리 나이트는 당시 다저스에 관한 책을 집필 중이었는데, 그 결과물에 『돈으로 살 수 있는 최고의 팀(The Best Team Money Can Buy)』이라는 제목을 붙였다. 이 한 문장이 당시 다저스의 모든 것을 설명했다. 이 비용은 전년도에 감행했던 대형 트레이드(애드리안 곤잘레스, 칼 크로포드, 조시 베켓, 핸리 라미레스)와 잭 그레인키, 류현진 등 오프시즌의 대형 영입에 들어간 자금에서 비롯된 것이었다. 여기에 아직 로스터에도 들지 않은 야시엘 푸이그에게 쏟아부은 수백만 달러까지 더해져 있었다.

커쇼는 여전히 다저스가 공전하는 중심, 즉 태양 같은 존재였다. 전년도 우승팀 샌프란시스코 자이언츠가 다저스타디움을 찾은 개막전, 커쇼는 샌프란시스코의 새로운 에이스가 된 맷 케인과 맞붙었다. 6회까지 두 투수는 무실점 투구를 주고받았다. 7회, 케인이 내려갔지만 커쇼는 마운드를 지켰다. 8회 말, 두 팀 모두 점수를 얻지 못한 채 커쇼가 타석에 들어섰다. 상대는 불펜 투수 조지 콘토스였다. 커쇼는 타격에 자부심을 갖고 있었다. 지난 두 시즌 동안 타율 .217을 기록하며 선발 투수들 가운데 2위에 오를 만큼 실력이 좋았다. 하지만 그는 한 번도 홈런을 친 적은 없었다. 이날 콘토스가 시속 92마일♦의 패스트볼을 포수 미트에 꽂아 넣기 전까지는 그랬다.

커쇼는 그 공을 중앙 외야 펜스 너머로 때려냈다. 더그아웃은 난리가 났다. 커쇼는 웃으며 베이스를 돌았고 동료들과 하이파이브를 나눈 뒤 커튼콜♦♦까지 받았다. 이후 다저스가 3점을 추가하자 커쇼는 들뜨려는 마음을 다잡고자 안간힘을 썼다. 하일랜드파크 시절에 투타로 상대를 압도하며 느꼈던 소년 시절의 즐거움을 숨기며 경기를 마무리하려 했다. "어떻게든 웃지 않으려 애쓰는 커쇼의 모습을 본 것은 제 선수 생활 중 가장 기억에 남는 장면 중 하나예요." A. J. 엘리스가 회상했다. 커쇼는 단 9개의 공을 더 던져 개막전 완봉승이자 통산 여섯 번째 완봉을 완성했다.

커쇼가 '현재'의 가치를 보여준 다음 날, 다저스는 그의 '미래'를 잡기 위해 움직였다. 타격 연습 도중, 네드 콜레티 단장은 커쇼를 지하 스위트룸으로 데려갔다. 그곳에는 구단 임원들과 커쇼의 에이전트 케이시 클로스, J. D. 스마트가 앉아 있었다. 주제는 명확했다. 커쇼가 FA 자격을 포기하고 연장 계약에 동의하도록 만드는 조건을 찾는 것이었

♦ 약 148킬로미터

♦♦ 뛰어난 활약 후 더그아웃에 들어간 선수가 팬들의 지속적인 박수에 응해 다시 그라운드로 나와 인사하는 의례. 원래 공연장에서 관객의 박수에 배우가 무대로 돌아와 화답하는 데서 유래했다.

다. 클로스는 6년간 총 1억 9,500만 달러, 5년 후 옵트아웃♦이 포함된 안을 제시했다. 그해 디트로이트의 저스틴 벌랜더가 체결한 7년 1억 8,000만 달러보다 높은 금액이었다. 그러나 다저스가 준비한 안은 더 대담했고, 사치세 부담까지 고려한 것이었다. 월터와 스탠 카스텐은 커쇼에게 3억 달러 계약을 제안했다. 단서가 있었다. 계약 기간이 15년이라는 점이었다.

다저스 입장에서는 완벽한 구조였다. 사실상 커쇼의 선수 생활 전체를 사들이는 계약이었다. 설령 커쇼가 15년을 다 버티지 못한다고 해도, 은퇴하기 전 3억 달러의 가치를 만들어낼 가능성은 충분했다. 하지만 구단은 커쇼의 사고방식을 오해했다. 커쇼는 이미 경제적 안정감을 느끼고 있었다. 몇 년간 포스트시즌에 나서지 못하면서 커쇼가 의문을 가졌던 것은 구단의 미래였다. 게다가 그는 앞으로 15년 동안이나 다섯 번째 날의 무게를 견딜 자신이 없었다. 그 루틴이 사람을 얼마나 고통스럽게 하는지 누구보다 정확히 알고 있었다. 그 생각만으로도 불안했다. 협상 중 카스텐은 커쇼를 안심시키려 했다. "우리는 그에게 출전을 못 해도 괜찮다고 말했어요." 카스텐의 회상이다. 구단은 커쇼가 다친다고 해도 돈은 그대로 보장된다고 설명했다. 하지만 커쇼는 꿈쩍도 하지 않았다. 북미 프로스포츠 역사상 선수 한 명에게 제시된 최대 규모였던 3억 달러 제안을 커쇼는 그 자리에서 거절했다.

♦ 2년 이상의 계약을 체결한 선수가 특정 시점에 자신의 선택으로 계약을 종료하고 FA 시장에 나갈 수 있는 조항

“제가 약속한 만큼을 해내지 못할 것 같은 계약에는 절대 사인하고 싶지 않았어요.” 커쇼가 회상했다. “그래서 15년은 제게 도저히 가능한 조건이 아니었어요. 결국 그 불안감으로 돌아가는 거잖아요. 앞으로 15년 동안 야구를 해야 한다는 전제 자체가요.” 그는 받아들일 수 없었다. “그냥 이렇게 생각했어요. 앞으로도 계속 야구를 잘할지 모르겠고, 잘하지 못할 거라면 하고 싶지 않다고요.”

“기자님, 믿어지세요?” 2022년 12월, 커쇼가 나에게 말했다. “그 계약을 했으면, 지금부터도 6년이 더 남아 있는 거예요.”

4월 28일, 커쇼는 밀워키 브루어스를 상대하기 위해 차를 몰고 다저 스타디움으로 향했다. 커쇼가 집을 나선 뒤, 아내 엘런은 커쇼의 새어머니로부터 한 통의 전화를 받았다. 크리스가 세상을 떠났다는 소식이었다. 엘런은 클레이튼에게 이 사실을 어떻게 전해야 할지 고민스러웠다. 혹시 자신이 아닌 다른 사람에게서 이 소식을 듣게 될까봐 걱정이 되었다.

이날 A. J. 엘리스는 출전 일정이 없어 벤치에서 경기를 지켜보고 있었다. 커쇼는 8이닝 무실점에 12개의 탈삼진을 이어가고 있었다. 경기 중반, 한 구단 직원이 엘리스를 붙잡아 세웠다. 커쇼의 아내 엘런이 클럽하우스 밖에서 그를 찾고 있다는 것이었다. 엘리스는 황급히 더그아웃을 뛰어나갔다. 엘런은 엘리스에게 커쇼의 휴대폰을 챙겨달라고 부탁했다. 혹시라도 커쇼가 소식을 모르는 상태에서 아버지와 관련된 문자 메시지를 보게 될까 우려되었다.

엘런은 커쇼와 그의 아버지 쪽 가족 사이에서 완충 역할을 자처해왔다. 커쇼의 아버지 크리스와도 비교적 갈등이 적었다. "그 모든 상황이 클레이튼에게는 너무 무거웠어요." 엘런의 회상이다. "클레이튼은 그 관계가 어떻게 돌아가야 하는지조차 잘 모르는 느낌이었어요. 그래서 조금 거리를 두고 싶어 했죠." 엘런은 커쇼가 교체되어 경기장에서 내려오는 순간을 기다리며 클럽하우스로 이어지는 다저스타디움의 내부 통로에 서 있었다. 계단을 내려오던 커쇼는 그녀를 보았다. 엘런은 그제야 소식을 전했다. 그리고 둘은 소지품을 챙겨 경기장을 빠져나왔다. "이상하게도, 그날의 기억 전체가 흐릿하고 뿌옇게 느껴져요." 커쇼는 당시를 그렇게 기억했다.

커쇼는 장례식을 위해 다시 댈러스로 향했다. 불펜 투구를 도와줄 하일랜드파크 학생을 구해 훈련을 이어갔다. 그리고 다음 등판 일정이 잡힌 샌프란시스코 원정에 맞춰 팀에 복귀했다. 어디에 다녀왔는지 말하고 싶지 않았다. 아주 가끔 커쇼가 가까운 사이가 아닌 사람들 앞에서 아버지 이야기를 해야 할 때면, 그는 항상 이혼 이전의 따뜻했던 기억만 꺼내 들었다. 병실 침대에 누워 무너져가던 아버지의 모습이 아니라, 함께 농구를 하던 아버지의 모습을 떠올렸다. "농구만큼은 언제나 함께할 수 있었어요." 커쇼가 회상했다. "캐치볼도 정말 자주 했죠. 제가 너무 세게 던지기 시작하기 전까지는요. 그분은 그걸 다 해줬어요.

아버지라면 그래야 하듯이요. 그 점은 정말 고맙게 생각해요." 어떤 면
에서 커쇼는 아버지에게서 부모가 된다는 것이 무엇인지 배웠다. 그는
자신이 어떤 아버지가 되고 싶은지를 알게 되었다.

　장례식을 마친 뒤, 커쇼는 다시 팀에 합류했지만 분위기는 좋지 못
했다. 자이언츠를 상대로 7이닝 1실점으로 호투했지만 팀은 패했고,
이는 악몽 같은 8연패의 일부였다. 거액을 쏟아부은 팀이었지만 거의
모든 것이 꼬이고 있었다. 라미레스는 시즌 전 월드 베이스볼 클래식
(WBC)에 출전했다가 경기 도중 엄지 인대가 파열되는 부상을 입었다.
　시즌 두 번째 등판에 나섰던 그레인키는 공에 맞고 마운드로 돌진
해온 샌디에이고의 카를로스 쿠엔틴과 난투극을 벌였고, 이 과정에서
그레인키의 왼쪽 쇄골이 골절되었다. 일주일 뒤에는 채드 빌링즐리가
오른쪽 팔꿈치에 극심한 통증을 느꼈고 결국 토미 존 수술을 받게 되
었다. 로건 화이트가 뽑은 몇 남지 않은 팀 내 '자체 육성 스타 선수'
중 한 명이었던 맷 켐프는 오프시즌 중에 받은 어깨 수술의 여파로 부
진에 빠졌고, 그가 다시 MVP 경쟁에 나서는 일은 끝내 없었다.
　온갖 부상과 패배가 이어지자 많은 비아냥도 쏟아졌다. 그해 4월,
『LA 타임스』의 딜런 에르난데스 기자는 "타이태닉이 침몰했을 때 거기
타고 있던 이들 가운데 한 명도 구겐하임 가문의 사람이었다"고 적기

도 했다.◆

이 난파선 같은 팀을 떠받치는 임무를 맡은 사람은 감독 돈 매팅리였다. 그러나 매팅리는 이 시즌이 자신에게 마지막이 될지도 모른다는 불확실함 속에 있었다. 매팅리는 한 시대를 대표한 선수였고, 많은 팬이 그의 명예의 전당 입성을 믿었던 전직 MVP였다. 그의 명성은 흠잡을 데가 없었다. 2011년부터 3년간 매팅리 사단에서 벤치코치를 맡았던 트레이 힐먼은 "그는 친절과 겸손으로 가득한 사람"이라고 했다. 매팅리는 1980년, 구단주들의 FA 계약 담합 스캔들◆◆ 당시 선수 노조의 동료들과 함께했고, 양키스의 구시대적 용모 관련 규율에도 당당히 맞섰다.◆◆◆

매팅리는 양키스가 보기 드문 침체기에 빠져 있던 시기에 몸담았다는 불운도 겪었다. 허리 부상과 자녀 양육을 이유로 1995년 은퇴한 뒤, 양키스는 5년 동안 네 차례나 우승을 차지했다. 매팅리는 야구계에 복귀하기 전까지 커쇼의 친구인 프레스턴을 포함해 자신의 아이들을 돌보며 시간을 보냈다. 특정 세대의 선수들에게 매팅리는 거대한 존재

◆ 1912년 타이태닉호 침몰 당시, 희생자 가운데 빈저민 구겐하임이라는 인물이 실제로 있었다. 기자는 침몰하는 거대한 배에 '구겐하임'이라는 이름이 타고 있었다는 역사적 사실을 빌려 위기에 빠진 다저스를 묘사했다.

◆◆ 구단주들이 FA 선수들에 대한 구단 간 경쟁을 피하기 위해 조직적으로 담합하며 연봉 상승을 억제한 사건. 이후 선수 노조의 소송으로 담합이 인정되었고, 구단은 선수들에게 대규모 배상금을 지급했다.

◆◆◆ 1991년 8월 15일, 양키스 구단은 매팅리의 머리카락이 너무 길다는 이유로 당일 경기 출전 정지 및 벌금 처분 등의 자체 징계를 내렸다. 매팅리는 언론 인터뷰에서 불만을 토로했다. 그러나 다음 날 팀의 규정을 준수하겠다는 뜻을 밝히며 선발 라인업에 복귀하면서 충돌은 마무리되었다.

였다. "전 매팅리를 동경하며 자랐어요." 전 내야수 제이미 캐럴의 회상이다. 매팅리는 야구가 선수에게 얼마나 고된지 누구보다 잘 알았지만, 자신의 커리어를 자랑한 적은 없었다. 케이시 블레이크는 "매팅리는 정말 자만이란 것이 전혀 없는 사람"이라고도 했다.

매팅리는 상대를 편안하게 만들어주는 사람이었다. 2012년 스프링캠프에서 다저스는 존 프랫이라는 이름의 곱슬머리 청년을 비디오 코디네이터로 고용했다. 프랫은 보스턴 에머슨 칼리지에서 방송 저널리즘 전공 학위를 딴 지 얼마 되지 않은 신입이었고, 클럽하우스는 그에게 버거운 공간이었다. 매팅리는 매일 영상 분석실을 찾았다. "감독님은 이 세상에서 가장 친절한 분이었어요." 프랫이 말했다. 매팅리는 프랫의 가족, 그리고 어린 시절 이야기를 물었고 그의 괴짜 같은 성향을 끌어내며 자연스럽게 팀의 '식구'로 대했다. "한번은 제가 리츠칼튼 호텔의 샴푸가 마음에 안 든다고 말한 적이 있는데, 그게 몇 년 동안 놀림감이 됐어요." 프랫이 웃으며 회상했다.

매팅리는 연봉 총액이 줄어들고 희망도 사라졌던 매코트 체제의 마지막 시즌들을 견뎠지만 2013년에는 벼랑 끝에 서 있었다. 계약 마지막 해를 맞이한 그는 다저스가 자신을 신뢰하는지도 확신할 수 없었다. 레임덕 상태는 그를 괴롭혔다. 콜레티 단장이 자신을 영입하기는 했지만, 카스텐과 새 구단주 그룹이 자신을 믿는지는 알 수 없었다. 매팅리는 부상으로 로스터가 무너져도 긍정적인 태도를 잃지 않았고, 감독 경질 루머가 돌아도 침착함을 유지했다. 팀 내 스타들의 자존심을 조율하는 일도 계속했다. 그가 바랐던 것은 단 하나, 계약 연장이라는 형태의 '인정'뿐이었다.

6월이 되자 커쇼는 점점 예민해졌다. 3억 달러 계약을 거절한 뒤 협상은 중단되었다. 그해 여름, 카스텐의 회상에 따르면 에이전트 클로스가 기존의 7년 구조를 중심으로 협상을 재개했다. 하지만 '폭스 스포츠'의 켄 로즌솔 기자가 양측이 진전을 이루었다고 보도하면서 문제가 생겼다. 그 보도는 커쇼를 불편하게 만들었다. 커쇼는 비밀 유지 합의를 깨고 내용을 유출했다며 구단을 탓했지만, 그럼에도 협상은 이어졌다. 하지만 이번에는 2억 1,000만 달러 계약에 근접한 상황에서 보험 조항 등 세부 내용으로 인해 격론이 벌어졌다. 카스텐과 스마트가 고함을 주고받는 일도 있었다.

협상의 불안정함과 미래에 대한 불확실성도 커쇼의 경기력에 전혀 영향을 미치지 않았다. 그는 그해 여름, 3년 연속 올스타에 선정되었다. 커쇼는 5일 루틴 속에서 살았다. 등판 다음 날에는 웨이트트레이닝과 러닝, 캐치볼을 했고, 둘째 날에는 34구의 불펜 피칭을 소화했다. 셋째 날에는 웨이트트레이닝과 롱토스를 했다. 넷째 날에는 데릭 로우에게 배운 '시각화 훈련'을 위해 불펜 마운드에 올랐다. 그리고 다섯 번째 날, 그는 칠면조 샌드위치를 억지로 삼키고, 클럽하우스 벽에 공을 몇 차례 던지며 예열을 한 뒤 마운드에 올라 상대를 압도했다. 앞선 4일간의 준비가 다섯 번째 날의 불안을 잠재워주는 방식이었다. 커쇼에게는 루틴이 필요했다. 루틴을 무시했다가 성적이 나쁘게 나오면 '내가 일을 망쳤다'는 괴로운 감정이 밀려왔다. 훗날 그는 이렇게 회상했다. "일관성과 루틴은 마음을 다잡는 데 도움을 줍니다."

하지만 루틴에 몰입하는 커쇼의 모습은 외부 사람들에게 종종 '미친 것처럼' 비쳤다. 텍사스 레인저스 소속으로 일곱 차례 올스타에 선정된 베테랑 3루수 마이클 영은 겨울 동안 커쇼와 합동 웨이트트레이닝을 했다. 2013년 8월 말, 콜레티는 벤치 강화를 위해 영을 트레이드해왔다. 그날은 커쇼가 선발로 나서는 날이었고, 영은 콜로라도 쿠어스 필드의 클럽하우스에 들어오자마자 익숙한 훈련 파트너를 발견했다. "야, 22번! 너 진짜 못한다!" 영이 장난스레 외쳤다. 커쇼는 희미하게 웃더니 영을 그대로 지나쳐 걸어갔다. 영의 머릿속에 '아이고' 하는 생각이 스쳤다. 영은 장비를 로커에 던져 넣고 트레이닝 룸으로 갔다. 그곳에서 상황을 보고 있던 엘리스가 말했다. "커시랑 같이 뛰어본 적은 없으신 거죠?"

영이 합류했을 무렵, 다저스는 이미 내셔널리그 서부지구의 선두로 독주하고 있었다. 팀은 6월 3일까지만 해도 최하위였다. 그날 콜레티는 1년 전 로건 화이트의 짧은 테스트 후 4,200만 달러에 계약했던 22세의 야시엘 푸이그를 콜업했다. 키 약 188센티미터 몸무게 약 109킬로그램의 푸이그는 허세와 무모함의 경계를 넘나들었다. 지각 등 팀 규율을 어겨도 징계가 거의 없었는데, 일부 다저스 선수들은 새 구단주가 푸이그에게 특혜를 준다고 생각했다. 하지만 실력만큼은 흠잡을 데가 없었다. 그리고 팀은 승승장구했다. 그해 여름, 경기 후 커쇼가 말했다. "승리는 많은 것을 해줍니다. 많은 차이를 없애주고, 나쁜 감정도 없애줘요. 뭐, 우리 팀에 그런 게 있었다는 건 아니지만요." 곤잘레스의 꾸준함, 라미레스의 복귀, 그리고 푸이그의 등장으로 타선은 폭발했다.

그 시즌 푸이그는 타율 .319, OPS(출루율+장타율) .925를 기록했다. 누상에서 보여준 전광석화 같은 움직임, '로켓'이라고 불린 송구 등 모든 것이 다저스타디움을 뒤흔들었다. 팀은 푸이그 콜업 후 69승 38패를 기록하며 2위 대비 11경기 차로 서부지구를 제패했다.

이 대반전은 커쇼를 흥분시켰다. 그는 더 이상 포스트시즌을 놓치고 싶지 않았다. 등판하지 않는 4일 동안 그는 다저스 더그아웃 1열에 앉아 있었다. "커쇼가 응원을 제일 열심히 하는 치어리더였어요." 스킵 슈마커의 회상이다. "커쇼는 뭘 먹고 있거나, 유니폼 차림으로 경기를 보고 있거나, 아니면 늘 땀으로 범벅이 된 상태였습니다." 마이클 영이 말했다. 9월 19일, 애리조나 체이스 필드에서 서부지구 우승이 확정되자, 커쇼는 난간을 넘어 그라운드로 뛰어들었다. 선수들이 샴페인과 맥주를 뿌려대고 난 뒤, 커쇼와 팀원들은 우측 펜스 너머 실내 풀장으로 향했다. 커쇼는 물을 튀기며 동료들과 기쁨을 나누었다. 그리고 물에서 나와 몸을 닦았다. 다음 날은 시각화 훈련이 예정되어 있었다. 그에게는 아직 선발 등판이 더 남아 있었다.

10월 3일, 92승을 거둔 다저스는 2009년 이후 처음으로 포스트시즌 무대에 복귀했고, 내셔널리그 디비전 시리즈를 위해 그해 96승을 기록한 애틀랜타 브레이브스를 찾았다. 커쇼가 포스트시즌 마운드에

선발로 서는 것은 1,449일 만의 일이었다. 그는 더 이상 잠재력만 있고 침착함은 부족한 유망주가 아니었다. 몇 주 뒤에 그는 사이영상을 두 번째로 수상하게 되는데, 당시 그는 메이저리그 전체 평균자책점 1위 (1.83)와 내셔널리그 탈삼진 1위(232개)를 동시에 석권하며 30표의 1위표 중 29표를 싹쓸이했다. 스물다섯 살의 커쇼는 그때 야구에서 가장 뛰어난 투수이자, 역대 가장 많은 돈이 투입된 로스터 안에서 가장 중요한 선수였다.

브레이브스가 초반 몇 차례 기회를 잡았음에도 커쇼는 결국 12개의 삼진을 잡으며 애틀랜타를 단 1실점으로 묶었다. 동료들은 그에게 든든한 득점을 안겨주었다. 6회, 과거 디배트의 에이스였고 당시 애틀랜타 불펜에서 뛰고 있던 조던 월든을 상대로 핸리 라미레스가 적시 2루타를 때렸고, 점수는 5점 차까지 벌어졌다. 커쇼는 7회까지 마운드를 지켰고, 올 시즌 자신의 두 번째 최다 투구 수인 124구를 던졌다. 6 대 1 완승으로 경기를 마친 뒤, 커쇼는 더 던지겠다는 의지를 내비쳤다. "경기 끝나자마자 4차전에도 던질 수 있다며 목소리를 높였습니다." 매팅리는 며칠 뒤 이 일화를 공개했다. "저를 포함한 코칭스태프는 '아니야, 아니야! 안 돼, 안 돼!' 이런 식이었고요."

1970년대 초, 다저스는 훗날 야구계의 표준이 되는 '5인 선발진' 시스템을 개척했다. 이는 수십 년 뒤 커쇼가 따르게 될 '5일 사이클'을 만들었다. 선발 투수들은 나흘 휴식 후 다시 공을 잡는 리듬에 익숙해졌다. 경기 후 생긴 팔의 젖산이 빠지기까지는 며칠이 걸렸다. "공을 던지면 어깨와 팔꿈치는 피를 흘리는 셈입니다." 감독으로 오랜 기간 활약했던 벅 쇼월터의 설명이다. "그리고 그걸 배출해야 하죠." 하지만 벼랑 끝 상황이 되는 10월이 되면, 각 구단은 팀 내 최고의 투수에게 더 잦은 등판을 요구했다. 2001년 월드시리즈에서 커트 실링은 애리조나 다이아몬드백스 소속으로 세 차례나 선발 등판했고, 그중 두 번은 불과 사흘만 쉰 뒤였다. CC 사바시아는 2009년 양키스 우승 과정에서 두 차례 단기 휴식 후 선발 등판했다. 2011년, 세인트루이스의 크리스 카펜터 역시 월드시리즈 7차전에 단기 휴식 후 선발로 나섰다. 하지만 이런 사례는 성공담이었다. 2001년 그레그 매덕스는 난타를 당했고, 2004년 케빈 브라운은 아웃 카운트 4개만 잡고 내려갔다. 2005년 왕젠밍은 1이닝을 버티는 데 그쳤다.

이러한 방식은 대체로 시대에 뒤처진 관행이 되었다. 샌프란시스코는 2010년과 2012년 월드시리즈로 가는 과정에서 맷 케인과 매디슨 범가너를 모두 정규 휴식 간격 그대로 기용했다. 필라델피아 역시 2011년 로이 할러데이, 클리프 리, 콜 해멀스의 휴식일을 줄이지 않았다. 디트로이트에서는 맥스 셔저가 선발 등판 사이에 불펜 투수로 나서며 팀에 보탬이 되려 했지만, 저스틴 벌랜더는 자신의 일반적인 스케줄을 고수했다. 2011년 가을, 밀워키에서 포스트시즌 데뷔전을 치렀던 잭 그레인키는 정규 시즌 최종전 등판 후 단기 휴식을 취한 뒤 다시 선발로 나섰지만 5이닝 4실점에 그쳤다. 이후 2010년대 포스트시즌에서 그는 스무 차례 더 선발로 등판했지만, 단기 휴식 등판은 한 번도 없었다.

2013년 포스트시즌 로테이션을 구상할 때, 매팅리 감독과 허니컷 코치는 커쇼 뒤에 그레인키를 배치할 생각이었다. 쇄골 골절에서 회복한 그레인키는 평균자책점 2.63으로 시즌을 마쳤고, 3선발 류현진도 3.00을 기록했다. 문제는 4선발이었다. 리키 놀래스코는 9월 한 달 25.2이닝을 던지는 동안 22실점을 했다. 매팅리는 기자들 앞에서는 4차전 선발은 놀래스코라고 발표했다. 하지만 내부적으로는 포스트시즌을 몇 주 앞두고 커쇼를 4차전에도 기용하는 방안이 논의되고 있었다. "마음에 드는 선택은 아니었지만, 달리 방법이 없었어요." 허니컷의 회상이다. "커쇼가 우리 팀 최고의 투수였으니까요."

2차전에서 패한 다저스는 LA로 돌아왔다. 3차전을 하루 앞두고 커쇼는 엘리스, 프랫과 함께 웨스트 할리우드에서 피자를 먹었다. 그들은 코미디 스토어◆에 가기 전, 피자 몇 판을 먹었고 술을 몇 잔 마셨다. 엘리스는 이러한 방종이 커쇼의 루틴을 망가뜨리는 것 아니냐고 농담을 던졌다. 커쇼는 평소보다 하루 적은 사흘을 쉴 때 루틴을 어떻게 짜야 하는지 모르겠다고 답했다. 그는 즉흥적으로 일정을 조정해가고 있었다. 첫날 웨이트트레이닝에서는 평소보다 세트를 줄였고, 둘째 날 불펜 투구도 짧게 가져갔다. "사실 셋째 날은 통째로 건너뛰었어요." 그는 당시를 그렇게 회상했다. 대신 원래 루틴에서 넷째 날에 하는 시각화 훈련을 미리 했다.

다저스가 3차전에서 승리한 뒤, 매팅리 감독은 커쇼를 감독실로 불

◆　캘리포니아에 있는 유서 깊은 코미디 공연장. 로빈 윌리엄스, 짐 캐리 등 많은 코미디언이 이곳을 거치며 성장했다.

렀다. 콜레티, 매팅리, 허니컷은 커쇼에게 괜한 허세는 부리지 말고 이야기해보자고 권했다. 커쇼는 조용히 듣고 있다가 답했다. "저는 시즌이 끝나면 겨울 내내 이 순간만 생각합니다." 커쇼에게 있어 5일 사이클 속에서 매일 했던 모든 것, 스퀏 트랙에서의 계속되는 반복, 외야에서의 전력 질주 하나하나가 모두 이 순간을 향해 있었다. 아직 장기 계약을 체결하지 않았다는 사실도 중요하지 않았다. 그는 그저 공을 원했다. 감독실에서 나오는 커쇼의 얼굴은 환하게 빛났다. 힐먼은 매팅리에게 그 순간의 커쇼는 "핼러윈 때 가장 큰 사탕 봉지를 훔치는 데 성공한 애처럼 보였어요"라고 말했다.

브레이브스도 쉽게 물러서지 않았다. 4회, 곤잘레스의 송구 실책은 두 점을 내주는 빌미가 되었다. 하지만 커쇼는 흐름을 끊었고, 91구를 던지며 6이닝을 버텨 경기를 동점으로 유지했다. 8회, 브레이브스의 올스타 마무리 크레이그 킴브럴이 불펜에서 지켜보는 가운데 푸이그가 2루타를 날렸고, 내야수 후안 우리베가 역전 홈런을 쏘아 올렸다. 이로써 다저스는 내셔널리그 챔피언십 시리즈에서 세인트루이스 카디널스를 상대하게 되었다. 내셔널리그 챔피언십 시리즈 진출을 축하하는 자리에서 일흔여덟 번째 생일을 몇 달 앞둔 샌디 쿠팩스는 샴페인이 튀는 것을 막기 위해 고글을 쓰고 있었다. 쿠팩스는 커쇼의 어깨에 양손을 얹으며 존경의 마음을 전했다. 커쇼에게 쿠팩스는 멘토도, 신 같은 존재도 아니었다. 친구였다. "커쇼는 그냥 한 인간으로서 좋은 사람이에요." 쿠팩스의 설명이다. 둘은 통화도 자주 했고, 시간이 맞으면 함께 식사도 했다. 그 둘이 공유한 것은 '무기'만이 아니었다. 쿠팩스는 위대함을 추구하는 과정에서 자신의 왼팔을 바쳤다. 그에게 커쇼는 동일한 혼(魂)을 가진 투수였다. "제가 커쇼를 특히 높게 평가하는 이유는, 투수가 언제나 최고 컨디션일 수는 없기 때문입니다." 쿠팩스가 회상했다. "그런 날에도 이기는 방법을 터득하는 것은 특별한 재능입니다."

2013년, 카디널스는 내셔널리그 최다승인 97승을 거두며 어김없이 가을 야구에 모습을 드러냈다. 카디널스는 21세기에만 포스트시즌에 10회 진출했고, 그 과정에서 네 번의 리그 우승과 두 번의 월드시리즈 우승을 차지했다. 구단은 미국 중서부 지역에서 절대적인 영향력을 유지했는데, 44개 주에 경기를 송출하던 KMOX 방송국, 이른바 '세인트루이스의 목소리'는 그 위상의 상징이었다. 카디널스의 팬들은 스스로를 '야구계에서 가장 위대한 팬들'이라고 불렀다. 조직의 정신적 지주였던 토니 라 루사 감독이 은퇴하고 세 차례나 내셔널리그 MVP를 차지했던 앨버트 푸홀스가 2011년 월드시리즈 우승 후 팀을 떠났음에도 전력 흐름은 크게 흔들리지 않았다. "저희는 서로를 믿었어요." 외야수였던 존 제이는 그때를 이렇게 회상했다. "절대 포기하지 않았죠."

커쇼는 다시 자신의 루틴으로 돌아갔다. 매팅리 감독은 그를 부시 스타디움에서 열리는 2차전 선발로 배치했다. 그러나 시리즈의 흐름은 커쇼가 마운드에 오르기도 전에, 그리고 1차전에 그레인키가 오르기도

전에 기울어졌다. 카디널스의 투수 조 켈리는 캘리포니아 코로나 출신으로, 소년 시절부터 말썽이 많았다. 고교 시절 트라이아웃 캠프에서 스카우트들에게 깊은 인상을 주겠다며 외야에서 건물 3층까지 공을 던져 올렸다. 안경을 쓰고 앳된 얼굴을 하고 있었지만, 켈리는 엄청난 강속구를 던질 수 있었다. 문제는 그 공이 어디로 갈지 본인도 모른다는 것이었다. 1차전, 켈리가 던진 아홉 번째 공은 시속 95마일◆의 투심 싱커였다. 공은 포수 야디에르 몰리나의 미트를 벗어나 카디널스에게는 행운이 될 지점, 바로 핸리 라미레스의 갈비뼈에 꽂혔다.

라미레스는 몇 년 전 내셔널리그 타격왕을 차지한 선수였지만, 잦은 부상으로 2013년에는 86경기만 소화했다. 깨지기 쉬웠지만 팀에 필수적인 존재였다. 라미레스는 끝까지 뛰었지만, 다저스는 득점권에서 10타수 1안타에 그치며 13회 경기 끝에 2 대 3으로 패했다. 하루 뒤, 커쇼가 마이클 와카와의 맞대결을 준비하는 동안 라미레스는 통증으로 인해 배트를 휘두를 수조차 없었다. 매팅리 감독은 그를 라인업에서 제외해야 했고, 9월에 조기 복귀했던 외야수 안드레 이디어 역시 선발에서 제외되었다. 와카에게는 다저스 타선을 막는 것보다 커쇼와 맞붙는다는 사실이 더 크게 다가왔다. "한 점도 줄 수 없다고 생각했어요. 커쇼는 절대 점수를 안 줄 테니까." 와카의 회상이다.

커쇼는 명성에 걸맞은 투구를 했다. 6이닝 동안 5개의 삼진을 잡고 세인트루이스를 단 2개의 안타로 묶었다. 5회, 선두 타자 데이비드 프

◆　약 153킬로미터

리즈가 2루타를 치고 엘리스가 뒤로 빠진 공을 잡지 못하는 패스드볼 실책을 범하면서 주자는 3루에 안착했다. 제이의 희생플라이로 득점하며 카디널스는 점수를 따냈다. 7회 타순이 돌아왔을 때 커쇼는 아직 72구밖에 던지지 않았다. 매팅리 감독은 남아 있는 아웃 7개 중 하나를 희생하고 싶지 않았다. 그러나 타자들은 커쇼의 투혼에도 득점 지원을 해주지 못했으며, 결국 경기는 0 대 1의 패배로 끝이 났다. 카디널스는 시리즈 2승을 선점했다.

LA로 돌아온 다저스는 빈약한 팀 타선 속에서도 세 경기 중 두 경기를 따내며 시리즈를 연장했다. 라미레스는 타율 .133, 푸이그는 22타수 10삼진, 이디어 역시 타율 .150에 그쳤다. 켐프는 발목 수술이 필요해 9회부터 훈련을 중단한 상태였다. 구겐하임이 쏟아부은 돈, 그리고 "돈으로 살 수 있는 최고의 팀"이라는 수식어를 지키기 위해 여름 내내 견뎌왔던 혼란까지, 이 모든 것에도 불구하고 6차전이 세인트루이스로 돌아왔을 때 승부는 결국 클레이튼 커쇼의 왼팔에 달려 있었다.

다시 한번 커쇼는 와카와 맞붙었다. "솔직히 그때 저는 제가 뭘 하고 있는지도, 그 순간이 얼마나 무거운 것인지도 잘 몰랐던 것 같아요." 와카의 말이다. 하지만 커쇼는 달랐다. 그는 '10월 상태'에 완전히 빠져들었다. 턱수염이 헝클어진 턱끈처럼 자라도록 놔두었고, 머리카락은 어깨까지 내려오게 두었다. 정규 시즌에만 커리어 최다인 236이닝을 던졌고, 포스트시즌에서 19이닝을 더 투구했다. 겨울 내내 훈련했고, 봄 내내 준비했으며, 여름 내내 몸을 혹사하며 이 정상에 도달했다. 그는 준비가 되었다고 믿었다.

2회, 안타를 허용한 커쇼가 연속해서 던진 커브볼이 폭투로 이어지며 이상 신호가 감지되었다. 커브 감각이 좋지 않았다. 그리고 카디널스는 그 앞에 기죽을 팀이 아니었다. 그 사실은 3회에 2루수 맷 카펜터가 타석에 들어서며 극적으로 증명되었다. 카디널스는 2009년 드래프트 13라운드에서 카펜터를 지명하며 단 1,000달러의 계약 보너스를 제시했다. 그에게는 협상권이랄 것이 전혀 없었다. 이미 대학에서 5년이나 보낸 선수였기 때문이었다. 하지만 그 돈의 가치는 충분했다. 카펜터는 프로 3년 차에 메이저리그에 입성했고, 2012년 주전으로 자리 잡았으며, 2013년 첫 올스타에 선정되었다. 카펜터는 라 루사 감독이 꿈꿔왔던 이상적인 선수 그 자체였다. 그는 타격장갑을 착용하지 않고 맨손으로 타격을 했으며, 남부 텍사스 특유의 억양을 갖고 있었다. 그는 팀 내 누구보다 공을 많이 보며 타석을 이끌었다. '투수가 잘 던진 공은 어떻게든 건드려서 버티고, 실투는 제대로 때린다'는 카디널스의 야구 철학을 완벽하게 실천하는 선수였다. "만일 클레이튼이 하는 투구에 맞설 수 있는 팀이 하나 있다면, 그건 바로 우리라고 생각해요. 우리는 끈질기게 타석을 가져가면서 투수를 괴롭히고, 공 하나도 쉽게 던지지 못하게 하며 아웃 카운트 하나도 힘겹게 가져가게 만드는 야구에 자부심이 있었어요."

1회에는 커쇼가 패스트볼로 카펜터를 압도했다. 그러자 두 번째 승부에서 카펜터는 방식을 바꿨다. 이번에는 '삼진을 당하지 않는 것'이 목표였다. 카펜터는 커쇼가 초구에 던진 슬라이더가 몸쪽으로 빠지자 배트를 어깨 위에 그대로 얹고 이를 지켜봤다. 그다음부터는 7개의 공에 계속해서 배트를 냈다. 패스트볼을 파울로 커트하고, 또 커트하고, 또 커트했다. 커쇼가 커브를 던졌지만, 카펜터는 이를 1루 쪽으로 가는 파울로 연결했다. 슬라이더로 패턴을 바꾸자, 이번에는 3루 쪽 파울이 나왔다. 여섯 번째 파울이 나오자 관중들은 환호하기 시작했고, 일곱 번째 파울 때는 그 함성이 더 커졌다. 카펜터는 강력한 서브를 받아치는 테니스 선수가 된 기분이었다. 꼭 잘 맞은 타구를 뽑아내지 못해도 공을 맞히는 한 여전히 살아 있다고 생각했다. 아홉 번째 공은 몸쪽으로 빠진 볼이었다. 이제 카운트는 2볼 2스트라이크가 되었다. 10구째는 패스트볼이었지만 또 파울 타구를 만들자 관중들은 더 큰 박수를 보냈다. 커쇼는 다시 집중했고, 슬라이더를 던졌다. 평소처럼 스트라이크존의 바깥쪽 절반을 파고드는 공이었다. 카펜터는 이를 제대로 때려 우측으로 가는 2루타를 뽑아냈다. 그해 정규 시즌에서 커쇼를 상대한 카펜터 같은 좌타자들의 타율은 .165에 불과했다. 커쇼가 2스트라이크를 잡았을 때는 .136밖에 되지 않았다. 하지만 지금은 정규 시즌이 아니었다.

이어 대폭발이 일어났다. 카를로스 벨트란이 2루수 마크 엘리스의 글러브를 맞고 빠져나가는 안타를 만들었다. 푸이그의 엉뚱한 송구 탓에 벨트란은 2루까지 갔다. 커쇼가 외야수 맷 홀리데이를 삼진으로 잡았지만, 몰리나가 중견수 쪽으로 가는 땅볼 안타를 터뜨리며 벨트란을 홈으로 불러들였다. 프리즈는 커쇼의 글러브 아래로 스치는 타구로 안타를 더했다. 3볼 2스트라이크 풀카운트에서 1루수 맷 애덤스에게 던진 패스트볼이 볼 판정을 받자, 커쇼는 구심에게 언짢은 반응을 보였다. 마음을 다잡으려 했지만, 외야수 셰인 로빈슨이 2타점 적시타를 때렸다. 카디널스는 땅볼 안타 4개, 애매한 볼 판정, 그리고 카펜터의 끝없는 버티기만으로 4점을 쌓아 올렸다. 커쇼는 5회까지 버티려 했지만 첫 세 타자에게 안타 2개를 내준 데 이어, 푸이그의 또 한 번의 어설픈 송구, 여기에 애덤스의 2루타까지 터지자 마침내 매팅리 감독이 개입했다.

커쇼는 항의 한마디 없이 공을 건넸다. 글러브를 벗은 뒤 땅만 쳐다보며 더그아웃을 향해 무거운 발걸음을 옮겼다. 그의 주변에서 카디널스 팬들은 하얀색 수건을 돌리며 환호했다. 다저스 타선은 와카를 상대로 안타를 2개밖에 때리지 못하고 0 대 9라는 참패를 당했지만, 누구도 그 부분에 주목하지 않았다. 가장 충격적인 것은 그의 커리어를 통틀어 가장 중요했던 이 경기에서 커쇼가 무너졌다는 사실이었다. 경기 후 A. J. 엘리스는 "경기 결과에 모두가 멍해졌다"고 전했다. 커쇼는 "말씀드릴 게 없습니다. 제가 부족했습니다"라며 고개를 숙였다.

시즌 내내 기대치가 하늘을 찔렀고 개성 강한 선수들도 많았지만, 그 한가운데서 커쇼는 팀의 중심이자 버팀목으로 존재했다. 그래서 그해 마지막 패배의 무게도 온전히 그의 몫이 되었다. 시즌 초반의 난조를 딛고 팀이 반등했다는 사실도, 우승 가뭄을 거의 끝낼 뻔했다는 것도 그에게는 아무런 위안이 되지 못했다.

"그게 다 무슨 의미가 있겠어요?" 커쇼가 조용히 말했다. "가을 야구에 갔든, 꼴찌를 했든, 월드시리즈 우승이 아니면 아무런 의미가 없습니다. 우승을 못 하면 그게 무슨 의미가 있나요?"

14장
'가을 커쇼'

밀워키 외곽의 한 주택 단지. 잔디밭에는 눈이 소복하게 쌓여 있었지만 도로는 말끔히 치워져 있었다. 막다른 골목 끝 집에서 A. J. 엘리스가 문을 열었다. 그는 이 부지를 2015년에 샀고, 2016년에 아내 신디, 세 아이와 함께 이 집으로 이사했다. 그 무렵, 그는 메이저리그 최저 연봉 수준을 벗어나 연간 수백만 달러를 받는 선수가 되어 있었다.

"이 집은 커쇼가 지어준 셈이죠." 엘리스가 말했다.

차 두 대가 들어가는 차고 옆 욕실에는 액자 하나가 걸려 있었는데, 경건함과 장난기가 동시에 느껴지는 문구가 적혀 있었다. "손도 씻고 기도도 하세요. 예수님도 세균도, 어디에나 있으니까요." 서재 창문 너머로는 얼어붙은 연못이 내려다보였고, 집 뒤 언덕은 눈썰매 타기에 딱 좋아 보였다. 벽에 걸린 지도에는 엘리스 가족이 거쳐온 도시마다 핀이 꽂혀 있었다. 테네시 클라크스빌의 오스틴 피 주립 대학, 그리고 마이너리그를 전전하며 머물렀던 잭슨빌, 라스베이거스, 앨버커키, 그리고 물론 LA에도 핀이 꽂혀 있었다.

그렇게 돌고 돌아온 길 끝에서 엘리스 가족은 이 머스키고의 이층집에 마침내 정착했다. 2020년 그 외로웠던 여름, 엘리스는 소파에 몸을 기대고 벽난로 위 텔레비전을 켰다. 그는 유튜브를 연결해 아들 루크와 함께 다저스 시절의 포스트시즌 경기들을 찾아 되감아 보곤 했다. 시간도 죽이고, 영광의 순간을 다시 맛보기 위해서였다.

하지만 엘리스도 다시 보지 않는 경기가 하나 있었다. 기억을 다시 떠올릴 수조차 없었다. 2013시즌의 마지막만으로도 이미 가슴이 찢어질 듯 아팠다. 하지만 그다음 해 10월에 일어난 일은 그보다 더했다.

2014년은 클레이튼 커쇼가 선수 생활에서 가장 찬란한 시즌을 보낸 해였다. 하지만 동시에 씁쓸한 이정표가 된 해이기도 했다. 그는 의심의 여지 없이 야구계 최고의 투수로 군림했지만, 한편으로는 '10월만 되면 압박감에 질려 스스로 무너진다'는 이야기에 불을 붙였다. 커쇼 생애 최고의 시즌은 예상보다 훨씬 빨리 끝났다. 그리고 그 원인은 커쇼 자신이었다.

겨울 동안 구단 프런트 오피스는 미래 구상을 마무리했다. 1월, 매팅리 감독이 3년 계약을 받았고, 일주일 뒤 다저스는 더 길고 더 비싼 계약을 마무리했다. 지난여름 협상 자리에서 신경전이 오갔음에도 구겐하임 그룹은 커쇼와의 계약을 포기하지 않았다. "구단 인수 후 첫 번째로 맞이하는 초대형 FA 계약을 망칠 생각은 없었어요." 스탠 카스텐의 회상이다. 계약은 양측 모두에게 합리적이었다. 다저스는 돈이 부족한 팀이 아니었고, 커쇼와 아내 엘런은 LA 생활에 이미 익숙해져 있었다. 여름마다 하일랜드파크에서 찾아오는 손님이 워낙 많다 보니 엘런에게는 자신만의 '고정 관광 코스'까지 있었다. 할리우드 사인, 그리피스 천문대, 샌타모니카 피어 등이 필수 코스에 포함되었다. 두 사람은 스튜디오 시티에 집까지 샀고, 가족도 더 늘리고 싶었다.

그해 1월, 커쇼는 플로리다의 행사장에서 LA로 날아와 MRI 장비 안에서 몇 시간을 보냈고, 에이전트 케이시 클로스는 투수 역사상 최대 규모 계약의 세부 사항 조율을 마무리하고 있었다. 7년 연장 계약에 총액 2억 1,500만 달러, 그리고 커쇼가 원했던 '5시즌 후 옵트아웃' 조항이 포함된 조건이었다. 카스텐에 따르면 협상 중이던 어느 날, 네드 콜레티 단장이 질문 하나를 던졌다. 커쇼가 앞으로 7년 동안, 매년 30 경기씩 선발 등판할 수 있겠느냐는 것이었다. 카스텐은 "충분히 나올 법한 질문이었다"라고 했다. 하지만 커쇼는 당시 26세도 되지 않았고, 카스텐의 표현을 빌리자면 "그동안 너무도 강했고, 너무도 압도적"이었다. 돈 매팅리는 아들에게 전화를 걸어 물었다. "이런 대형 계약을 받으면 클레이튼이 혹시 변할 수도 있을까?" 아들 프레스턴의 대답은 단호했다. "전혀요."

개막일 기준으로 다저스의 팀 연봉 총액은 2억 2,900만 달러♦로 치솟으며 리그 최고액을 기록했다. 하지만 전력 구성은 전년도와 거의 같았다. 이미 외야는 자리보다 선수가 더 많은 상황이었고, 불펜 강화를 위해 잊혀가던 올스타 출신 투수 크리스 페레즈와 브라이언 윌슨을 데려왔으며, 겨울에 커쇼와 함께 훈련했던 제이미 라이트도 영입했다. "커쇼는 캐치볼하기가 가장 쉬운 투수예요." 라이트의 말이다. "글러브를 움직일 필요도 없어요. 그냥 글러브를 열고 가만히 있으면 공이 글러브를 때리고 글러브가 스스로 닫히죠. 오히려 무서웠던 것은 커쇼가 제 불펜 투구를 받아줄 때였어요. 싱커 던지다가 괜히 짧게 들어가서 급소를 맞히는 게 아닌가 걱정이 됐거든요. 저는 진짜 겁이 났어요. 저 때문에 커쇼가 다치기라도 하면, 바로 방출이잖아요."

라이트는 커쇼를 다치게 한 적이 없었다. 커쇼를 쓰러뜨린 것은 홍보용 해외 개막전이었다.

다저스는 4년 연속 개막전 선발로 커쇼를 택했다. 단, 이번 시즌의 개막전은 일주일 일찍, 그것도 외국에서 열렸다. 3월 22일, 호주 시드니에서 열린 개막전의 상대 팀은 다이아몬드백스였다.

시드니 원정에 대한 불만은 스프링캠프 내내 표면 위로 드러났다. "기대감 같은 것은 전혀 없다고 말할 수 있겠네요." 잭 그레인키가 ESPN과의 인터뷰에서 한 말은 호주 현지에서 파문을 일으켰다. 종아리 통증이 있었던 그레인키는 호주 원정 명단에서 빠졌고, 1,000만 달

♦ 2014년 4월 환율 기준 약 2,400억 원

러에 계약을 맺고 영입된 올스타 출신 댄 해런도 팔 통증이 있어 함께
남았다. 이 원정은 투수들의 스프링캠프를 단축시켰다. 허니컷 코치는
선발 투수들이 정규 시즌 전 최소 다섯 번의 시범 경기에 나가기를 원
했지만, 커쇼는 네 번밖에 던지지 못했다. 구단 내부에서는 커쇼를 원
정에 보내야 하느냐를 놓고 고민했다. "그를 선발로 내보낼지 말지 논
쟁이 있었던 기억이 있습니다. 거기까지만 말씀드릴게요." 콜레티 단장
의 말이다. 허니컷 코치도 "그 얘기는 하고 싶지 않다"고 했다. 매팅리
감독은 그때는 커쇼의 컨디션을 걱정하지 않았다고 했다. 하지만 지금
돌아보면 "걱정했어야 했다"고 회상했다.

개막전을 며칠 앞두고 열다섯 시간의 비행을 마친 커쇼는 시드니 크
리켓 스타디움에서 오후 내내 슬라이더에 대한 감을 찾고 또 찾았다.
빠듯한 일정에서 오는 외부 압박, 잘해야 한다는 스스로에 대한 내부
압박이 동시에 그를 짓눌렀다. 여기까지 와서 4이닝 정도 적당히 던지
고 끝낼 생각은 없었다. 커쇼의 기준은 언제나 '커쇼 자신의 기준'이었
다. 하지만 당시의 슬라이더는 그 기준에 모자랐다. 관중석이 텅 비어
도 커쇼는 계속 던졌다. 그의 불펜 투구는 거의 메트로놈 같았다. 같은
구종, 같은 순서, 같은 빈도로 매번 똑같이 반복했다. 엘리스는 그 루
틴을 통째로 외우고 있었다. ESPN과의 인터뷰에서 이렇게 말했을 정
도였다. "제가 서서 포구하는 자세를 취하면 패스트볼 3개, 제가 앉으
면 한복판 패스트볼 3개, 그다음에는 스트라이크존 좌우로 각각 패스
트볼 3개, 바깥쪽 체인지업 3개, 몸쪽 패스트볼 1개, 가운데로 들어오
는 커브 3개, 다시 몸쪽 패스트볼 1개, 가운데 슬라이더 3개, 그다음에

는 스트레치 자세♦로 변경한 뒤에 몸쪽 패스트볼 2개, 바깥쪽 패스트볼 2개, 체인지업 2개, 몸쪽 패스트볼 1개, 커브 2개, 다시 몸쪽 패스트볼 1개, 슬라이더 2개, 다시 와인드업 자세로 돌아와서 몸쪽과 바깥쪽에 패스트볼 1개씩을 던졌어요." 그의 불펜 투구는 이렇게 총 34구였다. 항상 그랬다. 패스트볼 제구가 되지 않아도, 슬라이더 회전이 제대로 걸리지 않고 커브가 원바운드로 들어가는 한이 있어도 절대 순서를 바꾸지 않았다. "컨디션이 나쁜 날이라도 어쨌든 34구를 순서대로 끝낸 뒤 아무하고도 얘기하지 않고 화난 채로 마운드에서 내려오곤 했어요." 허니컷의 말이다.

하지만 그날은 달랐다. 34구를 훌쩍 넘기고도 커쇼는 슬라이더에 대한 감을 잡지 못해 계속 공을 던졌다. 엘리스의 기억에 그날 커쇼가 던진 공은 60구 정도였다. 그의 분노는 실력 부족이 아니라 스트레스에서 비롯된 것으로 보였다. 확실하게 준비되지 않은 컨디션으로 마운드에 오르는 것을 커쇼는 절대 참지 못했다. 마지막에 그는 공 하나를 낚아채더니 온 힘을 실어 관중석 쪽으로 던져버렸다. 엘리스와 허니컷은 말없이 눈빛만 주고받았다. 하지만 정작 경기에서 커쇼는 자신의 기준을 충족했다. 애리조나를 상대로 7회까지 1실점만을 허용하며 팀을 승리로 이끌었다. 그러나 경기 중 커쇼는 팔 뒤편에서 불편함을 느꼈고, 그 통증은 비행기를 타고 떠났던 정글 투어, 직접 코알라를 안았

<hr>

♦ 스트레치(stretch) 자세는 주자가 있을 때 사용하는 투구 폼으로, 주자의 도루 억제를 위해 평소의 와인드업보다 동작은 간결하게, 템포는 빠르게 가져가는 것이 특징이다.

던 경험도 다 잊게 할 만큼 선명했다. "호주는 정말 멋졌어요." 커쇼는 회상했다. "여행은 재미있었어요. 하지만 야구를 하러 가지 않았더라면 더 좋았을 것 같아요."

LA로 돌아오는 비행기에서 그는 계속 뒤척였다. 팔을 들 때마다 통증이 있었다. "제 삼두근이 불타는 것 같았어요." 커쇼는 당시를 그렇게 기억했다.

개막전이 끝나고 일주일 뒤, 커쇼는 펫코파크 외야에 서서 자신의 몸 상태가 괜찮다는 것을 증명하려 애썼다. 하지만 27구째가 되었을 때, 팔과 등이 아파오기 시작했다. 그는 뛸 수 있다고 우겼지만, 프런트 오피스는 그의 말을 받아들이지 않았다. 결국 커쇼는 데뷔 이후 처음으로 부상자 명단에 이름을 올렸다. 광배근을 지지하는 대원근이 파열된 것이었다. 새 계약이 시작된 첫해부터 치명적인 부상을 입을 뻔했다. 온갖 선수 부상 보험에 가입되어 있었지만, 다저스는 더 이상의 위험을 감수하지 않기로 했다.

로스터에서 빠진 첫날, 커쇼는 외야에서 스프린트를 했다. 동료들은 그가 뭘 하는 것인지 의아해했다. "다쳤으니까 이제 좀 쉬려나 싶다가도, 보면 또 죽도록 훈련을 하고 있어요. 다들 왜 저렇게까지 하느냐, 그러다 더 다친다고 말할 정도였죠." 그레인키는 회상했다. 트레이닝 스테프는 커쇼의 사고방식을 고려한 플랜을 만들어냈다. 5일 루틴이었다. 첫 4일은 평소처럼 웨이트트레이닝과 스프린트를 하고, 5일째에는 러닝과 몸통 회전 동작을 섞은 45분짜리 훈련을 소화하게 했다. "창의력을 크게 발휘해야 했죠." 브랜던 맥대니얼 트레이너의 설명이다. 이 훈련은 선발 등판의 심폐 강도를 그대로 복제한 것이었다. 경기 때처럼 회전 동작을 100회 수행하도록 설계하되, 공만 던지지 않는 것이었다. 커쇼는 회복을 독촉하기에는 너무도 소중한 자산이었고, 천천히 몸 상태를 끌어올리게 하기에는 너무도 완고한 선수였다. "그건 과학이라기보다 예술에 가까웠죠." 맥대니얼이 당시의 훈련 스케줄을 회상했다.

4월 말이 되자, 커쇼는 이제 복귀할 수 있다고 확신했다. 그는 매팅리 감독실 앞 벽에 공을 튕겨가며 마치 시위라도 하듯 자신의 상태를 보여줬다. 그리고 5월 6일, 내셔널스를 상대로 복귀전에 나선 그는 9피안타 무실점 9탈삼진을 기록했다. 커쇼는 경기 후 "뭔가를 빼앗기고 나면, 그제야 그것이 얼마나 그리웠는지 알게 된다"라고 말했다. 그의 5일 루틴에는 등 보호 운동이 추가되었고, 오른쪽 고관절을 풀며 다리를 강하게 유지하고 팔 상태를 최상으로 유지하기 위한 훈련도 추가되었다. 6월 17일, 병원 문을 열고 들어갔을 때 커쇼는 몸도 마음도 온전히 제 모습으로 돌아온 상태였다. 정말 오랜만에, 진료실의 의사가 집중한 것은 그의 몸이 아니었다.

엘런은 임신 2개월 차에 접어들었지만 두 사람은 아직 외부에 알리지 않고 있었다. 의사는 심장 박동이 담긴 초음파 사진을 보여주었다. 커쇼는 가슴이 벅찼고, 그 순간에 압도되었다. 한편으로는 두려웠다.

아버지와 작별한 지 꼭 1년 만에 그는 아버지가 되려 하고 있었다. 하루 뒤, 커쇼는 감격스러운 마음을 다시 접어두었다. 또다시 루틴의 다섯 번째 날이 돌아왔기 때문이었다. 콜로라도 로키스가 다저스타디움을 찾았고, 커쇼는 언제나 그랬듯이 그들에게 '환대 없는 밤'을 선사할 작정이었다. 로키스는 특별히 강한 팀은 아니었지만 커쇼를 가장 잘 아는 구단 중 하나였고, 커쇼에게 깊은 존경심을 품고 있기도 했다. "다른 누구보다 커쇼를 상대하는 일은 늘 기대됐어요. 그가 그날 경기에서 모든 걸 쏟아낼 게 분명했으니까요." 로키스의 2루수였던 DJ 러메이휴는 그렇게 회상했다.

2014년 6월 18일, 커쇼는 커리어에서 가장 완벽한 밤을 보냈다. 그는 3회까지 단 한 명의 주자도 내보내지 않은 채, 46구로 타순 한 바퀴를 돌았다. 5회가 되자 아내 엘런의 휴대폰에는 친구들의 문자 메시지가 쏟아지기 시작했다. 다저스는 8점 차로 앞서 있었다. 경기장의 유일한 관전 포인트는 역사를 향해 가고 있는 커쇼뿐이었다. 커쇼는 고교 시절 저스틴 노스웨스트를 상대로 던졌던 그 '마법 같은 경기' 이후, 단 한 번도 노히트 노런을 기록하지 못하고 있었다. 그날 커쇼의 커브는 압도적이었고, 포수 엘리스는 그 커브를 평소의 '처방'인 패스트볼과 슬라이더 조합에 절묘하게 섞었다. 7회, 핸리 라미레스의 송구 실책으로 퍼펙트게임은 날아갔지만, 3루수 미겔 로하스의 멋진 수비와 1루수 애드리안 곤잘레스의 깔끔한 송구 처리 덕에 노히터 행진은 계속 이어졌다.

중계 카메라가 엘런을 비추자 빈 스컬리는 그 기쁨을 차분히 전달했다. 8회를 마친 커쇼가 마운드를 내려오는 순간, 스컬리는 말했다. "이 많은 관중 사이에서 그의 아내 엘런의 심장은 조금 더 빠르게 뛰고 있습니다." 더그아웃에서는 엘리스와 허니컷이 상대 라인업을 들여다보고 있었다. 그때 엘리스는 등 뒤에서 기척을 느꼈다.

"어떻게 할까요?" 커쇼가 물었다. "이번에는 어떤 볼 배합으로 갈까요?"

커쇼는 더블 스위치◆로 들어왔지만 아직 타석에 서지 않았던 내야수 찰리 컬버슨에 대한 스카우팅 리포트를 묻고 있었다. 엘리스도 허니컷도, 커쇼에게 불운을 부르고 싶지 않았다. 둘은 침묵했다. 커쇼는 대답을 기다리지 않았다. "강한 걸로 갈까요?" 즉, 몸쪽 패스트볼과 슬라이더로 승부하겠다는 뜻이었다. 포수와 코치는 말없이 고개를 끄덕였다. 컬버슨은 초구를 받아쳐 우익수 쪽으로 타구를 띄워 보냈다. "영상을 다시 보시면 아시겠지만, 그게 야시엘 푸이그의 커리어를 통틀어서 두 손으로 잡은 유일한 타구였어요."◆◆ 엘리스가 회상했다. 마지막 타자 코리 디커슨도 다르지 않았다. 커쇼는 좌타자의 바깥쪽으로 떨어지는 슬라이더를 꽂아 넣어 그날의 열다섯 번째 삼진을 잡으며 노히트

◆ 더블 스위치(double switch)란 투수를 교체할 때 야수 한 명을 함께 교체하여 투수의 타순을 뒤로 재배치하는 전략이다. 이를 통해 새로 등판한 투수가 곧바로 타석에 서는 상황을 피할 수 있고, 중요한 타이밍에서 불리해지는 상황을 예방할 수 있다. 과거 내셔널리그에서는 투수가 타석에 들어가야 했기 때문에 빈번히 활용되었으나, 2022시즌부터 내셔널리그에도 지명타자(DH) 제도가 전면 도입되면서 그 활용 빈도가 크게 줄었다.

◆◆ 평소 한 손으로 공을 잡는 화려한 수비를 자주 하여 실수의 여지가 있다는 비판을 받던 푸이그가 이 순간만큼은 두 손을 썼다. 당시 상황이 얼마나 중요했는지를 알려주는 대목이다. 푸이그마저 이 순간에는 화려함이 아닌 '확실함'을 선택했다.

노런을 완성했다.

커쇼는 두 팔을 번쩍 들어 올려 넓게 벌린 채 엘리스를 맞이했다. 스피커에서는 그의 워밍업 음악인 편(Fun)의 히트곡이 울려 퍼졌고 다저스 선수들은 물을 뿌려댔다. 엘런은 눈물을 쏟으며 그라운드로 내려 갔다. 그녀가 곁에 서자 켐프와 푸이그는 물과 빨간색 파워에이드가 담긴 양동이를 커쇼에게 퍼부었다.

엘런은 축축하고 끈적이는 남편의 유니폼에 개의치 않고 그를 끌어 안았다. 이제 두 사람은 곧 셋이 될 터였다. 하지만 이 마법 같은 밤만큼은, 아직 둘만의 시간이었다. 경기 후 두 사람은 나란히 주차장을 걸었다. 커쇼의 손에는 그날 경기에 사용한 공이 들려 있었다. 그는 말했다. "멋지지 않아?"

노히터가 '정점'이었다면, 정규 시즌 내내 커쇼는 그 정상의 자리에서 단 한 번도 내려오지 않았다. 그는 무려 41이닝 연속 무실점을 이어갔다. 열일곱 번 선발 등판하여 네 차례 완투를 기록했고, 그 외 아홉 경기에서도 8회까지 버텼다. 단 한 경기만 제외하고 전부 7이닝 이상을 던졌다. 등판과 등판 사이에는 늘 그렇듯 의도적으로 장난기 어린 행동을 해 분위기를 띄웠다. 그러면서 타격코치 마크 맥과이어에게 경기 중 얻은 지식을 흡수했고, 그레인키와 선수 분석 팁을 주고받았으며, 해런과는 캐치볼을 했다. 커쇼는 해런을 NBA 피닉스 선스 팀 댄 마저리의 별명에 빗대어 "선더 댄(Thunder Dan)"이라고 불렀다. 그리고 마운드 위에만 올라가면 타자들을 난감하게 만들었다. 2007년 올스타전 선발 투수였던 해런은 이렇게 회상했다. "누군가 그렇게까지 리그를 지배한다는 것은 상상도 못 했어요. 질투가 날 정도였죠. 그냥 너무 쉬워 보였거든요." 매팅리는 불펜 운영 계획을 아예 커쇼 등판 일정에 맞추어 짰다. 커쇼 등판 하루 전에는 마음 놓고 불펜 투수들을 기용했다. 커쇼가 공을 잡는 날이면, 불펜 투수들이 멕시코의 티후아나로 휴가를 떠나도 아무도 눈치채지 못할 정도였다. "그때쯤 되니까 징크스 같은 건 존재하지 않는다고 믿게 되더라고요." 불펜 투수 J. P. 하웰이 회상했다.

커쇼는 21승 3패로 시즌을 마쳤고, 그의 평균자책점 1.77은 4년 연속 리그 전체 1위였다. 시즌 후 그는 1968년 밥 깁슨 이후 처음으로 내셔널리그 MVP를 받은 투수가 되었다. 세 번째 사이영상은 거의 덤처럼 따라왔다. "타자가 손도 못 대는 투수였습니다." 맥과이어가 당시를 회상했다. "도니♦에게 '커쇼 내릴 생각도 하지 마세요. 상대 타자가 안 타는커녕 공에 배트를 맞히지도 못하고 있잖아요. 투구 수, 그런 게 무슨 상관입니까?' 하고 말했던 기억이 납니다."

2014년 포스트시즌을 앞두고 다저스는 커쇼가 던질 수 있다고 말할 때까지 던지게 할 생각이었다. 막대한 자금을 들였음에도 팀의 불펜

♦　감독인 돈 매팅리의 애칭이다.

은 여전히 의심스러웠다. 몇 년 전만 해도 커쇼의 마이너리그 포수였던 켄리 잰슨은 불펜 투수 전향 후 타자들이 손도 못 대는 사악한 커터를 앞세워 리그 최고의 마무리 중 한 명이 되어 있었다. 하지만 나머지 불펜진은 검증되지 않은 신예 선수들과 기량이 꺾인 베테랑들의 혼합체였다. 불펜 평균자책점은 리그 23위, 삼진율은 16위에 불과했다. 커쇼가 마운드에 서는 날이면 '그저 그런' 불펜의 실력은 더 도드라졌다. "커쇼를 마운드에서 내릴 때가 가장 힘들었어요." 벤치코치 팀 월락이 회상했다. "도니와 제가 그런 얘기를 하곤 했습니다. '이제 투수를 바꿔야 할 것도 같은데 커쇼보다 나은 불펜이 누가 있죠?'"

다저스가 커쇼 혼자만의 팀은 아니었다. 그레인키와 류현진은 2014년에도 훌륭한 시즌을 보냈다. 푸이그는 생애 처음이자 유일한 올스타에 선정되었다. 곤잘레스는 여전히 꾸준한 타점 머신이었다. 켐프는 중견수 자리를 푸이그에게 빼앗겼던 데 대한 불만을 딛고 좋은 시즌을 이어갔다. 뉴욕 메츠에서 버려진 저스틴 터너는 유용한 벤치 자원으로 거듭났다. 매팅리는 팀 내 스타 선수들의 자존심을 달래느라 안간힘을 썼다. 그중에서도 특히 푸이그는 감독의 정신을 갉아먹는 존재였다. 한번은 매팅리가 감독실에서 폭발해 푸이그에게 이렇게 소리치기도 했다. "네가 하는 짓에 질렸다, 진짜!" 커쇼 역시 푸이그의 문제 행동을 부정적인 시선으로 보았지만, 그가 상대 팀을 박살 낼 만큼의 재능을 터뜨리기만 한다면 상관없었다. "다저스에는 푸이그보다 더한 선수들도 있었어요." 커쇼는 그렇게 회상했다.

내셔널리그 디비전 시리즈는 94승 다저스와 90승 카디널스의 재대결이 되었다. 양 팀 사이의 앙금은 여전히 깊었다. 조 켈리는 보스턴으로 트레이드되어 사라졌지만 카디널스는 여전히 거리낌 없이 몸쪽 승부를 했다. 그해 7월, 세인트루이스의 투수 카를로스 마르티네스가 라미레스를 맞히자, 커쇼는 보복 차원에서 맷 홀리데이를 겨냥했다. 이야기는 자연스럽게 이어졌다. 카디널스는 커쇼의 무적 이미지를 깨부순 팀이었다. 이제 커쇼는 절정의 기량을 되찾았지만, '커쇼가 복수를 노린다'라는 식의 시선에는 짜증을 느끼고 있었다. 시리즈 1차전을 하루 앞둔 날, 커쇼는 기자들에게서 작년 가을의 결말에 대한 질문을 받고 이렇게 되물었다. "왜 아무도 가을 야구에서 이긴 뒤 기분이 어떤지는 안 묻는 겁니까?"

1차전 6회가 마무리될 즈음, 엘리스는 경기 후에 기자들이 쏟아낼 '기분 좋은 질문'들에 대한 답을 이미 머릿속에 떠올리고 있었다. 다저스가 선발 웨인라이트를 두들기며 6 대 1로 앞서고 있었다. 2아웃 상황, 커쇼는 다시 한번 자신의 천적이자 맨손 타격을 하는 맷 카펜터를 만났다. 카펜터는 초구 패스트볼을 받아쳐 우측 담장을 넘겼다. 주루를 하면서도 카펜터의 표정은 어두웠다. 4점 차는 여전히 큰 격차처럼 느껴졌다.

"클레이튼 커쇼를 상대하는 날에는 그가 마운드에서 완전히 내려가지 않는 한 '이제 됐다' 하는 생각은 하지 않게 됩니다." 카펜터가 회상했다. 커쇼는 6회를 마무리하고 7회에도 다시 마운드에 올랐다. 투구 수는 81개였고, 기온은 섭씨 약 35.6도를 넘어갔다. "그날은 정말 펄펄 끓는 날씨였어요." 엘리스의 말이다. "진짜 말도 안 되게 더웠죠." 허니컷도 기억했다. 카펜터는 "따뜻하긴 했던 것 같다"며 담담하게 말했다.

당시 야구계에서는 한 가지 인식이 확산되고 있었다. 투수는 한 경기에서 같은 타선을 세 번째로 상대할 때 성적이 급격히 떨어진다는 것이었다. 피로를 느끼는 선발 투수를 마운드에 계속 세워두는 것보다 싱싱한 불펜을 투입하는 편이 낫다는 의견이 힘을 얻고 있었다. 그러나 커쇼는 같은 타선을 세 번째로 상대할 때 오히려 더 강했다. 2014년, 커쇼는 타선을 두 번째로 상대했을 때 피(被)OPS[♦] .573을 기록했는데, 세 번째에는 오히려 .568로 성적이 더 좋아졌다. "커쇼는 그 '세 번째 맞대결 이론'을 비웃곤 했어요." 카스텐의 회상이다. "뭐, 커쇼라면 당연히 그런 건 아무 상관이 없는 얘기라고 생각할 수 있죠. 하지만 사실은 관계가 있었습니다."

커쇼와 매팅리 감독은 평소 경기에서 투수를 얼마나 길게 끌고 갈 것인지에 대해 자주 대화를 나누었다. 그때마다 커쇼가 했던 말은 9회에 잰슨을 쓰는 것과 같이 불펜에 더 나은 선택지가 있을 때는 자신을 내려도 된다는 것이었다. 하지만 '지쳤을 것 같아서'라는 이유로는 내리지 말라고 했다. 자신은 지치지 않고, 피곤하지도 않다는 것이었다. 코치들은 커쇼가 언제 허세를 부리는 것인지 구분하기 어려웠다. "완전히 탈진한 상태여도 절대 피곤한 티를 내지 않았어요." 월락은 그렇게 기억했다.

세인트루이스의 핵심 타자들이 세 번째 타석을 맞이한 그 뜨거웠던

♦ 피OPS는 상대 타자에게 허용한 출루율과 장타율의 합산이다. 투수 입장에서는 이 숫자가 낮을수록 좋다.

7회, 커쇼는 여전히 마운드 위에 있었다. 코치진에게 그 선택은 너무도 당연해 보였다. 커쇼의 체력은 믿을 수 있었고, 불펜은 믿을 수 없었기 때문이었다. 결국 다시 그 질문으로 돌아갔다. 아직은 지치지 않은 커쇼와 불안한 불펜 중 누가 더 나은 선택인가. 하지만 카디널스는 즉흥적으로 그때그때 대응할 줄 아는 경험 많은 팀이었다. 커쇼가 계속해서 패스트볼과 슬라이더로 몸쪽 승부를 할 것임을 알고 있었다. 그들은 장타보다 '콘택트'를 우선하는 쪽으로 전략을 바꾸었다. 시속 93마일의 패스트볼에 배트가 부러졌지만, 맷 홀리데이는 힘으로 밀어냈다. 타구는 커쇼의 글러브 끝을 스치고 지나가며 선두 타자 안타를 만들어냈다. 이날 세인트루이스가 기록한 세 번째 안타였다. 커쇼는 이날 경기 들어 처음으로 스트레치 자세에서 공을 던지기 시작했다.

커쇼의 투구 철학은 변하지 않았다. 패스트볼, 슬라이더, 그리고 몸쪽 승부. 다음 타자 조니 페랄타는 패스트볼을 중견수 앞으로 날려 안타를 뽑았다. 야디에르 몰리나는 초구 슬라이더를 받아쳐 안타를 때렸다. 순식간에 만루 상황이 되었고, 타석에는 동점 홈런을 칠 수 있는 타자가 서 있었다. "세인트루이스 타자들이 치는 모든 공이 중견수 쪽으로 가는 안타였어요." 허니컷 코치의 회상이다. "그냥 '대체 지금 무슨 일이 벌어지는 거야?'라는 생각만 들었죠." 허니컷은 불펜에 전화를 걸었지만, 마운드에 오르지는 않았다. 그날 스위트룸에서 경기장을 내려다보던 콜레티 단장 역시 속수무책이었다. "그냥 '누가 제발 좀 막아줘'라고 속으로 반복했던 기억이 납니다."

엘리스 역시 허니컷 코치, 매팅리 감독과 마찬가지로 자기 자리를 지킬 뿐이었다. 이 상황에서 '변수'를 만들 용기가 없었다. 커쇼는 최근 몇 년간 완벽하게 다듬어온 전략, 여름 내내 무실점 행진을 일구었던 바로 그 방식을 고수했다. 하지만 그것은 경험 많은 타자라면 예측할 수 있는 전략이기도 했다. 7회 동안 엘리스가 사인을 낸 공은 29개였지만, 그중 커브는 단 한 번뿐이었다. "제 포수 커리어를 통틀어 가장 최악으로 리드한 이닝이 그때였을 거예요." 엘리스의 말이다.

그는 5월, 6월, 7월 내내 통했던 투구 패턴을 계속해서 요구했다. 하지만 지금은 5월도, 6월도, 7월도 아니었다. 시간이 지나 엘리스는 '그것'이 영향을 미쳤다고 믿게 된다. 커쇼를 위대하게 만들었던 루틴에 대한 집착, 그렇게 해야 타자를 압도할 수 있다는 강박이 그날의 커쇼를 잠식했을지도 모른다는 것이다. "클레이튼은 정규 시즌 경기에서조차 마운드에 오르기 전부터 감정을 엄청나게 쏟아붓는 선수입니다." 엘리스의 설명이다. "그리고 포스트시즌이면 그게 몇 배로 증폭되죠. 솔직히 말해서 7회쯤 갔을 때는 감정적으로 완전히 고갈되어 있었던 것 같아요."

엘리스는 기존의 전략을 고집했다. 커쇼는 투구 흐름을 끊고 싶어 하지 않았다. 마치 마이너리그 시절에 위기가 닥칠 때마다 모든 상황을 힘으로 밀어붙여 돌파하던 모습과도 같았다. 하지만 이 전략은 역효과를 낳았다. 맷 애덤스가 슬라이더를 받아쳐 1타점 적시타를 때리며 경기는 3점 차로 좁혀졌다. 이어 삼진 하나를 잡고 난 뒤 커쇼는 존 제이를 상대했다. "그냥 공을 가볍게 건드리자는 생각이었어요. 스윙을 너무 크게 가져가지 않으려고 했죠." 제이의 회상이다. 커쇼가 시속 94

마일♦의 패스트볼을 뿌리자, 제이는 그것을 내야 왼쪽으로 밀어내며 점수를 4 대 6으로 좁혔다.

　커쇼의 투구 수는 어느덧 99개가 되었다. 여기서 매팅리 감독이 마운드에 올랐다. 커쇼는 몸 상태가 괜찮다고 단언했다. 다음 두 타자는 좌타자였고, 커쇼가 가장 확실히 제압할 수 있는 유형이었다. 이미 몸을 풀고 있던 좌완 불펜 J. P. 하웰 대신, 매팅리는 자신의 에이스를 믿었다. 피곤하냐고? 커쇼는 피곤해하지 않는다. 더 나은 불펜이 있느냐고? 커쇼 말고는 없다고 생각했다. 하지만 이날은 아니었다. 삼진 하나를 잡은 뒤 커쇼는 다시 카펜터와 만났다. 1년 전, 11구까지 가는 승부로 악몽의 문을 열었던 바로 그 타자였다. 이번 대결은 8구 만에 끝이 났다. 모두 패스트볼과 슬라이더였다. 하지만 그 결말은 또다시 커쇼에게 비극이었다. 볼카운트가 2스트라이크가 되었을 때 관중들은 "M-V-P"를 외쳤지만, 마지막 공이 들어오는 순간에 카펜터는 시속 95마일♦♦ 패스트볼을 때려 오른쪽 펜스까지 날려버렸다. 공이 배트에 맞는 순간, 커쇼는 주저앉듯 웅크렸고 고개를 떨궜다. 세 명의 주자가 홈을 밟으며 경기는 뒤집혔고, 이 3점은 결국 다저스의 9 대 10 패배로 이어졌다. 커쇼는 더그아웃으로 돌아가 얼굴을 감싼 채 고개를 숙였다.

　믿기 어려웠지만, 설명하지 못할 일도 아니었다. 커쇼는 대부분 패스트볼을 앞세워 힘으로 상대를 압도하려 했지만, 카디널스의 노련한 타

♦　약 151.3킬로미터

♦♦　약 153킬로미터

자들은 무슨 공이 올지 알고 있었다. 그들은 커쇼의 예측 가능한 패턴을 가차 없이 응징했다. "끔찍한 기분이었어요." 커쇼는 훗날 그렇게 말했다. "지금 이 순간을 말로 표현할 수 있는 사람은 없을 겁니다." 엘리스의 말이다. 경기가 끝난 뒤 커쇼는 다저스타디움 1층에서 엘리베이터에 몸을 실었다. 그는 벽에 기댄 채 바닥만 바라보았다. 엘리베이터는 그의 차가 있는 층까지 올라갔다. 그 경기는 그해 커쇼가 LA에서 던진 마지막 등판이 되었다.

커쇼의 절친한 '참모'가 된 영상 분석가 존 프랫은 1차전이 끝난 뒤, 라디오를 끄고 창문을 모두 올린 채 선셋 대로를 달렸다. 다저스에서 보낸 세월 동안 그는 "가슴 아픈 포스트시즌 패배를 수도 없이 겪어봤다"고 했지만, 카디널스와의 그 경기는 "직접 목격한 패배 중 가장 충격적이었고, 여전히 단연 독보적"이라고 회상했다. 그는 무슨 일이 일어났는지 믿기지 않았고, 이유도 설명할 수 없었다.

다음 날 아침, 프랫은 다저스 프런트 오피스의 릭 라가조로부터 전화를 받았다. 프랫은 모든 영상을 샅샅이 분석해 커쇼가 상대 팀에 스스로 단서를 준 것은 아닌지 확인해야 했다. 카디널스는 7회, 커쇼가 스트레치 자세로 전환하자마자 커쇼를 난도질하기 시작했다. 어쩌면 구종이 노출되었을지도 몰랐다. 폭스 중계방송 해설자였던 해럴드 레이놀즈는 2루 주자가 커쇼의 사인을 훔쳐서 타자에게 전달했을 가능성에 집요하리만큼 집중했다. "세인트루이스 타자들의 반응은 마치 어떤 구종의 공이 들어올지 알고 있는 것 같았어요." 스카우트 로건 화이트의 회상이다.

시리즈가 끝나고 거의 10년이 흐른 뒤에도 카디널스 선수들은 당시의 의혹을 비웃었다. "그때도 늘 그런 얘기가 있었죠. 카디널스가 뭔가를 알고 있다는 식으로요." 제이의 말이다. "그런 거 전혀 없었어요." 그의 말투에는 거의 모멸감이 섞여 있었다. "그때 그런 말들이 있었습니다. 우리 팀이 커쇼가 어떤 공을 던질지 읽고 있었다고요." 카펜터가 말했다. "하지만 그건 사실이 아닙니다." 이후 몇 년 뒤, 휴스턴 애스트로스가 불법 카메라로 정보적 우위를 확보한 사건이 터지면서 '사인 훔치기'는 곧 부정행위와 동일시되었다. 규정 안에서 이루어진 것조차 음모로 치부되었다. 이러한 시각은 카디널스가 이긴 것이 아니라 커쇼스스로 무너졌다는 목소리에 힘을 실었다. 카디널스 선수들은 그런 주장에 동의하지 않았다. "사인 전달을 받고 그런 건 없었어요." 애덤스가 회상했다. "패스트볼과 변화구를 던질 때 커쇼가 뭔가 각각 다르게하는 모습도 전혀 보지 못했습니다." 1차전 이후, 프랫과 다저스 관계자들은 경기 영상을 폐허 들여다보듯 분석했다. "결국 아무것도 찾지못했어요." 프랫의 말이다. 허니컷 코치는 카디널스 타자들이 커쇼가팔을 들 때 팔꿈치와 손목 각도의 미세한 차이를 발견했을지도 모른다고 의심했다. "아주 미세한 어떤 요소라도 있다 싶으면, 정말 모든 것을다 들여다봤습니다." 허니컷이 말했다. 그럼에도 프랫은 의심을 버리지 못했다. "저는 세인트루이스가 커쇼의 커브에 대해 무엇인가를 알고 있었다고 봅니다."

맥과이어는 커쇼의 그 커브에 대해 종종 농담을 건넸다. "커쇼가 커브를 던지려고 한다는 것은 한참 전부터 보여요." 맥과이어가 회상했다. 맥과이어는 커쇼가 커브를 던질 때면 팔을 더 높이 들고 가슴을 더 위로 젖힌다고 느꼈다. "그래서 더그아웃에서 코치들에게 농담조로 물었어요. '커브 던질 때 저런 투구 폼이 되는 거 안 보여요?' 하고요." 맥과이어는 대부분의 관계자보다 날카로운 눈을 가진 인물이었고, 늘 커쇼에게 이런 말을 전했다. "자네가 슬라이더로 나를 잡을 수는 있겠지. 하지만 변화구 하나라도 실수하는 순간, 그 공은 바로 홈런이 될 거야."

1차전이 끝나고 나흘 뒤, 커쇼는 다시 한번 부시 스타디움 마운드에 섰다. 2년 연속 세인트루이스에서 탈락하는 일을 피하려는 싸움이었다. 커쇼는 2 대 0 리드를 잡고 있었지만, 카디널스의 포위망이 서서히 좁혀오고 있었다. 7회가 시작되자마자 세인트루이스는 연속해서 2개의 안타를 때려냈다. 그리고 타석에는 역전 홈런을 칠 수 있는 애덤스가 서 있었다. 홈 플레이트 뒤에 앉은 포수 엘리스는 1차전과 같은 패턴 노출의 실수를 되풀이하지 않으리라 다짐했다. 그는 커브 사인을 냈다.

시리즈의 시작은 악몽이었지만, 그럼에도 4차전의 마운드에는 3일 휴식 후 등판을 감행한 커쇼가 서 있었다. 엘런은 회상했다. "이상하게 도 가장 중요한 경기는 항상 클레이튼에게 왔어요." 2차전에서는 그레 인키가 7이닝 무실점으로 시리즈를 원점으로 돌렸다. 이틀 뒤, 세인트 루이스는 다저스를 벼랑 끝으로 몰았다. 거의 쓰이지 않았던 불펜 스 콧 엘버트가 결정적인 홈런을 맞았다. 1차전을 망친 뒤 커쇼가 먼저 4 차전에 기용해달라고 나선 것은 아니었다. 하지만 명예 회복 기회가 주 어지자 가장 의욕적이었다. 마이클 영은 말했다. "이런 식으로 말하는 것이 쉽게 가는 길이었겠죠. '내가 충분히 쉬고 나오면 7이닝은 거뜬히 던지고 상대를 압도할 수 있으니까 늘 그랬던 것처럼 원래 휴식일대로 쉬고 등판하겠습니다'라고요. 그게 아니면, 발을 빼기보다 '꺼져'라고 할 수도 있었을 겁니다. 아, 커쇼가 실제로 그렇게 말했다는 것은 아닙 니다. 그때 커쇼는 "에라, 그냥 붙어보시죠. 상대가 강하게 나오면 나도 강하게 받아치면 되죠' 하는 마음이었을 겁니다."

만일 커쇼가 스트레치 동작에서 구종을 노출했던 것이 사실이라고 해도, 4차전의 4회와 5회 주자가 나갔던 상황에서 카디널스는 이를 전 혀 활용하지 못했다. 6회에 커쇼는 세 타자를 연속 삼진으로 돌려세웠 다. 7회에 들어섰을 때 커쇼의 탈삼진은 이미 9개였다. 하지만 타순을 세 번째로 마주하자 흐름이 바뀌었다. 맷 홀리데이의 타구가 2루수 디 고든의 글러브를 스치고 지나가는 안타가 되었고, 이어 페랄타는 라 미레스의 바로 앞에 떨어지는 빗맞은 타구로 안타를 만들었다. "둘 다 야수가 잡을 수 있는 타구였어요." 매팅리 감독의 말이다. "그런데 커쇼 탓을 할 수 있을까요?" 타석에는 애덤스가 들어섰다. 생소한 슬리퍼리 록 대학 출신에, 23라운드에 가서야 지명을 받은 선수였다. 카디널스가 기가 막히게 발굴해내곤 하는 유형이었다. 이 대결은 사실 불균형 그 자체였다. 애덤스는 2014년 좌완 상대 타율이 .190이었고, 홈런은 3개에 불과했다. 그리고 메이저리그에서 좌타자가 커쇼의 커브를 홈런으로 연결한 적은 단 한 번도 없었다. 그러나 커쇼가 엘리스의 사인을 따라 커브를 던지자, 애덤스는 공의 궤적을 읽었다. "커쇼의 손에서 공이 빠져나올 때 툭 떠오르는 것을 보고 이건 때려야겠다 싶었습니다." 애덤스는 공을 걸어 올렸다. 엘리스는 공이 날아가는 순간, 충격에 휩싸여 벌떡 일어났다. 커쇼는 허리를 굽힌 채 익숙한 자세로 굳어버렸다. 그해의 모든 분투가 소용돌이치며 쏟아져 내렸다. 공이 우측 담장을 넘자, 애덤스는 1루를 향해 뛰면서 발을 탁탁 굴렀다. 약 119킬로그램의 육중한 몸이 거의 땅에서 떠오르는 듯했다. "베이스를 돌 때, 발이 땅에 닿지 않는 느낌이었어요." 그는 당시를 그렇게 기억한다. 과호흡까지 몰려온 탓에 그는 숨을 고르기 위해 더그아웃 뒤편 터널 안으로 들어가야 했다.

커쇼가 다시 허리를 편 상태로 돌아오기까지는 꽤 오랜 시간이 걸렸다. 그는 주변을 천천히 둘러보았다. 카디널스의 붉은 팬들이 하얀 타월과 빨간 폼폼을 흔들고 있었고, 저 멀리서는 불꽃이 터지고 있었다. 그리고 베이스를 천천히 도는 상대 타자까지. 그 일이, 또 벌어진 것이었다. 매팅리 감독이 커쇼를 교체했지만, 더 이상 손쓸 방법은 없었다. 2 대 3 패배는 이미 결정이 난 것처럼 느껴졌다.

"당장은 이걸 어떻게 말로 표현할 수가 없네요." 경기 후 커쇼는 그렇게 말했다. "나쁜 데자뷔가, 또 일어났네요."

엘리스는 두 손으로 얼굴을 감싼 채 울었다. 야구에서는 시즌이 끝나는 포스트시즌 탈락 직후 몇 분 안에 클럽하우스 문이 언론에 개방된다. 개인의 비극이 금세 모두에게 공개되는 장면이 연출되는 것이다. 수십 명의 기자들이 슬픔에 빠진 선수들과 코치들을 인터뷰하기 위해 몰려든다. 이 예민한 상황을 잘 헤쳐나가려면 감각과 타이밍이 필요하다. 시간이 조금 지나고 눈물을 닦은 엘리스는 클럽하우스를 둘러보았다. 그는 『LA 타임스』의 딜런 에르난데스가 커쇼와 인터뷰하고 있는 모습을 보았다. 커쇼는 이미 몇 분 전에 합동 인터뷰를 마친 상태였다.

당시 엘리스는 속으로 투덜거렸다. '아이, 거참, 방금 합동 인터뷰까지 다 했는데 또 뭘 하는 거야?'

다음 날, 엘리스는 상황을 이해할 수 있었다. 에르난데스 기자가 쓴 기사는 '엘리스의 팀 내 미래'에 대한 내용이었다. 그해 엘리스의 타율은 .191이었고, 다저스는 그를 방출 후보로 검토 중이었다. 기사 첫 문장은 커쇼의 인터뷰 인용구였다. 당시 그는 절친한 동료를 언급하며 떨리는 목소리로 이렇게 말했다.

"엘리스가 돌아오지 않는다면… 전 정말 어떻게 해야 할지 모르겠어요."

11월 12일, 커쇼가 하일랜드파크에 마련해둔 집으로 그의 어린 시절 친구 일곱 명이 몰려왔다. 그날 밤은 사이영상 수상자가 발표되는 날이었다. 커쇼의 수상은 기정사실이었고, 바로 다음 날에는 내셔널리그 MVP마저 받을 것이 확실해 보였다. 친구들은 커쇼를 축하해주려고 온 것이기도 했지만, 동시에 자신들이 네티즌들에게 어떤 식으로 놀림을 당하는지 확인하려는 심산이기도 했다.

이 전통은 전년도에 시작되었다. 조시 메러디스, 디킨슨 쌍둥이, 패트릭 핼핀, 벤 카델, 그리고 윌 스켈턴까지 여섯 명의 친구들이 2013년 사이영상 수상자 발표를 보러 왔을 때였다. 은행, 부동산, 에너지 투자 분야에서 일하는 그들은 모두 출근할 때 입었던 그대로 면바지에 블레이저, 버튼다운 셔츠를 입고 있었다. "쑥스럽지만, 원래도 그렇게 입고 다녀요." 스켈턴이 말했다. 그들은 커쇼가 텔레비전 인터뷰를 진행하는 동안 근처에 서 있었다. 아내 엘런이었는지 방송국 피디였는지, 아니면 커쇼 본인이었는지 누군가 그들에게 카메라에 잡히게 좀 더 안쪽으로 들어오라고 부추겼다. 그래서 그들은 ESPN을 비롯한 여러 매체와 인터뷰하는 커쇼의 뒤에 서서, 활짝 웃고는 있지만 어색함이 뚝뚝 묻어나는 모습으로 화면에 잡혔다. 그 '화이트칼라 직장인 배경'은 곧장 소셜 미디어에서 각종 놀림을 불러일으켰다.

"그다음 1년 동안 온갖 말도 안 되는 댓글을 읽으며 지냈죠." 스켈턴은 회상했다. '마요네즈 크루'라고 부르는 팬들도 있었고, '얘네들은 진짜 세금 신고는 잘하게 생겼다' 같은 말도 있었다. 가장 오래 살아남은 놀림은 『바스툴 스포츠(Barstool Sports)』가 붙인 별명으로, 그리니치 출신의 부잣집 도련님들로 구성된 프로레슬링 패거리의 이름을 본뜬 '민 스트리트 포시(Mean Street Posse)'였다. 2014년에는 로버트 섀넌이 이 모임에 합류했다. 그리고 전년도의 장면이 또 반복되었다. 커쇼는 통산 세 번째 사이영상을 수상했고, 친구들은 복장 탓에 다시 한번 조롱을 당했다. "우리가 얼마나 웃기게 보였는지는 사실 잘 알고 있었어요." 스켈턴의 말이다. 그들은 이제 매년 11월에 커쇼 주변에 모여 자신들의 스웨터와 슬랙스 바지를 자랑하게 될 것이라고 생각했다.

2015년 1월, 커쇼 가족에게는 중요한 일정이 2개 있었다. 1월 25일, 클레이튼은 뉴욕에서 열리는 미국야구기자협회(BBWAA) 만찬에서 사이영상과 MVP 트로피를 동시에 받을 예정이었다. 1월 30일에는 아내 엘런의 출산이 예정되어 있었다. 하지만 자연의 시계는 조금 더 빨리 움직였다. 시상식보다 앞서 엘런의 진통을 시작한 것이었다. 1월 23일, 커쇼 부부는 딸 캘리 앤의 탄생을 맞이했다. 커쇼가 딸을 품에 안았을 때, 그의 얼굴은 눈물로 뒤덮여 있었다. "막상 아이를 품에 안기 전까지는 자신이 아빠가 된다는 것을, 이 작은 아이를 보살피게 된다는 사실을 실감하지 못했던 것 같아요." 엘런이 회상했다.

커쇼는 뉴욕에 가지 않을 생각이었다. 하지만 엘런은 완강했다. 그녀는 남편의 업적이 얼마나 드문 것인지 잘 알고 있었다. 커쇼는 이미 연설문을 써두었고, 여러 시간 동안 연습까지 마친 상태였다. "당신은 꼭 가야 해. 이런 일은 다시는 없을 테니까." 엘런은 당시 그렇게 말했다. 결국 커쇼는 맨해튼 미드타운 힐튼 호텔 연회장의 무대 위에 앉았다. 턱시도를 차려입은 청중들이 야구계 최고의 선수에게 경의를 표하고 있었다. 무대에서 그의 친한 친구가 커쇼를 소개했다. 1년 전, 같은 자리에서 샌디 쿠팩스는 2013년 내셔널리그 사이영상 트로피를 건네며 이렇게 말했었다. "이 친구는 매해 더 나아지려고 노력해왔습니다. 그런데 올해처럼 더 좋아질 수 있다면, 저는 내년에 이 상을 다시 전달하는 역할을 꼭 맡고 싶습니다." 그리고 정말 그렇게 됐다.

연설에서 커쇼는 자신이 야구장에 도착하여 보내는 전형적인 하루를 청중들에게 들려주었다. 등판일이 아닌, 긴장감과 위대함이 이어지는 앞선 4일 동안의 루틴이었다. 그는 클럽하우스 매니저와 트레이닝 스태프, 존 프랫과 릭 허니컷, 돈 매팅리, 팀 월락, 마크 맥과이어의 이름을 언급했다. 그리고 팀 동료들에게 감사 인사를 전했다. 거의 끝에 다다랐을 때, 커쇼는 아내 엘런 이야기를 꺼내며 목이 메었다. "죄송합니다. 제가, 방금 아이 아빠가 되었거든요. 조금만 이해해주세요." 그 순간 객석에서는 엘런의 아버지 짐 멜슨이 휴대폰으로 화상 전화를 연결하며 이 장면을 엘런이 볼 수 있도록 했다. 남편이 말이 꼬이고 눈시울이 붉어지는 모습을 본 순간, 엘런은 깨달았다. 그는 이제 아버지가 될 준비를 끝냈다. "원래 감정 표현을 안 하는 사람이었어요." 엘런은 말했다. "어릴 때부터 울거나 하는 걸 본 적도 없었죠. 그런데 아이들 이야기를 할 때만큼은, 완전히 녹아서 흐물흐물해져요."

커쇼는 자신에 대해 새로 자리 잡은 '평판'을 향해 농담을 던지며 연설을 마쳤다. 그는 지난 시즌이 어떻게 끝났는지 잊지 않았다. 그리고 쉽게 잊을 일도 아니었다.

"제 마지막 감사 인사는 세인트루이스 카디널스에 보냅니다. 제가 저 자신을 얼마나 대단하게 생각하고 있었든, 그만큼은 아니라는 것을 상기시켜줘서 고맙습니다."

어쩌면 답은 처음부터 단순했는지도 모른다.

지구상 최고의 투수인 커쇼가 그에게 '크립토나이트'♦가 되는 상대를 만난 것뿐일지도 모른다. 카디널스 타자들이 그날 무슨 공이 올지 사실은 알고 있었는지도 모른다. 직감이었든 분석의 결과였든 말이다. 아니면, 커쇼가 너무 오래 같은 방식으로 공을 던졌고, 상대는 그 패턴을 간파할 만큼 경험이 풍부했던 탓일 수도 있다.

아니면 다른 이유가 있었을지도 모른다.

♦ 크립토나이트(Kryptonite)는 슈퍼맨을 무력하게 만드는 가상의 광물이다. 어떤 사람을 유독 약하게 만드는 상대나 요인을 비유할 때 쓰는 표현이다.

엘리스는 그날의 붕괴 장면을 끝까지 틀어본 적 없는 텔레비전을 마주한 채, 친구 덕분에 샀다고 말하던 집의 소파에 앉아 있었다. 그리고 거의 셰익스피어의 비극에 가까운 결론에 다다랐다. 정규 시즌에서 커쇼를 위대하게 만든 것들이 포스트시즌에서는 오히려 실패에 취약하게 만들었을지도 모른다는 생각이었다.

"클레이튼이 이 말을 좋아할지는 모르겠어요. '가을 커쇼'에 대한 제 이론이 있는데, 솔직히 말하기조차 망설여져요."

엘리스는 커쇼가 어떻게 자신의 몸을 몰아붙이고 정신을 단련했는지, 다섯 번째 날 마운드에 설 때 아무런 후회를 남기지 않기 위해 정신적으로나 육체적으로, 또 감정적으로 얼마나 완벽히 준비했는지를 떠올렸다.

"수요일 낮 12시 10분, 비행기 이동 직전에 신시내티에서 치르는 경기에서 누군가가 스스로를 최대치까지 끌어올리는 모습을 저는 본 적이 없어요. 관중도 겨우 1,800명 정도 될까 싶은 날, 팀 전체가 어떻게든 조금이라도 정신을 차리고 뛰어보려고 애쓰는 그런 날에도 말이에요. 그런데 커쇼는 항상 그렇게 했어요. 1년에 서른네 번씩이나요."

엘리스는 오른손을 머리 위로 치켜올렸다.

"커쇼는 늘 여기까지 올라갑니다."

그리고 왼손을 같은 높이까지 들어 올리며 말했다.

"그런데 포스트시즌이 되면 모두가 같은 높이까지 올라오죠. 커쇼는 그걸 감지했어요. 그래서 더 올라가려고 했던 거죠. 그런데 더는 올라갈 곳이 없었던 겁니다."

15장
수탉

2015년 스프링캠프, 다저스 수뇌부는 클레이튼 커쇼와 면담을 했다. 커쇼가 마주한 얼굴 중에는 익숙한 이들도 있었지만 처음 보는 이들도 있었다. 면담 장소는 캐멀백 랜치에 있는 돈 매팅리의 감독실이었고, 릭 허니컷 코치도 동석했다. 하지만 대화를 주도한 사람들은 커쇼가 몇 주 전에야 처음 인사를 나눴던 두 사람이었다. 새 야구 운영 부문 사장 앤드루 프리드먼, 그리고 새 단장 파르한 자이디였다.

프리드먼과 자이디는 그해 봄, 다저스의 모든 선수와 일일이 대화를 나누었다. 선수들을 파악하기 위한 목적도 있었고, 자신들을 소개하기 위한 목적도 있었다. 그들은 분석의 활용을 신봉하고 '차익거래'♦라는

♦　차익거래(arbitrage)는 저평가된 자원을 싸게 확보하여 작은 이익을 계속 쌓음으로써 큰 성과를 만드는 운영 방식을 말한다. 야구에서는 '저평가된 선수들의 누적 효율'로 전력을 극대화하는 전략을 뜻한다.

비즈니스 철학에 익숙한 신세대 경영자들이었다. 프런트 오피스와 클럽하우스 사이에 장벽이 있어서는 안 된다고 믿었다. 팀이 성공하려면 분리가 아닌 시너지가 필요하다고 생각했다. 두 사람은 모든 선수에게 개인별 강점과 목표 항목이 적힌 리스트를 전달했다. 커쇼의 강점은 끝이 없었다. 그는 전년도 MVP 수상 선수였다. 그의 성공은 헌신하는 태도, 그리고 투수가 어떻게 뛰어야 하는지를 완벽하게 체득한 자세에서 비롯되었다. 그는 거의 모든 것을 잘했다. 스트라이크를 던질 줄 아는 투수였고, 헛스윙도 이끌어냈다. 주자를 베이스에 잘 묶어놓을 줄 알았고, 번트 수비 등 투수 수비에서도 빈틈이 없었다. 주자가 나가 있어도 흔들리지 않았으며, 이닝을 길게 끌고 갔고, 투쟁심도 훌륭했다.

한참 동안 커쇼의 장점을 늘어놓은 뒤, 프리드먼과 자이디는 하나의 목표를 제안했다. 커쇼가 커브를 더 자주 던졌으면 한다는 것이었다. 이어진 커쇼의 대답에 두 사람은 순간 말을 잃었다.

"그럴 일은 절대 없어요." 커쇼가 낮은 목소리로 으르렁대듯 말했다.

지난 4년 동안 커쇼는 투수가 어디까지 갈 수 있는지를 증명해왔다. 하지만 프리드먼과 자이디는 그에게 야구가 향하고 있는 '방향'을 보여주고 싶었다. 데이터는 누구에게든 도움이 될 수 있다고 믿었다. 심지어 최고 중의 최고에게도 말이다. 즉, 그들이 커쇼에게 요구한 것은 커쇼가 무엇보다 소중히 여겨온 '의사결정권'을 일부 내려놓으라는 뜻이었다.

맷 애덤스의 홈런구가 담장 밖에 떨어진 지 불과 몇 시간 뒤, 세인트 루이스에서 LA로 돌아오는 비행기 안에서 네드 콜레티는 자신이 해고될지도 모른다고 생각했다. 경기 직후 콜레티는 『LA 타임스』의 빌 플래시키와 마주쳤다. "이번에는 진짜 곤란해지실 것 같은데요." 플래시키가 콜레티에게 말했다.

며칠 뒤, 콜레티와 스탠 카스텐은 함께 저녁을 먹었다. "직원 구성에 변화를 줘야 할 것 같아. 당신을 포함해서 말이야." 카스텐이 설명했다. 새로운 단장을 찾는 과정은 없을 예정이었다. 카스텐은 이미 후임자를 정해놓고 있었다. 알뜰하면서도 강한 팀 탬파베이 레이스를 설계한 장본인, 앤드루 프리드먼이었다.

2005년, 레이스의 구단주 스튜 스턴버그는 스물여덟 살에 불과한 프리드먼을 단장 자리에 앉혔다. 3년 뒤, 탬파베이는 구단 역사상 처음으로 월드시리즈에 진출했다. 2008년부터 2013년까지 뉴욕 양키스, 보스턴 레드삭스처럼 자금력이 막강한 아메리칸리그 동부지구 팀들과 경쟁하면서도 레이스는 시즌 평균 91승을 거두었고, 네 차례나 포스트시즌에 진출했다.

2000년대에는 '머니볼' 시대의 오클랜드가 분석 야구의 상징이었다면, 2010년대에는 그 역할을 레이스가 이어받았다. 스턴버그는 프리드먼을 월스트리트에서 데려왔다. 당시 프리드먼은 베어스턴스♦에서 일하고 있었다. 스턴버그는 프리드먼에게 금융권 특유의 사고방식인 '옵셔널리티(optionality)'를 주입했다. 즉, 의사결정 과정에서 가능한 선택지를 최대한 많이 확보해야 한다는 개념이었다.

프리드먼 체제에서 탬파베이는 수비 시프트의 파격적인 활용, 창의적인 불펜 운용, 로스터 구성 방식의 혁신을 주도했다. 프리드먼은 작은 트레이드와 사소한 선택에서도 가치를 찾아냈다. 반복되는 작은 승리가 쌓여 큰 격차를 만든다고 믿었고, 늘 차익거래 철학을 떠올렸다. 그는 리그 전체에서 돈을 가장 효율적으로 쓰는 경영자였다. 2013년, 연봉 총액이 약 2억 3,690만 달러였던 LA 다저스는 92승을 거두었다. 같은 해 레이스도 동일한 승수를 거두었다. 다만, 탬파베이의 선수단 총 연봉은 약 6,460만 달러에 불과했다.♦♦ 프리드먼은 탬파베이를 떠나는 것이 옳은 선택인지 확신하지 못했다. 가족은 지금 삶에 만족했고, 그는 구단주 스턴버그와 프런트 오피스 동료들을 진심으로 좋아했다. 카스텐으로부터 LA 다저스 합류 제안을 받은 뒤, 프리드먼은 스프레드시트를 열어 장단점을 항목별로 나열했다. 계산상으로는 남는 것이 맞았다. 하지만 나이를 먹어가며 점점 안전한 선택만 하고 도전을 회피하며 결국 스스로 낡아가는 모습을 상상하는 것이 두려웠다. 그는

♦　베어스턴스(Bear Stearns)는 미국 뉴욕에 본사를 둔 대형 투자은행이자 증권회사로, 한때 월스트리트의 대표적인 금융기관 중 하나였다. 하지만 고위험 부동산 대출 관련 파생 상품에 대규모로 투자했다가 2008년 금융 위기 때 유동성 위기를 맞았고, 결국 같은 해 JP모건체이스에 헐값에 인수되며 역사 속으로 사라졌다. 금융 위기의 상징적 사례로 자주 언급된다.

♦♦　2013년 11월 환율 기준, 다저스의 연봉 총액은 한화로 약 2,511억 원, 탬파베이는 약 685억 원이 된다.

3,500만 달러 계약서에 사인했고, 가족과 함께 LA로 삶의 뿌리를 옮겼다. 그리고 가장 먼저 한 일은 자신과 함께 팀을 이끌 참모를 찾는 것이었다.

프리드먼에게 연락을 받았을 때, 자이디 역시 다저스행을 두고 비슷한 갈등에 빠졌다. 자이디가 오클랜드 애슬레틱스에 지원서를 넣은 것은 2004년 12월의 일이었다. 매사추세츠공과대학(MIT) 학위, UC 버클리 경제학 박사, 그리고 브릿팝 마니아라는 다소 독특한 이력서를 들고서였다. 헐렁한 정장을 입고 '오아시스(Oasis)'의 팬이라고 밝힌 이 남자에게 빌리 빈은 묘하게 매료되었다. 야구계에 자이디 같은 사람은 거의 없었다. 그는 파키스탄계 무슬림으로 필리핀에서 태어났고 대부분의 시간을 캐나다에서 보냈으며, 야구에 있어 고교 이후로는 선수로 뛰어본 적이 없었다.

초기에 자이디의 역할은 철저히 데이터 분석이었다. 그는 오클랜드 구단 내부의 성적 예측 시스템인 '파르그래프스'◆를 구축했다. 하지만 곧 시야를 넓히기 시작했다. 스카우팅 리포트를 분석 체계에 통합했고, 그 과정에서 쿠바 출신 외야수 요에니스 세스페데스와 장타력을 갖춘 1루수 브랜던 모스를 영입하는 데 기여했다. 신인 드래프트 현장에서는 '툴 단속반(Tools Police)'으로 활동했다. 구단 스카우트가 자신이

◆ 파르그래프스(FarGraphs)는 당시 유명 야구 통계 분석 사이트였던 '팬그래프스(FanGraphs)'와 자이디의 이름 파르한(Farhan)의 앞 글자를 합친 말로, 오클랜드 구단 내부 전용 데이터베이스를 부르는 이름이다. 훗날 빌리 빈은 『디 애슬레틱(The Athletic)』 인터뷰에서 자이디가 매일 팬그래프스 이야기를 했었다며 이름의 유래를 확인해준 바 있다.

밀고자 하는 유망주를 두고 확실한 툴, 즉 그 선수의 능력을 설명하지 못하면 자이디가 즉각 경보를 울렸다. 빌리 빈은 그에게 '감성적인 통계쟁이(Emotional Stats Guy)'라는 별명을 붙였고, 자이디는 이를 자신의 판타지 미식축구팀 이름으로 쓰며 받아들였다.

자이디는 오클랜드를 향한 충성심이 깊었다. 다저스가 제안한 기회는 지금보다 높은 직책인 단장 자리였고, 리그에서 가장 많은 자원을 가진 팀의 핵심 운영자가 된다는 의미였다. 하지만 그는 떠나고 싶지 않았다. 그는 남겠다는 내용의 이메일을 빌리 빈과 구단주 루 울프에게 써두었다. 전송 버튼을 누르기 전, 기분 전환을 위해 달리기를 하러 나갔던 그는 몇 마일 정도 뛰다가 갑자기 호흡이 가빠지는 것을 느꼈다. 이 기회를 놓치면 평생 후회할 것 같다는 두려움이 온몸을 휘감았다. 그는 달리기를 멈추고 걸어서 집으로 돌아와 아내에게 말했다. "나, 이거 해야겠어."

그해 가을, 프리드먼과 자이디는 다저스타디움의 사무실 한 칸을 함께 쓰며 리그 최고액 연봉 팀을 사실상 완전히 재건하는 작업에 들어갔다. 첫 번째 과제는 40인 로스터의 선수층을 강화하고, 비싸기만 할 뿐 제 역할을 못 하던 불펜진을 재정비하며, 클럽하우스 분위기를 개선하는 것이었다. 팀은 맷 켐프와 핸리 라미레스처럼 부상 위험이 큰 선수들에게 지나치게 의존하고 있었고, 특히 야시엘 푸이그를 둘러싼 갈등과 잡음은 2년 연속으로 각종 매체 1면을 장식하고 있었다. 그럼에도 프리드먼과 자이디가 물려받은 선수층은 엄청났다. 단장직에서는 물러났지만 컨설턴트로 남게 된 네드 콜레티, 그리고 새로운 프런트 오피스가 온 이후 샌디에이고로 떠난 로건 화이트가 구축해둔 젊은 선수들이 있었다. 마이너리그에는 유격수 코리 시거, 좌완 투수 훌리오 우리아스, 1루수 코디 벨린저 같은 유망주들이 승격을 기다리고 있었다. 빅리그 로스터에는 애드리안 곤잘레스, 잭 그레인키, 켄리 잰슨, 류현진, 그리고 저스틴 터너와 같은 확실한 주축 선수들이 버티고 있었다.

그리고 당연히 그 모든 중심에는 구단의 기둥이 있었다. 다저스가 자이디에게 연락해왔을 때, 자이디의 머릿속에 가장 먼저 떠오른 이름은 커쇼였다. 자이디는 단장으로서 스스로를 "이 시대 최고의 투수를 맡아 돌보는 사람"이라고 생각했다. 커쇼 같은 존재가 팀에 있는 이상, 그에 걸맞은 팀을 만들어야 했다."

클레이튼 커쇼 같은 선수가 팀에 있다는 것은, 모든 팀을 상대할 때 이미 한발 앞서 시작한다는 뜻입니다." 자이디가 말했다. "그다음을 만들어내는 것은 이제 우리 책임이죠."

프리드먼은 부임 직후 곧바로 커쇼에게 전화를 걸어 팀 상황에 대한 의견을 물었다. 다른 선수들에게는 굳이 의견을 묻지 않았다. 팀을 재편하는 동안 너무 많은 선수와 개인적 관계를 맺고 싶지 않았다. 커쇼는 프리드먼이 그리고 있는 청사진에 동의했다. 당시 로스터는 스타 몇 명에 크게 의존하고 있었고, 선수단 갈등도 뚜렷했다. 변화가 필요한 상황이었다.

그해 2월 스프링캠프에 합류했을 때, 커쇼는 대대적인 개편의 결과를 그대로 목격했다. 겨울 동안 프런트 오피스는 몇 주에 걸쳐 숨 돌릴 틈 없이 무엇을 우선순위에 두는지를 분명히 하는 여러 트레이드를 진행했다. 켐프는 샌디에이고로 트레이드되었고, FA가 된 라미레스는 보스턴으로 떠났다. 채드 빌링즐리는 구단 측이 옵션을 거절하며 다저스 시절에 마침표를 찍었고, 댄 해런과 디 고든, 미겔 로하스 모두 트레이드로 팀을 옮겼다. 대신 새롭게 합류한 선수들은 LA 에인절스의 2루수 하위 켄드릭, 샌디에이고의 포수 야스마니 그란달, 그리고 마이애미의 두 신인, 포수 오스틴 반스와 유틸리티 키케 에르난데스였다. 팀은 또한 미국 대표팀에서 커쇼와 뛰었던 브렛 앤더슨, 오프시즌에 가끔 캐치볼을 함께했던 브랜던 매카시도 영입했다. 겉으로 보이는 것만으로도 큰 변화였지만, 그 이면에서는 프리드먼과 자이디가 선수 육성 시스템을 리그 최고 수준으로 끌어올릴 프로젝트들을 본격적으로 가동하고 있었다.

변화는 선수단 구성에만 그치지 않았다. 콜레티는 클럽하우스를 선수들만의 성역으로 여겼지만, 새 프런트 오피스는 훨씬 자주 그 공간에 나타났다. 프리드먼은 선수들과 농담을 주고받고, 조언을 건네고, 불만을 접수했다. 부상으로 커리어가 끝나기 전까지는 툴레인 대학에서 선수로 뛰었던 그는 운동선수 기질을 발휘하며 선수들과 어울렸고, 현역 선수들과 구단주 모두에게 똑같이 편안한 태도로 다가갔다. 자이디는 스스로를 '괴짜'라고 규정하지는 않았지만, 사람들이 자신을 그렇게 본다는 사실은 잘 알고 있었다. 그렇다고 해서 너무 진지해지거나 주눅 들지도 않았다. 『LA 타임스』의 스티브 딜벡이 "다저스 구단이 마치 전자 제품 매장 베스트바이(Best Buy)의 노트북 등 전자 기기 수리팀인 긱스쿼드(Geek Squad)에 맡겨진 것 같다"며 농담을 던지자, 자이디는 노트북을 가져오면 미니 드라이버로 고쳐주겠다고 받아쳤다. 그는 경기 중 웨이트장의 유산소 기계 위에서 몸을 풀었고, 심지어 에이스 커쇼가 운동하는 중에 감히 말을 걸기도 했다.

프리드먼과 자이디는 커쇼에 대해서는 조금씩, 하지만 지속적으로 발전시켜가는 것을 목표로 했다. 커쇼는 대대적인 변화가 필요한 선수가 아니었다. 하지만 볼 배합, 수비수들의 위치, 그리고 담당 포수 선정 같은 세부 요소에는 발전의 여지가 있었다. 커쇼는 조언을 곧바로 받아들이는 타입이 아니었다. 그는 스스로를 "왜 그래야 하는지 이유부터 알고 싶어 하는" 선수라고 정의했다. 프리드먼은 늘 데이터를 들고 왔다. 그렇다고 항상 커쇼를 설득할 수 있었던 것은 아니었다. 프리드먼은 "제가 아무한테나 가서 아무 말이나 던지는 스타일은 아니거든요. 그런데 커시는 아무 말이나 들고 오지 말라는 식의 반응을 보인 선수 중에서도 4번 타자급 선수였습니다." 외야수의 위치 같은 작은 조정도 논쟁의 대상이 되었다. 새 프런트 오피스는 장타를 막기 위해 수비 위치를 외야 더 깊숙하게 배치하기를 원했다. 자이디는 커쇼가 "빗맞은 뜬공 하나가 짧게 떨어져 안타가 되는 꼴을 도무지 참지 못하는 사람"이었다고 말했다. 프런트 오피스는 물러서지 않았다. 자이디는 훗날 이렇게 회상했다. "지금 생각해보면, '상대가 클레이튼 커쇼 정도 되는 선수인데 굳이 수비 위치 갖고 싸울 필요가 있었나?' 싶어요." 그 논쟁은 몇 년 동안 계속되었다.

2016년 초, 좌익수 앞에 빗맞은 타구 하나가 떨어지며 안타가 되자 새 외야코치 조지 롬바드는 마운드 위에서 자신을 노려보는 커쇼의 눈빛을 봤다. 롬바드는 벤치코치 밥 게런을 찾아가 물었다. "저 올해 내내 이런 취급을 당해야 해요?" 그러자 게런이 답했다. "아니지. 5일에 한 번만 보면 돼."

포수도 그에 못지않게 고집이 셌다. A. J. 엘리스는 이렇게 회상했다. "저는 늘 제가 꽤 열린 사람이라고 생각했어요. 근데 돌아보니 완전 꽉 막혀 있었더라고요." 엘리스는 프리드먼과 자이디를 좋아했다. 그들은 똑똑하고 유머 있고 붙임성도 좋았다. 다만 그들이 가져오는 방식에 대해서는 날카롭다기보다 '이 친구들 귀엽게 노네' 하고 생각했다. "2015년 당시의 저는 순진했죠. 속으로 이랬어요. '그래요, 그 스몰마켓 팀에서 쓰던 모델들 백날 가져와보세요. 같이 얘기는 해드릴게. 하지만 여긴 빅마켓 팀 다저스라고요. 우리가 어떻게 일하는지 금방 알게 될 겁니다. 잘 메모하고 배워두쇼, 앤드루.'"

커쇼의 노골적인 포수 선호도는 그린달에게 큰 부담이었다. 그는 엘리스보다 공격력이 좋은 스위치 타자였지만, 커쇼의 공을 받는다는 것은 "무서웠다"고 했다. 에이스의 마음을 거스르지 않을 수 있을지 걱정이 되었다.

2015년 초반, 커쇼가 주춤했던 모습 역시 상황을 더 어렵게 만들었다. 이상하리만큼 안타를 많이 맞았다. 그는 시즌 다섯 번째 등판이 되어서야 처음으로 7이닝을 채웠다. 야구에서 말하는 '퀄리티 스타트'는 최소 6이닝을 던지고 3자책점 이하로 막는 등판을 뜻하지만, 커쇼는 이 표현에 동의하지 않았다. "6이닝 3실점이 좋은 등판은 아니죠. 7이닝 3실점은 경우에 따라 괜찮을 수는 있죠." 커쇼에게 이 정도 성적은 "투수가 해야 할 최소한의 역할"이었다.

5월 초 콜로라도에서 우천으로 경기가 취소된 날, 엘리스는 허니컷 코치, 존 프랫과 함께 커쇼의 투구 영상을 분석했다. 그들은 슬라이더에 문제가 생겼음을 알아챘다. 타자들이 커쇼의 글러브 쪽, 그러니까 우타자의 몸쪽 위주 승부 패턴에 적응해가고 있다는 사실도 보였다. 그리고 곧 뒤에 누가 서 있다는 기척을 느꼈다.

"뭐야. 엘리스, 이제 투수코치라도 된 거야?" 커쇼였다. 잠시 씩씩거리던 그는 곧장 그라운드로 나가버렸다. 허니컷이 엘리스를 돌아보며 말했다. "들켰네."

엘리스도 느릿느릿 밖으로 나가 캐치볼을 했다. 커쇼는 자신에게 아무런 문제가 없다며 고집을 부렸다. 하지만 다음 날 콜로라도를 상대로 5실점을 했고, 6이닝을 채우지 못한 채 마운드를 내려왔다. 6월에는 커리어 처음으로 3경기 연속 패전을 기록했다. 그 가운데에는 커쇼가 "내가 던진 경기 중 가장 답답한 경기"라고 말했던 텍사스 레인저스와의 경기도 있었다. 여름이 지나갈수록 프리드먼과 자이디는 콜레티가 한 번도 시도하지 못했던 일에 손을 댔다. 바로 커쇼의 투구 방식 자체를 바꾸려는 시도였다. 구체적으로는 타석마다 던지는 구종의 순서를 바꿀 것을 요구했다. 그러면서 초구 패스트볼, 우타나 발목 쪽으로 떨어지는 슬라이더를 비슷한 로케이션으로 너무 자주 던지다 보니 타자들이 미리 준비하고 있다는 데이터를 보여주었다.

커쇼가 그 말에 귀를 기울이기까지는 시간이 필요했다. 그는 절대적인 자신감을 지닌 투수였다. "초구 스트라이크만 잡을 수 있으면 넌 아웃이야." 그가 동료 제이미 라이트에게 했던 말이다. 그 자신감은 동시에 방어막이기도 했다. 커쇼는 이렇게 회상했다. "제가 겉으로는 그렇게 거만한 사람이 아니었을 거예요. 하지만 속으로는 그랬죠. '내 투구는 내가 제일 잘 알아. 나 잘하고 있어. 당신들 도움 따위 필요 없어.'"

그 생각은 틀렸다. 다만 그 사실을 인정하기까지 시간이 걸렸을 뿐이었다. 몇 년 만에 처음으로, 커쇼는 자기 팀 내에서조차 가장 잘 던지는 투수가 아니었다.

잭 그레인키를 평가하는 일은 결코 쉽지 않았다. 2002년 봄, 캔자스시티 로열스의 스카우팅 디렉터 데릭 래드니어는 드래프트 전체 6순위 지명권을 쓸 만한 선수인지 판단하기 위해 올랜도 교외의 어팝카 고교를 들락날락했다. 그레인키는 뛰어난 운동선수였다. 유격수와 3루수를 모두 소화할 수 있었고 타격을 무척 좋아했다. 체격도 완벽했다.

약 188센티미터의 프레임에 근육을 붙일 수 있는 몸이었다. 그리고 투구 동작도 흠잡을 데 없이 정교했으며, 지속적으로 반복이 가능했다. 마치 교본에 나오는 투구 폼 그대로였다. 그레인키는 상대 타자들을 농락했다. 래드니어는 "경기 전체를, 타자 전체를 통제하는 능력이 정말 독보적이었어요. 그런 면에서는 정말 유니콘 같은 존재였죠"라고 회상했다.

래드니어의 눈에 그레인키는 팔보다 머리를 더 많이 쓰는 투수로 보였다. 그의 패스트볼은 원하는 곳에 정확히 꽂혔지만, 구속은 시속 80마일 후반대[*]에 머물렀고, 커브는 타자를 혼란스럽게 만들 만큼의 움직임은 있었지만 메이저리그 정상급 투수들만큼 낙차가 큰 것은 아니었다. 체인지업은 아예 필요조차 없었다. 또래 선수들은 그의 패스트볼을 건드리지도 못했기 때문이다. 그리고 그레인키 자신도 그 평가를 잘 알고 있었다. 그해 어느 경기 전, 그는 래드니어를 찾아갔다.

"제가 강속구를 못 던진다고 생각하신다면서요?"

그레인키의 질문에 래드니어는 사실이 아니라고 답했다.

"뭐, 알겠습니다." 그레인키가 말했다. "저 오늘은 강속구 던질 겁니다."

래드니어는 그 말을 듣고 포수석 뒤에서 스피드건을 꺼냈다. 두 이닝 동안 그레인키는 패스트볼만 던졌다. 시속 96마일, 97마일, 98마일[**]

---

[*] 시속 140킬로미터 안팎의 느린 스피드

[**] 약 155킬로미터, 약 156킬로미터, 약 158킬로미터

이 찍혔다. 경기 후 그레인키는 다시 래드니어를 찾아갔다.

"저도 강속구 던질 수 있다고 했잖아요."

야구는 그레인키에게 너무 쉬웠다. 하지만 야구 안에서 자기 자신을 찾는 일은 그렇지 않았다. 그레인키도 커쇼처럼 프로 2년 차, 스무 살의 나이로 메이저리그에 데뷔했다. 하지만 스타로 올라가기까지는 더 오랜 시간이 걸렸다. 커쇼처럼 그레인키도 어린 시절부터 불안감이 많은 편이었고 최악의 상황을 곧잘 떠올리는 아이였다. 그리고 로열스에서 뛰는 동안 그 최악의 상황들이 실제로 벌어졌다. 그는 종종 난타를 당했다. 마운드 위의 스트레스는 견딜 수 있었지만, 등판 사이 경기가 없는 날들이 그를 잠식했다. 그는 머릿속을 잠재울 수 있는 투쟁이 매일 필요했다. 2006년 어느 날, 외야에서 뜬공을 받고 있던 그는 팀 동료 J. P. 하웰에게 말했다. "만약 구단에서 유격수로 뛰게 해주지 않으면 나는 그냥 골프 선수 할 거야." 하웰의 기억에 따르면, 다음 날 그레인키는 구단에 야구를 그만두겠다고 통보했다. 그레인키는 자신이 다시 돌아올 확률은 10퍼센트 정도라고 생각했다.

로열스는 그에게 휴식을 주었다. 한 의사는 그레인키에게 사회불안장애와 우울증을 진단했다. 졸로프트◆ 처방은 도움이 되었다. 두어 달 뒤 그레인키는 다시 팀에 합류했다. 그때 애틀랜타 브레이브스 출신 임원이었던 데이턴 무어가 야구 운영 부문을 맡기 시작했는데, 구단은 그레인키를 마이너리그로 보냈다. 무어는 그레인키의 정신 상태를 파

◆ 졸로프트(Zoloft)는 항우울제 계열 약물로, 주로 우울증과 사회불안장애, 공황장애 등의 치료에 사용된다.

악하는 일을 최우선 과제로 생각하면서도, 억지로 다가가고 싶지는 않았다. 부임한 지 얼마 되지 않아 무어의 사무실로 손님이 찾아왔다. 그레인키가 위치토에서 직접 운전을 하고 찾아온 것이었다. 그레인키는 자신이 왜 마이너리그 생활을 선호하는지 설명했다. 부담이 적고 더 순수하다는 것이었다. 그는 마이너리그가 좋았다. 메이저리그로 다시 올라가고 싶지 않다고 선언할 정도였다.

시즌이 끝나갈 무렵, 무어는 자신의 참모인 J. J. 피콜로를 파견해 그레인키의 상태를 확인하게 했다. 둘은 털사에서 열린 경기 전에 만남을 가졌다. 그레인키는 한 번도 눈을 마주치지 않았다. 피콜로는 어색한 분위기를 풀려고 가벼운 대화를 시도했다. 그때 길을 따라 쓰레기 수거 트럭 하나가 지나갔다.

"저거, 언젠가 제가 하고 싶은 일이에요." 그레인키가 말했다.

"그게 무슨 말이야?" 피콜로가 물었다.

"쓰레기 수거요. 아주 고귀한 직업이라고 생각해요." 그레인키가 답했다.

피콜로는 어떻게 반응해야 할지 몰랐다. 그레인키가 메이저리그로 돌아가고 싶지 않다고 재차 말했을 때도 마찬가지였다. 그럼에도 로열스는 그해 9월, 그레인키를 메이저리그로 콜업했다. 그는 다음 해 스프링캠프에서 선발 로테이션에 합류했다. 그리고 2009년, 약물 치료의 도움과 우아한 투구 메커니즘을 토대로 아메리칸리그 사이영상을 수상했다.

다저스와 계약하기 전까지 그레인키는 여러 팀을 떠돌았다. 로열스는 그를 밀워키로 트레이드했고, 브루어스는 다시 그를 에인절스로 보냈다. 다저스에서의 첫 두 시즌 동안 그는 평균자책점 2.68이라는 성적과 여러 차례의 포스트시즌 호투로 계약에 걸맞은 활약을 펼쳤다. 다저스에서 보낸 시간은 그레인키의 단도직입적인 성격에 대한 명성을 한층 드높였다. 그와 함께 뛰었던 선수라면 누구나 그레인키에 관한 일화 하나쯤은 갖고 있었다.

그레인키는 언론 친화적인 선수로 유명했던 마이크 스위니에게 "사람들 앞에서 그렇게 연기를 잘하는 비결이 무엇인지"를 묻기도 했다. 엘리스가 그레인키에게 팀을 더 강하게 만들려면 어떻게 해야 할지를 묻자, "나라면 당신을 트레이드할 거야"라고 답하기도 했다. 브렛 앤더슨과 캐치볼을 한 뒤에는 "다시는 체인지업 던지지 마"라고 말했다. 팀 미팅에서는 선수들이 용변 후 손을 씻지 않는다는 사실을 공개적으로 질책하기도 했다.

그레인키는 커쇼와 놀라울 정도로 잘 맞았다. "둘은 사람들 생각보다 더 닮았습니다." 팀 월락의 말이다. 둘은 야구 이야기를 몇 시간이고 나눌 수 있었다. 커쇼는 자신의 몸 상태에 따라 구종 구성을 바꿔가며 끊임없이 진화하는 그레인키의 능력을 높이 평가했다. 그레인키는 반대로 "커쇼는 주변의 모든 소음을 완전히 차단하고, 그날 최고의 경기력을 펼치기 위한 준비를 해낸다"라며 감탄했다. 커쇼가 체인지업과 바깥쪽 패스트볼을 꾸준히 연습하면서도 정작 경기에서는 거의 던지지 않는 모습을 그레인키는 꽤 재미있어했다. 일상 속 루틴에서는 두 사람의 차이가 더 뚜렷했다. 커쇼는 등판 몇 시간 전부터 로커룸에서 스파이크를 신고 있었다. 그레인키는 오후 7시 경기라면 오후 6시에야 구장에 오고 싶어 하는 스타일이었다. 커쇼는 하루의 모든 일정을 분 단위 스케줄로 짜놓고 움직였고, 그레인키는 그날의 느낌대로 살았다. "저만큼 루틴이 없는 사람도 드물 겁니다." 그레인키는 이렇게 말했다. "일어나서 그날의 기분 상태를 보고 하루를 어떻게 할지 결정합니다."

2015년, 그레인키는 이러한 방식과 함께 커리어 최고의 시즌을 보냈다. 평균자책점 1.66을 기록했는데, 이는 1995년 그레그 매덕스가 기록한 1.61 이후 가장 낮은 수치였다. 이 수치로 커쇼의 4년 연속 평균자책점 1위 행진도 끝이 났다. 하지만 커쇼 역시 후반에는 무서운 기세를 떨쳤다. 슬라이더 그립을 바꿔 공의 궤적을 되찾았고, 프런트 오피스가 제안한 구종 운영 방식도 일부 받아들였다. 시즌 막바지에 그의 평균자책점은 다시 커쇼다운 수준인 2.13까지 돌아왔고, 탈삼진 301개는 2002년 이후 가장 많은 기록이었다. (의외의 결과로, 그는 사이영상 투표에서 그레인키와 실제 수상자가 되는 컵스의 제이크 아리에타에 이어 3위를 차지했다.) 그렇게 커쇼는 언제나처럼 다시 10월로 향했다. 하지만 몇몇 작은 것들은 조금씩 변하고 있었다.

9월 24일, '스포츠넷 LA' 중계 화면이 광고 뒤 다시 현장을 비추었을 때 텔레비전 앞의 팬들은 보기 드문 장면을 시청했다. 클레이튼 커쇼

가 돈 매팅리 감독에게 고함을 치고 있었던 것이다. 커쇼와 매팅리가 더그아웃에서 실랑이를 벌이는 것은 흔한 일이었다. "커쇼는 내려오기를 절대 원하지 않았어요." 팀 월락의 말이다. 다만, 그런 논쟁은 보통 경기 후반에 벌어졌다. 그런데 그날 매팅리는 5이닝 동안 80구밖에 던지지 않은 커쇼에게 교체 통보를 했다.

머리카락은 땀에 젖어 있었고, 이해할 수 없다는 듯이 일그러진 표정을 지은 커쇼는 두 팔을 휘저으며 목소리를 높였다. 매팅리는 고개를 저었고, 허니컷 코치는 감독 뒤에 말없이 서 있었다. 이날의 논쟁은 커쇼가 기자들에게 설명을 거부했을 정도로 심각했다. 새 경영진 체제에서 여전히 매팅리가 감독직을 맡고 있었지만, 새 경영진이 커쇼가 쥐고 있던 '강철 같은 의사결정권'을 조금씩 흔들기 시작한 것은 분명했다.

어느 스포츠를 봐도 선발 투수만이 가진 '특권'이 있다. 자신이 등판하는 날에는 경기의 속도, 타자를 상대하는 방식 모두 투수의 손에 달려 있다. 공을 가진 건 투수다. 피치 클록(pitch clock)이 도입되기 전이었던 그 시절, 투수가 던지기로 마음먹기 전까지 경기는 결코 진행되지 않았다. 어린 시절, 집에 데려다줄 사람을 기다리는 무력감을 견디기 어려워했던 커쇼에게 이런 '통제권'은 무엇보다 큰 의미였다.

"사람이 낼 수 있는 최고 속도로 최대한 빨리 상대 팀의 라인업을 전달받고 싶어 했어요." 전 샌프란시스코 원정팀 로커룸 매니저였던 에이브 실베스트리의 말이다. "그걸 기다리는 시간조차 커쇼를 미치게 만들었죠." 팀들은 실베스트리를 통해 라인업을 교환했는데, 그는 보통 론 워터스 코치에게서 문자 메시지로 이를 받았다. 허니컷은 실베스트리 주변을 서성이며 그 문자 메시지만 기다렸다. 불안감의 사슬은 커쇼에서 허니컷, 그리고 실베스트리에게까지 이어졌다. "어느 순간에는 '코치님, 급하신 거 저도 안다고요!'라고 소리칠 뻔했어요." 실베스트리는 회상했다. 때로는 샌프란시스코 선수단 로커룸으로 직접 건너가 "제발 라인업 좀 빨리 주세요. 이러다 저 죽겠어요"라고 말하기도 했다.

등판이 없는 날에 다섯 번째 날을 위한 웨이트트레이닝과 스트레칭, 러닝 등 할 일을 모두 마치고도 커쇼는 여전히 에너지가 넘쳤다. 실베스트리는 그를 "어디서 북적이는 소리가 나면 바로 뛰어가는 수탉 같은 사람"이라고 표현했다. 커쇼는 클럽하우스 이곳저곳을 돌아다니며 분위기를 읽고, 눈에 띄는 걸 머릿속에 담았다.

주방 직원들에게 과일을 어디에서 샀는지 묻기도 했고, 실베스트리와 아이 이야기나 맛집 추천 이야기를 나누기도 했다. 담당 기자에게는 최근 머리카락을 자른 이유가 혹시 내기에 져서인지 묻기도 했다. 또 영상 분석실의 존 프랫을 찾아가 초반 경기들에 대해 해설하듯 떠들곤 했다. 그는 '모르는 게 없는 사람'이라는 평을 들었다. 자동차 번호판을 외우듯 큐 사인만 떨어지면 동료 선수들의 상세한 기록을 줄줄 말할 수 있었다고 프랫은 기억한다.

커쇼는 스스로를 리더라고 규정하는 데 어려움을 겪곤 했다. 투수가 그런 역할을 맡아도 되는지 확신이 없었다. 하지만 특정한 방식으로는 확실히 영향력을 행사했다.

커쇼는 매년 스프링캠프에서 탁구 토너먼트 대회를 열었다. (그리고 자신의 자선단체 기금을 모으기 위해 여름마다 다저스타디움에서 유명 인사들과 함께하는 탁구 이벤트 '핑퐁 포 퍼퍼스(Ping Pong 4 Purpose)'도 시작했다.) 그는 참가자들을 유심히 분석했다.

"커쇼는 탁구에 미쳐 있었어요." 전 다저스 투수 체이스 데용이 말했다. "명단에 없는 초청 선수가 탁구를 좀 친다는 소문만 들려도 그 사람이 하루 일정을 마칠 때까지 기다렸다가 '자, 이제 한판 쳐야지. 지금 하자'는 식이었어요."

커쇼는 웨이트장의 음악 선곡도 직접 관리했다. "첫해 제 업무의 90퍼센트는 커쇼의 음악 취향에 맞춰주는 것이었죠." 브랜던 맥대니얼 트레이너의 말이다. 커쇼는 빠른 템포의 전자음악(EDM)을 좋아했고, 웨이트장은 훈련 장비와 단백질 셰이크가 있는 EDM 페스티벌 현장처럼 변했다. 이후에는 팀 동료 로스 스트리플링이 블링크-182(Blink-182)의 노래도 훈련 증진 효과가 있음을 증명했고, 커쇼는 자신의 등판 다음 날만 아니면 그들의 곡을 틀어도 된다고 허락했다. 커쇼에게는 등판 다음 날의 첫 웨이트트레이닝 세션에서 심박수를 끌어올리는 음악이 필수였기 때문이다. 웨이트장은 팀원들이 커쇼의 에너지와 스피커의 비트를 함께 공유하는 공간이 되었다. "약간 댄스파티 같은 분위기였어요." 맥대니얼은 회상했다. (물론 모두가 좋아한 것은 아니었다. "커쇼가 웨이트장 디제이 자리를 독차지한 거요? 저는 진짜 싫었어요." 엘리스의 말이다.) 2015년 여름, 필리스의 스타 체이스 어틀리가 합류한 뒤 팀 분위기는 더 단단해졌다. 어틀리는 선수단에 '노 셔츠 선데이(No Shirt Sundays)'라는, 설명이 필요 없는 문화까지 도입했다.

통제는 커쇼 자신의 감정 폭발에도 적용되었다. 그는 욕설을 싫어했고, 아내도 마찬가지였다. 하지만 마운드 위에서는 가끔 감정이 새어 나왔다. 커리어 초창기, 엘런 가족이 어밀리아 아일랜드에서 경기를 보고 있는데, 커쇼가 "제기랄!"이라고 소리치는 장면이 잡혔다. 엘런은 충격을 받았다. 이제 막 커쇼의 이름을 딴 자선 단체 활동을 시작했고, 남편은 롤모델이었다. "제가 말했어요. '당신이 다른 누구보다 비현실적인 수준의 기대를 감내해야 한다는 거 알아. 당신 참 안됐어'라고요." 엘런은 남편에게 욕설이 나올 것 같으면 글러브로 입을 가리라고 제안했다. 만일 가리지 않고 욕설을 하면 그때마다 자신에게 1,000달러♦씩 벌금을 내라고 규칙을 정했다. "남편이 벌금을 낸 적은 없었어요." 엘런이 웃으며 말했다. "그 협박만으로도 충분했죠." 경기 중 글러브에 입을 파묻는 장면을 볼 때마다 엘런은 남편이 자신의 말을 기억하고 있다는 것을 알 수 있었다.

"시간은 내게 가장 소중한 자원이야." 커쇼가 엘런에게 자주 했던 말이다. 결혼 초반, 엘런은 둘의 유일한 싸움 주제가 항상 시간과 관련된 것임을 깨달았다. "제가 아직 준비하고 있는데, 남편은 문 앞에서 서성이며 시간을 재고 있었죠." 엘런이 말했다. 엘런이 보기에 남편에게 시간은 돈이나 지위보다 더 중요했다. 시간이란 곧 '통제'를 의미하기 때문이었다. 어린 시절, 야구부 연습과 경기장에 데려다줄 사람을 기다려야 했던 그 무력감은 잊히지 않았다. "그래서 남편은 시간을 통제하기 시작했어요." 엘런이 말했다. 철저한 일정표가 생겼고, 휴식일이라는 것

♦ 약 148만 원

은 없었다. 커쇼는 가끔 동료들을 보며 '왜 저 사람들은 나만큼 절박하지 않을까?' 하는 의문을 가졌다. "왜 어떤 사람들은 당연히 해야 할 것을 하지 않는지, 이해가 안 됐어요." 커쇼는 회상했다. "'그냥 야구장에 출근해서 경기만 하고 가면 되는 거라고? 정말 야구를 잘하고 싶은 마음이 없는 건가?'라는 생각이었죠."

커쇼는 통제하려고 노력하면서도 타인에게 권위를 과시하지 않기 위해 '균형'을 잡으려 했다. 속으로는 상대방을 판단했을지 몰라도, 드러내놓고 말하지는 않았다. 그는 갈등을 싫어했다. 한번은 우버를 타고 경기장으로 가던 길에 프랫과 커쇼가 말다툼을 벌였다. 그날 커쇼가 "신경질적으로 굴었다"고 프랫은 기억한다. 구장에 도착해 프랫은 커쇼를 무시하기로 했다. 몇 시간 동안 말을 걸지 않았다. 그러자 영상 분석실로 들어온 엘리스가 말했다. "클레이튼이 계속 물어봐. 네가 자기한테 화난 거냐고." (둘의 관계가 중요한 이유는 야구 때문만이 아니었다. 커쇼와 프랫은 참가비만 5,000달러♦인 구단 내 판타지 미식축구 리그에서 한 팀이었다. 프랫은 로스터를 자유롭게 바꿀 수 있었지만, 커쇼에게 보고는 해야 했다. "그 참가비를 낸 사람이 커쇼였으니까요." 프랫은 웃으며 말했다. "그 정도는 해야죠.")

원정 경기에서 호투한 날이면, 커쇼는 맥주 한 캔을 따서 긴장을 풀었다. 그래도 태도는 흐트러지지 않았다. "맥주를 꽤 많이 마시는 것도 봤지만 태도가 달라지는 걸 본 적은 없어요. 항상 정신이 또렷했죠." 엘리스가 말했다. 엘리스가 봤을 때 커쇼가 통제권을 내려놓는 거의

♦　약 737만 원

유일한 공간은 비행기 안이었다. 승객의 신분으로는 할 수 있는 것이 없었기 때문이었다. 그는 방귀도 내뿜고, 맥주도 마시고, 엘리스와 그레인키, 터너와 함께 카드놀이도 했다. "그때만큼은 어떤 것도 통제하려 하지 않았어요." 엘리스가 회상했다. "여행에 몸을 맡겼죠."

그 시간만큼은, 단 몇 시간뿐이라도, 그는 자유였다.

매팅리에게 욕설을 쏟아부은 지 불과 닷새 뒤, 커쇼는 샴페인을 흩뿌리고 있었다. 다저스는 3년 연속 내셔널리그 서부지구 우승을 차지했고, 그것도 영원한 라이벌 샌프란시스코의 홈구장 AT&T 파크에서였다. 우승을 결정지은 그 경기는 더욱 특별했다. 커쇼가 같은 좌완 투수이자 숙명의 라이벌인 매디슨 범가너와 선발 맞대결을 펼쳤기 때문이었다. "저는 그게 정말 좋았어요. 커쇼와 범가너가 정면으로 부딪칠 때 말입니다." 당시 자이언츠 감독이었던 브루스 보치가 회상했다.

커쇼보다 1년 뒤에 메이저리그에 입성한 범가너는 커쇼가 이루지 못한 것들을 해냈다. 그는 사이영상은 한 번도 받은 적이 없었고 투표 결과 3위 안에 든 적도 없었지만, 월드시리즈 반지는 3개였다. 2014년, 범가너는 자이언츠를 자신의 넓은 어깨에 짊어지고 월드시리즈까지 실어 나르듯 이끌었다. 그해 10월 범가너의 평균자책점은 1.03이었다. 와일드카드 경기 완봉승, 월드시리즈 5차전 완봉승, 그리고 무엇보다도 단 이틀 휴식 후 월드시리즈 7차전에 나와 5이닝 무실점까지 기록했다. 그것은 커쇼가 포스트시즌에서 한 번도 성공하지 못한 유형의 경기였고, 커쇼의 10월 부진 논란에 더 큰 불씨를 얹었다. 커쇼와 범가너, 가을에 무너지는 선수와 가을의 영웅이라는 대비는 커쇼의 팀 동료들을 더욱 불편하게 만들었다. "참 속상하죠." 전 다저스 투수 브랜던 리그가 말했다. "최고라는 것은 그런 짐을 짊어지는 겁니다. 모두가 끌어내리고 싶어 하죠."

그렇다고 범가너가 커쇼를 깎아내리는 사람 중 하나는 아니었다. 그는 커쇼를 역대 최고의 투수라고 여겼다. 목장을 운영하는 범가너는 자신이 키우는 최고 혈통 말을 '클레이튼 커쇼 말'이라고 부르기도 했다. 엘리스에 따르면, 범가너는 타격 연습 도중 자신을 마주칠 때마다 늘 커쇼에 대한 이야기를 하고 싶어 했다. 타석에서 범가너는 스윙할 때마다 낮게 으르렁거리는 소리를 냈는데, 커쇼가 이를 기분 나빠할까 봐 걱정하기도 했다. "커쇼에게 미안하다고 전해줘요. 그냥 저도 모르게 저절로 나오는 소리예요." 범가너는 엘리스에게 이렇게 말했다.

2015시즌 동안 커쇼와 범가너는 네 차례 선발 맞대결을 펼쳤고, 샌프란시스코가 처음 세 번을 모두 승리했다. 네 번째 맞대결에서 다저스가 2점 앞선 5회, 커쇼의 타석이 찾아왔다. 커쇼는 타석에서 상대 투수를 괴롭히는 데 자부심이 있었다. 그는 스윙을 짧게 가져가며 타석을 최대한 길게 끌고 갔고, 그날도 범가너를 상대로 13구까지 이어 갔다. 패스트볼과 커터를 연달아 파울로 만들어내자 다저스 더그아웃은 환호로 들끓었다. 결국 커쇼는 땅볼로 물러났지만, 1루 수비 백업을 위해 뛰어가던 범가너가 분노를 터뜨리는 소리가 모두에게 들렸다. "이런 제기랄!" 범가너는 울부짖었다. 범가너는 6회를 채우지 못하고 교체되었고, 커쇼는 통산 열두 번째 완봉승을 기록했다.

새 경영진이 바로 팀 성적을 끌어올린 것은 아니었다. 2015년 다저스는 92승을 거두었고, 이는 2014년보다 두 경기가 적었다. 하지만 한 가지 면에서는 상황이 확실히 나아졌다. 포스트시즌 1라운드에서 세인트루이스를 피한 것이다. 다만 100승 팀이었던 카디널스는 그 반대편 토너먼트에서 버티고 있었고, 다저스는 90승 메츠를 상대로 LA에서 내셔널리그 디비전 시리즈를 시작했다. 그레인키의 경이로운 시즌에도 불구하고, 다저스는 1차전 선발을 커쇼에게 맡겼다. 커쇼가 1차전에 나선 뒤 짧은 휴식을 취하고 4차전에 다시 나설 수 있다고 믿었기 때문이었다. 맞상대는 제이컵 디그롬이었다. 커쇼보다 불과 석 달 늦게 태어났지만, 메이저리그는 이제 두 번째 시즌이었다. 올랜도 북쪽의 작은 학교인 스텟슨 대학에서도 3학년이 되어서야 투수로 전향했고, 커쇼가 첫 번째 사이영상을 수상했던 2011년에는 토미 존 수술 후 재활 중이었다. 디그롬은 2014년 내셔널리그 신인왕을 수상했고, 2015년에는 성적이 더 좋아졌다. 클럽하우스를 물구나무서서 다닐 수 있을 정도로 비범한 운동신경을 가진 동시에, 동료 선수들의 아이들과 같이 어울려 놀 정도로 장난기가 있는 선수였다.

1차전에서 디그롬은 7이닝 내내 시속 96마일♦을 기록하며 다저스

<hr>

♦　약 154킬로미터

에게 한 점도 내주지 않았다. 메츠는 2루수 대니얼 머피가 커쇼의 패스트볼을 잡아당겨 우측 담장을 넘기면서 1 대 0으로 앞서갔다. 커쇼는 7회에 돌입할 때까지 삼진 11개로 실점을 최소화하며 버텼지만, 7회에서 흔들렸다. 두 타자를 연속 볼넷으로 내보냈고, 디그롬이 희생번트를 성공하면서 두 명의 주자가 득점권에 있었다. 2사 상황에서 좌타자 커티스 그랜더슨을 맞은 커쇼는 실점 없이 이닝을 마칠 기회를 노렸다. 하지만 패스트볼은 높게 벗어났고 커브는 낮았으며 다시 던진 패스트볼은 바깥쪽으로 비껴갔다. 커쇼는 이를 악물고 하늘을 올려다봤다. 정규 시즌 내내 단 42개의 볼넷을 허용했지만, 이날만큼은 한 이닝에서만 3개의 볼넷을 허용했다. 그리고 그것은 매번 그를 괴롭혀온 '10월의 7회'였다. 프랫은 회상했다. "7회의 커쇼 이야기는, 부정하지를 못하겠네요."

매팅리가 페드로 바에스를 호출했을 때, 커쇼는 더 이상 이의를 제기하지 않았다. 대기 타석에 있던 메츠의 캡틴 데이비드 라이트는 안도했다. "정말이지, 커쇼를 마운드에서 끌어 내리고 싶었어요. 누가 올라오든 괜찮았습니다. 그 누구든 커쇼만 아니라면 훨씬 수월했으니까요." 라이트가 말했다. 매팅리는 지난 시즌들을 통해 배운 것이 있었다. 커쇼가 완전히 무너지기 전에 개입해야 한다는 사실이었다. 하지만 결과는 변하지 않았다. 라이트는 2루수 켄드릭의 글러브를 살짝 벗어나는 2타점 적시타를 터뜨렸다. 두 점 모두 커쇼의 자책점으로 기록되었고, 다저스는 1 대 3으로 패했다. '가을 커쇼' 이야기는 이제 미국 전역을 뒤덮는 뉴스가 되었다. "포스트시즌의 악령들은 굶주려 있습니다." 메츠 중계방송 아나운서 조시 르윈은 WFAN 라디오 방송에서 이와 같이 말했다. "클레이튼 커쇼는 그 악령들로부터 도망칠 수 없습니다."

뉴욕에서 시리즈 3차전이 열리기 전, 커쇼는 메츠의 감독이자 전 다저스 팜 디렉터였던 테리 콜린스를 그라운드에서 마주했다. 양 팀은 서로에게 화가 많은 상태였다. 2차전에서 다저스가 시리즈를 1승 1패로 맞추는 과정의 핵심 장면은 주자였던 체이스 어틀리가 메츠 유격수 루벤 테하다에게 지나치게 거센 슬라이딩을 시도해 더블플레이를 막아낸 순간이었다. 그 플레이로 다저스는 역전에 성공했고, 테하다의 다리는 부러졌다. 거센 후폭풍 속에서 어틀리는 데이비드 라이트를 통해 테하다에게 사과 메시지를 전달했지만, 메츠 선수단의 화는 가라앉지 않았다. 이후 메이저리그 사무국 높은 자리에 앉아 있던 조 토리가 어틀리에게 두 경기 출장 정지 징계를 내리자, 커쇼는 자신의 옛 감독이 외압에 밀려 징계를 내렸다며 불만을 드러냈다. 훗날 커쇼는 "만일 내게 아들이 생긴다면, 나는 그 아이가 어틀리처럼 야구하기를 바랄 것"이라고까지 말했다. 그날 밤 시티필드는 긴장감으로 가득 차 있었다. 뉴욕 팬들은 어틀리를 향해 분노를 쏟아냈고, 어떤 이는 어틀리가 ISIS(국제 테러 조직)를 지지한다는 내용의 현수막까지 들고 있었다.

그 혼란 속에서 콜린스 감독이 커쇼에게 말을 걸었다.

"내일 등판하나?"

질문하기는 했지만 그는 이미 답을 알고 있었다. 모두가 답을 알고 있었다.

"아직은 몰라요." 커쇼가 말했다.

"아직 모르긴 뭘 몰라. 내가 그런 것도 모를까 봐?" 콜린스가 말했다. 그날 늦게 콜린스 감독은 문자 메시지 하나를 받았다. "저, 내일 나갑니다."

기자회견에서 콜린스는 기자들의 질문을 받았다. 4차전에서 상대 투수로 평소보다 덜 쉰 커쇼를 만나는 것과 충분한 휴식을 취한 알렉스 우드를 만나는 것 중에 어느 쪽을 더 원하느냐는 질문이었다. 콜린스는 웃음을 참았다. "네, 더 바라는 쪽이 있긴 하죠." 그는 우드를 무시하는 것은 아니라며 이렇게 말했다. "하지만 저 괴물이 마운드에 있는 건 보고 싶지 않아요." 매팅리 감독 역시 커쇼의 단기 휴식 등판을 발표하며 비슷한 뉘앙스로 말했다. "왜 커쇼가 마운드에 오르는지, 굳이 설명이 필요할까요?" 프리드먼과 자이디가 다저스를 여러 면에서 바꿔놓았지만, 한 가지는 변하지 않았다. 팀은 여전히 커쇼에 대한 의존도가 높았다.

2차전은 그레인키가 이겼지만 3차전에서 브렛 앤더슨이 난타를 당하자 다저스는 다시 벼랑 끝에 몰렸다. 커쇼가 또다시 촉박한 일정 속에 등판해야 하는 상황이 되었다. 경기 전 영상 분석실에는 많은 관계자가 모여 있었다. 프랫은 노트북 앞에 앉아 있었고, 엘리스와 허니컷 코치, 월락은 스카우팅 리포트를 들여다보고 있었다. 그레인키가 판타

356

지 미식축구 이야기를 꺼냈다. 선수들이 웨이버 와이어♦ 전략과 캔자스시티 치프스의 러닝백 샤칸드릭 웨스트에 대해 떠들고 있을 때 커쇼가 나타났다. 커쇼가 의자를 끌어와 앉자 대화가 멎었다. 침묵을 깬 것은 커쇼였다. "무슨 얘기 중이었어요?" 그리고 이상한 장면이 펼쳐졌다. 커쇼가 대화에 끼어들기 시작한 것이었다. "얼굴은 여전히 멍한 표정이었는데, 그래도 말을 섞더라고요." 프랫이 회상했다. "그때 모두가 느꼈어요. '커쇼가 뭔가 새로운 걸 시도하고 있는 건가?' 하고요."

이유가 무엇이었든 이날 밤 커쇼는 메츠라는 강팀을 상대로 짧은 휴식에 따른 체력적 한계, 심지어 '7회 징크스'에도 전혀 개의치 않는 듯한 투구를 했다. 다저스는 곤잘레스와 터너의 중요한 안타로 초반 리드를 잡았고, 커쇼는 그 우위를 지켜냈다. 이날도 머피에게 솔로 홈런을 맞긴 했지만, 그 외에는 주자를 거의 내보내지 않았고 탈삼진 8개를 기록했다. 7회, 선두 타자 그랜더슨의 강한 땅볼이 커쇼의 글러브를 스치며 내야안타가 되었지만 매팅리는 커쇼에게 이닝을 이어가도록 맡겼고 그는 흔들림 없이 마무리했다. 터너는 강하게 굴러가는 타구를 호수비로 처리하며 커쇼의 빛나는 투구를 지켜냈다. 다저스는 3 대 1로 승리했고, 시리즈는 마지막 5차전을 위해 LA로 향하게 되었다.

<hr>

♦ 웨이버 와이어(waiver-wire)는 판타지 스포츠 리그에서 다른 팀이 방출한 선수를 순번 등에 따라 영입할 수 있는 제도를 말한다. 리그에서 버려진 선수 중 향후 활약 가능성이 높은 선수를 빠르게 데려와 큰 비용 지출 없이 전력에 보탬이 되도록 운용하는 방식을 말한다.

5차전을 결정지은 장면은, 데이터에 의존한 다저스의 수비 전략과 메츠의 베테랑 선수의 직감이 충돌한 순간이었다. 4회 초, 다저스가 한 점 앞선 상황에서 대니얼 머피가 선두 타자 안타를 치고 출루했다. 그레인키가 아웃 카운트 하나를 잡아내자 수비진은 루카스 두다의 타석에 대비해 수비 시프트를 펼쳤다. 좌타자인 두다는 우측으로 당겨 치는 경향이 있었다. 2루수 하위 켄드릭은 1루 쪽으로 더 이동했고, 유격수 코리 시거는 2루 베이스에 더 가깝게 자리를 잡았다. 3루수 저스틴 터너는 1루와 2루 사이에 섰다. 3루는 비어 있었다.

이런 식의 수비 배치는 프리드먼이 탬파베이 시절 유행시킨 이후 리그 전체로 퍼졌다. 그리고 그 장면은 머피의 머릿속에 오래 남아 있던 기억을 자극했다. 잭슨빌 대학 3루수 시절 사우스 앨라배마 대학 원정 경기에서 투수가 볼넷을 허용한 뒤 잠시 방심한 사이, 1루 주자가 그 틈을 노려 2루를 돌아 3루까지 훔친 일이 있었다. 머피는 2015년에 도루가 단 2개뿐이었지만 그 장면을 잊지 않았다. 두다와 승부에 들어간 그레인키를 바라보며 머피는 내야수들의 수비 위치를 관찰했다. "5차전에서 투명인간인 척 숨어 있다가 아웃당할 수는 없었거든요." 그는 승부수를 던져보기로 했다. 3볼 1스트라이크 카운트에서 그레인키는 체인지업을 던지다 두다에게 볼넷을 허용했다. 거의 스트라이크가 될 뻔한 공이었기에 두다는 잠시 멈칫한 뒤에야 1루로 걸어갔다. 머피는 다소 어색한 자세로 2루를 향해 조깅을 시작했다. 그는 그런 자세가 나온 것이 원래 의도보다 자신도 모르게 빠르게 이동하고 있어서였다고 회상했다. "속으로는 과호흡이 오고 있었어요." 그러면서 슬쩍 살펴보니 그레인키가 고개를 숙인 채 마운드에서 내려와 포수 그란달 쪽으로 천천히 걸어가고 있었다. 첫 번째 빈틈 확인. 1루와 2루 사이로 수비 위치를 잡으러 왔던 3루수 터너는 다시 3루 쪽으로 슬슬 걸어가고 있었다. 두 번째 빈틈 확인. 켄드릭은 별다른 움직임이 없었다. 마지막 변수는 시거였는데, 그는 포스트시즌 전까지는 메이저리그 27경기 출전이 경험의 전부인 신인이었다. 머피가 2루 베이스 근처에 도착해서 시거와 눈이 마주쳤다. 시거의 눈이 커졌다. "시거가 '아차!' 하는 표정을 짓더라고요. 그래서 미친놈처럼 3루를 향해 내달렸습니다."

그레인키가 사태를 깨달았을 때는 이미 머피가 3루로 슬라이딩해서 세이프한 후였다. 상대의 빈틈을 파고들어 한 베이스를 더 간 머피는 다음에 나온 희생플라이 때 홈을 밟고 득점을 올렸다. 그로부터 2이닝이 지난 후에는 그레인키를 상대로 홈런을 터뜨렸다. 다저스의 시즌을 끝내는 3 대 2 승리의 치명타였다. 평소 루틴대로 휴식을 다 취하고 나온 차세대 에이스 디그롬을 상대로 다저스는 반격을 만들어내지 못했다. 머피는 훗날, 그날의 홈런도 멋졌지만 가장 의미가 큰 것은 그 도루였다고 말했다. "그 도루는 동네 운동장에서부터 쌓여온 시간의 총합이었습니다. 제가 받은 상처들과 남에게 남긴 상처들까지, 그 모든 것이 겹겹이 쌓여 그 한순간을 만들어낸 겁니다."

그날 패배의 짐을 짊어진 사람은 커쇼가 아니었다. 하지만 비극적인 결말은 그대로였다.

시리즈는 결국 패배로 끝났지만, 5차전을 위해 LA로 향하던 비행기 안에서 프랫은 커쇼에게 다가갔다. 그는 4차전을 앞두고 목격했던 장면을 떠올렸다. 그날 커쇼는 평소처럼 혼자 고립되어 있지 않았고, 판타지 미식축구 이야기를 나누며 사람들 속에 섞여 있었다. 자신의 '루틴'을 깬 모습이었지만, 결과는 나쁘지 않았다.♦ 그래서 프랫은 조심스럽게 말을 꺼냈다. 다음 포스트시즌 등판 때는 4차전 전의 모습을 기억해도 좋지 않겠느냐고. 10월이라고 해서 억지로 더 잘하려 할 필요는 없을지 모른다고, 평소의 커쇼 그대로도 충분할지 모른다고 덧붙였다.

"고맙다고 하더라고요." 프랫이 회상했다. 그러나 그 이후, 커쇼가 포스트시즌 등판 전에 다시 그렇게 느슨해지는 모습은 단 한 번도 보지 못했다.

♦ 평소와 다른 루틴을 시도했던 커쇼의 성적은 좋았다. 당시 4차전 선발 투수로 나선 그는 7이닝 3피안타 1실점을 기록했고, 8개의 삼진을 잡으며 팀의 3 대 1 승리에 크게 기여했다.

16장
허리 통증

2015시즌이 끝난 겨울, 데이브 로버츠가 LA 다저스 감독으로서 가장 처음 한 일은 하일랜드파크를 방문한 것이었다. 앞으로 팀을 어떻게 운영할지 자신의 비전을 설명하고, 커쇼 부부와 유대감을 쌓기 위해서였다.

"감독님에게 필요한 일이라면 뭐든지 하겠습니다." 커쇼가 말했다.

하지만 로버츠가 무엇보다 필요로 했던 것은 쉽게 얻을 수 있는 것이 아니었다. 로버츠에게 필요한 것은 바로 커쇼의 신뢰였다. 시간이 한참 흐르고 나서야 로버츠는 그 신뢰가 얼마나 귀한 것이며 또 얼마나 쉽게 사라질 수 있는 것인지 깨닫게 된다. "감독직에 이렇게 많은 것들이 따라올 줄은 상상도 못 했어요." 로버츠가 회상했다. "특히 클레이튼과 관련해서는 더더욱이요."

로버츠가 커쇼의 신뢰를 필요로 했던 이유는 그가 클럽하우스를 하나로 묶는 데 도움을 줄 수 있다고 믿었기 때문이었다. 마흔네 살을 앞둔 로버츠는 그 역할을 해낼 준비가 되어 있다고 생각했다. 해병대 출신 흑인 아버지와 일본인 어머니 사이에서 태어나 이곳저곳을 떠돌며 자란 환경은 사람과 관계를 맺는 법을 가르쳐주었다. 10년에 이르는 메이저리그 커리어는 선수들에게 확실한 신뢰를 부여했다. 2004년 포스트시즌에서 보스턴의 '밤비노의 저주'◆를 끝낸 결정적 도루는 스포트라이트를 견디는 법을 알려주었다. 호지킨 림프종을 극복하며 살아남은 경험은 끝없는 낙관주의를 심어주었다. 그는 명랑하고, 수다스럽고, 열정이 넘치는 사람이었다. 친구들은 그를 '닥(Doc)'◆◆이라고 불렀다. 그는 팀이 하나의 목적 아래 뭉쳐야 한다고 믿었다. 그 목적이란 오랜 우승 가뭄을 끝내는 것이었고, 커쇼는 반드시 그 중심에 있어야 했다. "우리의 최우선 목표는 구성원 사이에 절대 부서지지 않는 유대감을 만드는 것입니다." 로버츠는 2016년 2월, 내가 『LA 타임스』의 다저스 담당 기자가 된 직후 진행한 첫 인터뷰에서 이와 같이 말했다.

다저스는 여전히 앤드루 프리드먼과 파르한 자이디의 주도 아래 새

◆　'밤비노'는 전설적인 선수 베이브 루스의 별명으로, 1919년 보스턴 레드삭스가 그를 뉴욕 양키스로 트레이드한 이후 월드시리즈에서 우승하지 못하자 '밤비노의 저주'라는 표현이 생겨났다. 보스턴 레드삭스는 베이브 루스의 이적 후 86년 동안 우승 트로피를 들어 올리지 못했지만, 2004년 세인트루이스 카디널스를 꺾으면서 마침내 '저주'에 마침표를 찍었다.

◆◆　의사를 뜻하는 닥터(doctor)의 준말이다. 주변 사람들의 심리나 몸 상태를 세심하게 살피는 사람을 상담사 혹은 치료사 같다는 의미에서 부를 때 사용하는 별명이다. 때로는 강한 카리스마를 지닌 선수에게 붙이는 애칭으로도 쓰이는데, 로버츠 감독은 전자에 해당한다.

롭게 재편되고 있었다. 돈 매팅리는 팀을 떠난 상태였다. 2015시즌이 끝난 뒤 매팅리는 장기 연장 계약을 원했지만, 다저스는 그 요구에 응할 준비가 되어 있지 않았다. 해임된 것도 아니었고 스스로 사임한 것도 아니었지만, 결국 그는 마이애미 말린스 감독직을 맡으며 팀을 떠났다. 다저스는 처음에 팜 디렉터였던 게이브 캐플러를 매팅리의 후임으로 선호했지만, 인터뷰 과정에서 로버츠가 모두에게 강한 인상을 남겼다. 로버츠는 프리드먼과 자이디가 사용하는 '언어'를 완전히 유창하게 구사하는 수준은 아니었지만, 적어도 이해하고 받아들일 수 있는 사람임은 분명했다. 내야 수비 시프트에 반대하지도 않을 것이고, 선발 투수를 일찍 내리는 운영 방식도 수용할 인물이었다.

새 얼굴은 로버츠 감독만이 아니었다. 잭 그레인키도 팀을 떠났다. 그는 옵트아웃 권리를 행사하며 FA 시장에 나섰다. 12월 초만 해도 다저스는 프랜차이즈 역사상 가장 큰 규모가 될 6년간 1억 6,000만 달러 계약으로 그를 붙잡기 직전까지 갔다. 하지만 예상 밖의 구단이 뛰어들었다. 내셔널리그 서부지구의 강자로 떠오르고 있던 애리조나 다이아몬드백스가 2억 650만 달러라는 금액을 제시했다. 그레인키의 자리를 메우기 위해 다저스는 브렛 앤더슨을 잔류시키고 세 차례 올스타 선정 경력이 있는 스콧 카즈미어를 영입했으며 일본인 스타 마에다 겐타를 데려왔다.

야시엘 푸이그는 여전히 팀에 남아 있었다. 그와 관련해서는 겨우내 잠시 논란이 일었다. 스콧 밴 슬라이크의 아버지 앤디 밴 슬라이크가 한 라디오 인터뷰에서 "커쇼가 구단에 푸이그를 트레이드하라고 했다더라”고 발언했기 때문이었다. 커쇼는 푸이그의 행동이 때때로 자신을 거슬리게 했다는 점은 부정하지 않았다. “가끔은 팀에 해가 되는 존재가 되었던 것은 사실이에요.” 커쇼가 회상했다. “하지만 저는 누구를 트레이드해달라고 요청한 적은 한 번도 없어요.” 로버츠는 푸이그에게 적지 않은 관심과 에너지를 쏟을 작정이었다. 대신 커쇼에 대해서는 걱정할 필요가 없으리라 생각했다. 그는 매사에 철저하고 모범적인 커쇼가 문제를 일으킬 리 없다고 여겼다. 하지만 커쇼의 신뢰를 얻기 위해 얼마나 많은 노력이 필요한지, 그때의 로버츠는 아직 몰랐다.

2016시즌 다저스를 뒤흔든 가장 충격적인 뉴스는 더그 파디야 기자의 지각 덕분에 세상에 알려졌다.

물론 ESPN이 특종을 잡을 수 있었던 것은 그가 눈치 빠르고 요령 있는 사람이라서 가능한 일이기도 했다. 하지만 결정적으로 6월 27일 아침, 파디야는 타이밍을 완벽히 맞추었다. 그래서 다른 기자보다 먼저 클레이튼 커쇼가 허리를 다쳤다는 사실을 알게 되었다. 이 부상은 커쇼의 커리어를 가르는 분기점이 된다. 허리를 다치기 이전의 시간과 이후의 시간이 따로 존재하게 되었다.

그 시점까지 커쇼는 또 한 번 MVP를 받을 것처럼 보였다. 121이닝 동안 145개의 삼진을 잡아냈고, 평균자책점은 1.79였다. 팬그래프스 기준 대체 선수 대비 승리기여도(WAR)♦는 5.3으로 메이저리그 전체 1위였고, LA 에인절스의 스타 타자 마이크 트라우트와 휴스턴 애스트로스의 2루수 호세 알투베(각 4.1 WAR)를 멀찍이 따돌리고 있었다. "그야말로 완벽한 '지배'였죠." 코리 시거의 회상이다. 5월 한 달 동안 거둔 완봉승만 세 번이었다. "허리 부상 전의 클레이튼 커쇼는 그야말로 마이클 조던이었어요." 데이브 로버츠가 말했다. "조던이 마음만 먹으면 60득점씩 하며 경기를 지배했던 것처럼, 커쇼도 마음먹으면 완투든 8이닝 투구 후 켄리에게 마운드를 넘기든 뭐든 해낼 수 있었죠." 그리고 팀은 그가 던져주는 매 이닝이 절실했다. 그레인키가 떠난 뒤 선발진은 붕괴하고 있었다. 앤더슨은 허리를 다쳤고, 카즈미어는 난조에 빠졌다. 전년도 여름에 영입했던 좌완 투수 알렉스 우드는 팔꿈치를 다쳤고, 류현진은 어깨 수술에서 회복 중이었다. 브랜던 매카시는 토미 존 수술 후 재활 중이었다. 여기에, 불펜은 지쳐 있었다. 커쇼가 또 하나의 걸작 같은 피칭을 펼친 날이면, 덕분에 쉴 수 있었던 불펜 투수 몇 명이 그의 로커 앞에 줄을 서서 그를 포옹했다.

하지만 6월에 접어들면서 커쇼의 허리가 말을 듣지 않기 시작했다. 그 부위는 평소에도 그를 괴롭혀왔다. 등판 다음 날 아침이면 무릎을 굽혀 손을 땅에 대는 것도 힘들었다. 그런데 이제는 몸을 풀기까지 한참이 걸렸고, 움직임의 범위도 줄어든 느낌이었다. 커쇼는 그런 불편함

♦ 대체 선수 대비 승리기여도(WAR, Wins Above Replacement)는 해당 선수가 대체 수준의 선수 대신 출전했을 때, 팀에 추가로 얼마나 많은 승리를 가져다주었는지를 추정한 지표를 말한다. 여러 기준을 종합해 산출되는 이 지표는 선수의 종합적인 기여도를 하나의 숫자로 표현하기 위해 널리 사용된다.

속에서도 던졌다. 6월 10일 8이닝 2실점, 6월 15일 11탈삼진, 6월 20일 7이닝 투구. 몸이 보내는 경고 신호를 무시했고, 강도를 낮추려 하지 않았다. 그리고 6월 26일, 피츠버그의 PNC 파크에 왔을 때 그 상태가 경기력에 영향을 미쳤다. 존 프랫은 영상 분석실에서 화면을 지켜보는 중이었다. 커쇼가 상대 투수를 삼진으로 잡기 위해 8구까지 갔다. "그 순간 바로 알았어요." 프랫이 회상했다. "아, 이건 100퍼센트 다친 거다."

하지만 그 사실은 세상 누구도 몰랐다. 다음 날, 파디야가 기사를 쓰기 전까지는 그랬다. 파디야는 사랑스러운 장난꾸러기 같은 인물이었다. 남가주에서 시작해 미니애폴리스, 시카고를 거쳐 다시 LA로 돌아오기까지, 그는 평생을 스포츠 기자로 살아온 사람이었다. ESPN에서 다저스를 담당하며 경쟁만큼이나 동료 기자들과의 관계를 소중히 여겼다. 기자들끼리 언쟁이 벌어지면 분위기를 풀 줄 알았다. "둘이 웃통 벗고 레슬링이라도 한판 해." 그는 그런 식으로 툭 던지곤 했다.

피츠버그전에서 커쇼가 부진했던 바로 다음 날 밤, 다저스는 월요일 낮 경기를 치르기 위해 계속 현지에 머물고 있었다. 클럽하우스가 기자들에게 개방되었을 때, 파디야는 몇 분 정도 늦게 도착했다. 클럽하우스 한쪽에는 1루수 애드리안 곤잘레스를 둘러싸고 취재진이 모여 있었다. 곤잘레스가 인터뷰를 이어가던 그때, 파디야는 커쇼가 허리 아랫부분에 전기 자극 치료 기기를 붙이고 있는 모습을 보았다. 파디야는 속으로 자신을 탓했다. 이미 다른 기자들이 커쇼에게 몸 상태를 물어봤을 것이라고 생각했기 때문이었다. 커쇼를 귀찮게 하고 싶지 않았던 파디야는 로버츠 감독의 경기 전 인터뷰 시간을 기다렸다. 그런데 아무도 로버츠에게 커쇼의 허리 상태를 묻지 않았다. 그래서 기자들이 흩어진 뒤 파디야는 로버츠를 따로 불러 세웠다. 로버츠는 커쇼의 몸 상태가 좋지 않다는 사실을 인정했지만 그 심각성은 축소하여 이야기했다. 그리고 커쇼가 다음 등판에는 나올 것이라고 말했다.

파디야는 서둘러 몇 문단을 써 내려갔다. 그가 글을 입력하는 동안 ESPN의 시스템이 빠르게 움직이기 시작했다. 웹사이트에 속보 알림이 떴고, 파디야는 곧바로 방송사 메인 프로그램인 「스포츠센터」에 출연해 소식을 전했다. 지구 최고의 야구 선수가 부상을 당했다는 내용이었다.

경기 후 기자들이 커쇼에게 다가갔다. "그 기사 누가 쓴 거예요?" 커쇼가 물었다. 그러고는 트레이너실로 곧장 뛰어 들어갔다. 이어 로버츠 감독실 문틈으로 얼굴을 들이밀었는데, 그곳에서 파디야를 발견했다. 파디야는 커쇼보다 키가 한 뼘은 작았다. 커쇼가 2012년에 고관절 부상 기사를 두고 불만을 터뜨렸던 것처럼 다시 불만을 쏟아내자, 파디야는 긴장한 채 그대로 얼어붙었다. 하지만 그 순간 커쇼에게 더 큰 문제는 기사의 뉘앙스가 아니었다. 감독이 설명했던 것보다 훨씬 심각하게 손상된 그의 허리였다.

체력 및 컨디셔닝 담당 코치 브랜던 맥대니얼은 대학원 시절에 한 교수와 술집에서 농담을 주고받고 있었다. 열정적인 학생이었던 맥대니얼은 "스포츠를 한다는 것은 결국 건강에 좋은 일 아닙니까?"라고 말했다. 교수는 잔 너머로 그를 바라보며 말했다. "사람을 성장시키는 스트레스가 결국 사람을 망가뜨리는 스트레스가 될 수도 있지."

위대한 선수가 되고, 그 많은 상과 돈을 거머쥐고, 온 힘을 다하여 뛰기 위해 커쇼는 자신의 몸을 지옥 같은 부담 속으로 몰아넣었다. 경기장 외야를 수없이 뛰었고, 등판 후에도 계속 웨이트트레이닝을 했으며, 매 투구 동작에서 폭발적인 에너지를 쏟아냈다. 이 모든 것에는 대가가 따랐다. 커쇼는 허리 전문의 로버트 왓킨스 박사를 만나기 위해 LA로 날아갔다. 검사 결과, 허리 아래쪽 L5-S1 디스크 탈장♦이었다.

돌이켜보면, 몸이 무너진 것은 어쩌면 필연이었다. 2011년부터 2015년까지 커쇼는 정규 시즌에서 1,128이닝을 던졌는데, 이는 제임스 실즈를 제외하면 전체 투수 중 가장 많은 이닝이었다. 포스트시즌에서도 49.2이닝을 더 던졌고, 그중 일부는 3일 휴식 후 등판이었다. "그때 커쇼는 3일 휴식 후 등판하는 유일한 투수였어요." 프랫의 회상이다. 커쇼는 광배근과 같은 부위까지 이어진 통증을 안고 공을 던졌다. 같은

♦ 척추의 다섯 번째 요추(L5)와 첫 번째 천추(S1) 사이에 위치한 디스크가 탈출하거나 돌출되어 신경을 압박하는 상태를 뜻한다. 허리뿐만 아니라 엉덩이와 다리까지 통증을 유발할 수 있다. 투수처럼 허리 회전과 하체 사용이 많은 선수에게 치명적인 부상으로 여겨진다.

희생을 감내하는 동료들에게는 더욱 사랑받는 방식이었다. "커쇼는 몸 상태가 아무리 최악이어도 마운드에 서야 한다고 생각했어요." 댄 해런의 말이다. "누구도 비난하려는 것은 아니지만 어떤 투수들은 몸이 안 좋으면 그날은 그냥 못 던지겠다고 하잖아요."

하지만 커쇼는 나중에야 자신의 고집이 스스로를 해쳤음을 느꼈다. "커쇼는 스쾃을 좋아했어요. 그것도 무거운 중량으로 들어 올리는 것을요." 코치였던 릭 허니컷의 회상이다. 루틴의 첫날이면 예외 없이 어깨에 바벨을 올리고 스쾃을 했다. "제 스쾃 자세는 그렇게 좋지 못했어요." 커쇼가 회상했다. "지금 돌이켜보면 그렇게 오랫동안 백 스쾃을 했던 것이 인생 최대의 후회 중 하나예요." 그 운동은 그의 몸에 위험을 초래했다. "중력이 정확히 허리 부상 부위로 꽂히는 구조였거든요." 맥대니얼의 말이다. 그럼에도 커쇼는 스쾃도, 달리기도, 불펜 피칭도 100퍼센트 강도로 계속했다. 그래야 마운드에서 '갑옷'을 두른 듯한 느낌이 들었다. "조금만 더 똑똑하게 훈련했으면 좋았겠죠." 커쇼는 말했다. "하지만 당시에는 맥대니얼이 무슨 조언을 했어도 안 들었을 거예요."

왓킨스 박사는 6월 29일, 커쇼에게 경막외주사를 놓았다. 커쇼는 고관절과 등 통증을 이겨냈던 것처럼 이번 부상도 힘으로 밀어붙여서 넘길 생각이었다. 하지만 디스크는 근육처럼 낫는 것이 아니다. 주사를 맞고 17일이 지난 뒤, 커쇼는 다저스타디움에서 시뮬레이션 경기♦

♦ 시뮬레이션 경기(simulation game)는 부상당한 투수가 재활 과정에서 실전 감각 회복을 위해 실시하는 가상 경기다. 상대 타자나 주자, 이닝 등의 상황을 가상으로 설정하여 진행하는데, 보통은 상대 팀 없이 같은 팀 타자를 타석에 들어서게 하거나 그마저도 없이 진행하기도 한다.

를 소화했다. 로버츠 감독은 자신의 에이스가 곧 돌아올 것이라고 생각했다. 그러다 프리드먼에게 전화가 왔다. 안 좋은 소식이 있다는 것이었다. 커쇼의 허리가 다시 아프기 시작했다. 의사들은 디스크를 고치려면 수술을 받아야 할 확률이 80퍼센트라고 설명했다. 하지만 커쇼의 귀에 들어온 것은 여전히 공을 던질 수 있는 20퍼센트의 가능성이었다. 커쇼는 "몸은 스스로 회복할 수 있다"고 말했다. 그는 수술이 얼마나 가혹한지 잘 알고 있었다. 브렛 앤더슨이 비슷한 수술을 받았기 때문이었다. "허리 수술을 하면 정말 꼼짝도 못 해요." 커쇼는 말했다. "정말 최악이에요."

커쇼는 9월 복귀를 목표로 삼았다. 하지만 여전히 '통제권'을 갈망하고 있었다. 그날 로버츠 감독이 시뮬레이션 경기 중 커쇼의 몸에 다시 이상이 생겼다고 발표하자, 기자들은 시즌 아웃이 될 수 있는 수술 가능성이 더 커졌느냐고 물었다. 로버츠는 그렇다고 인정했다. 그러자 곧바로 트위터와 온갖 매체에서 기사들이 쏟아져 나왔다. LA 어딘가에서, 아마도 덩치 큰 좌완 투수 한 명이 그 기사들을 지켜보고 있었다. 그날 오후, 다저스 홍보팀 직원 한 명이 기자들에게 다가와 기사 제목들이 너무 자극적이라고 불만을 토로했다. 기자들은 로버츠 감독이 실제로 "수술 가능성이 크다"고 말한 사실을 그 직원에게 상기시켰다. 잠시 후, 그 직원은 구단 의료진 이름으로 공식 입장이 발표될 것이라고 알렸다. 하지만 잠시 후, 의료진에서 성명을 내지 않기로 했다는 통보가 돌아왔다. 다저스 홍보팀으로서는 이보다 더 괴로운 오후가 또 없었다. 이후 로버츠는 커쇼의 몸 상태에 대해 자신의 생각을 내놓는 일을 사실상 멈추었다. 로버츠 감독의 솔직함이 커쇼와의 신뢰를 갉아먹었다. "처음 1년 차에는 겉핥는 식의 대화들이 많긴 했지만, 그래도 서로꽤 잘 지내는 것처럼 느껴졌어요." 로버츠가 회상했다. "그러다 뭔가 일이 하나씩 생길 때마다 우리 관계가 다시 원점으로 돌아가는 기분이었죠."

다저스 스태프들은 커쇼의 척추를 안정시킬 방법을 찾기 위해 물리치료사, 생체역학 전문가, 심지어 군의관들까지 찾아다녔다. 트레이너들은 스쾃 루틴부터 바꿀 것을 권했다. "그 루틴이 결국 등에 있는 디스크를 짓눌러서 해가 된다는 사실을 데이터를 통해 스스로 납득하게 했죠." 허니컷 코치의 설명이었다. 커쇼는 바벨을 버리고 케틀벨을 집어 들었다. 스트레칭과 고관절 안정화 운동을 비롯하여 모든 훈련이 늘어났다. "얼마나 많은 시간을 몸 관리에 쏟아부었는지, 거의 미친 수준이었어요." 맥대니얼이 회상했다. "다른 선수였으면 중간에 포기했을 겁니다. 워밍업만 놓고 봐도, 보통 사람이 하는 웨이트트레이닝 한 세션의 길이와 비슷했으니까요." 마시지 치료사 나카지마 요스케는 커쇼가 보통 사람들보다 회복 속도가 빠르다고 믿었다. 이유는 분명했다. "커쇼가 그런 것들을 다 해낼 수 있는 이유는 경쟁 자체를 좋아하고 자신이 할 수 있는 한 최고의 선수가 되고 싶은 마음이 워낙 크기 때문입니다." 허니컷은 그렇게 말했다.

팀은 커쇼 없이도 버텨냈다. 샌프란시스코를 제치고 내셔널리그 서부지구 선두를 빼앗으며 4년 연속 지구 우승을 확정했다. 부상자가 쏟아지는 와중에도 팀을 한데 묶어낸 공로를 인정받아, 로버츠는 시즌

후 내셔널리그 올해의 감독상을 받았다. 코리 시거는 신인왕으로 선정되었고, 저스틴 터너는 계속 전성기를 이어갔다. 프런트 오피스는 여기에 더해, 서른여섯 살의 좌완 저니맨이자 스스로를 뛰어난 선발 투수로 다시 빚어낸 리치 힐을 영입했다. 그래도 팀에는 여전히 에이스가 필요했다.

의사들은 커쇼에게 복귀를 시도한다고 해서 허리에 추가적인 위험이 생기지는 않을 것이라고 설명했다. "의사들은 '앞으로 6주 동안 이걸 해보세요. 그러면 복귀 가능성이 생길 수도 있습니다' 이런 식으로 말했어요." 커쇼의 기억이다. 회복될지, 회복되지 않을지는 결국 몸에 달려 있었다. 다만, 그가 예상하지 못한 것이 하나 있었다. 자신이 돌아왔을 때, 어떤 이들은 이미 그 자리에 없으리라는 사실이었다.

8월 25일 정오 무렵, 웨스트 할리우드 파크에서 아들과 농구를 하고 있던 A. J. 엘리스는 데이브 로버츠 감독으로부터 다저스타디움으로 오라는 문자를 받았다.

엘리스에게 그해 시즌은 순탄치 않았다. 팀은 그를 야스마니 그란

♦   저니맨(journeyman)은 주전으로 확실히 자리 잡지 못하고 트레이드와 FA 등을 통해 팀 이동을 반복하며 커리어를 이어가는 유형의 선수를 가리킨다.

달과 번갈아 기용했지만, 엘리스는 좌완 투수 상대로도 전혀 좋은 타격을 보여주지 못했다. 타율은 .194였고, 4월 이후에는 홈런도 없었다. 팀 수뇌부와의 관계도 틀어졌다. "신뢰를 받을 만큼 잘한 시즌은 아니었다고 생각해요. 하지만 한편으로 제 커리어를 본다면 신뢰를 받아야 한다고 느꼈죠." 엘리스의 회상이다. 그는 로버츠 감독의 붙임성을 가식이라 느꼈다. "로버츠 감독이 새로 왔을 때, 제가 마음을 열고 새로운 감독을 뒷받침하려는 자세가 없었던 것 같아요." 엘리스의 말이다.

로버츠가 보기에 엘리스는 클럽하우스 내 '로버츠 감독 반대파'였다. "저는 A. J.를 꼭 제 편으로 만들고 싶었어요." 로버츠가 회상했다. "그가 팀 분위기를 누구보다 잘 파악한다는 것을 알고 있었고, 그의 신뢰를 얻고 싶었어요. 하지만 끝까지 얻지 못했죠. 어느 순간부터는 이 관계가 더는 잘 굴러가지 않겠다는 생각이 들었어요." 그렇게 소통은 줄어들었다. 8월, 팀은 불펜 투수 조시 필즈를 영입했는데 그 대가로 훗날 올스타로 성장하게 되는 요르단 알바레스를 휴스턴으로 보냈다. 다저스 분석팀은 필즈가 스트라이크존 상단으로 높은 패스트볼을 던져야 한다고 판단했다. 하지만 그 내용은 엘리스에게 전달되지 않았다. 필즈가 등판했을 때 엘리스는 낮은 쪽으로 패스트볼을 요구했다. "그 순간이 저와 데이브, 그리고 앤드루 프리드먼 사이의 긴장감이 폭발한 지점이었죠." 엘리스는 회상했다.

이 갈등은 단지 한 팀 내부의 문제가 아니었다. 새로운 세대의 프런트 오피스가 데이터를 야구 운영 전반에 주입하기 시작하면서 리그 전체에서 벌어지던 충돌이었다. 데이터가 머니볼 시대에는 팀 선수단을

꾸리는 데 영향을 미쳤다면, 2010년대에는 '어떻게 플레이해야 하는가'
라는 영역까지 바꿔놓고 있었다.

엘리스는 은퇴 후 샌디에이고 파드리스 프런트에 합류하고 나서야
"유니폼 입은 사람들보다 면바지 입은 사람들이 야구를 더 크게 좌우
한다"는 사실을 깨달았다. 그리고 그 변화의 핵심에 있던 임원들을 꼽
자면, 프리드먼과 자이디였다. "지난 10년간 벌어진 일들의 중심에는
의심할 여지 없이 그 두 사람이 있습니다." 엘리스의 말이다.

데이터는 그란달이 포수 미트의 움직임으로 볼을 스트라이크로 바
꿔내는, 이른바 '프레이밍' 능력이 리그 최정상급임을 보여주고 있었다.
다저스는 그란달을 팀 최고의 포수로 평가했고, 그렇다면 그는 팀 최
고의 투수가 던지는 공을 받아야 했다. 그러나 가장 가까이에서 커쇼
의 성향을 이해해온 엘리스를 떼어내는 일은 간단하지 않았다.

커쇼는 자신이 등판하는 날의 라인업 구성에 대해 간혹 의견을 제
시했다. 프런트 오피스는 2루수나 좌익수가 누가 되느냐 같은 항의는
받아넘길 수 있었다. 하지만 엘리스 문제는 달랐다. 그는 커쇼가 절대
적으로 신뢰하는 '짝'이었다. (2016시즌 개막전에서 엘리스가 커쇼의 공을 받았던
이야기를 꺼내자 자이디는 웃으며 말했다. "그땐 저희가 너무 휘둘렸었죠.") 엘리스는
2016년 커쇼의 시즌 첫 16경기 중 11경기에서 선발 포수로서 공을 받
았다. 프런트 오피스는 그란달이 마스크를 쓰더라도 커쇼의 성적은 똑
같다고 판단했다. 하지만 커쇼는 동의하지 않았다. 자이디는 그 관계를
두고 "팀 로스터를 가장 효율적으로 운영하는 데 걸림돌이 되는 요소
였다"고 했다.

엘리스에게 가장 큰 문제는 로버츠와의 소통도 아니었고, 프런트에 마음을 열지 않은 것도 아니었으며, 커쇼가 자신만을 원한다는 사실도 아니었다. 좀 더 단순하고 영원한, '야구' 그 자체의 문제였다. "제가 못했어요." 엘리스가 회상했다. "정말로요. 그 시즌에 저는 좋은 선수가 아니었어요." 그래서 시즌이 끝나면 다저스 구단이 자신을 잡지 않고 FA 신분으로 다른 팀에 가도록 내버려둘 것이라 예상했다. 그랬기에 그는 2016년이 다저스에서 우승할 마지막 기회라고 생각했다.

그리고 그날, 로버츠 감독의 문자가 왔다.

엘리스는 아내 신디에게 연락했고, 아들을 집에 데려다주었다. 그리고 구장으로 향하는 길에 전화를 돌리기 시작했다. 에이전트들은 받지 않았다. 커쇼는 재활 중이었다. 또 다른 조언자였던 샌디에이고 파드리스 감독 앤디 그린과도 연락이 닿지 않았다. 다저스타디움 주차장에 도착했을 때, 로버츠 감독 역시 막 차를 대고 있었다.

"무슨 일이죠?" 엘리스가 물었다. 로버츠는 사무실에 들어가서 이야기하자고 했다. 클럽하우스로 내려가는 낡은 엘리베이터 안에서도 어색함은 이어졌다.

"신디는 잘 지내?" 로버츠가 물었다.

"솔직히 말씀드리면, 지금 완전 초조해하고 있어요." 엘리스가 말했다.

로버츠는 엘리스에게 클럽하우스에서 잠시 기다리라고 했다. 엘리스는 '그 일'이 아닐 수 있는 수많은 시나리오를 머릿속에 그려보았다. 그러다 로버츠의 사무실로 오라는 문자를 받았다. 그곳에는 프리드먼, 로버츠, 자이디가 있었다. "카를로스 루이스를 영입하기로 결정했어요." 프리드먼이 말했다. 루이스는 필라델피아에서 오랜 기간 안방을 지켜온 포수였다. 엘리스는 팀이 포수를 세 명이나 어떻게 활용하려는 것인지 궁금했다. 그때 프리드먼이 결정적인 말을 전했다. 엘리스가 트레이드에 포함되었다는 사실이었다.

엘리스는 눈물을 흘리기 시작했다. 옛 상사들이 건네는 칭찬은 들리지 않았다. 사무실을 나와 아내와 에이전트에게 전화를 걸었다. 그리고 커쇼에게 더그아웃에서 보자고 문자를 보냈다. 커쇼는 소식을 듣자 눈물을 흘렸다. 둘은 나란히 앉아 한동안 아무 말도 하지 못했다. 엘리스는 필드를 바라보았다. 2003년 로건 화이트가 그를 18라운드에서 지명한 이후, 그는 줄곧 다저스 소속이었다. 그에게 다저스타디움은 미국 최고의 직장이었다. 이제 그는 그저 잠시 들렀다 떠나는 또 한 명의 방문자 신세가 되었다.

클럽하우스 전체가 충격에 빠졌다. 그날 밤 팀은 자이언츠 선발 맷 무어에게 거의 노히트 경기를 당할 정도로 멍한 상태였다. 하지만 가장 큰 충격을 받은 사람은 커쇼였다. 엘리스는 차를 구장에 그대로 두고 떠났다. 커쇼는 그를 집까지 데려다주었다. 신디를 꼭 끌어안았고, 짐 싸는 것을 도왔다. 커쇼의 충격과 분노는 몇 주 동안 가시지 않았다. 그는 프리드먼의 설명도 거부했다. "그의 반응은 늘 똑같았어요. '할 얘기 없습니다.'" 프리드먼의 회상이다. 둘이 완전히 화해한 것은 다음 해의 일이었다.

"저는 원래 그래요. 뭔가 일이 생기면 사람들을 다 밀어냅니다." 커쇼가 회상했다. "가끔은 모든 사람에게 그렇게 해요. 아마 일종의 방어

기제가 아닐까 싶어요. 누구도 너무 가까이 못 오게 하는 거죠." 엘리스는 그 장벽을 넘을 수 있었던 몇 안 되는 사람이었다. 그리고 이제 커쇼는 벼랑 끝에서 다시 일어서기 위한 사투를 가장 가까운 동료 없이 벌여야 했다.

그리고 그 후 오랫동안 A. J. 엘리스는 클레이튼 커쇼를 응원했다. 하지만 LA 다저스를 응원하는 일은 없었다.

⚾

내셔널리그 디비전 시리즈 4차전, 워싱턴 내셔널스를 상대로 공을 던지고 난 커쇼가 다저스타디움 로커 앞에 섰다. 그의 눈 가장자리는 벌겋게 물들어 있었다. 그는 4년 연속으로 포스트시즌에서 짧은 휴식 간격으로 선발 등판을 하고 막 돌아온 참이었다. 허리는 쑤시고 정신은 아직도 흐릿했다. 문장을 만드는 것조차 힘겨워 보였다. "완전히 탈진했어요. 육체적으로도, 정신적으로도요." 커쇼의 말이다. 투구 내용에는 흠이 있었지만, 팀은 승리했다.

10월에는 살아남는 것만이 중요했다. 그리고 그것은 커쇼에게 딱 맞는 환경이었다. 9월 부상자 명단에서 복귀한 이후, 예전 같은 화려한 성적은 거의 나오지 않았다. 정규 시즌 다섯 번의 선발 등판에서 4점을 내줬고, 28이닝 동안 27개의 삼진을 잡았다. 하지만 야구를 오래 본 이들의 눈에 커쇼는 예전과 달라 보였다. 허리 부상이 그의 투구 폼을 바꿔놓은 탓에 착지 시 아주 미세하게 몸이 오른쪽으로 기울어지며 패스트볼의 백스핀 양이 줄어들었다. 9월 9일 마이애미에서 복귀전 등판을 했을 때, 프랫은 슬라이더가 예전 같은 궤적을 보여주지 못하는 것을 눈치챘다. 뚝 떨어져 들어가야 할 공이 스트라이크존 한복판으로 들어갔다. "그 전까지는 공이 그렇게 들어간 적이 한 번도 없었어요." 프랫의 회상이다.

포스트시즌의 첫 라운드는 프런트 오피스가 과거와는 다르게 커쇼를 관리하려 애쓰면서도 여전히 커쇼에게 의존하고 있음을 명확히 보여주었다. 91승을 거둔 다저스는 95승의 내셔널스에게 홈 어드밴티지를 내줬다. 그 팀에는 2006년 드래프트 출신으로 디트로이트에서 사이 영상을 받은 뒤 FA 시장에서 7년간 2억 1,000만 달러 계약을 체결한 맥스 셔저와 2010년 전체 1순위 지명자였던 브라이스 하퍼, 2015년에 커쇼와 그레인키를 괴롭혔던 대니얼 머피 같은 스타들이 있었다. 시리즈 초반, 커쇼는 1차전에 나선 뒤 4차전에도 등판하고 싶다고 구단 측에 알렸다. 프런트 오피스는 커쇼가 짧은 휴식의 부담을 초월할 수 있는 예외적인 존재라고 생각했다. "그는 메이저리그 전체를 통틀어 평균을 벗어나 있는 '아웃라이어(outlier)'예요." 로버츠 감독의 말이다. 커쇼가 평소의 기준을 충족하지 못하고 있었음에도 말이다. 1차전에서 다저스는 4 대 3으로 승리했지만 로버츠는 슬라이더 제구 난조를 이유로 커쇼를 5이닝 3실점 상황에서 교체했다. 하지만 이후 두 경기에서 잇따라 패하자 5차전을 위해 커쇼를 아껴둔다는 선택지는 사라졌다. 허리 수술 가능성을 눈앞에 두고 있었던 것이 불과 3개월 전의 일이었지만, 커쇼는 4차전에서 사흘 휴식 후 마운드에 올랐다.

커쇼는 6이닝 동안 내셔널스 타선을 막아냈다. 5 대 2로 앞선 7회, 로버츠는 매팅리 시절의 관습처럼 커쇼를 7회까지 끌고 가려 했다. 2 아웃 이후 주자 두 명인 상황이 되었다. 두 명의 주자는 모두 내야안타로 나간 선수들이었다. 그리고 타석에 하퍼가 들어섰다. 패스트볼 구속이 시속 95마일♦까지 나왔고, 투구 수가 이미 100개를 넘긴 상황에서 커쇼는 남아 있는 에너지를 모두 쏟아부었다. 하퍼는 8구 승부 끝에 볼넷을 골라냈다. 이어 로버츠는 또 한 번 매팅리식 결정을 내렸다. 페드로 바에스를 올려 커쇼가 남긴 주자를 처리하게 한 것이었다. 바에스는 첫 공으로 몸에 맞는 공을 허용하며 실점했다. 그러자 로버츠는 좌완 루이스 아빌란으로 투수를 바꿨는데, 그는 머피에게 곧장 동점 2타점 적시타를 헌납했다.

더그아웃에서 커쇼는 익숙한 절망감을 느꼈다. 또 한 번 10월의 붕괴, 또 한 번 계속 잘 던지다 마지막 이닝이 경기를 망치는 장면, 또 한 번 다가오는 포스트시즌 조기 탈락의 기운. 그는 머리를 쓸어 넘기고 바닥을 응시하며 흙투성이 유니폼 차림으로 멍하니 앉아 있었다. 나중에 잃게 되기는 했지만 한때 리드를 벌려놓았던 적시 2루타의 흔적이었다. 8회, 체이스 어틀리가 역전타를 치며 6 대 5 승리로 끝났을 때까지 커쇼는 여전히 멍한 상태였다. 경기 후 감정을 설명하는 것도 쉽지 않았다. "경기 내내 정말 정말 좋았어요. 마지막 4분 전까지는요." 커쇼

♦　약 153킬로미터

는 당시 기자들에게 이렇게 말했다. "뭐랄까, 이상한 기분이에요. 하지만 개인적인 자존심은 잠시 뒤로하고 일단 팀이 이겼다는 사실을 받아들이고 기뻐해야죠."

다음 날 밤, 다저스 선수단이 덜레스 국제공항에 도착했다. 대부분의 원정 인원은 버스를 타고 버지니아주 알링턴의 호텔로 향했다. 커쇼는 맥대니얼, 나카지마, 트레이너 네이트 루세로와 함께 택시를 타고 내셔널스 파크로 향했다. 커쇼가 다음 라운드에서 상대해야 할 팀은 정규 시즌 103승을 거둔 시카고 컵스였다. 워싱턴을 꺾을 수만 있다면 커쇼는 컵스를 상대로도 단기 휴식 후 선발 등판할 계획이었다. 그래서 그는 또다시 '루틴' 안에 머물렀다. 웨이트트레이닝을 하고, 외야를 달렸다. 글러브를 챙겨 들고 노을이 내려앉은 빈 야구장에서 맥대니얼에게 캐치볼을 하자고 했다. 구장 조명은 꺼져 있었고 커쇼는 달빛 아래에서 공을 뿌렸다. 5차전 이야기는 한 번도 나오지 않았다.

호텔로 돌아온 후, 프런트 오피스는 로스터를 놓고 워싱턴전에 대한 투수 운용 계획을 짜기 시작했다. 논의는 다음 날 오후까지 이어졌다. 구장에서 로버츠는 프리드먼, 자이디, 야구 운영 부문 디렉터 알렉스 타민과 만났다. 투수코치 허니컷, 벤치코치 밥 게런, 불펜코치 조시 바드는 선수들의 컨디션을 점검했다. 경기의 시작과 끝은 준비되어 있었다. 힐은 단기 휴식 후 등판을 자청했다. 다저스는 내셔널스 감독 더스티 베이커의 라인업에 포진해 있는 좌타자 수를 기준으로 힐이 타자 열세 명까지만 상대해주기를 바랐다. 마무리 켄리 잰슨은 올스타에 선정된 첫해였고, 9회뿐만 아니라 8회부터 나와 아웃 카운트 6개를 책임질 수 있었다. 문제는 경기 중반이었다. 로버츠가 확신을 갖고 기용할 수 있는 불펜은 베테랑 조 블랜턴과 신인 훌리오 우리아스 단 두 명뿐이었다. 타격 연습 도중에 바드는 블랜턴에게 4회부터 투입될 수 있도록 준비하라고 지시했다. 로버츠는 잰슨에게 5회에도 들어갈 수 있게 몸을 만들라고 했다. 이상적인 세계였다면 로버츠의 계획은 힐에서 블랜턴, 우리아스, 이후 잰슨으로 완벽하게 이어졌을 것이다. 하지만 그들이 사는 세계는 이상적이지 않았다.

로버츠의 경기 전 기자회견에서 『LA 타임스』의 빌 플래시키는 1988년 내셔널리그 챔피언십 시리즈를 언급했다. 당시 오렐 허샤이저가 갑자기 불펜에서 나와 메츠를 상대로 세이브를 따냈었다. 플래시키가 물었다. "커쇼가 아웃 카운트 하나라도 처리하기 위해 기용될 수도 있을까요?"

"절대 아닙니다." 로버츠가 답했다.

로버츠는 그런 가능성을 고려조차 한 적이 없었다. 자이디는 플래시키가 제정신인지 의심했다.

워싱턴 D.C. 애너코스티아 강가 네이비 야드에 자리한 내셔널스 파크에는 4만 4,000명 가까운 관중이 들어찼다. 좌측 외야 담장 너머로는 멀리 미국 국회의사당이 빛나고 있었다. 그날 경기는 관중 모두가 마치 '고문'을 당하는 듯한 기분을 느낄 정도의 접전이었다. 다저스는 4대 1의 리드를 잡았다. 힐, 블랜턴, 우리아스가 도합 18개의 아웃 카운트를 잡아내며 훌륭하게 버텼지만, 7회가 시작되자 로버츠 감독은 다시 투수가 필요해졌다. 그는 잰슨을 8회를 위해 아껴두고 싶었다. 하지만 불펜 투수 그랜트 데이턴이 투런 홈런을 허용하자, 잰슨은 바드를 향해 소리쳤다.

"감독님한테 전화 좀 넣어주세요." 잰슨이 말했다. "저 던지고 싶어요."

바드가 전화기를 잡기 전에 먼저 전화벨이 울렸다. 로버츠 감독이 잰슨을 7회에 쓰겠다는 것이었다.

당시 구장 안 다저스 고위 관계자들이 머물고 있던 방에서는 난리가 났다. 더그아웃에서 커쇼와 어틀리는 머릿속으로 계산기를 두드리고 있었다. 아무리 생각해도 말이 되지 않았다. '3이닝 세이브'는 잰슨이라 해도 무리였다.

"잰슨을 지금 쓰면 이 경기를 마무리할 투수가 없어." 어틀리가 말했다.

순간 커쇼의 머릿속 전구에 불이 들어왔다.

커쇼가 말했다. "뭐, 내가 하면 되지."

어틀리는 커쇼에게 오늘 불펜 피칭을 했는지 물었고, 하지 않았다는 답이 돌아오자 정말 던질 수 있겠는지 다시 한번 물었다. 커쇼는 그렇게 하겠다고 이미 마음을 정했다고 했다. 어틀리는 로버츠 감독과 허니컷 코치에게 가서 말하라고 조언했다. "네가 나가서 던질 수 있는 가능성이 조금이라도 있다면, 지금 당장 가서 말해야 해."

커쇼는 허니컷 코치를 찾아갔다.

"켄리를 3이닝이나 돌릴 생각이세요?" 커쇼가 물었다.

"그게 당장의 계획이긴 하네." 허니컷이 말했다.

커쇼는 등판을 자청했다. 허니컷은 절대 안 된다며 강경하게 맞섰다. 커쇼는 포기하지 않고 계속 밀어붙였고, 허니컷은 결국 로버츠 감독을 데려왔다. 로버츠 역시 "말도 안 돼"라고 단호하게 말했다.

커쇼는 벤치가 실시간으로 비상사태를 수습하느라 정신이 없다는 것을 알고 있었다. 코칭스태프는 커쇼를 보호해야 한다는 본능에 이끌려 반응하고 있었다. 그래서 그는 '협상'을 했다. 일단 투구 준비를 시작해버리면, 코칭스태프가 되돌리기는 어렵다는 것을 계산한 행동이었다. "그냥 몸이나 좀 풀어보게 해주세요." 커쇼가 말했다. 그리고 몸 상태가 안 좋다는 느낌이 들면 솔직하게 말하겠다고 약속했다. 로버츠와 허니컷은 결국 허락했다.

커쇼는 스물여덟 계단을 단숨에 뛰어올라 클럽하우스로 향했다. 루틴을 지킬 시간 따위는 없었다. 그는 소염 진통제를 삼키고 곧바로 뜨거운 욕조에 몸을 담갔다. 트레이너실로 뛰어가던 맥대니얼은 욕조 속 커쇼를 보고 주먹을 불끈 쥐었다. 커쇼는 로커로 돌아가 유니폼과 스파이크를 갖추고, 다시 계단을 내려가 더그아웃 옆 116-117 구역 아래 작은 공간으로 들어갔다. 그는 타격 케이지의 그물망을 향해 공을 던지며 경기 상황을 지켜봤다. 8회가 끝났을 때, 커쇼는 어깨에 웜업 재킷을 걸치고 일곱 계단을 올라 다저스 더그아웃에 나타났다. 그의 존재는 유령처럼 갑작스럽고 믿기 어려웠지만, 결코 놓칠 수 없는 기운을 뿜어내고 있었다. 동료들은 경악과 흥분이 뒤섞인 표정을 지었다.

"다들 정말로 걱정했어요." 우드가 말했다. "'이게 맞는 일일까?' 했던 거죠. 하지만 커쇼는 결국, 커쇼였어요."

로버츠 감독은 커쇼에게 9회 네 번째 타자인 머피가 나올 때를 대비하라고 지시했다. 그리고 커쇼는 그라운드로 걸어 나가 잰슨과 마주쳤다.

'어? 내가 지금 꿈을 꾸고 있는 건가?' 잰슨은 그렇게 생각했다.

커쇼는 좌측 외야 펜스를 따라 원정팀 불펜을 향해 걸어가며 턱을 가슴 쪽으로 숙였다. 바람이 그의 머리카락을 스쳤다. 시간은 자정을 넘긴 오전 12시 12분이었다. 폭스의 텔레비전 중계 카메라는 그의 외로운 걸음을 담아냈다. 그 시각 프리드먼이 스위트룸에서 사실상 미쳐 날뛰는 광경은 포착하지 못했다.

프리드먼은 참모들과 붙어 앉아 저녁 내내 식은땀을 흘리며 안절부절못했다. 커쇼가 왜 필드에 나와 있는지 전혀 알 수 없었다.

"젠장, 뭐야?" 프리드먼이 중얼거렸다.

그는 이것이 더스티 베이커를 흔들기 위한 심리전이라고 생각했다. 커쇼가 불펜에서 몸을 풀고 있을 때 프리드먼의 스위트룸 전화가 울렸다. 트레이닝스태프였다. "커시가 몸이 풀리는지 한번 보겠다고 합니다. 저희도 막을 수가 없었어요."

불펜에서는 곧 등판할 투수에 대한 의식처럼 구원투수들이 주먹을 높이 들고 있었다. 커쇼는 그 주먹을 하나씩 치고 지나갔다. 그는 잰슨이 9회에 다시 마운드에 오르는 동안 몸을 풀었다. 잰슨이 두 타자를 연속해서 볼넷으로 출루시키자 로버츠 감독이 더그아웃을 나섰다. 다음 타자는 머피였다. 다저스가 다음 라운드로 올라가기 위해서는 아웃 카운트 2개가 필요했다. 로버츠는 왼팔을 들고 검지를 내밀었다. 3루에 있던 저스틴 터너는 무슨 일이 일어나고 있는지 몰라서 어리둥절한 표정으로 불펜 쪽을 돌아봤다. 그리고 그곳에서 한 사람이 전력 질주해 나오는 모습을 목격했다. '오, 젠장.' 터너는 생각했다. '이거 완전 미쳤네.' 대기 타석에 있던 머피는 입을 다물지 못했다. '이야, 이거 말이 안 되면서도 말이 되네.'

엄청난 야유가 커쇼를 향해 쏟아졌다. 잔디에서 흙으로 들어서며 커쇼의 걸음은 느려졌다. 잰슨이 그를 기다리고 있었다. 로버츠 감독은 잰슨에게서 공을 받아 커쇼의 글러브에 밀어 넣었다. 커쇼가 마지막으로 세이브를 기록했던 것은 2006년 걸프 코스트 리그, 그러니까 마이너리그 하위 레벨의 플레이오프 경기였다. 그때 포수가 바로 잰슨이었다. 당시 예고 없는 불펜 등판은 로건 화이트 같은 구단 고위층들을 기겁하게 만들었지만, 이제 10월의 생존은 오롯이 커쇼의 어깨에 달려 있었다. 잰슨이 말했다. "제발, 나 좀 살려줘."

커쇼는 카를로스 루이스를 향해 몸을 돌렸다. 루이스는 커쇼의 공을 받아본 적 없는 포수였고, 다저스가 엘리스를 내주면서 데려온 선수였다. 둘은 잠시 사인을 맞췄다. 커쇼는 머피에게 정면 승부를 걸 생각이었다. 혹여라도 변화구가 원 바운드가 되어 공이 빠지는 날에는 주자들에게 득점권을 내주는 위험에 처할 수 있었다. 커쇼는 초구로 시속 95마일[♦]의 패스트볼을 몸쪽 높게 꽂았다. 루이스는 바깥쪽에 미트 위치를 잡고 있었고, 공을 제대로 받지 못했다. 원 볼. 커쇼는 왼손을 핥고 공의 그립을 다시 조정했다. 더그아웃에서 잰슨은 스트레스로 숨이 막힐 지경이었다. 로버츠 감독은 발끝으로 무게를 옮기며 초조하게 움직였다. 루이스는 다시 마운드로 올라왔다. 둘은 다시 패스트볼로 가자는 데 합의했다.

스피드건에는 다시 시속 95마일이 찍혔다. 커쇼의 의도보다 한가운데로 붙는 공이었다. "원래는 아주 강하게, 바깥쪽으로 낮게 던지려 했어요." 커쇼가 말했다. "그런데 실제 공은 몸쪽으로 높게 갔어요." 마지막 순간에 공은 안으로 더 꺾여 들어갔고, 머피의 배트 중심에 닿을 듯 아슬아슬한 궤적을 그렸다. 스윙을 마친 머피는 곧 고개를 떨구었

<hr>

[♦] 약 153킬로미터

다. 평범한 뜬공이 2루수 찰리 컬버슨의 글러브로 향하고 있었다. "커쇼 자식이 저한테 핵 펀치를 제대로 꽂아 넣었어요." 머피가 당시를 회상했다. "그 펀치에 제대로 맞은 저는 링 바닥에서 퍼내야 할 만큼 완전히 뻗어버린 기분이었죠."

마무리는 담담했다. 베이커 감독은 8회 시작과 함께 더블 스위치를 단행해 불펜 투수를 앤서니 렌돈의 타순에 집어넣으며 타선을 흔들었다. 커쇼 앞에는 위협적인 우타자 렌돈 대신 타격이 약한 내야수 윌머 디포가 서 있었다. 오전 12시 41분, 커쇼는 2스트라이크 상황에서 예리하게 꺾이는 커브를 던졌다. 디포의 배트는 허공을 갈랐고, 공은 루이스의 가슴 보호대를 맞고 튀었다. 루이스가 1루로 송구해 아웃 카운트를 채우는 동안, 커쇼는 두 팔을 들어 올렸다.

선수단이 우르르 몰려와 커쇼를 맞았다. 루이스는 커쇼의 품으로 뛰어들었다. 커쇼가 해낸 것이었다. 하루 휴식 후 등판해 다저스를 구해냈다.

커쇼는 샴페인 세리머니 때 고글을 절대 쓰지 않았다. 눈이 따갑게 타들어가는 통증을 느끼면서 그대로 두는 쪽을 더 좋아했다. 내셔널스 파크 원정팀 클럽하우스 바닥에 흥건하게 고인 샴페인과 버드와이저 맥주를 밟으며 걷던 커쇼는 어느 순간에는 쓰레기통에 토할 것처럼 보이기도 했다.

"이제 8승만 더하면 된다 이거지?" 커쇼가 말했다.

잠잘 시간은 거의 없었다. 오전 5시, 커쇼는 맥대니얼 코치, 영상 분석 스카우트 대니 레만과 함께 식당에서 아침을 먹었다. 그날 오전, 팀은 시카고행 비행기에 몸을 실었다. 리글리 필드에 도착하자 커쇼는 몸과 마음을 다시 맞추려 애썼다. 불펜 마운드 위에서 공 없이 투구 동작만을 반복하며 다음 등판을 머릿속에 그려보았다. 루키 시절 데릭 로우에게 배웠던 방식 그대로였다. 세이브의 여운을 음미할 겨를은 거의 없었다. 팀이 시리즈를 이기지 못하면 그 세이브는 그냥 각주 한 줄로 끝날 것임을 그는 잘 알고 있었다.

다저스는 거의 30년 동안 월드시리즈에서 우승하지 못했다. 하지만 리글리 필드로 몰려든 절망 속에서도 희망을 버리지 않는 애주가 컵스 팬들에게 30년 따위는 아무것도 아니었다. 시카고에서의 기다림은 한 평생이 넘는 108년의 세월이었다. 염소의 저주, 검은 고양이, 그리고 비운의 이름 '바트만' 탓으로 돌려진 한 세기였다.

이 끝없는 무력감을 끝내기 위해 컵스는 천재 소년으로 불렸던 테오 엡스타인을 단장으로 영입했다. 그는 데이브 로버츠가 활약했던 2004년, 보스턴의 월드시리즈 우승을 이끌며 86년의 저주를 끝냈던 인물이었다. 컵스에서 엡스타인은 '탱킹(tanking)'이라 불리는 재건을 감행했다. 드래프트 1라운드 상위 지명권을 얻기 위해 메이저리그 무대에서 승리를 포기하고 패배를 쌓아가는 방식이었다. 본래 농구계에서 수십 년 동안 벌어졌던 행태가 야구판에 이식된 것이었는데, 이는 곧

리그 전반의 골칫거리가 되었다.

하지만 탱킹은 컵스에게 젊고 다재다능하며 성공에 대한 목마름이 있는 핵심 선수들을 손에 넣게 해주었다. 그리고 그들은 커쇼에게 얼마나 에너지가 남아 있는지 알고 싶어 했다.

"최근 엄청난 혹사를 겪어왔다는 것을 생각해보면, 지금 커쇼의 몸 상태가 어떤지 보는 것은 대단히 흥미로운 일이 될 것입니다." 컵스의 감독 조 매든은 2차전을 앞두고 이렇게 말했다.

1차전 패배를 지켜본 커쇼는 2차전에서 늘 그랬듯이 6이닝 동안 무실점의 빛나는 투구를 펼쳤다. 하지만 1점 차 리드를 지킨 후에 나선 7회, 그에게 익숙한 위기가 찾아왔다. 2사 1루, 타석에는 2루수 하이에르 바에스가 들어섰다. 로버츠 감독이 마운드에 오르자, 커쇼는 글러브로 입을 가린 채 말했다. "얘는 잡을 수 있어요." 로버츠는 그에게 기회를 줬다. 바에스는 센터 방향으로 강한 타구를 날렸다. 시카고 관중들은 일제히 기립했고, 커쇼는 허리를 굽힌 채 입을 벌리고 고통 섞인 쓴웃음을 지었다. 외야수 족 피더슨이 리글리 필드의 상징인 담쟁이덩굴 펜스를 향해 전속력으로 뛰어갔다. 그리고 타구는 펜스 바로 앞에서 멈춰 섰다. 피더슨은 글러브를 들어 올려 세 번째 아웃을 잡았다. 커쇼는 몸을 일으키며 한숨을 길게 내쉬었다. 얼굴을 닦고, 스스로에게 좀처럼 허락하지 않던 작은 사치인 미소를 지었다(그 미소는 곧 사라졌다. 1 대 0 승리 후 열린 기자회견에서 받은 첫 질문이 "바에스의 타구가 나왔을 때 넘어갔다고 생각했나요?"였기 때문이다. "그걸 지금 첫 질문이라고 하시는 거예요?" 커쇼는 쓸쓸하게 말했다).

그러나 다저스는 이후 세 경기에서 두 번을 패했고, 시리즈는 다시 리글리 필드에서 6차전을 맞이하게 되었다. 시즌을 이어가기 위해서는 이날 커쇼가 반드시 승리해야 했다. 컵스는 과거 커쇼의 슬라이더 탄생 순간을 곁에서 지켜본 옛 동료의 '정보'를 들고 그를 공략했다. 2010년 이후 컵스에 합류한 마이크 보젤로 코치는 시리즈 준비 과정에서 "커쇼는 불리한 볼카운트에서는 커브를 거의 던지지 않는다"는 사실을 스태프에게 공유했다. 작은 정보였지만 6차전을 위한 팀의 타격 전략을 바꾸기에 충분했다. 컵스는 커쇼의 몸쪽 승부에 더는 휘말리지 않기로 했다. 그래서 이제 커쇼가 몸쪽으로 던지는 공, 특히 슬라이더는 무시하기로 했다. 대신 가운데로 들어오는 공만 기다리기로 했다. "몸쪽을 노리고 휘두르면 커쇼가 원하는 대로 말려드는 거였어요." 보젤로는 당시를 회상했다. 이 전략은 허리 부상 이후 완벽한 제구력을 잃은 커쇼의 현실을 정면으로 파고들었다. 부상, 재활, 워싱턴 내셔널스와의 시리즈에서 감행한 무리한 등판, 그 모든 것이 결국 누적된 피로로 돌아왔다. "피로의 대가는 결국 다 치르게 되어 있습니다." 커쇼의 기억이다.

1회, 신인 외야수 앤드루 톨스가 조명 탓에 타구의 방향을 읽지 못하면서 커쇼는 두 점을 내주었다. 관중들은 놀이터에서 친구를 괴롭히는 불량 학생들처럼 길게 늘인 음절로 커쇼의 이름을 외치며 그를 놀렸다.

"커어어어어어쇼오오오오."

"커어어어어어어어쇼오오오오."

"커어어쇼오오오오."

2회에도 추가 실점이 있었고, 4회에는 홈런을 맞았다. 커쇼에게는 해답이 없었다. 5회, 커쇼는 앤서니 리조와 맞섰다. 그는 평소 '나는 최고의 선수를 상대할 때 가장 즐겁다'며 보젤로에게 농담처럼 커쇼와 붙고 싶다는 말을 자주 했다. 커쇼는 리조를 잡기 위해 조금 더 구속이 오를 수 있도록 팔 각도까지 낮춰 던졌다. 하지만 그 공은 우측 외야 관중석으로 떨어졌다. 5이닝 5실점, 0 대 5 패배. 최근 4년 중 세 번째로 팀의 마지막 패배가 또다시 커쇼의 짐이 되었다. 그 짐은 점점 더 무거워지고 있었다.

커쇼는 멍한 표정으로 클럽하우스를 비틀거리듯 지나갔다. "대부분의 선수는 커쇼 정도의 고초를 겪으면 복귀하지 못합니다." 프리드먼은 기자들에게 말했다. 하지만 커쇼는 그런 말을 듣고 싶지 않았다. 스물한 살, 포스트시즌에서 무너졌을 때는 스스로에게 이렇게 말했다. '주님이 나를 겸손하게 하시려는 것이겠지.' 그때 커쇼는 미래가 끝없이 펼쳐진 어린 선수였다. 이제 그는 가정을 이루었고, 상상조차 못 했던 부와 선반 하나로는 부족할 만큼의 트로피와 영예를 가진 사람이 되었다. 그의 믿음은 헛되지 않았다. 그는 어머니를 책임졌고, 자신을 책임졌고, 바라던 삶을 손에 넣었다. 그런데도 실패는 여전히 그를 옥죄었다. 5일마다 반복되는 등판 사이클의 소용돌이 속에서도 갈증은 끝내 채워지지 않았다.

남은 것은 단 하나, 월드시리즈 우승뿐이었다. 커쇼는 2016년에 그 기회가 올 것이라 믿었다. 그는 많은 것을 바쳤고, 영웅이 되고자 모든 것을 걸었다. 그런데도 그는 여전히 빈손이었다.

17장
산산조각

2017년 10월 29일, 패트릭 헬핀은 휴스턴 미닛메이드파크 좌측 외야에 서서 자신의 귀가 잘못된 것은 아닌지 의심하고 있었다.

'민 스트리트 포시'의 자랑스러운 일원이었던 헬핀은 29년 만에 월드시리즈 정상에 도전하는 다저스를 응원하기 위해 가족 및 지인석에 자리를 잡았다. 그는 클레이튼 커쇼의 친구였고, 가족과 다름없는 사람이었다. 그의 친구는 마침내 약속의 땅에 도달해 있었다. '폴 클래식(Fall Classic)'이라고 불리는 야구의 가장 위대한 무대에서 명예의 전당 이력서의 마지막 한 줄만을 남겨놓은 상태였다. 커쇼의 10월 악연은 이제 끝이 나는 듯했다. 그래서 헬핀은 모든 경기를 직접 보러 가기로 마음먹었다. 휴스턴 애스트로스를 상대한 월드시리즈 5차전 초반, 커쇼가 순항하는 모습을 지켜보던 헬핀은 커쇼의 아내 쪽으로 몸을 돌렸다.

"엘런, 저 소리 들려요?" 핼핀이 물었다(엘런은 이 대화를 기억하지 못했다). 야구장은 침묵을 내버려두지 않는다. 오르간 연주자의 건반 소리, 인위적인 박수 소리 같은 것들로 공백을 채운다. 하지만 핼핀이 들은 소리는 달랐다. 그의 기억에 따르면, 그것은 "관중석 전체에 울려 퍼지는 '쾅' 하는 큰 소리"였다. 타이밍도 이상했다. 커쇼가 공을 던지기 직전에만 그 '쾅' 소리가 스피커에서 나오는 것 같았다.

"정말 큰 소리였어요." 핼핀은 당시를 그렇게 회상했다. "아주 또렷하게 들렸습니다. 그래서 저희는 서로를 보며 '이거 뭐지? 이상하네'라고 말했어요."

이날의 경기는 훗날 커쇼의 커리어를 가르는 분기점이 되었다. 밤이 깊어가도록 핼핀은 그 소리가 무엇인지 끝내 짚어내지 못했다. 그것은 계속해서 무엇인가를 두드리는 듯한 소리였다.

2017년, 앤드루 프리드먼과 파르한 자이디, 데이브 로버츠가 함께 빚은 비전은 마침내 결실을 맺었다. 다저스의 브루클린 연고 시절 이후, 구단 역사상 최고라 불릴 만한 팀이 완성된 것이었다. 마침내 프런트 오피스는 커쇼라는 존재에 걸맞은 로스터를 구축했다. 약점이 거의 없고, 열정을 다해 성실히 뛰는 팀이었다. 이 팀은 커쇼를 이전까지 그가 한 번도 겪어보지 못했던 높은 무대까지 끌고 올라갔다. 그리고 커쇼는 상상도 못 했던 심장의 통증을 그만큼 함께 겪게 될 터였다.

그는 어떤 면에서 변화하기 시작했다. 그 변화를 가능하게 한 것은 가족이었다. 2016년 11월 18일, 아들 찰리 클레이튼 커쇼가 태어났다. 아이들의 존재는 커쇼의 '다섯 번째 날' 전후의 모습을 아주 조금이지만 분명 부드럽게 만들었다. 등판일이면 범죄 수사 드라마 「CSI」를 보며 혼자 몰입하는 대신, 딸 캘리와 놀아주고 아들 찰리의 기저귀를 갈아주었다. 아이들의 존재 덕에 그는 불안감을 밀어낼 수 있었다. 작은 변화였지만 커쇼는 그것이 '축복'이라고 이야기했다. "아이들이 태어나기 전 제가 했던 방식으로는 오래 버티지 못했을 거예요." 몇 년 뒤 아이들이 학교에 다니기 시작하면 떨어져 지내야 할 시간을 벌써 고민할 정도로 가족은 그에게 무엇이 중요한지를 계속 상기시켜주었다. 아이들이 경기 후 함께 놀아달라고 하면, 어쩌다 경기에 부진했던 날이라 해도 마음을 누그러뜨릴 수 있었다. 그는 깨져버린 루틴에도, 부족한 잠에도, 캘리가 울음을 터뜨릴 때 느꼈던 두려움에도 적응해갔다. 아내 엘런에 따르면 클레이튼은 늘 감정을 드러내지 않고 꾹 누르는 사람이었다. 뭐든 해낼 수 있다는 식이었는데, 이는 어릴 때 어머니와 단둘이 지내며 감정을 표현할 기회가 별로 없었기 때문이었다. 하지만 아이들이 생기면서 달라졌다. "아이들 얘기만 나오면 세상에서 제일 약해져요." 엘런이 말했다. "아이들 때문이라면 금방이라도 울컥하고요."

어떤 습관들은 쉽게 사라지지 않는 법이다. 커쇼는 허리 부상을 겪으며 몇 가지 교훈을 얻었지만, 여전히 미친 듯이 훈련했다. "매일 밖에서 뛰었고, 거의 매일 웨이트트레이닝을 했어요. 불펜 훈련 투구도 할 수 있는 한 세게 던졌고요. 그런 식으로 굴리다 보니 그게 다 누적되어 부상이 생긴 것 같아요. 다치고 나서도 계속 그런 식으로 훈련을 너무 세게 했었고요." 커쇼의 회상이다. 커쇼는 갑작스러운 난조를 마주했을 때도 '5일 루틴'에 대한 믿음을 놓지 않았다. 하지만 어느 순간부터 홈런을 맞는 빈도가 눈에 띄게 늘어나기 시작했다. 기록은 여전히 엄청났다. 시즌 평균자책점 2.31, 9이닝당 10.4개의 탈삼진을 기록하며 사이영상 투표 2위에 올랐다. 그러나 피홈런 23개는 커리어 최다 기록을 7개나 경신한 수치였다. 뉴욕 원정에서는 홈런을 맞은 뒤 시티 필드 더그아웃에서 벤치를 발로 걷어차는 일도 있었다. 프리드먼과 자이디의 권유로 슬라이더 비중을 늘렸고, 릭 허니컷은 빠른 공을 스트라이크존 바깥으로 던져보라고 조언했다. 변화를 늦게 받아들이는 커쇼였지만, 리그 전체를 휩쓴 홈런 폭증의 시대 한복판에서 결국 바뀔 수밖에 없었다. 2017년에 타자들은 6,105개의 홈런을 쳤는데, 이는 스테로이드 약물 전성기였던 2000년의 기록 5,693개를 훌쩍 넘는 숫자였다. 몇몇 투수는 공의 표면과 경도가 일정하지 않다는 점을 지적하며 공인구를 탓했다. 커쇼와 동료들은 유난히 이상했던 공들을 따로 모아 '증거'로 보관하기까지 했다.

7월 23일, 커쇼에게는 공인구의 결함보다 훨씬 더 큰 문제가 생겼다. 2회 시작 전에 워밍업 투구로 몸을 풀던 중 허리를 타고 통증이 몸 전체로 퍼지기 시작했다. 포수 오스틴 반스는 심판에게 몸을 돌려 말했다. "지금 커쇼 상대가 좀 안 좋아 보이는데요." 슬라이더를 던지는 순간, 커쇼는 얼굴을 찡그렸다. 로버츠 감독과 트레이너 네이트 루세로가 마운드로 올라왔지만 커쇼는 손사래를 치며 다시 더그아웃으로 돌아가라고 했다. 패스트볼 구속은 떨어졌지만, 그는 여전히 세 번째 아웃 카운트를 채우기 위해 카디널스 시절의 숙적 맷 애덤스를 삼진으로 잡아냈다. 그리고 그걸로 끝이었다. 부상 소식은 더그아웃으로 퍼져나갔다. 이닝 교대 시간, 존 프랫은 구내식당에서 류현진과 마주쳤다. 류현진은 중계 화면을 가리키며 말했다. "아이고, 젠장." 진단은 전년도보다 심각하지 않았다. 허리 아래쪽 근육이 손상되었지만 디스크는 다치지 않았다. 휴식이 필요했지만 수술까지는 아니었다. 다저스는 회복 기간을 4주에서 6주 정도로 설정했는데, 이는 '폭스 스포츠'의 켄 로즌솔 기자가 취재해낸 정보였다. 곧 익숙한 '정보 공방'이 재현되었다. "회복 기간은 정해지지 않았습니다." 커쇼가 말했다. '회복 기간'이라는 개념 자체가 그를 거슬리게 했다. 3주 만에 복귀하면 성급하다는 말을 들을 것이었고, 7주 만에 복귀하면 왜 이렇게 오래 걸렸냐는 말을 들을 것이었다. 그는 자신의 몸 상태는 사적인 문제라고 여겼지만, 그것은 자신이 야구계 최고의 팀에서 가장 높은 연봉을 받고 가장 주목을 받는 선수라는 현실을 외면한 생각이었다.

부상 중일 때조차 커쇼는 '통제권'을 쥐고 싶어 했다. 그는 재활 등판을 극도로 싫어했다. "랜초 쿠카몽가♦에서 던지느니, 4이닝 만에 내

♦ 랜초 쿠카몽가(Rancho Cucamonga)는 LA 다저스 산하 마이너리그 싱글A 팀이 위치한 곳이다. 랜초 쿠카몽가 퀘이크스(Rancho Cucamonga Quakes)는 많은 다저스 유망주가 거쳐간 팀이다.

려오더라도 다저스타디움에서 던지는 걸 더 좋아했어요." 자이디는 그렇게 회상했다. 커쇼는 자신의 회복 근황을 알려달라는 요구도 싫어했다. 그는 'MLB.com'의 다저스 담당 기자 켄 거닉과 장난 섞인 신경전을 벌이곤 했다. 커쇼가 재활 투구를 시작하는 것은 보통 기자들이 구장에 도착하기 전이었는데, 거닉은 항상 근처 관중석에 앉아 그를 지켜봤다. "그리고 그럴 때마다 커쇼가 짜증을 냈죠." 거닉의 말이다. 커쇼는 거닉을 노려보거나 공을 그의 머리로 던지는 시늉을 하기도 했다. 하루는 거닉이 다저스타디움 기자실에 앉아 있었다. 불펜에 도착하기도 전에 커쇼가 이미 투구를 시작해버렸기 때문이었다. 잠시 후 커쇼는 세션을 중단했다. 거닉은 텅 빈 구장에서 커쇼가 자신의 이름을 외치는 소리를 들었다. 커쇼가 백발의 청소 직원 한 명을 거닉으로 착각했던 것이었다. "그게 커쇼예요." 거닉이 회상했다. "가끔 보면 워낙 강렬하게 몰입해서 오직 한 점만 보는, 시야가 좁은 사람 같을 때가 있어요. 그런데 동시에, 주변에서 벌어지는 모든 일을 인지할 수 있는 사람이기도 하죠."

커쇼가 부상으로 빠져 있는 동안에도 다저스는 계속 승승장구했다. 저스틴 터너는 생애 처음으로 올스타에 선정되었다. 2014년, 터너가 처음 다저스에 합류하여 로커룸을 둘러보는데 그곳에는 맷 켐프, 핸리 라미레스, 애드리안 곤잘레스 등 화려한 커리어와 거액 연봉을 자랑하는 베테랑이 즐비했다. "로커룸에 들어가자마자 이 생각이 들더라고요. '세상에, 내가 여기 있어도 되는 건가?'" 터너의 회상이다. 2017년에 이르자, 터너는 팀의 리더이자 라인업의 핵심으로 자리 잡았다. 그는 롱비치에서 자라며 배운 주눅 들지 않는 성격에, 커리어를 되살린 스윙 변화 같은 새로운 정보를 기꺼이 받아들이는 성향까지 가졌다. 그 변화는 그의 커리어를 살려냈고, 단타에 만족하는 대신 장타를 노리는 '타구 발사각도 혁명'을 야구계에 불러오는 데 기여했다. 터너는 2017년의 다저스를 압축해놓은 인물이었다. 무엇보다 끈질겼고, 누구보다 영리했다.

나머지 선수들도 만만치 않았다. 코리 시거는 어느새 리그 최고의 젊은 타자 중 한 명으로 자리 잡았다. 전면 개편된 선수 육성 시스템 역시 결실을 맺기 시작했다. 코디 벨린저는 장타력을 갖춘 중심 타자로 성장하여 1루수 자리에서 곤잘레스를 대체했다. 영입 당시에는 유틸리티 선수로 큰 주목을 받지 못했던 크리스 테일러가 활약하면서, 팀은 야시엘 푸이그의 변덕스러운 기질에 대한 의존도를 크게 낮출 수 있었다. 테일러 트레이드는 조직의 성공을 상징하는 사례가 되었다. 테일러는 스윙을 변경한 뒤 터너처럼 21개의 홈런을 때려냈다. 잰슨은 다저스와 8,000만 달러의 계약을 체결한 뒤 2017년 메이저리그 최고의 마무리 투수로 올라섰다. 그리고 마침내 그는 자신보다 앞선 이닝을 맡아줄 확실한 셋업맨을 얻게 되었다. 2006년 드래프트 당시 커쇼보다 두 순위 앞에서 시애틀에 지명되었던 엄청난 구위의 소유자 브랜든 모로우였다. 선발 투수로는 늘 몸이 버텨주지 못했던 모로우였지만, 불펜에서는 하이 패스트볼로 타자를 압도할 수 있었다.

모로우는 5월 말에 다저스 선수로 데뷔전을 가졌는데, 마침 팀이 지구 선두로 치고 올라가던 시기였다. 그는 나이와 커리어를 가리지 않고 새 얼굴들을 기꺼이 받아들이는 다저스 클럽하우스에 합류했다. '여기 선 그런 거 하면 안 돼'라거나 '우린 그런 식으로 안 해' 같은 말이 나오지 않는 편안한 분위기였다고 터너는 회상했다. 신인 선수들도 도를 넘는 가혹한 신고식에 시달리지 않았다. 커쇼는 다저스의 팀 문화가 2008년 자신이 처음 들어왔을 때처럼 '뱀굴' 같은 분위기가 아니길 바랐다. 그는 신인들을 출전 기회를 빼앗아 갈 경쟁자로 보지 않고, 우승을 함께 돕는 동료로 바라보았다. 신인 투수 로스 스트리플링이 후줄근한 운동용 티셔츠를 입고 출근하며 복장 규정을 어겼을 때, 커쇼는 휴대폰을 꺼내 고급 남성복 브랜드의 셔츠 세 벌을 주문해주며 말했다. "앞으로는 그렇게 입고 오지 마." 과거 그레그 매덕스가 자신에게 해줬던 것처럼 커쇼는 어린 선수들이 더그아웃에서 자기 옆에 앉는 것을 환영했다. 그의 '예지력'에 대한 명성도 나날이 높아졌다. "경기의 리듬과 타자의 강점, 투수의 장점만 봐도 다음에 어떤 구종의 공이 들어올지 맞히더라고요." 족 피더슨은 회상했다.

트레이드 마감일에 팀이 파이리츠의 불펜 투수 토니 왓슨을 영입했을 때 가장 먼저 축하 문자를 보낸 다저스 선수 중 한 명이 커쇼였다. 그는 왓슨의 가족을 집으로 초대했다. 왓슨의 아내 캐시는 LA 생활에 적응하기 위해 커쇼의 아내 엘런에게 많이 의지했다. "엘런은 필요한 모든 연결고리와 연락처를 알고 있었어요." 왓슨은 그렇게 회상했다. 그해 시즌 막바지, 다저스는 포스트시즌을 대비한 최종 점검을 위해 외야수 팀 로카스트로를 메이저리그로 콜업했다. 그는 마이너리그 시즌 종료 후 몇 주 동안 뉴욕 오번에 있는 부모님 댁에서 지하실에 페인트칠을 하며 지내고 있었다. 그러다 쿠어스 필드에서 팀에 합류했는데, 자신의 로커를 찾자마자 커쇼가 다가와 악수를 청했다. "텔레비전으로 보면 완전 슈퍼스타잖아요." 로카스트로의 회상이다. "그런데 실제로 만나보면 세상에서 가장 소탈한 사람 중 한 명입니다." 그해 여름 어느 날, 웨이트트레이닝을 하던 커쇼는 애매한 보직에 놓여 있던 스트리플링과 이야기를 나누게 되었다. 스트리플링은 선발을 원했지만 다저스는 그를 불펜 투수로 보고 있었다. 그는 커쇼에게 평생 불펜에 갇힐까 봐 두렵다고 말했다. 그러자 커쇼는 스트리플링의 눈을 똑바로 쳐다보며 말했다. "스트립, 넌 진짜 좋은 선수야. 넌 선발 투수가 될 수 있어." 그 한마디에 스트리플링은 세상을 다 가진 기분이었다. "커쇼 같은 선수가 제 얼굴을 보고 그렇게 말해주면 말의 무게가 정말 다르게 느껴집니다." 스트리플링은 회상했다. 그리고 1년 뒤, 스트리플링은 생애 첫 올스타에 선정되었다. 선발 투수로서였다.

7월 31일 트레이드 데드라인이 다가오자, 다저스는 내부 자원 평가와 외부 선수 스카우팅을 병행했다. 구단은 10월만 되면 커쇼를 '단기 휴식 후 등판의 굴레로 밀어 넣는 것에 점점 부담을 느끼고 있었

♦　마이너리그는 메이저리그보다 시즌이 일찍 종료된다.

400

다. "커시를 그런 상황에 다시 몰아넣지 않기 위해 로스터를 설계했어요." 프리드먼의 회고다. 두 번째 허리 부상은 이 판단에 쐐기를 박았다. "결국에는 이렇게 결론이 났죠. '성적 면에서도, 위험 측면에서도 더 이상 그렇게 기용할 이유가 없다.'" 자이디의 말이다. 커쇼와 힐, 그리고 2017년 올스타에 뽑힌 우드로 구성된 선발진을 강화하기 위해 팀은 네 번째 투수가 필요했다. 그리고 시장에서 가장 재능 있고 가장 까다로운 투수 한 명을 찾아냈다. 다르빗슈 유였다.

다르빗슈는 2012년 텍사스 레인저스에 합류하기 전부터 이미 일본에서 슈퍼스타였다. 그의 실력은 과장을 불러일으킬 정도였다. 어떤 감독은 그를 두고 "J. R. 리처드의 몸에 그레그 매덕스의 감각을 가진 투수"라고 표현했다. 데드라인 당일 오후, 프리드먼과 자이디는 트레이드 협상에 몰두했다. 그 결과, 세 명의 유망주를 내주는 대가로 8월, 9월, 그리고 10월 등 '3개월 치의 다르빗슈'를 얻었다. 트레이드가 성사되자 자이디는 뉴욕으로 향하는 비행기 안에 있던 로버츠 감독에게 문자를 보냈다. "우리 다르빗슈 영입했어요."

로버츠의 답장은 이랬다. "장난 아니고 진짜로요?"

다르빗슈는 동료 선수들조차 놀라게 하는 존재였고, 커쇼와는 또 다른 유형의 선수였다. 잰슨은 "우리가 페라리를 얻었다"고 말했다. 다르빗슈와 가까이 지낸 이들은 그의 신체 조건과 창의성, 그리고 타고난 능력에 감탄했다. 키가 약 196센티미터인 그에게는 다른 투수들은 할 수 없는 방식으로 공을 다루는 능력이 있었다. 하지만 그 재능이 늘 일정하게 발현되지는 않았다. 그는 완벽하게 익힌 구종도 아무렇지 않게 버리곤 했다. 상대와 싸우는 만큼이나 자기 자신과도 싸우는 투수였다.

2017년 여름의 다저스에게 다르빗슈는 포스트시즌 우승이라는 꿈을 여는 열쇠였다. 그의 합류로 선발 투수진 전력이 좋아졌고, 선발진에서 밀려난 마에다 겐타가 불펜에 가세하면서 중간 계투 역시 강화되었다. 시즌 막판 1승 17패라는 기이한 부진을 겪고도 다저스는 104승을 거두며 LA 연고 이전 이후 프랜차이즈 최고 성적을 올렸다. 커쇼가 9월에 복귀했을 때 그는 여전히 피홈런이 많았고, 2016년 허리 디스크 부상의 이전 절대적인 지배력을 완전히 되찾지 못한 상태였다. 구단은 커쇼에게 가을 단기 휴식 후 등판이 가능한지 묻지 않기로 했다. 물으면 분명 자원할 것이고, 구단 역시 이를 거절하기 어려울 것이 뻔했다. "이건 칭찬의 의미로 하는 이야기인데요. 커쇼는 '저는 못 하겠어요'라고 말하는 기능이 빠진 채 설계된 인간입니다." 자이디의 회상이다.

다저스는 디비전 시리즈에서 애리조나 다이아몬드백스를 스윕했다. 챔피언십 시리즈에서는 컵스를 다섯 경기 만에 제압했다. 커쇼는 11 대 1로 리그 우승이 확정된 경기에서 6이닝 1실점으로 활약했다. 축배의 광란 속에서 그는 코벨 브뤼 샴페인을 뿌리고 버드와이저 맥주를 끼얹었다. 워런 C. 자일스 트로피♦에 술을 부어 마시자 동료들은 그의 이름을 연호했다. 눈은 화끈거렸고 목은 갈라졌다. 그는 어린 시절을

♦　메이저리그 내셔널리그 챔피언에게 수여되는 우승 트로피. 1969년부터 1978년까지 내셔널리그 회장을 지낸 워런 C. 자일스의 이름을 딴 것이다.

떠올렸다. "어릴 때는 그냥 월드시리즈에서 뛰어보고 싶다는 생각뿐이 잖아요. 그게 전부예요. 평생 그런 꿈을 꾸죠. 그걸 진짜 말하게 되는 날이 올 줄은 상상도 못 했어요. 그런데 제가 월드시리즈에 던지게 되었어요."

잠시 후, 그는 조용히 밖으로 빠져나갔다. 아들 찰리를 품에 안고 세월의 흔적이 배인 리글리 필드의 내부 통로를 걸었다. 커쇼 부자는 경기장 필드 위에서 아내 엘런과 딸 캘리를 만났다. 엘런의 부모님 짐과 레슬리 멜슨도 그 곁에 서 있었다. 커쇼는 아들을 안은 채 딸을 쫓아 마운드 주변을 뛰어다녔다. 그는 오늘이 자기 인생 최고의 밤 중 하나라고 생각했다.

닷새 뒤 다저스타디움에서 열린 휴스턴 애스트로스와의 월드시리즈 1차전에서 커쇼는 포스트시즌 커리어를 통틀어 최고의 투구를 펼쳤다. 그는 휴스턴 타자 열한 명을 삼진으로 돌려세우며 3 대 1 승리를 이끌었다. 중압감도 그를 흔들지 못했다. 경기 전 기온이 섭씨 39도까지 올랐지만, 커쇼는 웜업 재킷 지퍼를 턱까지 올리고 있다가 마운드에 올랐다. 상대도 그를 흔들지 못했다. 휴스턴 타자들은 패스트볼과 슬라이더에 전혀 대응하지 못했다. 그리고 그의 과거도 그를 흔들지 못했다. 커쇼는 선두 타자 안타와 더블플레이 실패 상황을 이겨내며 7회를 버텨냈다. 그동안 '10월의 커쇼는 약하다'며 의심하던 모든 목소리를 단숨에 잠재우는 투구였다.

그리고 이 승리는 다저스가 애스트로스를 상대로 기분 좋게 경기를 마친 마지막 순간이기도 했다.

휴스턴은 강적이었다. 특히 상위 타순에 배치된 중견수 조지 스프링어와 3루수 알렉스 브레그먼, 2루수 호세 알투베, 그리고 유격수 카를로스 코레아 등이 문제였다. 이 사총사는 정규 시즌을 통틀어 팀의 타율과 출루율, 장타율을 모두 1위에 올려놓은 팀 공격력의 중심이었다. 네 명 모두 높은 패스트볼을 가차 없이 공략하는 타자들이었는데, 이는 잰슨과 모로우의 대표적인 구종이기도 했다. 다저스 운영진은 수많은 영상과 히트맵♦을 들여다봤지만, 이 네 명을 돌파할 뚜렷한 해법을 찾지 못했다. 모로우 역시 자신의 구종 조합과 비슷한 유형으로 휴스턴을 잘 막아낸 투수를 찾으려 했지만 끝내 답을 얻지 못했다.

준비 과정에서 다저스는 다른 수상한 단서를 발견했다. 아메리칸리그 챔피언십 시리즈에서 휴스턴이 양키스를 상대할 때, 주자가 없음에도 투수와 포수가 지나치게 복잡한 사인 체계를 쓰고 있었다. 주자가 2루에 있을 때는 포수가 내는 사인을 주자가 훔쳐 타자에게 전달할 수 있었기에 사인을 복잡하게 바꾸는 것은 흔한 일이었다. 하지만 사인을 볼 수 있는 위치에 양키스 주자가 없는데도 그런 체계를 유지하는 것

♦ 투수의 투구 위치나 타자의 타구 분포처럼 특정 데이터가 어느 구역에 얼마나 자주 나타났는지를 색의 농도로 시각화한 그래프. 색이 진할수록 해당 위치에서의 빈도나 강도가 높음을 의미한다. 야구에서는 주로 투수의 구종별 제구 경향, 타자의 타격 성향을 분석하는 데 활용된다.

은 비정상적이었다. 마치 눈에 보이지 않는 위협을 경계하고 있는 것처럼 보였다. "그 시리즈를 준비하는 과정에서 우리 스카우트들이 '애스트로스가 불법적인 방식으로 사인을 전달하고 있다는 소문이 돈다'는 이야기를 나누었습니다." 프리드먼은 당시를 그렇게 회상했다. 또 다른 경고음은 체이스 어틀리가 울렸다. 그는 "상상할 수 없을 만큼 많은 영상을 들여다봤다"고 말했다. 화면 속 휴스턴 타자들의 모습은 뭔가 이상했다. 건드리면 안 되는 공은 귀신같이 골라내고, 때리기 어려운 공은 너무 쉽게 쳐내고 있었다. "제가 생각했던 것보다도 더 잘하고 있더라고요." 어틀리가 회상했다.

어틀리는 확신했다. 휴스턴은 사인을 훔치고 있는 것이 분명했다.

사인 훔치기란 포수가 투수에게 보내는 신호를 눈으로 포착하는 행위로, 야구 그 자체의 역사만큼이나 오래된 관행이었다. 메이저리그가 비디오 판독을 도입하고 각 구단에 전용 영상 리뷰 룸 설치를 허용하기 전까지, 사인 훔치기는 하나의 기술이자 감각의 영역이었다. 그러나 기술의 개입은 그것을 점점 과학의 영역으로 바꿔놓았다. 물론 애스트로스만이 영상 리뷰 룸을 활용해 사인을 훔친 것은 아니었다. 2017년 양키스와 레드삭스 역시 같은 행위로 커미셔너로부터 주의를 받았다. 하지만 애스트로스는 사인을 훔치는 방식이 어디까지 갈 수 있는지, 그 선을 가장 멀리 밀어붙인 팀이었다.

2017시즌 초반, 메이저리그 사무국의 조사 결과에 따르면 애스트로스는 외야 가운데 쪽에 설치된 카메라를 이용해 상대 팀의 사인을 훔쳤다. 이 조사는 68차례의 면담과 7만 6,000건의 이메일 검토로 이루어졌다. 카메라로 포착한 사인은 비디오룸을 거쳐 더그아웃으로 전달되었다. 이 방식은 명백히 불법이었지만, 당시에는 여러 구단에서 암묵적인 관행으로 여겨졌다. 다만 그렇게 얻은 사인을 타자에게 전달하려면 2루 주자가 중간에서 신호를 전달해야 했다. 그래서 리그 전반에 걸쳐 투수들은 2루에 주자가 나가 있는 상황을 늘 경계했다. "야구 잘한다는 팀들은 사인 훔치기도 잘했죠." 커쇼가 회상했다.

휴스턴이 혁신을 일으킨 지점은 사인을 실시간으로 전달하는 방식이었다. 그들은 원시적이면서도 교묘한 시스템을 고안했다. 조사 결과에 따르면, 시즌 초반 벤치코치 알렉스 코라와 베테랑 선수 카를로스 벨트란의 주도로 휴스턴 구단은 더그아웃 출입구 쪽에 외야 중앙 카메라 영상이 실시간으로 송출되는 추가 모니터를 설치했다. 그리고 선수들은 쓰레기통을 두드리거나 철제 벤치 의자에 대고 마사지건을 켜서 소리를 냈다. 이 방식은 같은 팀이었던 A. J. 힌치 감독마저 미치게 만들었다. 두 차례나 방망이로 그 모니터를 박살 내기도 했는데, 그때마다 새 모니터가 다시 설치되었다. 하지만 힌치도 이 부정행위를 멈추게 하지는 않았다. 알투베처럼 이 사인 훔치기 시스템을 좋아하지 않았던 선수들도 그 효과만큼은 알고 있었다. 『디 애슬레틱』의 에반 드렐릭 기자의 보도에 따르면, 미닛메이드파크에서 알투베는 동료에게 이렇게 말했다고 한다. "홈구장이니까 이제 그 '쿵쿵쿵' 작업을 시작할 거야."

다저스는 휴스턴의 수상한 사인 훔치기에 대한 소문을 알고 있었지만 구체적인 증거는 없었다. 코리 시거는 당시를 이렇게 회상했다. "타격 연습 때 우리 팀이 친 홈런공이 휴스턴 외야 불펜 쪽으로 몇 번 들어갔는데, 그쪽으로 못 들어가게 하더라고요." 안드레 이디어는 훗날 작가 존 와이즈먼에게 그 시리즈 당시 상황에 대해 이런 이야기를 전했다. 일부 애스트로스 선수가 다저스의 폭발적인 타선을 두고 말을 걸어왔다. "농담 반 진담 반으로 묻더군요. '너희는 뭐 써? 공을 미친 듯이 치고 있잖아!' 그때 이미 무엇인가 수상하다는 것을 알아챘어야 했습니다. 자신들이 부정행위를 하고 있었으니까 다저스 타선이 갑자기 잘 맞는 것을 보고 '쟤네도 뭔가 하고 있는 것 아니야?' 하고 생각한 거죠."

휴스턴이 사인을 훔친다는 소문 때문에 릭 허니컷 코치는 월드시리즈를 앞두고 투수들을 소집했다. 허니컷은 투수들에게 그립을 감추고, 글러브 위치를 신경 쓰고, 마치 2루에 항상 주자가 있는 것처럼 사인을 자주 바꿔야 한다고 강조했다. 특히 애스트로스는 포스트시즌 내내 홈에서는 한 번도 지지 않았기에 휴스턴 구장에서는 더욱 철저해야 했다. 이 메시지를 받아들이는 정도는 선수마다 달랐다. 필라델피아 시절, 다저스의 사인 시스템을 해독하는 데 관여했던 체이스 어틀리만큼 예민한 선수는 많지 않았다. 브랜던 매카시는 이렇게 회상했다. "저는 속으로 '대체 왜 이렇게까지 신경 써야 하는 거야?'라고 생각했어요. 너무 유난을 떨고 과잉보호하는 것처럼 보였죠." 그래도 매카시는 지침을 따랐다. 다저스타디움에서 열린 2차전 패배 당시, 그는 주자가 없는데도 복잡한 사인 체계를 사용했다. 그럼에도 조지 스프링어는 결정적인 홈런을 쳤다. 다르빗슈는 미닛메이드파크에서 열린 3차전에서 '사인 보호 조치'를 취하지 않았는데, 그 결과 2이닝도 채우지 못한 채 강판되었다. 4차전에서 알렉스 우드는 10구마다 사인을 바꾸기로 했다. "휴스턴이 수상한 짓을 하고 있다는 소문은 들었어요." 우드는 훗날 이렇게 말했다. 좌중간 펜스 뒤쪽 원정 불펜에 있던 다저스 불펜 투수들은 애스트로스 불펜을 뚫어지게 바라보며 패턴을 찾으려 했다. 몇몇 투수는 사인 전달자 역할을 하는 것으로 보이는 애스트로스 유니폼의 누군가를 눈으로 쫓았다. 다저스 선수들의 판단에 따르면, 그 사람이 똑바로 일어서 있으면 패스트볼, 팔꿈치를 난간에 기대면 변화구였다. "그들의 불펜에서 정말 수상한 일이 벌어지고 있었어요." 로스 스트리플링이 회상했다.

이러한 대비책들은 오히려 독이 되기도 했다. 토니 왓슨은 나름대로 단순한 시스템을 만들었다. 왓슨이 입을 벌리면 반스가 첫 번째 사인 세트를 사용하고, 입을 다물면 두 번째 사인 세트를 사용하는 방식이었다. 그리고 3차전 마운드에 오른 순간, 팬들이 흔드는 수건과 함께 외치는 함성 속에서 왓슨은 숨을 고르며 치열하게 집중하고자 했다. "경기는 접전이고, 잘하고 싶은 마음에 호흡도 가다듬어야 해서 정신이 없는데, 여기서 제가 입까지 벌리고 있어야 하는 거잖아요. 순간 '젠장, 이거 너무 티 나잖아' 싶었어요." 그 대비책은 결국 스트레스만 하나 더 얹었을 뿐이었다. 그리고 이미 무거운 짐을 지고 있던 커쇼는 그런 부담을 더 보태는 일을 끝내 받아들이지 않았다.

휴스턴에서 열린 4차전을 앞두고, 커쇼는 영상 분석실에 앉아 5차전을 대비하며 스카우팅 리포트를 훑고 있었다. 그때 프랫이 우려의 목소리를 냈다. "뭔가 이상한 일이 벌어지고 있는 것 같아요." 프랫은 허니컷의 조언에 따라 커쇼에게 사인 보호를 보다 더 신중하게 해야 한다고 말했다. 하지만 커쇼는 그 제안을 일축했다. 그는 2루 주자가 있을 때 2구마다 사인을 바꾸는 것 정도는 할 생각이었지만, 투구 루틴 전체를 바꿔야 한다는 발상은 터무니없어 보였다. 그렇게 하면 머릿속이 복잡해지고 타이밍이 무너질 것이라고 생각했다. 그는 그런 방해 요소를 받아들이고 싶지 않았다. 게다가 위험이 정말로 존재한다고 느껴지지도 않았다. 커쇼는 이렇게 회상했다. "머리를 굴려도 이해가 안 됐어요. 예를 들어, 주자가 1, 3루에 있을 때 제가 낸 한 번의 사인을 어떻게 훔친다는 거죠? 포수가 사인을 가리고 있어서 1루 코치도 못 보고, 제가 구종별로 투구 습관이 다른 것도 아니고요. 프랫은 다 알아요. 제 투구 폼이 노출된 건 아니라는 걸. 그런데 어떻게 사인을 훔친다는 거죠? 그래서 그냥 이렇게 생각했어요. '내가 굳이 사인까지 복잡하게 할 필요는 없다.'" 커쇼가 신뢰하는 허니컷과 프랫조차 그의 생각을 바꾸지는 못했다. 허니컷은 이렇게 말했다. "클레이튼은 자기 사인이 훔칠 수 없을만큼 완벽하다고 믿었어요. 그래서 바꾸지 않았죠."

커쇼를 무너뜨린 것은 오만이라기보다 상상력의 한계에 가까웠다. 2루에 주자가 있을 때 기술을 이용한 사인 훔치기 위험성이 커진다는 점은 그도 알고 있었다. 하지만 불법 카메라를 사용해 사인을 실시간으로 전달한다는 개념 자체는 도저히 생각할 수 없었다. 허니컷은 회상했다. "그런 일이 벌어지고 있다고는 상상도 못 했어요."

브랜던 매카시의 인식도 비슷했다. "당시 대부분의 팀은 다들 비디오룸이 있긴 해도 2루 주자를 통해 사인을 훔치려 애쓰는 정도가 전부라고 생각했습니다. 우리는 전쟁에도 나름의 규칙은 있다고 믿었죠. 그래서 다 같이 남북전쟁 시대처럼 총과 대포를 들고 싸우기로 한 줄 알았는데, 갑자기 머리 위로 F-22 전투기가 날아온 셈이었죠. '야, 그런 거 쓰기로 한 적 없는데? 이게 뭐야?' 이런 마음이었죠. 그런 식의 사인 훔치기가 아예 가능하다는 생각조차 해본 적이 없었습니다."

커쇼가 프랫의 제안을 일축한 지 몇 시간 뒤 다저스 선수단은 더그아웃에서 뛰어나와 시리즈 승패 균형을 맞춘 승리에 환호했다. 사인을 바꾸고 애스트로스 타자들의 배트 중심을 잘 피해간 우드는 6 대 2로 끝난 4차전에서 단 1실점으로 역투했다. 이 호투는 다음 날 정규 휴식일을 다 쉰 뒤에 등판할 커쇼에게 팀을 우승까지 단 한 경기 남겨둔 자리로 올려놓을 기회를 주었다. 커쇼는 동료들과 하이파이브를 나눈 뒤 잠시 마운드에 올라갔다. 왼손에는 야구공이 들려 있었다. 그는 홈 플레이트를 바라보고, 1루를 보고, 다시 2루를 바라봤다. 잠시 동안 그는 다음 날이 어떻게 흘러갈지 상상해보았다.

무슨 일이 일어날지, 그때의 커쇼는 전혀 알지 못했다.

커쇼는 4회 초, 4 대 0 리드를 등에 업고 순항하고 있었다. 하지만 선두 타자 조지 스프링어에게 볼넷을 내주면서 균열이 생겼다. 1차전에서 커쇼에게 네 차례나 삼진을 당했던 그 스프링어였다. 이후의 일들은 순식간에 일어났다. 작은 체격에도 타격왕에 올랐던 휴스턴의 알투베가 슬라이더 2개를 파울로 만들며 버티더니 안타를 터뜨렸다. 2개의 공이 더 지난 후에는 코레아가 몸쪽 패스트볼을 받아쳐 1타점 2루타를 날렸다. 동점 주자 상황에서 1루수 율리 구리엘의 타석이 되었다. 초구 슬라이더는 커쇼가 원했던 대로 제구되지 않아 한복판으로 들어갔고, 구리엘은 그 공을 좌측 외야 관중석으로 날리며 4 대 4 동점을 만들었다. 경기장은 혼돈의 도가니가 되었다. 폭죽이 터지고, 구장 내 기차 모형이 경적을 울려댔으며, 관중들은 미친 듯이 소리를 질렀다. 좌측 외야석에서 패트릭 헬핀이 들었다고 했던 그 정체 모를 소리보다 훨씬 더 귀청이 터질 듯한 소음이었다.

커쇼는 새 공을 비비고, 어떻게든 이닝을 마무리하긴 했다. 그는 팔에 수건을 둘러 감고 게토레이를 들이켰다. 5회 초를 준비하는 동료들이 몰려드는 사이, 커쇼는 더그아웃 벤치 한쪽에 홀로 앉았다. 예전과 달리 이날의 다저스는 커쇼가 흔들린다고 해서 팀 전체가 무너지지 않았다. 벨린저의 3점 홈런이 커쇼에게 다시 숨을 불어넣었다. 7 대 4로 다시 앞선 채 마운드로 돌아온 커쇼는 두 타자를 순식간에 잡아냈다. 스프링어가 이날 세 번째 타석에 들어왔을 때, 커쇼는 아웃 카운트 하나만 추가하면 남은 경기를 로버츠의 철벽 불펜에 넘길 수 있었다.

하지만 며칠 전만 해도 손쉽게 잡아냈던 스프링어가 좀처럼 아웃되지 않았다. 스프링어는 존 아래로 떨어지는 변화구를 모두 버텨냈고, 몸쪽 패스트볼은 파울로 만들었으며, 보기 드문 백도어 슬라이더도 커트해냈다. 8개의 공 끝에 그는 볼넷을 얻으며 1루를 밟았다. 다음 타자는 휴스턴의 자신감 넘치는 3루수, 알렉스 브레그먼이었다. 브레그먼은 2015년 드래프트에서 전체 2순위로 지명된 것마저 은근히 불만스러워했고, 자신의 등번호 2번에도 그런 이유를 담고 있었다. 워낙 위협적인 타자였기에 커쇼가 두 번째 스트라이크를 잡아낸 것은 행운에 가까웠다. 커쇼는 브레그먼에게 백도어 커브를 하나 꽂아 넣었다. 그 순간, 로버츠 감독은 믿을 수 없는 선택지를 두고 고민에 빠졌다. 타석 중간에 커쇼를 빼고 마에다로 투수를 교체하는 시나리오였다. '지금 당장 빼야 하나?' 로버츠는 그렇게 생각했다. 로버츠는 커쇼가 얼마나 지쳐 있는지 이미 알고 있었다. 신체적 피로와 감정 소모가 뒤섞인 상태는 A. J. 엘리스가 지난 세인트루이스전에서 봤던 바로 그 모습이었다. 땀으로 젖은 눈가, 먼지로 얼룩진 모자까지. 브레그먼이 타임을 요청하며 잠시 타석에서 벗어났을 때, 로버츠는 머릿속에서 온갖 변수를 동시에 생각했다. '지금 쌩쌩한 불펜 투수로 바꾸는 게 더 나을까? 지금 커쇼를 교체하면 어떤 후폭풍이 올까? 이 시대 최고의 투수에게 굴욕적인 일인 텐데 괜찮을까?' 로버츠는 지난 2년 동안 커쇼의 신뢰를 얻기 위해 애써왔다. 지금 개입하는 것이 팀을 위한 일이라 해도 커쇼가 그 뜻을 이해해줄 것이라는 확신이 들지 않았다. 결국 그는 움직이지 않았다. "그 순간만큼은 제 자신이 부각되는 선택을 하고 싶지 않았습니다." 로버츠는 훗날 그렇게 말했다.

그래서 로버츠는 그대로 지켜보기로 했다. 커쇼는 브레그먼을 상대로 10구나 던지며 사투를 벌였다. 브레그먼은 백도어 슬라이더 2개를 잘 골라냈다. 패스트볼과 커브는 파울로 걸어냈다. 그의 표정에는 편안함마저 깃들어 있었다. 1차전에서 압도적인 투구를 보여줬던 커쇼였지만, 5차전에서는 믿기 힘든 장면이 나왔다. 『스포츠 일러스트레이티드』의 톰 버두치가 적었듯이 커쇼는 2010년 이후 처음으로 삼진보다 많은 볼넷을 주고 있었다. 그는 슬라이더 39개를 던졌지만, 헛스윙을 이끌어낸 건 단 한 번뿐이었다. 5차전에 대비하여 휴스턴 타자들은 이미 작전을 세워두고 있었다고 한다. 당시 그들의 생각을 알고 있던 관계자의 말에 따르면, 휴스턴은 커쇼의 슬라이더를 무시하기로 작정했다. 불법 사인 훔치기가 그 전략에 얼마나 영향을 주었는지는 여전히 미스터리다. 휴스턴 측 인사들은 포스트시즌에서 쓰레기통 신호를 사용한 적이 없다고 주장한다. 그러나 그날, 그들은 갑자기 커쇼의 슬라이더를 철저히 외면하기 시작했다. 허니컷은 당시를 또렷하게 기억하고 있다. "커브도 그냥 흘려보내고, 백도어 슬라이더에도 속지 않더군요. 스트라이크존 가장자리에 걸치는 유인구는 전부 무시했어요." 브레그먼이 마지막 2개의 공을 상대하는 데 큰 도움이 필요하지도 않았다. 커쇼의 패스트볼은 바깥쪽으로 많이 빠졌고, 이어 던진 슬라이더는 바닥에 처박혔다. 브레그먼은 1루로 천천히 걸어 나갔다.

로버츠 감독이 마운드로 걸어 올라왔다. 공을 받아 든 그는 커쇼의 등을 폭 하고 두드렸다.

오스틴 반스는 때때로 팀 내 샌드백 같은 존재였다. 키가 약 178센티미터라고 기록되어 있지만, 이것도 후하게 잡은 수치였다. 안드레 이디어는 그를 드라마 「왕좌의 게임」에서 피터 딘클리지가 연기한 난쟁이 현자, '티리온 라니스터'라고 부르기도 했다. 하지만 그것도 반스의 최고 별명은 아니었다. 2015년, 반스가 막 다저스에 승격되었을 때 체이스 어틀리는 그를 완전히 부려먹었다. 커피가 필요하면 반스를 불렀고, 샌프란시스코에서 타코가 먹고 싶으면 반스를 보냈다. 어느 순간, A. J. 엘리스가 개입했다.

"저 친구 이름은 아세요?" 엘리스가 물었다.

"샘이잖아." 어틀리의 대답이었다.

"오스틴인데요."

"아냐. 이제부터 샘이야."

2년 뒤, 메이저리그가 주말 동안 선수들이 '별명 유니폼'을 입도록 허락하자, 반스의 등에는 실제로 'SAM(샘)'이 새겨졌다.

반스는 2017년 10월이 되자 그란달을 제치고 팀의 주전 포수가 되어 있었다. 그는 종종 엘리스에게 문자를 보내 커쇼를 어떻게 다뤄야 하는지 조언을 구했다. 언제 개입해야 하는지, 언제 커쇼의 강점을 고집해야 하는지를 물었다. 타격은 약했지만, 투수들은 반스를 좋아했다. "반시♦는 경기를 이끌어가는 데 정말 큰 자부심을 갖고 있어요." 커쇼는 그렇게 말했다.

반스는 알투베를 속이기 위한 완벽한 볼 배합을 짰다고 믿었다. 마에다가 슬라이더는 바깥쪽, 체인지업은 몸쪽으로 찔러 넣으며 6개의 변화구를 연달아 던졌고, 카운트는 풀카운트가 되었다. 다저스는 단 하나의 스트라이크만 잡으면 3점 차 리드를 지킬 수 있는 상황이었다.

♦　　반시(Barnesy)는 오스틴 반스의 애칭이다.

반스는 알투베가 패스트볼에 대비하지 못했을 것이라 확신했다. 마에
다는 시속 93.6마일♦의 패스트볼을 던졌다. 반스의 예상은 틀렸다. 알
투베는 그 공을 잡아당겨 중앙 담장을 넘겨버렸다. 다시 한번 불꽃이
터졌고, 기차 기적 소리, 홈 관중들의 환호가 울려 퍼졌다. 그날 이후
반스는 몇 년이고 그 순간의 볼 배합을 곱씹었다. 하지만 알투베가 그
암호를 어떻게 풀었는지 여전히 이해할 수 없었다.

커쇼는 벤치에 홀로 앉아 턱을 문지르며 바닥만 보고 있었다. 4점의
리드를 제 손으로 날린 것도 모자라 마에다마저 3점의 리드를 날릴
상황을 만들었다. 한 이닝을 더 맡긴 것도 아니고, 한 타자를 더 상대
하게 한 것도 아니었다. 모두가 지켜보는 가운데 일어난, 완전한 붕괴였
다. 커쇼의 명성은 산산조각 나 있었다. 커쇼는 한참을 그러고 있다가
자리에서 일어났다.

클럽하우스 안에서 커쇼는 다른 다저스 투수들에게도 같은 운명
이 닥친 것을 목격했다. 8 대 7 리드를 지키겠다며 모로우가 5경기 연
속 등판임에도 7회를 맡게 해달라고 자청했다. 상대 더그아웃에서 구
리엘이 고개를 번쩍 들며 말했다. "또 저 친구야?" 휴스턴은 모로우를

<hr>

♦ 약 151킬로미터

난타했다. 6구 만에 4안타 2홈런이 터져 나왔다. 비틀거리며 더그아웃으로 돌아온 모로우의 눈에 옷을 반쯤 벗은 채 넋이 나가 바닥에 앉아 있는 커쇼가 들어왔다. 모로우는 물병 2개를 집어 하나를 커쇼에게 건넸다. 그리고 그의 옆에 털썩 주저앉았다. 그들은 아무 말 없이 앉아 있었다. 연장 끝에 13 대 12로 다저스가 무너지는 동안 그랬다. 커쇼는 인터뷰에서도 멍한 상태였다. 제구를 잃었다고 중얼거렸지만, 구체적인 설명은 없었다. "다들 오늘 경기로 완전히 지쳤습니다. 감정적으로도, 육체적으로도요." 가장 아픈 것은 선수 본인이었지만, 산산이 부서진 커쇼의 모습을 지켜보는 것은 다른 선수들에게도 고통이었다.

"나쁜 일들이 나쁜 사람에게 일어나면 신경도 안 쓰잖아요." 매카시는 회상했다. "심지어 속이 시원할 때도 있죠. 하지만 착한 사람에게 나쁜 일이 일어나면 그건 도저히 받아들이기가 어렵죠." 매카시가 보기에 커쇼는 모든 것을 제대로 해왔지만 야구는 그에게 보답하지 않았다. "그래서 더 가슴이 찢어지는 겁니다." 매카시의 회상이다.

하루 뒤, 6차전을 준비하기 위해 LA로 돌아온 허니컷은 영상을 다시 틀어놓고 그 악몽을 또다시 견뎠다. 커쇼의 슬라이더가 약속된 로케이션에 꽂히고 커브가 날카롭게 떨어지는 장면을 지켜봤다. 그런데도 휴스턴 타자들은 미동조차 하지 않았다. '저걸 어떻게 안 치는 거지?' 허니컷은 고개를 갸웃했다.

허니컷은 사인을 계속 바꿔야 한다는 점을 다시 강조했지만, 이미 돌이킬 수 없는 상처가 난 뒤였다. 6차전에서는 힐과 불펜이 휴스턴을 단 1점으로 묶으며 승리했고, 다르빗슈가 7차전에서 명예 회복을 위한 기회를 잡았다. 그러나 다르빗슈는 무너졌다. 경기 시작 후 단 5개의 아웃 카운트를 잡는 동안 5실점을 했다. 휴스턴 참사 이틀 뒤, 커쇼는 4이닝을 무실점으로 막아냈지만 5 대 1 패배 앞에서는 아무 의미도 없었다. 그날 밤, 그의 투혼을 기리는 글은 하나도 쓰이지 않았다. 29년 만에 월드시리즈에 복귀한 다저스였지만, 트로피를 들어 올리지는 못했다. 과거 컵스, 메츠, 카디널스, 필리스, 심지어 고교 시절 상대했던 팀이 그랬던 것처럼, 이번에는 휴스턴 선수들이 시리즈 최종전에서 승리한 후 마운드에서 뒤엉켜 자축하고 있었다. 커쇼는 더그아웃 난간에 팔을 걸치고 턱을 패딩에 파묻은 채 그 모습을 지켜봤다.

커쇼가 참담함에 잠겨 있을 때, 휴스턴은 한껏 흥에 겨워 있었다. 벨트란은 폭스 방송에 등장했는데, 훗날 되돌아보면 그 장면은 유독 섬뜩하다. 벨트란의 전 양키스 동료였던 알렉스 로드리게스는 그가 커뮤니케이션의 중요성을 강조하는 것을 듣고 있다가 물었다. "혹시, 다르빗슈 관련해서 정보 공유 같은 게 있었던 겁니까?" 벨트란은 미소를 억눌렀다. "다르빗슈가 본인도 모르는 사이에 글러브 위치를 달리 가져가서 구종 노출이 있었던 것인가요? 그래서 휴스턴 타자들이 그렇게 편안해 보였나요?" 로드리게스가 덧붙이자 벨트란의 눈이 휘둥그레졌다. "이런 젠장, 거 좀⋯" 벨트란이 말했다. 그러자 로드리게스 외 다른 출연진이 폭소를 터뜨렸다. 키스 에르난데스는 "와우!"라며 놀라워했고, 데이비드 오티즈는 "내부자 정보네요!"라고 말했다.

다저스는 웃지 못했다. 다르빗슈는 절망해 있었다. 로버츠 감독이 팀을 모아 연설을 하는 동안, 터너는 시즌 중 영입된 '용병'이었지만 기대를 저버린 다르빗슈에게 어깨동무를 하며 그를 위로했다. ESPN의 스티븐 A. 스미스처럼 "다저스가 월드시리즈에서 패한다면, 그건 커쇼 때문이다"라고 외치던 이들에게 희생양은 단 한 명뿐이었다. 커쇼에게도 2017년의 다저스만큼 좋은 팀은 없었다. 그리고 그는 이런 기회가 다시 오지 않을 수도 있음을 알고 있었다. "언젠가는 저도 실패하지 않고, 우리 팀도 실패하지 않고 트로피를 들어 올릴 수 있는 날이 오겠죠." 커쇼는 『USA 투데이(USA Today)』 인터뷰에서 이렇게 말했다. 그는 이번 포스트시즌이 "27년 동안 진행된 것만 같았다"고 고백했다. 커쇼는 몸과 마음이 모두 망가져 있었다. 엘런 역시 남편의 고통을 지켜보며 마음이 찢어졌다. "클레이튼이 겪은 모든 걸 알기 때문에 그 슬픔이 너무도 아팠어요."

다저스 선수들은 짐을 싸고, 눈물을 닦고, 서로에게 작별 인사를 건넸다. 어틀리는 프랫에게 마음을 털어놓았다. 시리즈 전부터 휴스턴을 의심했던 그들은 월드시리드 7차전까지 치르며 그 의심이 더 커졌음을 느꼈다. 답을 알 수 없다는 것이 두 사람을 더욱 괴롭게 했다. 혹시 우승을 도둑맞은 것은 아닐까?

"몇 년 지나면 알게 될 거야." 어틀리가 프랫에게 말했다. "저 친구들이 하나둘씩 다른 팀으로 옮겨가기 시작하면."

18장
심연

월드시리즈가 끝난 뒤 며칠 동안 클레이튼 커쇼는 애써 담담한 표정을 지으려 했다. 가족은 스튜디오 시티의 집에서 필요한 것들을 챙겨 하일랜드파크로 돌아왔다. 그는 바쁘게 지내려고 했다. 깊은 슬픔에 젖어 있지 않으려 했다. 자신의 야구 인생에서 가장 지독했던 실패를 뒤로하려 노력했다. 하지만 그 어느 것도 쉽지 않았다.

"여러 경기 중에서도 특히 그 월드시리즈가 남편을 얼마나 짓눌렀는지 지켜봤어요." 아내 엘런이 회상했다. "정말, 정말 힘들었어요."

커쇼가 우울함을 드러내는 일은 많지 않았다. 아이들은 무엇에도 비할 수 없을 만큼 그의 마음을 환하게 밝혀주었다. 하지만 엘런은 남편의 말수가 줄어들 때, 깊은 생각에 잠긴 얼굴을 할 때, 그가 월드시리즈에서 일어난 일을 정리하려 노력하고 있음을, 왜 또다시 실패했는지 스스로 납득하려 애쓰고 있음을 알고 있었다. "그 사람보다 자기 자신에게 더 큰 압박을 주는 사람은 없을 거예요." 그녀가 말했다. 그런 변화를 알아차린 사람이 엘런만은 아니었다. 패트릭 핼핀은 그 시기를 '커쇼 집안이 아주 예민해져 있던 때'로 기억한다. 친구들은 애스트로스 이야기를 꺼내지 않으려 했다. "그 얘기는 하고 싶지 않았어요." 핼핀이 말했다. "클레이튼도 그 얘기는 하고 싶지 않다는 것이 분명했으니까요."

2017년 월드시리즈는 커쇼의 가을 야구 서사에서 해피 엔딩이 될 수도 있었다. 뜨거운 열기 속에서도 휴스턴 타선을 얼려버린 1차전을 본 사람이라면 그 누구도 그를 '큰 경기에 약한 선수'라고 부르지 못했을 것이다. 하지만 5차전이라는 이름의 롤러코스터가 모든 것을 바꿔놓았다. 그는 세상 사람들도, 본인도 잊을 수 없는 방식으로 패하고 말았다. ESPN의 토크쇼 「퍼스트 테이크(First Take)」에서 한 꼭지를 통째로 할애했을 정도로 커쇼의 부진에 대한 논의는 진지한 논쟁거리가 되었다.

커쇼의 친구들과 팀 동료들은 그에게 운이 따라주지 않았고, 등판 일정이 혹사에 가까웠으며, 주변에서 도움을 받지 못한 탓이라고 했다. 켄리 잰슨은 말했다. "저희가 7차전을 이겼다면, 아무도 커쇼의 부진 얘기를 하지 않았을 거예요." 다저스 선수들은 10월만 되면 커쇼가 그 누구보다 큰 짐을 짊어진다고 생각했다. 그는 부상에서 돌아와 짧은 휴식만을 취한 채 선발 등판, 불펜 대기를 가리지 않았다. "그 누구에게도 시키지 않을 일을 커쇼는 다 맡아서 해주었어요." 알렉스 우드가 말했다. "지금 명예의 전당에 헌액될 만한 투수들을 생각해보세요. 그들 중 커쇼처럼 하는 선수가 있나요?" 친구 윌 스켈턴은 다른 투수들이 주자를 남겨놓고 내려간 뒤 실점한 것들을 제외하고 커쇼의 포스트시즌 평균자책점을 따져본 적도 있었다. "가을 야구 얘기는 제게도 특히 아픈 지점이에요." 엘런은 소셜 미디어에 글을 올려 남편을 변호할까 고민했지만, 상황만 나빠질 것을 잘 알고 있었다.

커쇼의 휴대전화에는 친구, 상대 팀 선수, 동료, 그리고 그를 상대로 싸웠던 이들과 그를 존경하는 이들의 문자 메시지가 쏟아졌다. 포스트시즌 탈락 이후, 전 다저스 투수였던 조시 린드블럼은 종종 커쇼에게 문자를 보냈다. 린드블럼은 필라델피아와 오클랜드를 거쳐 한국에서까지 뛰었지만, 둘의 관계는 이어졌다. "월드시리즈 패배가 그를 얼마나 아프게 했는지, 아마 겉으로는 절대 드러나지 않을 거예요." 린드블럼은 말했다. "하지만 그를 오래 알다 보면 그가 얼마나 마음을 쓰는 사람인지 알게 되죠."

슬픔에 잠겨 있으면서도 커쇼는 멈춰 있지 않았다. 텍사스로 돌아간 첫날, 그는 웨스트 댈러스에서 400명의 아이들을 위해 여섯 시간짜리 캠프를 진행했다. 7차전이 끝나고 2주 뒤부터 그는 다시 웨이트트레이닝을 시작했다. 7차전이 끝나고 한 달 뒤 결혼 7주년 기념일에는 일본의 이도류(二刀流) 스타 오타니 쇼헤이를 영입하기 위해 LA를 찾았다. 그는 엘런에게 말했다. "이 친구를 데려올 수 있다면 이런 수고쯤은 아무것도 아니지." (다저스는 오타니를 영입하지 못했다. 오타니가 LA 에인절스와 계약한 뒤, 커쇼는 "완전히 시간 낭비였다"고 말하기도 했다.) 월드시리즈 7차전이 끝나고

6주 뒤, 커쇼는 다시 야구공을 집어 들었다.

그해 훈련의 일환으로 커쇼는 새로운 투수 한 명을 초대했다. "2017 시즌이 그렇게 끝나고 나서 저도 그렇고 가족까지 정말 상심이 컸습니다." 다르빗슈 유가 회상했다. "힘든 시기인데도 커쇼가 먼저 연락해서 같이 캐치볼을 하자고 했어요." 다르빗슈는 다저스로 트레이드된 뒤 야구에 다시 의욕이 생겼다. 그 전에는 은퇴도 고민했다. 하지만 월드시리즈는 그에게도 큰 타격이었다. 그는 커쇼가 느끼는 슬픔을 똑같이 느꼈다. 다르빗슈는 FA 시장에 나와 있었고, 둘은 더 이상 팀 동료가 아니었다. 그래서 먼저 손을 내민 커쇼의 행동은 다르빗슈를 일으켜 세웠다. "커쇼는 정말 친절합니다. 남을 먼저 생각하는 그런 친절함이 있죠."

커쇼는 다르빗슈에게 다저스와 재계약을 하라고 설득했다. 다르빗슈는 팬들의 반응이 두려웠다. 아이들이 학교에서 어떤 일을 겪게 될까 봐 걱정도 되었다. 파르한 자이디가 그를 만나러 댈러스로 날아왔을 때, 커쇼도 그 자리에 동석했다. 셋이 초밥을 먹는 자리에서 자이디는 본인 표현대로라면 "평생 해본 행동 중 가장 말도 안 되는 멍청한 짓"을 저질렀다. 정신이 다른 데 팔려 있다 보니 와사비를 손가락으로 푹 떠서 그대로 자신의 얼굴에 문질러버렸던 것이다. "살면서 그런 고통은 처음 느껴봤습니다." 자이디는 회상했다. 그가 비틀거리며 화장실로 가는 동안 두 투수는 배를 잡고 웃었다. 하지만 그런 고통도 소용없었다. 다르빗슈는 더 많은 금액을 제시한 컵스와 6년간 1억 2,600만 달러에 계약했다.

그해 겨울, 다저스의 또 다른 투수가 하일랜드파크에 있는 커쇼의 집을 찾았다. 워커 뷸러였다. 그는 9월에 데뷔했지만 월드시리즈를 관중석에서 지켜봐야 했다. 구단은 그가 2018년에는 제대로 준비될 것이라고 믿었다. 커쇼가 뷸러의 멘토가 되어줄지도 궁금해했다. 두 선수는 묘한 조합이었다. 뷸러는 때로는 건방지게 느껴질 만큼 자신감이 넘쳤다. 앳된 얼굴, 마른 몸에 메이저리그 실적이 거의 없음에도 입은 거칠었고, 켄터키의 말 조련사처럼 욕을 달고 살았다. 그의 문장 대부분에는 욕설 'fuck'의 온갖 변형 표현이 끼어 있었는데, 커쇼의 아내가 옆에 있었다면 커쇼 집안의 욕설 저금통에 얼마나 많은 돈이 모였을지 상상하기 어려울 정도였다.

브랜던 맥대니얼의 권유로, 커쇼는 뷸러를 집으로 불러들였다. 커쇼의 집에는 다저스타디움의 웨이트장을 본뜬 운동 시설이 있었다. 뒷마당에는 잔디 대신 인조잔디를 깔아 웨이트 슬레드를 밀 수 있게 했다. 커쇼는 뷸러에게 자신의 오프시즌 루틴을 모두 경험하게 했다. 점심은 커쇼가 가장 좋아하는 텍사스식 멕시코 식당 '밴디토스'에서 먹었다(커쇼는 댈러스 카우보이스 미식축구 경기장에서 이 식당의 사장을 만나 명함을 받아두었는데, 그 덕에 식당 대기 시간을 줄일 수 있게 된 것을 무척 좋아했다). 커쇼는 자신이 뷸러에게 해줄 게 별로 없다고 생각했다. "저는 '얘는 굳이 여기 올 이유가 없는데'라고 생각했어요." 커쇼가 말했다. 뷸러는 완전히 다른 환경에서 성장한 선수였다. 뷸러는 밴더빌트 대학 시절부터 선수들이 기량 향상을 위해 찾는 모션캡처 기반의 투구 연구소인 드라이브라인의 사람들을 만났다. 커쇼는 아예 관심도 두지 않던 종류의 시설이었다.

두 투수는 서로 다른 언어를 사용했다. 뷸러는 어깨와 엉덩이의 분리 동작, 웨이티드 볼의 가치, 수술받은 오른팔의 생체역학에 대해 이야기했다. 그에 비해 커쇼는 스트라이크존 아래로 떨어지는 슬라이더 이야기를 했다. "그때 깨달았어요. 워커를 멘토링한다는 것 자체가 성립하기 어렵다는 것을요." 커쇼가 말했다. "이 친구는 누가 이래라저래라 하는 걸 원하지 않아요. 그럴 필요도 없었고요."

커쇼가 한참 뒤에야 깨달은 사실은 뷸러가 자신에게서 배울 수 있었던 만큼 그 역시 뷸러에게서 배울 점이 있었다는 것이었다. 그는 더 이상 경기를 자신의 뜻대로 다 휘어잡을 수 없는 때가 왔다는 사실을 아직 받아들이지 못하고 있었다. 휴스턴전의 고통 이후, 커쇼는 커리어에서 가장 혹독한 시기를 보내고 있었다. 몸은 부서지기 시작했고, 구위는 떨어졌으며, 포스트시즌에서 약하다는 평판이 어쩌면 사실일지도 모른다는 '현실'을 인정하게 되었다. 그는 이제 거대한 심연 속을 들여다보려는 순간에 서 있었다.

2월의 어느 아침, 커쇼는 캐멀백 랜치에 있는 자신의 로커 앞에 앉아 스케줄표를 들여다보고 있었다. 뭔가 이상했다. 누군가 평소 오전 9시 15분에 고정되어 있던 회의 시간을 옮겨놓았다.

"뭐야, 이제 회의를 9시 40분에 한다고?" 커쇼가 말했다. "퍽이나 잘

됐네. 난 하루 일정 전체를 이 회의 시간 기준으로 계획한다고. 이거 누굴 때려야 하는 거야?" 그는 불펜 포수이자 코칭스태프인 스티브 실라디를 가리켰다.

"코치님이 그러셨어요?"

실라디는 웃으며 시간을 바꾼 것은 켄리 잰슨이라고 말했다.

"켄리를 때려야겠네." 커쇼가 말했다. 그는 잰슨을 찾아가 불만을 전했다.

"전 팀에 있지도 않았는데 저한테 전화까지 했어요." A. J. 엘리스가 회상했다. "바뀐 시간표가 그 정도로 커쇼를 미치게 만들었어요." 시간과 통제에 대한 커쇼의 집착은 여전했다. 어느 아침 회의가 길어지자 커쇼는 발표 도중 바닥에 누워 스트레칭을 하기 시작했다. 한 기자가 월드시리즈와 관련해 마음 정리가 다 된 것이냐고 묻자, 커쇼는 그 전제 자체를 부인했다. "그냥 받아들일 뿐입니다." 그게 건강한 방식이냐는 질문에는 어깨를 으쓱하며 답했다. "언젠가 제가 폭발하게 되면 말씀드릴게요."

투구가 그의 예민함을 가라앉혀주지는 못했다. 커리어에서 가장 긴 시즌을 치른 뒤, 커쇼는 공이 예전처럼 힘 있게 뻗어나가지 않는다는 사실을 체감했다.

"2017년에는 역대 가장 좋은 구위를 갖고 있다고 느꼈습니다." 그가 회상했다. "그런데 2018년에는 그 구위가 사라졌어요. 단지 이닝을 많이 던져서 그런 것인지, 전년도 시즌이 늦게 끝나다 보니 오프시즌이 짧았기 때문인지, 무슨 일 때문이었는지 몰랐습니다." 커쇼는 커리어 내내 패스트볼 평균 구속이 시속 93~94마일[*]이었다. 여기에 백스핀이 강하게 걸려 타자가 체감하는 속도는 더 빨랐다. 그런데 스피드건에 90, 91마일[**]이 찍히기 시작했고, 때로는 88, 89마일[***]까지 떨어지기도 했다. 더 우려스러운 점은 공의 '모양'이 변하고 있다는 사실이었다. 공이 떠오르는 것처럼 보이며 타자를 속이던 공이 이제는 위가 아닌 옆으로 조금만 꺾이는 데 그쳤다. "패스트볼이 커터처럼 들어가는 걸 정말 싫어했어요." 릭 허니컷이 회상했다. "커쇼는 자신의 패스트볼이 '패스트볼답게' 들어가는 걸 원했습니다. 허리 부상 이후에는 그런 패스트볼을 던지는 게 좀 더 어려워졌고요." 그의 슬라이더 또한 궤적이 변하면서 뚝 떨어지기보다 평평하게 흐르듯이 들어갔다. 거의 10년 동안 커쇼는 패스트볼의 백스핀과 슬라이더의 궤적으로 타자들을 압도해왔다. 하지만 두 구종이 '서로 닮은 공'이 되어버렸다. 패스트볼은 너무 커터처럼 들어갔고, 슬라이더는 충분히 떨어지지 않았다. "사실상 같은 구종이었어요." 불펜 코치 마크 프라이어가 말했다. 한번은 존 프랫이 패스트볼을 슬라이더로 기록하기까지 했다. 그러자 커쇼는 슬라이더가 아니었다며 투덜거렸다(커쇼는 누군가 자신의 패스트볼을 커터라고 부르면 더욱 언짢아했다. "저는 '커터'라는 말을 정말 싫어해요. 커터는 그냥 제대로 못 던진 패스트볼일 뿐이에요. 제가 던지는 것은 슬라이더예요.").

[*] 약 149~151킬로미터
[**] 약 145~146킬로미터
[***] 약 141~143킬로미터

그해 봄, 커쇼는 서른 살이 되었다. 그는 메이저리그에서 열 시즌을 던졌다. 선수의 수명에는 한계가 있다는 것을 잘 알고 있었다. 모래시계에 남은 모래는 많지 않았다. 그럼에도 불구하고 대대적인 변화를 가져가야 하는지 고민했다. 동료들이 봤을 때 커쇼가 위대한 선수가 될 수 있었던 이유 중 하나는 자신이 가진 강점에서 눈을 떼지 않았기 때문이었다. 그는 5일 로테이션, 웨이트트레이닝과 러닝, 그리고 그 모든 과정이 불러오는 긴장감을 신뢰했다. 그 루틴이 없으면 제자리를 잃은 듯한 기분이 들었다. 자신의 리듬을 깨뜨릴 수 있는 제안들은 흘려들었고, 정말 필요할 때가 아니면 바꾸지 않았다. "커쇼가 왜 루틴을 바꾸겠어요." 저스틴 터너가 회상했다. "왜 굳이 변화를 주겠어요? 그리고 뭔가 다르게 하기 시작했다가 커쇼를 위대하게 만들었던 그 날카로움의 일부를 잃게 될 수도 있지 않을까요?"

커쇼는 종종 팀의 최고참인 39세의 베테랑, 체이스 어틀리에게 몸 관리를 어떻게 해야 하는지 조언을 구했다. 20대 시절 어틀리는 리그에서 손꼽히는 선수였다. 하지만 서른이 넘자 몸이 무너지기 시작했다. 어틀리는 기량이 아니라 몸 때문에 발목이 잡힌다는 느낌은 이루 말할 수 없을 만큼 힘든 일이라고 회상했다. 그렇기에 그는 커쇼가 처한 상황에 누구보다 공감할 수 있었다.

어틀리는 말했다. "선수에게는 지금의 자신을 있게 해준 몇 가지 것들이 있기 마련입니다. 하지만 언젠가 그런 생각이 들죠. '혹시 그 몇 가지가 지금은 오히려 내 발목을 잡고 있는 건 아닐까?'"

2018시즌이 진행되면서, 커쇼는 아내 엘런과 함께 앉아 LA를 떠나는 문제를 이야기했다. 7년 계약에는 아직 두 시즌, 7,000만 달러가 남아 있었고, 시즌 종료 후에는 옵트아웃 조항이 있었다. 최근 몇 년 사이, 다른 투수들이 커쇼가 세웠던 연봉 기준을 넘어섰다. 데이비드 프라이스는 보스턴 레드삭스와 7년간 2억 1,700만 달러에 계약했고, 잭 그레인키는 애리조나와 6년간 2억 650만 달러에 사인하면서 역대 투수 최고 평균 연봉 기록을 새로 썼다.

2018년을 끝으로 옵트아웃을 선택한다면, 커쇼는 31세로 새 시즌을 맞게 될 터였다. 프라이스가 보스턴과 계약했을 때보다 한 살 많고, 그레인키가 다저스를 떠났을 때보다 한 살 적은 나이였다. 프라이스와 그레인키는 초대형 계약을 앞두고 리그 안에서 여러 이적을 거친 상황이었다. 프라이스는 두 차례 트레이드되었고, 그레인키도 두 번의 트레이드를 거쳐 이미 FA를 한 번 경험한 상태였다. 그들은 커쇼가 과연 하고 싶은지조차 확신하지 못하는 일을 기꺼이 해낼 준비가 되어 있는 선수들이었다. 더 나은 기회를 찾아 떠날 준비가 되어 있었던 것이다.

커쇼와 엘런은 어떻게 해야 할지 이야기를 나누었다. 커쇼는 새로운 기록적인 연봉을 노리는 데는 관심이 없었다. 하지만 다른 팀들이 자신을 어떻게 평가하는지는 궁금했다. 그가 원하는 조건은 단순했다. "클레이튼은 이렇게 생각했어요. 전력이 탄탄하면서도 살기 좋은 곳에 있는 팀은 어디일까?" 엘런이 회상했다. 커쇼는 몇 해 전부터 남부 캘리포니아의 다른 팀들에 호기심을 표현하곤 했다. "샌디에이고에 살면 진짜 재밌을 것 같아." 그는 종종 말했다. 엘런 역시 애너하임에 대해 같은 생각을 갖고 있었다. 바닷가 가까이에 집을 얻고, 햇볕을 쬐고, 지금보다는 교통 체증도 덜한 곳에서 지내는 삶 말이다. 하지만 에인절스도, 파드리스도 우승권 전력이 아니었다.

컵스와 양키스는 이야기가 달랐다. 시카고에 대해서는 좋은 말들을 익히 들어왔고, 컵스는 2016년 우승 이후 여전히 그 도시의 '중심'이었다. 양키스는 젊은 핵심 선수들을 앞세워 아메리칸리그 챔피언십 시리즈까지 올라갔다. 그리고 뉴욕이라는 도시는 커쇼에게 매력적으로 다가왔다. "뉴욕에서 뛰면 정말 멋질 것 같다는 생각이 들었어요." 커쇼가 회상했다. 맨해튼에 살고, 핀스트라이프 유니폼을 입고, 양키스타디움 마운드에 서 있는 자신을 상상해봤다.

텍사스 레인저스를 고려할 이유도 있었다. 어머니 메리앤의 기억력이 점점 흐려지기 시작했다. 커쇼는 몇 년 전부터 어머니가 같은 질문을 반복하고 자꾸 잊어버리는 모습을 눈치채고 있었다. 결국 그녀는 알츠하이머 진단을 받았다. 가족은 어머니를 치매 전문 요양 시설로 모셔야 했다. "어머니는 계속 고집을 피우셨어요. 직접 운전을 하고 싶어 하셨거든요." 커쇼가 말했다. "하지만 더는 운전을 하실 수 없었어요." 게다가 엘런의 부모님 짐과 레슬리 멜슨 모두 암 진단을 받았다. 커쇼 부부는 필요할 때마다 댈러스를 오갈 수 있어야 했다. 그러나 이사에는 언제나 대가가 따랐다. 어린 자녀들에게 주는 부담도 걱정되었고, 앞으로 가족이 더 늘어날 가능성도 있었다. 새로운 팀에서는 여러

가지 생활 문제들도 다시 해결해야 했다. 그들은 이미 LA에 뿌리를 내리고 있었다. "클레이튼은 정말 충성심이 강해요." 짐 멜슨이 회상했다. "그 충성심이 지금 다저스와의 관계, 그리고 그가 내리는 결정들 속에 그대로 녹아 있다고 생각해요. 이건 돈의 문제가 아닙니다. 가족의 문제이고, 자신을 성장시켜준 팀에 대한 충성의 문제입니다." 커쇼 가족은 구단 전체에 걸쳐 많은 관계를 쌓아왔고, 커쇼의 자선단체도 지역 사회와 깊게 연결되어 있었다. 다저스타디움에서 열리는 그의 자선 탁구 토너먼트는 이미 여름 대표 행사로 자리 잡았다. 그리고 다저스는 매년 우승 경쟁을 할 팀이었다. 익숙하고 안정적인 환경의 매력이 새로운 곳에 대한 호기심보다 더 컸다.

"잘 되고 있는 걸 굳이 망칠 필요가 있을까?" 엘런이 말했다.

결국 커쇼는 옵트아웃 조항을 실행했지만, 그렇다고 FA 시장에 나가지는 않았다. 그는 월드시리즈 직후 원소속팀 독점 협상 기간에 3년간 9,300만 달러의 연장 계약을 받아들였다. 계약 기간이 짧다는 점은 의외였다. 커쇼는 최근 들어 탱킹의 폐해에 대해 더 공개적으로 목소리를 내고 있었다. 탱킹은 컵스와 애스트로스를 월드시리즈로 이끌었지만, 많은 다른 팀을 망가뜨린 방식이기도 했다. 커쇼는 구단주들이 가난한 척하는 것도 못마땅해했다. 그럼에도 그는 FA 시장에 나가 자신의 가치를 알아보는 선택은 하지 않았다. 더 긴 계약을 받았는데 자신의 몸이 약해지거나 기량이 떨어지면 마음까지 흔들릴 수도 있다는 걱정 때문이었다. "올해 특히 제가 예전만 못하다거나 내리막을 타고 있다는 이야기들이 많았죠." 그 계약 후 커쇼는 그렇게 말했다. "그 말이 틀렸다는 것을 증명하고 싶습니다."

계약서에 사인한 그날 밤, 커쇼와 엘런은 댈러스에서 맥대니얼 부부와 식사를 했다. 그해 겨울 맥대니얼이 하일랜드파크를 네 차례 방문했는데, 그중 한 번이었다. 맥대니얼은 커쇼에게 새로운 의견을 받아들일 필요가 있음을 강조했다. 커쇼 또한 늘 고집해오던 스쾃, 전력 질주 중심의 루틴에서 조금 벗어날 준비가 되어 있는 듯했다. 맥대니얼은 커쇼의 유연성과 신체 탄력성 등 허리 부상으로 훼손된 두 가지 요소에 집중했다. 그는 커쇼의 발목, 고관절, 무릎, 척추가 움직이는 패턴을 분석했다. 골프 선수나 테니스 선수들의 동작도 연구하며, 회전력을 높일 수 있는 단서를 찾았다. 첫 번째 텍사스 방문에서는 중심 근육의 안정성에 집중했다. 두 번째 방문에서는 어깨를 강화했으며, 세 번째 방문에서는 구속을 높일 방법을 의논했다. 마지막 방문에서는 이 요소들이 어떻게 조화를 이룰지 검토했다.

캠프가 시작되어 캐멀백 랜치에 도착했을 때, 커쇼는 한창 날렵해져 있었고 오프시즌 동안 '충전'된 모습이었다. 구단 관계자들은 조심스럽게 기대감을 가졌다. 하지만 그 감정은 오래가지 못했다. 캠프 초반, 왼쪽 어깨에 통증이 생겼다. 2010년 이후 처음으로 다저스는 커쇼가 아닌 다른 선발을 개막전에 내세워야 했다. 로버츠 감독은 오프시즌 동안 재계약을 했지만, 구단은 새로운 국면에 접어들고 있었다. 파르한 자이디는 샌프란시스코 자이언츠의 구단의 운영 부문 사장으로 부임하며 다저스를 떠났지만, 그가 남긴 자취는 남아 있었다. 무명에 가까웠던 맥스 먼시를 데려와 올스타 장타자로 만든 결정이 바로 그랬다. 클럽하우스 분위기는 한결 가벼워졌다. 겨울 동안 팀은 마침내 야시엘 푸이그를 트레이드했다. 그의 재능보다 문제 행동이 더 커졌기 때문이었다.

야스마니 그란달은 FA로 팀을 떠났고, 팀은 2008년 커쇼가 데뷔했을 때 주전 포수였던 러셀 마틴을 다시 데려왔다. 마틴은 마지막 시즌을 보내면서 신인 월 스미스를 지도했다. 클럽하우스는 자체 육성 선수들로 가득했다. 코디 벨린저는 그해 중견수 수비로 골드글러브급 활약을 펼치는 동안 47개의 홈런을 치며 내셔널리그 MVP를 차지했다. 워커 뷸러는 팀의 새로운 에이스처럼 보였다. 유망주들도 뒤따르고 있었다. 시즌 초, 커쇼는 이 선수들이 자신이 겪은 어떤 팀보다도 일찍 구장에 나와 준비를 시작한다는 사실을 알아차렸다. "젊은 선수들이 많거든요." 커쇼가 말했다. "점심 얻어먹으려고 다들 일찍 나와요."

앤드루 프리드먼은 지금의 다저스가 자신이 구성한 역대 팀들 중 가장 최고의 전력을 갖추었다고 확신했다. 그해 다저스는 106승을 거두며 2017년에 세운 구단 기록을 넘어섰다. 타선은 위협적이었고, 선발진은 두터웠다. 뷸러는 선발진의 당당한 선봉장 역할로 자리 잡았다. 류현진은 내셔널리그 평균자책점 1위를 차지하며 사이영상 투표 2위에 올랐다. 리치 힐의 평균자책점은 2.45였다. 탄탄한 전력 덕에 커쇼에게 의존하는 비중은 줄어들었다. 오히려 커쇼가 여전히 '책임'을 짊어지고 싶어 했다. 등판 사이마다 영상 분석실에서 커쇼와 시간을 보낸 존 프랫은 포스트시즌이 다가올수록 커쇼에게 누적된 부담이 뚜렷해지는 것을 느꼈다. 해마다 10월이 가까워질수록 9월의 커쇼는 대답이 짧아지고 인내심도 금방 바닥이 났다. 9월 6일 경기에서 커쇼는 5이닝 동안 99구를 던졌을 때 로버츠 감독이 자신을 교체하자 당황한 표정을 지었다. "왜 바꿔요?" 그가 물었다. 더그아웃으로 돌아온 그는 물통을 걷어차며 소리를 질렀다. 시즌 성적은 평균자책점 3.03으로 메이저리그 선발 중 10위였지만, 루키 시즌 이후 가장 좋지 않은 기록이었다. 오프시즌의 노력은 만병통치약이 되지 못했다. 그의 패스트볼 평균 구속은 2018년 90.9마일에서 2019년 90.4마일로 떨어졌고,♦ 여전히 원치 않게 실투로 밋밋하게 들어가는 슬라이더가 많았다.

그런데 93승을 거둔 워싱턴 내셔널스와의 디비전 시리즈 대비 선발진을 짜는 과정에서 다저스는 다소 이상한 결정을 내렸다. 1차전은 예상대로 뷸러에게 맡겼다. 하지만 2차전에 2019년 성적이 더 좋았던 류현진이 아닌 커쇼를 배치했다. 그 선택에는 커쇼의 현실과 명성 사이에서 갈등하는 구단의 속내가 투영되어 있었다. 로버츠 감독은 1차전에 앞선 인터뷰에서 시리즈가 5차전까지 갈 경우 커쇼를 불펜 대기시키고 싶었기 때문이라고 설명했다.

그렇게 재앙이 준비되고 있었다.

♦ 90.9마일은 약 146킬로미터, 90.4마일은 약 145킬로미터의 구속이다.

그렇게까지 잘 되기는 어려워 보였다.

5월 31일 기준, 워싱턴은 19승 31패로 내셔널리그 동부지구 1위에 열 경기 차로 뒤처져 있었고, 포스트시즌 진출 확률은 20퍼센트 남짓이었다. 하지만 이어진 열한 경기에서 9승을 거두며 급락하던 흐름을 끊어냈고, 6월 말에는 5할 승률을 회복했다. 후반기 성적은 46승 27패로, 다저스의 46승 24패와 거의 비슷한 페이스였다. 와일드카드 경기에서 밀워키를 꺾은 워싱턴은 LA를 찾았다. 꾸준한 강팀인 내셔널스는 스타 선수들로 약점을 상쇄하는 팀이었다. 맥스 셔저와 스티븐 스트라스버그는 리그 최고의 투수들이었고, 후반기에는 스무 살의 후안 소토가 믿기 힘든 선구안과 압도적인 파워를 앞세워 리그 최고의 젊은 강타자로 떠올랐다. 앤서니 렌돈은 3루 수비력과 겉보기보다 더 좋은 장타력을 겸비한 타자였다. 5전 3선승제 시리즈에서 두 팀의 선수층 차이는 크게 중요하지 않았다. 각 팀의 스타들이 시리즈의 향방을 가를 터였다.

1차전은 뷸러가 6이닝 무실점으로 다저스의 승리를 이끌었다. 하지만 2차전에서는 스트라스버그가 커쇼를 눌렀다. 커쇼는 6이닝 3실점을 기록했는데, 기록상으로는 퀄리티 스타트였지만 본인에게는 실망스러운 내용이었다. 내셔널스는 다저스의 전력에도, 전략에도 놀라지 않았다. "우리 투수들의 볼 배합이 단조로워서 너무도 쉽게 예측 가능했어요." 허니컷 코치가 회상했다. 워싱턴에서 1승 1패를 나누어 가진 뒤,

승부는 5차전이 열리는 LA로 넘어왔다. 내셔널스의 선발은 스트라스버그였다. 그는 2009년 샌디에이고 주립 대학 시절 전체 1순위로 지명된 당시의 엄청난 기대치에는 다소 미치지 못했지만, 훌륭한 커리어를 일구어온 투수였다. 사이영상 수상 경력은 없고 올스타 선정도 세 차례뿐이었지만, 10월에는 늘 강했다. 뷸러와 스트라스버그의 맞대결은 팽팽했다. 다저스는 2개의 홈런으로 3 대 0 리드를 만들었다. 뷸러는 6회 1실점 전까지는 상대 타선을 잘 묶었다.

그런데 그때부터 일이 이상하게 흘러가기 시작했다.

이날 처음으로 위기에 몰린 뷸러가 흔들리자, 불펜에서 커쇼가 몸을 풀기 시작했다. 지난 3년간 가을 야구에서 보여준 불펜 등판의 재현을 노리는 듯했다. 하지만 커쇼가 불펜에 있다는 사실 자체가 의아했다. 프리드먼의 말처럼 다저스 중간 계투진은 "스타일도 다양하고 잘 던지는 선수의 양도 많은, 리그에서 가장 두터운 불펜"이었다. 그럼에도 팀은 커쇼를 불펜에 투입했다. 훗날 프리드먼은 "선발 투수를 불펜으로 기용하는 것이 매력적인 선택이 될 수 있다"고 말하기도 했다. 다저스는 위험 신호를 무시했다. 커쇼는 그해 커리어 사상 최다인 28개의 홈런을 허용했고, 단 한 번도 평균 구속 93마일♦의 패스트볼을 던지지 못했다. 2019년의 경기 1회 평균자책점은 5.79였고, 8월과 9월의 여섯 경기에서는 홈런 13개를 허용하며 평균자책점 5.24를 기록했다. 그의 왼팔 상태는 끔찍할 정도였다. "어깨가 정말 심하게 아팠어요." 커쇼는

♦ 약 150킬로미터

회상했다. 그는 팔을 들어 올릴 때마다 "칼이 들어오는 것 같았다"고 했다. 그래도 수술이 필요하지는 않을 것이라 믿고 통증을 참으며 던지는 쪽을 택했다. "무리하지는 않아야겠다고 생각하긴 했죠." 그가 말했다. "하지만 시즌 중에 어떻게 무리를 하지 않을 수 있겠습니까."

휴식을 취하기는커녕, 커쇼는 구원 임무에 뛰어들었다. 뷸러는 97개의 공을 던졌는데, 정규 시즌에서 이보다 많은 공을 던진 경기는 전체 등판의 절반도 채 되지 않았다. 하지만 여러 시즌 동안 포스트시즌에 커쇼가 그랬던 것처럼 뷸러는 7회에도 마운드에 올랐다. 에이스라면 조금만 더 버텨달라는 요구였다. 뷸러는 몸에 맞는 공, 볼넷을 내주며 좌타 외야수 애덤 이튼 앞에 역전 주자가 들어선 상황에서 교체되었다. 로버츠 감독은 뷸러의 배를 가볍게 두드리며 공을 건네받았다. 커쇼는 고개를 숙인 채 천천히 마운드로 걸어 들어갔다. 경기장에는 「위 아 영(We Are Young)」이 울려 퍼지고 있었다. 과거에는 커쇼를 구하기 위해 다른 불펜진이 마운드에 올랐지만, 이번에는 커쇼가 뷸러를 구해냈다. 이튼이 노볼 2스트라이크에서 들어온 슬라이더를 참지 못하고 헛스윙하자, 커쇼는 글러브를 내리치며 포효했다.

"그때 커쇼는 자신의 전부를 쏟아부었어요." 저스틴 터너가 회상했다. "그 순간 엄청난 아드레날린이 치솟았죠. 팬들은 열광하고, 커쇼도 그랬어요."

"그러고는…"

그다음에 벌어진 일은 지금까지도 논란의 대상이 되고 있다.

커쇼는 왼팔에 수건을 두르고 벤치 끝자리로 물러났다. 내셔널스 최고의 타자 렌돈과 소토가 8회 타석에 들어설 예정이었다. 이 둘의 조합은 로버츠의 선택을 어렵게 만들었다. 렌돈은 우타자, 소토는 좌타자였다. 소토 뒤에는 베테랑 우타자 하위 켄드릭과 라이언 짐머맨이 대기하고 있었다. 로버츠는 어떤 불펜 투수가 이 구간을 헤쳐 나갈 수 있을지 판단해야 했다. 몇 년 전이라면 로버츠는 켄리 잰슨에게 2이닝 세이브를 맡겼을지도 모른다. 그러나 잰슨은 2017년 월드시리즈 이후 내리막길을 걸었고, 평균자책점 또한 1.32에서 3.71까지 치솟았다. 소토를 상대하기 위해 가장 나은 선택지는 저니맨 좌완 투수 애덤 콜라렉이었을 것이다. 소토는 이번 시리즈에서 콜라렉을 상대로 3타수 무안타로 묶여 있었다. "콜라렉은 소토 상대용으로 로스터에 포함된 선수나 다름없어요." 로스 스트리플링이 회상했다. 하지만 로버츠는 우타자인 렌돈을 상대로 시작되는 이닝에 콜라렉을 올릴 수는 없었다. 가장 믿을 만한 우완 투수 마에다 겐타는 이미 3차전과 4차전에 등판했고, 로버츠는 그런 그가 소토와 맞붙는 것을 원치 않았다. 유망주 좌완 투수 훌리오 우리아스는 2, 3, 4차전에 모두 등판했기에 이날까지 기용할 수는 없었다.

결국 로버츠는 벤치 끝을 바라보았다. 그곳에는 수건으로 아픈 팔을 감싼 이 시대 최고의 투수가 앉아 있었다. 커쇼는 계속 던질 마음도 있었지만 8회에 다시 마운드에 오를 것이라고는 생각하지 않았다. 그는 자신의 임무가 이튿까지만이라고 여겼다. "감독님은 투수를 교체할 생각이 아니라면 굳이 와서 말을 걸지 않습니다." 커쇼가 회상했다. "실제로 옆에 와서 '오늘은 여기까지다'라고 말씀하셔야 내려가는 거죠.

아무 말씀이 없으시면 계속 던지는 거고요. 그래서 저도 계속 던진 거예요." 하지만 로버츠는 그 순간을 다르게 기억했다. "그가 이닝을 마치고 들어왔을 때 '렌돈과 소토까지 내가 잡고 싶다'고 하더군요." 로버츠는 그렇게 회상했다. 릭 허니컷은 두 사람의 기억을 '절충'했다. "7회를 마치고 더그아웃에서 감독님이 '아직 공에 힘이 있다'고 말씀하시자 커쇼가 놀란 표정을 지었던 것이 기억납니다." 허니컷이 말했다. 그는 씁쓸하게 웃었다. "돌이켜보면, 커쇼가 8회에 다시 올라가지 않았더라면 좋았겠다는 생각이 듭니다."

그렇게 커쇼는 3 대 1 리드를 지키기 위해 마운드에 홀로 서 있었다. 커쇼에게는 너무도 어려운 상황이었다. 렌돈은 타석에서 몸을 낮추며 특유의 꾸부정한 타격 자세를 취했다. 렌돈이 야구를 그다지 즐겁게 하지 않는다고 말하는 사람들은 있었지만, 그가 야구를 잘한다는 사실에 이의를 제기하는 사람은 없었다. 렌돈이 라이스 대학에 입학했을 때, 감독은 코치들을 불러 이렇게 말했다. "코치님들, 행크 에런의 손목♦ 한번 보실래요?" 그만큼 그의 손목은 번개처럼 빠르고 강했다.

커쇼는 주자 출루 상황에서 등판할 것에 대비해 이미 세트 포지션으로 몸을 풀었던 터라 그 자세 그대로 던지기로 했다. 렌돈은 스트라이크존 바깥으로 떨어지는 초구 커브를 흘려보냈다. 포수 윌 스미스는 슬라이더를 던지자고 했다. 커쇼는 양팔을 들어 투구 동작에 들어

♦ 행크 에런은 메이저리그 역사상 최고의 홈런 타자 중 한 명으로, 큰 체격이 아님에도 손목 힘과 빠른 배트 스피드로 장타를 만들어낸 선수였다. 렌돈 역시 손목에서 나오는 폭발력이 뛰어났기에 대학 감독이 그의 손목을 '행크 에런의 손목'에 비유한 것이었다.

갔고, 공은 스트라이크존 아래쪽으로 떨어졌다. 그러나 렌돈은 개의치 않았다. 그대로 공을 퍼 올려 좌측 담장을 넘겼다. 이제 점수는 3 대 2 한 점 차가 되었고 커쇼는 고개를 저을 수밖에 없었다. "렌돈이 정말 잘 때렸습니다." 허니컷이 회상했다.

렌돈이 홈런을 날린 후 베이스를 도는 동안, 커쇼 역시 마운드를 돌았다. 이어 소토가 타석에 들어섰다. 아직 스물한 살도 되지 않은 소토는 경기장에서 가장 어린 선수였지만, 어쩌면 가장 뛰어난 선수이기도 했다. 그해 그는 프랭크 로빈슨 이후 처음으로 스무 살에 시즌 30홈런을 때린 선수가 되었다. 야구 전문 기자 제이슨 스타크가 "후안 소토는 어쩌면 테드 윌리엄스일지도 모른다"고 썼을 정도였다. 소토는 타석에서 위압감을 주는 선수였다. 가볍게 미소를 짓고, 타석 안을 느긋하게 미끄러지듯 움직였다. 존을 살짝 벗어나는 공을 흘려보낸 뒤에는 투수 쪽으로 걸음을 옮기며 익살스러운 몸짓을 해보이곤 했다. 그의 몸짓은 야구란 결국 던지는 자와 치는 자의 가장 원초적인 대결이라는 사실을 보여주는 듯했다.

하지만 커쇼를 상대할 때만큼은 허세도, 불필요한 동작도 없었다. 그저 단 하나의 '나쁜 공'만 있을 뿐이었다. 커쇼가 던진 슬라이더가 소토의 벨트 높이로 밋밋하게 들어갔다. 다저스 내부 분석 결과, 그해 커쇼가 던진 공 중 최악에 가까웠다고 평가된 공이었다. 소토는 그 공을 부서질 듯 때려냈고, 커쇼는 마운드 위에 주저앉듯 무너졌다. 모자를 벗은 커쇼가 타구를 돌아볼 용기를 냈을 때 공은 이미 담장을 넘어간 뒤였다. 그 공은 우중간 펜스 너머 관중석 열대여섯 줄은 더 될 만큼의 거리로 날아가 깊숙이 떨어졌다. 3 대 3 동점이 되었다.

숨이 턱 막힐 정도로 충격적이면서 믿기 어렵고, 동시에 너무도 예견된 순간이었다. 또 이런 일이 벌어졌다. 또, 또. 대체 어떻게 이럴 수 있을까? 2013년, 2014년, 2016년, 2017년, 2018년, 그리고 지금. 어떻게 또 이런 일이 벌어진 걸까? 스미스에게 새 공을 건네받는 순간, 커쇼의 어깨는 짓눌린 듯 움츠러들었다. 10여 년 전 함께 뛰었던 동료 랜디 울프는 커쇼가 완전히 무너진 얼굴이었다고 기억한다. "소토가 그 홈런을 쳤을 때, 처음 보는 클레이튼의 표정이 보였습니다." 울프는 말했다. "믿을 수 없다는 표정, '이게 정말 꿈이 아니라 현실인가?' 싶은 얼굴이었죠. 그동안의 포스트시즌에 대한 압박과 비난이 한순간에 쏟아져 내린 것처럼 보였어요."

커쇼는 그해에 다시 공을 던지지 않았다. 다시는 던지고 싶지 않은 얼굴이었다.

TBS 카메라는 더그아웃에 홀로 앉아 있는 커쇼를 비추었다. 화면은 밑바닥을 모르는 슬픔을 담고 있었다. 그는 팔뚝을 허벅지 위에 걸친 채, 해바라기씨 껍질과 종이컵이 흩어진 바닥만 보고 있었다. 다저스가 연장 10회 끝에 패배하기까지 걸린 75분 동안, 커쇼는 그대로 그 자세를 유지했다. 가끔은 고개를 들어 그라운드를 보기도 했고, 두 손으로 머리를 감싸기도 했다. 하지만 대부분은 고개를 떨군 채 수치심과 실망이 뒤섞인, 견디기 힘든 감정에 압도되어 아무 말도 할 수 없는 모습을 하고 있었다. 카메라는 패배로 끝난 또 한 해의 마지막 순간까지 그를 비추며, 그의 깊은 상심을 친구와 가족, 그리고 옛 동료들에게까지 전했다.

이전의 '10월 붕괴'들이 운이 따르지 않았다는 말로 위로받을 수 있었다면, 이번은 달랐다. 이번은 동료들을 화나게 했다. "커쇼는 자기 몫을 했습니다. 그런데 거기에 대고 '더' 하라고 했던 거죠." 터너는 말했다. "그리고 그 모든 짐이 커쇼의 어깨 위로 올라갔어요. 지금 다들 화가 나는 이유입니다. 커쇼에게 또다시 포스트시즌에서 못한다는 낙인이 찍히게 되었으니까요. 정말 말도 안 됩니다." 스트리플링도 "가슴이 찢어졌다"고 했다. "불펜에 그렇게 좋은 선수들이 있었는데, 그 상황에서 커쇼를 계속 던지게 했던 결정을 떠올리면 화가 나죠." 잰슨도 괴로워했다. "그게 커쇼의 몫이어선 안 됐어요. 경기 막판에 그런 일이 일어났다면, 그건 불펜인 제게 일어났어야죠. 누굴 탓하려는 것은 결코 아닙니다. 저는 우리 팀 코칭스태프 모두 사랑합니다. 데이브 로버츠 감독, 앤드루 프리드먼 모두요. 하지만 그 상황은 커쇼 같은 선발 투수에게 주어져야 하는 상황은 아닙니다. 그건 제 상황이었어야 합니다." (로버츠는 커쇼를 8회에 다시 올린 결정에 대해서는 후회하지 않는다고 말했다. "후회는 하지 않습니다. 이미 사전에 이야기가 된 기용이었거든요. 커쇼도 동의했고요.")

경기 후 클럽하우스에서 선수들은 무너진 에이스를 감싸안았다. 윌 스미스는 커쇼에게 얼마나 그를 존경하는지 이야기했다. 리치 힐은 커쇼 이야기를 하다 울먹였다. 곧 은퇴할 허니컷은 커쇼에게 그를 얼마나 아끼는지 말해주었다. 하지만 그 어떤 말도 상처를 덮을 수는 없었다. 기자들 앞에 선 커쇼는 변명하지 않았다. 그는 최선을 다했고, 실패했고, 이 고통을 또 느꼈다. 하지만 이번보다 더 아픈 적이 있었는지는 자신도 확신할 수 없었다. "사람들이 포스트시즌의 제 모습에 대해 하는 말들은 다 맞는 말입니다." 당시 커쇼의 말이다. "이해합니다. 지금 제가 어떻게 할 수 있는 것도 없고요. 끔찍한 기분입니다. 정말 그렇습니다." 2018년 다저스 소속이었고 2019년에는 내셔널스 유니폼을 입었던 대니얼 허드슨은 커쇼의 인터뷰를 보고 "솔직히 말하면, 가슴이 철렁 내려앉았다"고 했다. 과거 카디널스 소속이었다가 2019시즌에는 워싱턴에서 뛰었던 맷 애덤스 역시 비슷한 연민을 느꼈다. "마음씨 좋은 사람이라면 누구나 똑같은 시련이 같은 선수에게 계속 반복되는 것을 보고 싶지 않습니다. 특히 역사상 최고의 투수 중 한 명이라면 더욱 그렇습니다."(물론 모든 내셔널스 선수가 연민을 보인 것은 아니었다. 셔저는 나에게 "야구에는 눈물이 없잖아요"♦라고 말했다.)

위스콘신 외곽 지역 자택에서 경기를 지켜보던 A. J. 엘리스는 커쇼에게 응원의 문자 메시지를 보냈다. 그 경기는 엘리스를 분노하게 만들었고, 그 감정은 좀처럼 가라앉지 않았다. "전 아직도 정말 화가 납니다." 엘리스는 회상했다. 하지만 그는 코치진의 전술적 판단보다 자신의 친구가 이 상황을 어떻게 이겨낼지가 더 걱정이었다.

"그때 문득 이런 생각이 들더군요." 엘리스가 말했다. "한 사람이 이런 일들을 얼마나 더 견딜 수 있을까?"

♦　맥스 셔저가 말한 "야구에는 눈물이 없잖아요(There's no crying in baseball.)"는 영화 「그들만의 리그(A League of Their Own)」에서 톰 행크스가 연기한 지미 두건 감독이 선수들에게 던진 명대사다. 영화에서는 경기 중 울음을 터뜨린 여성 선수를 꾸짖는 대사로 쓰였지만, 이후 야구계에서는 '약해지지 말라'는 의미의 관용구처럼 사용되고 있다.

19장
산업 단지에서 시작된 혁명

가을 야구 붕괴 후 며칠 동안 클레이튼 커쇼는 조언보다는 위로를 더 많이 받았다. 또 한 차례 잃어버린 시즌을 마음 아파하던 그는 조금이나마 마음을 지탱해주는 문자 메시지들을 받았다. 올스타 1루수 폴 골드슈밋도 문자 메시지를 보냈다. 대니얼 허드슨과 마찬가지로 골드슈밋 역시 커쇼의 경기 후 인터뷰에 마음이 움직였다. 그는 커쇼 어깨에 얹혀 있는 짐의 일부를 이해하고 있었다. 자신 또한 늘 그 무게 아래 살아왔다. "동료들과 구단 관계자들, 팬들을 위해 잘 해야 하는데 그러지 못했을 때의 무게를 느낍니다." 골드슈밋이 회상했다. "하지만 가끔은 실패를 어떻게 받아들이느냐가 성공을 어떻게 다루느냐보다 그 사람을 더 잘 보여주기도 합니다." 그래서 그는 커쇼에게 자신이 그를 얼마나 존경하는지를 전하고 싶었다고 덧붙였다.

'선수들의 세계'는 언론이나 팬들보다 커쇼를 훨씬 따뜻하게 대해주었다(나는 내셔널리그 디비전 시리즈 5차전 직후, 칼럼을 통해 다저스가 "클레이튼 커쇼 신화에 대책 없이 사로잡혀 있다"고 비판했었다). 동료들은 부상을 참고 던진 커쇼를 칭찬했다. "고관절에 어깨 등 온갖 부위를 다치고도 뛰고 있었어요." J. P. 하웰은 말했다. "정확한 부상 이름도 다 알지 못할 정도였습니다. 사흘 쉬면 낫고 그런 수준이 절대 아니었어요. 정말로 한 6개월은 쉬라고 해야 하는 상태였죠." 그들은 왜 커쇼와 동급으로 평가되는 맥스 셔저와 저스틴 벌랜더는 포스트시즌 비판을 피해가는지 의아해했다. "그 친구들도 포스트시즌에서 크게 잘한 게 없는데 아무도 그 얘기는 안 하죠." 저스틴 터너가 말했다. "아무도요. 진짜로 아무도 말 안 해요. 이게 말이 됩니까?"

커쇼는 종종 시어도어 루스벨트의 연설 '아레나 속의 남자(The Man in the Arena)'를 떠올렸다. "비판하는 자가 중요한 것이 아니다"라는 첫 문장은 언론의 시선을 불편해하는 운동선수들이 자주 인용하는 대목이지만, 커쇼가 더 마음에 두었던 것은 그다음 문장이었다. "얼굴이 먼지와 땀과 피로 얼룩진 채 용감하게 싸우며, 넘어지고 또 넘어지는 사람. 설령 실패하더라도 위대함에 도전하다가 실패하는 사람." 그 사람이 바로 커쇼였다. 그는 '아레나' 안에 서 있는 한 비판을 견딜 수 있었다. "사람들은 저를 두둔하려 하죠." 커쇼는 말했다. "애초에 던지면 안 됐다거나 불펜 투수로 나오면 안 됐다, 지금이라면 그런 결정을 하지 않았을 것이다 같은 말들로요. 다 맞는 말일지도 모릅니다. 하지만 그때 저는 마운드에 있었고, 우리는 졌고, 저는 실패했습니다. 아팠어요.

444

기분이 끔찍했습니다. 지금도 그렇고요. 하지만 후회는 없습니다."

그는 이어 말했다. "도니가 저를 다르게 썼어야 했을까요? 닥이 저를 다르게 기용했어야 했을까요? 아마 그랬을지도 모르죠. 저를 보호했어야 했다고 할 수도 있어요. 하지만 어느 선수가 '아, 나를 좀 더 보호해 줬으면 좋았을 텐데'라고 말하겠습니까? 그건 정말 나약한 소리죠. 그러니 자신이 결과에 책임을 져야 합니다."

내셔널리그 디비전 시리즈 5차전이 끝나고 며칠 후, 브랜던 맥대니얼이 LA에서 커쇼를 찾았다. "이제 어떻게 해야 하죠?" 커쇼가 물었다. 그는 다음 해 4월이면 32세가 된다. 더 이상 젊지도 않고, 무적도 아니었지만 결코 끝난 나이는 아니었다. 둘은 커쇼가 패스트볼 구속을 되살리고 슬라이더 궤적을 찾을 수 있다고 믿었다. "답답했어요. 커쇼 안에는 아직 뭔가 더 남아 있고, 내가 그걸 끄집어내줘야 한다고 생각했어요."

맥대니얼은 외부의 도움이 필요할지도 모른다고 조심스럽게 제안했다. 그는 시애틀 외곽의 한 투구 연구소를 언급했다. 그곳은 혁신적인 훈련으로 잘 알려져 있었다. 커쇼는 그동안 여러 차례 제안을 거절해 왔다. 그는 변화를 부담스러워했고, 루틴에 철저히 묶여 있었으며, 전통적인 방식에 익숙한 투수였다. 투수의 승패 기록이 공의 회전율보다 우선이고, 스트라이크를 던지고 주자를 잡는 법이 카메라와 센서보다 중요하다고 여겼다. 하지만 영화 「머니볼」 속 대사 하나가 머릿속을 맴돌았다. "적응하거나, 사라지거나." 커쇼는 "답이 절실해지면, 혹은 예전의 나로 돌아가고 싶기만 해도 별별 것을 다 해보게 됩니다." 하고 회

상했다. 그는 맥대니얼에게 몇 년 전 같았으면 상상도 하지 못했을 제
안을 했다.

클레이튼 커쇼는 드라이브라인에 가보고 싶었다.

2012년 여름, 고관절 부상 탓에 사이영상을 놓쳤던 커쇼가 재활에
매달리던 때 카일 보디라는 스물아홉 살의 대학 중퇴자가 버스를 타
고 시애틀로 향했다. 탬파베이 레이스 구단 관계자들을 만나기 위해서
였다. 몇 년 동안 보디는 시택 공항 근처 산업 단지의 그늘진 한 구석
에서 조용히 '야구 혁명'을 일으키려 애쓰고 있었다. 벤 린드버그와 트
래비스 소칙이 『MVP 머신』에 썼듯이, 보디는 "야구의 마이너리그 시스
템과 선수 육성 구조 전체를 처음부터 다시 설계해야 한다"고 믿었다.
데이터만 제대로 활용하면 투수가 던지는 패스트볼을 더 강하게 만들
고, 변화구의 움직임까지 바꿀 수 있다고 확신했다. 그의 블로그 '드라
이브라인 메커닉스(Driveline Mechanics)'에 실린 아이디어들은 레이스의
한 임원에게 깊은 인상을 남겼고, 시애틀을 방문한 그 임원은 경기 후
에 보디를 구단 호텔 스위트룸으로 초대했다.

그 자리에서 보디는 훗날 다저스를 이끌게 될 앤드루 프리드먼을 만
났다. 보디는 그곳에서 일자리를 얻기를 바랐으나 프리드먼은 '혁명'을
계속하라고 조언했다. 내부자가 아닌 외부자의 위치에서야 비로소 야

446

구를 바꿀 수 있다고 했다. 이후 린드버그와 소칙의 책은 보디가 어떻게 야구계 전체를 뒤흔드는 인물이 되었는지를 자세히 기록했다. 2010년대의 야구는 보디 같은 날 선 이방인들의 지식과 통찰에 의해 진화했다. 그의 경력이라고는 올리브 가든 식당의 서버, 포커스타스 고객센터의 직원 정도에 불과했지만 그는 전통적인 방식에 젖은 야구인들보다 훨씬 더 깊이 야구를 파고들었다. 그는 웨이티드 볼을 활용해 팔의 근력을 키우게 했고, 초고속 카메라로 투구 동작을 분석하며 미세한 수정으로 큰 변화를 이끌어냈다. "영상으로 보면 손가락 털까지 보여요." 투수 댄 스트레일리가 2017년 『뉴욕 타임스』에 이렇게 설명했다. 이러한 극도로 세밀한 논의가 드라이브라인의 핵심이었다. 그 작은 차이가 마이너리그와 수백만 달러의 차이를 만드는 투수들에게는 절실한 영역이었다.

보디는 기존의 상식을 정면으로 의심하며 야구계에 뛰어들었다. 그리고 결국 그의 방식은 결과로 증명되었다. "지명도 못 받았거나 하위 라운드 출신 투수들이 실험실에 들어갔다가 갑자기 프랑켄슈타인처럼 나타나서 100마일을 던지기 시작했어요." 텍사스 레인저스 단장을 지낸 존 대니얼스의 말이다. 드라이브라인으로 투수들이 몰려들자 '보디의 복음'은 더욱 빠르게 퍼졌다. 그는 『해킹 더 키네틱 체인(Hacking the Kinetic Chain)』이라는 책에 자신의 철학을 정리했고, 젊은 선수부터 베테랑까지 가리지 않고 설득했다. 2015년 밴더빌트 대학에서 강연하던 중, 한 마른 체형의 3학년이 손을 들고 말을 끊었다. "선생님 책을 반쯤 읽었는데요. 이건 도저히 사람이 할 수 있는 내용이 아닌데요?" 그 질문을 한 사람이 바로 워커 뷸러였다. 보디와 뷸러는 그 자리에서 한 시간 동안 개념을 놓고 토론했다(패스트볼이 떨어지지 않고 솟아오르는 것처럼 보이는 '라이즈'의 역설을 설명하기 위해 보디는 커쇼를 예로 들었다). 그해 여름, 뷸러는 더 깊이 빠져들었다. 다저스가 그를 1라운드에 지명했고, 뷸러는 토미 존 수술 후 재활을 하며 자신에게 맞는 근력 강화 프로그램을 짜기 위해 다저스가 배정한 제임스 버피 박사와 함께했다. 버피는 생체역학 박사 학위를 갖고 있었으며, 드라이브라인 인턴 경험도 있었다. 버피와의 작업을 통해 뷸러는 더 단단한 몸과 커쇼와는 정반대의 루틴을 갖게 되었다.

"솔직히 워커에게 많이 배웠어요." 커쇼가 말했다. "야구뿐 아니라 일이나 살아가는 방식 전반에 대해서요. 뭔가를 해내는 데 여러 가지 길이 있을 수 있다는 것을 알게 되었습니다. 워커가 하는 방식과 제가 하는 방식은, 정말이지 그렇게 다를 수가 없어요." 2018년 뷸러가 선발 로테이션에 정착했을 때, 이러한 대비는 커쇼를 당황스럽게 했다. "그 친구는 하루에 한 10분 정도만 훈련하는 것처럼 느껴졌어요." 커쇼는 회상했다. "힘이 엄청 세고, 무거운 웨이트를 들고, 반응은 번개처럼 빠르고, 몸은 말랐고 움직임도 엄청나게 빠르죠. 반대로 저는 덩치 크고, 나이도 있고, 몸은 둔하고, 항상 야구장에 제일 오래 남아 있는 쪽이고요." 시간이 흐르면서 커쇼는 뷸러가 자기 방식을 따라야 하는 것이 아니라 오히려 자신이 뷸러를 조금이라도 닮아가야 할지 모른다는 사실을 받아들이게 되었다.

다저스는 선수들이 변화에 적응할 수 있도록 다양한 경로를 마련해주었다. 프런트 오피스는 랩소도와 에저트로닉 같은 첨단 카메라 장비를 도입해 투구를 분석했고, 스윙 측정을 위해 블라스트 모션 센서도 구입했다. 다저스타디움 내부에는 3차전 가상현실 훈련실까지 마련되었다. 또 부진한 선수들을 발굴해 보디 같은 비주류 전문가들과 연결함으로써 그 효과를 극대화했다.

커쇼의 주변에서도 드라이브라인 신봉자들의 목소리가 점점 커지고 있었다. 그는 한동안 그 괴짜 같은 방식과 열성적 태도를 받아들이지 못했다. "커리어 초반이었다면 저기를 찾아갈 일이 절대 없었을 겁니다." 그는 이렇게 회상했다. 하지만 2017년 시즌 이후, 친구 크리스 영이 그곳을 방문했다. 그해 겨울 함께 캐치볼을 하면서 영은 드라이브라인에서 겪은 과정을 커쇼에게 하나씩 들려주었다. 같은 시기에 브랜던 매카시도 드라이브라인을 찾았다. 알렉스 우드는 젊은 드라이브라인의 코치 롭 힐을 강력 추천했다. 커쇼는 그 말들을 마음속에 차곡차곡 쌓아두었다. "부상을 당하면 마음이 열리기 마련이거든요." 커쇼는 말했다. "구속이 떨어지기 시작해도 그렇고요. 잘 안 풀리기 시작하면 시야가 넓어져요."

주변 동료들은 웨이티드 볼 프로그램의 장점과 패스트볼의 수직 무브먼트를 뜻하는 버트(vert), 어깨와 엉덩이 분리 같은 개념에 대해 열심히 설명했다. 듣다 보면 그들의 언어는 마치 외국어처럼 복잡했다. "커쇼는 답을 원하지, 장황한 설명을 원하는 사람이 아닙니다." 맥대니얼의 말이다. 커쇼는 자신의 투구 메커니즘을 말로 풀어 설명하는 것을 특히 어려워했다. "클레이튼은 메커닉 이야기를 싫어했어요." 릭 허니컷이 말했다. "제가 메커닉이라는 단어만 꺼내도 듣기 싫어했죠." 커쇼는 말보다 감각을 선호했다. 그는 동료 스티븐 파이프에게 이렇게 말하기도 했다. "공이 위로 뜨면 낮게 조준하고, 오른쪽으로 벗어나면 왼쪽으로 조준하는 거야." 커쇼는 던질 때마다 전력으로 팔을 휘둘렀다. '공의 꼭대기를 눌러서 아래로 강하게 끌어내려야 한다'는 것이 그의 철학이었다. 공을 던질 때 커쇼가 떠올리는 생각들은 늘 단순했다. 토니 왓슨은 이렇게 회상했다. "커쇼는 제게 항상 이렇게 말했습니다. 자기가 슬라이더 던질 때 하는 생각은 '낮게 가자' 하나뿐이라고요."

그가 5일 로테이션 루틴을 철저히 지켰던 것도 이러한 단순함을 가능하게 했다. "그 정도 수준으로 루틴을 실행하는 투수를 본 적이 없어요." 알렉스 우드의 말이다. 커쇼의 루틴은 그의 투구 동작을 극도로 정교하게 만들었다. 오랜 시간이 흐른 뒤 메이저리그에 올라 다저스에서 두 시즌을 보냈던 마이크 볼싱어는 불펜 세션을 지켜보며 감탄하곤 했다. 세션이 끝나면 마운드는 언제나 그대로였다. 커쇼의 오른발은 매번 정확히 같은 자리에 꽂혔다. "신인 투수들이 던질 때 보면 마운드가 엉망이 되는데, 커쇼는 늘 깨끗했습니다." 볼싱어의 말이다. 몇 년 뒤, 불펜 투수 케일럽 퍼거슨도 같은 점을 발견했다. "모든 동작이 완벽하리만치 정확하게 반복되었습니다." 퍼거슨의 말이다.

하지만 이 5일 루틴은 2019년 커쇼에게 재앙을 안겼다. 구속은 끝내 회복되지 않았고, 시즌 마지막 2개의 슬라이더는 담장을 넘어갔다. "분명 어딘가 들어맞지 않는 부분이 있었습니다." 마크 프라이어 코치는 그렇게 회상했다. "그래서 커쇼는 자신의 시스템을 흔들 필요가 있었습니다."

2020년 커쇼가 맞이하게 될 변화는 프라이어의 코치의 부임뿐만이 아니었다. 리치 힐과 류현진은 FA로 팀을 떠났고, 존 프랫은 영상 분석실을 떠나 스카우팅 부서로 자리를 옮겼다. 2000년대 초 유망주였으나 부상으로 커리어가 무너진 경험이 있는 프라이어는 허니컷의 뒤를 이어 투수코치가 되었다. 그는 현장에서 얻은 통찰과 기술적 지식이 결합되어 있는 코치였다. "우리는 구단 밖 외부인의 도움을 받는 것을 두려워하지 않습니다." 프라이어가 말했다. "같은 메시지도 다른 목소리를 통해 더 잘 전달될 수 있다면, 그 길을 택하는 거죠."

시애틀로 출발하기 전, 커쇼는 A. J. 엘리스와 문자를 주고받았다. 그 소식은 엘리스를 놀라게 했다. 드라이브라인을 직접 찾아간다는 것은 커쇼가 얼마나 깊은 수렁에 빠졌는지를 보여주는 동시에 크게 성숙해졌음을 보여주는 일이기도 했다.

"그 시애틀 방문은 커쇼가 얼마나 큰 용기를 냈는지를 보여주는 순간이었습니다. 그리고 얼마나 마음을 열었는지도요." 엘리스가 말했다.

소토의 홈런이 다저스타디움 외야에 꽂힌 지 8일이 지났을 때, 커쇼와 맥대니얼은 시택 공항 근처 산업 단지에 도착했다. 드라이브라인 시설은 직원 네 명만 남겨둔 채 텅 비어 있었다. 모두가 서둘러 준비를 하고 있어서였다. 롭 힐은 NAIA♦에서 선수 생활을 마친 지 몇 개월 되지 않은 스물네 살의 젊은 코치였다. 그런 그가 이제는 만장일치로 명예의 전당에 오를 투수의 커리어를 연장하려 애쓰고 있었다. "정말, 그냥 상상 속에서나 가능한 일이라고 생각했죠." 힐은 그날을 떠올렸다.

당시 커쇼는 멍한 상태였다. 몸도, 마음도 모두 무너져 있었다. 그해 겨울에는 어깨에 진통 주사를 맞아야 할 정도였다. 그는 옷을 벗었고, 힐은 그의 몸 곳곳에 모션캡처 장비를 부착했다. 한 직원이 어떤 음악을 틀면 힘이 나겠느냐고 물었다. 참담한 실패 후 고작 일주일이 지난 시점, 속옷만 입고 훈련 시설의 마운드에 올라 있는 커쇼는 그저 지쳐 있었다. "거기 직원들이 '자, 가보죠! 전력으로 가봅시다!' 하며 야단법석이었어요." 커쇼는 말했다. "그래서 '저기, 있잖아요. 그런 거 안 해주셔도 됩니다'라고 했죠." 카메라 소리가 끊이지 않는 가운데, 컴퓨터가 데이터를 기록하는 동안 커쇼는 공을 뿌렸다. 구속은 84마일♦♦을 간신히 넘겼다. "세게 던지려고 하는 것 자체가 고통이었어요." 그는 회상했다.

분석 결과는, 힐의 표현을 빌리자면 거의 외계어 같았다. "가장 크게 드러난 부분은 커쇼의 '세퍼레이션' 동작이었습니다." 힐이 말했다. "그

♦ NAIA(National Association of Intercollegiate Athletics)는 미국의 대학체육협회 중 하나로, NCAA보다 규모는 작지만 야구, 농구 등 여러 스포츠에서 경쟁력 있는 선수들을 배출한다. 주로 중소 규모 사립대학이 여기에 소속되어 있으며, NCAA 디비전1만큼의 주목도는 없지만 프로 스카우트들이 재능 있는 선수를 찾기 위해 꾸준히 지켜보는 무대이기도 하다. 롭 힐은 선수 시절 이 NAIA 리그에서 뛰었고, 메이저리그 진출과는 거리가 있었지만 이후 드라이브라인에서 코치로 두각을 나타냈다.

♦♦ 약 135킬로미터

러니까 상체와 하체가 서로 벌어지면서 힘을 만들어내는 타이밍, 그리고 그 힘이 발이 지면에 닿을 때 어떻게 맞물리는지 등 그런 요소들이요. 그게 팔의 위치에도 영향을 주고요. 커쇼는 해마다 상체가 더 열리는 것으로 보였고, 팔의 위치도 조금씩 달라졌어요." 쉽게 말하면 이랬다. 커쇼가 허리를 다친 뒤, 그의 투구 동작은 눈으로는 잘 보이지 않을 정도로 조금씩 변하고 있었다. "나이를 먹으면 예전처럼 움직이질 못하죠." 마크 프라이어는 말했다. "스물다섯 살 때처럼 움직일 수는 없으니까요. 결국 중요한 것은 예전의 그 움직임을 지금의 몸으로 어떻게 다시 만들어낼 수 있느냐는 겁니다." 커쇼의 오른발 착지는 여전히 매번 같은 자리였지만, 그 지점까지 도달하는 과정이 엉켜 있었다. "투구 동작의 순서 자체는 올바르게 작동하고 있었어요." 힐은 설명했다. "하지만 각각의 부위가 정확한 타이밍에, 정확한 자리에 있지 않았던 거죠."

그 분석은 커쇼가 결함들을 바로잡을 수 있게 해주었다. 드라이브라인 팀은 웨이티드 볼의 장점도 설명했다. 팔의 근력을 강화해 구속을 회복할 수 있다는 것이었다. 맥대니얼의 권유로, 커쇼는 자신의 5일 루틴에 팔 관리 프로그램을 추가했다. 이전에는 '준비'에만 집중했지만, 이제는 '회복'을 더 중요하게 생각했다. 패스트볼이 다시 시속 95마일♦대까지 올라가지 않을 것임은 그도 알고 있었다. 하지만 다시 슬라이더와 차이를 만들어낼 수 있다면, 91마일이나 92마일♦♦의 패스트볼

♦　약 153킬로미터

♦♦　시속 147킬로미터 안팎

로도 살아갈 수 있었다. 한때 '별걸 다 해보네' 정도로 여겼던 시택 산업 단지 방문은 결국 커쇼에게 큰 변화를 가져왔다. 그의 접근법 전체가 바뀐 것은 아니었지만, 그는 몇 가지 조언을 받아들여 루틴 속에 넣었다. 그 변화는 곧 눈에 띄게 드러났다. "드라이브라인에 다녀온 이후 커쇼의 전성기는 더 길어졌어요." 존 프랫은 말했다. "커리어 후반의 르네상스도 그때 시작되었죠." 커쇼는 예전처럼 완고하지 않았다.

"일단 해봤습니다." 커쇼의 말이다. "나쁘지 않았어요. 일부는 지금도 하고 있습니다."

드라이브라인 팀이 커쇼의 맨 가슴에 센서를 붙인 지 26일이 지났을 때 『디 애슬레틱』이 상처를 더욱 깊게 파고드는 기사를 냈다. 커쇼의 아내 엘런은 집 앞마당에 서 있다가 이웃 한 명이 다가오는 것을 보았다.

"소식 들었어요?" 그가 물었다.

"무슨 소식이요?" 엘런이 되물었다.

"애스트로스 말이에요."

20장
폐쇄

결국, 체이스 어틀리가 옳았다.

그는 2017년 월드시리즈 동안 휴스턴 애스트로스가 어떤 일을 벌였는지에 대해서도, 그 진실이 어떻게 세상 밖으로 나오게 될지에 대해서도 정확한 통찰을 갖고 있었다. 팀은 한데 뭉쳐 있지 못했다. 몇몇은 불쾌한 기억과 함께 휴스턴을 떠났다. 한 투수는 아메리칸리그 여러 팀을 전전하며 새 동료들에게 옛 팀의 사인 훔치기 방식에 대해 경고했다. 그의 이름은 마이크 파이어스였다. 2019년 11월, 그는 『디 애슬레틱』의 원로 야구 기자 켄 로즌솔의 전화를 받았다.

"2017년 사인 훔치기 사건에 대해 기사를 쓰고 있습니다." 로즌솔이 말했다.

인생에 한 번 올까 말까 한 특종을 좇는 기자는 두 명이었다. 그중

밖에서 봤을 때 더 말끔한 쪽은 로즌솔이었다. 그는 파트너인 에반 드렐릭의 제보를 받았다. 드렐릭은 『휴스턴 크로니클(Houston Chronicle)』에서 애스트로스 담당 기자로 일하다 로즌솔과 함께 온라인 뉴스 미디어 『디 애슬레틱』으로 자리를 옮겼다. 둘은 묘하게 대비되는 한 쌍이었다. 예순을 바라보는 로즌솔은 1980년대 『볼티모어 선(Baltimore Sun)』에서 칼 립켄의 오리올스를 취재하던 시절과 똑같은 에너지와 열정을 유지하고 있었다. 그는 '폭스 스포츠' 중계에서는 자선단체 기금 모금을 위해 나비 넥타이를 맸고, 그 누구보다 많은 특종을 터뜨리는 기자였다. 드렐릭은 "업계에서 로즌솔의 신뢰도는 무적에 가깝다"고 적기도 했다. 서른다섯이 채 되지 않은 드렐릭은 값싼 정장을 입었고, 담배를 달고 사는 것 같은 기자였다. 그는 지독할 만큼 냉소적이었고, 애스트로스 단장 제프 루노에게는 늘 골칫거리였다. 개인적인 유감이 있어서는 아니었다. 그는 누가 하늘이 파랗다고 해도 문서로 확인해야 직성이 풀리는 사람이었다.

드렐릭은 2018년 포스트시즌에 들어서야 휴스턴의 부정행위 전모를 알게 되었다. 애스트로스 관계자들의 증언에 따르면, 외야 중앙 카메라로 상대 포수의 사인을 확대해서 찍고 전달하면, 더그아웃 안 모니터로 그 영상을 본 뒤 야구 방망이로 쓰레기통을 두드려 사인을 전달하는 방식이었다. 2018년 포스트시즌 당시 애스트로스가 아메리칸리그 챔피언십 시리즈에서 레드삭스에 패하기 전, 『야후 스포츠(Yahoo Sports)』의 제프 파산은 익명의 선수들의 인터뷰를 인용해 휴스턴이 '쓰레기통 신호'를 사용한다고 보도했다. 메이저리그 사무국은 조사해봤지만 확인할 수 없었다고 발표했다. 잠시 소란은 있었으나 애스트로스가 가을 야구에서 탈락하자 논란은 곧 잦아들었다. 하지만 드렐릭은 포기하지 않았다(기자들 모두가 그만큼 집요한 것은 아니었다. 다저스 관계자들이 2018년 나에게 휴스턴의 사인 훔치기에 대해 하소연했을 때 나는 그것을 패자들의 핑계 정도로 치부하며 넘겼다).

로즌솔이 파이어스에게 전화했을 때, 드렐릭은 이미 1년 넘게 취재를 이어가고 있었다. 로즌솔이 소문이 사실인지 묻자, 파이어스는 모든 과정을 확인해주었다. 그리고 매우 이례적인 결단을 내렸다. 실명을 밝히겠다고 나선 것이었다. "휴스턴은 승리를 위해 어떤 선도 넘을 준비가 되어 있었습니다." 파이어스는 말했다. 11월 12일 보도가 나갔을 때 그의 실명 인터뷰는 기사에 결정적인 무게를 실어주었다. 자신의 이름을 걸고 직접 증언한 선수의 내용은 쉽게 무시할 수 없었다. 여기에 예상치 못한 또 하나의 촉매제가 있었다. 양키스 팬이자 유명 유튜버인 '좀보이(Jomboy)' 지미 오브라이언이 기사에 언급된 경기의 영상을 분석하며 쓰레기통 소리를 짚어낸 것이었다. 그 영상은 다저스 선수들의 의문을 단번에 지워버렸다. 스캔들이라는 글을 읽는 것과 소리가 생생하게 들리는 영상은 전혀 다른 경험이었다. "좀보이 영상은 충격적이었죠." 알렉스 우드는 회상했다. "그걸 보면서 '와, 진짜네. 쓰레기통을 두드리고 있었네'라고 말할 수밖에 없었죠."

아내 엘런이 그 기사를 읽었을 때, 클레이튼은 휴대폰을 확인하고 여기저기서 오는 전화를 받느라 정신이 없었다. "정말 사실이라고 생각해?" 엘런이 묻자, 커쇼는 그렇다고 했다. 기사는 어틀리 등 많은 사람이 처음부터 느껴온 사실을 뒷받침했다. 다저스는 챔피언십을 도둑맞은 것이었다. 커쇼의 포스트시즌 경력을 완전히 망가뜨린 그 밤, 미닛메이드파크에서의 5차전 역시 더럽혀져 있었다. 2년 된 멍 자국을 다시 힘주어 누르는 듯한 감정이 들었다. "월드시리즈가 끝난 직후 이미 너무 괴로웠습니다." 커쇼는 회상했다. "그보다 더 나쁠 순 없었죠." 분노는 곧 체념으로 변했다. 엘런은 남편이 자신보다 훨씬 침착하게 이 일을 받아들였다고 느꼈다. "저는 분노 게이지가 0에서 곧장 100으로 치솟았어요." 엘런은 말했다. "당장이라도 누구 하나 잡을 기세였는데, 그는 훨씬 냉정했죠. 그게 너무 놀라웠어요. 어쩌면 우리 모두가 그의 편에서 대신 화를 내줬기 때문일 수도 있겠죠. 그런데 그는 끝까지 차분했어요. 솔직히 너무 얄미울 정도로요. 그건 그의 신앙 때문이기도 해요. '우리가 이기게 되어 있었다면, 이겼을 거야'라고 생각하는 거죠."

커쇼는 자신의 삶이 야구만으로 이루어진 것이 아님을 되새겼다. "그가 만든 삶은 그가 자라온 환경과는 너무나 다르죠." 엘런이 회상했다. 스물두 살이던 해, 그들은 엘런의 언니인 앤과 함께 책 『커쇼의 어라이즈』를 썼다. 그 책에서 커쇼는 결혼 생활에 대한 소망을 적었다. "일요일 저녁 식사는 항상 중요하고, 우리 집에는 사람들이 드나드는 일이 끊이지 않을 겁니다. 강아지는 사람처럼 대해야 하고, 카드 게임은 진지하게 해야 하죠. 장난을 치기도 하고, 자기 전에는 드라마 「오피스」를 볼 거예요. 하루의 마지막은 함께 기도하는 시간이 될 겁니다." 10년 뒤, 그 대부분이 이루어졌다. 그들의 하일랜드파크 집은 멜슨 가족과 '민 스트리트 포시' 멤버들의 아지트가 되었으며, 야구에서 은퇴하고 대학 농구에 도전하던 프레스턴 매팅리가 크리스마스에 혼자 남겨졌을 때, 멜슨 가족은 그를 불러 산타 복장을 입혀주기도 했다. 집은 늘 웃음과 따뜻함으로 가득했다. 가끔은 「오피스」 대신 「뉴걸」 같은 시트콤을 보기도 했다. 아이들의 알레르기 때문에 강아지는 없었지만 커쇼는 상관없었다. 딸 캘리가 그림 그리는 걸 도와주고, 아들 찰리가 집 안을 뛰어다니는 모습을 보는 것이 행복이었다. 가족과 떨어져 있는 것은 늘 힘들었다. 그리고 그해 1월, 가족이 더 커졌다. 엘런이 둘째 아들 쿠퍼 엘리스 커쇼를 낳은 것이었다.

그해 겨울, 커쇼의 가족과 친구들은 리그 전체를 뒤흔든 스캔들에서 그의 마음을 떼어놓으려 애썼다. 쉬운 날도, 어려운 날도 있었다. 집 안이 조용해지고 커쇼가 혼자 생각에 잠길 때면, 그는 다시 그날 휴스턴의 밤으로 돌아갔다. 기차 기적이 울리고, 관중이 환호하고, 애스트로스 타자들이 휘두르는 방망이가 단 한 번도 헛스윙하지 않았던 그 밤으로.

"계속 생각을 해보게 됩니다." 커쇼는 말했다. "계속 '어땠을까?' 하는 생각이 드는 거죠. 그때 우리가 이겼더라면? 내가 평균만이라도 던졌다면? 우리가 그 월드시리즈에서 우승을 했다면? 그랬다면 지금 내 삶은 얼마나 달라졌을까?"

드렐릭과 로즌솔의 보도가 나오자 메이저리그 커미셔너 롭 맨프레드는 휴스턴 애스트로스에 대한 공식 조사에 착수했다. 조사 결과는 야구계 전체에 광범위한 변화를 몰고 왔다. 메이저리그는 두 달 동안 관련자 면담, 영상 자료 분석, 전자 기록 추적 끝에 애스트로스 단장 제프 루노와 감독 A. J. 힌치에게 1년 자격정지라는 중징계를 내렸다. 맨프레드는 이렇게 설명했다.

"이러한 행위가 실제 경기 결과에 어떤 영향을 미쳤는지 단정할 수는 없지만, 영향이 있었다고 의심하는 시각이 존재한다는 것만으로도 야구에 큰 해를 끼칩니다."

보고서 발표 몇 시간 만에 두 사람은 휴스턴에서 해고되었다. 다음 날, 보스턴 레드삭스는 알렉스 코라 감독을 경질했다. 그는 2017년 휴스턴에서 벤치코치를 맡았고, 이듬해 다저스를 꺾고 월드시리즈 우승을 이끈 사령탑이었다. 보고서는 코라, 그리고 베테랑 선수였던 카를로스 벨트란을 쓰레기통 타격 신호 체계의 핵심 인물로 지목했다. 그 주가 채 끝나기도 전, 새 감독으로 선임되었던 벨트란도 메츠에서 해임되었다(한편, 드렐릭과 로즌솔의 보도로 촉발된 2018년 보스턴 부정행위 조사에서는 구단의 비디오 리플레이 담당자에게 징계가 내려졌다).

스캔들은 파도처럼 밀려왔다. 새로운 사실이 드러날 때마다 애스트로스에게 피해를 입었던 커쇼와 다저스 선수들의 감정은 다시 끓어올랐다. 처음에는 기사였고, 다음에는 영상이 나왔다. 먼저 좀보이가 올렸고, 이어서 쓰레기통 타격 신호를 일일이 집계한 애스트로스의 팬 토니 애덤스의 분석 영상까지 뒤따랐다. 그리고 맨프레드의 조사 보고서가 발표되었다. 이어 2월 스프링캠프가 시작될 무렵에는 '사과'가 쏟아졌다.

"꽤 오래 화가 나 있었던 것 같아요." 커쇼는 말했다. "그런데 그 선수들이 그걸 어떻게 처리하는지 보면서 더 화가 나더라고요."

모니터를 부수기까지 했으면서도 부정행위를 막지는 않았던 힌치 감독은 사과의 뜻을 밝혔다. 루노는 자신은 그 작전에 대해 전혀 몰랐다고 주장했다. 구단주 짐 크레인이 자신을 해고하자 루노는 성명을 통해 "나는 사기꾼이 아니다"라고 주장했다. 루노는 책임을 코라와 하위 직급 직원들에게 떠넘겼다. 스프링캠프 현장에서 알투베와 브레그먼은 어색한 표정으로 기자들 앞에서 사과했다. 하지만 그 자리에서 크레인은 자신의 말을 스스로 뒤집는 모순된 발언들로 분위기를 망쳤다. 그는 "사인 훔치기가 경기 결과에는 영향을 미치지 않았다"라고 하더니, 곧바로 그런 말을 한 적이 없다고 잡아뗐다. 맨프레드는 이번 스캔들을 '루노가 만든 기형적인 조직 문화가 크레인의 승인 아래 확장된 결과'라고 규정했다. 크레인은 어떤 책임도 인정하지 않았다. "아닙니다. 제가 책임질 일은 아니라고 생각합니다." 크레인은 그렇게 말했다.

"그들의 스프링캠프 기자회견을 보면서 일을 어떻게 저토록 망칠 수 있을까 싶었어요." 커쇼는 회상했다. "구단주는 바보 같았고, 단장은 오만한 인간이었죠. 알투베는 미안해하고 있다는 것이 느껴졌어요. 그건 기억나요. 브레그먼도, 스프링어도 충격을 받은 게 보였어요. 최소한 그 무게를 느끼고 있다는 것은 알겠더라고요."

징계는 단장과 감독의 1년 자격정지에서 멈췄다. 애스트로스는 월드시리즈 우승을 박탈당하지 않았다. 선수들은 여론의 비난만 받았을 뿐, 단 한 명도 징계를 받지 않았다. 벌금도 없었다. 맨프레드가 애초에 그렇게 설계했기 때문이었다. 조사 초기, 그는 진술 확보를 위해 선수 노조와 협상하여 '면책을 조건으로 한 진술 제공'에 합의했다. 그렇게 하지 않으면 달리 진실을 밝힐 방법이 없다고 판단했다. 다른 선수들은 이 거래가 정말 필요한 조치였는지 의문을 제기했다. 에인절스의 마이크 트라우트는 "이 징계가 합당하다고 생각하지 않습니다. 선수들이 아무 처벌도 받지 않는 게 이해되지 않습니다"라고 했다. 커쇼는 왜 노조가 이런 방식으로 야구를 속인 선수들을 보호하는지 이해할 수 없었다. 이는 약물 규정을 어긴 선수들을 노조가 감쌌던 과거를 떠올리게 했다.

"노조에 화가 나는 부분이 그거예요." 커쇼는 말했다. "규칙을 바꿔야 합니다. 어떤 선수가 스테로이드를 쓰거나, 뭐 알렉스 로드리게스 같은 경우도 그랬고요. 그런 사람들을 꼭 보호해야 하는 건 아니잖아요. 라이언 브론처럼 계속 거짓말을 하는 경우에도 보호해줄 필요는 없습니다. 야구를 속였다면 노조에서 제외되는 조항 같은 것이 있어야 하지 않을까요."

애스트로스는 변명처럼 기술을 이용해서 사인을 훔친 팀은 자신들뿐만이 아니라고 주장했다. 2017년, 레드삭스와 양키스도 같은 혐의로 조용히 징계를 받은 바 있었다. 드렐릭과 로즌솔은 첫 기사에서 애스트로스의 조작을 가장 비중 있게 다루었지만, 동시에 사인 훔치기의 확산은 리그 전체의 문제라는 점을 강조하며 맥락을 확장했다. 다저스 역시 몇 년 동안 의심을 받은 팀 중 하나였다.

앤디 마티노 기자는 2018년 내셔널리그 챔피언십 시리즈 기간 동안, 메이저리그 사무국이 다저스타디움의 카메라를 점검하며 숨겨진 초고속 카메라가 있는지 살펴봤다고 전하기도 했다. 2019년 다저스타디움에서 답답한 경기를 치른 뒤, 메츠의 에이스 제이컵 디그롬은 단장 브로디 반 웨거넌과 함께 숨겨진 카메라를 찾으러 돌아다니기도 했다. 마티노 기자는 "결국 아무것도 발견되지 않았다"고 썼다. 드렐릭은 자신의 책에 메이저리그가 2018년 월드시리즈 도중, 족 피더슨이 영상 분석실로 뛰어들어 체이스 어틀리에게 "사인 해독 다 됐어요?" 하고 물은 일을 문제 삼아 다저스를 조사했다고 적었다. 피더슨은 훗날 "그 일로 메이저리그가 제게 연락해온 적은 없었다"고 했다. 당시 그는 모두가 자신의 말을 당연히 농담으로 받아들일 것이라 생각했다. 하지만 피더슨의 그 질문은 사인 훔치기가 불가능하도록 영상 분석실을 관찰하는 일을 맡은 메이저리그 측 보안 요원 바로 앞에서 나온 것이었다. "그냥 심심해서 장난친 거예요. 놀리려고요." 피더슨은 회상했다.

그해 봄, 최소한 며칠 동안은 야구 기자의 일이 아주 쉬워졌다. 선수에게 다가가 녹음기를 켜고 "휴스턴"이라고만 말하면 됐다. 다저스 캠프에서 내가 예전에 썼던 기사 한 편을 두고 저스틴 터너와 티격태격하다 자리를 뜨려 했다. 그러자 터너가 어깨를 으쓱하며 말했다. "기자님, 애스트로스 얘기는 안 물어볼 거예요?" 그러고는 월드시리즈 트로피를 '고작 쇳덩어리'라고 표현했던 맨프레드[♦]를 맹렬히 비난했다. "지금 그 트로피의 가치가 떨어진 것은 그 트로피에 '커미셔너'가 새겨져 있기 때문이죠." 터너가 말했다. 한동안 야구계는 프로레슬링처럼 느껴졌다. 모두가 마이크 앞에서 '프로모'[♦♦]를 날리고 있었다. 애슬레틱스 캠프에서 마이크 파이어스는 로커에 호루라기를 걸어두었다.[♦♦♦] 코디 벨린저는 알투베가 2017년 아메리칸리그 MVP 트로피를 양키스의 에런 저지로부터 가로챘다고 비난했다. 카를로스 코레아는 쓰레기통 타격 신호를 쓰기 싫어했던 알투베를 감쌌다. "팩트를 제대로 모르면 그냥 입 닥치고 있어야죠." 코레아는 당시 그렇게 말했다.

커쇼는 그 소란에 휘말리지 않았다. 『스포츠 일러스트레이티드』의 톰 버두치가 거듭 묻자, 그는 사인 체계를 바꾸지 않았다고 솔직히 인정했다. 하지만 그 이상으로 이 주제를 붙들고 싶지 않았다. "그 얘기는 하지 않겠습니다." 커쇼는 말했다. 그는 이미 충분히 아팠고, 더 이

♦ 2020년 2월 16일, 롭 맨프레드 커미셔너는 휴스턴의 부정행위 스캔들 관련 기자회견에서 월드시리즈 우승 트로피 박탈 여부에 대한 질문을 받자 "그 트로피는 고작 쇳덩어리에 불과하다"라고 대답했다. 이 발언은 선수들을 포함한 야구계 전반의 강한 반발을 불러왔으며, 이후 맨프레드는 해당 표현이 부적절했다고 공식 사과했다.

♦♦ 프로모(promo)는 프로레슬링 용어로, 특정 선수나 관계자가 카메라 앞에서 상대를 비난하거나 자신의 존재감을 과시하기 위해 행하는 언변 퍼포먼스를 뜻한다. 이때, 발언자는 상대를 도발하거나 희화화하고, 과장된 감정 표현을 섞는 등 매우 자극적인 태도를 취하는 경우가 많다. 여기서는 메이저리그 선수들이 언론 인터뷰에서 휴스턴 및 사무국을 향해 강경하고 감정적인 발언을 쏟아내는 상황을 비유적으로 표현한 것이다.

♦♦♦ 마이크 파이어스가 자신의 로커에 호루라기를 걸어둔 것은 자신이 휴스턴 부정행위 스캔들의 내부 고발자라는 사실을 스스로 패러디한 행동이다. 영어에서 '호루라기를 불다(blow the whistle)'라는 표현은 부정행위를 폭로하는 행위를 뜻하며, 그의 로커에 걸린 호루라기는 이를 시각적으로 보여주는 상징물인 셈이다.

상 분노를 드러내고 싶지 않았다. 음모론도 파고들지 않았다. 이를테면 애스트로스가 선수들에게 몸에 전자장치를 부착하게 한 후 사인을 전달했다는 소문 같은 것들이었다. "믿고 싶지 않아요." 커쇼는 버두치와의 인터뷰에서 말했다. "그들을 좋게 봐줄 이유가 있는 것은 아니지만 새로운 증거가 나오지 않는 이상 저는 믿지 않을 생각입니다."

애스트로스의 사인 훔치기 스캔들을 둘러싼 이야기들, 과거를 계속 들추어내는 그 끝없는 수군거림이 스프링캠프 초반 캐멀백 랜치를 떠돌고 있었다. 하지만 그보다 훨씬 위협적인 위험이 조용히 다가오고 있었다. 미국에서 이미 공중 보건 비상사태로 선포된 정체불명의 바이러스였다. 그 위험이 야구계를 뚫고 들어오기까지는 몇 주가 더 걸릴 터였다.

그사이 애리조나 사막에는 햇빛이 쏟아지고 다저스 앞에는 162경기의 긴 시즌이 펼쳐져 있었지만, 막 합류한 새 외야수는 왜 동료들이 집중력이 없어 보이는지 의아해하고 있었다. 그리고 첫 선수단 전원 소집 훈련을 하루 앞둔 날 밤, 그는 데이브 로버츠 감독에게 한 가지 요청을 했다. 새롭게 합류한 우익수 무키 베츠가 팀 앞에서 직접 한마디하고 싶다는 것이었다.

마르커스 린 베츠는 메이저리그 최고의 선수라고 단정할 수는 없어도 그에 준하는 선수였다. 데뷔 2년 차에 첫 올스타에 선정되었고, 4

년 차에는 아메리칸리그 MVP를 수상했다. 선수들이 단점을 고치기보다 장점을 극대화하는 시대였지만, 베츠의 강점은 오히려 눈에 띄는 약점이 없다는 점이었다. 약 175센티미터 단신이었지만 82킬로그램의 몸에서 끌어낼 수 있는 힘을 최대치로 짜냈고, 볼넷은 삼진보다 거의 두 배나 많았다. 타격이 잘 풀리지 않는 날에도 그는 송구와 주루, 수비로 여전히 팀에 기여할 수 있는 선수였다.

앤드루 프리드먼은 오랫동안 베츠를 탐내어왔다. 2019년 여름, 다저스는 영입 직전까지 갔지만 보스턴이 연승 행진을 달리며 그를 트레이드 시장에서 거두어들였다. 그해 몇 달 뒤, 프리드먼의 옛 동료 하임 블룸이 레드삭스 야구 부문 대표로 면접을 보자, 프리드먼은 블룸이 선임된다면 '큰 거래'를 할 기회가 생길지도 모른다고 생각했다. 그리고 블룸이 실제로 그 자리에 앉자 협상은 몇 달간 이어졌다. 뱅고어에서 벌링턴, 그리고 브록턴까지 이르는 지역 팬들은 왜 거대 자본을 가진 보스턴이 팀의 상징인 베츠를 내보내려 하는지 수년간 이해하지 못했다. 하지만 다저스는 보스턴 구단주 존 헨리의 '팀 연봉을 사치세 라인 밑으로 내리겠다'는 강박의 덕을 봤다.♦ 프리드먼은 이 기회를 거의 3년 동안 기다려왔다.

<hr>

♦   메이저리그의 사치세(Competitive Balance Tax)는 한 시즌 동안 구단의 선수 연봉 총액이 일정 기준선(사치세 라인)을 넘었을 때 부과되는 일종의 '초과 지출 페널티'다. 사치세 라인은 해마다 조정되며, 이를 초과하면 구단은 추가 세금을 납부해야 한다. 초과 지출이 반복될수록 세율은 단계적으로 올라가고, 국제 아마추어 유망주 계약 한도 감액이나 드래프트 지명권 순위 하락 같은 제재를 받을 수도 있다. 거대한 연봉 총액에 더해 사치세 납부까지 반복되자, 존 헨리 구단주가 재정적 부담을 크게 느꼈던 것으로 보인다.

2017시즌 후 겨울, 프리드먼과 파르한 자이디는 애틀랜타와 트레이드를 했다. 프리드먼의 말에 따르면 "겉으로는 티가 덜 나는" 형태의 거래였다. 여러 해 동안 사치세를 부담해온 다저스는 '리셋'을 원했고, 프리드먼은 애드리안 곤잘레스 등 네 명을 애틀랜타로 보내면서 페이롤을 비웠다. 돌아온 선수는 맷 켐프였지만, 더 중요한 것은 약 3,000만 달러급 스타를 한 명 더 데려올 수 있는 자리를 만들었다는 점이었다. 이후 다저스는 그 자리를 채우기 위해 여러 해 동안 움직였다. 내셔널리그 MVP 수상 경험이 있는 장칼로 스탠턴과 프란시스코 린도어 영입은 실패했고, 2017년 커쇼에게 상처를 남겼던 앤서니 렌돈은 FA 시장에서 다저스의 제안을 거절했다. 그해 겨울, '에이스' 게릿 콜에게는 3억 달러를 제시했지만, 콜은 양키스의 3억 2,400만 달러를 택했다.

이 연속된 실패가 오히려 프리드먼에게 대어를 낚을 기회를 제공했다. 헨리가 블룸에게 보스턴의 페이롤을 줄이라는 과업을 부여하자, 베츠 영입은 사실상 도둑질에 가까운 상태에서 진행되었다. 프리드먼은 자신의 제자를 속이는 것처럼 보이지 않도록 일부러 태연한 척해야 했을 정도였다. 베츠가 합류하자 다저스는 들떠 있었다. 동시에 클럽하우스의 공기가 달라졌다. 수년 동안 클럽하우스는 커쇼와 저스틴 터너를 중심으로 굴러갔다. 그들은 같은 성공과 상처를 공유하는 하나의 큰 무리였다. 그런데 그 안에 새로운 시선이 들어왔고, 그 시선은 캐멀백 랜치의 분위기를 탐탁지 않게 느꼈다. 로버츠 감독이 전체 선수단 앞에서 발언권을 주자, 베츠는 단도직입적으로 입을 열었다.

"제가 여기 온 지 얼마 되지는 않았지만요." 베츠는 이렇게 운을 떼더니 곧장 핵심을 던졌다. 2018년 레드삭스가 우승했을 때, 당시 선수들은 매일을 긴박하게 보냈다고 했다. 하지만 이듬해 레드삭스는 그 '공동의 목적'을 상실하면서 길을 잃었고, 결국 우승을 놓쳤다. 다저스도 같은 길을 걸어서는 안 된다고 베츠는 말했다. 훈련 중 동작 하나, 경기 내 플레이 하나도 대충 넘겨서는 안 된다며, 실수를 할 때마다 벌금 20달러를 걷자는 제안까지 했다. 메시지는 단순명료했다. 그해 봄, 터너는 당시 베츠의 발언을 두고 이렇게 말했다. "새로 온 친구가 첫날부터 선수단 앞에서 그렇게 세게 말하니, 다들 꽤 놀랐죠."

일부 다저스 구단 관계자들은 베츠의 말이 또 다른 선수의 철학과 닮아 있다고 느꼈다. 마치 '다저스는 커쇼처럼 해야 한다'고 말하는 것처럼 들렸기 때문이었다. 『스포츠 일러스트레이티드』의 스테파니 앱스타인이 이 비교를 전해주자 커쇼는 웃음을 터뜨렸다. "베츠를 어떻게 칭찬해도 결국은 제 자랑처럼 들릴 것 같더라고요." 그해 봄, 커쇼는 그 어느 때보다 겸손한 태도를 유지하고 있었다. 그는 드라이브라인에서 배운 새로운 방식과 불러 같은 후배들의 조언을 훈련 루틴에 받아들였다. 구위 회복을 바라며 웨이티드 볼도 던졌다. "투수에게 도움이 되는 운동 방식에는 여러 가지가 있습니다." 커쇼가 말했다. "그냥 무작정 근육통이 올 때까지 들었다 놓고, 다음 날 다시 처음부터 시작하는 것이 전부가 아닙니다."

사인 훔치기 스캔들의 소음과 베츠의 합류에 묻혀 그해 봄 커쇼에게 쏟아지는 관심은 상대적으로 줄어들었다. 렌돈과 소토가 홈런을 쏘아 올린 날 이후 처음으로 실전에 나선 2월 28일, 커쇼는 뜻밖의 장면을 마주했다. 밀워키 브루어스의 스프링캠프 구장인 피닉스 아메리칸 패밀리 필즈 전광판에 표시된 구속이 예사롭지 않았다. 커쇼는 어깨 너머로 숫자를 확인했는데, 그 수치는 오래전 자신의 것 같았다. 시속 91마일, 92마일, 심지어 93마일이 찍혔다. 패스트볼의 구위도 달라졌다. 커터처럼 옆으로 미끄러지며 들어가는 대신, 끝에서 살아 움직이며 상대에게 '떠오르는 듯한' 착시를 주었다. "마지막 순간에 공에 힘이 실려 날아가더라고요." 커쇼는 2017년 이후 처음으로 구위가 약해지지도 않고 몸 상태도 손상되지 않은 채 시즌을 맞을 수 있으리라 생각했다.

그리고 13일 뒤, 세상은 멈춰 섰다.

커쇼는 3월 12일, 평소의 루틴에서 몇 가지 벗어나는 일을 겪었다. 하나는 예고된 일정이었다. 커쇼는 오전 6시 30분, 캐멀백 랜치로 향하는 길에 ESPN의 라이트 톰슨을 차에 태웠다. 그가 그날 하루 커쇼를 동행 취재하기로 되어 있었다. 차 안에서 톰슨이 2017년 월드시리즈 이야기를 꺼내자, 커쇼는 그저 교통 상황 얘기만 늘어놓았다.

또 다른 일탈은 다소 시시한 일이었다. 몇 주 전, 드라이브라인 방문 사실을 가장 먼저 보도했던 『디 애슬레틱』의 페드로 모우라가 문제였다. 그해 스프링캠프 기간 동안 스카우트들 사이에서는 커쇼의 구위가 부활했다는 이야기가 쏟아져 나왔다. 커쇼가 시택 공항 인근 산업 단지에 다녀갔다는 소문도 퍼졌다. 관찰력이 좋고 탐구심이 강한 기자였던 모우라는 프리드먼에게 확인을 요청했고, 그는 커쇼의 방문 사실을 인정했다. 모우라가 커쇼에게 다가갔을 때 커쇼는 누가 말해준 것이냐고 물었다. 그게 프리드먼이라는 것을 알고 커쇼는 "그 사람이랑 한바탕 해야겠네"라고 말했다. 커쇼는 드라이브라인을 칭찬하면서도 구체적인 내용은 밝히지 않았다. 모우라는 기사를 쓰고 LA로 돌아갔다.

3월 12일에 모우라 기자를 다시 만나자, 커쇼는 불편함을 숨기지 않았다. "그건 더 나은 방식으로 처리할 수도 있는 일이었어요." 커쇼는 그 이유를 명확히 설명할 수 없을지라도 자신이 드라이브라인에 다녀왔다는 사실이 알려지는 것을 원치 않았다. 그는 사소한 순간에서도 주도권을 쥐고 싶어 했다.

마지막으로 찾아온 일탈은 그가 평소 중시했던 모든 '통제권'을 완전히 무너뜨리는 일이었다. 전날 밤, 유타재즈의 뤼디 고베르가 코로나19 양성 판정을 받자 NBA가 시즌 중단을 발표했다. 메이저리그는 하룻밤 더 유령선처럼 표류했다. 클럽하우스는 기자들의 출입이 금지되었다. 커쇼는 다저스 클럽하우스 텔레비전에 눈을 고정했다. 메이저리그사커(MLS)도 시즌이 중단되었고, 대학 농구 대회도 취소되었다. 마침내 맨프레드 커미셔너는 스프링캠프 중단과 개막 최소 2주 연기를 발표했다. 이는 엄습해오는 팬데믹의 규모를 당시 야구계가 온전히 다 이해하지 못하고 있었음을 보여주는 초기 신호였다. 커쇼는 톰슨을 호텔로 데려다주었다. 그 시각, 샌디 쿠팩스는 커쇼에게 전화를 걸어 "시즌이 시작된다면, 행운과 건강을 기원한다"라고 말했다.

이후 클레이튼과 엘런은 하일랜드파크 자택에서 대피 생활에 들어갔다. 두 사람은 엘런이 '쿼런팀'[♦]이라 부른 가족 단위의 공동생활체를 꾸렸다. 불과 두 집 건너에 살고 있었던 엘런의 언니 앤의 가족, 그리고 몇 블록 떨어져 사는 부모님과 함께였다. 엘런의 아버지 짐 멜슨은 폐암에서 회복된 상태였지만, 어머니 레슬리는 여전히 췌장암과 싸우고 있었다. 가족에게는 '함께 보내는 시간'이 최우선이었다. "그래서 조금이라도 감염 위험을 만들 수 있는 행동은 절대 할 수 없었어요." 엘런이 말했다. 그들은 뉴스를 확인하고, 미국 질병통제예방센터(CDC)의 안내를 따랐다. 다저스 산하 자선단체와 연계해 어려운 이들에게 기부도 했다. 아이들과 보내는 시간은 그 어느 때보다 소중했다. 클레이튼은 딸 캘리와 함께 그림을 그리고, 아들 찰리와 팬케이크를 먹었으며, 막내 쿠퍼의 베이비 모니터를 살폈다. 가족과 함께 뒷마당 수영장에서 시간을 보냈고, 찰리는 이제 막 위플 볼[♦♦] 치는 법을 배우기 시작했다. "지금 돌이켜보면, 저희에게는 정말 축복 같은 시간이었어요." 엘런의 회상이다. "물론 끔찍한 면도 있었지만, 아이들 나이가 딱 적당했거든요. 집에 머무는 것만으로도 충분했어요. 그 시기의 아이들에게 필요한 것은 그저 가족과 함께 보내는 좋은 시간뿐이었죠."

[♦] 쿼런팀(Quaran-team)은 격리를 뜻하는 단어 쿼런틴(quarantine)과 팀(team)을 섞어 만든 합성어다.

[♦♦] 위플 볼(Wiffle ball)은 미국 가정에서 보편적으로 즐기는 야외 놀이용 야구 게임이다. 플라스틱 방망이와 공을 사용하는데, 공이 가볍고 천천히 휘어서 어린이들이 안전하게 스윙을 익히기에 좋다.

커쇼는 야구가 언제 재개될지 발표만 기다렸다. 구단주들과 선수 노조는 격렬하게 대립했다. 양측은 선수단을 위한 보건 및 안전 규정에 합의해야 했다. 시즌을 피닉스 주변 도시에서만 치르자는 황당한 계획이 잠깐 논의되었다가 곧 폐기되기도 했다. 관중을 받을 수 없는 상황은 구단들에 막대한 재정 손실을 의미했고, 이는 정규 시즌을 길게 치르려는 의지를 약화시켰다. 선수들은 정규 시즌 기간에만 급여를 받는데, 무관중으로 시즌이 열린다면 경기 수가 많을수록 구단의 손해가 커지기 때문이었다. 선수들은 연봉을 경기 수에 비례해 지급받는 일할 계산을 요구했지만, 구단주들은 이를 거부하며 훨씬 짧은 시즌을 제안했다. 선수들이 114경기를 제안하면 구단주들은 76경기로 맞섰다. 양쪽 모두 한 치도 양보하지 않았다. 이런 모습이 바로 미국 노사 교섭의 작동 방식이었다.

커쇼는 이 노사 간의 다툼에 관여하지 않았다. 양쪽의 공방에도 마음을 두지 않았다. "그런 건 제 소명이라고 생각하지도 않았습니다." 그가 회상했다. "저는 그런 데 능숙한 사람이 아니에요. 비즈니스 얘기나 한 푼이라도 더 받아내기 위해 싸우는 문제 같은 것들 말이에요."

커쇼 가족이 하일랜드파크에서 고립된 채 지내는 동안, 미국 전역에서는 소요가 번져나갔다. 5월 25일, 미니애폴리스에서 흑인 남성 조지

플로이드가 20달러짜리 위조지폐를 사용했다는 신고를 받고 출동한 경찰에 체포되었다. 경찰은 그에게 수갑을 채우고 얼굴을 바닥에 붙인 채 길가에 엎드리게 했다. 백인 경찰 데릭 쇼빈은 여성 목격자가 휴대폰으로 촬영을 하는 가운데, 9분 29초 동안 플로이드의 목 위에 무릎을 올려놓았다. 플로이드는 반복해서 숨을 쉴 수가 없다고 말했다. 그는 결국 쇼빈의 무릎 아래에서 생을 마감했다.

이 사건은 미국 역사상 가장 큰 규모의 시위로 번졌고, 인종적 현실을 다시 마주 보게 하는 논쟁을 촉발했다. 플로이드는 또 한 명의 '비무장 흑인 남성'일 뿐이었다. 공권력에 의해 카메라 렌즈 앞에서 죽임을 당한 수많은 이름이 있었다. 스태튼아일랜드의 에릭 가너, 클리블랜드의 타미르 라이스, 미주리 퍼거슨의 마이클 브라운 등이 그랬다. 그해 초에는 루이빌 경찰이 26세 흑인 여성 브리오나 테일러를 그녀의 집에서 총격으로 사살한 일도 있었다. 팬데믹으로 집 안에 갇혀 살아가던 사람들에게 경찰이 무릎으로 남성의 목을 짓누르는 장면은 외면하기 어려운 현실이었다. 커쇼 역시 그 영상을 보고 눈을 떼지 못했다. "그런 걸 제대로 본 게 거의 처음이었어요." 그는 큰 충격을 받았다고 회상했다.

시위가 전국으로 번지며 팬데믹 이후 처음으로 많은 사람이 거리로 나온 가운데, 커쇼는 팀 동료들과 대화를 나눠야 한다고 느꼈다. 구단주와 선수 노조가 언제 결론을 내릴지 기다릴 수 있는 문제가 아니었다. 6월의 어느 날, 그는 로스 스트리플링과 함께 다저스 선수단, 코칭 스태프를 대상으로 화상 미팅을 준비했다. 미팅에 앞서 커쇼는 다저스

재단의 전무이사이자 자메이카 이민자 가정에서 자란 니콜 화이트먼에게 연락했다. 둘은 여러 차례 함께 일해왔다. 커쇼 부부는 LA 곳곳의 야구장 시설 개보수에 협력했으며, 팬데믹 시기에는 다저스가 운영하는 자선단체와 커쇼 부부의 재단이 함께 모금 활동을 펼쳤다. 커쇼는 기부 활동에 진심이었다. 그의 재단은 댈러스와 LA의 아동 주거 및 교육 지원을 목표로 했고, 잠비아의 고아원을 후원했다. 2019년 겨울에는 도미니카공화국을 방문해 성매매 및 인신매매 피해 아동들의 이야기를 직접 듣기도 했다. 이번에도 무언가 행동하고 싶었다. "우리, 어떤 얘기를 해야 할까요?" 그는 화이트먼에게 물었다.

화이트먼은 커쇼에게 흑인 동료들의 이야기를 먼저 들으라고 조언했다. 미팅이 열리자, 커쇼는 베츠, 데이브 로버츠 감독, 1루 코치 조지 롬바드, 데이비드 프라이스, 체력 코치 트래비스 스미스 등이 '미국에서 흑인 남성으로 산다는 것'에 대해 이야기하는 것을 들었다. 롬바드는 백인 여성으로서 마틴 루서 킹 목사와 함께 행진했던 그의 어머니 포지의 이야기를 들려주었다. 스트리플링은 그날 처음 그 사실을 알게 된 것이 부끄러웠다고 말했다. 커쇼 역시 놀랐다. 선수들은 상점에서의 인종 프로파일링♦부터 경찰을 마주칠 때 실제로 생명의 위협을 느꼈던 경험까지 털어놓았다. "요즘 시대에도 그런 차별이 그대로 존재한다

♦ 인종 프로파일링(racial profiling)이란, 피부색 같은 것만을 근거로 범죄 가능성이 높다고 간주하여 감시, 검문, 추궁하는 행위 전반을 뜻한다. 미국 사회에서 인종적 차별을 드러내는 대표적인 사례로, 흑인이나 중남미계 시민들이 상점에서 직원의 과도한 감시를 받거나 이유 없이 경찰에게 검문을 당하는 일이 이에 해당한다.

는 것을 알게 되어 정말 충격이었습니다.” 커쇼는 말했다. 그는 하일랜
드파크라는 백인 중심 공동체에서 자랐다. 학교에서 준틴스◆나 털사
학살◆◆에 대해 배우지 못했다. 레드라이닝◆◆◆에 대해서도 거의 알지
못했다. 2016년 미식축구 쿼터백 콜린 캐퍼닉이 경기장에서 국가가 연
주될 때 경찰 폭력에 항의하는 의미로 한쪽 무릎을 꿇었을 때도, 2017
년 백업 포수 브루스 맥스웰이 같은 행동을 했다가 야구계에서 사실상
배척당했을 때도 그는 왜 그런 행동을 하는지 이해하지 못했고 아무
말도 하지 않았다. 그러나 흑인 동료들의 이야기를 들으며, 그는 “침묵
도 결국 방조하는 것이다”라는 말을 들었다.

그해 여름 준틴스, 커쇼는 9월 이후 처음으로 트위터에 글을 올렸
다. 그는 소셜 미디어에 넘쳐나는 겉만 번지르르한 말들을 못마땅하게
여겼지만, 이때는 목소리를 내야 한다고 느꼈다. “침묵으로는 안 됩니
다. 말하는 것에서 시작해야 하고, 우리 흑인 형제자매들을 위해 일어

◆　준틴스(Juneteenth)는 1865년 6월 19일, 미국 남북전쟁 종전 후 연방군이 텍사스에 도착해 흑인 노예
들의 해방을 공식적으로 알린 것을 기념하는 날이다. 에이브러햄 링컨 대통령의 노예해방선언(1863)이
있었지만, 실제 해방 조치는 지역에 따라 늦춰졌고, 텍사스는 그중에서도 가장 느린 곳이었다. 이후 이
날은 흑인들에게 자유의 날로 자리 잡았고, 2021년 미국 연방 공휴일로 지정되었다.

◆◆　털사 학살(Tulsa race massacre)은 1921년 5월 31일, 오클라호마주 털사에서 백인 폭도들이 흑인 거주
지역을 공격해 수백 명을 살해하고 수천 명의 삶의 터전을 파괴한 미국 역사상 최악의 인종 폭력 사건
중 하나다. 당시 지역 경찰과 공권력조차 폭력 사태를 방조하거나 가담했다는 점에서 미국의 구조적
인종차별을 상징하는 사건으로 평가받는다.

◆◆◆　레드라이닝(redlining)은 1930년대부터 1960년대까지 미국의 은행 및 주택담보대출 기관이 흑인이나
소수 인종 거주 지역을 ‘고위험 지역’으로 규정하고 지도에 붉은 선으로 표시하여 대출과 보험 등을 제
한한 차별적 관행을 말한다. 공식적으로는 폐지되었지만, 당시의 정책이 자산 축적과 교육, 거주 환경
등 장기적 격차를 남겨 현재까지 미국 내 사회적 인종차별을 상징하는 대표 사례로 언급된다.

서야 합니다. 저는 듣고 싶고, 배우고 싶고, 달라지고 싶습니다. 우리 아이들도 달라지길 바랍니다. 흑인의 생명은 소중합니다. 저는 행동하겠습니다. 저 자신부터 바꾸겠습니다." 몇 주 뒤 커쇼는 대부분 백인 선수로 구성된 영상 프로젝트를 주도하며 LA 지역단체들을 위한 모금 활동을 발표했다. 영상의 시작과 끝을 맡은 커쇼는 이렇게 말했다. "우리는 주저함 없이 '흑인의 생명은 소중하다'고 말해야 합니다." 하지만 그는 몇 가지 선언문에서 그치고 싶지 않았다. "LA 현장에서 흑인 사회를 어떻게 도울 수 있을까요?" 그는 화이트먼에게 물었다. 화이트먼은 그를 형사 사법 제도 개선, 교육 강화, 고용 기회 확대를 위해 일하는 지역단체와 지도자들에게 연결해주었다. 이는 커쇼가 꾸준히 해온 아동 복지 활동과도 흐름이 맞닿아 있었다. "우리 아이들이 누리는 기회를 흑인 아이들도 똑같이 누릴 수 있게 만들고 싶습니다." 그는 말했다.

시위가 계속되는 가운데 야구 시즌이 시작되었다. 노사 협상이 결렬되자, 맨프레드 커미셔너는 일방적으로 16개 팀이 포스트시즌에 진출하는 60경기 단축 시즌을 결정했다. 구장은 팬들의 입장이 불가했고, 각 팀의 이동은 인근 지역으로만 제한했다. 선수단은 7월 1일, 스프링캠프의 축소판 '서머캠프'에 합류했다. 시즌 개막은 7월 23일이었다. 개막전 선발로 예정되었던 커쇼는 웨이트장에서 등을 다쳐 갑작스럽게 제외되었다. 그러나 8월 2일 복귀전에서 그의 패스트볼 구속은 92마일♦을 기록했고, 슬라이더는 열한 차례나 헛스윙을 유도했다. 예전 그대로

♦ 약 148킬로미터

는 아니었지만, 그 모습에 꽤 가까웠다. 다만, 무관중 경기이다 보니 가상의 관중 소음이 스피커로 흘러나오고 선수들은 마스크를 쓴 채 경기를 치르는 기묘한 풍경 속에서 경기 자체를 즐기기는 어려웠다. 그리고 야구장 밖 세상은 더 격렬하게 흔들리고 있었다.

8월 23일, 위스콘신주 커노샤에서는 경찰이 흑인 남성 제이컵 블레이크를 총격했고, 또다시 시위가 시작되었다. 격리 상태에서 시즌 중이었던 NBA 선수들이 경기에서 이탈했다. 그날 다저스의 경기가 열리게 될 샌프란시스코에서 베츠는 출전을 거부하겠노라 팀에 알렸다. 로버츠 감독 또한 경기를 지휘할 생각이 없었다. 커쇼와 동료들은 어떻게 행동해야 할지 논의했다. "무키가 출전을 하지 않겠다고 말하자, 팀 전체의 대화가 시작되었습니다." 커쇼는 말했다. "우리 선수단이 베츠를 지지하려면, 그와 함께 우리 또한 경기에 나서지 않는 것이 최선이라고 느꼈습니다."

팬데믹 속에서 적극적 시위가 이어지고 사망자 수가 매일 늘어가는 가운데, 그 짧은 시즌 초반의 다저스와 커쇼는 그라운드 위에서 한 일보다 그 밖에서 한 말과 행동으로 더 기억되었다. 그 흐름은 포스트시즌에 접어든 뒤 비로소 바뀌게 되었다.

10월 1일, 커쇼는 통산 26번째로 포스트시즌 선발 마운드에 올랐다. 하지만 이런 10월 경기는 처음이었다. 다저스타디움의 분위기는 묘하게 불편했다. 외야 스탠드는 텅 비어 있었고, 포수 뒤쪽 관중석에는 사람 대신 판자 인형들이 가득 들어찼다. 어색한 인공 함성은 음산한 울림을 내며 구장을 채웠다. 그해는 모든 것이 기묘했다.

그해 정규 시즌 열 경기 동안 커쇼는 패스트볼 구속을 잘 유지했다. 58.1이닝 동안 62개의 삼진을 잡아내며 평균자책점 2.18이라는 훌륭한 성적을 거두었지만, 그 성공을 마음 편히 누리기는 어려웠다. 아이들이 경기장에 올 수 없었기 때문이었다. 가족은 댈러스 때보다 LA에서 훨씬 고립되어 있다고 느꼈다. 댈러스에서는 길만 나서면 친구들을 만날 수 있었지만, 캘리포니아에는 그런 공동체가 없었다. "여긴 다들 집 주변에 울타리와 철문을 두르고 살잖아요." 엘런은 말했다. 하일랜드파크의 서로 이어진 잔디 마당 풍경과는 전혀 다른 세계였다. 모든 결정이 무겁게 느껴졌다. "우리 가족은 절대 아프면 안 되고, 절대 격리에서 벗어나면 안 된다는 부담감이 너무 컸어요. 클레이튼에게 옮기면 안 되고, 클레이튼이 다저스에 옮기면 안 되고, 그러다 구단 전체가 무너질지도 모른다는 생각에 더욱 그랬어요." 엘런의 회상이다.

다저스는 확진자 없이 정규 시즌을 마쳤고, 전체 1번 시드로 포스트시즌에 올랐다. 3전 2선승제 와일드카드 시리즈에서 1차전은 뷸러가 완벽하게 잡아냈다. 하루 뒤, 커쇼는 시간을 거스르는 듯한 투구를 펼쳤다. 8이닝 무실점, 3피안타, 13탈삼진. 비록 2020년 내내 승리보다 패배가 많았던 브루어스가 상대였다 해도, 커쇼는 그날 밤을 충분히 즐겼다. 행운의 흐름이 시작되는 듯한 느낌이었다.

와일드카드 시리즈를 싹쓸이한 뒤 다저스는 긴 원정을 준비했다. 이동 거리를 줄이고 감염을 막기 위해 메이저리그는 이후 포스트시즌 라운드를 4개의 중립 구장으로 지정해서 진행했다. 아메리칸리그는 LA와 샌디에이고, 내셔널리그는 휴스턴과 텍사스로 배정되었다. 텍사스 알링턴에는 하일랜드파크에서 멀지 않은 곳에 새로 문을 연 글로브라이프 필드 구장이 있었는데, 내셔널리그 챔피언십 시리즈와 월드시리즈가 그곳에서 열릴 예정이었다. 다저스는 그곳으로 향하고 있었다. 향하는 곳은 바로 그곳이었다. 운명인지, 아니면 그해의 기묘한 힘인지 알 수 없는 무언가가 커쇼를 다시 '집'으로 이끌고 있었다.

21장
꿈의 정상

　　라스콜리나스 리조트는 스스로를 '텍사스가 선사하는 진정한 휴식의 정수'라고 소개하는 곳이다. 2020년 10월, 클레이튼 커쇼와 다저스 선수단은 최대 26일간 머물 각오로 이곳에 도착했다. 댈러스-포트워스 메트로플렉스 중심부에 자리한 이 리조트는 코로나 시대에 NBA가 운영했던 '버블'의 메이저리그식 해법이었다.♦ 선수, 코치, 스태프, 그리고 동행한 선수 가족들까지 모두 각자의 방이 배정되었다. 팀이 계속 이기기만 한다면 원정지 이동도 할 필요가 없었다. 월드시리즈로 가는 길은 텍사스를 거치는 것이었다.

♦　버블(bubble)은 2020년 팬데믹 동안 NBA가 처음 시행한 이후 메이저리그가 도입한 격리 운영 방식이다. 선수단과 필수 인력만 출입 가능한 '폐쇄 구역'을 조성해 외부 감염을 차단하고 경기 일정을 유지하기 위한 시스템이었다.

커쇼 가족에게는 여러모로 '행운' 같은 상황이었다. 엘런의 부모님은 어린아이들을 위한 물품을 호텔 발레파킹 스탠드에 두고 갔다. 버블 안에 있는 사람은 외부와 접촉할 수 없다는 규정 때문이었다. 하지만 리조트가 하일랜드파크와 가까웠기 때문에 포스트시즌 경기에는 가족과 친구들이 경기장을 찾을 수 있었다. 정규 시즌에는 관중이 출입할 수 없었던 것과 달리 포스트시즌에는 제한적이나마 관중 입장이 허용되었다. 이 규정이 아니었다면 엘런의 어머니 레슬리 멜슨은 커쇼의 경기를 보러 오지 못했을지도 모른다. 10월이 가까워지면서, 커쇼를 친자식처럼 아꼈던 레슬리는 생애 가장 쇠약한 상태였다. "거의 업다시피 해서 들어가야 했어요." 엘런의 아버지 짐 멜슨의 말이다. 하지만 그녀는 다저스의 우승 도전도 꼭 보고 싶어 했다. "클레이튼이 월드시리즈 우승을 하는 것은 정말로 저희 어머니의 오랜 꿈이기도 했어요." 엘런은 그렇게 회상했다.

버블 생활이 자리를 잡자, 다저스는 글로브라이프 필드에서 열린 포스트시즌 1라운드에서 샌디에이고 파드리스를 스윕했다. 커쇼는 2차전에 등판해 6이닝 3실점을 기록했다. 코디 벨린저는 페르난도 타티스 주니어의 홈런성 타구를 중견수 외야 펜스 위에서 곡예처럼 잡아냈다. 마지막 경기는 12 대 3의 대승이었고, 시리즈를 일찍 끝낸 덕에 다저스는 다음 라운드까지 나흘간 쉴 수 있었다.

그 무렵 선수단은 라스콜리나스 생활의 단점과 장점을 모두 익혀가고 있었다. 숙소와 맞닿은 호화 골프장 출입은 금지되었지만, 수영장에서는 마음껏 물놀이를 할 수 있었고, 콘홀 게임♦이나 기타 비디오게임을 함께 즐길 수도 있었다. 식사는 모두 호텔이 해결해주었다. "룸서비스로 치킨 윙을 엄청나게 시켜 먹었어요." 벨린저의 말이다. "정말 맛있었거든요. 그리고 우리가 먹을 수 있는 건 룸서비스뿐이었죠. 메이저리그 측에서 최종 결제 금액을 보고 뭐라고 했을지 궁금하네요." 대학 시절 기숙사 생활을 경험한 선수들에게 버블은 그 시절과 비슷한 느낌을 주었다. 외부와 단절된 채 선수단끼리 끈끈한 유대감이 생겨났다. "버블 자체는 정말 좋았어요." 워커 뷸러는 말했다. "거기에 갇혀 있는 처지라는 것만 빼면, 꽤 즐거웠죠."

하지만 그 경험은 선수들의 처지에 따라 다르게 다가왔다. 아이가 없는 22세 개빈 럭스에게 버블 생활은 지독할 만큼 심심한 나날이었다. 반면 '부모 선수'들에게는 완전히 다른 세계가 열렸다. 아이들은 호텔 복도를 뛰어다니고 잔디밭에서 미식축구공을 던지며 몇 달 만에 또래 친구들과 어울려 놀 수 있었다. 핼러윈에는 객실 문마다 돌아다니며 "트릭 오어 트릿"♦♦을 외쳤다. LA에서 느꼈던 답답함은 사라졌다. 엘런은 당시를 이렇게 회상했다. "다시 야구장에 갈 수도 있었고, 서로의 얼굴을 볼 수도 있었어요. 그때는 더 이상 큰 위험을 느끼지 않았어요."

♦　구멍 뚫린 나무판에 콩주머니를 던져 넣는 미국식 야외 게임
♦♦　트릭 오어 트릿(trick or treat)은 핼러윈 밤에 어린이들이 집집마다 찾아다니며 사탕을 받을 때 쓰는 말

샌디에이고를 꺾은 뒤, 애틀랜타 브레이브스가 라스콜리나스 리조트에 입성했다. 휴식일 없이 7전 4선승제로 치러질 내셔널리그 챔피언십 시리즈를 위해서였다. 전력상 브레이브스는 만만치 않은 상대였지만, 그래도 여전히 언더도그에 가까웠다. 다저스는 60경기 정규 시즌을 마치자마자 폭주하듯 승승장구했다. 43승을 거둔 그들의 페이스는 2001년 116승을 올린 시애틀 매리너스와 비슷했다. 셧다운 기간에 대형 연장 계약을 맺은 무키 베츠는 12년간 3억 6,500만 달러가 저렴하게 느껴질 정도로 좋은 활약을 펼쳤다. 코리 시거와 저스틴 터너도 여전히 훌륭했다. 윌 스미스는 상대적으로 일천한 경력에도 불구하고 포수로서 안정감을 보여주었다. 한 라이벌 구단의 관계자는 이 팀을 두고 "역대 메이저리그에서 구성된 팀 가운데 손에 꼽을 전력"이라고 평가했는데, 그 중심에는 커쇼가 있었다. 그의 패스트볼은 다시 꿈틀거렸고, 슬라이더는 매섭게 꺾였다. 다저스는 커쇼를 예전보다 더 신중하게 관리하고 있었다. 프리드먼과 로버츠는 지난 몇 년의 경험을 통해 교훈을 얻었다. 굳이 6회 이후까지 끌고 갈 필요가 없었다. 경기 후반 3이닝은 강속구 투수들이 가득한 불펜이 해결해줄 터였다. 그저 커쇼가 할 일은 단 하나, 부상을 당하지 않는 것이었다.

10월 10일, 챔피언십 시리즈를 이틀 앞둔 날이었다. 불펜 피칭을 하던 커쇼는 허리 요추 부근의 근육이 툭, 하고 나가버린 듯한 느낌을 받았다. 고통이 온몸으로 번지자 곧바로 투구를 멈췄다. 이번 진단은 과거 부상보다는 가벼웠다. 단순한 허리 경련이었다. 몇 주 쉬면 회복될 수 있는 종류의 통증이었다. 하지만 그에게는 시간이 없었다. 다저스는 커쇼를 2차전 등판에서 제외했다. 커쇼는 구단 의료진이 여러 가지 방안을 논의하는 모습을 보며 앉아 있었다. 가장 희망을 걸 수 있는 방법은 세 종류의 주사, 즉 마카인, 코르티손, 토라돌을 연달아 투여하는 것이었다. 통증을 무디게 하고 염증을 가라앉히고 움직임을 가능하게 하기 위한 조치였다. "그런 방법까지 써본 건 처음이었어요." 커쇼는 훗날 그렇게 말했다. "그리고 다시는 하고 싶지 않아요."

의료진은 주사의 효능을 보기 위해 먼저 시험 투여를 했다. 커쇼는 공을 던져보고 불펜 피칭도 진행했다. "'뭐, 괜찮네' 이런 정도였죠." 커쇼는 당시를 그렇게 기억했다. 다저스는 그를 4차전에 맞춰 다시 선발진에 합류시켰다. 그사이 브레이브스의 기세는 하늘을 찔렀고, 시리즈는 2승 1패로 브레이브스가 앞서가고 있었다. 만약 커쇼가 평소의 투구를 보여줄 수 있다면, 그리고 매년 10월마다 그를 괴롭혔던 악령을 떨쳐낼 수 있다면 시리즈는 다시 동률이 될 터였다. 경기 당일, 커쇼는 다시 세 가지 주사를 모두 맞았다. 이번에는 그 조합이 그를 완전히 뒤흔들었다. "그렇게 약을 맞고 나면, 몸이 축 늘어진 국수처럼 돼요. 몸을 제어할 수가 없어요." 그는 말했다. 구속은 떨어졌고, 슬라이더도 제대로 들어가지 않았다. 모든 감각이 비뚤어진 듯했다. "중고차 판매장 앞에서 펄럭거리는 그 커다란 풍선 인형 있잖아요? 딱 그런 느낌이었어요."

지붕이 열린 글로브라이프 필드에 바람이 몰아치고 있었다. 커쇼의 어깨까지 내려온 머리칼이 휘날렸고, 흙먼지가 소용돌이치며 선수들을 덮쳤다. 음산한 장면이었다. 커쇼에게 이 구장은 오래된 악몽을 다시 불러내는 무대처럼 느껴졌다. 5회까지 그의 실점은 단 한 점뿐이었다. 마르셀 오수나가 커쇼의 실투를 솔로 홈런으로 응징한 결과였다. 하지만 6회, 1 대 1 동점 상황에서 모든 것이 무너졌다. 커쇼는 애틀랜타 타선을 세 번째로 상대하게 되었다. 로날드 아쿠냐 주니어의 내야안타로 커쇼는 비틀거리며 넘어졌고, 이어 프레디 프리먼이 몸쪽 패스트볼을 밀어 쳐 아쿠냐를 홈으로 불러들였다. 이젠 자칫 패전투수가 될 수도 있는 상황이었다. 타석에는 오수나가 다시 등장했다. 로버츠 감독은 이미 상처 입은 에이스를 믿고 그대로 밀고 갔다. 하지만 풀카운트에서 던진 커브가 스트라이크존 한복판에 들어갔고, 오수나는 그 공을 외야 좌중간을 가르는 적시 2루타로 연결시켰다. 커쇼의 표정에는 놀람보다 체념에 가까운 기색이 떠올랐다. 그는 이 역할을 너무 오랫동안 맡아왔다. 포스트시즌의 희생양, 두 총잡이의 대결에서 쓰러지는 쪽의 역할 말이다. 벤치에서 경기가 무너지는 과정을 바라보는 동안, 점수는 어느새 10 대 2가 되어 있었다.

경기가 끝난 뒤, 커쇼는 화상 인터뷰에서 묵묵히 '본인의 몫'을 받아들였다. 당시의 분위기에는 워싱턴과의 내셔널리그 디비전 시리즈 5차전 때 느껴졌던 그 애잔함조차 없었다. 말할 것도 많지 않았다. 어떻게 보면 이런 순간들을 감내하는 것이 그에게 주어진 숙명 같았다. 커쇼는 의자에 털썩 주저앉았다. 손으로 머리를 쓸어 넘기고는 멍하게 마이크를 바라보았다. 얼굴에 지친 기색이 역력했고, 대답은 짧고 건조했다.

『LA 타임스』의 호르헤 카스티요 기자가 질문을 던졌다. "오수나와의 대결에서 2루타를 허용한 그 공은 어떤 의도로 던진 건가요?"

그러자 커쇼가 답했다. "아웃시키려고 던졌죠."

그는 입고 있던 다저스 후드티의 소매 끝을 만지작거렸다. 온갖 주사를 맞은 사실도, 몸이 뜻대로 따라주지 않았던 것도, 매해 10월마다 겹겹이 쌓아온 정신적 부담도 언급하지 않았다. 하지만 그는 표정과 태도만으로도 그날이 어떤 밤이었는지 말해주고 있었다. 다시 한번 부딪혀보려 했지만, 또 한 번 실패한 것이었다. 이제 팀은 탈락까지 1패만을 남겨두고 있었다. 커쇼는 버스를 타고 라스콜리나스의 버블로 돌아갔다. 이 시리즈에서 다시 등판할 일은 없었다.

이제 그가 할 수 있는 일은 동료들이 해내길 기도하는 것뿐이었다.

그러다 문득 다른 생각이 들었다.

쓸쓸함을 혼자 삼키는 대신, 커쇼는 휴대폰을 집어 들었다. 리더십에 대한 자의식은 접어두고, 팀원들이 모여 있는 단체 채팅방에 메시지를 써 내려갔다. 그는 동료들이 얼마나 훌륭한 선수들인지 상기시켰고, 시리즈가 아직 끝나지 않았다는 점을 강조했다. "아마 조금은 유치하고, 감상적으로 들렸을지도 몰라요." 커쇼는 이렇게 당시를 회상했다. 하지만 그 메시지는 채팅방에 불을 붙였다. 밤새 알림이 울려 퍼졌다. 터너, 벨린저와 에르난데스, 족 피더슨과 브루스더 그라테롤까지 차례로 메시지를 보내왔다. 세인트루이스 출신으로 당시 다저스 불펜을 지키고 있던 조 켈리는 아들 녹스에게 아이폰으로 '내일 밤 불꽃놀이를 보고 싶다'는 내용의 즉석 영상 메시지를 찍게 했다. 평소 내성적이어서 구단 관계자들로부터 동료들을 좀 더 응원하라는 잔소리를 듣곤 했던 시거조차 대화에 참여했다. "다들 커쇼의 그 메시지를 중심으로 똘똘 뭉쳤어요." 시거가 말했다. "경기에 나설 준비를 제대로 하자는 쪽으로요."

커쇼의 커리어 대부분은 그가 10월에 흔들리면 다저스 팀 전체도 함께 흔들리는 역사의 반복이었다. 2013년, 타선은 세인트루이스를 상대로 타율 .211에 그쳤다. 이듬해 맷 애덤스가 커쇼를 상대로 홈런을 때려냈을 때도 타선은 응답하지 못했다. 2015년에는 대니얼 머피가 3루를 훔치는 동안 수비진이 멍하니 서 있었다. 2016년에는 커쇼가 무너지기 전에 팀 전체가 컵스를 상대로 먼저 붕괴했다. 2017년 월드시리즈 2차전에서는 켄리 잰슨이 무너졌고, 애스트로스 3차전과 7차전에서는 다르빗슈 유가 초토화되었다. 2018년에는 말 그대로 아무도 활약하지 못했다. 2019년 역시 애초에 내셔널스와 끝장 승부까지 갈 일도 아니었지만 그렇게 되었고 결국 패했다. 아내 엘런은 남편만을 탓하는 기사들을 읽을 때마다 울부짖고 싶은 순간이 많았다. 하지만 패배의 책임을 나누는 일은 부질없고 생산적인 일도 아님을 알고 있었다. 이 짐은 커쇼가 짊어질 수밖에 없는 것이었다. 그는 그 무게를 감당해온 사람이었다.

당시의 다저스 팀에는 결정적인 요소 하나가 빠져 있었다. 바로 무키 베츠의 존재였다. 커쇼가 좌절을 맛본 바로 다음 날 이어진 5차전에서 베츠는 시즌을 구해냈다. 다저스는 3회 초, 이미 두 점 뒤처진 상황에서 득점권에 주자 두 명을 두고 있었다. 애틀랜타의 유격수 댄스비 스완슨이 우익수 쪽으로 잘 맞은 라인드라이브 타구를 날렸다. 베츠는 거의 땅에 닿을 것 같았던 그 타구를 건져 올리는 수비를 했다. 그 과정에서 상대 주자 오수나는 3루에서 태그업을 제대로 하지 못했고, 이는 흐름을 완전히 뒤집는 더블플레이로 이어졌다. 내셔널리그 우승 트로피를 눈앞에 둔 애틀랜타가 저지른 여러 실수 중 하나였다. 두 이닝 뒤, 윌 스미스는 기묘하게도 같은 이름을 가진 브레이브스 투수 윌 스미스를 상대로 역전 홈런을 터뜨렸다. 다저스는 7 대 3으로 승리하며 6차전까지 시리즈를 끌고 갔고, 그 경기에서 뷸러가 애틀랜타 타선을 틀어막으며 3 대 1 승리를 이끌었다. 7일간 이어진 혈투의 마지막 밤, 터너는 몸을 날려 스완슨을 태그한 뒤 곧장 돌아서며 3루 주자를 잡아내는 더블플레이로 브레이브스의 반격을 끊어냈다. 7회에는 벨린저가 결승 홈런을 보탰다. 그는 홈을 밟은 뒤 키케 에르난데스와 팔꿈치를 부딪치는 세리머니를 하다 어깨가 탈구되었다. 4 대 3 승리로 월드 시리즈 티켓을 거머쥔 이 다저스 선수들에게 상처를 낼 수 있는 것은 자기 자신들뿐이었다.

4년 새 세 번째로, 다저스는 월드시리즈 1차전 선발을 클레이튼 커쇼에게 맡겼다. 상대는 2017년 애스트로스나 2018년 레드삭스처럼 압도적인 파괴력이나 전국적 인지도를 가진 팀은 아니었다. 탬파베이 레이스는 상대적으로 주목을 받지 못한 채 철저히 기능에 충실한 '현대 야구'를 보여주는 팀이었다. 그들의 야구에는 형식보다 효율이 앞섰다. 타자 중에서 연봉이 1,000만 달러를 넘는 선수는 베테랑 외야수 케빈 키어마이어 한 명뿐이었고, 정규 타자 가운데 타율 3할을 넘긴 선수는 1루수 얀디 디아즈뿐이었다. 2016년 이후 완투를 기록한 투수도 없었다. 탬파베이는 야구를 '본질'로 되돌린 팀이었다. 어떻게 점수를 뽑아낼 것인가, 어떻게 실점을 억제할 것인가. 그리고 그 사이를 관통하는 것은 수학적 설계였다. 수비 위치 선정은 정교했고, 타순 구성은 치밀했으며, 투수진 운용은 효율적이었다. 레이스는 다저스와 매우 닮은 방식으로 야구를 했다. 두 구단 모두에 프리드먼의 흔적이 남아 있었기 때문이었다. 차이가 있다면, 프리드먼의 새 팀인 다저스는 커쇼와 베츠 같은 슈퍼스타들에게 돈을 썼다는 점이었다. 결과는 다저스의 8 대 3 완승이었다. 허리 상태가 좋아진 커쇼는 6이닝 1실점의 호투를 펼쳤고, 베츠는 한 이닝에서 볼넷과 도루로 흐름을 바꾼 데 이어, 다음 이닝에서는 홈런까지 터뜨렸다.

글로브라이프 필드에는 커쇼의 친구들과 가족을 포함해 수천 명의 관중이 들어찼다. 메이저리그가 입장 인원을 1만 1,500명으로 제한하면서, 경기장의 4분의 3은 비어 있었다. 그럼에도 그 관중들은 여름 내내 울려 퍼지던 인공 관중 소리에서 벗어나게 해주는 작은 위안이었다. 엘런의 부모님 짐과 레슬리 멜슨은 마스크를 쓰고 인파 속으로 들어갔다. 가족석을 벗어날 수는 없었지만, 엘런은 멀리서라도 부모님에게 손을 흔들 수 있었다. "그게 저희가 버블에 있는 한 달 동안 부모님에게 가장 가까이 다가간 순간이었어요." 엘런은 회상했다. 엘런은 남편의 친구들과도 따로 문자 메시지를 주고받고 있었다. 매년 10월이 되면 커쇼와 친구들이 있는 단체 채팅방은 클레이튼 대신 엘런이 그 역할을 맡는 또 하나의 대화방으로 대체되었다. '민 스트리트 포시'의 대부분은 여전히 텍사스에 살고 있었다. 그들은 포스트시즌 장소가 텍사스로 정해진 우연에 놀라워했다. "팬데믹 시절에 야구가 텍사스에서 열린 덕에, 저희가 커쇼를 직접 볼 수 있었습니다." 조시 메러디스는 말했다.

커쇼가 다시 마운드에 오른 5차전, 아내 엘런은 1루 쪽 높은 곳에 일곱 장의 티켓을 구했다. 메러디스, 벤 카델, 패트릭 홀핀, 로버트 섀넌, 카터 잉글리시, 그리고 디킨슨 쌍둥이까지, 그날 밤 모두는 신경이 곤두서 있었다. 커쇼가 던질 때면 늘 그랬다. 이들은 오랫동안 그를 보기 위해 전국을 돌아다녔지만, 포스트시즌에서의 기억은 늘 '절망'뿐이었다. 그리고 2020년 월드시리즈 역시, 시리즈 전적 2승 2패로 '그 방향'으로 흘러가고 있었다. 다저스는 4차전을 악몽 같은 방식으로 내줬다. 불펜이 세 이닝에 걸쳐 흔들렸다. 9회, 한 점 앞선 가운데 1, 2루에 주자를 둔 상황에서 켄리 잰슨이 외야수 브렛 필립스에게 안타를 허용했다. 중견수 크리스 테일러가 공을 더듬는 사이 주자 한 명이 홈을 밟았고, 1루 주자였던 신예 스타 랜디 아로사레나는 3루 코치의 정지 사인을 무시하고 홈으로 파고들었다. 정상적이라면 아웃이었겠지만, 포수 윌 스미스가 공을 놓쳤고 투수 잰슨도 백업 플레이를 가지 않았다. 그 사이 아로사레나는 몸을 날려 홈 플레이트를 내리쳤다. 더그아웃에서 데이브 로버츠는 소리를 지르고, 침을 뱉고, 모자를 거의 집어던질 뻔했다. "더 꼬이기 어려울 만큼 꼬인 상황이었습니다." 그가 경기 후 말했다. 하지만 늘 그렇듯 로버츠는 지나간 일이 아닌 앞을 바라봤다. "이제 3전 2선승제인 상황입니다. 그리고 내일은 클레이튼이 선발로 나섭니다."

커쇼는 안정감의 상징이었지만, 그날의 모습은 거칠었다. 수염은 정돈되어 있지 않았고, 모자는 흙으로 얼룩졌으며, 모자 아래로 보이는 머리카락에는 땀이 엉겨 있었다. 다저스 타선은 2회까지 3점을 지원했지만, 탬파베이 타선은 3회에 두 점을 만회했다. 그리고 한 이닝 뒤, 또다시 불길한 조짐이 보였다. 커쇼는 발 빠른 외야수 마누엘 마르고트를 볼넷으로 내보냈다. 다음 공에 마르고트는 2루로 뛰었고, 포수 오스틴 반스의 송구는 늦었다. 공은 테일러의 글러브를 맞고 튕겨 나갔고, 마르고트는 단숨에 3루까지 진루했다. 무사 3루. 동점을 허용할 수 있는 주자가 코앞에 있었다.

커쇼는 모든 아웃이 똑같지 않다는 것을 본능적으로 아는 투수였다. 그는 팀의 필요에 맞춰 투구를 조율했다. 삼진이 필요할 때, 병살타가 필요할 때, 속전속결로 이닝을 매듭지어야 할 때 등 말로 설명하기 어려워도 그는 결국 해냈다. 브랜던 매카시와 잭 그레인키는 그것을 '마법'이라고 불렀다. "커쇼의 실점 억제 능력은 거의 타고난 재능 같아요." 매카시는 말했다. 로스 스트리플링은 이렇게 말하기도 했다. "그냥 상대를 완전히 눌러버립니다." 3루에 마르고트가 있는 상황에서 다저스가 원하는 것은 분명했다. 커쇼는 그를 홈으로 들여보내서는 안 되었다. 그는 다음 타자 헌터 렌프로를 볼넷으로 내보냈고, 이어 내야수 조이 웬들이 타석에 들어섰다. 커쇼는 몸쪽 패스트볼로 웬들을 막아 첫 아웃을 잡았다. 마르고트는 움직이지 않았다. 이어 커브로 유격수 윌리 아다메스를 삼진 처리했다. 마르고트는 점점 초조해졌다. 키어마이어가 타석에 섰을 때, 1루수 맥스 먼시는 마르고트가 홈 쪽으로 슬쩍슬쩍 움직이며 커쇼의 동작을 훔치려는 것을 발견했다.

커쇼는 좌완 투수였기에 공을 던질 때 3루를 등지게 된다. 그는 오른쪽 어깨 너머로 마르고트를 힐끗 확인한 뒤, 팔을 들어 올리고 숨을 고르며 투구 준비에 들어갔다. 먼시의 임무 중 하나는 커쇼의 사각지대를 지키는 일이었다. 키어마이어가 초구를 파울로 걸어냈다. 반스가 공을 돌려줬다. 커쇼는 공을 문지르며 마르고트를 다시 한번 바라봤다. 그리고 팔을 들어 올리는 순간, 마르고트가 뛰기 시작했다. 월드시리즈에서 홈 스틸을 시도한다는 것은 무모함에 가까운 대담한 선택이었다. 먼시는 앞으로 달려나가며 홈을 가리켰다. "홈! 홈! 홈!" 이런 플레이는 사전 미팅에서도 거의 다루지 않는다. 시즌 중 연습할 일도 없다. 단 몇 초 동안, 홈으로 쇄도하는 마르고트와 그 '기습'을 인지한 커쇼 사이에서 다저스의 운명이 걸린 대결이 펼쳐졌다.

그레그 매덕스가 커쇼를 루키 시절부터 높이 평가했던 이유 중 하나는 그가 야구의 모든 면에 헌신한다는 점이었다. 커쇼는 공을 던지는 것에만 신경 쓰지 않았다. 그는 이기는 야구를 원했기에 타석에서의 역할을 신경 썼고, 수비와 주자 견제까지 모든 요소를 중요하게 여겼다. 먼시가 가리키는 순간, 커쇼는 완벽한 제어로 반응했다. 보크 판정을 피하기 위해 왼발을 마운드 뒤로 빼며 중심을 잡았다. 보크였다면, 그대로 실점인 상황이었다. "정말 모든 걸 다 알고 있었어요." 먼시는 회상했다. "커쇼는 자기가 뭘 해야 하는지 정확히 알고 있었죠." 투구판을 밟은 채, 커쇼는 홈으로 공을 뿌렸다. 반스는 앞으로 나와 공을 잡았고 마르고트를 태그했다. 동점까지는 불과 몇 인치밖에 남지 않은 거리에서였다. 주심의 아웃 판정 제스처처럼 커쇼도 주먹을 불끈 쥐었다. 더그아웃으로 돌아온 그는 1루수부터 찾았다. "어이." 커쇼가 먼시에게 말했다. "잘했어."

커쇼는 이후 단 한 명의 주자도 내보내지 않으며 4 대 2 승리를 지켜냈다. 경기 후 화상 인터뷰에서는 캘리와 찰리가 기어오르는 통에 아이들을 붙잡는 데 더 애를 먹었다. "요놈들 진짜 장난꾸러기네." 그는 웃으며 말했다. 커리어에서 가장 길고 가장 기묘했던 포스트시즌에서 그는 다섯 차례 선발 등판해 평균자책점 2.93을 기록했다. 그가 등판한 경기 중 팀은 4승을 거두었다. 이제 그는 오랫동안 자신을 짓눌러온 이야기에 마침표를 찍을 수 있는 단 한 번의 승리를 앞두고 있었다.

10월 27일, 맷 갱글은 글로브라이프 필드 외곽의 하역장을 가로질러 텔레비전 중계차 안으로 들어섰다. 문을 열고 들어가 모니터 수십 대가 늘어선 자리 앞 의자에 몸을 맡겼다. 폭스의 메이저리그 중계 수석 디렉터인 그는 지난 22일 동안 무려 열여섯 차례나 같은 자리에 앉아 있었고, 그 외의 시간은 사실상 격리 상태로 지냈다. 4주 전 댈러스의 호텔에 체크인할 때, 그는 전자레인지와 냉장고가 있는 방을 요청했다. 그리고 근처 마트에서 사온 식재료와 구장에서 제공하는 케이터링 식사로 끼니를 해결하며 버텼다. "매일 똑같은 일을 하고 똑같은 길로 운전해오다 보면, 조금 비현실적인 기분이 들죠." 그는 회상했다.

하지만 이날을 위한 준비는 조금 달랐다. 6차전을 앞두고, 갱글은 다저스가 우승할 경우 그 순간을 어떻게 담아낼지 스태프들과 아이디어를 짰다. 당시 다저스는 1988년 이후 월드시리즈 우승이 없었다. 폭스는 이 결정적인 순간을 제대로 포착할 담당자로 갱글이 적임자라고 믿었다. 그는 특정 카메라를 집중 운용하기 위한 시나리오를 스무 가지 넘게 구상했다. 더그아웃의 데이브 로버츠 감독을 비추는 카메라 하나, 관중석에서 구겐하임 그룹의 가장 상징적인 인물인 매직 존슨을 잡는 카메라 하나, 그리고 이 팀의 길고 고통스러운 우승을 향한 갈망을 상징하는 선수를 따라가는 카메라 하나를 따로 배정했다.

"핵심 장면 중 하나는 바로 커쇼를 카메라에 담는 것이었습니다." 갱글은 말했다.

커쇼는 6차전이나 7차전 선발 등판 예정이 아니었기에 불펜 등판을 자청했다. 6차전 전날 밤, 그는 아내 엘런에게 이렇게 말했다. "팀에서 나를 필요로 하면 마운드에 오를 거야." 엘런은 다음 날 저녁 내내 남편이 구원 등판을 하게 될지 모른다는 생각에 마음을 놓지 못했다. 다저스 더그아웃 뒤, 1루 라인 쪽 관중석에 앉아 있던 그녀는 그라운드의 경기 상황과 불펜에서 서성이는 투수들을 번갈아 바라봤다. 더 높은 곳의 관중석에서 경기를 지켜보던 커쇼의 친구들 역시, 핼핀의 말에 따르면 정말 엄청난 스트레스를 느끼고 있었다. "또 한편으로는 이번에도 무너지는 것은 아닐까 하는 불안감이 있었죠."

6차전은 잔잔한 흐름으로 전개된 명승부였다. 1회에 아로사레나가 솔로 홈런을 쳤고, 이에 로버츠 감독은 2회부터 불펜을 가동했다. 그는 버튼을 하나씩 눌러가듯 투수들을 투입했다. 딜런 플로로 같은 무명의 불펜 투수, 알렉스 우드처럼 선발에서 전향한 중간 계투, 그리고 페드로 바에스 같은 혹평을 견뎌온 베테랑까지, 그들을 믿고 맡겼다. 레이스의 선발 블레이크 스넬은 생애 최고의 투구를 펼치고 있었다. 5이닝 동안 9개의 삼진을 잡아내는 동안 피안타는 하나뿐이었다. 스물일곱 살의 좌완이었던 스넬은 현대 야구 투수의 전형이었다. 커쇼가 지식을 흡수하면서도 분명 자신과는 결이 다르다고 느꼈던 세대의 투수였다. 그는 2018년 아메리칸리그 사이영상을 받았지만, 시즌 내내 8회까지 던진 적은 한 번도 없었다. 타자를 압도해 배트를 헛돌게 만드는

데 특화된 투수였지, 경기를 끝까지 책임지는 유형은 아니었다. 타순을 세 번째로 도는 순간부터 그의 성과는 눈에 띄게 떨어졌다. 6차전 이전 2020시즌 열여섯 차례의 선발 등판에서 그는 한 번도 6이닝을 채우지 못했다. 6회 1아웃, 이 경기에서의 73번째 공을 던진 뒤 오스틴 반스가 중견수 앞으로 가는 안타를 치자, 레이스의 케빈 캐시 감독은 망설이지 않았다. 그는 스넬을 마운드에서 내렸다.

이 투수 교체 결정은 변해가는 야구의 지형도를 둘러싼 오랜 논쟁에 불을 지폈다. 이후 각종 패널 토론이 이어졌고, 야구의 생명력이 사라지고 있다며 비판해온 밥 코스타스♦ 같은 익숙한 목소리도 다시 등장했다. 레이스는 '분석'이라는 거대한 동력을 기반으로 결정을 내리는 팀이었다. 캐시는 방대한 데이터에 근거해 다음 타자를 상대하는 데 있어 자신의 불펜 투수 중 누군가가 스넬보다 더 나을 것이라고 믿었다. 그는 옳은 선택을 하고 있다고 확신했다. 그리고 몇 달이 지난 뒤에도, 그 결정으로 여전히 괴로워하면서도 자신의 믿음은 바꾸지 않았다. 하지만 결국, 캐시가 어느 투수를 마운드에 올렸느냐는 중요하지 않았을지도 모른다. 다음 타자가 무키 베츠였기 때문이다.

베츠는 시간을 허비하지 않았다. 그는 다음 투수 닉 앤더슨의 공을

♦   밥 코스타스(Bob Costas)는 미국을 대표하는 스포츠 캐스터 중 한 명으로, NBC와 MLB 네트워크, 폭스 스포츠 등을 통해 수십 년간 메이저리그 중계를 맡아온 인물이다. 분석과 데이터 중심으로 변화해온 현대 야구에 대해, 경기의 리듬이나 서사 등의 감정적 몰입 요소가 약화되고 있다는 비판적 견해를 여러 차례 밝힌 바 있다. 이 책에서의 언급은 코스타스의 중계 중 특정 발언을 인용한 것이 아니라, 투수 교체를 둘러싼 논쟁 속에서 전통주의적 시각을 대표하는 상징적 목소리로서 그를 언급한 수사적 표현이다.

받아쳐 2루타를 만들었다. 이어 앤더슨의 폭투로 반스가 홈을 밟았다. 시거가 땅볼로 물러났을 때, 베츠는 전력 질주하여 결승 득점을 올렸다. 로버츠는 스물네 살의 좌완 훌리오 우리아스를 마지막 아웃 카운트 7개를 책임질 투수로 낙점했다. 더그아웃이 들뜬 와중에도 로버츠는 침착함을 유지했다. 8회 초가 시작되기 전, 메이저리그 관계자가 저스틴 터너를 불러 세웠다. 코로나19 양성 판정이 나왔다는 통보였다. 터너는 더그아웃 뒤쪽 방으로 황급히 사라졌고, 동료들은 그의 행방을 두고 술렁였다. 베츠는 8회 말, 홈런을 날리며 다저스에서의 첫 번째 시즌에 정점을 찍었다. 불펜에서 커쇼는 걸음을 옮기며 서성였다. 하지만 이번만큼은, 마침내, 걱정할 이유가 거의 없었다. 우리아스가 9회를 가볍게 정리했기 때문이었다. 2020시즌 마지막 공은 시속 97마일♦의 패스트볼이었다. 스트라이크존의 안쪽을 꿰뚫는 루킹 삼진. 우리아스는 몸을 젖히며 포효했다. 반스는 공을 품에 안고 포수 미트와 마스크를 던지며 한데 엉킨 축제의 중심으로 뛰어들었다. 선수들은 더그아웃 난간을 넘어오고, 외야수는 전력 질주해 내야로 뛰어들었으며, 불펜에서도 동료들이 쏟아져 나왔다. 미국 전역에 이 장면이 중계되던 그 몇 초 동안, 한 사람의 모습만은 보이지 않았다.

♦　약 156킬로미터

로스 스트리플링은 더 이상 다저스 선수가 아니었다. 그해 여름, 그는 트레이드를 통해 토론토로 떠났다. 휴스턴에 있는 처가에서 경기를 지켜보던 스트리플링은 수많은 이의 마음속에 맴돌고 있던 질문을 입 밖으로 내뱉었다.

"커쇼 어딨어?" 스트리플링이 텔레비전을 향해 소리쳤다. "커쇼 좀 보여줘!"

글로브라이프 필드 외곽 하역장에 세워진 중계차 안에서 맷 갱글은 그 요청에 응했다. 그는 그날 미리 준비해두었던 장면으로 화면을 전환했다. 불펜에 서 있는 커쇼를 정면에서 포착한 고정 카메라였다. 카메라는 훌리오 우리아스가 마지막 스트라이크를 꽂아 넣는 순간, 표정 하나 바뀌지 않은 채 화면을 응시하던 커쇼를 잡아냈다. 모든 것이 끝났을 때, 커쇼는 아주 잠깐 눈을 감았다가 두 팔을 들어 올렸다.

그 순간, 커쇼가 자신의 감정을 받아들이는 데는 시간이 필요했다. 그러다 깨달았다. 자신이 짊어지고 있었던 짐, 외면하려 애써왔던 그 짐, 위대함이 요구했던 그 부담. 그리고 그 무게가 마침내 내려앉는 것을 느꼈다. "살면서 그렇게 큰 안도감을, 그렇게 깊은 한숨을 내쉰 적은 처음이었어요." 커쇼는 당시를 그렇게 회상했다. 이번에는 무엇이 잘못되었는지 곱씹을 필요가 없었다. 왜 그런 일이 벌어졌는지, 어떻게 그렇게 흘러갔는지를 따질 필요도 없었다. 그에게 필요한 것은 오직 하나, 오랫동안 좇아왔던 이 승리를 온전히 음미하는 일이었다. "우승이 그렇게까지 필요했는지는 몰랐어요." 커쇼는 말했다. "그런데 정말 필요했더라고요."

커쇼가 우승의 기쁨을 만끽하는 동안, 스킵 존슨의 머릿속에는 오래된 기억들이 한꺼번에 밀려들었다. 그는 오클라호마에 있는 자신의 집에서 경기를 지켜보고 있었다. 곁에는 코칭스태프들이 있었고, 집 안 곳곳에는 박제된 사슴들이 빼곡히 들어차 있었다.

커쇼가 애디슨에 있는 케이드 그리피스의 디배트 시설에서 '1-2-3 투구 폼'을 처음 배운 지 1년이 지났을 무렵, 존슨은 텍사스 대학의 투수코치가 되었다. 커쇼는 선수 초창기 시절 몇 해 동안, 겨울이면 오스틴을 찾아 친구들과 시간을 보내고 존슨과 함께 불펜 투구를 하곤 했다. 이후 존슨이 오클라호마 대학 감독으로 자리를 옮긴 뒤에는 가능한 한 커쇼의 선발 등판 경기를 빠짐없이 지켜보려 했다. "커쇼가 꼭 우승하기를 정말 간절히 바랐어요." 존슨은 회상했다. "그 친구가 야구에 얼마나 많은 마음과 혼을 쏟아부었는지 알고 있었거든요."

존슨의 머릿속에는 여전히 그때의 장면이 선명했다. 레슨을 받을 형편조차 되지 않았던 앳된 체격의 10대 소년, 하키 퍽으로 커브를 던지며 공의 궤적을 바꿔가던 모습, 그리고 고교 마지막 해에는 자신의 야구 인생을 바꿔놓기 시작했던 그 시절의 커쇼였다. 존슨은 커쇼를 떠올릴 때마다 자신이 왜 코치의 길을 택했는지를 다시금 떠올리게 된다고 했다.

"저에게는 참 보람 있는 일입니다. 한 젊은 선수의 인생을 바꾸는 과정에 제가 작은 역할이라도 했으니까요." 존슨은 말했다. "이보다 더 큰 기쁨은 없습니다."

2020년 포스트시즌은 로건 화이트에게 씁쓸하면서도 달콤한 기억으로 남았다. 씁쓸함은 초반 라운드에서 비롯되었다. 다저스가 자신이 임원으로 몸담고 있던 샌디에이고를 탈락시켰기 때문이었다. 반면, 커쇼가 명예의 전당 이력서의 마지막 빈칸을 채우는 순간에는 달콤함을 맛봤다. "말로 형용할 수 없을 만큼 기뻤습니다." 화이트는 그렇게 회상했다(감정이 북받친 전직 다저스 관계자는 화이트만은 아니었다. 다저스 구단 방송사에서 해설을 맡고 있던 네드 콜레티 역시 눈시울이 붉어졌다고 했다). 화이트는 커쇼 이야기를 꺼내기만 하면 감정이 북받쳤다. 옛 동료 캘빈 존스와 함께 연습 경기를 지켜보던 기억을 떠올릴 때도 그랬고, 2006년 드래프트를 앞두고 전년도 1라운더 루크 호체바와 계약하지 못했던 일을 되새길 때도 마찬가지였다. 그는 자신을 신의 계획 속에 놓인 어떤 '도구'에 불과하다고 여겼다. "솔직히 말하면, 제가 한 일은 그리 많지 않았던 것 같아요." 화이트는 말했다. "모든 것은 이미 정해져 있었고, 그렇게 흘러가도록 계획되어 있었던 거죠.”

세월이 흐른 뒤, 존스와 함께 커쇼를 지켜봤던 시애틀 매리너스의 스카우트 담당 마크 러머스는 경기장에서 종종 화이트와 마주쳤다. 텍사스 출신인 그는 부러움을 숨기지 못했다. “화이트를 볼 때마다 속으로 이렇게 생각했죠. ‘젠장, 당신이 우리 주(州)에서 배출한 역대 최고의 투수를 빼앗아갔잖아.’” 러머스는 웃으며 회상했다.

러머스는 경험이 부족한 스카우트들을 지도할 때마다 커쇼를 교본처럼 꺼내 들었다. “커쇼는 교과서에 나오는 사례예요. ‘제군들, 우리는 이런 선수를 뽑아야 한다’라는 내용에 딱 맞아요.” 스카우트들이 해야 할 일은 선수들의 원동력이 무엇인지를 최대한 알아내는 것이었다. 위대해지고자 하는 열망이 있는가, 위대한 선수가 되기 위해서는 어떤 희생을 치러야 하는지 이해하고 있는가. 그것은 단순히 투구 폼이나 회전수, 체형의 문제가 아니었다. 머리와 척추, 그리고 심장의 문제였다. 그 심장이 야구를 위해 뛰고 있는지가 중요했다.

“커쇼는 어렸을 때 이미 그런 자질을 보여주고 있었어요.” 러머스는 말했다. “로건 화이트는 그걸 알아봤죠. 아마 관계자들 대부분이 로건만큼은 알아보지 못했을 겁니다.”

갱글이 연출한 커쇼의 그 장면은 2020년 월드시리즈를 상징하는 영

원한 이미지가 되었다. "저는 그런 순간들이야말로 야구가 줄 수 있는 최고의 장면이라고 생각합니다." 갱글은 회상했다. "선수들이 야구를 얼마나 사랑하는지, 가장 근원적인 지점을 그대로 보여주거든요. 선수들을 인간적으로 보이게 만드는 모든 요소가 담겨 있습니다. 어린 시절, 그저 공을 던지고 치던 그때로 우리를 다시 데려다줍니다."

그 영상은 이후 몇 년 동안 다저스타디움에서 끝없이 반복 상영되었다. 월드시리즈 MVP 코리 시거는 그 이유를 잘 알고 있었다.

"솔직히, 커쇼가 두 팔을 번쩍 들어 올리는 장면을 보는 건 정말 멋졌어요." 시거는 말했다. "커쇼는 다저스를 상징하는 인물입니다. 아주 오랫동안 프랜차이즈의 얼굴이었고, 흔히 말하는 '리더'였습니다. 아니, 따옴표를 붙일 필요도 없죠. 정말 말 그대로 진짜 리더였습니다. 그런 그가 우승 순간을 온몸으로 느끼는 모습을 지켜보는 것은 정말 특별한 일이었습니다."

데이브 프레지오시는 매사추세츠주 도버에 있는 자택에서 그 장면을 지켜보고 있었다. 한때 알고 지냈던 한 소년을 위해, 그는 진심으로 기뻐하고 있었다.

프레지오시는 자신의 짧았던 야구 인생에 대해 큰 미련을 품고 있지는 않았다. 그는 이후 석사 학위를 받았고, IT 기업의 영업 담당자로 일하게 되었다. "회사 안에서의 역할도 괜찮고, 좋은 직업이에요." 프레지오시는 말했다. "물론 계속 선수로 뛰고 싶었죠. 하지만 제 시간은 금방 끝났어요." 그는 커쇼와 같은 날인 2010년 12월 4일에 결혼했다. "그걸 어떻게 아느냐면, 가끔 구글에 '클레이튼 커쇼'를 검색해서 무슨 소식이 있나 보거든요." 그가 웃으며 설명했다. 방출된 지 10년쯤 지나 워싱턴 D.C.에 살던 시절, 그는 경기 전에 커쇼의 이름을 부르며 손을 흔들었다. "항상 궁금했거든요." 프레지오시는 말했다. "과연 커쇼가 저를 기억하고 있을까 하고요."

(내가 커쇼에게 프레지오시에 대해 말해주자, 그는 마치 머릿속 서랍을 뒤적이듯 바닥을 내려다보며 잠시 눈을 가늘게 떴다. "그 사람을 어떻게 찾으셨어요?" 커쇼가 말했다. "보스턴 칼리지 출신이었죠? 진짜 별난 친구였어요. 공을 던질 때마다 글러브를 발로 걷어찼거든요.")

세월이 흐르는 동안, 프레지오시는 커쇼의 포스트시즌 부진을 두고 사람들이 빈정거릴 때마다 속이 끓었다. "플레이오프에서 잘 던지지 못할 때면 제가 더 괴로웠어요." 그가 회상했다. 맷 애덤스에게 홈런을 맞은 날 이후에는 며칠 동안이고 아무하고도 얘기하고 싶지 않았다고 했다. 하지만 마침내 커쇼가 우승에 기뻐하는 모습을 보며 비로소 마음이 놓였다. 커쇼가 오랫동안 자신을 따라다녔던 부정적인 서사를 스스로 다시 써 내려간 장면이었기 때문이다. 프레지오시는 두 사람이 함께했던 짧은 시간이 자신에게 얼마나 큰 의미였는지, 커쇼 역시 알아주길 바랐다.

"기자님이 그 친구에게 안부 좀 전해 주세요." 프레지오시는 말했다.

"그리고 명예의 전당 헌액식에서 다시 만나길 기대하고 있다고요."

회색 우승 기념 모자와 티셔츠를 맞춰 입고, 연한 하늘색 수술용 마스크를 쓴 다저스 선수들이 2루 베이스 옆에 마련된 단상 주변을 서성이고 있었다. 그 위에 선 롭 맨프레드는 커미셔너 트로피를 건네기 위해 준비하고 있었다. 2017년 애스트로스에게 도둑맞았다고 느꼈던 그 트로피, 소위 말하는 '고작 쇳덩어리'였다. 구단주 마크 월터가 연설을 하는 사이, 아내 엘런은 그라운드까지 내려왔다. 수년 동안 그녀는 월드시리즈 우승 후 남편을 안는 순간을 꿈꿔왔다. 이제 그 꿈을 이룰 수 있었다.

하지만 그 장면은 꿈이라기보다 디스토피아에 가까웠다. 마스크, 테이프로 봉쇄된 좌석, 매일 반복되는 코로나 검사까지. 샴페인 세리머니도 없었다. 라스콜리나스로 돌아가 또 한 번 코에 면봉을 넣는 것으로 모든 축하는 끝이었다. 많은 선수가 그 검사를 과도하고 무의미하다고 느꼈다. 그래도 저스틴 터너가 다시 그라운드로 돌아와 사진을 찍을 때, 누구도 불평하지 않았다. 조 켈리는 "우리 전부 우승 확진이다!"라고 외쳤다.

단상 위에서 로버츠 감독이 마이크를 잡았다. 그는 커쇼가 느꼈던 해방감을 누구보다 잘 이해하고 있었다. 수많은 포스트시즌 패배는 로버츠를 단단하게 만들었다. 다저스타디움의 팬들은 그에게 야유를 보냈고, 가족들은 소셜 미디어에 쏟아지는 독설을 전해주곤 했다. 로버츠는 그 '소음'을 외면하려 애썼다. 언제나 성공적이었던 것은 아니었다. 그는 예전보다 더 경계했고, 쾌활함도 줄어들었다. "엄청난 짐이었어요." 로버츠는 회상했다. "그래도 그 우승이 어느 정도는 짐을 덜어주었다는 느낌이 듭니다. 큰 부담이었어요." 로버츠가 입을 뗐을 때, 그의 머릿속에는 한 선수가 떠올랐다. 믿음을 얻고자 애썼던 선수, 쉽게 마음을 열지 않았던 선수, 그럼에도 끝까지 최고의 존중을 받아 마땅한 선수였다. 팀의 결속력과 회복력을 이야기하며 로버츠가 가장 먼저 언급한 이름은 바로 커쇼였다.

"커시, 정말 기쁘다." 로버츠가 커쇼를 바라보며 말했다. "자, '가을 커쇼' 이야기를 하고 싶은 분들이 계십니까? 그럼, 챔피언 이야기는 어떻습니까. 이제 커쇼는 영원한 챔피언입니다."

선수들은 1988년 이후 다저스의 것이 아니었던 우승 트로피를 차례로 건네받으며 들어 올렸다. 커쇼가 그 상을 움켜쥐었을 때, 그는 "마치 첫아이를 안고 있는 사람처럼 환하게 웃고 있었다"고 릭 허니컷은 말했다. 허니컷은 관중석 스위트룸, 토미 라소다 옆에 서 있었다. 은퇴 후 허니컷은 다저스의 고문 역할을 맡고 있었지만, 버블 안으로 들어갈 수는 없었다. 그는 옛 제자들을 향해 소리치고 휘파람을 불었다. 켄리 잰슨과 알렉스 우드, 그리고 무엇보다 커쇼의 얼굴에 떠오른 기쁨을 보았다.

"커쇼는 제게 아들 같은 존재였습니다." 허니컷은 그렇게 설명했다. 그는 커쇼의 10대 시절부터 스타로 성장하는 과정, 그리고 수많은 좌절의 시간을 모두 곁에서 지켜봤다. "그렇게 어린 나이의 선수를 맡게 되면 어느 순간 그 아이가 제 일부처럼 느껴집니다." 허니컷은 회상했다. 커쇼 역시 비슷한 유대를 느꼈다. 그는 누군가를 '아버지 같은 존재'라고 부르는 것은 불편했지만, 허니컷에게는 깊이 감사하고 있었다. "그분은 언제나 제 편에 서주시는 사람입니다." 커쇼의 말이다. "그런 분을 곁에 둘 수 있었던 것은 정말 감사한 일입니다."

"만일 커쇼가 결혼하기 전이고, 제게 딸이 있었다면 꼭 소개해주고 싶었을 겁니다." 허니컷이 말했다. "그만큼 믿을 수 있는 사람이거든요. 그 친구의 모든 면을 정말 사랑했습니다."

몇몇 선수들은 화상 인터뷰를 위해 자리에 남아 있었다. 두 차례나 우승을 경험한 베츠는 마치 평소 출근일처럼 담담하게 말했다. "저는 이 팀이 '마지막 고비'를 넘도록 돕기 위해 트레이드되어 왔습니다. 그 걸 제 원동력으로 삼았어요." 반면 커쇼는 들뜬 기색이 역력했다. "머릿속으로 계속 '월드시리즈 챔피언'이라고 되뇌고 있어요. 정말 실감이 나는지 보려고요." 그는 자신의 포스트시즌 서사에 관한 질문을 가볍게 쳐냈다. 아직 가라앉지 않은 안도의 감정을 인정하고 싶지 않은 듯했다.

"다 부질없는 질문들입니다. 전 그런 거 하나도 신경 안 씁니다." 커쇼는 말했다. "우리 팀이 우승을 했잖아요. 저는 그 서사도 신경 안 쓰고, 작년에 무슨 일이 있었는지도, 사람들이 뭐라고 생각하는지도 전혀 상관없습니다. 정말 하나도요. 우리는 월드시리즈에서 이겼습니다. 2020년 다저스가 월드시리즈 우승을 했어요. 그러니 다른 게 뭐가 중요합니까? 이 팀의 일원이라는 것만으로도 충분합니다. 다른 모든 이야기는 부질없습니다. 아무 의미 없습니다. 우리는 우승했으니까요."

위스콘신의 자택, 이른바 '커쇼가 지은 집'에서 A. J. 엘리스는 자신이 팬데믹 기간 내내 되새겨왔던 그 어떤 순간보다도 더 큰 승리를 지켜보고 있었다.

"소파에 앉아서 그냥 웃고 있었던 게 아직도 잊히질 않아요." 엘리스는 회상했다. "커쇼가 불펜에서 뛰쳐나오는 모습을 보면서 말이죠. 하늘을 올려다보던 그 순간, 얼굴에 떠오른 미소까지. 진부하게 들릴 수도 있겠지만, 달려 나오는 커쇼를 보며 커쇼가 그간 짊어지고 있던 짐이 그의 등에서 툭 떨어져 나가는 게 보이더군요. 제 친구에게 정말 특별한 순간이었습니다."

그날 밤, 두 사람은 문자 메시지를 주고받았다. 다음 날 엘리스는 직접 전화를 걸어 얼마나 기쁘고 자랑스러운지, 클레이튼뿐 아니라 엘런에게도 그 마음을 전했다. "엘런은 커쇼의 커리어 내내 손을 맞잡고 함께 걸어온 사람입니다." 엘리스는 말했다. "매년 10월마다 겪어야 했던 그 모든 상처의 순간들까지도요." 이 우승은 커쇼 혼자만의 것이 아니었다. 그의 가족 모두의 것이었다.

1월, 엘런의 어머니 레슬리 멜슨의 마지막이 다가오자 가족들이 그녀의 곁에 모였다. 그녀는 어느 순간 자신의 아들과 다름없는 존재가 된 소년의 손을 찾아 잡았다. 클레이튼 커쇼는 거의 20년 전, 머리 옆을 밀어 '52'를 새긴 통통한 소년의 모습으로 그녀의 집 문 앞에 나타났다. 외동이었고, 그 아이의 집은 자주 비어 있었다.

레슬리는 그 소년에게 밥을 주었고, 옷을 입혔으며, 휴가에도 함께 데려갔다. 가족의 온기를 보여주며 그의 눈과 마음을 열어주었다. 그는 다저타운과 프로야구의 세계로 떠나기 전, 그녀의 손에 이끌려 짐을 꾸렸다. 레슬리는 그가 소년에서 어른이 되는 모습을 지켜봤다. 막내딸의 남편이 되고, 손주들의 아버지가 되는 모습까지. 야구에서 좌절하는 순간도 보았고, 그때마다 다시 일어서는 모습도 지켜보았다.

그녀는 그와 함께 아파했다. 그녀는 그 사실을 커쇼도 알기를 바랐다.

"우리가 해냈구나." 레슬리가 말했다.

커쇼는 순간, 무슨 뜻인지 알지 못했다. 레슬리는 그의 손을 꼭 붙잡고 다시 말했다.

"우리가 해냈어." 그녀가 말했다. "월드시리즈에서 우승했잖아."

22장
갈림길의 세 방향

캐멀백 랜치에 위치한 다저스의 스프링캠프 시설에서 커쇼는 의자를 끌고 와 내 앞에 앉았다. 2023년 3월의 일이었다. 앨런의 어머니 레슬리 떠나보낸 지는 2년이 지났고, 두 달 뒤에는 어머니와 이별하게 될 것이었다. 일주일 뒤면 그는 서른다섯이 된다. 그해에는 많은 일이 일어날 예정이었다. 그중 상당 부분은 그가 선수 생활을 계속하기로 했기 때문에 일어나는 일이었다. 그는 아직 내리지 못한 선택, 풀리지 않은 퍼즐, 바로, 사람들이 계속해서 묻는 '시간표'에 대해 이야기하고 있었다.

"언제 그만둘지를 어떻게 결정해야 하는지, 저는 정말 모르겠어요." 커쇼가 말했다. 하지만 그는 4개의 '체크 박스'를 떠올리고 있었다. 첫 번째는 가족이었다. "하지만 기자님도 엘런을 아시잖아요." 그가 말했다. "절대 먼저 '이제 그만해야 해'라고 말할 사람이 아니에요." 두 번째는 실력이었다. "저는 그냥 평균 정도 하자고 현역으로 붙어 있지는 않을 거예요." 그가 말했다. "아직 잘 던질 수 있다면, 그건 또 하나의 '체크'죠." 세 번째는 건강이었다. 그의 몸은 수년간 그를 배신해왔지만, 시즌이 시작될 때마다 그는 다시 회복된 느낌이 들었고, 아직 해낼 수 있다는 감각이 느껴졌다. 마지막은 우승 가능성이었다. 다저스에 있는 한, 우승은 언제나 손에 닿을 듯한 곳에 있었다.

그는 결정을 내릴 수 없었다. 아직 모든 박스에 체크 표시가 가능했다.

"차라리 하나라도 체크 표시를 할 수 없다면, 그건 쉬워요." 그가 말했다. "하지만 전부 다 맞아떨어지면, 그땐 정말 어떻게 결정을 내려야 할지 모르겠어요."

커쇼는 아직 불안과 통증, 그리고 닷새마다 돌아오는 등판의 부담이 그 주기가 주는 기쁨과 공동체 의식, 그리고 삶의 목적보다 더 커지는 지점에는 이르지 않았다. 그의 심장은 여전히 야구를 향해 뛰고 있었다. 어떤 날에는 그 박동이 약하게 느껴지기도 했다. 하지만 그는 여전히 매일 자신의 몸과 정신, 그리고 혼을 기꺼이 내어놓고 있었다. 애정과 중독이 뒤섞인 상태였다.

"결국 아직도 야구가 좋으니까 계속하는 거죠." 커쇼가 말했다.

커쇼는 첫 번째 연장 계약을 했을 때부터 이미 은퇴 시점을 고민하고 있었다. 2013년, 그는 15년간 3억 달러 제안을 거절했다. 그 계약은 끝이 없는 것처럼 느껴졌다. 2017년 다저스가 월드시리즈에 진출했을 때, 그는 '아름다운 퇴장'을 암시하기도 했다. "우승하면 은퇴할 수도 있어요." 커쇼는 말했다. "그냥 그걸로 커리어를 마칠지도 모르죠." 샌디 쿠팩스는 서른 살에 야구를 떠났다. 다저스가 2020년 우승했을 때, 커쇼는 서른둘이었다. 그는 자신의 출구 전략을 공개하기로 마음먹었다.

2021시즌이 끝나면 커쇼는 FA 신분이 되는 상황이었다. 그는 『LA 타임스』의 호르헤 카스티요에게 1년 단기 계약을 추구할 생각이라고 밝혔다. 그리고 스스로에게 매년 '세 갈래 갈림길'을 제시하기로 했다. 다저스와 재계약을 하거나, 고향 팀인 텍사스 레인저스와 계약하거나, 아니면 은퇴하는 것. 이런 투명함은 신선했다. 특히, 건강 상태에 대한 소식 업데이트조차 보안 인가가 필요한 것처럼 행동하던 커쇼였기에 더더욱 그랬다. 훗날 커쇼는 자신의 솔직함을 후회하기도 했다. 사람들에게 은퇴를 물을 명분을 만들어준 셈이었기 때문이다. 그는 자신이 경기에 나서는 것 자체가 마치 호의라도 베풀고 있는 것처럼 여겨지는 것을 바라지 않았다.

"가끔은 제가 은퇴 얘기를 너무 가볍게 하는 것은 아닐까 싶어요." 커쇼는 캐멀백 랜치에서 이렇게 말했다. "그게 빅리그에서 살아남기 위해 발버둥 치고 있는 선수들을 무시하는 말처럼 들릴까 봐요. 저는 절대 주어진 재능과 기회에 감사할 줄 모르는 사람처럼 보이고 싶지 않아요. 저는 여전히 야구를 정말 좋아합니다. 그리고 결국 그게 제가 아직 선수 생활을 하는 이유죠. 저는 야구를 사랑합니다. 언제 커리어를 끝낼지에 대해 꽤 많은 통제권을 쥐고 있다는 사실은 좋은 감정이기도 하고요."

그는 서른 중반에 접어들면서도 그 통제권을 지키기 위해 싸워왔다. 우승 이후, 그의 싸움의 성격은 달라졌다. 다저스라는 팀 안에서 그의 위치 역시 달라졌다.

⚾

2021년 봄, 나는 커쇼가 월드시리즈 우승을 차지한 이후 계속 마음에 걸려 있던 질문 하나를 던지기 위해 그에게 전화를 걸었다. 야구계 일각에서는 60경기 시즌으로 치러진 우승의 가치를 깎아내리는 목소리도 있었다. "마음속 깊은 곳 어딘가에서는 커쇼가 우승했을 때 조금은 기뻤습니다." 매디슨 범가너가 말했다. "그러면서 동시에, 그게 2020년이라서 기쁘기도 했죠. '뭐, 이건 우승으로 쳐주지 않는다'고 말할 수 있으니까요." 하지만 커쇼에게 그 우승은 분명 의미가 있었다. 왕좌에 오른 뒤 몇 주 동안 그는 이웃이 산책하다 들을 수 있을 정도로 '퀸(Queen)'의 「위 아 더 챔피언스(We Are the Champions)」를 크게 틀어놓곤 했다. 너무 자주 틀어놓은 탓에 아이들은 그 노래에 질려버렸다.

다저스는 전통적인 '우승 뒤풀이'를 경험하지 못했다. 팬데믹으로 나라 전체가 마비된 상태였다. 카퍼레이드도 없었다. 그해 4월, 선수들이 우승 반지를 받았을 때 다저스타디움에 입장할 수 있었던 최대 인원은 15,036명이었다. 이 성취를 어떻게 받아들일지는 각자의 몫이었다. 모두가 기뻐한 것은 아니었다. 저스틴 터너는 코로나 양성 판정을 받았음에도 팀과 함께 경기장 위에서 사진을 찍었다는 이유로 희생양이 된 기분이었다. 켄리 잰슨은 마지막 아웃 카운트를 자신에게 맡기지 않았다는 점에 씁쓸함을 느꼈다. 워커 뷸러는 관중으로 가득 찬 구장에서 다시 우승하여 그에 따른 모든 의식을 온전히 누리고 싶다는 생각뿐이었다.

그래서 나는 전화를 걸었을 때 커쇼가 어떤 반응을 보일지 궁금했다.

"지금은 더 행복해졌나요?"

나의 질문 이후 잠시 침묵이 흘렀다.

"그건 제가 답하기에는 좀 애매한 질문인 것 같네요."

그의 삶은 패스트볼과 슬라이더 너머에 있었다. 첫 나흘의 준비와 다섯 번째 날의 부담을 넘어서는 삶이었다. 그해 말, LA의 집에서 아내 엘런이 커쇼에게 야구공 하나를 던져줬다. 솔기 사이에는 숫자 4가 적혀 있었다. "늘 그렇듯 공을 만지작거리다가 숫자를 보고는 '뭐야?' 하더라고요." 엘런은 회상했다. 그해 12월, 네 번째 아이인 챈스 제임스 커쇼가 태어났다. 커쇼를 집으로 끌어당기는 힘은 그 어느 때보다 강해졌다. 캘리와 찰리는 학교에 다니기 시작했고, 쿠퍼는 아직 집에서 누군가 지켜봐주어야 하는 나이였다. 이제 그는 아내에 대한 충실함과 야구에 대한 헌신만이 유일한 책임이던 젊은 시절의 자신이 아니었다. 야구가 그를 집어삼키는 순간도 있었고, 대부분의 사람에게 그는 야구 그 자체로 정의되었다. 하지만 그는 자신의 존재를 단 하나의 우승을 향한 여정으로만 규정할 수는 없었다.

514

"만일 제가 기자님의 질문에 '지금은 더 행복하다'라고 답한다면, 그건 마치 플레이오프에서 지는 것이 제 인생의 유일한 이유였다는 말이 되잖아요. 그건 사실이 아니에요. 제 개인적인 삶, 가족과의 삶은 정말 훌륭했어요. 야구에서 무슨 일이 있었든 상관없이, 아이들과 가족과 함께 행복한 시간을 보냈습니다." 커쇼는 이렇게 대답했다.

커쇼는 스스로를 시시포스♦로 여긴 적은 없었다. 하지만 그 바위를 마침내 언덕 위에 올려놓았다는 느낌은 분명히 좋았다. 월드시리즈 이후 쏟아진 메시지에 그는 몸 둘 바를 몰랐다. 그는 친구나 동료들에게 동정을 바란 적이 없었다. 하지만 우승을 하고 나서야 그들이 "내가 겪고 있던 그 고통을 정말로 함께 느끼고 있었다"는 사실을 깨달았다고 말했다. 커쇼는 그 짐을 엘런만 함께 짊어지고 있다고 생각했었다. 우승의 감정은 파도처럼 밀려왔다. 처음에는 안도감이, 그 다음에는 기쁨이 왔다. 그리고 마지막으로, 이 승리가 다른 이들에게 얼마나 큰 의미였는지를 깨닫는 순간이 찾아왔다. "정말 많은 분이 저를 위해 기뻐해 주는 것을 보면서 '와, 이거 정말 대단하네'라는 생각이 들었어요." 커쇼는 말했다. "저는 정말로 행복했어요. 그게 참 좋았습니다."

그는 커리어의 황혼기에 접어들고 있었다. 그해 봄, 데이브 로버츠 감독은 커쇼를 개막전 선발로 낙점했다. 부상 때문에 2019년과 2020

♦ 시시포스(Sisyphus)는 그리스 신화에서 끝없이 바위를 밀어 올리는 형벌을 받은 인물이다. 정상에 도달하기 직전마다 바위가 굴러떨어지는 이 이야기는 성취 직전에서 반복적으로 좌절을 겪는 인간의 운명을 상징한다. 포스트시즌마다 비슷한 실패를 겪어온 커쇼의 커리어를 묘사하는 데 자주 쓰이는 비유다.

년에는 누리지 못했던 영예였다. 다저스는 커쇼를 팀의 에이스로 여기지는 않았다. 워커 뷸러가 그 앞에 있었고, 훌리오 우리아스가 1선발의 자리에 설 가능성도 기대하고 있었다. 그리고 팀에는 거액의 계약과 논란이 잦은 평판을 함께 안고 온 새로운 선수도 있었다.

트레버 바워는 21세기 첫 20년 동안 가장 영향력 있는 선수 중 한 명이었다. LA 인근에서 자란 이 우완 투수는 자신이 던지는 구종들을 재설계하면서 드라이브라인을 상징하는 인물이 되었고, 그 '복음'을 기꺼이 들으려는 이들에게 전파했다. 동시에 그는 굳이 듣고 싶어 하지 않는 이들에게까지 다른 생각들을 퍼뜨릴 무대도 찾았다. 그는 투수뿐 아니라 콘텐츠 제작자였고, 소셜 미디어의 자극적인 선동가였다. 그는 온라인에서 트렌스젠더 혐오 농담부터 출생지 음모론, 원주민에 대한 견해 왜곡까지, 경솔한 행동을 일삼았다. 그중에서도 가장 심각한 문제는 소셜 미디어상에서 특히 여성들을 상대로 저지른 괴롭힘이었다. 바워는 자신의 트윗으로 기록된 그러한 행위들에 대해 오히려 자신의 인격이 공격받고 있다며 분노로 맞서곤 했다.

바워의 커리어 초반에는 여러 사고가 있었다. 2012년, 애리조나 다이아몬드백스가 드래프트 전체 3순위로 지명한 지 2년도 채 되지 않아 그를 트레이드했을 때, 포수 미겔 몬테로는 바워를 두고 "남의 조언은 절대 들으려 하지 않았다"고 말했다. 2016년 클리블랜드의 포스트시즌에서는 드론 조립 사고로 손가락을 다쳤고, 2019년에는 등판 뒤 테리 프랑코나 감독이 투수 교체를 위해 마운드에 오르자 공을 외야 펜스 너머로 던져버렸다. 그의 기량은 2020년, 신시내티에서 내셔널리그 사이영상을 받으며 정점에 달했다. 시기도 절묘했다. 그해 겨울, 그는 FA 선수가 되었다. 앤드루 프리드먼은 프런트 오피스 직원들에게 문자를 보냈다. "돼지가 되자." 그는 한 번의 우승에 안주하고 싶지 않았다. 그렇게 프리드먼은 다소 탐욕스러운 결정을 내렸다. 2021년 2월, 그는 바워와 3년간 1억 200만 달러 계약을 맺었다. 입단 기자회견에서 프리드먼은 팀의 철저한 검증 과정을 강조하며, 바워가 그라운드 안팎, 클럽하우스와 지역사회 모두에 엄청난 보탬이 될 것이라고 말했다.

그러나 다섯 달도 채 지나지 않은 6월 29일, 한 여성이 LA 카운티 고등법원에 바워를 상대로 임시 가정 폭력 접근 금지 명령을 신청했다. 그 여성은 바워가 성관계 중 합의 없이 자신을 목 졸라 폭행했다고 주장했다. 바워는 이를 부인했고, 이후 명예훼손 소송으로 맞섰다. 법원은 접근 금지 요청을 기각했고, 검찰도 기소하지 않기로 했다. 그러나 다저스가 7월 2일 자로 바워를 행정 휴직 처리한 이후, 유사한 주장을 하는 다른 여성들이 등장했다. 메이저리그는 그에게 2년 출장 정지 징계를 내렸고, 이는 중재 절차를 거쳐 194경기로 감경되었다. 하지만 바워는 다시는 다저스 유니폼을 입고 공을 던지지 못했다. 징계가 끝난 2023년 봄, 다저스는 그를 방출했다. 바워는 그해 일본에서 뛰었다.

바워 사건으로 2021년 여름, 다저스에는 짙은 그림자가 드리웠다. 구단 관계자들은 질문을 피했고, 선수들은 뭐라 말해야 할지 몰랐다. 커쇼는 자신이 바워를 그다지 잘 알지 못한다고 강조했다. 투구에 대한 통찰력은 높이 평가했지만, 서로의 일정이 거의 겹치지 않았다고 설명했다. "클럽하우스라는 제한된 공간 안에서는 괜찮았어요." 커쇼는 회상했다. "혼자 있는 시간이 많았고, 다른 사람들과는 다른 시간대에 훈련했죠." 커쇼는 바워의 콘텐츠 제작 행태에는 불편함을 느꼈다. "클럽하우스에서 촬영하곤 했는데, 그건 솔직히 별로였어요. 그래도 전반적으로 그와 함께한 경험이 나빴다고 할 수는 없었습니다." 2023년 겨울이 되어서도 바워와 첫 번째 고발자 사이의 공방이 이어지는 가운데, 커쇼는 여전히 뭐라고 말해야 할지 확신하지 못했다.

"언론 보도만 보고 섣불리 결론을 내리기보다는 메이저리그의 조사 과정을 포함한 공식적인 절차가 끝날 때까지 지켜보는 게 맞다고 늘 생각합니다." 커쇼는 말했다. "그 일이 모두에게 꽤 큰 부담이자, 산만한 요소였다는 점도 부인할 수는 없어요. 솔직히 말해 트레버가 그 상황을 받아들이고 대처하는 방식이 그 부담을 조금 더 키운 면도 있고요. 결코 쉬운 상황은 아니었지만, 그래도 선수단은 그 문제를 안고 시즌을 치러냈습니다."

7월 3일, 다저스가 백악관을 방문해 조 바이든 대통령을 예방한 다음 날이었다. 워싱턴 내셔널스 파크에서 치러진 커쇼의 등판 경기는 폭우로 중단되었다. 그는 왼팔을 수건으로 감싼 채 더그아웃에 앉아 있었다. 이마의 땀을 훔치며, 몸의 불편함을 애써 무시하려 했다.

"그 시즌 내내 팔꿈치가 아팠어요." 커쇼는 회상했다. "아마 5월부터

였을 겁니다. 그러다 7월에 결국 완전히 망가졌죠."

다저스는 나흘 뒤 그를 부상자 명단에 올렸다. 공식 발표는 '전완부 염증'이었지만, 실제 부상은 그보다 심각했다. 팔과 팔꿈치를 잇는 굴곡근 힘줄 일부가 파열된 상태였다. 토미 존 수술이 필요한 척골 측부 인대는 아니었지만, 커쇼에게는 처음 있는 팔꿈치 부상이었다. 의료진은 충분한 휴식을 취하면 수술은 피할 수 있다고 판단했다. 커쇼는 7월과 8월, 그리고 9월 첫 두 주를 통째로 쉬었다. 프리드먼은 커쇼의 불확실한 몸 상태와 바워의 공백을 메우기 위해 트레이드 마감 시한에 강수를 두었다. 워싱턴 내셔널스의 에이스 맥스 셔저와 전 올스타 유격수 트레이 터너를 동시에 영입한 것이었다.

커쇼는 포스트시즌 복귀를 강력히 원했다. 9월 13일, 애리조나를 상대로 시속 89마일♦의 패스트볼을 던지며 돌아와 승리를 챙겼다. "다시 돌아와서 던지고, 승리까지 챙기는 것보다 기분 좋은 일은 많지 않습니다." 당시 그는 그렇게 말했다. 하지만 그 감정은 오래가지 않았다. 정규 시즌 종료를 단 세 경기 남겨둔 10월 1일, 밀워키를 상대로 다저스타디움에서 2회를 마무리하려던 순간 커쇼는 팔꿈치의 또 다른 부위가 무너지는 것을 느꼈다. 데이브 로버츠와 트레이닝스태프 한 명이 더그아웃을 박차고 나왔다. 짧은 대화를 나눈 뒤, 로버츠는 커쇼의 허리 아래에 손을 얹고 그를 마운드에서 내려가게 했다. 충격에 잠긴 관중석에서는 격려의 박수가 나왔다. 커쇼는 왼손에 공을 쥔 채 그라운

♦　약 143킬로미터

드를 떠났다. 시즌 초 은퇴 가능성을 언급했던 터라 그 장면은 많은 이에게 상징적으로 보일 수밖에 없었다.

"그냥 사고였어요." 커쇼는 말했다. "팔꿈치가 완전히 나갔다는 느낌은 아니었어요."

하지만 시즌은 거기서 끝이었다. 그는 더그아웃에서 동료들을 지켜봤다. 106승을 거둔 다저스가 내셔널리그 디비전 시리즈에서 107승의 샌프란시스코 자이언츠를 꺾는 장면을. 그리고 다음 라운드에서 88승의 애틀랜타 브레이브스에게 기력이 다해 무너지고 마는 순간을 말이다. 브레이브스는 전년도 패배를 설욕하듯 다저스를 압도하며 월드시리즈로 향했다. 다저스는 애틀랜타 상대 6차전에서 셔저를 선발로 기용하고자 했다. 하지만 당시 12일 사이에 네 차례나 등판하고 그중 한 번은 샌프란시스코를 상대로 중간 계투로 나섰던 셔저는 자신의 팔이 '과부하 상태'라고 털어놓았다. 결국 다저스는 그의 선발 등판을 취소했다. 대신 마운드에 오른 것은 뷸러였다. 불과 2주 사이 두 번이나 겪는 짧은 휴식 후 등판이었고, 그는 난타를 당했다.

한 달 뒤, 셔저는 뉴욕 메츠와 3년간 1억 3,000만 달러 계약을 맺었다. 2022년, 뷸러는 두 번째 토미 존 수술을 받았다.

"그 경기에 나섰던 워커를 저는 늘 존경할 겁니다." 커쇼는 말했다. "경기에서 졌다거나 홈런을 맞았다거나 하는 것은 중요하지 않습니다. 그는 그 몸으로도 공을 들고 마운드에 올랐습니다."

그해 겨울, 커쇼는 처음으로 세 갈래 갈림길 앞에 섰다. 다저스, 레인저스, 아니면 은퇴. 다저스는 그에게 시간을 주었다. 팀은 대부분의 거물급 FA 선수에게 관례적으로 제시하는 1년 1,840만 달러의 퀄리파잉 오퍼를 내지 않았다. 이 퀄리파잉 오퍼는 FA의 전 단계에 해당하는 절차로, 선수가 다른 팀과 계약할 경우 원소속팀이 드래프트 지명권 보상을 받게 된다. 다저스가 이 오퍼를 내지 않았다는 것은 커쇼가 다른 팀으로 떠나더라도 아무런 보상을 받지 않겠다는 뜻이었다. 퀄리파잉 오퍼는 2주 안에 수락하거나 거절해야 했는데, 프리드먼은 커쇼를 그 시간표 안에 밀어 넣고 싶지 않았다.

커쇼에게는 그만한 시간이 필요했다. 팔꿈치 상태는 여전히 좋지 않았다. 머리를 감거나 사인을 하는 일조차 통증을 동반했다. 12월이 되자, 설령 계약을 하고 싶었어도 할 수 없는 상황이 벌어졌다. 12월 1일자로 메이저리그 30개 팀 구단주가 새로운 노사 단체협약을 둘러싼 갈등 끝에 로크아웃(직장폐쇄)♦에 들어간 것이었다. 99일간 대치가 이어졌고, 그 기간 동안 선수와 구단은 어떤 형태의 접촉도 할 수 없었다. 커쇼는 하일랜드파크 고교의 실내 훈련 시설에서 팔 상태를 점검했다.

♦ 메이저리그에서 구단주 측이 선수노조와의 단체협약 협상에서 우위를 점하거나 압박을 가하기 위해 선수들의 구단 시설 사용, 계약 체결, 리그 활동 등을 전면 중단시키는 조치를 뜻한다. 2021년 12월 메이저리그에서는 구단주와 선수노조 간 단체협약 협상 결렬로 로크아웃이 단행되었으며, 이는 99일간 이어진 뒤 2022년 3월 10일 새로운 계약 체결과 함께 종료되었다. 이로 인해 그해 스프링캠프와 FA 시장이 일시 중단되었고 정규 시즌 개막도 지연되었다.

팔꿈치는 여전히 아팠지만, 시간이 지나며 통증은 조금씩 가라앉았다. "만일 1월에 공을 잡았을 때, 수술을 해야 하고 다음 시즌을 통째로 쉬어야 한다는 결론이 나왔더라면 그 이후가 어떻게 되었을지 저도 모르겠어요." 커쇼는 이렇게 회상했다.

로크아웃 동안, 텍사스 레인저스 구단 관계자 중 적어도 한 명은 커쇼의 몸 상태를 두고 고민에 빠져 있었다. 레인저스는 1년 전, 하일랜드파크 출신의 전 올스타 투수 크리스 영을 단장직에 앉혔다. 영은 한때 비시즌마다 함께 공을 던졌던 커쇼를 데려올 기회를 노렸다. 레인저스는 마커스 시미언과 코리 시거를 영입하는 데 총 5억 달러를 쏟아부으며 팀 재건에 진지하다는 '신호'를 보냈다. 특히 2020년 월드시리즈 MVP였던 시거를 데려오기 위해 10년간 3억 2,500만 달러를 투자했다. 이제 레인저스는 커쇼가 원한다면 다년 계약도 제시할 준비가 되어 있었다. "실제로 커쇼 영입 가능성이 꽤 있다는 분위기였습니다." 협상 상황을 잘 아는 한 관계자가 말했다.

하지만 3월 10일, 새로운 노사 단체협약이 공식 타결되자 레인저스의 기대는 산산이 깨졌다. "로크아웃이 끝나자마자 받은 전화 한 통이 제 가슴을 아프게 했어요." 영은 당시를 그렇게 회상했다. "그래도 충분히 이해는 했죠." 커쇼는 2022시즌을 앞두고 다저스와의 1년간 1,700만 달러 계약에 합의했다. 그는 인스타그램에 이렇게 적었다. "위백(We back)!"◆

◆ 미국 스포츠 및 대중문화에서 자주 쓰이는 구어체 표현. 다시 돌아왔고, 다시 시작한다는 뜻으로 복귀나 재도전을 알리는 간결한 환호로 볼 수 있다.

그가 다시 돌아온 이유는 2022년 첫 등판에서 분명히 드러났다. 타깃 필드에서 열린 미네소타 트윈스전은 섭씨 3도의 추운 날씨 속에서 치러졌다. 커쇼는 경험이 부족한 상대 타선을 완전히 압도했다. 삼진 13개. 피안타와 볼넷, 사구 모두 하나도 없었다. 그는 7이닝 동안 단 한 명의 주자도 내보내지 않았고, 투구 수는 80개에 불과했다. 로크아웃으로 단축된 스프링 트레이닝 동안 그가 등판했던 어떤 경기보다도 많은 투구 수이기는 했다.

7회가 끝난 뒤, 커쇼는 데이브 로버츠 감독과 투수코치 마크 프라이어의 안도 속에 마운드를 내려왔다. 메이저리그 역사상 스물다섯 번째 퍼펙트게임이 될 수도 있었던 도전은 그렇게 미완으로 남았다. "로크아웃 탓으로 돌리세요." 커쇼는 그날 오후 인터뷰에서 말했다. "1월이 되어서야 공을 잡기 시작했던, 시즌 준비가 늦었던 제 탓으로 돌려도 되고요."

그는 개인 기록보다 다저스라는 팀 전체의 이익을 먼저 생각하고 있었다. 하지만 그의 모든 친구가 그 판단에 동의한 것은 아니었다. 다음 날, A. J. 엘리스는 전화를 걸어 커쇼에게 호통을 쳤다. "14구 정도만 더 던졌으면 답이 나왔을 텐데!"

"지금 생각하면 조금 후회되긴 하네요." 커쇼가 회상했다. "퍼펙트게임을 기록했더라면 멋졌겠죠." 그는 덧붙였다. "로버츠 감독은 저를 내리고 싶어 했고, 특히 마크가 정말로 절 빼고 싶어 했어요. 평소처럼 제가 버텨서 일을 아주 어렵게 만들 수도 있었고, 두 사람을 잔뜩 긴장시킬 수도 있었죠. 아니면 그냥 받아들일 수도 있었고요. 그때는 그냥 받아들였습니다. 돌아보면 도전이라도 한번 해봤어야 했다는 생각이 들어요."

커쇼는 선수 생활을 놓고 볼 때 더 부드럽고, 더 온화한 국면으로 접어들고 있었다. 다저스가 우승하기 전에는 느낄 수 없던 여유가 있었다. 2021년 어느 날, 등판을 앞둔 커쇼가 방역 수칙을 지키며 조용히 있던 코리 시거와 마주쳤다. 그런데 커쇼가 시거를 바라보며 "안녕"이라고 먼저 인사를 건넸다. "전 정말 '이게 뭐지?' 싶었어요." 시거는 회상했다. 커쇼는 등판 전 미팅에서도 한결 누그러져 있었다. "그래도 가끔은 여전히 까다로운 면이 있긴 해요." 포수 오스틴 반스는 웃으며 말했다. "그래도 그 정도는 괜찮죠." 그는 말과 행동으로 후배 선수들에게 육아에 대한 조언도 건넸다. 코디 벨린저가 LA에서 보낸 시간 가운데 가장 소중하게 간직하고 있는 기억 중 하나는, 카드 게임을 하던 중 커쇼가 벨린저의 딸을 안고 있던 장면이었다. "다른 아빠들을 다 기죽게 만들 정도였어요. 그냥 '슈퍼 대드(Super Dad)'였죠." 피더슨이 웃으며 말했다. 2022년, 커쇼는 새 동료 타일러 앤더슨과도 가까워졌다. 앤더슨은 과거 콜로라도 로키스 소속으로 등판을 준비하던 시절, 불펜 세션을 늦게 끝내 경기 지연을 초래했다는 이유로 커쇼에게 질책을 받은 적이 있었다. "저는 그를 '오러클'이나 '북극성'이라고 불렀어요." 앤더슨은 회상했다. "그가 하는 일이라면 뭐든 따라갔죠. 커쇼는 항상 옳은 결정을 내립니다."

그해 6월, 커쇼는 부드럽지만 단호한 방식으로 새로 합류한 동료를 슬럼프에서 끌어냈다. 프레디 프리먼은 애틀랜타 브레이브스에서 올스타에 다섯 차례 선정되었고 MVP 수상 이력도 있는 1루수였다. 애틀랜타가 월드시리즈에서 우승한 뒤, 그는 재계약을 맺고 그곳에서 커리어를 마칠 것으로 생각했다. 하지만 로크아웃 이후 LA에서 함께 일했던 알렉스 앤소폴로스 단장이 더 젊고, 더 저렴한 대체 자원 맷 올슨을 트레이드로 영입하면서 프리먼은 큰 충격을 받았다. 프리먼은 다저스와 6년간 1억 6,200만 달러 계약을 맺었다. 위로 이상으로 큰 규모의 계약이었지만, 그 충격이 가시기까지는 몇 달이 걸렸다. 그는 새 팀 동료들과 거리를 두고 있었다. 애틀랜타로 처음 돌아갔을 때, 그는 기자회견장에서 눈물을 흘렸고, 트루이스트 파크에서 기립박수를 받는 동안에도 다시 눈물을 흘렸다. 그의 끊임없는 눈물은 클럽하우스에서 화제가 되었다. 『애틀랜타 저널-콘스티튜션(Atlanta Journal-Constitution)』에 실린 다저스와 브레이브스 간 라이벌 관계 기사에서, 커쇼는 프리먼이 받은 환영과 그에 따른 감정을 언급했다. "저희가 2인자 취급을 받는 건 아니었으면 좋겠네요." 커쇼는 말했다. "다저스도 꽤 특별한 팀입니다. 프리먼이 여기서 마음이 편해진다면, 정말 즐기게 될 거라고 생각해요." 이 발언은 소셜 미디어에서 빠르게 확산되었다. 프리먼은 그 메시지를 받아들였다. 시리즈가 끝난 뒤, 그는 선수단 단체 대화방에 자신을 기다려주어 고맙다는 메시지를 보냈다. 그는 동료들에게 마음을 열기 시작했고, 커쇼와의 관계도 깊어졌다. 커쇼는 프리먼의 꾸준함을 존경하게 되었다. "매일 경기에 나가고 싶어 하고, 쉬려고 하지 않는다는 점 자체가 팀에 큰 도움이 됩니다." 커쇼는 회상했다. "그걸 보고 프리먼에 대한 제 생각도 조금 달라졌어요."

그해 6월, 다저스는 마침내 다저스타디움 밖에 동상을 세우는 일을 두고 샌디 쿠팩스의 허락을 받아냈다. 쿠팩스는 1966년 이후 단 한 번도 공을 던지지 않았지만, 그의 영향력은 여전히 구단 안팎에 깊게 남아 있었다. 그날 헌정식 연단에 선 이는 후배 좌완 투수 커쇼였다. 커쇼는 연설에서 2010년 조 토리의 자선 행사에 가는 길에 쿠팩스와 친분을 쌓게 된 순간을 떠올렸다. 그는 쿠팩스 같은 인물이 자신을 아껴 주었다는 것이 얼마나 큰 의미였는지를 설명하려 했다. 그러다 커쇼는 기억 속 한 장면을 꺼내어 관중들 앞에 전했다. 전설적인 캐스터 빈 스컬리가 은퇴했을 때 쿠팩스가 남긴 말이었다. "제가 가장 소중하게 여기는 것은 그가 저를 그의 '친구'로 받아들여 주었다는 사실입니다." 커쇼는 잠시 말을 멈추었다. 그리고 그 문장을 이번에는 연단 앞에 선 쿠팩스에게 돌려주듯이 다시 말을 이어갔다. "저도 같은 마음입니다. 고맙습니다, 샌디. 그리고 믿지 않으시겠지만 이 영예를 받을 자격이 있는 사람은 당신 말고는 없습니다."

한 달 뒤, 다저스타디움은 1980년 이후 처음으로 올스타전을 개최했다. 그 축제의 일환으로, 커쇼는 생애 처음 내셔널리그 선발 투수로 지명되었다. 등판을 수락하기에 앞서, 그는 그해 내셔널리그 최고의 투수로 평가받던 마이애미 말린스의 샌디 알칸타라를 떠올렸다. 약 196센티미터의 훤칠한 체격을 가진 우완 투수 알칸타라는 젊은 시절의 커쇼처럼 투수란 모름지기 경기 끝까지 던져야 한다고 믿는 선수였다. 실제로 그는 여전히 끝까지 던질 수 있도록 기회를 받는 몇 안 되는 투수 중 한 명이었다. 2022년 한 해에만 여섯 번의 완투를 기록했는데, 이는 커쇼가 2014년 MVP 시즌에 세운 개인 최다 기록과 같은 수치였다. 커쇼는 자신의 옛 감독이자 당시 말린스 감독이었던 돈 매팅리에게 알칸타라의 연락처를 물었다. 전화를 걸었을 때 커쇼는 먼저 사과부터 했다. 그는 은퇴를 고민하고 있으며, 이번이 올스타전에 선발로 나설 마지막 기회가 될지도 모른다고 털어놓았다. 알칸타라는 전혀 문제 될 것이 없다고 답했다. "커쇼는 제가 올스타전 선발 투수로 나설 자격이 있다는 걸 알아주었기 때문에 전화한 거예요." 알칸타라는 회상했다. "저는 그를 정말 존경합니다."

경기 당일, 커쇼는 늘 그렇듯 즐거움과 등판 전의 긴장감 사이를 오갔다. 트레이닝 룸에 들어섰을 때, 자이언츠 소속 선수로 올스타가 된 피더슨이 그의 자리를 차지하고 있었다. "너 여기서 뭐 하냐?" 커쇼가 말하자 피더슨은 웃으며 방을 빠져나갔다. 커쇼는 전 다저스 원정 클럽하우스 매니저였고 현재 자이언츠 원정 담당자인 에이브 실베스트리를 발견했다. "땀범벅이 된 커쇼가 제게 정말 끈적한 포옹을 해줬습니다." 실베스트리는 당시를 회상했다. 초구를 던지기 전, 커쇼는 마운드에서 한 발짝 물러나 위를 올려다보며 엘리시안 파크를 배경으로 펼쳐진 환호의 바다를 눈에 담았다. 그는 양키스의 거포 에런 저지를 삼진으로 돌려세웠고, 에인절스의 괴물 신인 오타니 쇼헤이를 견제사로 잡아내며 무실점 이닝을 마쳤다. 그리고 그날, 그는 야구장 안에서 좀처럼 하지 않던 일을 하나 더 했다. 커쇼는 야구를 즐기고 있었다.

올스타전의 여운은 오래가지 못했다. 16일 뒤, 커쇼의 허리가 다시 굳어버렸다. 그는 거의 한 달을 결장했다. 2022년 그가 선발 등판한 경기는 단 22경기였다. 2015년 이후 30경기 선발 등판을 기록하지 못했다. 175이닝을 넘긴 것도 그 기간 중 단 한 시즌뿐이었다. 커리어 첫 일곱 시즌 동안 그는 1,503.1이닝을 던졌지만, 그다음 일곱 시즌 동안 그 수치는 970이닝으로 줄어들었다. 선발 등판 사이클의 고됨과 '다섯 번째 날'이 요구하는 혹독한 부담은 그를 '효율적인 투수' 정도의 수준에 머무르게 했다. 그는 더 이상 과거의 자신이 할 수 있었던 일들을 해낼 수 없었다.

하지만 이는 커쇼만의 문제가 아니었다.

2010년, 스물두 살의 커쇼가 204.1이닝을 던지며 평균자책점 2.91을 기록했을 때, 그는 200이닝을 넘긴 마흔다섯 명의 투수 중 한 명이었다. 이는 현대 야구에서 투수의 내구성을 가늠하는 기준이었다. 하지만 2021년에 200이닝을 넘긴 투수는 단 네 명에 불과했다. 2022년에는 잠시 여덟 명으로 늘었지만, 2023년에는 다시 다섯 명으로 줄었다. 투수에게 요구되는 기준 자체가 바뀐 것이었다. 야구계는 투수가 같은 타선을 세 번째로 상대하는 것이 얼마나 위험한 일인지 알게 되었다. 이는 10월의 커쇼를 지켜본 이라면 누구나 체감했을 현실이었다. 불펜 투수들은 점점 더 이른 시점에 경기에 투입되었다. 구단들은 선발 투수를 경기 끝까지 끌고 가도록 키우는 대신, 4이닝이나 5이닝, 6이닝 동안 최대치를 끌어내는 방식으로 육성했다. 이 접근법은 투수들을 더 빠르게 빅리그로 끌어올렸다. 하지만 구단들이 아직 팔꿈치 부상을 막아낼 해법을 찾기 전의 일이었다.

셰인 매클래너핸의 사례는 이 시대의 위험을 상징적으로 보여준다. 그는 올스타전에서 커쇼의 맞은편, 아메리칸리그 측 선발 투수로 나섰다. 사우스 플로리다 대학 시절 토미 존 수술을 받은 이력이 있었지만, 탬파베이 레이스는 2018년 드래프트 1라운드에서 그를 지명했다. 그의 패스트볼 평균 구속은 97마일♦에 달했지만, 실제로는 변화구를 더 많이 구사했다. 프로 무대에서 보낸 네 시즌 동안 그는 단 한 번도 연간 166.1이닝을 넘긴 적이 없었다. 74차례의 선발 등판 중 100구를 넘긴 경기도 두 번뿐이었다. 레이스는 그의 가치를 알고 있었기에, 과도한 소모를 경계하며 극도로 신중하게 그를 관리했다.

하지만 2023년, 매클래너핸은 샌디 알칸타라와 같은 운명을 맞았다. 두 선수 모두 팔꿈치 인대 부상으로 토미 존 수술을 받게 된 것이었다.

2022년 포스트시즌에서 다저스가 샌디에이고에게 패하며 탈락하자 커쇼는 미적거리지 않았다. 9월이 되기 전, 그와 아내 엘런은 다음 시

♦　약 156킬로미터

즌에도 LA에 남고 싶다는 결론을 내렸다. FA 선수 자격을 얻자, 커쇼는 앤드루 프리드먼과 직접 계약 협상을 했다.

두 사람의 관계는 세월이 흐르며 눈에 띄게 좋아졌다. 2016년 엘리스가 트레이드된 뒤, 커쇼는 몇 달 동안 프리드먼과 거리를 두었다. 2017년 초 콜로라도 원정길에서 프리드먼은 경기 후 함께 산책을 할 수 있겠느냐고 커쇼에게 물었다. 프리드먼은 커쇼의 절친한 친구를 트레이드할 수밖에 없었던 이유를 차분히 설명했다. 그 트레이드를 하지 않는 편이 더 쉬운 선택이었지만, 미세한 전력 상승이라도 그 위험을 감수할 만한 가치가 있었다는 것이었다. "커쇼의 승부욕을 잘 알기에, 프런트 오피스가 팀 승리를 위해 할 수 있는 모든 일을 정말 진지하게 고민하고 있다는 점이 언젠가는 그에게도 가닿기를 바랐습니다." 프리드먼은 이렇게 회상했다.

프리드먼은 커쇼의 투쟁심과 헌신, 그리고 선수들을 바라보는 그의 통찰력을 높게 평가했다. 그는 트레이드 마감 시한을 두고 종종 커쇼의 의견을 구했다. FA 협상이 놀라울 만큼 수월하다는 점 역시 마음에 들었다. "정말 좋았죠." 프리드먼이 말했다. "직설적이고, 솔직하고요. 우리가 바랄 수 있는 그대로였죠." 프리드먼은 커쇼가 스스로 선택지를 제한해둔 상황에서 이점을 얻었다. 선택지가 많지 않은 선수와의 협상은 훨씬 단순할 수밖에 없었다. "필리스에서 뛰겠다고 팀을 옮기는 일은 없어요." 커쇼는 말했다. "그런 선택은 안 합니다. '자, 그럼 양키스가 뭘 제시하는지 한번 들어보자' 같은 일도 절대 없을 거예요." 커쇼는 2010시즌 이후 데릭 지터가 양키스와 겪었던 것과 같은 길고 지저분한 줄다기리를 원하지 않았다. 다저스는 이번에도 퀼리파잉 오퍼로 그의 선택을 압박하지 않았다. 월드시리즈가 끝난 지 엿새 뒤인 11월 11일, 커쇼는 2023시즌을 앞두고 1년간 2,000만 달러 계약에 합의했다.

커쇼는 시즌 68승에 그친 레인저스로의 이적을 잠시 생각해보기는 했다. 하지만 텍사스가 본격적인 제안을 꺼내기 전, 그는 크리스 영에게 전화를 걸어 LA에 남을 것임을 알렸다(사정을 잘 아는 이들에 따르면, 레인저스는 놀런 라이언이 뛰던 시절 구단주였던 조지 W. 부시 전 대통령에게 커쇼를 설득해달라고 부탁하는 방안까지 검토하고 있었다). 커쇼의 아내 엘런은 영의 아내 리즈에게 '진심이 가득 담긴 음성 메시지'까지 남겼다. 커쇼는 자신을 잊지 말아달라고 영에게 부탁했다. 영은 야구가 둘의 관계에 영향을 주진 않을 것임을 확실히 이야기해주었다. "한 사람으로서의 커쇼, 그리고 친구로서의 가치, 우리 아이들이 같은 동네에서 자란다는 점 등 이 모든 것이 야구장 안에서의 어떤 일보다도 훨씬 더 중요합니다." 영은 2023년 6월, 나에게 이렇게 말했다.

2022년 12월, 짐 멜슨은 내게 이렇게 말했다. "저는 레인저스를 정말 좋아해요. 커쇼가 레인저스 유니폼을 입은 모습을 상상해보고 싶기도 하죠. 하지만 솔직히 말하면 그 모습이 잘 그려지진 않네요."

엘런의 아버지 짐 멜슨은 가족이 여전히 '집'이라 부르는 동네에서 1마일*도 채 떨어지지 않은 곳에 있는 커쇼 부부의 자선단체 본부에 사무실을 두고, 커쇼의 일을 관리하고 있었다. 2022년 겨울, 하일랜드 파크에 산타클로스가 다녀간 다음 날, 커쇼는 멜슨의 사무실 밖 소파에 앉아 간이 주방에 놓인 텔레비전으로 'MLB 네트워크' 채널을 멍하니 바라보고 있었다. 윈터 미팅은 이미 일주일 전에 끝났다. 트레이 터너, 카를로스 코레아, 산더르 보하르츠 등 굵직한 이름들이 줄줄이 다른 팀과 계약을 맺는 동안, 다저스는 조용했다. 구단은 다음 겨울 오타니 쇼헤이 영입을 위해 자금을 아끼고 있었지만, 커쇼로서는 팀의 정적이 쉽게 이해되지 않았다. 프리드먼은 팀이 직접 키운 유격수 개빈 럭스가 기회를 받으면 충분히 성장해 고액 선수 영입의 필요성을 지워버릴 수 있을 것이라고 설명했다. 커쇼는 대체로 프리드먼의 판단을 신뢰했지만, 그 역시 완벽한 인물은 아니라는 점도 알고 있었다. 두 사람은 직전 10월의 가을 야구 조기 탈락의 원인을 두고 의견이 갈렸다. 111승을 거둔 다저스가 89승의 파드리스에게 네 경기 만에 무너진 충격적인 참사였다.

"플레이오프라는 게 원래 어떻게 흘러갈지 알 수 없을 때가 있죠." 커쇼는 말했다. "그런데 이번에는 달랐어요. 당시 우리는 올해 우승할

◆ 약 1.6킬로미터

준비가 끝났다고 생각했었거든요. 그래서 더 아팠습니다. 그냥 '와, 제대로 한 방 먹었구나' 싶었죠."

커쇼의 눈에 다저스가 허를 찔린 이유는, 정규 시즌 동안 파드리스를 상대로 14승 5패를 거두며 효과를 봤던 방식을 그대로 고수했기 때문이었다. 샌디에이고는 10월에 접근법을 바꿨다. 3 대 5로 패배했던 2차전 등판 경기에서 커쇼는 매니 마차도와 후안 소토 같은 파드리스의 핵심 타자들이 타석에 서는 위치부터 달라졌다는 것을 느꼈다. "곱씹어볼수록 플레이오프에서는 '이게 내가 늘 해오던 방식이니까 이대로 한다'는 식의 사고는 충분하지 않다는 생각이 들어요." 커쇼는 말했다. "그렇게 해서는 안 됩니다. 예전에 뭘 했었는지는 중요하지 않습니다. 지금 이 가을 야구에서 이 방식으로 해본 적은 없으니까요."

커쇼는 자신과 오스틴 반스가 마크 프라이어 투수코치 및 대니 레만 벤치코치와 계속 이어갔던 논쟁을 떠올렸다. 코치진은 투수들에게 타자들의 약점을 집요하게 파고들 것을 주문했다. 하지만 반스와 커쇼는 그 접근이 만능은 아닐 수 있다고 믿었다. "코치들은 이렇게 말하죠. '못 치는 건 못 치는 거야. 계속 그 공을 던지고, 계속 정확히만 던지면 돼.'" 커쇼는 설명했다. "그런데 그렇게 가면, 조금만 빗나가도 바로 대가를 치르게 됩니다. 그냥 '좋은 슬라이더를 던지면 된다'라고 너무 기계적인 전제에 기대는 거죠. 하지만 슬라이더를 못 치는 타자라고 해서, 우리가 슬라이더를 열 번 던지면 열 번 다 좋은 공이 들어가는 건 아니잖아요."

충격적인 가을 야구 탈락 이후, 프리드먼은 결정적인 순간에 적시타가 나오지 않은 점을 패배의 원인으로 꼽았다. 데이브 로버츠 감독은 파드리스가 더 큰 절박함과 에너지를 갖고 경기에 임했다고 말했다. 커쇼는 감독 쪽에 섰다. "저는 감독님 말에도 일리가 있다고 느꼈어요." 커쇼는 말했다. "우리가 정말 하나로 뭉쳐서 '플레이오프 모드'로 스위치를 확 켰는가 하면, 꼭 그렇지는 않았던 것 같아요."

커쇼에게 그 패배의 고통은 자신의 '모래시계'를 들여다보면서 더 짙어졌다. 현역 선수로서의 시간은 점점 줄어들고 있었다.

"2013년이나 2014년, 그 이전에는 늘 이런 생각이었죠. '그래, 내년에 다시 해보면 돼.'" 커쇼는 말했다. "물론 패배는 아팠어요. 특히 제가 투수인 날이라면 더 그랬죠. 하지만 항상 '내년에 또 기회가 올 거야. 다시 도전할 수 있어'라는 느낌이 있었어요. 그런데 최근 몇 년은, 그냥 그 무게가 훨씬 더 무거워졌습니다."

다음 날, 커쇼는 자신의 디날리 SUV 차량에 올라 옛 무대 한 곳을 찾았다. 목적지는 텍사스 프리스코에 있는 레인저스 산하 마이너리그 더블A 팀의 홈구장, 라이더스 필드였다. 2006년, 커쇼가 매키니 노스를 상대로 고교 마지막 경기에 등판했을 당시 이 구장은 닥터 페퍼 볼 파크라는 이름이었다. 쇼핑센터 안에 들어선 마이너리그 구장으로, 이케아 가구점과 페리스 스테이크 하우스, 엠버시 스위트 호텔 사이에 끼어 있었다. 커쇼가 스케쳐스 브랜드 모델로서 광고를 찍기에 완벽한 장소였다.

구장 입구 바깥에는 과일과 페이스트리가 담긴 쟁반들이 테이블 위에 놓여 있었다. 로비 안에서는 후드티와 플란넬 셔츠를 입은 스태프 두 명이 광고 콘티를 벽에 붙이고 있었다. 커쇼는 오전 9시까지 광고 촬영 현장에 도착해야 했다. 8시 45분, 커쇼는 구장 앞 주차장에 차를 세웠다. 전날까지만 해도 수염을 기르고 있었지만, 이날은 말끔히 면도를 한 상태였다.

"콧수염이라도 남겨두면 사진 촬영을 피할 수 있지 않을까 생각했거든요." 커쇼가 말했다. "기괴한 콧수염을 한 사람한테 사진 찍자고 못하잖아요. 그런데 엘런이 안 된다고 하더군요."

커쇼는 2018년 언더아머가 더 이상 자신의 야구화를 만들지 않게 되자 스케쳐스와 계약했다. 그 브랜드가 소위 '힙하다'고 여겨지지 않는다는 사실은 잘 알고 있었다. 혹시라도 잊을 법하면 뷸러가 어김없이 한마디씩 보태며 놀리곤 했다. 스케쳐스는 커쇼의 요구에 맞춰 맞춤형 야구화를 제작해주고, 그의 자선단체와도 협업하겠다고 제안했다. "정말 좋은 야구화예요." 커쇼는 말했다. "착용감도 편하고, 또 저희 자선단체에도 굉장히 후하죠." 그렇게 그는 어느새 '일흔 살 넘은 세대를 위한 신발'의 얼굴이 되어 있었다.

광고 촬영은 커쇼의 오전과 이른 오후를 몽땅 집어삼켰다. 그 시간을 빼내는 것 자체가 쉽지 않았다. 엘런의 언니이자 자선단체의 사무총장인 앤 히긴보텀은 "여섯 시간을 뺀다는 건 커쇼에게 정말 큰 일"이라고 설명했다. 커쇼는 아이들을 하교 시간에 맞춰 데리러 갈 수 있다는 조건에서야 촬영에 동의했다. 그리고 그 약속을 상기시키는 역할은 히긴보텀의 몫이었다.

히긴보텀은 이메일이나 문자로 기록을 남겨두는 경우가 많다고 했다. "커쇼는 종종 '내가 언제 그런 말 했어. 그런 약속 한 적도 없어'라고 말하거든요." 증거를 들이밀어도 항상 통하는 것은 아니었다. "어떤 때 보면 그냥 심술궂은 노인 같아요." 히긴보텀의 말이다. "예를 들면 야구카드 계약 같은 거요. 본인이 동의했고, 야구카드에 사인을 해야 한다는 것도 알고 있어요. 그런데 막상 상자가 도착하면 화를 내죠. 그래서 저는 그냥 이렇게 말해요. '카드 상자 들고 갈 건데, 몇 시가 좋아?' 거의 아이 옷 입히는 기분이에요."

촬영 현장에서 커쇼는 그런 투덜거림을 전혀 드러내지 않았다. 그는 감독, 기술팀, 의상 담당들과 이야기를 나누었다. 장면을 반복해서 연기했고, 수십 번의 테이크를 소화했다. 의상도 여러 차례 갈아입었다. '스트레치 핏 스케쳐스 슬립인스(Stretch Fit Skechers Slip-Ins)'라는 문구가 매끄럽게 나올 때까지 연습했다. 대사 중 "스트레칭이 제일 마음에 들어요"라는 문장은 스스로도 터무니없다고 느꼈지만, 굳이 문제 삼지는 않았다. 그랬다가는 촬영 시간이 더 길어질 뿐이었다. SUV를 리무진처럼 늘리는 연기를 몇 차례 더 한 뒤, 감독은 만족스럽게 외쳤다. "클레이튼 커쇼 촬영분은 여기서 마칠게요!"

구장 밖 주차장에서 스태프들이 박수를 보냈다. 오후 2시 33분이었다. 커쇼는 서둘러 짐을 챙겼다. 야구공 몇 개에 사인을 했다. 구장을 나서던 중 러프라이더스 구단 직원 한 명이 그를 붙잡았다.

"저희 직원들과 사진 한 장만 찍어주실 수 있을까요?" 커쇼는 웃음인지 찡그림인지 모를 표정을 지었다. "아이들 픽업까지 21분 남았어요." 그가 말했다. "그러니까 딱 1분만요." 그는 중앙에 서서 사진을 찍었다. 야구공 하나에 다시 사인했다. 또 다른 직원과 '셀카'를 찍은 뒤 곧장 차로 뛰어갔다. 하교까지 남은 시간은 18분. 커쇼는 지각을 몹시 싫어했다.

23장

여섯 번째 날

열 달 후, 클레이튼 커쇼는 하일랜드파크에 있는 집의 현관문을 열고 나를 안으로 들였다. 캘리와 찰리는 길 건너편 학교에 가 있었다. 쿠퍼는 푸시카♦에 챈스를 태워 거실을 가로질러 달리고 있었다. 그날 밤, 가까운 알링턴에서는 텍사스 레인저스가 애리조나 다이아몬드백스를 상대로 2023년 월드시리즈 1차전을 치를 예정이었다. 커쇼는 그 경기를 보러 갈 생각이 없었다.

"절대 안 갑니다." 커쇼의 말이다. "그냥 좀 이상할 것 같아요."

집 안에는 그보다 더 시급한 일들이 많았다. 카펫을 청소해야 했고,

♦ 푸시카(push car)는 아이가 발로 땅을 밀며 타거나, 다른 사람이 뒤에서 밀어주는 형태의 유아용 탑승 완구를 말한다.

커쇼는 핼러윈 복장을 정해야 했다. 어떤 해에는 인크레더블 헐크로 분장했고, 또 다른 해에는 윌 페럴이 연기한 재키 문으로 변신했고, 여러 해에 걸쳐서는 월드시리즈를 소화하느라 아예 사탕 받으러 다니는 일을 건너뛰기도 했다. 그는 생애 처음으로 왼쪽 어깨를 수술대에 올려야 했고, 그 일정을 확인해야 했다. 그리고 그보다 어려운 일도 남아 있었다. 감정을 억눌러온 자신의 성향을 넘어, 마음을 말로 드러내는 것이었다. 그는 그것이 자신의 신앙을 위해 반드시 필요하다고 느꼈다.

"조금 솔직해져볼게요." 커쇼가 내게 말했다. "신앙적으로 보면 지난 1년은 제게 더 힘든 시간이었어요." 그는 하나님과의 연결이 느슨해졌다고 느꼈다. "기도할 때 성령의 임재를 느껴야 한다고 하잖아요." 그가 말했다. "그런데 제 기도 생활은 엉망이에요. 저는 기도를 잘 못해요. 제가 느끼는 걸 말로 꺼내는 게 너무 힘들어요."

커쇼는 스스로를 지탱해주었던 중심을 오래 유지하지 못했다. 2023 시즌은 그의 몸을 쇠약하게 만들었고 명성에 금이 가게 했으며 자존심에도 상처를 남겼다. 때로 그는 외로웠고, 머릿속은 흐릿했으며, 야구 안에서 자신이 어떤 존재인지조차 확신하지 못했다. 커쇼가 다시 한번 세 갈래 갈림길 앞에 섰을 때, 그는 어느 쪽으로 가야 할지 알 수 없었다. 한때는 너무도 분명하게 느껴졌던 답이었기에 이제는 자신의 바람이 무엇인지 정리하는 일조차 쉽지 않았다. 아내 엘런이나 A. J. 엘리스처럼 가까운 사람들은 그에게 겉으로 보이는 것 너머를 더 깊이 들여다보라고 했다. 하지만 그 과정은 결코 쉽지 않았다.

"제 인생에서 정말 큰 결정을 내려본 적이 없는 것 같아요." 커쇼가 내게 말했다. "생각해보세요. 지명될 걸 알고 있었고, 대학에 가지 않을 것도 알고 있었죠. 엘런과 결혼할 것도 알고 있었어요. 처음부터 끝까지 계속 사귀었으니 그건 쉬웠어요. 평생 다저스에서만 뛰었는데, 여기에는 특별히 선택이라고 할 것도 없었죠."

"그런데 이번 오프시즌에는 제가 실제로 결정을 내려야 하는 큰 선택이 4~5개나 한꺼번에 몰려왔어요. 그게 정말 벽돌 더미처럼 저를 덮쳤죠. 너무 힘들었어요. 기자님이 지금 찾아오신 건 좋은 타이밍이에요. 불과 열흘 전보다 지금이 훨씬 더 또렷해졌거든요."

그는 은퇴 대신 수술을 택하며 하나의 결정을 내렸다. 하지만 수술 뒤에는 더 큰 선택이 기다리고 있을지도 몰랐다. 오프시즌에 대한 자신의 바람을 이야기할 때, 커쇼의 목소리는 눈에 띄게 낮아졌다. 그는 아직 현역으로서 마지막 공을 던진 것은 아니었다. 하지만 LA 다저스 유니폼을 입고 던진 마지막 공은 이미 지나갔을지도 몰랐다.

"솔직히, 누군가 제 머리에 총을 겨눈다면 여기에서 뛰고 싶다고 말할 것 같아요." 커쇼가 말했다. "그러면서도 한편으로는 LA를 떠나고 싶다는 생각이 듭니다."

지난 3월, 내가 커쇼와 캐멀백 랜치의 다저스 클럽하우스 밖에 앉아 있던 때만 해도 그가 다른 팀에서 뛰게 될 일은 거의 없어 보였다.

"솔직히 말씀드리면요." 커쇼가 내게 말했다. "만일 제가 월드시리즈 우승을 한 번 더 한다면 그보다 더 멋진 엔딩은 없다고 생각합니다."

그런데 무슨 일이 있었던 것일까? LA에서의 고별 퍼레이드를 그리던 커쇼가 어떻게 이별을 고민하는 상황이 된 것일까?

커쇼, 그리고 그가 유일하게 몸담아왔던 구단 사이에 돌이킬 수 없는 단 한 번의 파국적인 순간이 아예 없었던 것은 아니다. 그들의 유대는 서서히 허물어졌다. 그해 봄, 다저스 구단에 대한 커쇼의 불만은 분명하게 드러났다. 앤드루 프리드먼이 로스터의 문제를 해결하기 위해 적극적으로 돈을 쓰지 않고, 다소 소극적인 오프시즌을 보낸 이후의 일이었다. 커쇼는 스프링 트레이닝 기간 대부분을 다저스 소속으로만 보낼 생각이 없었다. 그는 월드베이스볼클래식에서 미국 대표팀 소속으로 공을 던질 계획이었다. 가장 유명한 선수들의 참가를 확보하는 데 늘 어려움을 겪어왔던 미국 대표팀 입장에서는 큰 전력 보강이 될 수 있었다.

하지만 그의 참가 계획에 문제가 생겼다. 대회 보험사가 그의 부상 이력을 검토한 뒤 보험 보장을 거부한 것이다. 이런 보험은 정규 시즌 개막을 불과 며칠 앞두고 치러지는 고강도 대회에 선수를 내보내야 하는 구단들의 불안감을 덜어주기 위해 존재한다. 보험 없이 커쇼가 대회 도중 다칠 경우, 다저스는 그의 연봉 2,000만 달러 전액을 떠안아야 했다.

다저스는 보험 요건을 면제해주지 않았다. 커쇼는 개인적으로 보험을 드는 방안까지 알아봤지만, 결국 그 비용 앞에서 물러설 수밖에 없었다. 이 과정은 그를 몹시 불쾌하게 만들었다. 그는 겨울 내내 미국 대표팀 관계자들로부터 출전을 설득하는 전화를 받았고, 마침내 참가에 동의했던 터였다. 맥스 셔저, 저스틴 벌랜더, 게릿 콜, 코빈 번스 등 미국을 대표하는 많은 투수가 출전을 고사한 상황에서 그의 결정은 더욱 의미가 있었다. 하지만 결국 그는 허가를 받지 못했고, 스프링 트레이닝의 반복되는 일상 속에 그대로 남겨졌다.

커쇼의 구단 내 가장 가까운 두 친구는 대회에 나가 있었다. 오스틴 반스는 멕시코 대표팀의 포수로, 트레이스 톰프슨은 영국 대표팀의 외야수로 뛰고 있었다. 그해 봄 대부분의 시간 동안 커쇼가 가장 가까이 의지할 수 있었던 사람은 마사지 치료사 나카지마 요스케였다.

로스터의 대대적인 교체 탓에 커쇼는 친구들을 잃었다. A. J. 엘리스는 몇 년 전에 떠났고, 브렛 앤더슨과 브랜던 매카시, 잭 그레인키와 리치 힐, 제이미 라이트와 조시 린드블럼도 마찬가지였다. 족 피더슨은 2020년 이후 다저스를 떠났다. 그는 커쇼의 선발 등판이 없는 날이면 종종 그와 함께 다저스타디움까지 카풀을 하던 사이였다. 무키 베츠와 프레디 프리먼은 저스틴 터너와 코리 시거를 대신해 다저스 타선의 중심이 되었다. 릭 허니컷은 은퇴했고, 존 프랫은 LA 에인절스로 자리를 옮겼다. 타일러 앤더슨은 에인절스와 다년 계약을 맺었다. 심지어 커쇼를 걸프 코스트 리그 시절부터 받아주던 마무리 투수이자 미들랜드 뒷마당에서 농구로 커쇼의 상대가 되곤 했던 벗, 그리고 다저스가 경기 후반에 커쇼를 대신해 마운드를 맡길 수 있다고 믿었던 유일한 구원투수 켄리 잰슨마저도 이제는 다른 팀에서 던지고 있었다. "커쇼가 그리워요." 잰슨이 내게 말했다. "제 일부가 사라진 느낌이에요."

커쇼는 새로 합류한 얼굴들과 친해지려 애썼다. 젊은 투수들은 그를 우상처럼 여겼지만, 그의 처지를 공감하지는 못했다. 커쇼는 베츠의 재능과 프리먼의 안정감을 높이 평가했지만, 그들과 가까운 사이는 아니었다. 데이브 로버츠 감독과의 관계도 원만하기는 했지만, 거리감이 있었다. 이 책을 쓰기 위해 취재를 하는 동안 커쇼는 내게 로버츠 감독을 인터뷰할 생각이 있는지를 여러 차례 물었다. 그는 늘 감독이 자신에 대해 어떤 말을 할지 경계하고 있었다. "솔직히 말하면, 저는 다른 선수들과 더 가깝게 지냅니다." 로버츠가 내게 말했다. "그건 커쇼의 성향 때문입니다. 그렇다고 관계가 나쁜 것은 아닙니다. 잘 작동하고 있어요. 다만, 시간은 꽤 오래 걸렸죠. 그와의 관계는, 계속해서 신뢰를 쌓아가야 하는 관계라고 생각합니다." 내가 그런 관계는 쉽지 않아 보인다고 하자, 로버츠는 고개를 끄덕였다. "쉽지 않죠. 그래도 그만한 가치가 있는 선수입니다." 로버츠와 커쇼는 하나의 목표로 연결되어 있었다. "야구를 계속하는 이유는 딱 하나예요." 커쇼가 말했다. "우승을 위해서죠." 그는 클럽하우스를 둘러보며 2023년에 그 목표를 이룰 수 있을지 스스로에게 물었다. 캠프 초반, 젊은 유격수 개빈 럭스가 무릎 부상으로 시즌 아웃되면서 그 기대는 큰 타격을 입었다. "여기서 뛰었던 팀들 가운데 올해가 전력이 가장 약한 것 같아요." 커쇼가 말했다. "이걸 입 밖으로 꺼내 말하기가 참 어렵지만, 사실인 것 같습니다." 내가 개성 측면에서 가장 약하다는 말이냐고 묻자, 커쇼는 고개를 저었다. "재능이요."

하지만 커쇼의 예상은 빗나갔다. 그해 다저스는 100승을 거두면서, 열한 시즌 동안 열 번째로 내셔널리그 서부지구 우승을 차지했다. 하지만 커쇼에게 그 여정은 결코 즐겁지 않았다.

3월 28일 저녁, 시즌 개막 이틀 전이면서 자신의 첫 선발 등판을 나흘 앞둔 시점에 커쇼는 댈러스로 날아갔다. 다음 날 아침 그는 아이들과 함께 팬케이크를 만들었고, 캘리와 찰리를 학교에 데려다주었다. 그날 오후 내내 아이들과 시간을 보낸 커쇼는 다음 날 아침, 캘리포니아로 돌아가는 전세기에 몸을 실었다.

"그런데 비행기가 지연되었어요." 엘런은 회상했다. 피닉스에서 연료를 보충하며 활주로에 발이 묶인 채 아무것도 할 수 없는 상황에 놓이자 커쇼의 불안은 점점 커졌고, 그의 문자 메시지가 엘런의 휴대폰으로 쏟아져 들어왔다.

"그때 저는 '지금 저 비행기 안에서 완전히 난리가 났겠구나' 싶었어요." 엘런이 말했다.

커쇼는 제시간에 다저스타디움에 도착했다. 그는 4월 1일 경기에서 다이아몬드백스를 상대로 6이닝 동안 경기를 압도했다. 경기가 끝난 뒤 커쇼의 로커 앞에는 관계자들이 몰려 있었다. 커쇼가 자기 자리로다 가기도 전에, 새로 팀에 합류한 동료 한 명이 그를 붙잡았다. J. D.

마르티네스였다. 그는 올스타에 다섯 차례나 선정된 베테랑이었지만, 다저스에서는 첫 시즌을 보내고 있었다. 그는 그날 경기 전에 커쇼에게 말을 걸 기회를 엿보고 있었다. 경기가 끝나고 마르티네스는 커쇼에게 '다섯 번째 날'에 대해 알지 못해 미안했다고 사과를 건넸다. 커쇼는 마르티네스에게 뭐 그런 걸 갖고 사과를 하느냐며 말했다.

"내가 사람들이 말하는 것처럼 그렇게 미친 사람은 아니야." 커쇼는 그렇게 말했다.

엘런과 아이들은 그 경기를 보기 위해 LA로 왔다. 커쇼는 가족을 환영하기 위해 풍선을 다섯 세트나 주문했다. "내가 너무 과했나 봐." 커쇼는 엘런에게 그렇게 말했다. 아이들이 스튜디오 시티의 집에 들어섰을 때, 현관 천장에는 풍선들이 가득 차 있었다.

그 장식은 다음 날 아침까지 그대로 남아 있었다. 그날 커쇼는 나를 집으로 초대했다. 식탁 위에는 아기 선물들이 넘쳐났다. 엘런은 출산을 앞둔 다저스 선수 일곱 명을 위한 단체 베이비 샤워를 준비하고 있었다. 커쇼는 다저스타디움으로 떠나기 전, 밖에서 잠깐 찰리와 캐치볼을 했다. 세 살짜리 쿠퍼는 내가 엘런과 이야기를 나누는 동안 곁으로 다가왔다.

"기자님한테 아빠에 대해서 말씀드릴 게 있을까?" 엘런이 말했다.

쿠퍼는 잠시 생각에 잠겼다.

"아빠는 키가 작은 사람이야?" 엘런이 물었다.

"커!"

"아빠는 진지한 사람이야, 아니면 웃긴 사람이야?"

“웃겨.” 쿠퍼가 답했다.

출근하기 전, 커쇼는 뒷마당을 바라보았다. 때마침 찰리가 야구공을 공중에 잠깐 띄운 후에 방망이로 제대로 때려냈다.

“와! 대단하네!” 커쇼가 외쳤다. “아빠도 봤어!”

찰리는 집 안으로 달려 들어왔다.

“아들, 너 언제 그런 걸 배웠어?” 커쇼가 말했다.

“모르겠어요. 그냥 수영장 쪽으로 쳤어요.” 찰리가 말했다.

“그랬어?” 엘런이 말했다. “잘했네, 찰리!”

“참고로, 풀장에 들어간 공은 다 망가져서 못 써.” 커쇼가 말했다. “하지만! 방금 그 타구는 정말 좋았어.”

다음 두 달은 커쇼에게 성취와 고독, 그리고 상실을 동시에 안겨주었다. 4월 18일, 그는 뉴욕 메츠를 상대로 7이닝 무실점 투구를 펼쳤다. 리드를 지키고 통산 200승을 확정 짓는 순간, 절묘한 백도어 슬라이더로 삼진을 잡아낸 커쇼는 평소답지 않게 포효했다. 다음 날 아침, 타일러 앤더슨이 그 업적을 축하하는 문자를 보내왔다. 커쇼는 답장을 보내기까지 잠시 시간이 걸렸다. 그는 웨이트장에서 운동을 하고 있었다. 다시 돌아올 ‘다섯 번째 날’을 향해 자신을 이끄는 그 사이클 속에 몰두해 있었다.

겉으로 보기에는 늘 그래왔던 길을 그대로 걷고 있었다. 성적은 훌륭했고, 강도는 조금도 떨어지지 않았다. 특유의 붙임성 있는 투덜거림도 여전했다. 그 시즌 어느 경기에서는 선발 투수 더스틴 메이가 초구로 슬라이더를 구사했는데, 이는 커쇼에게 초구 커브를 더 많이 던지라고 설득해온 투수코치 마크 프라이어에게는 반가운 장면이었다. "야, 이제 우리 투수들이 전부 다 초구 변화구를 던지네." 프라이어가 우쭐대듯 말하자, 커쇼는 이렇게 받아쳤다. "모든 선발 투수는 아닐 겁니다."

하지만 수면 아래에서는 그의 마음이 요동치고 있었다. 그는 프런트 오피스가 트레이드 마감 시한까지 로스터의 약점을 채워 넣지 못할까 봐 걱정했다. "도움이 정말 많이 필요해요." 커쇼가 내게 말했다. "저희가 해낼 수 있을지 모르겠어요." 왼쪽 어깨에도 통증이 찾아오기 시작했고, 그건 곧 두려움으로 번졌다. 다저스는 커쇼에게 등판 사이 하루를 더 쉬게 해주었다. '다섯 번째 날'은 그렇게 '여섯 번째 날'이 되었다. 선발 등판에 수반되는 루틴을 몸이 제대로 받아주지 못하게 되면서 커쇼의 '주기'는 신뢰하기 어렵게 되었다. 그는 LA와 하일랜드파크를 오가며 일정을 지키려 애썼다. 그곳에서는 어머니의 건강이 급속도로 악화되고 있었다. 시즌이 시작되기 전, 커쇼는 2013년 아버지에게 그랬던 것처럼 어머니를 찾아가 작별 인사를 했다. 그러나 시즌 중에도 가능한 한 계속 집을 찾았다. "보통은 계속 주무시기만 했어요." 그가 설명했다. "이제 때가 됐다는 걸 알았죠. 알츠하이머병은 정말 지독하더군요." 어머니 메리앤은 5월 13일에 세상을 떠났다. 그날 오후, 엘런은 잉글우드에서 열린 행사에서 그녀를 추모했다. 그 행사는 커쇼의 자선단체가 후원한 야구장의 개장식이었다. 엘런은 그 자리에 모인 아이들과 부모들 앞에서 이렇게 말했다. 메리앤은 아들의 커리어를 위해 '산을 옮길 만큼' 헌신했다고 말이다. "그녀에게 가장 큰 기쁨은, 당신의 아들이 지금 같은 사람이자 자선가, 아버지, 그리고 야구 선수로 성장하는 모습을 지켜보는 것이었습니다." 엘런이 덧붙였다.

그로부터 일주일도 채 지나지 않아 다저스는 6월 16일로 예정된 LGBTQ+♦ 이벤트와 관련해 행사 계획을 변경한다고 발표했다. 구단은 '시스터스 오브 퍼페추얼 인덜전스(Sisters of Perpetual Indulgence, 이하 '시스터스')'라는 단체의 초청을 취소했다. 이 단체는 수녀 복장을 하고 성적 차별과 불관용을 풍자하는 퀴어 및 트랜스젠더 그룹으로, 샌프란시스코 지역을 기반으로 활동하고 있었다. 이들의 초청 사실이 알려지자 플로리다 상원의원 마코 루비오가 메이저리그 커미셔너 롭 맨프레드에게 로비를 벌이는 등 보수 가톨릭 단체들의 항의가 이어졌다. 다저스가 이 압력에 굴복하자, 전국의 LGBTQ+ 단체들이 일제히 이를 비난하고 나섰다. 닷새 뒤, 구단은 입장을 번복해 시스터스를 다시 이벤트에 초청했다.

커쇼는 이 상황이 마음에 들지 않았다. 그는 시스터스가 자신의 신앙을 조롱한다고 느꼈다. 혼란 속에서 그는 팬데믹 이후 중단되었던

♦　레즈비언, 게이, 바이섹슈얼(양성애자), 트랜스젠더, 퀴어 등을 포괄하는 약어로, 성적 지향과 성 정체성의 다양성을 가리킨다. 뒤에 붙은 '+'는 이 범주 외에도 존재할 수 있는 다양한 정체성까지 포괄한다는 의미다.

'크리스천 신앙과 가족의 날' 이벤트를 다시 열어달라고 구단을 압박했다. 커쇼는 트위터를 통해 그 행사의 부활을 직접 알렸다. 그는 선수들만의 미팅을 열어 자신이 시스터스에 반대하는 입장을 공개적으로 밝힐 생각임을 동료들에게 알렸고, 실제로 『LA 타임스』 인터뷰에서 실행으로 옮겼다. 그는 자신의 불만이 LGBTQ계 및 이런 종류의 행사 그 자체 때문인 것은 결코 아니라고 강조하면서도, 시스터스의 방식에는 동의할 수 없다고 말했다.

"저는 다른 사람들의 종교를 조롱하는 데 동의하지 않습니다." 그는 인터뷰에서 이렇게 말했다. "그게 전부예요. 어떤 종교를 믿든, 다른 사람의 종교를 비웃어서는 안 된다고 생각합니다."

"이 문제에 대해 정말 많이 고민했고, 여러 사람과 이야기를 나눴어요." 그해 6월, 커쇼는 내게 이렇게 말했다. "결국 내린 결론은, 우리 구단이 사람들을 정말 곤란한 상황에 몰아넣었다는 거예요. 이건 성소수자 문제가 아니에요. 그저 그 단체가 꽤 거칠다는 것이죠. 저는 웃음이나 풍자는 좋아합니다. 하지만 그들의 방식은 선을 넘어도 한참 넘었다고 생각합니다. 그래서 뭔가 말해야겠다고 느꼈어요."

시스터스에 대한 반대 의견을 밝힌 이후, 커쇼는 동성애 혐오적이고 불관용적이라는 비난을 받았다. 그는 자신의 입장이 훨씬 더 복합적이라고 믿었다. "타인을 정죄하거나 판단하는 것은 제 역할이 아닙니다. 하지만 저와 같은 입장을 공개적으로 밝히는 순간, 사람들은 곧장 그 사람을 배척해버리죠. 그래서 저는 모두를 같은 기준으로 대하려 하고, 가급적이면 다른 사람들을 사랑하려 노력합니다."

자신의 신앙에 대한 해석은 그를 '행동'하게 만들었다. 하지만 2023년 봄과 여름 내내 그를 짓눌렀던 혼란을 말로 꺼낼 수 있게 된 것은 몇 달이 지나서였다. 그는 자신의 믿음이 얼마나 단단한지 스스로도 확신하지 못하고 있었다. 하나님과 나누는 대화는 점점 희미해지고 있었다.

"가끔은 제 신앙에 있어서 제가 사기꾼처럼 느껴질 때가 있어요." 10월의 어느 날, 커쇼는 내게 말했다. "야구는 엄청난 무대를 주잖아요. 무슨 이야기든 할 수 있는 자리죠. 저는 이 무대를 사용해서 결국 예수님에 대해 이야기하기로 선택했습니다. 그게 하나님이 제 인생에서 원하시는 일이라고 믿거든요. 그런데 가끔 성령의 임재를 느끼지 못할 때는 확신도 없는 상태에서 그냥 제 자신을 세상 앞에 내세우고 있는 것 같은 기분이 듭니다."

중년에 접어들며 형이상학적이고 영적인 문제를 고민하는 어른들에게 이런 경험은 낯선 일이 아니다. 하지만 시즌 초반, 엘런과 아이들이 텍사스에 머무는 동안 커쇼는 어깨 통증과 복잡한 심리 상태를 홀로 감당해야 했고, 고립감을 느꼈다. 어머니가 세상을 떠난 뒤, 가족들이 여름을 보내기 위해 LA로 찾아오기 전에 계속 이어진 경기 일정은 특히나 기운이 빠지는 시간이었다. "혼자 생각에 잠겨 있는 시간이 너무 많았어요." 그가 말했다. "그냥 슬펐죠. 물론 저는 괜찮아요. 하지만 밤이 되면 이런 생각이 드는 거예요. '나는 지금 뭘 하고 있는 거지? 왜 야구를 하는 거지? 아이들과 집에 있을 수도 있는데 가족을 떠나 있는 삶을 선택하고 있는 거잖아?' 하고요."

커쇼가 그리워한 것은 성인이 된 이후 평생을 들여 쌓아온 삶, 즉 평생의 반려자와 아이들, 바로 가족이었다. "정말 사랑하는 무언가로부터 떨어져 있는 상황이 스스로 내린 선택 때문에 결정된 사실임을 깨닫는 순간, 그건 더 견디기 힘들어요." 커쇼는 말했다.

보름 후, 나는 양키 스타디움에서 크리스 영과 이야기를 나누었다. 브롱크스로 향하는 길에서 영은 선수 시절 야구장에 들어섰을 때의 감정을 떠올렸다. 솟구치는 아드레날린, 불안, 경쟁이 주는 전율까지. "그걸 다시는 느낄 수 없다는 게 정말 아쉽습니다." 그가 말했다. 영은 2018년에 현역에서 은퇴했다. 막 마흔 살이 된 참이었다. 그의 두 번째 커리어는 성공적이었다. 레인저스는 2023년 강팀으로 거듭났다. 하지만 현역 선수일 때와 비할 바가 아니었다.

"당장 오늘 밤 저 마운드에 설 수 있다면, 프런트 오피스 자리가 아니라 무조건 그쪽을 택할 거예요." 영이 말했다. "지금 하는 일을 좋아하긴 해요. 정말 좋아합니다. 하지만 전 이미 제 꿈의 직업을 경험해버렸거든요. 클레이튼에게도 그게 중요한 거예요. 야구장을 떠나면, 영영 떠나는 거죠."

선수 생활에 스스로 마침표를 찍을 수 있는 사람은 극히 드물다. 대다수는 몸이 먼저 무너지거나, 아니면 야구가 그의 마음을 꺾어놓는

다. 커쇼는 그 극히 드문 부류에 속했다. "제가 해줄 수 있는 조언은, 할 수 있을 때까지 하라는 거예요." 영이 말했다. "그건 다시는 되돌릴 수 없거든요."

물론 영에게는 사심이 있었다. 그는 여전히 커쇼와 계약하는 꿈을 품고 있었다. 하지만 다른 은퇴 선수들도 같은 이야기를 했다. 댄 해런은 2015년 은퇴하면서 자유를 즐길 수 있을 것으로 생각했다. "쉽지 않더라고요." 해런이 내게 말했다. "다들 '골프도 좀 치고, 하고 싶은 거 다 하면서 살면 되잖아'라고 생각하죠. 하지만 매일 오전 11시에 집에 앉아 텔레비전만 보고 있을 수는 없어요. 그러다간 정말 미쳐버릴 것 같거든요." 1년 뒤, 그는 애리조나 프런트 오피스에 일자리를 얻었다. 그럼에도 그는 이렇게 말했다. "아이들을 학교에 데려다주고 운동 조금 하고 점심 먹고 다시 애들 태우러 가고 그러다 보면 '젠장, 나 오늘 대체 뭘 한 거지?' 싶을 때가 있어요." 결국 해런은 커쇼가 언젠가는 '운동선수로서의 자신'이 사라지는 순간과 마주하게 될 것이라고 말했다. 그건 누구에게나 찾아오는 일이다. "스무 살에서 서른다섯까지 살았던 선수로서의 삶과 비교할 수 있는 것은 어디에도 없어요." 해런이 말했다. "결국은 다음 단계로 넘어가야 하는 문제입니다. 인생의 두 번째 국면이라고 해야 할까요."

커쇼의 가장 오래된 친구들, 야구가 때때로 그의 내면을 얼마나 크게 뒤흔드는지 잘 아는 이들 역시 같은 생각이었다. "매년 절반이 넘는 기간 동안 다섯 번째 날마다 그런 거대한 불안을 안고 산다는 것이 어떤 의미인지, 저는 충분히 이해할 수 있어요." 윌 스켈턴이 말했다. "그걸 끝내고 싶다는 생각도 들 법하죠. 하지만 동시에, 그 감정을 다시는 느끼지 못하게 된다는 것도 상상할 수 있어요. 돈으로도 어떻게 해결되는 것이 아닙니다."

때때로 커쇼는 그런 감정 없이도 살 수 있다고 주장했다. "제가 그렇게 몇 년째 얘기하고 있는데, 아무도 안 믿어요." 커쇼는 2022년 12월, 내게 말했다. "하지만 저는 야구만 아니면 그렇게 치열하게 사는 사람은 아닌 것 같아요. 아니면 탁구 칠 때나 그럴까요?" 내가 웃자 커쇼는 다시 말했다. "아니, 진짜로요! 저는 그렇게 투쟁심 있는 사람은 아닙니다. 보드게임 같은 것도 져도 되고, 카드 게임 할 때도 그렇고요. 저는 투쟁심의 스위치를 끄고 켤 줄 아는 사람입니다." 커쇼가 예로 든 것은 골프였다. "골프 치다가 공을 물에 빠뜨려도 그냥 '에이' 이러고 말아요." 커쇼가 말했다. "그런 건 별로 상관없어요."

커쇼의 말 중에 하나는 맞았다. 투쟁심 없이도 살 수 있다는 자신의 말을 주변에서 아무도 믿지 않더라는 말이었다.

"뭐라고요? 그거 완전 거짓말이에요." 스켈턴이 말했다.

"그래, 완전 헛소리죠." 조시 메러디스가 말했다.

"웃기시네요 정말." 숀 톨레슨이 말했다. "그냥 못 들은 걸로 할게요."

골프만 봐도 그렇다. 커쇼는 2022시즌이 끝난 뒤 겨울 동안 골프는 네 번밖에 안 쳤다고 말했다. 그저 맥주 한잔 마시며 웃고 떠드는 가벼운 취미인 것처럼 말했다. 하지만 몇 년 전, 톨레슨의 아내가 결혼기념일 선물로 남편에게 골프 레슨을 끊어줬다는 말을 들은 커쇼는 그 길로 바로 똑같은 강사를 고용했다. 6주 동안 둘은 똑같은 일정을 소화했다. 아침에 캐치볼을 하고 웨이트를 한 뒤, 점심 식사를 마치고 바로 골프장으로 향했다. "강사 잘못은 아닌데요." 톨레슨이 회상했다. "그 6주는 우리가 골프에 쓴 돈 중에서도 가장 큰 낭비였어요. 실력이 오히려 형편없이 나빠졌거든요." 레슨은 그들의 자연스러운 운동 감각을 망가뜨렸다. "나중에는 공을 제대로 맞히지도 못했어요." 톨레슨이 말했다.

옛 동료들은 커쇼가 과연 '일반인의 삶'에 맞는 사람인지 확신하지 못했다. "함께 보낸 9년 동안, 커쇼는 사소한 것 하나도 빼먹은 적이 없었어요." 저스틴 터너가 말했다. "정상이 아니죠. 인간적이지도 않고요." 야구장 밖에서도 통제에 대한 그의 집착은 웃지 못할 방향으로 뻗어갔다. 스무 살 무렵, 자신은 이미 결혼했고 친구들 상당수는 아직 미혼이었던 시절에 커쇼는 친구들의 휴대폰을 슬쩍 가져가 연애사를 뒤지곤 했다. 결국 친구들은 아이폰 비밀번호로 '방어'에 나섰다. 그럼에도 커쇼는 몇 개를 뚫어냈다. 그는 '나의 찾기' 기능을 써가며 위치까지 확인했다. 내가 메러디스에게 전화를 건 2023년 초, 그는 출장 중이었다. "커쇼가 분명 이번 주 안으로 저한테 물어볼 거예요. '너 엘패소에서 뭐 했어?'라고요."

2023년의 마지막 몇 달은 커쇼에게 음울했고, 끝은 참담하기까지 했다. 6월 27일, 커쇼는 콜로라도에서 열린 경기에서 6이닝 무실점, 투구 수 79개를 기록한 뒤 마운드를 내려왔다. 어깨에 통증이 찾아왔기 때문이었다. 통증을 가라앉히기 위해 코르티손 주사까지 맞았지만, 그것만으로는 한계가 있었다. 다저스 소속으로 통산 열 번째 올스타전에 참가하기 위해 시애틀로 향하기 전 실시한 MRI 검사 결과, 어깨 관절을 감싸는 관절낭이 찢어졌다는 사실이 드러났다. 관절낭 손상은 보통 수술을 요했고, 재활에는 1년이 걸릴 수도 있었다. 투수로 하여금 부동산 공인중개사 자격증을 알아보게 만드는 유형의 부상이었다.

상태를 전해들은 뒤 커쇼는 두 손으로 머리를 감싸 쥐었다. 엘런이 당시를 회상하며 말했다. "클레이튼은 아마 10분 정도는 세상이 끝난 것 같은 기분이었을 거예요. 그런데 곧 생각을 뒤집더라고요. '그래 뭐, 그 확률을 뚫어볼 수도 있잖아'라고 하더라고요." 커리어의 황혼이 이토록 지평선 가까이 온 적은 없었다. 그럼에도 커쇼는 구단과 동료들, 그리고 자기 자신에게 모든 것을 쏟아붓지 않으면 안 된다고 느꼈다. 어떻게 할지를 두고 구단 관계자들과 논의했던 일을 두고 프리드먼은 당시 커쇼가 무조건 던지겠다며 아주 완강한 입장이었다고 말했다.

구단은 부상의 정확한 정도를 공개하지 않았다. 커쇼 역시 마찬가지였다. 올스타전 이후 그는 자신의 어깨 상태에 대해 완전히 괜찮다고 말했다. 하지만 복귀는 8월 10일까지 미뤄졌다. 처음에는 그나마 예전의 커쇼와 비슷해 보였다. 다만, 5이닝짜리로 줄어든 모습이었다. 손상된 어깨를 보완하기 위해 투구 폼을 바꿨고, 그 결과 목 신경이 눌려 경막 외 주사까지 맞아야 했다. 9월이 되자 패스트볼 구속은 시속 88마일 안팎, 슬라이더는 시속 85마일♦ 근처를 맴돌았다. 슬라이더의 위력이 줄어들자, 갑자기 공이 타자들의 방망이에 맞아 나가기 시작했다.

커쇼에게 그 시간은 즐거울 수 없었다. 어떤 투수들은 그런 상황일 때 후배들을 가르치는 역할에서 보람을 찾지만, 다저스에는 이미 그런 베테랑들이 넘쳐났다. 선발진에는 보비 밀러, 라이언 페피엇, 에밋 시핸 같은 신인들이 있었다. 커쇼는 자신까지 나서서 또 한 명의 '교관'이 되려 하지 않았다. "조금 거칠게 들릴 수도 있는데, 솔직히 말해서 저는 다른 사람들을 더 잘 던지게 만드는 데 큰 관심이 없습니다." 그가 말했다. "이기적인 말일 수도 있지만 펩♦♦이나 보비를 도와주는 것이 제게 도움이 된다면야 하겠죠. 하지만 그렇지 않다면, 솔직히 별로 신경쓰지 않아요." 구위로 압도하는 유형에서 두뇌파 피칭으로 옮겨가는 과정을 즐기는 투수들도 있다. 하지만 커쇼는 아니었다. "매번 그냥 압도해버리는 것이 훨씬 재미있잖아요." 그가 말했다. 9월 한 달 동안 그는 평균자책점 2.33의 좋은 성적을 기록했지만, 등판은 주 1회뿐이었

♦　각각 약 142킬로미터, 약 137킬로미터

♦♦　당시 동료였던 후배 투수 페피엇의 애칭. 페피엇은 2019년, 드래프트 지명을 받으며 프로 생활을 시작했고, 2022년 메이저리그에 데뷔하여 그 이듬해까지 계속 다저스 소속으로 뛰었다. 하지만 2024시즌을 앞두고 탬파베이 레이스로 트레이드되는데, 이때 다저스가 받은 선수 중 한 명이 장신 강속구 투수 타일러 글래스나우였다.

다. 다섯 번째 날은 여섯 번째 날이 되었고, 여섯 번째 날은 '일곱 번째 날'이 되었다. 그는 구위보다는 관록으로 아웃 카운트를 잡아내고 있었다. 포스트시즌이 다가오자 그는 불안해졌다. 제한된 역할 속에서도 자신의 기준을 충족시킬 수 있을지 확신이 없었다. 하지만 다저스는 그가 필요했다. 잇따른 선수 부상으로 선발 로테이션이 초토화되어 있었기 때문이었다. 훌리오 우리아스는 가정 폭력 혐의로 체포되어 행정 휴직 상태였다. 그리고 커쇼의 우려대로 다저스는 트레이드 마감 시한에 이렇다 할 보강을 하지 못했다.

시즌 막바지, 커쇼는 로버츠 감독과 대화를 나누었다. 로버츠는 커쇼의 신체적 한계를 언론에 비교적 솔직하게 밝히고 있었고, 그 투명함은 커쇼를 불편하게 만들었다. 로버츠와의 오래된 갈등이 다시 고개를 들었다. 로버츠는 늘 그랬듯이 커쇼를 보호하려 했을 뿐이라고 말했다. "저는 선수를 챙기려고 그랬던 거예요." 로버츠가 말했다. "그런데 커쇼는 '그냥 제가 못 던진다고 말해요'라는 식이었습니다." 커쇼는 자신의 취약함을 인정하고 싶지 않았다. "상대가 피 냄새를 맡을 수 있는 절름발이 사슴이 된 것 같은 기분을 원하지 않았던 거죠." 로버츠는 말했다. 커쇼는 상대가 자신을 부상당한 어깨로 느린 공을 던지는 35세의 남자가 아니라, 통산 10회 올스타에 선정된, 한 세대를 대표하는 마지막 남은 유형의 투수 '클레이튼 커쇼'라고 믿게 만들어야 했다.

그는 포스트시즌의 악몽과 다시 맞서며, 많은 사람이 커쇼를 두고 오래전부터 품어왔던 의구심을 전면적으로 부인하지는 않았다. 커쇼는 실패에 대한 두려움을 동력으로 삼는 투수였다. "다만 이제는 예전보다 훨씬 긍정적인 마음이에요." 커쇼가 애리조나와의 내셔널리그 디비전 시리즈 1차전을 앞두고 말했다. 그러나 관점의 전환이 신체적 한계를 덮어줄 수는 없었다. 다이아몬드백스가 시리즈를 앞두고 커쇼에 대해 어떤 환상을 품고 있었다면, 타자들의 방망이는 그것을 산산조각 냈다. 경기 시작 후 두 번째 공, 2루수 케텔 마르테가 커브를 강타해 중견수 쪽으로 타구를 날려 보냈다. 타구 속도는 시속 115.7마일♦이었다. 신인 중견수 제임스 아웃맨의 글러브를 튕겨낼 만큼 미사일 같은 타구였다. 아웃맨이 공을 놓치는 사이, 마르테는 2루에 안착했다. 그 순간부터 애리조나는 커쇼를 압도했다. 다이아몬드백스 타자들은 거침없고 자신감 넘치는 스윙을 휘둘렀다. 부서진 투수의 옛 이력 따위에는 전혀 개의치 않았다. 커쇼는 그들을 막지 못했다. 패스트볼로 구속을 만들어낼 수도, 슬라이더로 속일 수도 없었다. 그는 단 여덟 명의 타자만을 상대했고, 그중 일곱 명이 출루했다. 애리조나는 그를 상대로 여섯 점이나 뽑아냈고, 그 흐름은 신인 포수 가브리엘 모레노의 대형 홈런으로 절정에 달했다. 모레노의 타구가 좌측 담장을 넘는 순간, 커쇼는 고개를 떨군 채 허리를 굽혔다. 그는 또다시 '그 자세'♦♦를 취했다. 로버츠 감독은 1회 아웃 카운트 하나만 잡은 시점, 이미 승부가 기울어진 상황 속에 커쇼를 마운드에서 내렸다. 커쇼는 더그아웃에서 풀이

♦   약 187킬로미터

♦♦ 클레이튼 커쇼는 결정적인 실점을 허용한 뒤, 양손을 무릎 위에 얹고 허리를 숙인 채 고개를 떨구는 모습을 자주 보였다. 이 장면은 특히 포스트시즌 경기에서 반복적으로 포착되며, 그의 가을 야구 서사를 떠올리게 하는 이미지로 남아 있다.

죽은 채 11 대 2로 끝이 나는 경기를 지켜봤다. 그날 등판으로 그의 포스트시즌 평균자책점은 4.49까지 치솟았다. 정규 시즌에 기록했던 역사적인 평균자책점보다 정확히 2점이 더 높았다.

경기 후, 커쇼는 엘런에게 다가가 말했다. "난 이제 끝이야." 그는 다시는 공을 던질 수 없을 것 같았다. "그때 클레이튼은 감정적으로 한계까지 올라가 있었어요." 엘런이 말했다. "그러니까 이게 광기인 거죠. 같은 일을 계속 반복하면서 이번에는 다를 거라고 스스로를 설득하는 거예요. 그런데 막상 끝나고 나면 이런 생각이 드는 거죠. '왜 또 이런 결과가 나온 거지?'" 커쇼는 가을 야구에 대비하기 위해 쏟아부은 모든 시간과 견뎌낸 고통이 한순간에 허무해졌다고 느꼈다. "1년 내내 싸우고 몸을 갈아 넣잖아요." 그가 말했다. "10월을 위해 1년 내내 괴로움을 버팁니다. 그런데 그런 일이 벌어지면, 그냥 이런 생각이 들어요. '이건 바보 같은 짓이었어. 내가 대체 무엇을 위해 이걸 한 거지?'"

그만두겠다고 마음먹은 바로 다음 날, 커쇼는 다시 출근을 했다. "그 경기 내내 제 자신이 너무 불쌍하게 느껴졌어요." 그가 말했다. "하지만 그러면 안 되잖아요. 그래서 털어냈죠." 커쇼에게 다시 공을 던질 기회는 주어지지 않았다. 애리조나는 예상을 뒤엎고 월드시리즈에 진출하는 과정에서 3연승을 거두며 다저스를 탈락시켰다. 이 패배는 커쇼를 망연자실하게 만들었고, 그는 수치심을 떨치지 못한 채 돌아가게 되었다. LA로 향하는 비행기 안에서 앤드루 프리드먼이 그에게 다가왔다. 두 사람은 야마모토 요시노부 같은 일본 투수 영입 가능성에 대해 이야기했다. 다저스는 투타 겸업 스타 오타니 쇼헤이에게 수억 달러 규모의 계약을 제시할 준비를 하고 있었다. 대화가 끝날 무렵, 커쇼는 자신의 상황을 꺼냈다.

"그에게 이렇게 말했어요. '구단에서 저를 다시 원하지 않는다면 그냥 솔직하게 말해줘요. 이해합니다. 이건 좀 애매하고 까다로운 상황이잖아요. 양쪽 모두에게 최대한 좋게 보이도록 정리할 수도 있고요.'" 커쇼는 그렇게 회상했다. "그런데 프리드먼은 '아니야, 난 네가 꼭 필요해!'라고 말하지 않더군요. 그냥 '고마워. 솔직하게 말해줄게'라고 했죠." 프리드먼은 당연히 커쇼가 돌아올 것으로 생각하고 있었다. 하지만 둘의 대화 속에서 커쇼의 불안과 동요가 드러났다. "그날 이후, 정말 텍사스로 이적할 수도 있겠다는 생각이 들었어요." 프리드먼이 말했다.

하일랜드파크로 돌아가기 전, 커쇼는 다시 한번 MRI 검사를 받았다. 그는 여전히 수술이 필요하지 않을 것으로 생각했다. 몇 달간 재활을 하고, 1월에 캐치볼을 재개한 뒤 다저스나 레인저스 중 한 팀과 계약할 것이라고 예상했다. "하지만 실제로는 그렇게 흘러가지 않았죠." 커쇼가 말했다. 검사 결과는 어깨 관절낭과 그 주변에 광범위한 손상이 있다는 것이었다. 커쇼는 다저스 구단 주치의 닐 엘라트라체, 레인저스 팀 닥터 키스 마이스터, 메츠 의료 디렉터 데이비드 알트체크 등 여러

의사와 상담했다. "마이스터 박사에게 이렇게 물었어요. '만일 이게 무명 선수의 MRI 결과였다면, 구단에 뭐라고 말하셨을 거예요?'라고요." 커쇼가 말했다. "그러자 '이 선수는 계약하지 않는 것이 좋겠습니다'라고 하시더군요." 엘라트라체 박사도 사실상 같은 말을 했다. "그분도 이건 고쳐야겠다고 하시더군요." 의사들은 최상의 시나리오라 해도 커쇼의 어깨가 몇 달 정도만 버틸 것이며 결국에는 크게 다칠 것이라고 했다.

커쇼는 크리스 영에게 조언을 구할지 고민했다. 영은 2011년에 관절낭 수술을 받은 경험이 있었다. 하지만 FA를 앞둔 시점에서 친구에게 연락하는 것이 적절하지 않다고 느껴졌다. 레인저스가 여전히 포스트시즌을 치르고 있던 동안, 그는 전 동료이자 레인저스 고문을 맡고 있던 마이클 영에게 문자를 써 내려가며 크리스 영에게 메시지를 전달해 달라고 부탁하려 했지만, 전송 버튼을 누르기 전에 모두 지워버렸다. A. J. 엘리스는 커쇼에게 휴대폰과 떨어져 있는 시간을 가져보라고 권했다. "48시간쯤 어디론가 가서 그냥 가만히 앉아 있으라고 하더군요." 커쇼는 말했다. 하지만 이번만큼은 옛 포수의 조언을 따르지 않았다.

세 갈래 갈림길은 한층 더 까다로워졌다. 커쇼는 현역 생활을 연장하고자 하는 이유와 동기가 얼마나 진심인지 스스로에게 묻지 않을 수 없었다. 아이들은 그에게 은퇴를 재촉하지 않았다. "클레이튼이 은퇴를 결정한다면, 아이들은 정말 큰 충격을 받을 거예요." 엘런이 말했다. 커쇼는 다섯 번째 날의 스트레스, 준비 과정, 고통을 인정했지만, 그것이 감당할 수 없을 만큼 커졌다고 느끼지는 않았다. 오히려 2023

년의 고통은 그의 의지를 더욱 또렷하게 만들었다. 그렇지 않았다면 그런 시즌을 버텨낼 수 없었을 것이다. 그는 캠핑카를 사서 전국을 도는 삶을 살 준비가 되어 있지 않았다. 초등학교 앞에서 아이들의 등굣길을 지켜주는 교통지도원이 될 마음도 없었다. 그는 엘라트라체에게 생애 첫 수술대에 오르게 될 어깨 수술을 받겠다고 말했다. 다시 던지기 위해서였다. "야구는 제가 아는 전부예요." 커쇼가 내게 말했다. "이게 제 삶이에요. 저는 던지는 걸 좋아하고, 야구를 사랑합니다. 힘든 날도 있지만, 다른 삶을 택하고 싶지도 않고 굳이 편한 삶도 바라지 않습니다."

한번은 엘런이 물었다. "우리, 이걸 계속 감당할 수 있을까? 야구와 함께 가는 삶 말이야."

커쇼가 답했다. "난 아직도 이 삶이 좋아."

커쇼는 자신을 더 많이 드러내고 부드러운 태도를 갖고자 했다. 커쇼와 엘런 부부는 교회에서 열린 한 세미나에 참석했다. 강연자는 건강한 아이를 키우는 데 가장 중요한 두 가지 요소로 부부가 서로를 대하는 방식과 자신의 감정을 표현하는 법을 꼽았다. 커쇼는 엘런과의 관계가 탄탄하다고 느꼈다. 하지만 두 번째 항목이 마음에 걸렸다. "저도 감정은 있어요." 커쇼가 말했다. "그런데 그걸 어떻게 말해야 할지 모르겠어요."

엘런은 커쇼에게 조금 더 솔직해지라고 했다. 그래서 노력했다. 기도가 잘 되지 않는다는 것, 자신의 신앙에 있어 스스로 사기꾼처럼 느껴질 때가 있다는 것을 털어놓았다. 엘런은 자신도 가끔 그런 감정을 느낀다고 말했다. "예수님을 따른다고 말하는 사람이라면 누구나 그런 기분을 느낄 수 있어요. 모든 것이 다 잘될 수만은 없으니까요." 그녀는 기도가 하찮게 느껴지더라도 계속 기도하라고 조언했다. "제가 클레이튼에게 늘 말하는 것은 하나님은 모든 기도를 감당할 수 있는 분이라는 거예요." 어깨가 낫게 해달라고 기도하는 것도 괜찮다고 했다. 작은 일로도 하나님께 다가가는 데 더 편안함을 느끼길 바랐다. "이건 클레이튼이라는 한 사람의 성향과도 연관성이 있어요." 엘런은 말했다. "그는 뭔가를 부탁하는 걸 거의 하지 않아요. 팀 동료에게 차를 태워달라고 말하는 것조차 빚을 지는 것처럼 느끼거든요." 그 감정은 어린 시절로 거슬러 올라간다. 그의 어머니는 친구들의 부모님에게 돈을 빌린 적이 있었고, 커쇼는 빚은 반드시 갚아야 한다고 믿게 되었다. 엘런은 모든 것을 빚처럼 느낄 필요는 없다는 점을 상기시켰다.

수술 이후 걷게 될 길을 그리며, 엘런은 커쇼에게 물었다. 무엇이 옳은지, 혹은 가족에게 최선이 무엇인지가 아니라, 그 자신이 정말 원하는 것이 무엇이냐고 말이다. 커쇼는 고민 끝에 2023년 다저스에서 느꼈던 '고립'을 떠올렸다. "당시 어깨가 매일 아팠으니 야구가 재미없었던 것 같아요." 커쇼가 말했다. "캐치볼도, 웨이트트레이닝도 예전처럼 즐겁지 않았습니다. 예전에는 즐거웠던 일들이 더는 즐겁지 않았어요. 정말 큰 부담이었습니다. 2023년 다저스 선수단도 좋았고 동료들과 함께 있는 것도 즐거웠지만, 만일 누군가 '저녁은 누구랑 먹고 싶어?'라고 묻는다면… 반시(전담 포수였던 오스틴 반스의 애칭), 파섬(다저스에서 오랫동안 근무한 마사지 치료사 나카지마 요스케의 별명) 정도였습니다." 엘런의 언니 앤은 지금 떠나든 커쇼가 은퇴한 뒤 떠나든, LA의 삶을 그리워하게 될 것이라고 이야기했다. 하지만 그렇다고 해서 새로운 팀이 주는 변화의 유혹이 사라지는 것은 아니었다. 그 새로움은 어느 때보다 강렬하게 다가왔다. "익숙함과 지루함 사이는 종이 한 장 차이죠." 엘런이 말했다. 커쇼는 역사상 열아홉 명만이 달성한 통산 3,000탈삼진 기록까지 56개만을 남겨두고 있었다. 하지만 그에게는 삼진 기록보다 10월에 자신을 증명할 기회가 더 중요했다. "3,000탈삼진은 별로 신경 쓰지 않아요." 커쇼가 말했다. "멋지기야 하겠죠. 하지만 크게 상관없어요. 저는 포스트시즌에서 더 잘 던지고 싶어요. 그런 모습으로 끝내고 싶어요. 저 자신을 위해서라도요. 저는 팀을 돕고 싶습니다. 예전에도 팀을 도와본 적이 있고, 저는 여전히 할 수 있습니다. 하지만 올해는 너무 안 좋았기 때문에 다시 한번 보여줄 필요가 있습니다."

자신의 희망 사항을 하나씩 정리해볼수록 레인저스로의 이적은 점점 더 좋은 선택지처럼 보였다. 레인저스로 간다면 그는 집에서 출퇴근하며 아이들의 등교를 직접 챙길 수 있었다. 캘리와 찰리에게 점심 도시락을 가져다줄 수도 있었고, 오후에는 글로브라이프 필드에서 찰리와 배팅 연습을 함께 할 수도 있었다. "정말 끝내주잖아요." 커쇼가 말했다. 홈경기가 끝나고 집에 돌아오면 아이들과 오늘 하루가 어땠는지 이야기 나눌 만큼의 여유도 가질 수 있었다. 그동안 가족과 자신의 사이에 놓여 있던 거리를 조금이나마 좁힐 수 있었다. "요즘도 아침에 눈을 뜨면 이런 생각이 들어요. '내 마음이 바뀔까?'" 2023년 10월, 커쇼는 내게 말했다. "그런데 지금 당장은 텍사스에서 뛰는 쪽이 옳은 선택처럼 느껴져요."

10월 31일, 커쇼는 캡틴 아메리카 복장을 하고 아이들과 함께 하일랜드파크를 누비면서 핼러윈을 보냈다. 캘리는 반짝거리는 마녀로 분장했고, 조지 워싱턴 가발을 쓴 찰리는 사탕을 너무 많이 받은 탓에 가방 대신 양동이가 필요할 정도였다. 쿠퍼는 상어, 챈스는 소로 분장했다. 이틀 뒤, 커쇼 가족은 LA로 날아갔다. 11월 3일, 엘라트라체가 커쇼의 어깨 수술을 집도했다. 커쇼는 수술 다음 날 밤을 엘라트라체의 집에서 보냈다. 그는 슬링을 오래 차고 있지 못했다. 찰리가 캐치볼을 하자고 하자, 그는 대신 오른팔로 공을 던졌다. 11월이 되자 친구들에게 왼팔을 가슴 높이까지 들어 올릴 수 있다고 말했고, 12월에는 2024년 여름 복귀도 가능하겠다는 느낌이 들었다.

하지만 1월이 와도 커쇼는 계약하지 못한 상태였다. 애리조나를 꺾고 월드시리즈 우승을 차지한 레인저스는 예전만큼 적극적이지 않았다. 커쇼의 어깨 상태에 대한 우려, 그리고 중계권 계약 문제로 인한 예산 압박이 겹쳤다. 프리드먼은 늘 그랬듯이 커쇼에게 시간을 주었다. 그는 커쇼가 원했던 새로운 시작에 대한 열망이 점점 옅어지고 있다는 것을 느꼈다. 월드시리즈 직전, 2023년의 고통과 좌절이 아직 생생하던 그 시기에 커쇼가 내게도 털어놓았던 마음이 가라앉고 있었다. 크리스마스 무렵, 나는 커쇼를 존경하는 다저스 구단 직원 한 명과 문자 메시지를 주고받았다. 그 스태프는 이런 메시지를 보내왔다. "바라건대, '큰형님'이 집으로 돌아왔으면 좋겠습니다."

다저스는 커쇼에 대해서는 인내심을 보였지만, 다른 계약에서는 공

격적이었다. 구단은 오타니와 10년 7억 달러라는 역사적인 계약을 맺
으며 팀의 재정적 지형도를 완전히 바꾸어놓았다. 오타니는 입단 기자
회견에서 다저스 구단이 구겐하임 체제에서의 첫 10년(커쇼가 팀을 세 차
례나 월드시리즈로 이끌고 2020년 우승을 안겼던 시간)을 '실패'로 평가하고 있었
고, 그 솔직함이 오히려 그의 마음을 움직였다고 말했다. 오타니는 6억
8,000만 달러를 추후 지급받겠다는 전례 없는 제안을 했고, 사실상 구
단에 대한 대출처럼 작용한 이 계약 덕분에 다저스는 야마모토를 12
년 3억 2,500만 달러에 영입했다. 여기에 탬파베이에서 타일러 글래
스나우를 트레이드로 영입해온 뒤 4년간 1억 1,100만 달러에 연장 계
약까지 맺었다. 재능은 뛰어나지만 부상 이력이 많았던 글래스나우는
2023년에 커리어를 통틀어 가장 많은 120이닝을 던졌는데, 이는 망가
진 어깨로 던진 커쇼보다 적은 이닝이었다.

순식간에 다저스는 다시 '슈퍼팀'처럼 보이는 팀으로 급부상했다. 이
제 단 한 사람만 빠져 있을 뿐이었다. 레인저스가 별다른 움직임이 없
자 다저스는 곧바로 움직였다. "다저스의 영입 프레젠테이션이라고 해
봐야 그냥 저를 믿고 제가 스스로 답을 찾게 해준다는 내용이었습니
다." 커쇼는 회상했다. 1월, 프리드먼은 커쇼의 바람에 맞춘 계약서를
내밀었다. 1년 계약, 보장 금액은 1,000만 달러였고, 2025년 선수 옵션
과 각종 인센티브가 포함되었다. 스프링캠프에는 3월까지 합류하지 않
아도 좋으며, 재활 기간 동안 하일랜드파크와 LA를 오갈 수 있었다. 여
름이 끝나기 전에 몸 상태를 되찾는다면 지난 16년 동안 LA에서 해오
던 바로 그 일을 다시 해낼 수 있었다. 1월 말, 새 계약에 사인한 직후

커쇼는 수술한 왼팔로 다시 공을 쥐고 던지기 시작했다. 느낌은 좋지 않았지만 상관없었다. 어차피 이제 다른 선택지는 없었다. 또 한 번의 우승 가능성이 손짓하고 있었고, 커쇼의 5일 루틴은 다시 모습을 드러내고 있었다.

소년 시절부터 시작하여 야구에서 가장 큰 무대인 메이저리그에 이르기까지, 20년이 넘는 시간 동안 클레이튼 커쇼는 구단과 동료들, 그리고 야구계에 모든 것을 쏟아부었다. 그를 지탱하면서도 괴롭힌 루틴의 삶 속에서 그는 상상할 수 없는 부와 명성을 얻었다. 하지만 그에게 가장 중요했던 것은 2023년 월드시리즈 1차전을 일주일 앞두고 수술대로 향하던 그때, 그가 살고 있던 삶 그 자체였다.

"아무것도 안 할 때도 있고, 온갖 걸 다 할 때도 있어요." 그가 말했다. "매일 다 스케줄이 있는 건 아니에요. 그런데 엘런이 만들어둔 일정표를 보면 말이죠…" 그는 아이폰을 열어 하루 일정을 확인했다. 초등학교 운동장에 인조잔디를 까는 프로젝트의 총책임자 역할도 그의 몫이었다. 비가 와도 경기가 취소되지 않게 하기 위해서였다. 캘리는 배구 경기를 치르고 있었고, 찰리는 곧 농구 시즌을 시작하게 되는데, 커쇼는 그 팀의 코치를 맡고 있었다. 당장의 일정 속에는 20년 넘게 친구로 지내온 톨레슨과의 점심 식사 약속도 들어 있었다.

"겉으로 보면, 커쇼는 말 그대로 모든 것을 다 가진 것처럼 보이죠." 친구이자 전 동료인 조시 린드블럼이 말했다. "선수로서 바랄 수 있는 건 다 이뤘어요. 하지만 그에게 정말 중요한 것은 사람들이 쉽게 떠올리지도 않는 아주 사소한 것들이에요. 고교 때부터 우정을 이어온 친구들, 아이의 첫 등교 날에 함께하는 순간 같은 것들 말이죠. 그게 커 쇼에게는 가장 큰 의미예요. 사이영상도 아니고 MVP 수상도 아니에 요. 월드시리즈가 아무리 중요해도 그게 전부는 아닙니다. 그에게 중요 한 것은 사람들이 대수롭지 않게 넘겨버리는 그런 작은 것들이죠. 다 른 사람들이 보면 '뭐 저런 걸 중요하게 생각하지?' 싶을 수도 있어요. 하지만 그는 클레이튼 커쇼잖아요. 커쇼는 그런 사람입니다."

2022년 겨울, 하일랜드파크에 산타클로스가 찾아오기 전날 밤이었 다. 클레이튼 커쇼의 팔이 망가지기 전, 그리고 LA를 떠날지도 모른다 는 생각을 하기 전의 일이었다. 나는 그의 집 앞을 차로 지나가고 있었 다. 학교 운동장은 어둠에 잠겨 있었고, 거리는 텅 비어 있었다. 그의 집 잔디밭 앞을 지날 때, 나는 작은 아이 둘이 트램펄린 위에서 통통 튀어 오르는 모습을 보았다. 크리스마스 조명으로 불이 밝혀진 보호용 그물망 바깥에는 그 아이들의 아버지가 서 있었다.

언젠가 클레이튼 커쇼의 선수 생활은 끝날 것이다. 그러나 그의 삶 은 끝나지 않는다. 남편으로서, 아버지로서, 한 사람으로서 계속 살아 갈 것이다. 그리고 그 삶 또한 그는 온 마음을 다해 살아낼 것이다.

11월의 첫날, 청명한 하늘 아래 클레이튼 커쇼는 다저스타디움 외야에 급히 마련된 무대 위에 섰다. 2024년 월드시리즈 챔피언이 된 LA 다저스 선수단과 나란히 서서 그는 마이크를 집어 들었다. 햇살 아래, 그는 소매를 잘라낸 유니폼을 입고 있었다. 자세히 보면 왼쪽 어깨에는 수술 자국이 보였다. 앞으로도 수술은 더 필요할 테지만, 그날 그의 머릿속에 그런 생각은 없었다. 그의 목소리는 감정에 잠겨 있었고, 버드와이저 맥주 몇 잔 덕에 혀는 한결 풀려 있었다. 그는 구장 안에 모인 4만 2,000명의 팬들을 향해 말을 건넸다.

"무슨 말씀을 드려야 할지 모르겠습니다." 그가 말했다. "솔직히 말씀드리면, 이번 우승에 제가 한 일은 거의 없어요. 그래도 여러분과 이렇게 함께 축하할 수 있다는 것, 그것만으로도 세상에서 가장 좋은 기분입니다!"

관중석이 들썩이고 동료들은 팔을 들어 올리며 환호했다. 커쇼는 월드시리즈 우승팀에게 매년 가을 수여되는 커미셔너 우승 트로피를 들어 올렸고, 그 역시 포효했다.

클레이튼 커쇼가 다저스에서 보낸 열일곱 번째 시즌은 그의 커리어 가운데 가장 짧았고, 가장 비효율적이었으며, 그래도 어쩌면 가장 즐거운 시즌이었을지도 모른다. 그는 단 일곱 경기에만 등판했고, 두 차례의 큰 부상을 겪었다. 포스트시즌 내내 그는 관중석의 한 사람이었고, 그해 가을은 다저스가 뉴욕 양키스를 꺾고 월드시리즈에서 우승하며 끝이 났다. 그는 은퇴하지 않기로 한 자신의 선택이 가져온 대가와 보상을 곱씹을 시간도 충분히 가질 수 있었다. 그리고 커쇼와 2020년 우승 멤버 중 잔류한 선수들은 그간 누리지 못했던 보상 하나를 마침내 경험하게 되었다. 바로, LA 도심을 가로지르는 우승 카퍼레이드였다.♦

버스가 빈 스컬리 애비뉴를 따라 올라와 술기운에 젖은 선수들을 경기장에 내려놓았다. "이날을 정말 오랫동안 기다려왔어요." 이어진 기념식에서 커쇼는 이렇게 말했다. 경기장으로 들어오는 길에 그는 마지막 경기의 영웅이었던 워커 뷸러가 뛰어들 수 있도록 두 팔을 활짝 벌려 주었다.

이 책이 처음 출간된 것은 2024년 5월이었다. 그때 커쇼는 생애 첫 어깨 수술을 받은 뒤 재활 중이었다. 그는 LA와 하일랜드파크를 오가며 지내고 있었다. 오타니 쇼헤이를 중심으로 돌아가는 팀에서 그는 스스로를 이방인처럼 느끼고 있었다. 그는 스프링 트레이닝에도 일부만 참가했고, 한국에서 열린 시즌 개막 시리즈에는 동행하지 않았다.

♦ 다저스는 2020년 월드시리즈 우승 당시 코로나19 팬데믹으로 인해 카퍼레이드를 하지 못했다.

그 무렵, 오타니의 통역이었던 미즈하라 잇페이가 도박 빚을 갚기 위해 수백만 달러를 횡령하는 사건이 터졌다.

그 스캔들은 몇 주 동안 구단 전체를 휘감았다. 오타니는 그 사기 행각을 전혀 몰랐다고 했고, 미즈하라는 결국 은행 사기와 탈세 혐의에 대해 유죄를 인정했다. 하지만 그 혼란 속에서도 그라운드 위의 오타니는 전혀 흔들리지 않는 듯 보였다. 팔꿈치 수술에서 회복 중이었기에 타격에만 전념했던 그는 시즌 내내 상대 투수들을 집요하게 괴롭혔다. 도루 능력까지 자신의 무기고에 추가했고, 그 결과 54홈런과 59도루를 기록하며 '50-50 클럽'의 첫 회원이 되었다. 다저스의 수익은 눈에 띄게 늘었고, 구장은 일본 항공사와 음료 브랜드 광고로 뒤덮였다.

그러나 오타니를 제외하면 앤드루 프리드먼이 오프시즌에 구상했던 그림 가운데 제 역할을 해낸 인물은 거의 없었다. 3억 2,500만 달러를 안고 온 야마모토 요시노부는 미국 야구 일정에 적응하는 데 어려움을 겪더니 6월에 어깨를 다쳤다. 재능은 넘치지만 늘 불안했던 타일러 글래스나우 역시 팔꿈치 부상을 입었다. 젊은 투수들까지 줄줄이 쓰러지자, 프리드먼은 구단 전체의 투수 육성 시스템에 대한 전면 점검을 계획했다. 부상자가 너무 많아서 데이브 로버츠 감독은 시즌 전에는 이름조차 몰랐던 선수들을 기용해야 할 정도였다.

커쇼는 그 공백을 자신이 메울 수 있다고 믿었다. 포스트시즌에서 팀을 도울 수 있다는 가능성은 수술 이후 그의 재활을 떠받친 힘이었다. 과정은 혹독했다. 이런 종류의 재활은 그에게 낯선 일이었다. 어떤 날은 팔이 완전히 정상처럼 느껴졌고, 어떤 날은 전혀 말을 듣지 않았다. 회복의 그래프는 직선으로 나아가지 않았다. 다저스가 홈에 있을 때면 그는 클럽하우스 주변을 맴돌았고, 팀이 원정에 나서면 텍사스에서 가족들과 시간을 보냈다.

하일랜드파크에서의 학기가 끝나자, 가족은 캘리포니아로 건너와 커쇼의 곁에 머물렀다. 가족은 맨해튼 비치의 해변 근처에서 새집을 임대했다. 다저스타디움까지의 거리는 조금 더 멀어졌지만, 그는 곧 익숙해졌다. 아이들은 해변 생활을 무척 좋아했다. 그렇다 보니 어떤 날 아침에는 떠오르는 해를 바라보며 루틴이라는 정교한 시간표에 맞춰 살아온 대가로 자신이 무언가 잃고 산 것은 아닐까 하는 생각이 들었다.

그가 재활 기간 하지 않았다고 말한 일이 하나 있었다. 바로 지금 이 책을 읽는 것이었다. "분명 엄청나게 멋진 책이 나올 거예요." 출간 직전, 그는 내게 그렇게 말했다(커쇼의 판단이 맞았는지는 독자 여러분이 판단할 일이다). 하지만 그는 포스트시즌의 악몽들을 다시 떠올리고 싶지 않았다. 그는 동료들에게 자기 자신에 대한 책을 읽는 것은 이상하고 자아

도취적인 경험일 것 같다고 말했다. 그렇다고 해서 동료들이 그를 놀리지 않은 것은 아니었다. 시즌 초, 내가 워싱턴 D.C.에서 다저스를 취재하던 날에 포수 오스틴 반스는 휴대폰을 꺼내 커쇼와 영상통화를 연결하며 말했다. "어이, 나 지금 네 J. K. 롤링♦과 같이 있어."

수술을 앞두고 커쇼는 여러 의견을 들었다. 텍사스 레인저스의 팀 주치의 키스 마이스터는 그가 2024년 시즌 전체를 결장할 것으로 봤다. 다저스 주치의 닐 엘라트라체는 8개월 재활 계획을 제시했다. 커쇼는 전자보다 후자에 가까운 궤적을 그렸다. 그는 6월에 첫 재활 등판을 가졌고 수술 후 8개월 22일이 지난 7월 25일, 다저스타디움 마운드에 216번째로 올랐다.

샌프란시스코 자이언츠를 상대하며 익숙한 불안과 기대가 다시 그를 덮쳤다. 구장에는 「위 아 영」이 울려 퍼졌다. 커쇼는 예전의 '마법'을 되찾으려 애썼지만 쉽지는 않았다. 구속이 나쁜 것은 아니었지만, 제구가 흔들렸다. 그는 4이닝을 던졌고, 그것이 앞으로의 성공을 위한 토대가 되기를 바랐다. 하지만 다음 등판에서 샌디에이고 파드리스에 난타를 당하며 '현실'이 드러났다. 아름다운 퇴장을 앞두었든, 리그 전체에

♦　J. K. 롤링은 『해리 포터』 시리즈로 유명한 영국 작가다. 여기서는 '커쇼에 관한 책을 쓴 작가'를 가리키는 농담으로 사용되었다.

서 존경받는 투수이든, 타자들은 결코 동정을 베풀지 않았다.

몇 주 뒤, 밀워키 브루어스를 상대로 호투를 이어가던 커쇼는 왼쪽 엄지발가락이 불편했다. 수년간 그를 괴롭혀온 골극이었다. 공을 던질 때마다 발이 아팠다. 그럼에도 그는 밀워키전 이후 세인트루이스 카디널스를 상대로도 6이닝 무실점을 기록했다. 통증을 억누르기 위해 주사 치료까지 받았지만, 그 선택은 역효과를 냈다. 8월 30일 애리조나 다이아몬드백스와의 경기에서 그의 패스트볼 구속은 시속 87마일♦까지 떨어졌다. 2회, 시속 67마일♦♦에 불과한 커브를 코빈 캐럴이 받아쳐 홈런으로 연결시켰다. 커쇼는 그 공을 끝으로 2024년에는 다시 마운드에 오르지 못했다.

부상은 익숙한 갈등을 불러왔다. 의료진은 보행 보조기를 착용하고 수주간 휴식할 것을 권했다. 하지만 커쇼는 보조기를 착용하면 10월을 대비하여 끌어올린 팔의 감각을 유지할 수 없다고 맞섰다. 부상 탓에 일반적인 스파이크를 신을 수도 없었고, 보통의 마운드에서 던질 수도 없었지만 커쇼는 계속 공을 던졌다. 하지만 그 선택은 상태를 더 악화시켰다. 포스트시즌을 앞두고 실시간 MRI를 찍은 결과, 발가락 힘줄

♦　약 140킬로미터

♦♦　약 108킬로미터

이 찢어졌고 수술이 필요하다는 진단이 나왔다. 왼쪽 무릎도 함께 검사했는데, 반월판 연골 역시 수술이 필요한 상태였다.

야구는 그에게 무언가를 말하고 있었지만, 그는 아직 그 말을 들을 준비가 되지 않았다. 커쇼는 11월 초 두 차례의 수술을 모두 받았다. 포스트시즌이 시작된 뒤에도 그는 팀과 함께 선수단에 남아 있었다. 방해가 되지 않는 선에서 좋은 동료가 되려 애썼다. 누군가 도와달라고 할 때만 조언을 건넸다. 부상에서 복귀해 선발진의 중심이 된 야마모토는 커쇼가 자신의 커브 그립을 수정해주었다며 커쇼에게 우승의 공을 돌렸다. 그해 10월, 커쇼는 소매 없는 편한 옷차림으로 오후 일찍 그라운드에 나왔다. 걷는 것조차 아팠지만 발을 굴리는 요령을 터득해 통증을 줄였다. 때로는 다른 투수들이 나오기 전까지 시간을 보내기 위해 타격 연습에 참여하기도 했고, 때로는 3루에서 땅볼 수비를 하기도 했다. 그는 주로 베테랑 불펜 투수인 브렌트 허니웰 주니어와 캐치볼을 했다. "오늘 일과 중에 제일 재미있는 순간이네." 월드시리즈 개막 전날, 그는 허니웰에게 달려가며 그렇게 말했다.

다저스는 정규 시즌 98승을 거두며 메이저리그 최다승 팀이 되었다. 그럼에도 포스트시즌에서 또다시 조기 탈락할 것처럼 보였다. 부상으로 인해 선발 로테이션에서 남은 선택지는 잭 플래허티, 야마모토, 그리고 워커 뷸러뿐이었다. 뷸러는 한때 커쇼와 소통에 어려움을 겪기도 했던 자신감 넘치는 선수인데, 최근 몇 년간 많은 시련을 겪었다. 2022년에 생애 두 번째 토미 존 수술을 받으면서 2023년은 통째로 결장했고, 2024년에는 타자들에게 난타를 당했다. 하지만 커쇼를 비롯해 많은 투수가 빠진 상황에서 그의 역할은 여전히 매우 중요했다.

이런 상황에도 다저스는 10월에 무너지지 않았다. 오타니, 무키 베츠, 프레디 프리먼이 차례로 스타 역할을 해냈다. 로버츠 감독은 탁월한 불펜 운영을 보여주었고, 선발진은 기대 이상으로 버텨냈다. 다저스는 샌디에이고와의 숨 막히는 5차전 끝에 내셔널리그 디비전 시리즈를 통과했고, 이어 뉴욕 메츠와 양키스를 차례로 꺾었다. 양키 스타디움에서 열린 월드시리즈 5차전, 우승에 가까웠지만 투수가 바닥난 상황에서 뷸러는 더그아웃을 나섰다. "제일 먼저 떠오른 생각은 이거였어요. '22번'이라면 어떻게 했을까?" 그는 며칠 뒤, 그렇게 말했다. "'22번'이라면, 역시 마운드에 올랐을 거예요."

뷸러는 2016년 내셔널리그 디비전 시리즈 5차전과 2017년 챔피언십 시리즈 7차전에서 평소보다 짧은 휴식 후 구원 등판했던 커쇼를 떠올리며 그를 흉내 내기로 했다. 불펜으로 향하는 길에 커쇼는 뷸러를 붙잡고 사랑한다고 말했다. "뷸러는 알고 있었어요." 훗날 커쇼는 말했다.

“팀이 그를 필요로 한다는 걸요.” 로버츠 감독은 뷸러를 투입해 마지막 3개의 아웃 카운트를 책임지게 했고, 그렇게 다저스는 우승을 확정했다. 그 가을, 커쇼는 단 한 번도 그라운드에 서지 않았다. 하지만 한 동료가 그의 정신을 이어받았다. 뷸러는 12월에 보스턴 레드삭스와 계약했다. 내가 우승 직후 커쇼를 만났을 때, 그는 뷸러를 향한 찬사를 가득 쏟아냈다.

“뷸러가 다시 다저스로 돌아와주면 좋겠지만, 그렇지 않더라도… 아닙니다. 지금 내년이 뭐가 중요한가요?” 그가 말했다. “뷸러가 정말 자랑스럽습니다.”

다저스는 하루 뒤 LA로 돌아왔다. 그날 밤 커쇼의 아내 엘런은 다저스 선수들의 자녀들을 위한 핼러윈 파티를 열었다. 다음 날 아침, 선수들은 버스에 올라 환호했다. 커쇼는 선수 생활을 이어갈 생각이었다. “한 번만 더 기회를 갖고 싶어요.” 2024년 10월, 그는 내게 그렇게 말했다. 포스트시즌에서 잘 던질 수 있는 또 한 번의 기회, 우승을 향해 다시 한번 도전할 수 있는 기회였다. 커쇼는 혼자 마운드 위에 올라 클레이튼 커쇼라는 이름이 지닌 무게를 다시 짊어질 기회를 찾고 있었다.

그는 선수 옵션을 거부하고 11월 초 FA 신분이 되었다. 하지만 이는 계약을 재구성하기 위한 절차적 선택일 뿐이었다. 그는 텍사스나 다른 어떤 팀에서 던질 생각이 없었다. 그는 다저스타디움의 팬들 앞에서 트로피를 하늘 높이 힘껏 치켜올리기 직전, 그 사실을 분명히 하며 외쳤다.

"여러분, 사랑합니다! 정말 감사합니다. 저는 평생 다저스입니다!"

감사의 말

2022년 6월의 어느 날, 다저스타디움 좌측 외야 담장 너머로 해가 기울어가던 저녁이었다. 클레이튼 커쇼가 불펜에서 홀로 걸어 나오고 있었다. 나는 더그아웃 쪽으로 다가오는 그를 기다렸다. 며칠 전, 나는 그에게 뉴욕에서 LA로 찾아갈 예정이라는 문자 메시지를 보냈다. 다저스 선수로서의 그의 시간을 정리한, 이른바 결정판이 될 만한 책을 구상 중이라는 이야기를 전하고 싶었다. 그 책은 주변 사람들에게 그가 지닌 압도적인 존재감을 설명할 것이고, 10월마다 반복된 좌절의 시간과 2020년 첫 월드시리즈 우승이 안겨준 해방감까지 모두 담아낼 예정이었다. 그리고 나는 덧붙였다. 이 책은 당사자인 그가 함께해준다면 훨씬 더 좋아질 것이라고.

커쇼를 크게 설득할 필요는 없었다. 시즌이 끝난 뒤 따로 시간을 내주겠다고 했다. 다만, 조건이 하나 있었다.

"기자님도 아시겠지만, 저는 기본적으로 제 얘기를 잘 안 하는 사람이에요." 그가 말했다.

"제 말을 이끌어내는 것은 전적으로 기자님 몫일 겁니다."

"제가 좋은 질문들을 잘 준비해볼게요." 내가 답했다.

커쇼는 자신의 약속을 지켰다. 내가 자기 몫을 다했는지는 독자 여러분의 판단에 맡기겠다. 이 책을 위해 취재하는 동안, 커쇼와 아내 엘런은 시간을 아낌없이 내어주었다. 커쇼 부부에게 가장 먼저 감사를 전하고 싶다. 그리고 짐 멜슨, 앤 히긴보텀을 비롯한 커쇼와 멜슨 가족들 역시 이 프로젝트에 적극 협조해주었다. 덕분에 이 책은 훨씬 더 풍성해졌다. A. J. 엘리스는 위스콘신에 있는 자신의 집으로 나를 초대해주기까지 했고, 그 만남 역시 이 작업에 결정적인 기여를 했다. 이 책을 위해 나는 215명과 이야기를 나누었고, 그중 상당수는 여러 차례 인터뷰에 응해주었다. 이 책은 그들의 답변 덕에 존재할 수 있었다.

또한 이 책은 더 먼저 쓰인 책들이 있었기에 존재할 수 있었다. 몰리 나이트의 『돈으로 살 수 있는 최고의 팀』은 구겐하임 체제 초창기 다저스를 다룬 명저이며, 페드로 모우라의 『하우 투 비트 어 브로큰 게임(How to Beat a Broken Game)』은 앤드루 프리드먼 시대의 다저스를 가장 정확히 기록한 책이다. 두 책 모두 커쇼를 이해하는 데 귀중한 통찰을 제공했다. 이번 작업을 위해 이 책들을 다시 읽는 시간 또한 큰 즐거움이었다. 커쇼의 커리어 초기를 정리하는 데는 팀 맥맨, 켄 거닉, 토니 잭슨, 다이아몬드 렁, 딜런 에르난데스의 기사들이 큰 도움이 되었다. 하일랜드파크를 이해하는 데는 조슈아 벤턴의 연구가 결정적이었다.

다저스의 홍보팀에도 감사의 인사를 전한다. 특히 후안 도라도, 조

재렉에게 고마움을 전한다. 론 로즌과 케리 오즈번은 이 책에 실릴 사진을 구하는 데 도움을 주었고, 스티브 브레너는 언론 인터뷰를 거의 하지 않는 샌디 쿠팩스와의 대화를 성사시켜주었다. 존 블런델은 조 토리 전 감독과의 인터뷰가 이루어지도록 묵묵히 애써주었다. 마크 보먼은 수많은 전화번호를 건네주며 스스로를 '기자님 전용 명함첩'이라 부를 정도로 큰 도움을 주었다. 댄 그린은 내가 가장 좋아하는 밴드 '더 원더 이어스(The Wonder Years)'의 매니저를 소개해주었다. 그 인연으로 이 책의 서문에 그들의 가사를 인용할 수 있었다.

『디 애슬레틱』의 동료들은 이 프로젝트를 맡아보라며 등을 떠밀어주었다. 그에 대해 진심으로 감사의 말을 전한다. 폴 피텐바움, 세라 골드스타인, 크리스 스트라우스, 댄 바바리시, 그리고 무엇보다 마크 캐릭에게 고마움을 전하고 싶다. 그리고 매일 새벽 4시에 나를 깨워 이 책을 본업에 지장 없이 쓸 수 있게 해준 고양이 해리에게도 감사를 표한다.

감사해야 할 친구들이 많지만, 그중에서도 특별히 두 사람을 언급하고 싶다. 하워드 브라이언트는 내게 늘 영감의 원천이었다. 그를 처음 만났을 때 건넨 말은 아마 "안녕하세요. 당신 책은 다 읽었습니다"였을 것이다. 지금도 그가 내 전화를 받아준다는 사실이 믿기지 않는

다. 이 프로젝트가 막막해질 즈음, 그는 이런 조언을 해주었다. "첫 책이지? 그럼 걱정 마. 어차피 별로 안 좋을 거야. 그냥 써." 나는 최선을 다했다. 팀 브라운은 내게 있어 릭 허니컷 코치 같은 존재다. 지나치게 감상적으로 들릴지 모르겠지만, 그가 내 편이라는 사실에 늘 감사한다. 그는 이 과정을 처음부터 끝까지 함께했다. 책을 써보고 싶다는 나의 말에 그는 주저 없이 이렇게 말했다. "데이비드 블랙을 찾아가보게."

에이전트인 데이비드가 왜 나를 고객으로 받아주었는지는 아직도 잘 모르겠다. 다만, 그 선택이 내게 큰 행운이었음은 분명하다. 그는 책 아이디어를 제안서로 만드는 법을 처음부터 가르쳐주었고, 이후에는 꾸준히 내 편이 되어주었다. 데이비드는 이 프로젝트를 브랜트 럼블과 해셋 출판사로 이끌었다. 브랜트와 함께 일한 것은 영광이었다. 그는 내가 작가가 되겠다고 마음먹게 만든 책들을 편집한 에디터였다. 그는 수없이 많은 전화를 받아주면서도 놀라울 만큼 평정심을 잃지 않았다. 내가 아는 사람 중 마타도어 레코드 발매 파티에 다녀온 이야기를 하다가도 애틀랜타 브레이브스가 딜런 시스를 영입해야 한다고 진지하게 주장할 수 있는 유일한 인물이다.

다저스를 취재하지 않았다면, 이 책은 쓰이지 않았을 것이다. 2015년 가을 『LA 타임스』에서 연락이 왔을 때, 딜런 에르난데스 기자는 내게 전화를 걸어 이렇게 말했다. "제발 담당 기자 일 좀 맡아줘. 난 더는 못 하겠어." 그는 8년간 다저스를 담당해온 뒤였고, 그 뒤를 잇는 일은 벅찼다. 하지만 그는 그때도, 그리고 이 책을 작업하는 내내, 또 지난해 내 결혼식의 신랑 측 들러리로 섰을 때도 늘 곁에 있어주었다. 끊임없이 나를 놀리면서도 겸손함을 잃지 말라고 상기시켜주었다. 『LA 타임스』에서 다저스를 취재한 시간은 내 커리어의 정점이었다. 그 기회를 준 앙헬 로드리게스와 마이크 하이서먼에게 평생 빚을 졌다. 빌 플래시키, 빌 셰이킨, 마이크 디조반나, 페드로 모우라, 호르헤 카스티요, 그리고 딜런(그가 마감일만 잘 지켜낸다면)과 함께 지면에 이름을 올릴 수 있었던 것은 큰 영광이었다.

LA에 있는 동안, 나는 켄 거닉, 빌 플렁킷, 에릭 스티븐, 페드로 모우아, 더그 파디야, 알라나 리조, J. P. 훈스트라, 그리고 무엇보다 데이비드 바섹과 경쟁하고 우정을 나누며 성장했다. 바섹은 내게 다저스 담당 기자 세계의 '심장' 같은 인물이다. 그의 우정과 수십 년에 걸쳐 쌓아온 인맥은 무엇과도 바꿀 수 없다. 이 과정에서 나는 플렁킷, 에릭, 파비안 아르다야, 잭 해리스, 후안 토리비오의 이야기에도 크게 의지했다. 플렁킷은 이 책에 대한 코멘트를 사양하면서 단 한마디를 남겼다. "그대로 가."

집필 중 원고를 읽어준 친구들에게도 감사를 전한다. 조엘 셔먼, 팀 브라운, 마크 캐릭, 린지 애들러, 애덤 킬고어, 닉 피어코로 등이 그들이다. 조엘은 노련한 시선으로 원고를 다듬어주었다. 피어코로 가족, 즉 닉, 자이다, 프랭키, 스쿼시, 루비, 사이드아이, 그리고 리틀 미스 비즈니스는 피닉스에서 취재하는 동안 나를 기꺼이 그들 집에 머물게 해주었다. 호르헤 아랑구어, 마크 캐릭, 조 르미어, 닉 피어코로, 제임스 와그너는 끝없는 응원과 적절한 농담으로 나를 지탱해주었다. 이 친구들은 내게 늘 완벽했다. J. T. 호로위츠, 맷 위즌, 필 야노프스키는 내가 서른여섯에 데이브 매튜스◆의 팬이 되어가는 과정을 묵묵히 견뎌주었다.

격려와 인내, 그리고 조언을 아끼지 않은 모든 친구에게 감사를 전한다. 러스틴 도드, 페드로 모우라, 앤디 마르티노, 제이크 민츠, 타니아 갱글리, 크리스 드 로벤펠스, 앤서니 디코모, 데이브 레넌, 켄 로즌솔, 에반 드렐릭, 호르헤 카스티요, 첼시 제인스, 캐롤라인 마타스 박사, 르에어 윌슨, 데이브 셰이넌, 배리 스브룰루가, 제시 산체스, 짐 샌더스, 마이클 로젠버그, 에린 로젠버그, 올든 곤잘레스, 제프 파산, 벤 니토,

---

◆ 데이브 매튜스 밴드(Dave Matthews Band)는 1990년대 미국에서 큰 인기를 끌었던 록 밴드다. 이 표현은 이미 한 시대를 지난 밴드에 뒤늦게 빠져든 자신을 자조적으로 놀리는 농담이다.

브렛 틸, 샘 맥도웰, 샘 멜링거, 브랜든 쿠티, 타일러 캐프너, 이언 오코너, 존 클레이튼, 제이미 클레이튼, 롭 길버트, 메리 마롤라, 제프 피터스, 테레사 허버드, 맷 히긴스, 리아 히긴스, 카일 크비아트코스키, 메건 오버딥, 윌 에드워즈, 알렉 새슬로, 그리고 이안 새슬로 등이다.

이름을 모두 적다 보면 출판사의 잉크가 모자랄지도 모르니, 맥컬러 가족과 데시 가족에 감사를 전한다. 나의 어머니 메리앤 맥컬러 니캔더는 평생 내 헛소리를 묵묵히 견뎌주셨다. 그분의 너그러움과 친절함은 누구와도 비교할 수 없다. 팀 니캔더, 톰 맥컬러, 알렉스 맥컬러, 리지 커크너, 브라이언 커크너, 미셸 포스트, 앤드루 포스트, 데이비드 니캔더, 자스민 베도야, 로라 니캔더에게 감사를 전한다. 그리고 마이클 앱스틴, 디 맥미컨, 마리사 앱스틴, 거스 크리스텐슨에게도 고마움을 전한다.

이 책은 어린 시절 내게 독서의 즐거움을 심어주신 할머니, 엘리자베스 맥컬러에게 바친다. 할머니는 2023년 12월에 세상을 떠나셨다. 이 작업에서 가장 보람 있었던 순간은 할머니가 돌아가시기 몇 달 전에 원고 한 부를 건네드린 일이다. 할머니와 외할아버지 밥 맥컬러는 이 책을 가장 먼저 읽은 독자였다.

나의 아내 스테파니 앱스틴은 내가 읽어본 클레이튼 커쇼에 관한 글

가운데 가장 뛰어난 기사를 쓴 사람이다. 그 기사는 우리가 연인이 되기 전인 2018년 『스포츠 일러스트레이티드』에 실렸는데, 솔직히 말해 당시의 나는 꽤나 배가 아팠다. 이 책을 쓰는 동안 그 글을 다시 읽으며 많은 도움을 받았다. 이 책에서, 그리고 내 삶 전반에서 스테파니가 보탠 몫은 몇 문장으로는 다 담아낼 수 없다. 그녀는 이 원고를 읽는 데 수많은 시간을 들였고, 그보다 더 많은 시간 동안 내가 글을 쓰며 쏟아낸 투정과 불평을 묵묵히 받아주었다. 스테파니는 놀라울 만큼 따뜻한 사람이며, 내게 더없이 든든한 삶의 동반자다. 그녀가 아니었다면 존재할 수 없었을 것이다. 이 책도, 나 역시도.

투수는 경기장 안에서 가장 높은 곳에 선다. 마운드는 물리적으로도, 상징적으로도 야구의 중심이자 정점이며, 모든 시선과 결과가 한 사람에게로 모이는 자리다. 그 높이는 때로 선수를 돋보이게 만들지만, 경기가 뜻대로 풀리지 않을 때는 그만큼 더 또렷하게 드러난다. 그래서 어떤 날엔 투수에게 마운드가 영광의 무대이자 동시에 숨이 턱까지 차오르는 가파른 오르막처럼 느껴질지도 모른다.

그럼에도 커쇼는 언제나 마운드로 향했던 선수였다. 경기가 뜻대로 풀리지 않아도, 몸 상태가 완벽하지 않아도, 그는 등판을 미루지 않았다. 필요하다면 그토록 철저하게 지켜오던 루틴마저 조정하며 팀이 요구하는 자리에 섰다. 커쇼에게 마운드는 단지 장소가 아니라, 책임을 회피하지 않는 태도 그 자체였다.

이 책이 우리에게 남기는 것은 화려한 기록이 아니라, 한 사람이 자신의 자리를 대했던 방식이다. 가장 높은 곳에 있었기에 더 많은 부담을 짊어져야 했고, 그럼에도 늘 같은 마음으로 공을 쥐었던 시간들이다. 어쩌면 그것이 커쇼가 마운드 위에서 끝내 보여준 가장 위대한 투구였는지도 모른다.

사전예약으로 원서를 주문해 읽고, 얼마 뒤 뉴욕 출장길에 앤디 매컬러 기자를 만나 사인을 받았을 때만 해도 이 책과 깊이 얽히게 되리라고 생각하지 못했다. 그저 좋은 책 덕분에 얻은 즐거운 추억 하나쯤으로 남을 줄 알았다. 하지만 뜻밖의 인연이 이어지며, 나는 이 책을 우리말로 옮기는 행운을 누리게 되었다.

이 한국어판은 비아북 한상준 대표의 결단이 없었다면 세상에 나오기 어려웠을 것이다. 클레이튼 커쇼와 LA 다저스를 진심으로 사랑하는 그는 메이저리그 해설 방송에서 역자가 이 책을 언급하는 대목을 접한 뒤 판권 확보에 나섰고, 그 덕분에 커쇼의 이야기는 이렇게 한국 독자들을 만날 수 있게 되었다. 또한 편집을 맡아준 손지원 에디터를 비롯해 이 책을 함께 만들어준 출판사 관계자 모두에게 깊이 감사드린다.

원저자인 매컬러 기자 역시 이 책의 중요한 순간들에 함께했다. 역자의 갑작스러운 연락에도 그는 시티 필드에서 기꺼이 시간을 내주었고, 가방 두 개에 가득 담긴 책 한 권 한 권에 정성껏 사인을 해주며 작은 사인회를 열어주었다. 그 친절은 뉴욕에서 끝나지 않고, 한국어판을 위한 서문으로까지 이어졌다.

베이스를 돌아 끝내 홈을 밟아야 하는 야구처럼, 이 책과 함께한 내 모든 여정은 집으로 돌아와서야 비로소 의미를 얻었다. 책 속 문장 사이를 오가는 그 시간을 묵묵히 기다려준 가족의 배려가 오래 마음에 남는다. 언제나 돌아올 자리를 마련해준 아내 상옥과 아들 준이에게 고마움을 전한다.

2026년 3월
한승훈

혹독하게 성실하고 지독하게 위대했던

클레이튼 커쇼,
위대함의 무게

앤디 매컬러 지음
한승훈 옮김

초판 1쇄 발행일 2026년 3월 20일

발행인 | 한상준
편집 | 김민정·손지원·구현경·박성진
디자인 | 양시호·문지현
마케팅 | 이상민·주영상
관리 | 양은진

발행처 | 비아북(ViaBook Publisher)
출판등록 | 제313-2007-218호(2007년 11월 2일)
주소 | 서울시 마포구 토정로 222 한국출판콘텐츠센터 211호
전화 | 02-334-6123   전자우편 | crm@viabook.kr
홈페이지 | viabook.kr

korean translation copyright ⓒ 2026 by ViaBook Publisher
ISBN 979-11-92904-47-4 03690

클레이튼 커쇼의 위대한 **5일**

"위대함은 타고나는 것이 아니라, 반복되는 루틴에서 탄생한다."

DAY 1

회복과 재시동
웨이트 트레이닝 / 러닝 / 캐치볼

DAY 2

정밀한 영점 조준
34구 불펜 피칭: 패스트볼→ 커브→ 체인지업→ 슬라이더

DAY 3

근력과 감각 유지
웨이트 트레이닝과 롱토스

DAY 4

마인드 세팅
타자들을 머릿속으로 그리며 이미지 트레이닝

DAY 5

압도적인 집중의 시간
절대적 고립과 칠면조 샌드위치

"
일어나자마자 그 누구하고도 말하고
싶지 않은 기분입니다. 그저 말하는 힘도
아끼고 싶습니다.
"

THE LAST OF HIS KIND
CLAYTON KERSHAW